WILEY

# UNDERSTANDING FUTURES MARKETS

# 理解期货市场

【美】罗伯特·W.科尔布（Robert W. Kolb）

【美】詹姆斯·A.奥道达尔（James A. Overdahl） ◎著

大连商品交易所研究中心 ◎译

中国金融出版社

责任编辑：陈　翎　杨　敏
责任校对：刘　明
责任印制：程　颖

北京版权合同登记图字 01 - 2022 - 5149

《理解期货市场》一书中文简体字版专有出版权属中国金融出版社所有，不得翻印。

**图书在版编目（CIP）数据**

理解期货市场／（美）罗伯特·W. 科尔布（Robert W. Kolb），（美）詹姆斯·A. 奥道达尔（James A. Overdahl）著；大连商品交易所研究中心译 . —北京：中国金融出版社，2023. 11

ISBN 978 - 7 - 5220 - 2168 - 3

Ⅰ. ①理… Ⅱ. ①罗…②詹…③北… Ⅲ. ①期货市场—基本知识 Ⅳ. ①F830. 9

中国国家版本馆 CIP 数据核字（2023）第 183877 号

理解期货市场
LIJIE QIHUO SHICHANG

出版
发行　中国金融出版社

社址　北京市丰台区益泽路 2 号
市场开发部　（010）66024766，63805472，63439533（传真）
网 上 书 店　www. cfph. cn
　　　　　　（010）66024766，63372837（传真）
读者服务部　（010）66070833，62568380
邮编　100071
经销　新华书店
印刷　河北松源印刷有限公司
尺寸　185 毫米×260 毫米
印张　38. 75
字数　730 千
版次　2023 年 11 月第 1 版
印次　2023 年 11 月第 1 次印刷
定价　158. 00 元
ISBN 978 - 7 - 5220 - 2168 - 3
如出现印装错误本社负责调换　联系电话（010）63263947

献给我的妻子洛丽（Lori），没有她我无法了解我的未来。

——罗伯特·W. 科尔布（Robert W. Kolb）


献给我的父亲，科特·奥弗达尔（Curt Overdahl）。

——詹姆斯·A. 奥道达尔（James A. Overdahl）

# 大连商品交易所丛书编委会


主　任：舟　华

副主任：严绍明

编　委：酆　强　王伟军　王玉飞
　　　　程伟东　于　力

# 译者序

2023 年是全面贯彻落实党的二十大精神的开局之年，也是习近平总书记视察大连商品交易所 10 周年和大连商品交易所成立 30 周年，还是我国期货市场建立的第 33 个年头。30 余年来，我国期货市场从无到有、从小到大，逐步规范，走出了一条具有中国特色的发展之路，已成为社会主义市场经济体系不可或缺的组成部分。

金融是国民经济的血脉，是国家核心竞争力的重要组成部分。期货市场是金融市场的重要组成部分，在服务实体经济、服务国家战略等方面发挥着不可或缺的作用。现代期货市场起源于 19 世纪的美国，是在现货市场发展需要的基础上诞生的。经过 170 余年的发展，全球期货市场法治环境逐步完善、品种合约日益丰富、交易方式不断创新，价格发现、风险管理与资源配置功能得到了有效发挥。目前，原油、铜、农产品等很多重要大宗商品全球贸易大多通过期货市场定价，产业企业则利用期货市场管理生产经营风险。据统计，在国际市场，世界 500 强企业中 94% 的企业都积极利用衍生品市场，商业银行通常将企业参与期货市场套期保值作为提升其信用额度的重要措施。此外，得益于自身独特的市场机制和经济功能，期货市场还可以在助力保障初级产品供应安全、引领全国统一大市场建设、增强宏观经济稳定性、促进产业链供应链优化升级、增强企业发展活力和韧性等经济高质量发展的重点领域和关键环节发挥重要作用。

不同于美国，我国期货市场是为解决改革开放初期市场定价问题由政府直接推动建立的，具有鲜明的中国特色，一路走来，筚路蓝缕。在引入期货交易机制初期，由于市场建设和监管经验匮乏，交易场所过多过滥，过度投机严重，市场操纵频发，欺诈乱象丛生，严重影响了期货市场的基础功能发挥和声誉。为规范发展，党中央、国务院先后于 1993 年、1998 年对其开展了两次清理整顿，并根据我国国情建立了具有中国特色的"五位一体"监管体系和"穿透式"监管风控制度，成立了中国期货市场保证金监管机构，自此我国期货市场逐步进入稳步发展阶段。目前，我国期货市场已成为品种丰富、法律法规健全、监管体系完善、市场服务模式不断创新的全球重要的衍生品市场，初步具备了服务经济高质量发展的基础。截至 2023 年 10 月末，我国已上市 79 个期货品种和 52 个场内期权工具，覆盖农产品、金属、能化和金融等国民经济主要领域，商品期货成交量已经连续 13 年位居全球期货市场前列，"保险＋期货""产融基地""稳价订单"等服务乡村振兴与小微企业的业务模式不断涌现，2022 年 8 月 1 日施行的《期货和衍生品法》更为我国期货市场后续长足发展奠定了坚实基础。

除了期货市场初期盲目发展带来的负面影响，由于功能隐性以及特殊的保证金等制度安排，期货市场往往被认为是高风险的产物且容易引发社会争议，从而较难宣传推广。即使在美国等成熟市场国家，对期货市场从理解、认识到肯定和支持也经历了较长时间和多次争论。特别是在 20 世纪 70 年代，美国社会对外汇、利率等金融期货产品的推出充满了怀疑、指责，甚至否定。直到 1985 年美联储、商品期货交易委员会、证券交易委员会和财政部四方联合发布了题为《期货和期权交易对经济的影响研究》的报告后，美国社会对期货市场的误解才得以纠正。对于我国来说，虽然《期货和衍生品法》肯定了期货市场的经济功能，但由于我国期货市场发展历史较短，不可避免地，个别行业和少数主管部门、社会公众仍对期货市场带着"有色眼镜"，特别是随着我国经济改革和期货市场创新步入"深水区"，亟需市场各方的理解和支持。

《理解期货市场》深入浅出地介绍了美国期货市场运行架构及与期货市场相关的基础理论和知识，实现了入门学习和理论探讨的有机融合，适合有意了解期货市场的各界人士阅读。本书既包括持有成本模型等基础理论阐述，又包括套利策略等实践应用案例，还包括市场操纵和程序化交易等市场监管问题探讨，以及交易所、清算所和经纪商等美国期货市场基本框架介绍。本书还分章节对商品、利率、股指和外汇等期货品种，以及期货期权工具进行了详细的单独介绍。本书通俗易懂的语言和生动活泼的案例为刚刚接触期货市场的"新手"提供了基础教材，严谨详实的文献和客观缜密的讨论则为在期货市场摸爬滚打多年的"老兵"带来了全新视角。

本书的两位作者罗伯特和詹姆斯，曾分别就职于科罗拉多大学和美国商品期货交易委员会。高等院校的学术精神与政府部门的敏锐洞察力为本书的内容提供了丰富视角。课堂上的教学与探讨则进一步提高了本书的可读性和严谨性。自 1985 年首版问世以来，本书已经发行至第六版，书中介绍的期货市场运行机制、监管框架、定价原理和应用策略等内容十分具有借鉴意义。本书通过穿插在正文中的文本框和插图，生动再现了美国期货市场历史上的轶事和场景，如为什么美国禁止洋葱期货交易、交易马甲的由来和作用、"老哈奇"的期货人生、詹宁斯交易池专利和奥黑尔价差等。这些栩栩如生的文字，让我们穿越岁月长河，身临其境般地了解当时的美国期货市场。

展望未来，大连商品交易所将深入学习贯彻党的二十大精神，坚持服务面向实体经济、创新紧跟市场需求，围绕产品创新、技术驱动、生态圈建设三大主线，加快建设期货现货结合、场内场外协同、境内境外连通的国际一流衍生品交易所，奋力谱写新时代新征程中国特色期货市场发展的绚丽华章，在中国式现代化之路上书写"期货答卷"！

谨以此书向大连商品交易所30周年华诞献礼！

大连商品交易所丛书编委会

2023 年 11 月

# 序　言

　　《理解期货市场》第六版对全球不同类型的期货市场进行了全面系统的概述。本书提供了期货如何运行的制度性知识、期货如何定价的理论性知识以及在实务中如何运用这些工具的实用性知识。本书还涵盖了期货行业的当前问题和政府监管的作用。

　　在过去的30年中，期货市场在世界各地蓬勃发展，成交量持续快速增长，出现了新交易场所，并推出了创新型产品。从21世纪初的角度来看，期货行业显示了预示着更美好未来的盎然生机。该行业的成功归功于一个简单的事实：以合理的价格向其客户提供了优质的产品。

　　期货活动始于1973年，当年推出了外汇期货合约，1975年推出利率期货合约、1982年推出股指期货合约，此后不久推出期货期权合约。在许多方面，期货市场的这些创新已经影响了整个金融市场。由于期货市场的这些创新活动，股票市场实务和很多金融机构的业务都发生了根本性变化。就连较早的农产品和冶金商品期货合约也在这一过程中焕发了新的生机。例如，一个强劲的能源期货市场目前已经出现。

本书力求以易于读者理解的方式涵盖所有这些发展变化。本书所覆盖的广度和深度更是空前的。对读者的数学要求是适度的，不过也包括了足够的数学细节，以确保对定价原则的透彻解析。

本版《理解期货市场》作了大幅修订。虽然正文基本章节保持不变，但每章内容都补充了新的素材，以涵盖自1997年第五版问世以来的市场发展和监管变化。国际竞争的作用通篇都在强调，电子交易系统的作用也是如此。彻底重塑美国期货交易监管环境的《商品期货现代化法案》（2000年）得到了详尽的剖析。本版《理解期货市场》还具有两个新的特征。一是添加了独立文本框，包含与各种期货主题相关的奇闻逸事或插图。二是添加了产品简介，以介绍某些在世界各地较为成功的合约，或是突出强调期货合约的创新性或个性化特征。

考虑到不是每一个读者对期货市场的每一个方面都会感兴趣，章节以方便选阅特定期货市场的方式进行编排。本书还详尽地考虑了市场的特定因素，将相关素材分为两部分编写：入门知识和进阶内容。例如，第1章和第2章都探讨了期货市场的制度特征。"第1章 期货市场：入门"，介绍了展开后续各章所需的基本制度背景。"第2章 期货市场：进阶"，更为详尽地介绍了市场的制度特征。这些细节对于希望进行期货交易或希望更深入地了解市场的人来说是至关重要的。此章还剖析了交易所竞争、电子化交易、市场操纵和期货行业当前面临的问题。这些当前问题包括交易所治理、期货清算所清算场外衍生品、大宗交易、双重交易、建议取消联邦投机持仓限额和订单流支付。此外，我们还关注事件市场发展引发的问题。这些市场允许市场参与者对诸如选举结果、公司业绩或自然灾害等事件发生的概率进行交易。

"第3章　期货价格",阐述了支配期货价格的各项原则。持有成本模型为了解影响期货价格的经济因素提供了框架。本章运用套利原理详细阐明了正向和反向期现套利交易策略是如何调节期货价格的。"第4章　利用期货市场",探讨期货市场如何服务社会,以及交易者利用期货市场的方式。正如本章所解释的,期货市场通过帮助传播有关未来价格可能走向的信息和提供风险转移的工具来服务社会。

"第5章　农业、能源和金属期货合约",开启对特定市场的研讨。由于这些商品种类繁多,此章阐明了了解期货市场所涉及的许多不同原则。例如,第5章解释了持有成本模型如何很好地诠释贵金属价格,并解释了为什么对诸如谷物和能源等其他商品则需要调整模型。

第6章至第8章聚焦于利率期货,期货市场最具活力的品种之一。"第6章　债券入门",介绍了了解利率期货定价和利率期货在风险转移中所需应用的背景知识。对很好地掌握了投资原理的读者来说,第6章可以作为对最重要观点的简要回顾。有些读者可以完全略过第6章。第7章和第8章直接聚焦于利率期货。"第7章　利率期货:入门",介绍了关于利率期货的最重要观点,包括定价和套期保值。"第8章　利率期货:进阶",扩展了讨论范围,以探讨更深入了解所需的特定问题。通过划分为两章,第7章对利率期货进行了全面的介绍,并提供了第8章所需的背景。

"第9章　证券期货产品:入门"和"第10章　证券期

产品：进阶"，在本版中进行了全面修订。这两章将股指期货分析分为一般分析和详细分析。第 9 章涵盖了股指期货的所有基础性问题，包括定价、套期保值、指数套利和程序化交易。第 10 章探讨了大致相同的领域，但特别关注其中的细微差别。例如，本章详细探讨了程序化交易，并说明了导致程序化交易比最初看起来要困难得多的一些因素。

"第 11 章　外汇期货"，探讨外汇期货交易。在国际舞台变得越来越重要时候，外汇交易市场日渐繁荣，并显示出进一步繁荣的前景。本章从外汇定价原则的背景讨论开始，如利率和购买力平价。分析很快转向外汇期货本身，包括定价问题和风险转移技术。

第 12 章和第 13 章均聚焦于期权和期货期权。"第 12 章　期权入门"，介绍了了解期权所需的背景知识。讨论的重点是支配期权价格的无套利条件，并且包含了对布莱克—斯科尔斯期权定价模型的分析。在第 12 章所提供背景知识的基础上，"第 13 章　期货期权"，直接专注于期货期权。本章涵盖了较为广泛的问题，如美式与欧式期货期权定价对比，利用期货期权创建合成期货头寸，以及利用期货期权进行投资组合保险等。

# 致谢

编写这种类型的书，必须依靠众多同事。随着本书的不断再版，我们的感激之情变得更加浓厚。我们要感谢所有对以前版本发表评论的人。对于这一版本，我们要感谢来自商品期货交易委员会的迈克尔·黑格（Michael Haigh）和来自亚利桑那大学的罗杰·达尔格伦（Roger Dahlgren），他们提出了有益的改进意见和建议。

我们也要感谢来自艾奥瓦州得梅因市的李·贝内克（Lee Beneke），他向我们分享了他从65年谷物交易中获得的许多实用见解。李的一些见解已编入本书的案例和习题之中。我们还要感谢来自伊利诺伊大学芝加哥分校的欧文·格雷戈里（Owen Gregory），他为我们查阅了档案资料以确定"交易马甲"的起源。

多年来，我们在课堂上使用了本书的各种版本和手稿。我们要感谢我们的学生，他们允许我们试用各种不同版本的手稿。我们相信，从他们那里听取的意见和建议使本书更加完善。

我们还要感谢来自布莱克威尔出版公司的编辑塞思·迪奇克（Seth Ditchik）和编辑助理劳拉·斯特恩斯（Laura Stearns）。

编写一本书是一个漫长而复杂的过程，需要很多人的辛勤付出。上面提及的每个人的贡献都有助于本书的完成。我们向所有帮助编写这本书的组织和个人表示最诚挚的谢意。当然，我们对任何遗留、缺陷独自负责。

本书中表达的观点仅为作者个人观点，并不代表作者在科罗拉多大学和商品期货交易委员会的同事的观点。

罗伯特·W. 科尔布

科罗拉多大学

詹姆斯·A. 奥道达尔

商品期货交易委员会

# 目　　录

# 第1章 期货市场：入门

## 1.1 概述

本章介绍期货市场如何运行的基础性知识。首先，我们介绍远期合约。远期合约不仅已存在了许多世纪，更与现代期货合约密切相关。实际上首个期货合约就是以一种特殊的远期合约的形式问世的，它包含高度标准化的合约条款，并在有组织的交易所交易。明白期货合约与远期合约之间的差异对于理解现代期货市场为什么会存在至关重要。

其次，在探索了现代期货合约的发展历程后，本章描述了促成期货交易所需的机构。这些机构包括期货交易所和期货清算所。我们研究了期货交易所的组织结构模式和彼此开展业务竞争的方式。我们描述了清算所如何确保期货交易的履约，以及如何保障市场运行的财务安全。本章还介绍了各种类型的期货合约和各类市场参与者。

我们主要聚焦在美国期货市场，这是由于美国期货市场被看作世界各地新建期货市场的典范。虽然我们的焦点是美国市场，但是我们也介绍了近年来正在迅速成长的美国以外的市场。

本章论述了期货市场具有的两个主要社会功能，价格发现和通过套期保值实现风险转移。由于监管在决定期货市场是否能够服务其社会功能和交易各方利益方面至关重要，本章接下来讨论了监管框架。

最后，本章分析了期货市场税收。

## 1.2 远期合约交易的起源

远期合约是双方协商达成的在未来特定时间以合约创立时所确定的特定价格交付某项实物资产（如原油或黄金）的协议。就远期合约达成一致的双方称为合约对手方。合约创立时并没有发生标的资产所有权的实际转移，而仅达成了关于在未来某个交付日转移标的资产所有权的约定。

下面的案例说明了一种非常简单但经常出现的远期合约类型。听说一只非常珍贵的圣伯纳犬刚刚生下一窝幼犬，一位爱犬人士立即冲进犬舍探望。在认真考察了幼犬们的血统后，这位爱犬人士同意从养犬人那里买下其中的一只。然而，交易并不能当场完成，这是由于这只幼犬此时还太小不能断奶。为此，爱犬人士和养犬人同意在 6 周内完成这只幼犬的交付，爱犬人士需在交付前支付给养犬人 600 美元。该合约不是附条件合约，双方均有义务按协议履约。[1]幼犬案例代表了一种非常基本的远期合约类型。如果养犬人要求预交押金，这个案例可能会更复杂，但并不会改变交易的本质特征。在这个案例中，有一个买家和一个卖家。买家持有多头头寸（long position），卖家则持有空头头寸（short position）。买入行为称为做多（going long），卖出行为称为做空（going short）。为了达成合约交易，必须有多头头寸和空头头寸。当一位交易者买入，同时另一位交易者卖出了一份期货合约时，此交易就形成了一手合约的成交量。

图 1.1 展示了美国期货交易所成交量的增长情况。从交易的本质看，未了结的多头头寸和空头头寸的数量总是相等的。合约上市之初尚无成交量。假定第一笔交易只成交一手合约，则会分别对应买入一手合约的交易者和卖出一手合约的交易者。此时产生了一手持仓合约，即一份有待履行交割义务的合约。持仓量（open interest）是指持仓合约的数量或有待履行交割义务的合约的数量（本章后续内容会表明，多数合约并不会实际发生交割）。

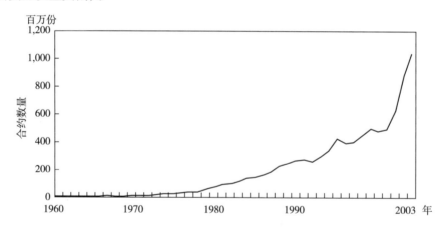

**图 1.1 1960—2003 年美国的交易所成交量增长情况**

由于合约本身的简单性及其应对未来不确定性的明显作用，此类合约甚至可能上溯到商业市场创立之初，其悠久历史并不令人惊讶。有些学者将远期合约的起源追溯到古巴比伦寺庙的商品借出活动。这些活动始于第一巴比伦王朝时期（公元前 1894 年至公元前 1595 年）。也有学者将此类活动追溯到了罗马甚至是古希腊时代。有充分的证据显示罗马皇帝曾与埃及谷物供应商签订过远期合约。还有学者追查到远期合约交易在印度的起源。[2]

虽然关于远期合约交易的起源难免众说纷纭，但可以肯定的是产生交易的合约在形式上与上面介绍的幼犬的例子类似。实际上，无论是对于爱犬人士，还是在信贷和货币兑换市场，此类合约持续至今一直居于十分重要的地位。例如，每天有数以千亿美元的外汇在货币中心银行（货币中心银行的英文原文为"Money Center Banks"，指借贷的对象为政府、机构和其他银行，而非消费者的大银行——译者注）之间通过远期合约易手。这些远期合约与上述幼犬合约有着非常相似的结构。

外汇和实物商品远期合约均涉及到期时的实物交割。例如，一手 3 个月后英镑兑日元的合约，涉及从买方到卖方的英镑实物转移，买方以协商确定的汇率从卖方获得日元作为回报。不过，有很多远期合约是以现金结算的远期合约。如果合约到期时标的资产的现货价格高于合约规定的价格，买方将收到差额现金；如果合约到期时标的资产的现货价格低于合约规定的价格，则买方支付差额现金。

虽然远期市场规模巨大而且非常重要，与期货市场也非常相似，但是本书旨在加深对期货合约及有组织交易场所的理解。对比远期合约和期货合约的结构有助于对照阐明这两种市场的基本异同。

## 1.3　远期市场与期货市场的比较

期货交易的确切起源目前尚不清晰。答案取决于哪些属性对于某一合约被称为现代期货合约来说是必不可少的。或许首个交易期货合约的有组织的交易场所是位于日本大阪的堂岛大米市场（Dōjima Rice Market）。早在 1730 年，堂岛大米市场就在交易实质意义上的大米期货，它对产品质量、交割时间、交割地点有标准化合约条款规定。这些合约在中央交易大厅交易，使用标准化的清算系统，交易所还建立了一套确定官方结算价格的机制。

在西方国家，现代期货合约的前身是一种被称为"即将到货"（to - arrive）的远期合约。在"即将到货"合约中，交易者在货物抵达前就交易条款达成一致。"即将到货"合约逐渐流行，这在始于 19 世纪 40 年代的芝加哥谷物交易中表现得尤为突出。1848 年，芝加哥期货交易所（Chicago Board of Trade，CBOT）成立，以推动"即将到货"合约的交易。1865 年，芝加哥期货交易所上市了一种被称作"期货"（futures）的新型标准化合约。据说，这是"期货"作为正式术语的首次使用。[3]自此，期货合约的基本结构逐渐被美国和其他国家的许多交易所采纳。

要了解期货合约自远期合约演变而来的原因，正确理解这两类合约的主要差异至关重要。[4]第一，期货合约在像芝加哥期货交易所这样有组织的期货交易所交易，而远期合约则在场外市场（Over‑the‑counter，OTC）私下协商达成。第二，期货合约条款高度标准化并且适用于所有同类合约，而远期合约条款是单独协商的，以适应合约各方当事人的个性化需求。第三，期货合约在中央清算所清算，而远期合约并非如此。第四，期货合约依赖于保证金和每日结算制度来确保合约的财务安全，而远期合约通常不依赖此类机制。第五，期货合约的使用者可以在合约到期前轻易、便宜地对冲和了结其持仓，而远期合约的使用者只能通过个别协商达成终止协议，以或许代价比较高昂的方式来了结他们的持仓。第六，这两类合约的监管架构不同。期货合约受联邦政府机构商品期货交易委员会（Commodity Futures Trading Commission，CFTC）的监管。远期合约依据普通商业合同法实行自我监管，如果情况恶化，还会适用破产法。

---

### 期货合约与远期合约的主要差别

1. 期货交易在有组织的交易所中进行，而远期交易在场外市场开展。

2. 期货合约有标准化的合约条款，而远期合约条款是通过个别协商达成的。

3. 期货交易所通过清算所机制确保合约义务的履行，而远期市场合约条款的履行依赖于合约参与各方的信誉。

4. 期货合约通常需要关于保证金和每日结算的制度安排，而远期合约不需要。

5. 期货持仓能够轻易了结，而远期合约不那么容易。

6. 期货市场由确定的政府机构监管，而远期市场依照合同法实行自我监管。

---

## 1.3.1 有组织的交易所

依照法律规定，期货合约必须在像芝加哥期货交易所这样有组织的交易所交易（某些特定的工具或许具有与期货合约十分相似的收益结构，例如某些私下协商达成的互换合约等，不过这些工具限于大型金融公司等专业市场参与者使用，并且被排除在期货监管范围之外）。作为世界上最古老的，也是迄今为止规模最大的期货交易所，芝加哥期货交易所的组织结构具有代表性。交易所自19世纪中期创立以来一直是由会员构成的非营利组织。不过，近年来出现了交易所脱离非营利组织形式的运动。例如，芝加哥商业交易所（Chicago Mercantile Exchange，CME）已于近期转换成为一家以营利为目的的公司。欧洲期货交易所（美国）（Eurex U.S.）也是一家欧洲期货交易所股份有限公司旗下的以营利为目的的交易所。芝加哥期货交易所和纽约商业交易所（New York Mercantile Exchange，NYMEX）正处在转换为营利机构的过程中。

在非营利组织结构中，个人拥有交易所会员资格（exchange memberships），也称为席位（seats）。[5]这些会员资格是由个人持有的股份，由具备资格的个人在活跃市场中交易，这与其他股权交易市场模式相同。表1.1列示了美国主要期货交易所近期席位的价格。市场价格显示，这些席位是宝贵的资本资产，而且这些席位的价格波动剧烈。这些席位的价格主要取决于近期和预期成交量。[6]交易所拥有的知识产权的价值也成为影响席位价值的重要因素。

**表1.1**      美国主要期货交易所会员资格价格

| 交易所 | 会员资格价格 |
| --- | --- |
| 芝加哥商业交易所（Chicago Mercantile Exchange） | 400,000 美元 |
| 芝加哥期货交易所（Chicago Board of Trade） | 935,000 美元 |
| 纽约商业交易所（New York Mercantile Exchange） | 1,650,000 美元 |
| 纽约期货交易所（New York Board of Trade） | 205,000 美元 |

数据来源：交易所网站，价格为 2004 年 7 月最后成交价。

资本所有权是持有交易所会员资格的一个重要原因，但并非唯一原因。交易所会员拥有在交易所交易的权利，并在交易所运营中有发言权。会员还在委员会任职，负责管理交易所的运营、规则、审计、公共关系以及会员的法律和道德行为。交易所的行政官员通常管理交易所的日常运营，并向会员报告。

当交易所转换为营利性质（交易所"非互助化"）时，会员们会收到新公司的股份。例如，在芝加哥商业交易所转换过程中，拥有非营利组织席位的会员们收到了新的营利性公司的两类股票。一类股票代表新公司的所有权，而另一类股票则载有在交易所交易的权利。2002 年 12 月，芝加哥商业交易所进行了股票的首次公开发行。这些股权目前在纽约证券交易所（New York Stock Exchange，NYSE）交易，股票代码为 CME。2004年，芝加哥商业交易所股份有限公司的股票总市值大约为 40 亿美元。芝加哥商业交易所依然保留可转让会员席位，每一个席位控制着一定数量的公开交易股权。[7]

传统上，期货合约通过被称为公开喊价（open outcry）的系统进行交易，这一系统的中央市场是一个交易室，在交易室里，交易者们口头"喊出"做多的买价和做空的卖价。在这一系统中，交易是在一个因呈碗状布局而被称为交易池（pit）的指定区域以面对面的方式进行的。这是交易所交易大厅的有形区域，每一商品均在指定的交易池内交易。交易者向交易池内其他所有交易者做出买入或卖出报价。交易者也使用非正式却高度发达的手势体系传达他们的买入或卖出意愿。

交易池中的交易者按照其职能可分为两类。第一类交易者为自己的账户进行交易，并承担由此而产生的亏损或享有由此而产生的收益。第二类交易者是代表所在的公司或交易所外的客户进行交易的经纪商。例如，经常代表美林（Merrill Lynch）或保诚贝奇（Prudential-Bache）等大型经纪公司在交易所交易的经纪商。在区分了为自己或他人账户执行交易的两类不同交易者之后，我们必须认识到某些交易者同时承担上述两个职能。[8]

早在1990年，期货交易仅通过公开喊价的方式开展。然而在今天，公开喊价交易仅占不到一半的期货成交量。目前，大多数期货成交量发生在电子交易平台。这些交易平台由期货交易所持有并运营。有些交易所，如芝加哥商业交易所、纽约商业交易所和芝加哥期货交易所，既有公开喊价交易也有电子交易。其他交易所，如欧洲期货交易所（美国）仅有电子交易。电子交易将在第2章中进行详细介绍。

在交易池中交易的交易所会员通常是投机者。投机者（speculator）是以承受风险为代价进入期货市场追逐盈利的交易者。某些在交易池内为自己账户进行交易的交易者或许不是交易所的正式会员，有可能是从正式会员那里租用了交易所席位。同时，某些热衷于提高成交量的交易所还设计了特别许可证以支持非会员入场从事特定合约的交易。大多数情况下，在交易池内为自己账户交易的交易者是投机者。

除了投机者之外，很多交易者是套期保值者（hedger），他们为降低此前存在的风险敞口而开展期货交易。套期保值者通常是相关商品的生产者或商业用户。例如，小麦套期保值者可能包括种植小麦的农场主和大型烘焙公司。需要说明的是，这些套期保值者在开展套期保值交易时不必实际拥有小麦。农场主可能通过在期货市场卖出预期收获的方式进行套期保值。这甚至可能发生在农场主播种之前。类似地，最终将农场主收获的小麦烘焙成面包的烘焙店主，有可能在实际需要小麦的几个月之前，就对小麦的预期需求开展套期保值交易。因此，套期保值是作为现货市场交易的临时替代品而进行的期货买入或卖出。[9]在大多数情况下，套期保值者并不亲自驻守在交易大厅，而是通过经纪公司进行交易。经纪公司将交易指令传递到交易池，并由交易池内的经纪商执行。

因此，有两种不同类型的经纪商。一种是经纪公司的客户经理通常是经纪商。他或她位于某一城镇或城市，与其客户打交道，将客户的指令传递到交易所。另一种经纪商是场内经纪商，位于交易所交易大厅，负责执行其他客户的指令。对于典型的交易大厅外的交易者的场内交易来说，指令首先传递给客户的经纪商（客户经理），客户经理再传递给经纪公司在交易所的出市代表。受雇于经纪公司的场内经纪商将在交易所交易大厅执行上述指令。

这种为交易期货合约而形成的组织结构有别于远期市场的组织结构。远期市场的组织是松散化的，没有专门用于交易的物理场所。[10]从前面介绍的幼犬案例看，这种差别是非常明显的。或许最为发达的远期市场是外汇交易市场。它是一个全球性网络，参与者多为银行和经纪商，彼此以电子方式沟通。在外汇远期交易市场中没有有组织的交易所和中央交易场所。[11]

## 1.3.2　标准化合约条款

远期合约与期货合约的第二个主要差异是期货合约总是具有标准化的合约条款。上述幼犬案例是缺乏标准化条款的远期合约的典型案例。幼犬不是标准化商品；双方商定了特定的交割日期，不过只要互相达成一致他们也可以选择其他日期；同时，对交易者来说也没有外部机制来确保合约的履行。与此相反，期货合约是高度统一的，对拟在特定时间以特定方式交割的商品进行了仔细描述和明确规定。通常，期货合约明确规定能用来履约交割的商品的数量和质量要求。期货合约还明确规定了交割日期和了结合约的方法，以及交易中容许价格变动的最小值和最大值。

下面以芝加哥期货交易所小麦合约为例进行介绍。一手小麦合约由数量为 5,000 蒲式耳的小麦构成，小麦种类限于下列之一：2 号软红小麦（No. 2 Soft Red）、2 号硬红冬麦（No. 2 Hard Red Winter）、2 号北方春黑麦（No. 2 Dark Northern Spring）或者 1 号北方春麦（No. 1 Northern Spring）。小麦合约交易的到期月份为每年的 7 月、9 月、12 月和次年的 3 月、5 月。芝加哥期货交易所还明确规定了履约交割条款。用于履约交割的小麦必须存放在芝加哥期货交易所认可的仓库中。[12]这些仓库必须位于芝加哥铁路调车区（Chicago Switching District），或者托利多、俄亥俄的铁路调车区。买方付款给卖方，卖方向买方交付仓单。仓单的持有者拥有存放在仓库中的小麦的所有权。交割可在交割月份的任一交易日进行。

期货合约也明确规定了最小价格波动幅度，即最小变动价位（tick size）。小麦的最小变动价位是 1/4 美分/蒲式耳。每手合约代表 5,000 蒲式耳小麦，这意味着每手合约的最小变动价位为 12.50 美元。期货合约还规定了每日价格限制（daily price limit），即单一交易日内允许价格波动的区间范围。小麦当日交易价格不能与前一日收盘价格相差超过 30 美分/蒲式耳，或 1,500 美元每手合约的波动幅度。交割月（或称现货月）的合约交易则没有价格限制。而且，当商品价格处于异常波动时期，价格限制幅度通常会连续数日扩大。例如，当 1991 年伊拉克战争爆发时，原油价格连续数日暴涨。第一天期货价格只允许上升到涨停板。由于第一天价格涨停，第二天价格限制幅度扩大。对于大多数商品，价格限制幅度会连续数日扩大，直到某一天不再限制价格变化。此外，有些商品没有价格限制。[13]最后，交易所规定了每一期货合约的交易时间。小麦的交易时间为芝加哥时间每一交易日上午 9:30 至下午 1:15，而即将到期合约最后交易日的交易在中午结束。小麦合约的最后交易日为交割月最后交易日之前的第 7 个交易日。

## 跌至停板：芝加哥商业交易所遭遇疯牛

术语"停板"（lock limit）是指交易所对上市合约设定的价格限制。如果市场下跌触发跌停板，低于限定价格的交易无法达成，而高于限定价格的交易则不受限制。多数情况下，价格触发停板后交易实际上就会停止，次日再以新的限定价格恢复交易。

但是，当某一合约步入交割期时，若市场锁定在某一限定价格，会发生什么情况呢？2003年12月23日，芝加哥商业交易所的活牛期货合约就面临这一问题，当时恰逢第一次在美国发现"疯牛病"（牛海绵状脑病，Bovine Spongiform Encephalopathy，BSE）。上述发现公布时活牛期货12月合约距离到期仅剩下4个交易时段了。新闻发布之前，12月合约正在以92.35美元/磅的价格，在1.5美分的每日涨跌幅限制区间内进行交易。这一令人震惊的新闻发布后，现货市场指标暗示，12月合约的真实市场价格很可能要低得多。在第一个交易日，卖出指令蜂拥而入，而潜在买入者因知道真实价格低于当前限定价格而拒绝参与交易。市场鸣钟开市后很快触发90.85美分/磅的停板价格并停止交易。圣诞节假期后，市场以停板扩大到3美分/磅的幅度恢复交易。鸣钟开市后立即触发了停板价格，其间仅有数笔交易。周末后，芝加哥商业交易所针对活牛期货12月合约更改了紧急状态规则，涨跌幅限制扩大到5美分/磅。鸣锣开市后市场很快触发了82.85美分的停板价格。自新闻冲击市场以来已过去了将近一周的时间，12月合约的市场结算价格仍未能形成。芝加哥商业交易所将实物交割前最后一个交易日的涨跌幅限制放宽至7.5美分/磅。市场在这一涨跌幅限制范围内恢复交易，并以77.95美分/磅的价格收市，次日进入实物交割环节。

卷入交割期跌停板会产生什么后果呢？现货价格和期货价格不会像通常那样趋同。因此，套期保值的效果会更差。那些持有空头期货头寸的套期保值者，不会看到他们的期货收益完全抵消他们的现货市场损失。那些持有多头期货头寸以对冲预期购买风险的套期保值者会从中受益。卷入交割期跌停板也会引起对是否真的可以进行如此大量交割的担忧。在正常情况下，交易者选择不主张交割。受停板价格影响，更多交易者将被锁定在其头寸上，并被迫进入交割环节。市场可能无法在如此短的时间内处理如此大量的交割。

幸运的是，这种情况极为罕见。

虽然这些规则看似极具约束性，但是它们实际上促进了交易的达成。由于交易的商品是高度标准化的，所有的市场参与者清楚地知道出售的是什么以及交易的具体条款。这种统一性有助于提高流动性。所有的期货合约均具有高度成熟的架构，这些架构详尽规定了交易的所有方面。正如我们从小麦合约看到的那样，这些规则约束了从价格变化范围到适当的交割方式等市场的所有方面。潜在的交易者在开始交易之前应当查阅特定合约的详细条款。交易所会通过它们的官方网站发布合约条款。

---

### 期货合约中通常标准化的条款

1. 数量
2. 质量
3. 到期月份
4. 交割条款
5. 交割差价

6. 交割日期
7. 最小变动价位
8. 每日价格限制
9. 交易日期和时段

---

## 1.3.3　清算所

为了确保期货合约能够在平稳运行的市场中交易，每一个期货交易所都有关于期货清算所的制度安排。清算所可以作为独立的公司为多个交易所提供清算服务，可能还会提供其他服务。清算所也可以期货交易所内设部门的形式组建。无论如何，任何一个交易所都必定与某一特定的清算所密切相关。整个行业的清算机制发生了变化，主要是受 2000 年《商品期货现代化法案》（*Commodity Futures Modernization Act*，CF-MA）的影响。该法案对清算所作为与交易所提供的交易执行服务分离的业务线进行监管。清算机制的多样性在芝加哥能够得到最好的展现，根据自 2004 年起实施的芝加哥期货交易所与芝加哥商业交易所之间的清算协议，芝加哥期货交易所大部分合约的清算职责由芝加哥商业交易所的清算所履行。也是在芝加哥，交易所清算公司（Board of Trade Clearing Corporation，CCorp）为欧洲期货交易所（美国）和圣路易斯商业交易所（Merchants Exchange of St. Louis）的交易提供清算服务。

清算所确保期货市场中的交易者履行义务。[14]清算所通过作为所有卖方的买方和所有买方的卖方的身份来承担这一职责。这意味着期货市场中每一个交易者仅对清算所承担责任，并且期待清算所保持交易对手方的身份。因此，清算所以自身的信用取代市场中每一交易者的承诺。清算所因其财务保障体系而能够作出可信的承诺。市场中存在两种类型的清算所财务保障体系。第一种类型称为"流尽最后一滴血"（good to the last drop），意思是清算所以其资本承担未被下列资金弥补的违约责任：（1）清算会员代表客户或其自营账户提交的保证金；（2）单独募集的保障基金。在"流尽最后一滴血"模式下，清算所承诺承担所有的义务直至清算所破产。纽约商业交易所清算所和伦敦清算所（London Clearing House，LCH）是典型的采取"流尽最后一滴血"模式的清算所。

第二种财务保障体系模式称为"再活一天"（live another day）模式。在这一模式下，清算所首先受到保障基金的保护。清算所的核心资本并不用来履行所有义务。在这一模式下，首要的目标是保持清算所的存在，以确保清算所在危机持续期间继续承担市场所最需要的风险缓释职责；违约责任最终由清算会员承担，清算会员必须承担未支付账单。有很多实施这一模式的方式。例如，交易所清算公司不承担超出保障基金的履约义务。使用这一财务保障模式的其他清算所，设置了数道安全防线以保护清算所并确保所有的义务均已履行。

防止清算所违约的第一道安全防线是清算会员代表客户或其自营账户存入的保证金。例如，2004年1月，芝加哥商业交易所清算所持有395亿美元的保证金资金。第二道安全防线是清算会员对清算所违约时清算会员的资本。第三道安全防线是清算所持续经营所需营运资本之外的资本。2004年初，芝加哥商业交易所清算所此类资本的价值合计约8,500万美元。还有一道安全防线来自清算会员在清算所保有的保障基金。这部分资金是会员按照成交量计算缴纳的，以确保基金价值的持续累积。2004年初，芝加哥商业交易所清算所此类保障基金的总价值达到8.76亿美元。如果这部分资金全部耗尽，清算所有权评估清算会员未履行的义务。2004年初，芝加哥商业交易所清算所的相关评估权价值总计为24亿美元。清算所还持有信用额度以确保一旦进入紧急状态有可立即动用的资金。此外，清算所对清算会员定期实施风险评估，以识别与财务状况和风险控制相关的潜在缺陷。

### 量投公司（Volume Investors）

量投公司是一家期货经纪商，也是商品交易所有限公司（Commodities Exchange，Inc.，如今是纽约商业交易所的一个部门）的清算会员，于1985年3月倒闭。它的倒闭例证了客户、经纪商和清算所之间的契约关系。量投的某些客户未能按其通知要求追加保证金，导致量投也未能按清算所的通知要求追加保证金。清算所通知追加的保证金超出了量投自身的资产。清算所没收了量投此前代表其客户存入并累积的保证金，用来支付给其他清算会员。这导致量投的未违约客户在清算所没有保证金，也不能及时地以适当的方式从这家倒闭的经纪公司获得他们的保证金款项，或他们在账户中的其他资金。因此，量投的正常客户，尽管与这些违约客户的关系仅限于使用同一经纪商，却发现他们有大量的资金面临风险。[15]

2000 年 5 月发生了类似的倒闭事件，克莱因期货公司（Klein and Co. Futures Inc.）的一名客户在纽约贸易委员会（New York Board of Trade，NYBOT）旗下的纽约期货交易所（New York Futures Exchange，NYFE）分部遭受了重大损失。上述损失导致纽约清算公司（New York Clearing Corporation）清算了克莱因的客户保证金账户，而这一账户包括了混合存放在一起的所有客户的保证金。同类情况再次发生，经纪商的正常客户，尽管与违约客户的关系仅限于使用同一经纪商，却发现他们有大量的资金面临风险。

清算所在市场中并不实际持仓，但却介入买卖双方的每一笔交易中（我们会看到，清算所与作为清算会员的经纪商直接发生关系，并通过作为清算会员的经纪商与最终交易者间接发生关系）。在期货市场中，合约买入的数量与合约卖出的数量必须相等。因此，对于期待接收特定商品的某一方来说，其交易对手方必须准备实施交割。如果我们汇总所有未了结的多头和空头期货市场头寸，其总额总是为零。[16]

表 1.2 显示了典型的交易情景。在表 1.2 中，我们假定所有的交易均发生在一天内，假如是 5 月 1 日。甲方（Party 1）在交易所买入了一手数量为 5,000 蒲式耳于 9 月交割的燕麦合约。甲方买入的达成，必须对应某一其他市场参与者卖出。根据表 1.2 中（a）组数据，很显然甲方和乙方（Party 2）在期货市场中持有互补头寸。一方的买入恰好是另一方的卖出。请注意交割时间、拟交割燕麦的数量和价格都是匹配相符的。如果不是所有的方面都完美地匹配，是不可能达成交易的。很可能交易双方之间并不认识，每一方都是通过这个国家不同地区的经纪商进行交易是完全可能的。在这种情形下，信用问题就会浮现。任何一方如何能确保另一方会履约？清算所就是为了解决这一问题而存在的。表 1.2 中（b）组和（c）组两组数据显示，清算所向每一交易方确保合约的履行。初始交易达成后，清算所介入并充当买方的卖方和卖方的买方的角色。根据（b）组数据，清算所向期货合约的购买者甲方保证它将按当初约定的时间和价格交付商品。（c）组数据显示，清算所向期货合约的卖出者乙方保证它将按约定时间和价格接受商品的交付。图 1.2 形象地说明了相同的观点。如果没有清算所，双方彼此发生交易，彼此直接承担相关义务。有了清算所后，每一方均对清算所承担义务，清算所也将确保他们履行义务。

表 1.2　　　　　　　　　　　　　　期货市场的义务

| 燕麦合约在芝加哥期货交易所交易。每手合约数量为 5,000 蒲式耳，以美分/蒲式耳报价。 | |
|---|---|
| （a）甲方（Part 1）<br>以 171 美分/蒲式耳买入一手 9 月燕麦合约 | 乙方（Part 2）<br>以 171 美分/蒲式耳卖出一手 9 月燕麦合约 |
| （b）甲方（Part 1）<br>以 171 美分/蒲式耳买入一手 9 月燕麦合约 | 清算所<br>同意以 171 美分/蒲式耳向甲方交付一手 9 月燕麦合约 |
| （c）乙方（Part 2）<br>以 171 美分/蒲式耳卖出一手 9 月燕麦合约 | 清算所<br>同意以 171 美分/蒲式耳从乙方接收一手 9 月燕麦合约 |

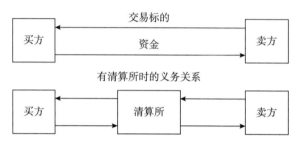

**图 1.2　期货市场中清算所的功能作用**

由于清算所的存在，交易双方不需要彼此信任，甚至不需要了解彼此的身份。双方交易者真正需要关心的是清算所的可靠性。不过，清算所是资本雄厚的大型金融机构。如果它不能确保双方履行义务将会导致期货市场陷入崩溃。追溯美国期货交易的历史，清算所一直按照其承诺履行职责，因此清算所未来破产的风险是很小的。[17]

对表 1.2 中（b）组和（c）组数据进行更为谨慎的分析，会进一步增强对清算所能够按照其承诺履行职责的信心。加总之后，清算所实际上并不拥有单独的燕麦头寸。它有责任接收燕麦并按 171 美分/蒲式耳支付货款，同时它也有责任交付燕麦并按 171 美分/蒲式耳收取货款。这两部分责任形成的净头寸为零。由于自身并不拥有期货市场头寸，清算所的风险实际上比看起来要小。[18]

### 1.3.4　保证金和每日结算

除了清算所之外，期货市场也有其他保护措施，其中最主要的是关于保证金和每日结算的制度安排。交易期货合约以前，潜在的交易者必须向经纪商存入资金，这些资金用作交易者的信用保证金或履约承诺，并被称为保证金（margin）。保证金的主要目的是提供财务保障以确保交易者履行他们的合约责任。保证金要求对交易者的活动构成约束，因此交易所和经纪商希望保证金水平不要高到不合理的程度。[19]保证金水平因合约和经纪商的不同而不同。[20]保证金可以现金、银行信用证或短期国库券的形式支付。支付了保证金的交易者拥有对在经纪商开立的独立账户（segregated account）中存放的上述资金的所有权。独立账户中的客户资金不得与经纪商自有资金混合存放。这是为了防止经纪商使用客户的资金为自己的账户进行交易。虽然客户的资金与经纪商的资金是隔离的，但客户之间的资金不是彼此隔离并单独存放的。这意味着，就像我们通过量投公司案例看到的那样，客户可能会因其他客户违约而面临风险。

保证金的种类。在本章中，我们探讨各种不同类型的保证金，并解释保证金要求会如何影响持有单一期货头寸的交易者。在下一章中，我们讨论更为复杂的头寸的保证金规则。

保证金可分为三类。前述初始存款被称为初始保证金（initial margin）——交易者在交易期货前必须存入的金额。初始保证金大约等于正在交易的合约所允许的每日价格波动幅度的最大值。在合理完成交易者期货头寸的所有义务后，初始保证金会归还给交易者。如果是以证券作为保证金，则证券用作保证金期间孳生的利息归属于交易者。

对于大多数期货合约，初始保证金可能等于或低于标的资产价值的5%。初始保证金相对于期货合约标的商品价值如此之小看起来很奇怪。而这么小的金额实际上是合情合理的，这是因为还有另外的以每日结算（daily settlement）或逐日盯市（marking-to-market）为表现形式的保护措施作为这一机制的组成部分。在期货市场中，交易者被要求兑现当天发生的任何亏损。用期货市场的行话来说，期货合约是按市价逐日结算的。

---

## 保证金的三种类型

1. 初始保证金（Initial margin）

2. 维持保证金（Maintenance margin）

3. 变动保证金（Variation margin）

---

为了了解每日结算的流程，让我们重新研究表 1.2 和以 171 美分/蒲式耳的价格买入了一手合约的甲方。假定该合约在 5 月 2 日以 168 美分/蒲式耳的价格收市。这意味着甲方遭受了 3 美分/蒲式耳的损失。一手合约的数量为 5,000 蒲式耳，因而其亏损为 150 美元，这部分损失将从存给经纪商的保证金中扣减。当存给经纪商的保证金的价值达到称为维持保证金（maintenance margin）的特定水平时，交易者需要补充保证金，直至其重新达到初始水平。这种关于追加保证金的要求称为追保通知（margin call）。

交易者需要追加存入的金额称为变动保证金（variation margin）。维持保证金通常约为初始保证金金额的75%。例如，假定初始保证金为1,400美元，甲方仅存入了这一初始保证金水平的最低值，由此维持保证金为1,100美元。甲方已遭受了150美元的损失，因此保证金账户资金降为1,250美元。假定次日燕麦的价格下降了4美分/蒲式耳，导致甲方产生了200美元的额外亏损，这导致甲方保证金账户资金降至1,050美元，低于所需的维持保证金水平。这意味着经纪商将要求甲方将保证金账户资金补充到1,400美元的初始保证金水平。交易者必须存入350美元的变动保证金以恢复保证金账户正常功能。变动保证金一直必须以现金的形式支付。

图1.3以1,400美元的初始保证金水平和1,100美元的维持保证金水平演示这一过程。起初存给经纪商的保证金的价值为1,400美元。刚开始的一段时间里交易者时而小亏时而小赚，其中小亏的情形居多。不久之后，累积损失导致账户资金低于1,100美元。交易者随后需要将账户价值或净资产恢复到1,400美元的水平。第一次追加保证金后，交易者短期内维持了盈亏交错的结果，随即发生了大额亏损。上述亏损触发了再次追加保证金的通知。图1.3仅展示了所需的现金流。如果账户净资产价值超过1,400美元，交易者可以提取现金，不过交易者可提取的金额不能导致账户净资产价值低于初始保证金。

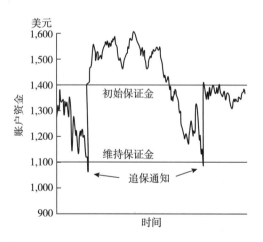

**图1.3 账户净资产和保证金要求**

由于期货价格几乎每天都在变化，每个账户都将频繁地产生收益或亏损。发生亏损时可能面临变动保证金支付要求，产生收益时交易者则可能有权提取现金。为了方便起见，很多情况下交易者并不希望每天都面对追保通知。有两种方式可以避免追保通知，一是交易者可以存入价值超过初始保证金水平的资金；二是交易者可以将多于初始保证金的资金存入计息账户。无论发生何种情况，上述资金存放都相当于预先形成了流动性蓄水池，以避免交易者频繁地面对变动保证金支付需求。同样的，交易者可以指示经纪商将其账户中的利润转入计息账户，这些资金可以随时满足追保通知要求。

上述维持保证金或变动保证金支付业务以及每日结算机制有助于确保期货市场更加安全。假定表 1.2 中的甲方仅支付了初始保证金，即执行交易的最低保证金。同时假定交易者遭受了亏损从而需要更多的保证金，并且交易者无力支付或拒绝支付需要额外追加的保证金。经纪商在这种情况下有权了结期货头寸，从交易者的初始保证金中扣除损失，并将减去佣金成本的余额归还给交易者。经纪商还将关闭交易者的全部经纪账户。不能支付所需的维持保证金是对交易者与经纪商协议约定的违背。这样一来，初始保证金水平为何如此之低就显而易见了。初始保证金仅需覆盖一天内的价格波动，因为任何损失都将通过追加额外的变动保证金予以覆盖。不能支付变动保证金将导致期货头寸被平仓。[21] 如果期货头寸无法立即平仓（如交易因价格波动限制而暂停），经纪商就会接管上述头寸，并视同自有头寸（归经纪商所有）进行管理。最终经纪商将在条件允许时了结上述头寸。

保证金的资金流向。这部分内容将跟踪保证金资金从交易者到清算所的流动过程。保证金制度通过连接清算所与个体交易者的市场参与者层级体系发挥功能。交易所的会员可分为清算会员和非清算会员。清算会员既是交易所的会员也是交易所相关清算所的会员。清算所仅与清算会员发生业务关系。因此，任何非清算会员的交易必须通过清算会员进行清算。

## 让与协议（Give up Agreements）

让与协议是由客户与其经纪商签订的，对交易经纪商（transacting broker）与清算经纪商（clearing broker）之间的费用和责任进行规定的协议。让与协议的应用至少有两方面的原因。首先，不是所有的经纪商都是达成交易的交易所的相关清算所的会员。为了清算已达成的交易，经纪商将有关的交易"让与"给作为相关清算所清算会员的其他经纪商。其次，大客户可能会利用让与协议作为隐匿交易活动的策略之一，以防止其他市场参与者对其交易进行跟踪。应用此策略时，大客户会将大额交易指令分割由 5 个不同的经纪商执行，并要求上述经纪商将交易让与给单一清算经纪商进行清算。让与协议有助于大客户隐匿其在市场上的行为，但保留了由于使用单一清算经纪商而产生的后台交易处理效率。

清算所需要清算会员存入能覆盖其持有的所有期货头寸的保证金。例如，某一清算会员可能是一家为交易者群体执行指令，同时也为其他非清算会员提供服务的大型经纪商。因此，该清算会员将向他代理的所有账户收取保证金并交给清算所。

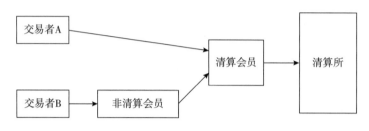

**图1.4 保证金的资金流向**

图1.4显示了通过清算会员或非清算会员交易的个体交易者的保证金流动情况。图1.4中的交易者A通过一家作为清算会员的经纪商进行交易。在这种情况下，交易者A将保证金交存该清算会员，该清算会员再交存清算所。交易者B作为图1.4中的另一个选择，通过一家不是交易所清算会员的经纪商进行交易。该经纪商必须找一家清算会员清算其所有交易。在这种情形下，交易者B将保证金交存该经纪商，该经纪商随后交存一家清算会员，再由该清算会员交存清算所。

交易者A和交易者B直接通过清算会员还是非清算会员进行交易，这并不太重要。大多数大型经纪公司是清算会员，所以大多数通过当地经纪商进行交易的个体交易者同时也是通过清算会员进行交易的。然而，交易所的很多会员是作为投机者为自己的账户进行交易的，他们中只有少数是清算会员，所以他们中的大多数需要通过清算会员对他们的交易进行清算。

### 1.3.5 了结期货头寸

我们首先研讨通过交割履行期货合约。不过，在关于变动保证金的讨论中，我们注意到经纪商有可能在5月2日交易结束后了结期货头寸。细心的读者会记得表1.2中显示的初始交易需要履行交割的时间为9月。基于上述事实，似乎该期货头寸不能在5月了结。然而，实际上有三种方法可以了结期货头寸：交割、平仓和期转现（Exchange-for-Physicals，EFP）。

---

**了结期货合约的三种方法**

1. 交割或现金结算
2. 平仓或反向交易
3. 期转现（EFP）或场外交易

---

　　交割（Delivery）。大多数商品期货合约包含通过特定商品的实物交割了结期货合约的内容。我们在研讨小麦合约时发现，交割根据期货交易所规则在特定地点和特定时间进行。大多数金融期货合约允许通过现金结算（cash settlement）来了结。在现金结算中，交易者在合约到期时以现金收付方式结算收益或亏损，而不是进行实物交割。实物交割和现金结算均用于在合约到期时了结期货合约。不过，仅有少数期货合约是真正通过实物交割或现金结算了结的。例如，在 2003 年 9 月 30 日财政年度结束时，所有已交易合约中仅有大约 0.75% 是通过实物交割或现金结算了结的。表 1.3 显示了商品分组和每组商品以实物交割或现金结算了结合约所占百分比情况，其中只有货币组以实物交割或现金结算了结合约占比超过了 2%，牲畜、能源/木材组中实物交割或现金结算所占比例很小。因此，绝大多数开仓交易合约必然是通过实物交割或现金结算以外的其他方式了结的。

表 1.3　　　　　　　　　　　期货合约的了结

（通过交割或现金结算，2002 年 10 月 1 日至 2003 年 9 月 30 日）

| 商品分组 | 成交量（手） | 交割或现金结算 | |
|---|---|---|---|
| | | 合约数量（手） | 占比（%） |
| 谷物 | 28,917,090 | 98,235 | 0.33 |
| 油籽 | 30,917,636 | 51,143 | 0.17 |
| 牲畜 | 7,190,906 | 36,107 | 0.50 |
| 其他农产品 | 15,560,473 | 95,344 | 0.61 |
| 能源/木材 | 94,635,656 | 839,221 | 0.89 |
| 金属 | 18,602,108 | 209,186 | 1.12 |
| 金融工具 | 760,292,234 | 7,115,757 | 0.94 |
| 货币 | 30,032,897 | 682,095 | 2.27 |
| 所有商品 | 986,149,000 | 9,125,088 | 0.93 |

数据来源：商品期货交易委员会（Commodity Futures Trading Commission），年度报告，2003 年。

　　一个设计良好的期货合约必须确保有足够的合约标的现货商品可用于交割，以有效预防实物交割过程中发生操纵行为。交易所为确保可交割品供应充足而采用的一种方法，是允许空头选择在非标准交割地点交割非标准商品。当空头做出这一选择时，他们通常需要支付附加费，或与他们在标准交割地点交割标准商品相比的交割差价（delivery differential）。这些差价在期货合约的标准条款中会予以明确规定。

　　交割差价包括两类：质量差价（quality differentials）和地点差价（location differentials）。质量差价也可称为等级差价（grade differentials），地点差价有时也称为地区差价（territorial differentials）。某些合约还规定了交割时间差价（timing differentials）。

质量差价是以标准交割等级为基准的。标准等级作为构成内容在期货合约中作具体说明。例如,芝加哥期货交易所玉米期货合约将二等黄玉米(No. 2 yellow corn)作为标准等级。然而,三等黄玉米(No. 3 yellow corn)可以以 1.5 美分/蒲式耳的贴水差价进行交割。换言之,如果交割时标准等级的现货价格为 3 美元/蒲式耳,则交付三等黄玉米装运凭证的空头将会收到 2.985 美元/蒲式耳。芝加哥期货交易所玉米合约也允许一等黄玉米以升水等级进行交割,与标准等级相比有 1.5 美分/蒲式耳的升水差价。由此,如果交付的是一等黄玉米的装运凭证,此例的空头将收到 3.015 美元/蒲式耳。

地点差价是相对于标准交割地点或期货合约指定的交割地点而界定的。例如,芝加哥期货交易所玉米合约规定的交割地点为伊利诺伊河沿岸,芝加哥与伊利诺伊州皮京 151 英里标志号之间经批准的码头。在芝加哥与印第安纳州伯恩斯港之间经批准的码头交割的玉米也执行基准价格。在伊利诺伊州洛克波特和塞内卡之间经批准的码头交割的玉米收取高于基准价格 2 美分/蒲式耳的升水差价。上述升水差价源于以下事实:邻近密西西比河的地点与邻近芝加哥的地点相比,运送玉米到墨西哥湾的费用更便宜。在运到渥太华、伊利诺伊州、吉利克斯码头的玉米中,运到伊利诺伊州的玉米有 2.5 美分/蒲式耳的升水差价。运到皮奥利亚与皮京之间码头的玉米有 3 美分/蒲式耳的升水差价。

对于任何给定的期货合约,交割差价都将作为期货合约的构成内容予以规定。这些固定差价将由交易所定期进行审查,以确定上述差价是否充分反映现货市场的客观状况。不过,期货合约中的固定差价可能在任何时间都无法客观反映现货市场状况。多头和空头均会认真评估现货市场"真实"的交割差价,并将其与期货合约中规定的交割差价进行比较。多头预期空头将选择在最便宜交割地点交付最便宜交割等级的商品。

添加了非标准等级和地点交割差价的交割程序,极大地扩充了期货合约的潜在可交割量,这非常有利于降低期货合约的操纵敏感性。不过期货合约可交割量的扩充也有可能降低期货合约与标准等级商品之间的相关性,从而降低期货合约作为风险管理工具的有效性。如何在降低操纵敏感性与降低套期保值效果之间进行权衡,是交易所需要做出的业务决策。[22]

平仓(Offset)。迄今为止,多数期货合约通过平仓或反向交易(reversing trade)的方式了结。为了通过平仓来了结期货合约相关义务,交易者通过期货市场交易将其在特定期货合约上的净头寸恢复到为零的状态。让我们再次分析表 1.2 描述的情况。甲方对清算所负有在 9 月接收 5,000 蒲式耳燕麦,同时按 171 美分/蒲式耳付款的义务。这位交易者或许并不希望实际接收燕麦,而是想尽早离场了结,比如说 5 月 10 日。这位交易者可以通过再次进入期货市场并进行如表 1.4 所示的反向交易来履约。

表 1.4 第一行仅复述了 5 月 1 日所进行的初始交易。5 月 10 日，甲方恰好通过以 180 美分/蒲式耳的实时期货价格卖出一手 9 月燕麦合约，取得了反向头寸。这位交易者与新入场的交易者丙方（Part 3）进行了交易。通过此次反向交易，甲方的净头寸为零。清算所对此予以确认，免除了甲方任何进一步的义务。此例中 9 月燕麦的价格在此期间上升了 9 美分/蒲式耳，令人高兴地为甲方带来了 450 美元的收益。乙方，即最初的卖出者，不受甲方反向交易的影响。乙方的义务保持不变，这是由于正如表 1.2 所示，清算所继续准备完成这笔交易。现在清算所也与新入场的交易者丙方彼此承担互补义务。请注意清算所持有的头寸没有因 5 月 10 日交易而发生变化。而且，新的交易发生后乙方和丙方彼此的义务是互补的，正如 5 月 1 日初始交易时甲方和乙方形成彼此互补的义务一样。

**表 1.4** 　　　　　　　　　　　　　　　反向交易

| | | |
|---|---|---|
| 5 月 1 日 | 甲方的初始交易 | 乙方 |
| | 以 171 美分/蒲式耳的价格买入一手 9 月燕麦合约 | 以 171 美分/蒲式耳的价格卖出一手 9 月燕麦合约 |
| 5 月 10 日 | 甲方的反向交易 | 丙方 |
| | 以 180 美分/蒲式耳的价格卖出一手 9 月燕麦合约 | 以 180 美分/蒲式耳的价格买入一手 9 月燕麦合约 |

在进行反向交易时，有一点非常关键：甲方在同一交易所卖出与最初买入完全相同的合约。表 1.4 显示反向交易与初始交易在交易所的商品、合约数量和到期日等方面匹配相符。如果不是这样，那么甲方实际上承担了新的义务而不是了结过去的义务。例如，如果甲方 5 月 10 日卖出的是一手 12 月合约而不是 9 月合约，他将有义务在 9 月接收燕麦并在 12 月交付燕麦。上述交易会导致甲方持有两个头寸而不是反向交易。

期转现（EFP）。交易者可以通过参与期转现了结期货合约。在期转现交易中，双方交易者协商同意同步进行现货商品和基于现货商品的期货合约的交易。价格及其他交易条款均由交易双方私下协商达成。例如，假定甲方持有一手小麦合约多头头寸并真心希望得到小麦；同时假定乙方持有一手小麦合约空头头寸并实际拥有小麦。上述双方交易者约定以某一价格交付实物小麦并同意取消彼此互补的期货头寸。表 1.5 上半部分列示了上述初始头寸。甲方向乙方购买小麦，并且双方向交易所提交取消他们期货头寸的申请。交易所注意到他们的头寸彼此匹配相符（一个空头头寸和一个多头头寸）并取消了他们的期货义务。表 1.5 中下半部分阐明了甲乙双方交易者达成期转现交易时的相关头寸。

表1.5　　　　　　　　　　　　　　期转现交易

| 期转现之前 | |
| --- | --- |
| 甲方 | 乙方 |
| 为得到实物小麦而买入一手小麦期货合约 | 卖出一手小麦期货合约并期望卖出实物小麦 |
| 期转现交易 | |
| 甲方 | 乙方 |
| 与乙方协商同意买入小麦并彼此取消期货头寸；<br>收取小麦，付款给乙方；<br>向交易所报告期转现交易，交易所调整记录以确认甲方了结离场 | 与甲方协商向其同意卖出小麦并彼此取消期货头寸；<br>交付小麦，收取甲方货款；<br>向交易所报告期转现交易，交易所调整记录以确认乙方了结离场 |

　　上例结果与平仓交易类似，这是因为期货交易双方都了结了他们的义务并离开了期货市场。当价格的确定性十分重要时，交易者就会愿意使用期转现模式。不过，期转现与平仓交易相比有以下几个主要差异。首先，交易者进行了实物商品的交付。其次，期货合约不是通过在交易所场内交易的方式了结的。最后，双方交易者私下协商价格和其他交易条款。由于期转现交易是在交易所交易大厅以外进行的，它有时也被称为交易池外交易（ex-pit transaction）。联邦法律以及交易所规则通常要求所有的期货交易必须在交易池内或通过电子化交易平台进行。不过期转现被认为可不受上述规则的约束。期转现交易有时也被称为以期换现（against actuals）或期现转换（versus cash）交易。

　　期转现交易通常被交易者用于确保作为复杂交易组成部分的期望价格的一种手段。在估计复杂的"一揽子"交易的预期收益和风险时，交易者必须确保"一揽子"交易的组成部分能够按照事先确定的特定价格执行。这种预先确定的确定性在公开市场中根本不存在。

　　近年来随着期转现成交量的增长，某些市场观察人士表达了期转现对市场流动性影响的担忧。这些观察人士担心期转现会导致市场的碎片化，即将一个中央市场分隔成若干较小的次级市场。不过，迄今为止的证据显示，期转现的影响多数是良性的。[23]


## 1.4　交易所和期货合约类型

　　自1848年芝加哥期货交易所成立以来，期货市场日益繁荣兴旺。过去的30年迎来了期货市场非凡的增长，这主要归功于货币、利率和股票指数等全新类型期货合约的出现。在最近的25年中，出现了几种新型期货合约，包括以股票指数、单一股票、天气以及宏观经济指标为标的的期货。未来必将成为全行业继续快速增长的时代。

## 1.4.1 世界各地的交易所

表 1.6 列示了当今世界主要交易所及其 2003 年的成交量。交易所之间的规模差异是非常显著的，其范围从平均每天成交 4,000 手合约的明尼阿波利斯谷物交易所（Minneapolis Grain Exchange，MGE），到像芝加哥商业交易所这样的大型交易所，平均每天成交量达到 290 万手合约之多。表 1.7 列示了一些大型期货清算机构。近年来期货行业出现很多重组活动，最大的合并之一发生在 2003 年，欧洲期货交易所（美国）通过其母公司美国期货交易所（U.S. Futures Exchange），向经纪商技术平台公司（BrokerTec）的所有者提供了 20% 的股份，经纪商技术平台公司是一家全电子化期货交易所，在合并前不久暂停了运营。另一个值得注意的交易所合并事件发生在 1998 年，咖啡、糖和可可交易所与纽约棉花交易所（New York Cotton Exchange）合并组建了纽约期货交易所（NYBOT）。1994 年，另外两家位于纽约的交易所——纽约商品交易所（Commodity Exchange of New York，COMEX）和纽约商业交易所（New York Mercantile Exchange，NYMEX）合并，保留了纽约商业交易所的名字，纽约商业交易所和纽约商品交易所成为其旗下的两个分支机构。1986 年，在纽约的合并活动之前，芝加哥发生了一项合并，芝加哥期货交易所收购了中美洲商品交易所（MidAmerica Commodity Exchange，MidAm），并将中美洲商品交易所的所有合约转换为芝加哥期货交易所的"迷你"合约。芝加哥期货交易所于 2001 年停止使用中美洲商品交易所，并于 2003 年将其完全关闭。美国的交易所在合资和联营领域也非常活跃。例如，2001 年芝加哥商业交易所、芝加哥期货交易所、芝加哥期权交易所（Chicago Board Options Exchange，CBOE）联合成立了芝加哥单一股票期货交易所（OneChicago），用于交易个股期货。

表 1.6　　　　　　　　　　2003 年全球主要期货交易所

| 交易所 | 2003 年成交量<br>（仅统计期货，手） | 成交量百分比<br>（前 20 名占比，%） |
| --- | --- | --- |
| 欧洲期货交易所（Eurex），德国 | 668,650,028 | 24.55 |
| 芝加哥商业交易所（Chicago Mercantile Exchange），美国 | 530,989,007 | 19.49 |
| 芝加哥期货交易所（Chicago Board of Trade），美国 | 373,669,290 | 13.72 |
| 泛欧交易所—伦敦国际金融期货交易所（Euronext – Liffe），荷兰 | 273,121,004 | 10.03 |
| 墨西哥衍生品交易所（Mexican Derivatives Exchange），墨西哥 | 173,820,944 | 6.38 |
| 商品及期货交易所（Bolsa de Mercadorias e Futuros），巴西 | 113,895,061 | 4.18 |
| 纽约商业交易所（New York Mercantile Exchange），美国 | 111,789,658 | 4.10 |

续表

| 交易所 | 2003 年成交量<br>（仅统计期货，手） | 成交量百分比<br>（前 20 名占比,%） |
|---|---|---|
| 东京商品交易所（Tokyo Commodity Exchange），日本 | 87,252,219 | 3.20 |
| 伦敦金属交易所（London Metals Exchange），英国 | 68,570,154 | 2.52 |
| 韩国证券交易所（Korea Stock Exchange），韩国 | 62,204,783 | 2.28 |
| 悉尼期货交易所（Sydney Futures Exchange），澳大利亚 | 41,831,862 | 1.54 |
| 印度国家证券交易所（National Stock Exchange of India），印度 | 36,141,561 | 1.33 |
| 新加坡国际金融期货交易所（SIMEX），新加坡 | 35,356,776 | 1.30 |
| 国际石油交易所（International Petroleum Exchange），英国 | 33,258,385 | 1.22 |
| 斯德哥尔摩交易所（OM Stockholm），瑞典 | 22,667,198 | 0.83 |
| 东京谷物交易所（Tokyo Grain Exchange），日本 | 21,084,727 | 0.77 |
| 纽约期货交易所（New York Board of Trade），美国 | 18,822,048 | 0.69 |
| 蒙特利尔交易所（Bourse de Montreal），加拿大 | 17,682,999 | 0.65 |
| 西班牙金融期货交易所（MEFF Renta Variable），西班牙 | 17,109,363 | 0.63 |
| 东京证券交易所（Tokyo Stock Exchange），日本 | 15,965,175 | 0.59 |
| 前 20 交易所期货成交量合计 | 2,723,882,242 | 100 |

数据来源：期货行业协会（Futures Industry Association）。

**表 1.7** 主要清算机构

| 清算所 | 相关交易所 |
|---|---|
| 交易所清算公司（The CCorp） | 欧洲期货交易所（美国）（Eurex U.S.）以及圣路易斯商业交易所 Merchants Exchange of St. Louis） |
| 芝加哥商业交易所清算所（CME Clearinghouse） | 芝加哥商业交易所（CME），也为芝加哥期货交易所（CBOT）连通清算服务 |
| 堪萨斯城期货交易所清算公司（Kansas City Board of Trade Clearing Corporation） | 堪萨斯城期货交易所（Kansas City Board of Trade） |
| 能源清算公司（Energy Clear Corporation） | 豁免商业市场（Exempt Commercial Markets）（根据《商品期货现代化法案》，这里的豁免商业市场是指场外电子交易平台——译者注） |
| 明尼阿波利斯谷物交易所清算所（MGE Clearinghouse） | 明尼阿波利斯谷物交易所（MGE） |
| 纽约商业交易所清算所（NYMEX Clearinghouse） | 纽约商业交易所（NYMEX） |
| 纽约清算公司（New York Clearing Corporation） | 纽约期货交易所（New York Board of Trade） |
| 期权清算公司（The Options Clearing Corporation） | 芝加哥单一股票期货交易所（OneChicago），以及期权交易所（Option Exchanges） |
| 伦敦清算公司（The London Clearinghouse） | 豁免商业市场（Exempt commercial Markets）和场外市场（OTC markets） |

数据来源：商品期货交易委员会（CFTC）官方网页，www.cftc.gov。

## 1.4.2　期货合约类型

上市交易的期货合约分为完全不同的 5 种类型。交易的标的商品可以是实物商品、外汇、生息资产、指数（通常为股票指数）和单只股票。目前，全世界有近 400 种不同商品的合约。虽然第 5 章至第 11 章会专门讨论不同类别的标的商品，但对期货市场中交易的商品范围有所了解仍是有益的。

实物商品合约（Physical Commodity Contracts）。实物商品相关合约包括农业类合约、冶金类合约和能源类合约。在农业领域，合约交易的标的包括谷物（玉米、燕麦、大米和小麦）、油脂油料（大豆、豆粕、豆油、葵花籽和葵花油）、牲畜（瘦肉猪、牛和猪腩）、林产品（木材和胶合板）、纺织品（棉花）和食材（可可、咖啡、橙汁和糖）。对于以上许多商品，不同等级或类型的商品有数种不同的合约。对于大多数商品，通常会设定一定数量的交割月份。季节性农作物交割月份的选择通常匹配其收获模式。每种商品的合约月份数量也取决于交易活动的水平。对于某些相对不活跃的期货合约，或许一年之中仅有 1~2 个交割月份有交易。[24] 相比之下，活跃商品，例如豆粕，可以在 8 个交割月份有交易。

冶金类包括金、银、铝、钯、铅、镍、锡、锌和铜的交易合约。金属期货合约通常在纽约商业交易所的纽约商品交易所分部和伦敦金属交易所（London Metals Exchange，LME）交易。[25]

能源类包括取暖油、原油、天然气、无铅汽油、煤、丙烷和电力的合约。能源期货主要在纽约商业交易所和伦敦国际石油交易所（International Petroleum Exchange，IPE）——洲际交易所（Intercontinental Exchange，ICE）的子公司交易。

我们将在第 5 章详细研讨农业类、能源类和冶金类期货合约。除了少数例外（如电力），这些商品具有两个重要的共同特征：它们以实物交割方式了结以及非常适宜存储。

外汇（Foreign Currency）。活跃的外汇期货交易可追溯到 20 世纪 70 年代早期自由浮动汇率的开始。参与交易的以美元计价的合约清单不断扩大，包括澳大利亚元、巴西雷亚尔、俄罗斯卢布、新西兰元、瑞典克朗、南非兰特、挪威克朗、英镑、加拿大元、日元、瑞士法郎、墨西哥比索、捷克克朗、匈牙利福林、波兰兹罗提和欧元。另有几种以不同货币计价的交叉汇率合约在交易。例如，欧元兑英镑汇率合约和欧元兑兹罗提汇率合约。外汇期货市场是面对活跃的远期市场而存在的期货市场的一个典型案例。外汇远期市场的规模要比期货市场大很多倍。很多人相信远期市场的存在会阻碍外汇期货交易的引入并延缓其增长。不同币种的合约也在如表 1.6 所示的许多国外期货交易所进行交易。

生息资产（Interest - Earning Assets）。生息资产相关期货交易虽然起源较晚，始于1975 年，但这一市场的发展却极为迅速。目前，上市交易的合约包括美国短期、中期和长期国债，欧洲美元存款、利率互换、联邦基金和市政债券。现有合约几乎覆盖了整个美国收益率曲线，因此可交易工具几乎涵盖了所有期限范围。这些合约中有许多是实物结算的，但有些如在芝加哥商业交易所交易的欧洲美元期货合约，是以参考利率进行现金结算的。除美国的产品外，外债工具合约也在外国期货交易所交易。例如，3 个月欧洲银行同业拆借利率（3 - month Euribor）期货合约在伦敦的泛欧交易所交易（Euronext. liffe）和 10 年期德国政府债券（称为 Bund）期货合约在法兰克福的欧洲期货交易所进行交易。

指数（Indexes）。大多数（但不是所有）指数期货合约是股票指数期货。1982 年以前，这些合约不能在美国交易，这是因为股票市场的监管者担心股票指数期货交易将会对基础股票市场造成伤害。另外，一项禁止期货合约现金结算的法规限制了必须以现金结算的指数期货合约的上市。经过大量争论，指数期货合约于 1982 年开始交易，并且获得了空前的成功。美国的交易所上市交易了很多不同种类的宽基股票指数期货合约：标准普尔 500 指数（Standard and Poor's 500）、道琼斯工业平均指数（Dow Jones Industrial Average）、罗素 2000 指数（Russell 2000）和纳斯达克 100 指数（NAS-DAQ 100）。这些交易所也上市交易风格指数期货合约，例如：标准普尔巴拉成长指数（Standard and Poor's Barra Growth Index）、标准普尔巴拉价值指数（Standard and Poor's Barra Value Index）等。窄基指数期货，如工业部门指数也已尝试推出，但未能形成显著的成交量。在美国以外的其他国家交易所上市交易了外国股票指数期货，如英国富时 100 指数（British FTSE 100）、法国 CAC40 指数（French CAC 40）、道琼斯欧洲斯托克 50 指数（Dow Jones Euro Stoxx 50）、德国 DAX 指数（German DAX）、巴西 Bovespa 股票指数（Brazilian Bovespa stock index）、日本日经 225 指数（Japanese Nikkei 225 index）和韩国 KOSPI 200 指数（Korean KOSPI 200）。我们将在第 9 章和第 10 章详细介绍股票指数期货。

股票指数期货不允许进行实物交割。交易者必须通过反向交易或交易结束时以现金结算方式来履行义务。除了股票指数外，还有其他类型指数的期货合约，包括外汇指数、市政债券指数、消费者物价指数、价格波动幅度指数，以及制热指数（Heating Degree Days）和制冷指数（Cooling Degree Days）等天气指数。

更为独特的指数合约之一可在芝加哥商业交易所看到。芝加哥商业交易所设计了一种基于高盛商品指数（Goldman Sachs Commodity Index，GSCI）的期货合约。高盛商品指数是由 24 个商品期货合约的价格组成的指数。指数供应商挑选成分商品并赋予每种商品在指数中的权重。该指数仅使用近月期货合约的价格。事实上该款产品是以一揽子期货合约为标的的期货合约。

单只股票（Individual Stocks）。最后一组主要期货合约的标的为单只股票，如国际商业机器公司（IBM）的股票。这些合约在美国称为"个股期货"（single stock futures），在英国则被称为"通用期货"（universal futures）。虽然宽基指数期货合约早在 1982 年就上市交易了，而个股期货合约直到 2000 年《商品期货现代化法案》颁布后才被允许在美国上市交易。在美国之外，个股期货已经在欧洲和亚洲各交易所交易了近十年。在瑞典和芬兰，此类产品已于 20 世纪 90 年代早期上市交易。我们将在第 9 章和第 10 章探讨个股期货。

### 1.4.3 商品类型的相对重要性

图 1.5 按另一标准将期货合约划分为 8 种类型，并显示了 2003 年美国不同类型期货合约交易的相对重要性。如图 1.5 所示，超过一半的成交量来自金融工具。这些金融工具包括以美国国债和股票指数为标的的期货合约。正如我们所注意到的，这些合约的交易始于 1975 年，因此这一领域的成长极为迅猛。图 1.6 显示了近年来期货成交量在这些商品类型之间的变化。

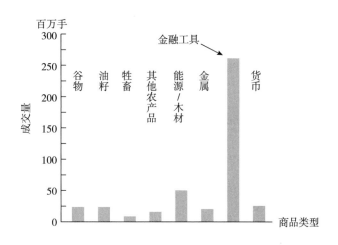

图 1.5 按商品类型划分的市场份额

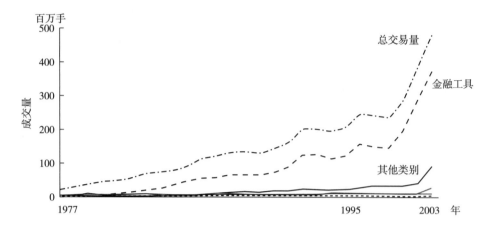

图1.6 不断变化的商品成交量

## 1.5 期货市场的作用

任何像期货市场这样古老又庞大的行业都必定服务于某些社会目标。若非如此，它可能很久以前就消失了。在传统上，期货市场被认为满足三类期货市场用户的需求：希望发现商品未来价格信息的用户，希望投机的用户，以及希望套期保值的用户。

虽然第4章将详细介绍这三类用户如何利用期货市场，不过在此之前对期货市场的社会功能有所了解仍十分重要。在传统上，投机本身并不被视为对社会有用，尽管它可能产生对社会有用的副产品。因此，期货市场有两个主要的社会功能——价格发现和套期保值。

---

**期货市场的社会功能**

1. 价格发现
2. 套期保值

---

### 1.5.1 价格发现

价格发现（Price discovery）是通过期货市场来揭示未来现货市场价格信息。正如此前讨论的，通过买入或卖出期货合约，交易者同意在未来特定的时间以当前确定的价格接收或交付特定的商品。在这种情况下，期货价格与人们所预期的该商品在期货合约规定的交割日期的主流价格之间，存在某种关系就再正常不过了。虽然其确切性质会在第 3 章详细讨论，但这种关系在很大程度上是可预见的。通过使用包含在当前期货价格中的信息，市场观察人士可以形成对于未来特定时间特定商品价格的估计。这种通过期货市场获得的关于未来价格的预测在准确性上明显优于其他预测方式。期货市场通过帮助人们更好地估计未来的价格，从而帮助他们更有智慧地做出消费和投资决策，来达成服务社会的目标。期货价格也有助于现货市场不太发达的某些商品的价格发现。

举一个关于价格发现及其作用的例子，假设一位矿山经营者想要确定是否重新开发一个利润微薄的白银矿山。矿山中的白银矿石的质量不是最好的，因此矿山的收益将会相对较低。经营该矿山的决策将依赖于采矿者一旦开采和精炼后所能获得的白银价格。不过，采矿者需要在当下做出是否开采的决策，而供应市场的白银需要 15 个月的时间才能制出。采矿者决策的关键要素是未来白银的价格。

虽然现在无法知悉 15 个月以后白银的确切价格，利用期货市场估计未来价格则是可行的。当前期货市场 15 个月后到期的白银期货合约的报价，对于预估未来的价格非常有用。正如我们将在第 3 章中看到的那样，对于某些商品来说，期货市场形成的商品未来价格的估计是可能的最佳价格估计之一。在我们的例子中，让我们假设白银期货价格高到足以考虑再次启动经营矿山的程度。采矿者认为，如果能够在 15 个月后完成开采时获得当前白银期货价格，那么新矿山就是有利可图的。在这种情况下，采矿者已将期货市场作为发现价格的工具。农场主、木材生产者、牲畜牧场主以及其他经济主体可以按照同样的方式利用期货市场。他们都利用期货市场预估未来现货价格，从而指导其生产或消费决策。

---

## 水火无情（Hell and High Water）

芝加哥大火始于 1871 年 10 月 6 日，导致芝加哥大部分金融区受损。作为芝加哥期货交易所合约交割地点的 17 个谷仓中，有 6 个遭到损毁。另外，芝加哥期货交易所总部大厦遭到损毁并遗失所有档案。查尔斯·泰勒（Charles Taylor）撰写的《芝加哥期货交易所历史》提供了火灾造成破坏的第一手资料：

考虑芝加哥期货交易所状态时，一定要记住交易所建筑及相关档案的损失和惊恐的记忆碎片并不是其会员所蒙受的主要损失。实际上，所有会员在商会大厦（Chamber of Commerce Building）旁边都有自己的办公室，他们所有的私人档案和账簿也都遭到损毁。他们的银行存款被锁在炙热的金库里，没有人知道何种情况下能取出。许多会员住在火灾覆盖区域，因而无家可归，甚至除了身上的衣服再无余物。[26]

芝加哥也是 1992 年发生的另一场灾难的发生地。但是，这次灾难的主因由火变成了水。芝加哥地下大洪水始于 1992 年 4 月 13 日，当时芝加哥河上的建筑工人将一个支撑柱打入河底，并洞穿了 1899 年修建的已废弃的用于运送煤炭和清除芝加哥市中心建筑垃圾的铁路隧道的天花板。工人试图用石头和褥垫堵住漏洞，但是大量的河水涌入迷宫般的地下隧道。2.5 亿加仑的河水冲进交易所大厅的地下室和半地下室，并导致电力供应的中断和整个市中心区域的强制疏散，芝加哥期货交易所和芝加哥商业交易所停止了运营。由于洪水影响了芝加哥金融区的中心，这被证明是一场损失格外惨重的商业灾难。其他市场也受到位于芝加哥的期货交易所关闭的影响。遍布中西部的乡村谷仓，依赖期货市场的价格发现作用，并将期货市场价格作为现货市场价格的基准。因此，他们取消了报价，并拒绝为当地农场主提供新的报价。[27]

## 1.5.2 套期保值

很多期货市场参与者将期货交易视为现货市场交易的替代品。例如，我们假设有一位农场主根据收获预期卖出了小麦期货，并且我们也注意到该农场主利用期货作为通过现货市场销售小麦的替代方案。现在我们更为详细地讨论这种经典的套期保值。在种植季节，农场主承受着与小麦收获价格不确定性相关的风险。农场主可能会进入期货市场通过卖出期货合约的方式进行套期保值。假设农场主预期在 9 个月后收获 100,000 蒲式耳小麦，他能够通过卖出 20 手小麦期货合约（每手小麦合约包括 5,000 蒲式耳小麦）来确定上述收获的价格。通过卖出这些期货合约，农场主寻求当下确定未来收获的小麦的价格。在某些条件下，上述期货交易保护农场主免受现在与未来收获期间可能发生的小麦价格波动的影响。期货交易充当了现货市场小麦销售的替代品。现货市场销售不具有可行性，因为小麦实际上还不存在。在此例中，农场主在期货市场中卖出小麦，以此作为未来预期的现货市场交易的临时替代品。因此，预期性套期保值（anticipatory hedging）是用作预期的未来现货市场交易的替代品的期货市场交易。

套期保值交易可以有其他形式。例如，假设一位石油批发商持有大量的汽油库存。这位石油批发商需要将这批存货作为储备以服务于终端用户。如果这位批发商单纯地保有汽油储备，她必须承受起伏不定的汽油价格风险。作为替代方案，她可以卖出原油期货，以此作为卖出汽油现货的替代品。通过持有汽油现货作为商业库存并卖出原油期货，对冲汽油现货相关风险，这位石油批发商能够降低她的商业风险。她也可以通过在现货市场卖出全部库存的方式，直接利用现货市场降低风险。不幸的是，这种降低商业风险的方式同时把经营机会排除在外，这是由于这位批发商将不再拥有对其整体经营至关重要的汽油库存。卖出期货替代了卖出她的全部库存以降低风险的交易。

　　根据上述两个例子，套期保值者将期货市场作为现货市场的替代品。上述两位套期保值者都有与销售商品相关的预先存在的风险。农场主预期收获和卖出小麦，他将期货市场作为现货市场卖出小麦的替代品。虽然农场主在卖出期货时手头上并不实际拥有小麦，但他的确在小麦上有预先存在的风险。这种风险源于对收获时现货小麦的预期持有。对于上述石油批发商来说，风险是实时的。随着石油价格的波动，他的汽油存货的价值也将波动。因此，这位批发商有与石油价格相关的预先存在的风险，他通过期货市场交易来降低上述风险。

　　由于套期保值者是将期货交易作为现货交易替代品的交易者，套期保值者几乎总是做特定商品生意的企业组织。个体交易者几乎都是投机者，这是由于他们进入期货市场追逐收益并在此过程中增加了他们的风险。与此相反，套期保值者有导致他们将期货交易作为现货交易替代品的某种预先存在的风险敞口。套期保值是期货交易的主要社会基础，因此我们将在全书对套期保值予以大量关注。第 4 章介绍套期保值者如何使用期货市场，而针对特定市场的套期保值技术及应用将在第 5 章至第 11 章中详细介绍。

　　期货市场中的交易者或是投机者，或是套期保值者，或是这两类交易者的代理商。然而，期货市场所带来的好处则延伸到社会的许多其他领域。对期货价格提供的预测功能感兴趣的个体无须进入市场即可受益。例如，上例中的白银采矿者并不需要开展期货交易就能获得价格发现带来的好处。刊载于日报上的期货价格即可用于价格预测。套期保值者通过进入期货市场规避不可接受的风险的机会，也对社会福祉具有广泛的意义。一些人如果被迫自己承担经济活动的所有风险，就不会从事某些显然有益的经济活动。能够经由期货市场将风险转移给其他参与者，总体上增强了经济活动。当然，经济活动的广泛激励有益于整个社会。[28]

## 1.6　期货市场的监管

　　联邦政府对期货市场的监管始于 1922 年《谷物期货法》（*Grain Futures Act*）的制定。这项法律后来被 1936 年的《商品交易法》（*Commodity Exchange Act*）取代。《商品交易法》历经数次修订，最近一次的修订伴随 2000 年《商品期货现代化法案》的通过。联邦政府监管的目的是构建期货市场社会功能得以实现的市场。期货市场监管旨在防范操纵、违规交易行为和欺诈，因为这些活动干扰了期货市场价格发现的过程或有效转移不愿承受的风险的过程。例如，导致期货价格成为未来现货价格不良指标的行为，降低了期货市场价格发现的效用。此外，扭曲价格的行为可能会增加风险转移的成本。美国国会于 1974 年成立了商品期货交易委员会，监管受联邦法律约束的期货市场。

---

# 洋 葱

监管美国期货市场的联邦法律中的一件怪事是洋葱期货交易违法。洋葱期货于 1942—1959 年在芝加哥商业交易所和纽约商业交易所交易。[29] 鉴于洋葱种植者对期货相关投机行为和剧烈价格波动的担忧，国会于 1958 年 8 月 1 日通过了禁止从事洋葱期货交易的 85 - 839 (7 USC 13 - 1) 号公共法律。其结果是，洋葱被排除在《商品交易法》中"商品"术语的定义之外。目前，《商品交易法》中"商品"的定义描述如下：

术语"商品"是指小麦、棉花、大米、玉米、燕麦、大麦、黑麦、亚麻籽、高粱米、磨粉饲料、黄油、蛋、马铃薯（爱尔兰马铃薯）、羊毛、羊毛条、油脂（包括猪油、牛油、棉籽油、花生油、豆油以及所有其他油脂）、棉籽粕、棉籽、花生、大豆、豆粕、活牲畜、活牲畜产品、冷冻浓缩橙汁以及所有其他除了 85 - 839 (7 USC 13 - 1) 号公共法律规定的洋葱以外的货物或物品，以及所有现在或未来作为以将来交割为目的的合约标的的服务、权利和权益。[30]

仔细研读上述定义（尤其是关于一切服务、权利和权益的部分）就会发现，我们能想到的宇宙之内几乎所有事物都可被界定为商品——而洋葱除外。如果期货交易所推出以像洋葱这样的非商品为标的的期货合约，发生交易亏损的交易者可能会通过宣称上述合约违法因而不可执行的方式规避履行义务。另外，法律还明确规定了对参与洋葱期货交易的任何人的罚款。迄今为止，没有交易所试图通过开展胡葱、大葱或韭葱的期货交易来规避洋葱禁令。

---

除了联邦政府的直接监管，管辖在有组织的交易所开展的期货交易的相关法规，也赋予了与公共客户互动的行业成员的自律监管责任。换言之，行业会员本身必须发挥监管作用。商品期货交易委员会监督整个监管架构，以确保行业成员履行其自律监管职责。期货市场的监管可明显划分为四个层次：经纪商、交易所和清算所、行业自律组织——全国期货协会（National Futures Association，NFA），以及联邦政府机构——商品期货交易委员会（CFTC）。在很大程度上，这些层次彼此重叠，但每一监管实体均有特定的职责。

---

### 期货市场监管者

1. 经纪商
2. 交易所和清算所
3. 行业自律组织——全国期货协会（NFA）
4. 联邦政府机构——商品期货交易委员会（CFTC）

---

### 1.6.1　经纪商

正如我们在对保证金制度的讨论中看到的，经纪商主要代表其客户面对交易所和清算所。在保证金制度中，清算所要求清算会员对其管理的所有账户负责。由于经纪商代表其客户在行业内开展业务活动，经纪商有义务持续了解客户的活动，并确保上述活动的适当性。在期货市场参与者群体中，适用于经纪商老生常谈的规则是"了解你的客户"。经纪商是位于了解客户最佳位置的行业代表，因为客户直接通过经纪商入场交易。

我们将会从更多的细节了解到，某些种类的期货交易并不是任何交易者都可以开展的。其他交易者在参与某种交易时会受到某些约束的限制。举一个关于持仓限额（position limit）的例子。对于存在持仓限额的商品，任何单个交易者都不能持有超过一定数量的合约。这一规则限制了单个交易者对市场的影响力，目的是防止交易者控制期货价格。[31] 有时某些交易者试图通过不同账户规避这一规则。在很多情况下，经纪商能够察觉这一策略，并且有责任报告此类活动。如这个例子所示，经纪商经常处于察觉违规行为的最佳位置，因为他或她与客户最为接近。某些客户的交易由于其业务性质原因而受到限制。例如，某些金融机构仅被允许基于套期保值目的而交易特定的期货类型。此类机构的经纪商不应允许被禁止的交易。

概括地说，经纪商有责任了解客户的头寸和意图，以确保客户不扰乱市场或使系统处于危险之中，并保持客户交易活动符合行业规则和法律要求。

### 1.6.2　作为监管者的期货交易所和清算所

期货交易所和清算所有具体的自律监管职责。其中，很多职责要求交易所和清算所管控交易会员和清算会员的行为。为此，交易所和清算所制定并实施会员管控的相关规则。通常情况下，设计这些规则的目的是创建一个能够平稳发挥功能的市场，在这个市场中交易者能够确信他们的指令将以公平的价格得到适当的执行和清算。因此，所有的交易所均禁止欺诈、不光彩的行为和不履行合约义务的行为。清算所规则对清算会员设定最低资本要求，以确保清算体系的财务安全。

更具体地说，交易所规则禁止虚构交易（fictitious trading）。虚构交易是指仅具有交易发生的表面形式，实际上并没有任何所有权的变化或任何真实的市场风险敞口。[32] 表1.8列举了各种违规交易行为，在行业内被称为"违反交易惯例"。交易所规则还禁止交易所会员通过传播谣言影响价格，泄露客户指令，与自己交易，作为客户指令的交易对手方，向交易所做虚假陈述，以及不遵守交易所的合法要求。

表1.8                                                      违规交易行为

| 预先安排的交易（Prearranged trading） | 在交易大厅公开地执行前，就交易的某些内容达成一致 |
|---|---|
| 配合交易（Accommodation trading） | 入场交易以帮助其他场内参与者达成不正当交易目的 |
| 抢在客户指令之前进行交易，抢先交易（Trading before customers' orders, front running） | 在手中已有可执行的客户指令的情况下，先为自己的个人账户或存在利益关系的账户进行交易 |
| 对敲（Bucketing） | 没有将指令下达给交易场所，一般发生在经纪商非竞争性地成为客户指令的对手方，从而损害了客户和其他会员的利益 |
| 盘后交易（Curb trading） | 在正式收市后进行交易 |

数据来源：Government Accounting Office（美国审计总署），"Automation Can Enhance Detection of Trade Abuses but Introduces New Risks"，1989 – 09.

这些规则还禁止许多类型的预先安排的交易（prearranged trading）。当两个期货市场参与者事先协商并同意以给定价格开展特定交易时，就产生了预先安排的交易。然而，规则要求所有指令（仅有有限的例外）均通过公开喊价方式提供给整个市场。规则禁止预先安排的交易是因为它可能被滥用。例如，假定一位场内经纪商（floor broker）收到一个买入小麦的指令，小麦合约的公平市场价格为4.20美元/蒲式耳。在预先安排的交易中，这位场内经纪商可能会与一位要好的场内交易商（floor trader）达成一致，以4.21美元/蒲式耳的价格从他或她手中买入合约。在真实市场价值为4.20美元/蒲式耳的情况下，这种交易会欺骗客户多付出0.01美元/蒲式耳或50美元/手（每手5,000蒲式耳）。如果按照规则规定将该指令报到市场内，该指令将以4.20美元/蒲式耳的主流价格达成。因此，禁止预先安排的交易的目的，是确保每一指令都按公平的市场价格来执行。

这些规则还禁止经纪商在执行客户指令之前先按照客户要求的价格为他们自己的账户进行交易。在执行客户指令之前先为自己账户进行交易的经纪商从事了被称为抢先交易（front running/trading ahead）的禁止行为。为了看清为什么要禁止此类行为，假定市场价格受某些新消息的影响而迅速上涨，同时假定经纪商持有一位客户的买入指令。如果经纪商先执行自己的指令，由于迅速上涨的价格，经纪商自己的指令将以更有利的价格执行。因此，抢先交易给经纪商带来了优势。再举一个例子，假定经纪商收到了一个非常大的客户的卖出指令。经纪商知道执行上述指令会临时压低期货价格。抢先交易经纪商就会首先发出自己的卖出指令。经纪商的指令会以较高的价格执行，随后经纪商会执行客户的指令。通过执行客户的指令，价格正如经纪商所预期那样随之下降，此时经纪商可以买入并了结自己的头寸。这使经纪商通过抢先交易获利。在抢先交易中，经纪商利用自己对订单流或市场变化的特殊了解，获取不道德的和明令禁止的个人利益。

期货交易所还设置每日价格涨跌幅度、保证金要求和持仓限额。它们还可以设置持仓责任报告水平（position accountability limits）。持仓责任报告水平是指交易所有权获取与交易者持仓、交易策略和套期保值信息相关的所有信息。[33] 持仓限额和持仓责任报告水平可以按照单一合约月份或所有合约月份合并来界定。联邦规章要求交易所对进入交割月份的合约设置持仓限额和持仓责任报告水平，以防范潜在的操纵者。某些交易所还有设置交易限额（trading volume limits）的规则，虽然这些规则近年来已很少使用。另外，每家交易所都设有监管交易所会员的规则。例如，交易所规则设置了会员资格要求，并明确如何处理客户投诉。对于这些类别中的每一个，交易所的规则均需接受商品期货交易委员会的监督。商品期货交易委员会执行的联邦法律构建了一套核心原则或标准，旨在允许期货交易所使用其选择的方法来满足联邦要求。

### 1.6.3 全国期货协会（NFA）

1974 年，国会通过了一项涉及期货市场监管的新法律。法律中有部分内容授权期货行业成立一个或多个自律监管实体。根据这项法律，这些实体的目的是"……防止欺诈和操纵行为，推广公平、公正的交易原则，总之，保护公众利益，消除障碍，完善自由和开放的期货交易机制"。虽然上述法律考虑设立不止一个自律实体，而全国期货协会则是现存唯一的此类实体。对于想要面向公众开展商品相关业务的众多各类市场参与者，具有全国期货协会的会员资格是强制性要求。

全国期货协会负责筛选和测试注册申请人，并在允许个人注册成为各类期货专业人士之前审查其背景信息。全国期货协会还要求管理客户资金的会员保持足够的资本并保存准确的交易记录。全国期货协会可以审计会员公司的记录和资本充足率。对于严重违规行为，全国期货协会可以暂停或取消违规者的会员资格。最终，全国期货协会为解决交易争端实施仲裁程序。

正如全国期货协会所说，它谋求在违法行为发生之前就加以预防。通过这样做，它能够维护公众信任以帮助期货行业保持活力。不过，在评价全国期货协会时，明智的做法是记住它是一个旨在保护行业完整性和促进行业利益的行业自律组织。

全国期货协会还协助交易所履行与市场监察、合规和规则执行相关的自律监管职责。它已与欧洲期货交易所（美国）、商业交易所（Merchants'Exchange）、场内交易所（OnExchange）、岛屿期货交易所（Island Futures Exchange）以及经纪商技术平台公司（BrokerTec，目前已不存在）签署监管服务协议。全国期货协会在2001—2003年为经纪商技术平台公司履行市场监察职责，并在2004年与欧洲期货交易所（美国）签署了类似的协议。

全国期货协会在证券类期货产品的监管领域扮演着关键角色。2000年《商品期货现代化法案》要求全国期货协会监控期货市场参与者对所适用的证券法律的遵守情况。该项法律认可全国期货协会为"有限定目标的全国证券协会"。

## 1.7 商品期货交易委员会（CFTC）

商品期货交易委员会是国会于1974年设立的执行《商品交易法》的联邦政府的独立机构。商品期货交易委员会设立以前，由美国农业部负责执行《商品交易法》。作为《商品交易法》的执行者，商品期货交易委员会拥有对美国商品期货和期货期权市场的联邦独占管辖权。商品期货交易委员会的主要使命之一是保护市场参与者免受操纵、违规交易行为和欺诈的影响。商品期货交易委员会也监管期货交易所、期货清算所以及其他诸如全国期货协会这样的自律监管组织。国会也授予该机构处置市场紧急事件的权力，这些紧急事件可能会妨害市场发挥价格发现和风险转移功能。图1.7显示了

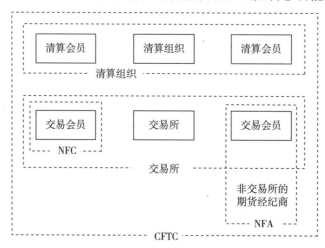

**图1.7　期货市场重叠的监管架构**

（数据来源：G. D. Koppenhaver, "Futures Market Regulation", *Economic Perspectives*,

11：1, January/February 1987. 须经芝加哥联邦储蓄银行许可方能转载）

商品期货交易委员会在美国期货行业监管架构中的地位。图 1.7 中彼此重叠的监管架构展示了商品期货交易委员会对其他所有自律监管实体实施监管的角色定位。

受 2000 年《商品期货现代化法案》通过的影响，商品期货交易委员会的监管定位发生了巨大变化。[34] 在保持禁止欺诈和市场操纵的同时，《商品期货现代化法案》以广泛适用的核心原则取代了许多监管交易所和清算所的刻板规章。这些核心原则赋予商品期货交易委员会根据不同类型的市场、产品和参与者调整规则的灵活度，以更好地达应新的变化。这些监管交易所和清算所的核心原则在附录 A 中列示。《商品期货现代化法案》带来的一个结果体现在商品期货交易委员会对交易所上市交易新合约的监管模式上。该法案实施前，商品期货交易委员会要求期货交易所将拟上市新合约提交其审批。完成审批流程平均需要 90 天的时间，以至于美国各期货交易所痛苦地抱怨上述流程妨碍了交易所及时回应市场快速发展的能力——交易所的海外竞争者和场外市场则不需要面对上述约束。过去，论证新合约符合所有监管要求的举证责任落在交易所身上。而现在，由于有了《商品期货现代化法案》，能够保证拟上市新合约遵守核心原则和商品期货交易委员会规章，包括合约不易被操纵的要求，法案能约束上市新合约的交易所几乎可以立即照做。换言之，《商品期货现代化法案》将论证某一合约不符合监管要求举证责任转移给了商品期货交易委员会。商品期货交易委员会实施严厉处罚的权力阻止了交易所对其产品进行虚假认证的行为。交易所在《商品期货现代化法案》颁布的 3 年内利用新获得的授权认证了 438 个新产品，这与《商品期货现代化法案》通过前的 3 年中商品期货交易委员会批准了 175 个新合约相比是相当大的进步。[35]

《商品期货现代化法案》还改变了商品期货交易委员会监控交易所遵循联邦规章的方式。商品期货交易委员会现在依赖交易所的规则执行审查，而不是依赖对交易所会员进行详细的合规审查。这些审查的目的是确保交易所遵循它们自己的规则和程序。通过这种方式，商品期货交易委员会在监控合规性方面发挥了更多的监督作用，而不是直接的审查作用。交易所通过其自律监管职责，对于强制会员遵循规则方面负有主要责任。商品期货交易委员会的规则执行审查确保交易所充分履行其义务。

商品期货交易委员会位于华盛顿特区，并在纽约、芝加哥、堪萨斯、明尼阿波利斯设有分支机构。委员会包括 5 名委员，其中一名担任主席。委员由总统任命，并经参议院批准，任期为彼此错开的 5 年。委员中来自单一政党的委员不能超过 3 人。重大政策决定、机构规则和条例的采纳以及实施程序的授权必须获得委员的多数票批准。

商品期货交易委员会在全国范围内大约雇用了 500 名工作人员。商品期货交易委员会有三个主要的业务部门：清算及中介机构监管部（Division of Clearing and Intermediary Oversight），负责监管清算组织和与市场中介机构相关的活动；市场监管部（Division of Market Oversight），负责每日市场监察和交易所监管；执法部（Division of Enforcement），负责调查并起诉涉嫌违反《商品交易法》和商品期货交易委员会规章的行为。商品期货交易委员会还设有三个支持性办公室：首席经济学家办公室（Office of the Chief Economist），为委员会提供经济建议；法律总顾问办公室（Office of the General Counsel），承担委员会法律顾问角色；执行理事办公室（Office of the Executive Director），承担委员会的行政职责。监管措施和委员会决定在商品期货交易委员会官方网站发布，网址为 www. cftc. gov。

---

## 商品期货交易委员会的大户报告制度

商品期货交易委员会市场监控程序的核心是其大户报告制度（large - trader reporting system），用来收集在美国期货市场拥有或控制的持仓达到特定报告阈值的大额交易者的持仓水平数据。这一监控程序的目的是帮助商品期货交易委员会识别某一市场中市场力量的潜在集中程度，并执行投机持仓限额。通过大户报告制度，清算会员、期货经纪商以及外国经纪商每日向商品期货交易委员会提交列示大额交易者全部期货和期权头寸的电子机密报告。

报告阈值的设置使得商品期货交易委员会拥有代表任意市场总持仓量70% ~ 90%的信息。报告水平因市场而异，这取决于市场规模和可交割供应量的规模。报告阈值在委员会规则中列明并在其官方网站上发布（www. cftc. gov）。

商品期货交易委员会使用多种手段确保大额交易者数据的准确性。如果交易者在不止一家经纪公司持有头寸，其在不同经纪公司的头寸将合并计算以确定该交易者的汇总头寸。汇总头寸对于商品期货交易委员会监察人员充分评估交易者的潜在市场影响和投机持仓限额遵循情况非常必要。

商品期货交易委员会将原始大额交易者数据转换成分析报告。利用这些报告，商品期货交易委员会监察人员可以监控每个市场的大额交易者。商品期货交易委员会工作人员也监控交易者的跨市场头寸。对于到期通过实物交割进行结算的合约，商品期货交易委员会监察人员利用大额交易者信息确定潜在可交割供应量的充足性。

商品期货交易委员会基于上述机密的大户报告，每周会发布一份报告。这份公开报告名为交易者持仓报告（Commitments of Traders Report），显示最大应报告交易者持有的汇总头寸。

## 1.8　近期监管措施

在 20 世纪 90 年代晚期和 21 世纪早期，期货市场监管发生显著变化，包括《商品交易法》的修订和会计规则。

### 1.8.1　2000 年的《商品期货现代化法案》

本章前文已提及，2000 年的《商品期货现代化法案》对此前期货市场监管方式进行了彻底改革。虽然该法案已由国会于 2000 年通过，它达到充分实施的状态则有赖于详细规章的制定和解释。因此，该法案的许多关键特征最近才得到逐步彰显。对于这些关键特征前文已有部分描述，更为详细的描述包括以下内容：

- 允许开展以单只股票和窄基股票指数为标的的期货交易。
- 明确私下协商的互换交易的法律地位。
- 促进期货市场竞争和创新。
- 构建广泛适用于产品、参与者和交易平台的可预见的和标准化的监管架构。
- 允许交易所无须事先的监管审批即可上市新合约。
- 构建一套核心原则或标准，允许交易所和清算所采取不同方式满足联邦监管要求。
- 赋予商品期货交易委员会明确的权力，以阻止以欺骗小投资者为目标的非法外汇交易。
- 赋予商品期货交易委员会对清算组织的独立监管权。

《商品期货现代化法案》的一个目标是促进期货市场竞争和创新，并构建一个广泛适用于产品、参与者和交易平台（如交易方式）的可预见的和标准化的监管架构。这里的"3P"，即产品（Product）、参与者（Participant）和平台（Platform），描述了对市场实施监管的三个不同层次。一位爱荷华州的大豆加工者将比一位代表华尔街金融机构的债券交易者受到更多的监管保护。在有组织的期货交易所开展的交易将比专业交易者之间私下协商达成的交易受到更严格的监管。容易被操纵的产品将比不容易被操纵的产品接受更严格的监管审查。

《商品期货现代化法案》根据交易产品的类型、使用上述产品的市场参与者的专业化水平以及交易平台的类型，设置了期货交易所监管的三个层次。第一层次的监管是最严格的，包括国会认为易于被操纵同时提供给社会公众的商品期货。这一层次包括农产品期货合约。此层次涉及的期货合约必须在诸如芝加哥期货交易所这样的有组织的交易所交易，交易所官员和商品期货交易委员会工作人员能够持续监控交易。

第二层次为豁免期货合约，即以被认为不易于受到操纵并且只提供给专业投资者、金融机构、商业用户和专业交易者的相关工具为标的的期货合约。这些合约包括金属和能源产品，不受大多数联邦法规的约束，但有关欺诈和操纵的法规除外。这些合约不必在有组织的期货交易所交易。这些豁免产品可以在一系列名为"豁免商业市场"的单独监管的交易所交易。它们也被行业内部人士称为"2（h）（3）"市场，这是由于相关监管规定源于《商品交易法》第2（h）（3）部分。这些交易所不必实施市场监察以防止市场受到扰乱。相反，欺诈和操纵市场行为的制止是因为人们确切地知道，那些实施欺诈或操纵行为的市场参与者将受到严厉的罚款，甚至可能受到刑事处罚。国会豁免对这些交易所的监管，是以此作为鼓励新设交易所，从而促进交易所竞争的一种手段。随着豁免交易所的成交量不断增长，它将受到更多监管要求的约束，这些要求接近芝加哥期货交易所等非豁免交易所的要求。个人投资者（所谓的"零售客户"）出于受保护的考虑，不能在获豁免商业市场中交易。

实际上，第二层次中的产品既在像纽约商业交易所这样监管严格的交易所中交易，也通过像洲际交易所这样的豁免商业市场进行交易。如果交易所选择在受到充分监管的环境中提供这些产品，那么这些产品可以提供给零售客户使用。

第三层次包括在"当事人对当事人"（Principal－to－Principal，P2P）基础上交易的金融产品合约。这些合约在大型专业合约对手方之间私下协商达成，更广为人知的说法为"互换"，在场外市场或便于"当事人对当事人"交易的电子交易设施中交易，这些场所不受期货交易相关法律的约束。国会相信，第三层次的产品不易受到操纵，并且参与者具备专业能力和资源进行自我保护，不需要来自政府监管的保护。实际上，这一层次的某些产品，例如利率产品，既在严格监管的有组织的交易所中交易，也在"当事人对当事人"基础上交易。

《商品期货现代化法案》也极大地影响了期货清算所的监管模式。《商品期货现代化法案》实施前，相关规章体现了交易执行和清算必须是单一的综合性活动这一假设。这些规章的结果是"交易所的清算所"被认为是作为交易所的一个部分而存在的。《商品期货现代化法案》认为清算是独立于交易执行的一条单独业务线，因此将对清算的监管从监管交易执行的模式中分离出来。《商品期货现代化法案》指导商品期货交易委员会认可"衍生品清算组织"。与交易所类似，清算组织必须遵循一套适用于清算相关特定风险的核心原则。这些核心原则列示在附录A中。《商品期货现代化法案》还许可清算组织清算场外衍生品以降低对手方风险，以及与这些交易相关的系统性风险。值得注意的是，尽管有权批准清算组织清算场外产品，但是相关场外交易并不在商品期货交易委员会管辖权范围内。

---

**谁是专业交易者**

在期货市场监管中，专业交易者被称为合格合约参与者（Eligible Contract Partic-ipant，ECP）。这一术语的重要性在于，它从法律上界定了哪些人可以从事不受保护期货市场客户的联邦法律和规章约束的交易。例如，通过私下协商进行互换交易的对手方必须符合合格合约参与者的法定标准。该术语适用于金融机构、投资公司、企业、养老金计划、政府实体、经纪自营商、期货经纪商、保险公司、场内经纪商、交易商、商品基金，或者总资产超过 1000 万美元的个人。每一个实体都有其自身的一套非常详细的被视为合格的标准。合格合约参与者若与其他合格合约参与者开展私人协商衍生品交易，将被认定为有能力自我保护而不需要联邦政府保护的专业交易者。资产规模和财富的资格标准被用作判断相关实体专业能力的指标。

---

### 1.8.2　会计规则

1998 年，财务会计准则委员会（Financial Accounting Standards Board，FASB）通过了一套规范期货及其他衍生工具会计实务的新规则。这些新规则包含在财务会计准则委员会第 133 号财务会计准则（以下简称第 133 号准则）"衍生工具和套期保值会计"（也被称为"FAS 133"）的声明之中。

第 133 号准则发布前，衍生品交易的会计规则不够清晰和统一。第 133 号准则的发布取代了许多此前适用于衍生品的财务会计准则（FAS 80、FAS 105 和 FAS 119）。第 133 号准则还修改了第 80 号准则（"期货合约"）和第 107 号准则（"金融工具公允价值披露"）。就其本身而言，第 133 号准则提供了一套新的统一的衍生品会计处理程序。原计划于 1999 年生效的第 133 号准则因受影响公司的反对而推迟实施。财务会计准则委员会也发布了第 138 号准则，完善实施条款以回应投诉，但第 138 号准则并没有明显修改第 133 号准则的原则。2000 年，第 133 号准则和第 138 号准则全面施行，形成了目前美国衍生品会计的基本框架。第 133 号准则整个文件长达 245 页。附录 B 提供了上述会计规则的概述。运用第 133 号准则有关原则需要熟悉声明本身。

## 1.9　期货交易相关税收

1981 年，国会通过了一项涉及期货交易损益税收的法律，对期货合约的利用方式产生了巨大影响。这项法律规定，期货头寸的所有账面收益和亏损都必须被视为在纳税年度结束时已实现。出于税收目的，期货头寸必须在年末按市值计价。任何收益或亏损的40%被视为短期收益，60%被视为长期资本性收益或损失。[36]

---

# 交易马甲

　　首次到访位于芝加哥或纽约的期货交易所，参观者往往会对他们在交易池中看到的模糊颜色加以评论。这种像万花筒一样的颜色来自数以千计穿着交易马甲围绕着拥挤的交易大厅转动的交易员、跑单员和交易所官员。交易马甲已成为最令人熟悉的现代期货市场形象之一。

　　来自美国最大的交易所的档案照片表明，没有证据证明交易马甲的出现早于20世纪30年代。从20世纪30年代开始，档案照片显示电报员和交易所工作人员穿着与现代交易马甲非常类似的制服，而交易员自己则穿着商务正装。总之，过去实际上是非交易员穿着交易马甲。

　　20世纪70年代的一系列事件导致交易员开始穿着交易马甲。第一，新一代年轻的交易员大约在此时开始了他们的职业生涯。这些年轻的交易员认同这一时代的着装风格。在年长的会员看来，这种着装风格显得邋遢和不专业，他们于是制定了会员规则，要求穿着专业服装，包括有领衬衫、领带和夹克。第二，交易池内交易员的数量随着金融期货的上市而增长，导致交易员身份识别成为一个问题。金融期货上市还导致了"特许交易"的出现，即非会员如果获得特许可以在指定的交易池交易，这就需要某种方法较为容易地将特许证持有者和正式会员区分开来。第三，在发生了一系列非授权个人想方设法混进交易池的事件后，交易大厅的安全成为一个问题。

　　交易马甲帮助解决了上述所有问题。交易马甲符合交易所规则关于职业装的要求，同时也以实用性制服替代了不太实用的西服外套。交易员身处闷热的交易池中，需要的是凉爽的、轻便的、宽松的制服，并需要制服上有很多口袋以便携带交易卡片、研究简报以及其他物品。交易马甲通过颜色编码体系提供了一个在拥挤的交易大厅识别交易员身份的非常便捷的方法。最终，交易马甲和徽章使非授权人员较难混进交易大厅，从而确保了交易大厅的安全。

　　在芝加哥期货交易所，交易员以及经纪公司和交易公司职员都穿同样颜色的马甲，因此他们能够在交易池中迅速找到彼此。独立交易员通常穿着与其所属清算公司相关颜色的马甲。与帮助交易员识别自己公司会员和所属机构同等重要的是，马甲颜色也有助于识别其他经纪公司的交易员和工作人员。交易员独特的着装颜色，连同包含三位数字代码的清算会员身份识别徽章，帮助交易员在执行交易时可以准确地识别代表对手方交易员的公司，从而有助于提高交易运行效率。准确识别交易公司的身份对于确保交易执行和清算平稳有序是十分必要的。

在芝加哥商业交易所，不同颜色的马甲帮助识别交易大厅内不同身份的人。会员或经纪商穿红色马甲。跑单员和接线员穿金色马甲，流单交易（out - trade）记录员穿淡绿色马甲，市场通讯员穿浅蓝色马甲。仅交易指定合约，如新兴市场期货的芝加哥商业交易所会员，穿橙色马甲。芝加哥商业交易所员工穿深蓝色马甲，而其技术类员工穿黑色马甲。

交易马甲是公开喊价交易所独有的。当伦敦国际金融期货交易所（London International Financial Futures and Options Exchange，LIFFE）于1999年从公开喊价交易过渡到电子化交易，交易马甲因不再具有实际用途而被舍弃。一位伦敦交易员说："我们仍然在墙上悬挂着旧的交易马甲以追忆它的往昔。"

公开喊价交易的持续成功与一家公司有利害关系，这家公司是交易马甲的制造商——佩科（PECO）。佩科公司（www.tradingjackets.com）提供不同颜色、图案、面料和风格马甲的丰富选择。

交易员或多或少有迷信倾向。当走运的时候，交易员不愿意做任何干扰这一势头的事情，这其中就包括清洗他们的交易马甲。交易员将一直穿着他们的幸运马甲直到美梦破碎、运气耗尽。某些交易员甚至身故下葬时仍身穿交易马甲，他们希望其马甲在人间交易池带来的好运能够在天国更大的交易池中得以延续。

## 1.10 小结

本章聚焦于美国期货市场的基本制度特征。我们看到期货市场的产生源于在有组织的交易所中交易的一种特殊远期合约，并以高度标准化的合约条款为特色。它的制度环境包括确保所有交易得到履行的清算所和用于保护市场财务安全的保证金制度。上述机制保障期货市场带来两个关键的社会效益：价格发现和通过套期保值转移风险。

期货交易所上市交易各种商品的合约，范围从传统的农业类商品，到金属类、利率类合约，股票指数合约，外汇期货以及个股期货。期货市场有着复杂的监管环境，经纪商、交易所、清算所、行业组织以及联邦政府机构都在其中发挥作用。这些监管实体对各类期货市场参与者的活动进行监管。

## 1.11 习题

1. 购买住宅时会产生购房合同，通常会在数周以后结算。结算时买方支付给卖方购房款并得到房产。请说明上述交易与期货或远期交易的相似之处。

2. 在期货市场，一个小部件合约的标准合约规模为 5,000 个小部件。这与广为人知的在一事一议基础上协商交易规模的远期市场实践相比有哪些优势？标准合约规模有哪些劣势？

3. 购买商品期货交易所席位需要考虑哪些因素？拥有一个席位会有哪些可能的优势？

4. 请解释初始保证金和维持保证金的区别。

5. 请解释维持保证金和变动保证金的区别。

6. 2 月 1 日，一位交易者买入 1 手 6 月小麦合约。2 月 10 日，她卖出 1 手 9 月小麦合约，并在 2 月 20 日卖出 1 手 6 月小麦合约。2 月 15 日，她的小麦期货持仓是什么状况？2 月 25 日，她的持仓是什么状况？你如何描述她在 2 月 20 日交易的特征？

7. 请解释成交量和持仓量的差异。

8. 请定义"最小变动价位"和"每日价格限制"。

9. 一位交易者持有 1 手 9 月原油合约多头头寸。5 月 15 日，他与一位生意伙伴签约在现货市场购入 1,000 桶原油。他的这位生意伙伴持有 1 手 9 月原油合约空头头寸。这两位交易者如何在不开展期货市场实际交易的情况下了结各自的期货头寸？

10. 请说明交易者如何以现金结算方式了结期货头寸。

11. 请解释"价格发现"。

12. 请对比预期性套期保值和经典套期保值的异同。

13. 什么是"抢先交易"？

14. 请说明全国期货协会和商品期货交易委员会的角色差异。

15. 清算所使用的两类财务保护模式是什么？

16. 交易所"非互助化"的含义是什么？

17. 2000 年的《商品期货现代化法案》如何改变期货行业的监管？

## 1.12 尾注

[1] 期货合约买方和卖方的相互义务是期货市场的一个重要特征，有助于区分期货合约和期权合

约。如果你买入看涨期权，你就购入了以特定价格得到某种商品的权利，但是看涨期权的买方不必履行义务。顾名思义，他可以选择买东西，但没有义务做任何事情。相比之下，期货合约的买方有义务在随后的时间支付货款并接受合约货物。任何期货合约的启动都意味着一系列未来义务。

　　[2]　关于远期合约和期货市场历史起源的讨论，见 C. Culp, *Risk Transfer：Derivatives in Theory and Practice*, Hoboken：John Wiley and Sons, 2004；Loosigian, *Interest Rate Futures*, Princeton, NJ：Dow Jones Books, Inc. , 1980；L. Venkataramanan, *The Theory of Futures Trading*, New York：Asia Publishing House, 1965；J. C. Williams, "The Origin of Futures Markets", *Agricultural History*, 56：1, 1982, pp. 306 – 325；U. Scheade, "Forwards and Futures in Tokugawa – Period Japan：A New Perspective on the Dōjima Rice Market", *Journal of Banking and Finance*, 13, 1989, pp. 487 – 513。

　　[3]　关于芝加哥期货交易所早期情况的叙述，见 *The Commodity Trading Manual*, Chicago：Chicago Board of Trade, 1989。直到 1925 年，芝加哥期货交易所才采取了中央对手方清算机制，从而使其合约真正成为现代意义上的期货合约。

　　[4]　在后面的章节中，将提供更精确的法律区别。

　　[5]　Scott Chambers and Colin Carter, "U. S. Futures Exchanges as Nonprofit Entities", *Journal of Futures Markets*, 10：1, 1990, pp. 79 – 88, 分析了其非营利性地位对期货交易所经营的不同影响。他们认为，这种不受制于利润最大化目标的自由刺激了交易所产品的交叉补贴。实际上，上述分析暗示着交易所利用成功合约的利润来补贴利润较低的合约。

　　[6]　见 R. Chiang, G. D. Gay and R. W. Kolb, "Commodity Exchange Seat Prices", *Review of Futures Markets*, 6：1, 1987, pp. 1 – 12。

　　[7]　关于美国期货交易所非互助化的更多信息，见 K. Pendley, "Going Corporate：The Outlook for U. S. Futures Exchanges", *Futures Industry Magazine*, January/February 2022。

　　[8]　为自己账户交易的同时担任其他参与方的经纪商，被称为双重交易。这种做法受到了严密审查，并对其实施了一些限制。我们将会在第 2 章里充分地讨论双重交易。

　　[9]　见 H. Working, "Hedging Reconsidered", *Journal of Farm Economics*, 35, 1953, pp. 544 – 561, 这是对套期保值所下的经典定义。

　　[10]　这条一般规则也有一些例外。例如，伦敦金属交易所开展金属远期交易，但有实体交易大厅。

　　[11]　第 11 章详细地讨论了外汇远期市场，为外汇期货市场的论述作铺垫。

　　[12]　被核准的仓库也被称为"标准"仓库。

　　[13]　一般来说，金融产品的期货即使有价格限制，往往也很少。这意味着价格限制主要用于约束实物商品。Michael J. Brennan, "A Theory of Price Limits in Futures Markets", *Journal of Financial Economics*, 16：2, 1986, pp. 213 – 233, 书中提供了一个论点来解释为什么价格限制在一些市场上能被观察到，但在其他市场却不能。Brennan 认为价格限制会在商品的真实价值发生剧烈变化时，限制交易者可用的信息流。如果期货价格已经触及极限，因为交易者不能观察到商品的市场价格，所以交易者获取的商品真实价值信息是有限的。因此，如果交易者知道真实的均衡价格，他们会有比现在更强烈的动机去追加保证金。如果可用的信息是从期货市场外的来源获得，价格限制不会限制交易者信息。

例如，在金融市场中，除期货市场外，还存在关于商品价格的良好信息来源。Brennan 指出，对于农业市场来说，期货市场以外的信息来源不是那么有价值。因此，我们预计金融期货的价格限制很少，因为价格限制不能有效地限制交易者信息。相应地，在交易者信息流较差的农产品上能观察到价格限制。Brennan 指出期货价格限制模式大致与上述观察结果一致。农产品期货的价格限制比金融期货更为普遍。

据称，价格限制会在价格剧烈波动时提供一个"冷静期"。还有人认为，价格限制能够防止市场对真正的市场价格进行"超调"。学术文献中关于这两种主张的证据是模糊的。例如，Chul Woo Park，"Examining Futures Price Changes and Volatility on the Trading Day After a Limit – Lock Day"，*Journal of Futures Markets*，20，2000，pp. 445 – 466，发现价格在涨停日之后通常继续上升，并且波动性在一些市场受到影响，但在其他市场则不受影响。Ma，R. Rao, and R. Sears，"Volatility, Price Resolution, and the Effectiveness of Price Limits"，*Journal of Financial Services Research*，3：3，1989，pp. 165 – 199，发现下一日的波动率会更低，并且价格在触及限制后倾向于倒转方向。正如 M. Miller 和 S. Lehmann 对 Ma、Rao 和 Sears 文章的评论所指出的那样，这个问题仍存在着很大争议。其他关于价格限制的研究见 Henk Berkman and Onno W. Steenbeek，"The Influence of Daily Price Limits on Trading in Nikkei Futures"，*Journal of Futures Markets*，18：3，1998，pp. 265 – 279；Joan Evans and James Mahoney，"The Effects of Daily Price Limits on Cotton Futures and Options Trading"，*Federal Reserve Bank of New York*，1996；Laura E. Kodres and Daniel P. O'Brien，"The Existence of Pareto – Superior Price Limits"，*American Economic Review*，84：4，1994，pp. 919 – 932；Lucy F. Ackert and William C. Hunter，"Rational Price Limits in Futures Markets：Tests of a Simple Optimizing Model"，*Review of Financial Economics*，4：1，1994，pp. 93 – 108。

[14] Edward J. Kane，"Market Incompleteness and Divergences between Forward and Futures Interest Rates"，*Journal of Finance*，35：2，1980，pp. 221 – 234，在文章中提到清算所提供履约担保所产生的成本足以引起远期合约和期货合约价格之间的分歧。这种分歧的其他依据已经出现了，第 2 章会更加详细地思考这个话题。

[15] 关于客户与经纪商关系的更多信息，见 James V. Jordan and George Emir Morgan，"Default Risk in Futures Markets：The Customer Broker Relationship"，*Journal of Finance*，45，1990，909 – 933。

[16] 可以看出，这是与股票市场不同的。股票代表着公司实际资产的所有权，并且这些资产在每个时点上都被某人拥有。当"计算净额"时，股票市场上的多头头寸和空头头寸总是等于实际存在的流通股数量，而不是像期货市场上那样为零。

[17] 关于清算所及其功能的更多信息，见 F. R. Edwards，"The Clearing Association in Futures Markets：Guarantor and Regulator"，*The Journal of Futures Markets*，3：4，1983，pp. 369 – 392。

[18] 我们可能会说清算所是"完美对冲。"无论期货价格是升还是降，清算所的财富都不会被影响。这是因为清算所持有的多头头寸和空头头寸彼此完全平衡。第 3 章介绍套期保值的概念，并且在之后章节中都会研究它。

[19] L. Kalavathi and L. Shanker，"Margin Requirements and the Demand for Futures Contracts"，*Journal of Futures Markets*，11：2，1991，pp. 213 – 237，作者认为，增加保证金会减少对期货头寸的需

求。类似地，Stanley R. Pliska and Catherine T. Shalen，"The Effects of Regulations on Trading Activity and Return Volatility in Futures Markets"，*Journal of Futures Markets*，11：2，1991，pp. 135 – 151，文中坚持认为极高的保证金会减少流动性，这种流动性是以持仓量和成交量衡量的。

[20] 保证金水平的主要决定因素可能是期货合约的波动性。见 C. K. Ma, G. Wenchi, and C. J. Frohlich，"Margin Requirements and the Behavior of Silver Prices"，*Journal of Business Finance and Accounting*，20：1，1993，pp. 41 – 60；R. P. H. Fishe, L. G. Goldberge, T. F. Gonshell, and S. Sinha，"Margin Requirements in Futures Markets：Their Relationship to Price Volatility"，*Chicago Fed Letter*，1991，pp. 1 – 4。然而，提高保证金会降低波动率的结论尚不清楚，见 J. T. Moser，"Determining Margin for Futures Contracts：The Role of Private Interests and the Relevance of Excess Volatility"，*Economic Perspectives*，16：2，1992，pp. 2 – 18。此外，持仓量似乎会降低波动性，所以能减少持仓量的较高保证金水平实际上可能会增加波动性，见 H. Bessembinder and P. J. Seguin，"Price Volatility, Trading Volume, and Market Depth"，*Journal of Financial and Quantitative Analysis*，28：1，1993，pp. 21 – 39。

[21] 关于保证金的扩展讨论，见 K. Kahl, R. Rutz, and J. Sinquefield，"The Economics of Performance Margins in Futures Markets"，*The Journal of Futures Markets*，5：1，1985，pp. 103 – 112。一些人认为，在某些情况下更高的保证金会阻碍期货交易，见 R. Fishe, and L. Goldberg，"The Effects of Margins on Trading in Futures Markets"，*The Journal of Futures Markets*，6：2，1986，pp. 261 – 271；M. Hartzmark，"The Effects of Changing Margin Levels on Futures Market Activity, the Composition of Traders in the Market, and Price Performance"，*Journal of Business*，59：2，1986，pp. S147 – S180，作者认为，改变保证金水平可能会对市场交易者的构成产生难以预料的影响，并且他坚持认为保证金制度不适合作为控制过度投机的监管工具。W. C. Hunter，"Rational Margins on Futures Contracts：Initial Margins"，*Review of Research in Futures Markets*，5：2，1986，pp. 160 – 173，此作者认为交易所应设定保证金来反映其会员的风险承担行为。

[22] 见 Avaham Kamara and Andrew F. Siegel，"Optimal Hedging in Futures Markets with Multiple Delivery Specifications"，*The Journal of Finance*，42：4，1987，pp. 1007 – 1021。另见 Stephen Craig Pirrong, Roger Kormendi, and Philip Meguire，"Multiple Delivery Points, Pricing Dynamics, and Hedging Effectiveness in Futures Markets for Spatial Commodities"，*Journal of Futures Markets*，14：5，1994，pp. 545 – 573，发现交割选择权可以被定价并且这种选择权的价值可能是巨大的。Pirrong、Kormendi 和 Meguire 发现额外的交割地点提升了合约的套期保值效果。

[23] 关于期转现作用的经验性证据可以在这篇文章中找到：Paul Laux and Sharon Brown – Hruska，"Fragmentation and Complementarity：The Case of EFPs"，*The Journal of Futures Markets*，22：8，2002，pp. 697 – 727。

[24] 通常情况下，会有若干个允许交易的交割月，但成交量小的合约实际上每次只有一个或两个交割月有活跃的市场。

[25] 除了实物金属合约之外，伦敦金属交易所也交易一种塑料合约并且提供金属指数合约。

[26] Charles H. Taylor，*History of the Board of Trade of the City of Chicago*，Volume 1，Chicago：Rob-

ert O. Law Company, 1917, 427 – 428.

［27］见 Gregory Kuserk and Peter Locke, "The Chicago Loop Tunnel Flood: Cash Pricing and Activity", *Review of Futures Markets*, 13: 1, 1994, pp. 115 – 146。

［28］Jeffrey Williams, *The Economic Function of Futures Markets*, Cambridge: Cambridge University Press, 1986，作者认为，期货市场的主要目的是为商品借贷提供手段。在他的比喻中，期货市场让商品市场表现得像货币市场，可以方便地进行借贷。

［29］见 Roger W. Gray, "Onions Revisited", *Journal of Farm Economics*, 45: 2, 1963, 273 – 276。洋葱期货于 1942 年 9 月 8 日在芝加哥商业交易所开始交易，于 1946 年 10 月 14 日在纽约商业交易所开始交易。尽管洋葱期货在 1985 年被禁止，但也有未平仓合约允许交易。洋葱期货的最后一次交易发生在 1959 年 11 月 5 日。

［30］《商品期货现代化法案》还增加了实际上包含在商品术语中的下列表述："发生、发生的程度或意外情况……就是说……超出了各方的控制……并且……与金融、商业或经济后果有关。"

［31］持仓限额不以同样的方式适用于套期保值者。对于很多合约来说，持仓限额只适用于在交割月期间。

［32］在一些个别情况下，洗售（wash sale）有可能具有经济目的。例如，目前在市场上建立头寸的交易者可能希望避免等待交割，交割队列的顺序取决于头寸是何时建立的。交易者可能为了移动到交割队列的末尾而尝试参与洗售。也就是说，"刷新"他的头寸。这样的交易，即使可以说有经济目的，也会被禁止，因为所有的洗售本身都是被禁止的。

［33］《商品交易法》第 150 部分定义了不同种类的持仓责任报告水平。第一种类型，称为"第一类"责任报告水平（"Category 1" accountability limits），交易所有权要求交易者向交易所提供有关其头寸的信息。第二种类型，称为"第二类"责任报告水平（"Category 2" accountability limits），交易所除了要求交易者提供有关其头寸的信息外，还有权停止交易者头寸的增加。

［34］对《商品期货现代化法案》的全面研究，见 Walter L. Lukken and James A. Overdahl, "Derivative Contracts and Their Regulation", in Clifford E. Kirsch（ed.）, *Financial Product Fundamentals*, New York: Practicing Law Institute, February, 2004, 18 – 31, 18 – 33。

［35］《商品期货现代化法案》实施前和《商品期货现代化法案》实施后的数字可能有点误导性，因为《商品期货现代化法案》实施后的许多新合约是个股期货。

［36］Raymond Chiang and Dennis J. Lasser, "Tax Timing Options on Futures Contracts and the 1981 Economic Recovery Act", *The Financial Review*, 24: 1, 1989, pp. 75 – 92，研究该法律对外汇期货和远期合约定价的影响。在最初通过时，这项法律适用于期货，但并不适用于远期合约（该法律在 1982 年被扩展到适用于远期合约）。Chiang 和 Lasser 分析了外汇期货和远期价格之间的区别，并得出市场通过扩大远期和期货价格之间的差异来应对这一法律的结论。这种反应是合理的，因为法律暂时取消了期货合约的纳税时间选择权，却在远期合约上保留了这一选择权。Chiang 和 Lasser 发现，当 1982 年远期和期货价格再次享受同一个税收待遇时，两者之间的差异就消失了。

# 第 2 章　期货市场：进阶

## 2.1　概述

在本章中，我们比第 1 章更详细地探讨期货市场的结构，并对期货行业目前面临的一些问题进行思考。我们首先对保证金制度进行了更详细的审视。在第 1 章中，我们介绍了单一期货合约的保证金。保证金制度同样适用于期货头寸组合，本章探讨了当交易者持有多个相关期货头寸时，保证金制度是如何发挥作用的。目前，交易所正在开发和实施保证金系统，以考虑交易者在全部期货交易所整体头寸的风险水平。

接下来，我们探讨塑造期货行业竞争格局的经济力量。在期货行业，我们很少看到多个交易所提供类似的合约，并进行"面对面"的直接竞争。然而，这并不意味着交易所之间缺乏竞争。事实上，期货交易所为拥有市场主导权而激烈竞争，如 10 年期国债期货市场。这种竞争的通常结果是，合约的几乎所有成交量都将转移到单一交易所并保持不变。出现这种结果的原因是"网络效应"，随着更多成交量流向一家交易所，交易成本将降低。[1]我们将详细探讨期货交易所竞争的方式，包括交易所之间以及在相关市场提供的服务之间的竞争。

之后，我们将探讨经纪商、交易顾问和其他期货行业内专业人员的专业角色，以更完整地展示期货交易的运作方式。这些专业人员统称为"中间人"，是客户与交易所之间的"桥梁"。我们将探讨每个群体的功能，以及他们如何融入期货行业的监管框架。

正如我们在第 1 章中所指出的那样，几十年来，美国一直主导着期货行业。而现在，非美国市场成为主要参与者，与美国市场竞争全球领先地位。从 20 世纪 80 年代相对默默无闻开始，非美国市场现在总体上大于美国市场。全球化进程将继续塑造未来的期货行业。在本章中，我们探讨了全球化对期货行业的影响。

全球化与电子交易密切相关。直到 1998 年，电子交易仍只占总成交量的一小部分。目前，全部期货交易的一半，以及大多数金融期货交易，都是通过电子系统进行的。这些系统允许纽约的交易者在日本市场交易，就像他们身处东京一样。1992 年，芝加哥商业交易所（Chicago Mercantile Exchange，CME）通过 Globex 系统进行全球电子交易。作为电子交易的先驱，欧洲期货交易所（Eurex）于 1997 年开始运营，其电子交易的成交量在运营的前 5 年内超过了世界上最大期货交易所的成交量。本章论述了与电子交易相关的关键问题。

接下来，我们着眼于期货行业目前面临的问题。我们首先探讨交易所治理和清算所治理的问题。随着交易执行和清算已演变为独立而非综合的职能，治理问题已在期货行业引起争议。随着交易所的所有制结构从会员组织转变为营利性公司，治理问题也变得十分重要。其他重要的行业问题包括期货清算所清算场外衍生品、大宗交易、双重交易、建议取消联邦投机持仓限额和订单流支付。此外，我们还研究了事件市场发展引起的问题。这些市场允许市场参与者根据事件发生的概率进行交易，例如选举结果、公司盈利结果或自然灾害。这些市场在 2003 年夏天为人们所熟知，当时有消息称，美国国防部正在考虑赞助一个实验性事件市场，以评估某些政治事件发生的可能性。本章详细思考了这些行业问题。

最后，我们探讨了市场操纵以及旨在遏制市场操纵的法律法规。我们探讨了各种类型的操纵策略，并提供了实际操纵和被指控操纵期货市场的例子。我们还研究了商品期货交易委员会（Commodity Futures Trading Commission，CFTC）在对几家能源贸易公司调查时提出的问题，这些公司据称向提供期货合约结算价的价格指数供应商报告了虚假价格。

## 2.2　保证金：近距离观察

第 1 章介绍了期货市场保证金的概念。通过第 1 章介绍，我们看到初始保证金（initial margin）是期货交易开始之前需要支付的以现金或国库券形式存在的保证金。该保证金保护经纪商和市场免受遭遇损失的交易者违约的影响。当初始保证金低于维持保证金（maintenance margin）时，交易者必须追加保证金，即变动保证金（variation margin），以将其账户价值恢复到初始保证金的水平。在本章中，我们将保证金制度的讨论拓展至期货头寸组合，并描述如何制定保证金规则以反映这些组合头寸的风险。

## 2.3　期货头寸组合的保证金

正如我们在第 4 章中探讨的那样，投机者通常持有相关期货头寸的组合。这种组合期货头寸称为价差（spread）。例如，投机者可能在 7 月交割的小麦期货合约中持有多头头寸，在 9 月交割的小麦期货合约中持有空头头寸（投机者试图通过两个期货合约价格关系的变化获利）。毫不奇怪，7 月和 9 月小麦期货合约的价格密切相关。在这个例子中，两个期货头寸集中于同一种商品。在同一商品中持有两个期货头寸的价差称为市场内价差（intramarket spread）、日历价差（calendar spread）或时间价差（time spread）。[2]价差中的期货合约通常具有相关的价格变动，这降低了价差相对于单个合约的风险。由于持有价差的风险低于持有单个合约的风险，交易所对此类价差规定了较低的保证金要求。例如，小麦合约可能对单个期货合约的初始保证金要求为 2,500 美元。如果交易者持有小麦的市场内价差，保证金可能会低得多，比如 1,500 美元。这一较低保证金涵盖了以上价差案例中的两个合约。因此，价差中每个合约的保证金低于单个合约保证金的一半。所有时间价差均享受这种有利的保证金待遇。

　　除了市场内价差外，不同但相关的商品之间也存在价差。例如，交易者可能持有 7 月小麦期货的多头头寸和 7 月燕麦期货的空头头寸。两种不同但相关的商品的价差称为市场间价差（intermarket spread）或商品间价差（intercommodity spread）。并非每一对商品都有足够的关联性可以作为市场间价差进行处理。例如，小麦和燕麦之间有着密切的关系，但小麦和咖啡之间不存在如此密切的关系。交易所决定哪些商品构成市场间价差以确定保证金。表 2.1 展示了一些符合价差保证金条件的商品组合。如表 2.1 所示，市场间价差保证金处理的条件取决于两种商品之间的密切经济关系。请注意，这些价差保证金仅适用于在同一交易所交易的商品。这种制度是因为各交易所都设置了其自身的保证金。由于各交易所都独立地设置保证金，因此不用考虑在两个不同交易所交易的相关商品之间的价差关系。

**表 2.1　　　　　　　　　　　适用于价差保证金的市场间价差组合**

| 交易所 | 商品组合 |
|---|---|
| 芝加哥期货交易所<br>（Chicago Board of Trade） | 长期国债（Treasury bonds）与中期国债（Treasury notes）<br>小麦、玉米或燕麦中的任何一对<br>大豆、豆油或豆粕中的任何一对<br>黄金与白银 |
| 芝加哥商业交易所<br>（Chicago Mercantile Exchange） | 欧洲美元（Eurodollars）与短期国债（Treasury bills）<br>标准普尔 500 指数（S&P 500）与纳斯达克 100 指数（NASDAQ 100）<br>任何一对外币（英镑、欧元、瑞士法郎、日元、加拿大元、澳大利亚元）<br>活牛、饲养牛或生猪中的任何一对<br>猪腩与生猪 |

　　作为市场间价差的一个例子，考虑一名交易者，他持有 12 月标准普尔 500 指数期货合约空头头寸，同时持有 12 月纳斯达克 100 指数期货合约多头头寸。这两个合约都在芝加哥商业交易所交易，合并后的头寸有资格获得商品间价差折抵。根据历史价格走势，清算所确定标准普尔 500 指数期货的维持保证金为 17,250 美元，纳斯达克 100

指数期货的维持保证金为 27,000 美元。如果单独计算保证金，以上头寸的总维持保证金将为 44,250 美元。根据这两个合约之间的历史相关性，清算所允许提供 26,993 美元的商品间价差折抵。这意味着组合头寸的维持保证金为 17,257 美元，即 44,250 ~ 26,993 美元。[3]

## 2.4　市场间交叉保证金

市场间交叉保证金是一种通过考虑交易者的整个投资组合来确定其保证金要求的制度，即使该投资组合的部分持仓分布在不同的交易所。本质上，这一想法将价差保证金的原则拓展到了不同交易所之间。例如，欧洲美元和长期国债期货价格明显相关。然而，欧洲美元期货在芝加哥商业交易所交易，国债期货在芝加哥期货交易所交易。确认欧洲美元期货和国债期货之间价差保证金的制度就是市场间交叉保证金制度。美国共有 11 家期货清算所，每家都对其结算会员规定了自己的保证金要求。除了一些例外，每家清算所都不承认交易者在其他清算所的头寸。因此，每个头寸都被单独确定保证金。[4]

目前，存在一种有限的市场间交叉保证金制度。如果交易者通过同一经纪公司在两个不同的交易所拥有头寸，那么市场间交叉保证金就成为可能。例如，假设一个交易者通过其经纪商——美林（Merill Lynch），持有欧洲美元期货 9 月合约多头头寸和中期国债期货 9 月合约空头头寸。这一投资组合符合价差保证金的条件，因为价差的双边头寸通过同一经纪商持有。经纪商履行将两个单独的期货头寸识别为一个价差的两个组成部分的职能。然而，如果交易者在美林持有欧洲美元期货头寸，在所罗门兄弟（Salomon Brothers）持有中期国债期货头寸，那么以上投资组合将不符合降低保证金的条件。

一些市场观察人士呼吁扩大市场间交叉保证金。根据这些提议，保证金规则将考虑交易者的全部头寸，不仅在不同的期货交易所之间，而且在不同类型的金融工具之间可以交叉。对 1987 年 10 月市场暴跌的研究，在很大程度上推动了这种广泛的交叉保证金制度。市场暴跌后，布雷迪委员会（Brady Commission）研究了金融系统在那段紧张时期的表现。作为它们的结论之一，委员会支持市场间交叉保证金。由于布雷迪委员会专注于股票市场，我们将以股票交易为例。这些原则同样适用于其他类型的金融工具。个人股票在证券交易所和纳斯达克（NASDAQ）系统交易。个别股票和股票指数的期权在各种期权交易所交易。股指期货在各种期货交易所交易，这些股指期货的期权也是如此。总的来说，股票交易跨越了大量交易所。

在确定必要的保证金数量时，完全的市场间交叉保证金将考虑交易者在所有类型工具上的总头寸。由于保证金要求应反映交易者的风险敞口，这种交叉保证金制度将是非常可取的，因为它将监测交易者的总风险。在许多情况下，交易者整个投资组合的风险小于单个投资所代表风险的总和。例如，持有大量个股投资组合，同时卖出股指期货合约的交易者，本质上是价差交易者。与其他商品的价差交易者一样，以上交易者的总风险敞口很可能低于仅由股票组合或期货头寸单独代表的风险敞口。在市场间交叉保证金制度下，保证金要求代表了交易者的真实风险水平。

这种交叉保证金制度至少有五个好处。第一，在给定的风险保护程度下，要求交易者缴纳的初始保证金总额会更少。这将腾出资金用于其他用途，例如满足追加保证金的要求。第二，交叉保证金可能需要一个中央清算所来服务于各个市场。中央清算所将减少账户之间的资金转移，并提高市场的运营效率。第三，较低的保证金要求将有助于吸引更多交易者，更多的交易者将有助于提高市场的流动性。第四，这一制度将有助于美国交易所与国外新兴金融市场的竞争。第五，在价格剧烈变化时期，交叉保证金制度将降低一些交易者被迫平仓的风险。例如，假设股票市场价格大幅上涨，有一位持有股票并做空股指期货合约的交易者。股价上涨会给做空股指期货的交易者带来损失。如果保证金制度仅基于期货头寸确定保证金，那么交易者将被要求支付变动保证金。然而，如果交易者持有股票并卖出与之相对应的股指期货合约，股价上涨将会带来收益，从而完全抵销股指期货的损失。这种经济情况不要求交易者增加任何保证金支付。只有交叉保证金制度才能反映该交易者头寸的真实经济情况。

交叉保证金也可能涉及某些风险。首先，降低保证金节省的资金可能用于额外的交易，而不仅是作为未来追加保证金的准备金。交叉保证金可能仅意味着系统整体持有较少的保证金，从而导致系统范围内违约风险的增加。其次，对冲头寸可能偏离正常关系。在这种情况下，双边头寸可能都有损失，而不是一边的损失由另一边的收益弥补。

交叉保证金可以在不同国家的清算所之间进行。例如，芝加哥商业交易所、伦敦清算所（LCH）和伦敦国际金融期货交易所（LIFFE），为在芝加哥商业交易所的欧洲美元期货合约，以及伦敦国际金融期货交易所的欧洲银行间同业拆借利率（Euribor）和欧元伦敦银行间同业拆借利率（Euro Libor）合约中，拥有头寸的清算成员及其附属公司，开展了交叉保证金合作。

完全的市场间交叉保证金的一个障碍是清算所和交易所本身。交叉保证金意味着清算所可能被合并或取消。因此，一些清算所不愿打开可能导致其破产的交叉保证金的"潘多拉盒子"。[5]此外，一些交易所拒绝市场间交叉保证金，因为他们担心这可能会帮助提供几乎相同产品的竞争对手。

## 2.5　标准投资组合风险分析（SPAN）保证金系统

虽然完全的交叉保证金仍未实现，但部分的交叉保证金制度已被广泛使用。SPAN代表标准投资组合风险分析（Standard Portfolio Analysis of Risk）。目前，大多数美国期货交易所都在使用SPAN。通过在设定保证金要求时考虑整个投资组合，SPAN为期货及期货期权交易提供交叉保证金计算服务。期货期权的价格取决于许多因素，包括期货价格、期货价格的波动率和期权到期前剩余的时间。第12章和第13章讨论了期权定价模型。

SPAN系统考虑了16种可能的"假设"情况，以确定适当的投资组合保证金。这16种情景反映了期货价格的变化和期货价格波动率的变化。为了实施SPAN系统，清算所必须首先确定在交易所单独交易的每个期货合约的维持保证金水平。清算所根据期货合约的一系列历史单日价格变动情况，主观选择维持保证金水平。与较低的维持保证金水平相比，较高的维持保证金水平反映了在更多可能结果上的保证金覆盖率。维持保证金水平成为SPAN系统计算投资组合保证金的一个输入项。在SPAN系统内，指定期货价格"上升2/3"的场景意味着，期货价格将在当前价格基础上增加维持保证金水平的2/3。在SPAN系统内，维持保证金水平称为价格扫描区间（price scan range）。

每个期货期权合约都定义了一个波动率区间，称为波动率扫描区间（volatility scan range）。波动率扫描区间由交易所根据隐含在期货期权价格中的波动率水平主观确定。对于仅由期货合约组成的投资组合，波动率扫描区间不影响投资组合保证金的计算。在这种情况下，SPAN的计算结果将与前文讨论的商品间价差保证金一致。清算所每天更新扫描区间和其他风险参数。

表2.2展示了适用于同时包含期货和期货期权在内的投资组合的16种不同场景。每个场景根据单个期货合约的价格扫描区间和每个期货期权合约的波动率扫描区间来确定。SPAN系统使用期权定价模型来计算投资组合的价值在16种场景下的变化。保证金要求等于所有16种场景下的最大损失。[6]例如，表2.2中最大的损失发生在场景14下，为31,172美元（损失由正值表示）。该投资组合的最低维持保证金要求是31,172美元的扫描区间风险费用（scanning range risk charge）。交易所将根据扫描区间风险费用设定初始投资组合保证金要求。例如，芝加哥期货交易所将初始投资组合保证金水平设置为比扫描区间风险费用高35美元。SPAN既可以从清算所角度用于确定

结算会员的保证金要求，也可以从经纪商角度用于确定个人客户账户的保证金要求。

**表 2.2**　　　　　**包含期货合约和期货期权合约的投资组合的 SPAN 保证金**　　单位：美元

| 序号 | 场景 | 1 手 6 月期货合约多头 | 1 手 6 月期货看涨期权合约多头 | 合计 |
|---|---|---|---|---|
| 1 | 期货价格不变；波动率上升 | 0 | − 1,636 | − 1,636 |
| 2 | 期货价格不变；波动率下降 | 0 | 2,123 | 2,123 |
| 3 | 期货价格上升 1/3；波动率上升 | − 5,750 | − 5,954 | − 11,704 |
| 4 | 期货价格上升 1/3；波动率下降 | − 5,750 | − 2,647 | − 8,397 |
| 5 | 期货价格下降 1/3；波动率上升 | 5,750 | 2,384 | 8,134 |
| 6 | 期货价格下降 1/3；波动率下降 | 5,750 | 6,523 | 12,273 |
| 7 | 期货价格上升 2/3；波动率上升 | − 11,500 | − 10,533 | − 22,033 |
| 8 | 期货价格上升 2/3；波动率下降 | − 11,500 | − 7,711 | − 19,211 |
| 9 | 期货价格下降 2/3；波动率上升 | 11,500 | 6,077 | 17,577 |
| 10 | 期货价格下降 2/3；波动率下降 | 11,500 | 10,478 | 21,978 |
| 11 | 期货价格上升 3/3；波动率上升 | − 17,250 | − 15,340 | − 32,590 |
| 12 | 期货价格上升 3/3；波动率下降 | − 17,250 | − 12,995 | − 30,245 |
| 13 | 期货价格下降 3/3；波动率上升 | 17,250 | 9,415 | 26,665 |
| 14 | 期货价格下降 3/3；波动率下降 | 17,250 | 13,922 | 31,172 |
| 15 | 期货价格上升 3；波动率上升 | − 15,525 | − 14,065 | − 29,590 |
| 16 | 期货价格下降 3；波动率上升 | 15,525 | 6,837 | 22,362 |

## 2.6　在险价值（VAR）

在险价值（VAR）概念的提出，旨在以单个数字测量公司投资组合的整体价格风险。在险价值最初用于测量包含衍生工具的投资组合的风险，可以应用于所有类型的金融工具，并代表了 SPAN 等风险测量系统背后的基本逻辑。在险价值的目标是在给定的小概率情景下，估计投资组合的最小损失水平。例如，交易部门的经理可能计算出 99% 置信水平下的每日在险价值为 2,000 万美元。换言之，这位经理估计在正常市场条件下，每天损失超过 2,000 万美元的可能性为 1%（100% − 99%）。这一数字衡量了交易部门的市场风险敞口。在险价值是一种概率陈述，因此在险价值是风险敞口的统计度量。

在险价值可以通过模拟或解析方法进行估计。第一种常见的模拟方法称为蒙特卡洛（Monte Carlo）方法。蒙特卡洛方法用于模拟投资组合次日价值的各种不同场景。该方法需要假设潜在市场因子（如利率、汇率和市场指数）的每日变化分布。一个常见的假设是潜在市场因子是正态分布的。利用因子的历史观测值，估计分布参数。然后，蒙特卡洛方法使用估计的因子分布来生成因子未来可能的每日变化的模拟集。根据每组模拟因子变化，使用估值模型对投资组合进行重新估值。结果是一组与潜在市场因子的模拟变化相对应的模拟的投资组合价值。模拟的投资组合价值集产生了一个价值分布，其中第 99 百分位的损失表示该置信水平下的每日在险价值。

计算在险价值的第二种模拟方法称为历史模拟方法。历史模拟方法与蒙特卡洛模拟方法相似，只是它跳过了对市场因子变化分布进行假设的步骤。相反，该方法使用观察到的因子历史变化来生成因子价格变化的历史分布。这种类型的分布有时被称为经验分布，因为它只依赖于历史结果，并且不对分布形态或分布参数进行假设。该方法使用市场因子的实际历史变化，作为用于重新评估当前投资组合价值的模拟变化。与蒙特卡洛方法一样，使用投资组合中每个头寸的估值模型对当前投资组合进行重新估值。这两种技术之间的唯一区别是蒙特卡洛方法按照假设的因子分布生成模拟因子变化，而历史模拟方法使用实际的历史因子变化来确定投资组合价值的预期分布。历史模拟方法的最终结果是与一组可能的因子变化相对应的一组投资组合价值。根据以上模拟分布，第 99 百分位的损失将是该置信水平下的在险价值。

除了模拟方法之外，许多机构还使用一种称为 RiskMetrics 的解析方法，该方法在 20 世纪 90 年代由 JP 摩根（现在的摩根大通）宣传普及。RiskMetrics 已发展成为一个由 RiskMetrics 集团支持的独立产品。RiskMetrics 通过互联网向其客户提供风险因子向量，每天更新。潜在因子每日变化的历史时间序列用于确定每个因子的方差和因子之间的协方差。在 RiskMetrics 方法下，方差和协方差与"因子敏感性"（factor sensitivity）度量和头寸信息相结合，以形成对第二天可能的投资组合变化分布的估计。"因子敏感性"是指投资组合价值随因子价值的微小变化而变化的程度，估计每个因子的单独敏感性。因子敏感性是通过分析逐一确定的，也就是说假设所有其他因子保持不变，模拟某一因子变化导致的产品价格的变化。对所有因子重复以上过程，结果是一组因子敏感性，描述了由潜在风险因子的微小变化导致的投资组合价值的预期变化。投资组合因子敏感性是通过简单地将投资组合中所有产品的单个产品因子敏感性相加得到的。通过将因子的方差和协方差矩阵与因子敏感性向量相结合，并将结果转换为期望的置信水平，就可以确定投资组合的在险价值估计。[7]

对于仅包含期货的投资组合的市场风险测量，RiskMetrics 方法效果良好。这种方法尤其适用于包含"线性工具"的投资组合，即价值随标的工具价值变化而成比例变化的衍生产品。我们将在第 3 章看到，期货合约符合线性工具的定义。对于包含更复杂衍生工具（如期权）的投资组合，历史模拟或蒙特卡洛模拟方法可能是更适合测量在险价值的方法。

## 2.7　交易所竞争

期货行业内存在两个层次的交易所竞争。第一个层次是交易所或电子交易系统中交易者之间的竞争，他们对期货合约进行买卖报价。这种类型的竞争经常被视为不受约束的自由经营和完全竞争的例子。这一观点在派拉蒙影业公司 1983 年的热门电影《颠倒乾坤》（*Trading Places*）中的一个场景中得到了令人难忘的阐述。在电影场景中，丹·艾克罗伊德（Dan Aykroyd）饰演的角色在他们准备进入交易所时对埃迪·墨菲（Eddie Murphy）饰演的角色说，期货交易代表着"地球上仅存的最后一个纯粹的资本主义堡垒"。然而，值得注意的是，这些市场中的交易受到高度监管，其方式与任何政府监管都有很大不同。期货交易所非常详细地监管交易惯例、可以交易的内容、清算和结算条款以及商业行为标准。期货交易所还对违反交易所规则的人进行惩罚。显然，为了实现完全竞争，需要一个复杂的规则和章程体系来降低交易成本、增加成交量，并提高整体交易效率。[8]期货交易所采用必要的规则和章程，以促进其所在市场的激烈竞争。

第二个层次的竞争存在于期货交易所之间，以成为市场的主导者。虽然几个交易所可能会推出类似的合约，彼此直接竞争，但通常只有一个（如果有的话）交易所成功地为该产品建立一个可行的市场。一旦市场在特定交易所建立，从成熟的流动性高的市场到新的流动性低的市场的转移成本可能会过高。[9]在期货市场历史中，只有在少数情况下，成熟的合约被取代，并由竞争交易所主导。[10]我们很少看到多个交易所提供类似的合约，并开展直接竞争。成交量倾向于转移到一个交易所，并固定在那里。因为交易所知道转移成本很高，所以第一家上市合约的交易所有着巨大的优势。[11]

直接的交易所竞争有时确实会导致成交量从一家交易所转移到另一家交易所。但这种情况是罕见的，并且发生时需要引起注意。1998 年，10 年期德国债券（10-year German Bond，Bund）合约的成交量从一家成熟交易所转移，这可能是最著名的一幕。1998 年之前，10 年期德国债券期货是伦敦国际金融期货交易所（现 Euronext LIFFE）的旗舰合约，几乎所有的 10 年期德国债券期货都在那里交易。从 1997 年开始，欧洲期货交易所推出了自己的 10 年期德国债券期货合约，到 1998 年 8 月，近100% 的 10 年期德国债券期货成交量发生在欧洲期货交易所。随着欧洲期货交易所的成交量份额接近 50%，从伦敦国际金融期货交易所向欧洲期货交易所的转移步伐加快。当时市场出现了"倾斜"，这意味着欧洲期货交易所已成为流动性更强的市场，成交量迅速从伦敦国际金融期货交易所转移到欧洲期货交易所。最终，欧洲期货交易所的成交量份额接近100%，而伦敦国际金融期货交易所的成交量则减少到零。

欧洲期货交易所之所以能够赢得10年期德国债券期货合约的竞争，有四个原因。第一，作为一家总部位于德国的交易所，欧洲期货交易所在其他德国债务工具的期货合约方面已经有了很大的成交量。10年期德国债券期货合约填补了其他合约的空白。第二，欧洲期货交易所引入了一种新的收费结构，为向交易所引导成交量的经纪商提供成交量折扣。作为回应，伦敦国际金融期货交易所推出了自己的竞争性成交量折扣，但为时已晚。第三，作为一家全部实行电子化交易的交易所，欧洲期货交易所获得监管部门批准，可以在美国安装交易终端。美国的成交量占欧洲期货交易所成交量的很大一部分。第四，德国的银行持有欧洲期货交易所的大量股份，并将其在10年期德国债券期货上的大量成交量转移到欧洲期货交易所。[12]

欧洲期货交易所因提供一系列德国债务工具而享有的竞争优势表明，交易所竞争的一种方式是在一组相关、互补的合约中开展交易。芝加哥期货交易所在大豆领域开展交易，提供大豆、豆粕和豆油合约。这三种合约给了交易者开展价差交易的机会。[13]由于这三种合约都在芝加哥期货交易所交易，其他交易所几乎没有机会进入这一领域。如果芝加哥期货交易所只交易大豆合约，那么其他交易所可能会试图通过提供豆粕或豆油合约来进入市场，以从芝加哥期货交易所争抢业务。迄今为止，芝加哥期货交易所成功地保持了其在大豆领域的主导地位。没有其他交易所在这一领域取得成功，尽管中美洲商品交易所（MidAmerica Commodity Exchange）曾试图通过提供较小的合约（1,000蒲式耳对比5,000蒲式耳）来竞争大豆市场。[14]

聚集现象的另一个例子可以从利率期货市场得出。成功的利率期货合约在芝加哥期货交易所和芝加哥商业交易所的国际货币市场（IMM）进行交易。国际货币市场只交易期限很短的合约，如3个月的欧洲美元定期存款。相比之下，芝加哥期货交易所交易的是期限较长的合约，如10年期国债。

交易所竞争的另一种方式是通过专业化和尝试开发市场机会。对于一些商品，期货合约在多个交易所交易。在这种情况下，一些产品差异化通常会使竞争变得不那么直接。小麦就是一个很好的例子。小麦合约在芝加哥期货交易所、堪萨斯期货交易所（Kansas City Board of Trade，KCBT）和明尼阿波利斯谷物交易所（Minneapolis Grain Exchange，MGEX）进行交易。然而，这些期货合约分别针对不同品种的小麦。通过指定不同的小麦可交割等级，交易所可以开拓自己的市场机会。例如，堪萨斯期货交易所的合约针对2号硬冬小麦（No. 2 Hard Winter wheat），明尼阿波利斯谷物交易所的合约针对美国 2 号北方春小麦（U. S. No. 2 Northern Spring wheat），芝加哥期货交易所的合约针对以下类型小麦：2 号软红小麦（No. 2 Soft Red）、2 号硬红冬麦（No. 2 Hard Red Winter）、2 号北方春黑麦（No. 2 Dark Northern Spring）或 1 号北方春麦（No. 1 Northern Spring）。由于每种小麦略有不同，交易所避免了直接竞争。

对于小麦而言，三家交易所均保持合约活跃的另一个重要因素是地理距离。每个合约必须规定交割的方式和地点。芝加哥期货交易所、堪萨斯期货交易所和明尼阿波利斯谷物交易所的合约都要求在不同的地点交割。如果我们考虑提货成本，堪萨斯期货交易所和明尼阿波利斯谷物交易所之间的交割差异就显得非常重要，因为小麦的体积使其运输费用相当昂贵。

期货交易所也与其他相关市场竞争。例如，在许多情况下，场外互换合同在经济上与交易所交易的期货合约相同。事实上，许多交易商宣传他们提供的互换为"貌似"互换，这意味着互换合同条款与期货合约条款密切对应。尽管交易所通常将互换合同视为交易所交易期货合约的替代品，但这种关系也可以是互补的。互换交易商经常转向期货市场对冲其互换投资组合中的风险。最好的例子是利率互换交易商，他们在欧洲美元期货市场对冲交易风险。芝加哥商业交易所的欧洲美元合约如此成功的一个原因是互换交易商可以依靠它来对冲风险。

期货交易所与其他（非期货）市场竞争的另一个例子是股指产品。多年来，交易整个股指最便宜的方式是使用基于股指的期货产品。然而，20 世纪 90 年代末，交易所交易基金（Exchange Traded Funds，ETFs）市场的发展意味着投资者有了另一条交易整个股指的途径。交易所交易基金是一种可转让的信托凭证，代表指数中的股票。例如，标准普尔存托凭证（Standard and Poor's Depository Receipt，SPDR）是标准普尔 500 指数的交易所交易基金。交易所交易基金由证券交易所提供。

期货交易所还与联邦政府提供的一些商品价格稳定计划和农作物保险计划竞争。认识到这一可能性，1996 年《联邦农业促进和改革法》（Federal Agricultural Improvement and Reform，FAIR）授权美国农业部（USDA）确定期货和期权是否可以为生产者提供合理的保护，使其免受农产品生产和销售过程中固有的价格、产量和收入波动的金融风险。

为了理解交易所是如何竞争的，了解期货交易所正在面对的经济激励是很有帮助的。首先，我们必须认识到期货交易所是一家创建市场的商业公司。市场的创建是一项需要大量成本的创业活动，例如收集信息、寻找贸易伙伴、讨价还价和执行合同。[15] 期货交易所通过规定交易规则、合约条款、会员条件，以及订单输入和交易执行所采用的技术，来节约这些成本。

通过将期货交易所视为创建市场的公司，我们可以更清楚地看到交易所竞争的一些方式。交易所竞争的方式之一是创新其上市合约的设计、采用的技术、收取的费用、采用的商业模式，以及向投资者提供的交易信息的质量。

其次，交易所还直接竞争特定合约的独家交易权。例如，在北美洲创建标准普尔股指期货合约时，交易所竞购使用标准普尔名称的独家权利。20 多年来，芝加哥商业交易所一直在这场竞争中占据优势。同样，芝加哥期货交易所以高于竞争对手的价格赢得了基于道琼斯商标创建道琼斯期货合约的独家权利。独家权利定期招标。对独家权利的投标才是真正的竞争，尽管协议中包含的独家权利意味着合约将仅在单一交易所进行交易。"特许经营招标模式"（franchise – bidding model）是竞争存在和繁荣的可靠方式。

不过，如果交易所之间竞争的最终结果是成交量转移到单一交易所，这种情况很糟糕吗？答案是"不一定"。集中交易，即在单一交易所进行交易，实际上可以有效地降低提供服务的整体经济成本。在期货市场中，集中交易的网络效应通过增加流动性和降低所谓的交易成本，即寻找交易伙伴、讨价还价、执行合同、调解纠纷等的成本，来降低每个人的交易成本。

成交量转移到一家占主导地位的交易所引起了反垄断问题。然而，反垄断法旨在阻止通过反竞争行为实现或扩大市场支配地位。根据反垄断法，重要的问题是交易所的主导地位是否通过公开市场竞争实现，即通过提供更优质的产品、服务或商业模式。反竞争行为是指人为制造障碍，阻止潜在竞争对手进入该行业。[16] 这些人为障碍往往是政府在踌躇满志的垄断者的游说下形成的。换言之，根据反垄断法，只要期货交易所的主导地位是通过公开竞争实现的，那么成为占主导地位的期货交易所就顺理成章。

期货交易所在特定合约交易方面的主导地位是否可能会降低其创新动机？情况似乎并非如此。因为交易所竞争最丰富的领域之一是创新，特别是合约设计和其他形式的知识产权创新。交易所知道，如果他们成功推出了新产品，他们很可能在未来许多年内占据主导地位。如果是这样，交易所将有强大的创新动力，因为他们知道，如果成功，他们将从自己的努力中获得独家回报。

## 市场透明度和竞争

"透明度"这个词对不同的人意味着不同的事情。在公司财务领域，人们使用该术语来表示公司的会计选择帮助投资者了解公司资产负债表项目真实价值的程度。在期货市场领域，"透明度"一词是指期货交易所公开传播成交价格、报价、订单流和其他市场变量等实时信息的程度。在美国、英国和其他一些区域，政府规定的市场透明度水平已成为有争议的公开辩论的来源。这场辩论的一个核心要素是，在多大程度上可以依靠市场力量来提供公众所要求的透明度。由于最近交易技术方面的创新，允许以低成本获取和传播大量市场信息，这场辩论愈演愈烈。

透明度可以被视为市场之间竞争的一个方面。期货交易所也在许多其他方面展开竞争：提供的合约、用于订单输入和交易执行的技术、费用结构和商业模式。以全球主要的能源期货和期权市场——纽约商业交易所的经验为例，说明期货交易所如何基于其透明度进行竞争。安然（Enron）倒闭后，交易所之外的场外衍生品市场（安然曾是该市场的主要参与者）的许多参与者抱怨场外市场缺乏透明度。与此同时，在安然倒闭后的 6 个月，纽约商业交易所的成交量飙升了 35%。纽约商业交易所时任总裁罗伯特·柯林斯（Robert Collins）这样解释成交量的增长："人们将我们视为向质量的回归。我们给客户带来了透明度的好处。"[17]换言之，能源市场中重视透明度的交易员"用脚投票"，并将成交量从场外市场转移到纽约商业交易所。

## 2.8 合约创新与成功

我们已经看到，交易所往往专注于某些商品类别。然而，他们也在边缘区域展开竞争，在这些区域，他们的成功合约有所重叠。关于合约成败的原因，我们知之甚少。对于交易所来说，这是一个重要的问题，因为引入新的期货合约需要大量成本。合约需要设计，交易需要组织，合约需要通过广告进行宣传。投入所有这些资源，结果却仍然失败，这是非常令人沮丧的。然而，根据最近的估计，不到50%的新期货合约在3年后仍然存在，只有20%在10年后仍然存在。[18]新合约的低成功率表明，在合约设计和竞争领域还有许多方面需要学习。

表 2.3 列出了提升合约成功概率的 10 个因素。[19]第一，需要有一个庞大的现货市场。通常情况下，期货交易只针对具有成熟现货市场的商品。例如，股票市场活跃，股指期货交易才具有吸引力。第二，必须存在价格波动。如果价格不波动，就不会对交易标的商品的未来价格产生兴趣。1984 年，消费者价格指数（Consumer Price Index，CPI）期货合约被推出。但它在 2 年内就失败了，可能是因为缺乏波动性。即使在高通胀时期，消费者价格指数也可能不会特别波动。更何况，合约在通胀率低且稳定的不幸时期被推出。第三，需要关于现货市场价格的良好信息。正如我们将在第 3 章要讨论的，现货市场价格和期货市场价格之间存在密切的关系。两个市场的交易者都向对方寻求有关当前和未来价格方向的信息。本质上，交易者是在现货市场商品的基础上

交易期货合约，这使有关现货价格的良好信息至关重要。第四，必须缺乏新期货合约的相近替代品。如果针对某一特定商品的成功合约已存在，交易者将不希望转移到一个新的未经尝试的类似合约。交易者喜欢交易流动性合约，因此他们可能会选择现有的流动性合约，而不是尝试未经证实且流动性不足的类似期货合约。第五，交易者不仅交易与现货市场相关的期货合约，而且还交易期货合约之间的价差。因此，如果已经上市了相似但又不太相似的合约，那么新合约成功的概率就会提高。例如，芝加哥期货交易所上市了 10 年期国债和 5 年期国债的期货合约。两者密切相关，因此两者的存在促进了价差交易。但是，它们是完全不同的，因此每个合约都可以存在。第六，合约必须设计合理。1975 年，芝加哥期货交易所上市了与抵押贷款利率相关的合约，即政府国民抵押贷款协会（Government National Mortgage Association，GNMA）合约。由于一部分交易者对高息政府国民抵押贷款协会债券（GNMAs）感兴趣，而另一部分交易者希望通过市场购买低息政府国民抵押贷款协会债券，从而导致该合约设计不佳。这种交易利益的冲突导致了合约的终止。[20] 第七，必须得到交易所会员的大力支持。当交易所启动合约交易时，交易所会员需要通过积极的交易行为支持新合约。如果交易所会员不愿意交易新合约，市场将缺乏吸引来自交易所之外的交易者所需的流动性。表 2.3 中的其他因素，如价格波动性、价差交易的潜力和活跃的现货市场，有助于提高场内交易商的兴趣。第八，应该拥有大量可交割现货市场商品的供应量。有了大量可交割供应量，任何一方都无法控制现货商品并影响价格。第九，应该没有法律障碍。20 世纪 80 年代初，芝加哥期货交易所试图上市基于 30 只蓝筹股的道琼斯工业平均指数（Dow Jones Industrial Average）期货合约。道琼斯通过起诉成功阻止了以上合约的上市。直到 1997 年，芝加哥期货交易所才获得道琼斯的许可，在道琼斯股票指数的基础上设计期货产品。第十，标的商品应该是同质的，或"可替代的"。可替代性对于确保统一和大量的可交割供应量至关重要。例如，如果标的商品的质量差异巨大，交割过程将出现问题。

表 2.3　　期货交易所需的商品特征

| 1. 庞大的现货市场 | 6. 良好的合约设计 |
|---|---|
| 2. 大幅的价格波动 | 7. 交易所会员的大力支持 |
| 3. 良好的现货价格信息 | 8. 大量的可交割供应量 |
| 4. 缺少相近替代品 | 9. 没有法律障碍 |
| 5. 能够开展相关合约间的价差交易 | 10. 同质的现货商品 |

除了这些明显的期货市场成功的决定因素，许多其他因素仍然未知。[21] 对于期货合约成功的原因，交易所本身感到相当震惊。通常情况下，新合约会失败，尽管交易所

尽了最大努力。其他时候，交易所在无意中发现了成功的合约。例如，1998 年，芝加哥商业交易所在其成功的标准普尔 500 指数期货合约的基础上推出了一个较小版本。这个规模较小的合约称为"e‑mini"，是常规标准普尔 500 指数期货合约的 1/5，面向个人投资者。它仅在芝加哥商业交易所的 Globex 电子交易系统上交易。芝加哥商业交易所对这一合约没抱太大希望，只认为它将带来一些额外的零售交易。芝加哥商业交易所预计机构投资者将继续使用规模较大的场内交易合约。令其惊讶的是，机构成交量转向了规模较小的合约，e‑mini 获得了巨大的成功，而已建立的标准普尔 500 指数期货合约交易量却萎缩了。

芝加哥商业交易所欧洲美元期货市场的故事指出了另一条成功之路。最初，芝加哥商业交易所将基于伦敦银行间同业拆借利率（London Inter‑Bank Offer Rate，LIBOR）的场外利率互换交易视为欧洲美元合约的完全替代品。因此，芝加哥商业交易所将利率互换视为对欧洲美元期货合约存续的威胁。然而，交易所很快发现互换交易商利用欧洲美元期货市场来对冲其交易活动的风险。事实上，这两个市场是互补的，互换活动催生了新的欧洲美元期货市场交易。主要由于互换交易商的参与，芝加哥商业交易所的欧洲美元期货合约现在被视为有史以来最成功的期货合约之一。

## 期货交易所是如何赚钱的

期货交易所是一个企业。虽然许多交易所都是以"非营利"企业的形式组织的，但这并不意味着交易所的所有者即会员对赚钱不感兴趣。"非营利"一词只是指收益不作为现金股利分配给会员。作为分配收益的替代，非营利交易所将留存收益以各种方式进行投资，以提高其会员的生产力和舒适度。这些收益被投资于提高交易设施的质量、雇佣专业人士管理交易所的日常运营和开发新期货合约。过去，留存收益有许多生产性用途，因此交易所的非营利结构不受财富最大化的约束。然而，在过去 10 年中，交易所会员对将更多留存收益投资于交易所经营变得更加怀疑。越来越多的交易所正在"股份化"，并成为"营利性"企业，以便将自由现金流返还给会员。2002 年 12 月，已经股份化的芝加哥商业交易所成为首个公开发行股票的期货交易所。这些股票在纽约证券交易所交易，股票代码为 CME。

以下是芝加哥商业交易所 2002 年损益表的摘录。收入来源反映了大多数主要交易所的特点。特别要注意的是，实时数据的销售，即报价数据费收入，是其第二大收入来源。在其他交易所，例如芝加哥期货交易所和明尼阿波利斯谷物交易所，房地产控股公司的租金是收入的主要来源。

| 收入 | |
| --- | --- |
| 清算和交易费 | 356,396,000 美元 |
| 报价数据费 | 48,717,000 美元 |
| Globex 接入费 | 12,945,000 美元 |
| 通信费 | 9,733,000 美元 |
| 投资收入 | 7,740,000 美元 |
| 证券借贷利息收入 | 18,169,000 美元 |
| 其他 | 15,379,000 美元 |
| | |
| 费用 | |
| 工资和福利 | 114,899,000 美元 |
| 股权激励 | 3,811,000 美元 |
| 占用费 | 22,400,000 美元 |
| 专业费用和执照 | 32,549,000 美元 |
| 计算机和软件维护 | 46,569,000 美元 |
| 折旧和摊销 | 48,509,000 美元 |
| 专利诉讼和解 | 6,240,000 美元 |
| 公共关系和宣传 | 6,514,000 美元 |
| 其他 | 17,457,000 美元 |

## 2.9 经纪商、顾问和商品基金经理

我们已经了解到投机者和套保者（hedger）是为自己账户交易的交易者。此外，我们还提到，市场利用经纪商，即为客户或公司执行交易的人，无论他们是投机者还是套保者。在本节中，我们将更详细地介绍经纪商，因为有许多不同类型的经纪商。此外，本节还介绍了如表 2.4 所示期货基金的顾问和经理。

表 2.4 　　　　　　　　期货行业注册的经纪商、顾问和基金经理

| 类别 | 数量（2003 年 9 月 30 日） |
| --- | --- |
| 业务相关人（Associated Person，AP） | 48,062 |
| 商品基金管理人（Commodity Pool Operator，CPO） | 2,059 |
| 商品交易顾问（Commodity Trading Advisor，CTA） | 2,812 |

| 类别 | 数量（2003 年 9 月 30 日） |
|------|------|
| 场内经纪商（Floor Broker，FB） | 8,756 |
| 场内交易商（Floor Trader，FT） | 1,458 |
| 期货经纪商（Futures Commission Merchant，FCM） | 205 |
| 介绍经纪商（Introducing Broker，IB） | 1,646 |
| 合计 | 64,998 |

数据来源：CFTC 2003 年年报。

在第 1 章讨论经纪商时，我们重点介绍了在交易所场内执行订单的个人。我们提到，这样的经纪商通常是经纪公司（如美林）的员工。在期货市场中，代表他人执行订单的个人和公司有特别的名称。[22]

## 2.9.1 场内经纪商（FB）

当非交易所会员的个人交易者下单时，他们通常通过经纪公司的客户经理（account executive）下单。下单指令被传输到交易所场内，由场内经纪商（Floor Broker，FB）执行，该经纪商是为其他人执行期货合约买卖指令的个人。在美国所有交易所注册的场内经纪商大约有 8,500 家。

许多场内经纪商是经纪商协会（broker associations）或经纪商团体（broker groups）的成员。经纪商团体是经纪商的一个协会组织，他们联合起来为客户完成订单。这一团体可能小到只有两个假期相互备份的经纪商，也可能大到拥有在多个市场经营并分享利润和费用的经纪商。这些经纪商团体已成为交易领域的一支重要力量。例如，芝加哥商业交易所有 200 多个经纪商团体，纽约商业交易所有 100 多个经纪商团体。

经纪商团体为期货领域提供一些服务。第一，他们为新经纪商提供了培训场所。第二，他们提供灵活的人力资源，以应对成交量的剧烈波动。第三，他们为大型经纪公司同时在多个交易池（pit）执行订单提供了一种简单的方法。第四，团体的资金为每个成员提供支持。因此，所有单一经纪商违约的可能性都较小。

出于以下原因，这些经纪商团体已成为批评的对象。首先，团体的存在可能会鼓励成员之间优先进行交易，而不是按照规则要求在整个市场内进行交易。其次，在 20 世纪 90 年代的一些重要诉讼案例中，经纪商团体被指控在执行客户订单方面不诚实。例如，经纪商团体的一个成员可能会为自己的账户进行交易，而同一团体的另一个成员可能会作为场内经纪商为团体之外的人执行订单。以外部客户为代价，向经纪商团体的其他成员提供优惠价格的诱惑是存在的。[23]1993 年，商品期货交易委员会加强了对这些经纪商团体的监控，并要求确定此类合作关系。

电子化交易所的出现弱化了场内经纪商的作用。电子化交易环境催生了一种新型交易者，称为"e-local"，其执行的许多任务与场内经纪商在公开喊价（open outcry）交易环境中相同。这些交易者也成立了称为交易拱廊（trading arcades）的团体，允许e-local 与其他 e-local 一起交易，并共担计算机系统和实时新闻转播等方面的办公管理费用。其他 e-local 则通过自营商店（prop shop）联系在一起，自营商店是向 e-local 支付工资和部分公司利润的自营交易公司。

## 2.9.2 期货经纪商（FCM）

期货经纪商（Futures Commission Merchant，FCM）是一家经纪公司，接受公众客户的期货交易订单，并收取资金以确保此类订单的执行。在许多情况下，期货经纪商是在许多城市设有办事处的大型公司，接受个人和其他公司的订单。期货经纪商将这些订单传输到交易所场内，由场内经纪商执行。场内经纪商可能是期货经纪商的员工，但情况并非总是如此。自 20 世纪 80 年代中期以来，由于行业的整合和激烈的竞争，期货经纪商的数量有所下降。1984 年，约有 400 个期货经纪商，但到 2003 年，这个数字下降到约 205 个。期货经纪商必须在全国期货协会（National Futures Association，NFA）注册。在商品期货交易委员会的监督下，全国期货协会定期对期货经纪商的合规性进行审计。

在期货行业内，期货经纪商有时被称为结转公司（carrying firms）或佣金公司（commission houses）。期货经纪商通过代表客户执行订单和提供其他服务（如清算）赚取佣金。未划转至清算所的客户保证金余额可由期货经纪商投资于安全的金融工具，期货经纪商可从中获得投资收入。在这方面，期货经纪商发挥着与银行类似的作用。

在过去 10 年中，金融服务行业内部的合并减少了独立期货经纪商的数量。尽管独立期货经纪商仍然占期货经纪商的大多数，但现在许多期货经纪商同时也是在商品期货交易委员会和证券交易委员会（Securities and Exchange Commission，SEC）注册的经纪自营商（broker/dealers）。这些同时注册为经纪自营商的期货经纪商除期货外还交易证券。期货经纪商通常是向客户提供各种服务的金融服务控股公司的一部分。例如，飞马（Fimat）是世界上最大的全球经纪商之一。它是法国兴业银行（Société Générale）的全资子公司。它在 21 个市场为交易所交易的金融和商品期货及期权合约提供清算和执行服务。附录 C 展示了 2004 年美国前 40 家期货经纪商（*按净资本排名——译者注*）。

除了少数例外，公众客户必须通过期货经纪商在有组织的期货交易所进行交易。FutureCom 和 Hedgestreet 两家小型交易所允许客户在没有中间人的情况下进行交易，但这是一般规则的例外。

---

## 炒　单

炒单（churning）是指经纪商以损害投资者利益的方式，代表投资者进行交易，从而获取佣金收入的行为。炒单实际上是一种欺诈，因为经纪商歪曲了其应当如何交易投资者的资金。炒单也是一种未经授权的交易，因为经纪商在投资者允许的范围之外开展交易。

为了对期货市场炒单行为进行索赔，投资者必须能够通过大量证据证明三个要素：（1）经纪商（或顾问）控制了账户交易的金额和频率；（2）鉴于投资者的交易目标，经纪商交易的总成交量过大；（3）经纪商的行为意图是欺骗投资者，或不计后果地无视投资者的利益。

满足"过度交易"证据要素的一种方法是将投资者账户的交易活动与专业管理账户（具有类似的投资目标）进行比较，其中专业管理账户的管理人根据业绩而不是佣金获得报酬。因为薪酬是基于业绩的，所以这些账户没有炒单的动机。一项研究发现，在主动管理的商品基金中，佣金与本金（commission – to – equity）的比率每年接近19%。[24] 当然，这一比率可能因基金的投资目标而有很大差异。

---

### 2.9.3　介绍经纪商（IB）

介绍经纪商（Introducing Broker，IB）是指接受客户期货交易订单，但不接受客户资金的个人或公司。介绍经纪商与一个或多个期货经纪商建立关系，期货经纪商处理客户的交易，持有客户的保证金存款，并向客户提供交易的会计核算和文档记录。这种期货经纪商被称为结转经纪商（carrying broker）。介绍经纪商的客户必须在期货经纪商的账簿上单独开立账户。本质上，介绍经纪商找到客户，招揽该客户的业务，并负责维护客户关系和服务客户账户。然而，介绍经纪商不处理交易或持有保证金存款。介绍经纪商和结转经纪商分享执行交易获得的佣金。1989年，介绍经纪商的数量达到峰值，约为1,800人。到2003年年底，介绍经纪商的数量已下降到1,650人左右。

2004年的介绍经纪商调研介绍了典型介绍经纪商的商业概况。虽然一些介绍经纪商规模很大，但典型的介绍经纪商规模很小，往往只有一间办公室，50个活跃账户，每年的佣金收入不到20万美元。介绍经纪商的客户倾向于交易农产品，他们选择介绍经纪商的首要原因是其提供的服务。接受调研的一半介绍经纪商与单一期货经纪商保持关系超过3年。[25]

### 2.9.4　业务相关人（AP）

业务相关人（Associated Person，AP）是指招揽客户订单、客户资金或客户参与商品基金的个人，或指导此类招揽活动人员的个人。业务相关人是代表期货经纪商或介绍经纪商直接与客户打交道的客户经理和销售人员。业务相关人涵盖了大多数以期货业为生的专业人士。1990 年有 55,000 多名业务相关人，到了 2003 年，这个数字下降到 48,000 名左右。

### 2.9.5　商品交易顾问（CTA）

商品交易顾问（Commodity Trading Advisor，CTA）是指直接或间接地为他人提供期货交易建议的个人。商品交易顾问也适用于通过书面出版物或其他大众媒体向公众提供建议的个人。因此，建议期货市场头寸的期货时事通讯作者，将是一名商品交易顾问。2003 年，美国有 2,800 多名注册的商品交易顾问。

### 2.9.6　商品基金管理人（CPO）

商品基金管理人（Commodity Pool Operator，CPO）是指将许多投资者的资金汇集到一个账户，用于交易期货和期货期权的个人或公司。期货市场的商品基金类似于证券市场的共同基金，共同基金募集个人资金用于投资股票和债券。通常情况下，一些个人出资形成商品基金。基金管理人使用这些资金从事期货交易，从而实现预定的交易目标，基金的出资人持有整个基金的份额。2004 年，美国有 2,000 多个商品基金管理人。

---

#### 捆绑订单和交易后分配

账户管理人，如商品交易顾问，通常使用单个交易程序为多个客户服务。出于良好的商业理由，商品交易顾问可以选择使用相同的交易程序代表所有客户下达单一大额订单，而不是代表每个单独的客户进行单独的交易。在期货行业术语中，代表多个账户的集体交易被称为捆绑订单（bunched orders）。在下达捆绑订单时，商品交易顾问可能无法以单一价格完成整个订单。换言之，商品交易顾问可能在其订单上收到"分批成交"（split fills）通知。这意味着交易执行后，商品交易顾问必须在各个账户之间分配已完成的交易。不可避免地，一些客户将获得更优惠的价格，而另一些客户将获得不太优惠的价格，因为订单的不同部分以不同价格成交。虽然这

---

种做法本身没有错，但通过将更有利的交易分配给受到偏爱的客户，商品交易顾问有机会偏袒这些客户。正是出于这个原因，联邦商品法律禁止经纪商、顾问和其他市场专业人员（特殊情况除外）在交易完成后在账户之间分配订单。该禁令旨在防止此类人员在分配订单时滥用其自由裁量权。

商品期货交易委员会规章要求客户向账户管理人提供处理捆绑订单的书面说明。规章要求交易后分配是公平和公正的，在整个交易完成后尽快进行，并且没有任何账户（或账户组）受到一致的有利或不利待遇。此外，交易后分配必须"不迟于订单执行日结束前足够长时间完成，以确保清算记录明确每笔交易的最终客户"。规章还要求分配方法足够透明，以便监管机构和外部审计师能够验证分配过程。

## 2.10　期货市场国际化

几十年来，美国一直主导着期货行业。2003 年，与美国相比，全部国外交易所产生的成交量仍显得微不足道。在过去 15 年中，这种情况发生了变化，所有迹象表明，外国期货交易所将继续快速增长。图 2.1 显示了近年来非美国市场相对于美国市场的增长情况。

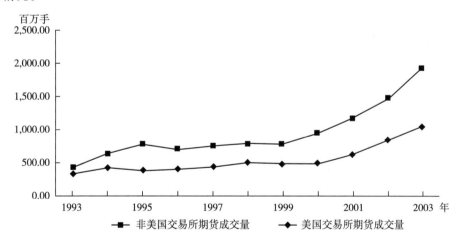

**图 2.1　1993—2003 年美国和非美国交易所交易期货成交量对比**

（数据来源：根据多种来源整理）

### 2.10.1　成长中的国外交易所

虽然美国交易所继续领先于任何其他国家的交易所，但是美国期货成交量 2003 年占世界总成交量的不到一半。就在之前，美国占世界期货成交量的一半以上。例如，1988 年，美国的成交量占世界总成交量的 69.11%。

大多数国外交易所都是崭新的。尽管这些交易所起步较晚，规模相对较小，但它们给美国的交易所带来了新的竞争挑战。这种竞争几乎出现在所有类型的期货合约中。表 2.5 列出了 10 个最成功的全球交易合约。从表 2.5 中可以看出，前 10 个合约中有 5 个是在国外交易所交易的。

表 2.5　　　　　　　　　　　世界成交量排名前 10 的期货合约

| 合约 | 交易所 | 2003 年成交量（百万手） |
|---|---|---|
| 欧元国债（Euro Bund） | 欧洲期货交易所（Eurex） | 224.4 |
| 3 月期欧洲美元（3 month Eurodollar） | 芝加哥商业交易所（Chicago Mercantile Exchange） | 208.8 |
| 28 天银行间均衡利率（TIIE 28 Day） | 墨西哥衍生品交易所（Mexican Derivatives Exchange） | 162.1 |
| 迷你标准普尔 500（E-Mini S&P 500） | 芝加哥商业交易所（Chicago Mercantile Exchange） | 161.2 |
| 3 月期欧洲银行间同业拆借利率（3-month Euribor） | 欧洲期货交易所（Eurex） | 150.1 |
| 美国 10 年期国债（U.S. 10-year T-Note） | 芝加哥期货交易所（Chicago Board of Trade） | 146.8 |
| 3 月期欧洲银行间同业拆借利率（3 month Euribor） | 泛欧交易所（Euronext） | 137.7 |
| 道琼斯欧洲斯托克 50（DJ Euro Stoxx 50） | 欧洲期货交易所（Eurex） | 116.0 |
| 美国 5 年期国债（U.S. 5-year T-Note） | 芝加哥期货交易所（Chicago Board of Trade） | 73.8 |
| 迷你纳斯达克（E-mini Nasdaq） | 芝加哥商业交易所（Chicago Mercantile Exchange） | 67.9 |

数据来源：期货行业协会（Futures Industry Association），2003 年。

2003 年，欧洲期货交易所宣布将在美国成立一家附属交易所，名为欧洲期货交易所（美国）（Eurex U.S.），直接与美国交易所竞争。自此，国际竞争出现了一种新形式。2004 年初，欧洲期货交易所（美国）开始交易美国国债期货合约，与芝加哥期货交易所的旗舰产品形成直接竞争。

10 年前，确定一家公司是国内公司还是国外公司是一件很容易的事情。人们只需寻找交易所交易大厅的物理位置。今天，由于通信技术和交易所所有权结构的变化，国内外交易所之间的区别变得模糊。交易所是否位于其计算机服务器所在的位置，公司总部所在的位置，依法成立的位置，或者其投资者所在的位置？[26]

今天，我们看到了许多交易所的例子，它们是真正的全球性企业，不容易按地理位置进行分类。例如，欧洲期货交易所（美国）总部位于芝加哥，由特拉华州一家名为美国期货交易所（United States Futures Exchange）的有限责任公司持有，该公司80%的股份由一家控股公司持有，该控股公司最终由瑞士交易所（SWX Swiss Exchange）和德意志交易所（Deutsche Boerse AG）持有，是一家上市公司。国际石油交易所（International Petroleum Exchange）在伦敦运营，但它是总部位于亚特兰大的特拉华州公司——洲际交易所（Intercontinental Exchange）的全资子公司。芝加哥商业交易所总部位于芝加哥，但在全球拥有 Globex 电子交易终端。同样，欧洲期货交易所的总部位于德国，但其终端分布在全球。许多会员制的美国的期货交易所都有外国会员，他们拥有席位并参与交易所治理。对于像芝加哥商业交易所及其母公司芝加哥商业交易所控股公司（CME Holdings）这样已改组为股份制的股东所有的交易所，没有办法知道其股东的国籍。

## 2.10.2　在美国交易的国外产品

多年来，美国期货产品一直在全球交易。自 1992 年芝加哥商业交易所推出其 Globex 交易系统以来，全球各地的交易者都可以直接通过电子方式进入某些美国市场。外国期货产品也可供美国参与者交易。

一般来说，美国法律法规不限制在美国上市和销售国外交易所交易的期货产品。但是，某些限制措施确实适用于国外股指期货和国外政府债券期货的上市与销售。美国法律要求国外股指期货产品在美国销售之前应该得到商品期货交易委员会的批准。2004 年，64 个国外股指期货产品被批准面向美国客户销售，包括基于道琼斯欧洲斯托克 50（Dow Jones Euro STOXX 50）、富时 100（FTSE 100）和日经 225（Nikkei 225）的指数期货。同年，基于以下国家债务的期货合约已被批准面向美国参与者上市和销售：英国、加拿大、日本、澳大利亚、法国、新西兰、奥地利、丹麦、芬兰、荷兰、瑞士、德国、意大利、爱尔兰、西班牙、墨西哥、巴西、阿根廷、委内瑞拉、比利时和瑞典。

美国的期货交易所也上市基于国外工具的自己的合约。例如，芝加哥商业交易所上市了日经 225 指数期货合约，芝加哥期货交易所上市了 2 年期和 5 年期德国政府票据（分别称为 Schatz 和 BOBL）以及 10 年期德国国债（German Bund）的期货合约。

## 2.10.3　交易费用的国际竞争

由于许多交易者能够选择其希望进行交易的国家，交易费用已成为竞争的关注点。例如，我们已经看到，欧洲美元在全球多个市场上交易。因此，交易所争夺欧洲美元的成交量。这种竞争的一个要素是交易所执行订单的费用。拥有成熟合约的大型交易所在设定费用方面具有最大的自由度。交易者需要这些合约，十分愿意支付高额费用以便在这些市场内进行交易。

具有讽刺意味的是，美国最大的交易所收费最低。这些较低的费用可能反映了经营期货交易所的规模经济效应。欧洲的交易所稍高一些，亚洲市场收费最高。例如，芝加哥期货交易所的会员可以以10美分或更少的价格交易合约，这取决于商品种类和交易平台。相比之下，东京商品交易所（Tokyo Commodity Exchange）的会员可能面临高达1.5美元的费用。许多观察人士认为，交易费用是交易所未来竞争的一个重要方面。[27]

在20世纪90年代初不确定的美国预算环境下，一些政府官员提出了对期货交易征税的想法。但是，期货行业的代表们在他们的争论中占了上风，即相对于国外竞争对手提供的期货产品的成本，这种税会提高美国期货产品的交易成本，从而损害美国市场的竞争力。

## 2.11　期货交易电子化

从19世纪中期有组织的期货交易所开始出现到几年前，公开喊价系统一直是期货交易的唯一方法。但是，自20世纪90年代末以来，公开喊价交易的主导地位受到了电子交易系统的挑战。如图2.2所示，公开喊价交易占1998年美国所有期货成交量的95%以上。到2003年，公开喊价交易仅占美国期货成交量的一半以上。对于许多金融期货而言，公开喊价只占交易的一小部分。许多见多识广的观察人士预计，随着公开喊价市场受到全电子化竞争对手的直接挑战，公开喊价交易的作用在未来几年将继续下降。公平地说，电子交易系统正在迅速改变期货市场的整个面貌。

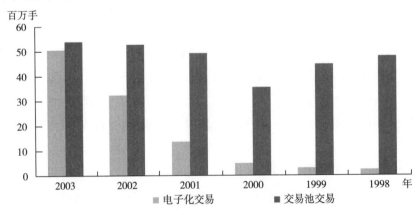

图2.2　1998—2003年美国交易所电子化和交易池成交量对比

（数据来源：根据交易所网站整理）

电子交易系统的出现也有望成为决定期货交易所结构的重要因素。将非营利性的会员制交易所转换为股份制交易所的一个动机是，创建一个能够快速适应技术变化的体制结构。交易所在采用新技术方面面临的问题在芝加哥市场最为明显，在那里，很大比例的会员是为自己的账户进行交易的个人。他们的生计取决于他们多年来在交易池中培养的交易智慧。电子交易系统可能会让这些公开喊价技能过时。毫不奇怪，这些会员抵制任何对公开喊价系统的威胁。将交易所组建为股东所有的营利性企业，提供了一种应对由于自己的私人原因不想采用能够提高交易所盈利能力的新技术的交易者的方法：收购。

与公开喊价交易相比，在电子交易平台上推出新合约肯定更划算。许多交易者还认为，电子系统在操作上优于交易池交易。此外，还有许多不同的电子交易系统，它们都有自己的特点。无论人们对公开喊价与电子交易的优点有何看法，很明显，电子交易将继续存在。由于电子交易在很大程度上是由快速发展的技术推动的，我们可以预计未来几年这一领域将发生进一步变化。

1992 年，芝加哥商业交易所推出了其期货电子交易平台——Globex。与公开喊价的成交量相比，Globex 在最初十年的成交量较小。但是，Globex 目前在芝加哥商业交易所的整体运营中发挥着重要作用。芝加哥商业交易所一些最成功的合约，如标准普尔 500 指数期货合约的 e-mini 版本，一整天都只在 Globex 上交易。其他 Globex 合约，如 3 个月的欧洲美元合约，与公开喊价合约同步交易，交易池里的交易者使用手持设备关注 Globex 价格。还有其他 Globex 合约只有在公开喊价交易结束后才进行交易。

芝加哥期货交易所最初是 Globex 的合作伙伴，但最终决定建立自己的电子系统。在整个 20 世纪 90 年代，芝加哥期货交易所都试图创建自己的电子交易平台，但没有成功。2000 年 8 月，芝加哥期货交易所与欧洲期货交易所达成合资联盟，以创建 a/c/e（Alliance/Chicago/Eurex）。3 年后，该联盟被放弃，芝加哥期货交易所于 2003 年 11 月签订了使用 Liffe Connect 电子交易平台的许可协议。Liffe Connect 由泛欧交易所（Euronext. liffe）设计和建造。芝加哥期货交易所的绝大多数金融期货合约交易现在都以电子方式进行。芝加哥期货交易所还充当使用 Liffe Connect 平台的其他北美洲的期货交易所的主机。

在美国以外，电子交易取得了对公开喊价交易的优势地位。例如，2004 年，欧洲期货交易所是世界上最大的衍生品交易所，它只开展电子交易。同样，1998 年，现为泛欧交易所子公司的伦敦国际金融期货交易所决定放弃其金融期货的交易池交易，转而采用完全电子化的交易系统。

随着电子交易系统的发展，一些合约的期货交易每天持续近 24 小时。例如，欧洲期货交易所（美国）每天从中部时间下午 7 时至次日下午 4 时交易美国国债产品的期货合约。芝加哥商业交易所的欧洲美元期货于芝加哥时间下午 5 时在 Globex 开始交易。交易持续到第二天下午 4 时。在 Globex 交易时段，欧洲美元期货的公开喊价交易发生在上午 7:20 到下午 2:00。

随着交易所开发产品并将其授权给其他交易所，与新的电子交易技术相关的知识产权日益成为交易所持有的重要资产。[28] 例如，泛欧交易所（Euronext. liffe）开发了 Liffe Connect 电子交易平台，并将其使用权授予芝加哥期货交易所、堪萨斯期货交易所、明尼阿波利斯谷物交易所和东京国际期货交易所（Tokyo International Futures Exchange）。对于泛欧交易所（Euronext. liffe）来说，交易平台是其最重要的产品之一。为了保护期货交易所对新交易技术的投资，同时保护其对发明进行许可授权的潜力，交易所越来越关注对其知识产权进行专利申请、商标注册和版权取得的可能性。20 世纪 90 年代末，期货行业出现了一种新型的商业模式，交易所持有与交易技术相关的知识产权，着眼于将该财产的使用权授予他人，或起诉侵权人要求赔偿损失。期货交易所正被迫更加细致全面地考虑知识产权法及其在交易技术中的潜在应用。

这种商业模式最值得关注的例子可能是 eSpeed 有限公司，它是 Cantor Fitzgerald 有限合伙公司的子公司，也是许多电子交易平台的运营商。eSpeed 已获得一系列专利，用于支持其技术许可业务。2001 年 4 月，eSpeed 斥资 175 万美元收购了美国 4903201 号专利，该专利涵盖自动期货交易系统，也称为瓦格纳（Wagner）专利。[29] 2001 年 8 月，eSpeed 起诉芝加哥商业交易所、芝加哥期货交易所和纽约商业交易所侵犯专利。2002 年 8 月，芝加哥商业交易所和芝加哥期货交易所结束了 eSpeed 专利诉讼，双方同意在 5 年内向 eSpeed 支付 1,500 万美元。2003 年 12 月，纽约商业交易所同意在 3 年内向 eSpeed 支付 800 万美元，解决了这一争端。

2004 年，eSpeed 发现自己被总部位于芝加哥的国际交易技术公司（Trading Technologies International）以侵犯专利为由起诉。该公司在一个软件平台上持有一项专利，该平台允许屏幕交易者（screen traders）在下单之前查看市场上的一系列买卖报价。[30]

交易技术专利对期货行业来说并不新鲜。1877 年，芝加哥的鲁本·S. 詹宁斯（Reuben S. Jennings）向美国专利局（U. S. Patent Office）提交了交易池的发明申请。该发明于 1878 年 5 月 21 日获得专利，美国专利号为 203837。该专利指出，交易池"提供了足够的站立空间，人们可以在这里站立，并方便地与交易池或平台内任何其他位置的人进行交易。与平地板相比，它具有巨大的声学优势……"之后，詹宁斯立即向期货交易所发出通知，要求使用交易池技术的人支付专利使用费。詹宁斯专利图的副本如图 2.3 所示。

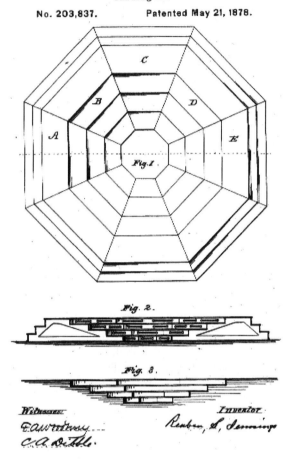

**图 2.3　1878 年詹宁斯交易池专利**

［数据来源：美国专利和商标局（United States Patent and Trademark Office）］

## 流单交易

当代表买方的经纪商提交的交易数据与代表卖方的经纪商提交的交易数据之间存在差异时，即发生"流单交易"（out trade）。当清算所匹配交易时——清算过程的第一步，就会发现流单交易。经纪商将试图调和差异，并在下一个交易日开始前重新提交交易数据进行清算。如果两个经纪商无法达成协议，则争议将由适当的交易所委员会或预定程序解决。流单很常见，交易者保留错误账户，以处理他们可能因流单交易而获得的头寸。流单交易通常由经纪商通过妥协和交换资金来解决纠纷。经常利用流单交易程序为自己谋利的交易者将面临强有力的制裁：其他交易者将拒绝与他们进行交易。

有两种类型的流单交易：由下单价格差异引起的流单交易和由下单数量差异引起的流单交易。交易规则通常要求经纪商在买方提交的交易数据和卖方提交的交易数据之间进行选择。任何妥协或调整均由经纪商之间的补偿支付来处理。如果经纪商无法解决差异，交易所规则可能会强制执行预先确定的解决方案。例如，在芝加哥期货交易所，如果存在未解决的数量差异，则数量中的较高者将用于结算。如果存在未解决的价格差异，通常将使用买方价格。交易所规则只会促进及时清算——他们不会让争议消失。经纪商经常通过现金补偿支付来分摊差额，或将争议提交交易所委员会仲裁，该委员会旨在处理会员争议。

流单交易是交易"摩擦"的一部分。这对所有相关人员来说都是昂贵的，我们付出了巨大的努力来节约这一成本。一些交易所使用摄像机可能有助于解决纠纷。负责调解会员之间纠纷的交易所委员会是另一种节约市场使用成本的机制。流单交易是公开喊价交易的一个特征。随着成交量继续从公开喊价交易转移到电子交易平台，流单交易应该会减少。在电子交易环境中，应该不可能出现流单交易。

但是，即使在电子交易环境中或许不可能出现流单，也可能发生其他类型的交易错误。所谓的"胖手指错误"可能是由于交易者在点击"发送"按钮之前错误地将额外的零添加到订单中。有时，这些不经意的交易会扰乱市场。[31]因此，电子交易平台的监管机构制定了"错单交易"（error trade）政策和程序，以"终止"或取消因明显错误导致的交易。规则要求交易发生后应立即受到质疑。即使交易失败，犯错误的一方仍可能对其他交易者因错误而产生的任何费用负责。这些争议由专门审理会员争议的交易所委员会处理。

## 2.12 期货行业当前问题

在本部分中，我们研究了一些当前问题，以更好地了解期货市场的结构和运作。其他当前问题，如全球交易所竞争或电子交易转型所产生的问题，已经在上文中讨论过。下面讨论的许多问题涉及不同行业参与者群体之间的冲突。其他问题则影响广大公众。我们首先探讨交易所治理（Exchange Governance）和清算所治理（Clearinghouse Governance）问题，然后讨论期货清算所清算场外衍生品（Clearing of OTC Derivatives at Futures Clearinghouses）、大宗交易（Block Trading）、双重交易（Dual Trading），建议取消联邦投机持仓限额（The Proposed Elimination of Federal Speculative Position Limits）和订单流支付（Payment for Order Flow）。此外，我们还研究了事件市场（Event Markets）发展引起的问题。

## 2.12.1　交易所治理

交易所治理是指交易所处理下列主体之间利益冲突的手段：（1）交易所会员和公众客户；（2）不同类别的会员，如场内经纪商和期货经纪商；（3）会员和交易所管理层。交易所试图通过其内部规则和董事会成员的选择来缓解这些冲突。

《商品期货现代化法案》（*Commodity Futures Modernization Act*，CFMA）中包含的期货交易所三项核心原则涉及交易所治理。这三项核心原则是第 14 条、第 15 条和第 16 条（全部内容见附录 A），要求期货交易所为管理人员和任何纪律委员会的成员制定并执行适当的胜任标准；制定并执行规则，以尽量减少利益冲突，建立解决此类利益冲突的流程；确保董事会的组成反映市场参与者。

近年来，一些期货行业的专业人士对交易所治理的适当形式提出了质疑，尤其是鉴于许多交易所已从非营利性的相互所有的会员组织转变为营利性的股东所有的公司。一些期货交易所治理的批评者认为，可以通过以下方式加强交易所治理：（1）提高董事会的独立性和权威性；（2）将交易所的自律职能与交易所的利润中心隔离开来；（3）在交易所决策中为公众客户提供额外的代表。这些批评者希望看到政府监管机构在推动他们寻求的变革方面发挥积极作用。2003 年 5 月，商品期货交易委员会宣布将通过审查交易所治理来解决这些问题，因为它适用于交易所的自律责任。

交易所治理一直是一个极具争议的话题，尤其是在期货行业之外。2003 年 9 月 17日，纽约证券交易所（New York Stock Exchange，NYSE）董事长兼首席执行官理查德·格拉索（Richard Grasso）向董事会提交了辞呈，原因是可能被视为拥有过高的薪酬。辞职导致一些人质疑纽约证券交易所的治理结构，尤其是其履行自律职能的能力。

## 2.12.2　清算所治理

与交易所治理相关的是清算所治理。这个话题是期货行业面临争议较大的问题之一。清算所会员一方认为，由于支持清算所的资金是他们的，且存在风险，因此他们应该在决定如何管控风险方面拥有更大的发言权。清算会员，尤其碰巧是大型期货经纪商的最大结算会员，正在寻求更有效地使用其资金以支持清算所运营的方法。这些期货经纪商希望清算所功能与交易执行功能完全分离，他们认为，将交易执行和清算服务捆绑在一起提供的行业惯例是反竞争的，因为这允许交易所将其在交易执行服务中的主导地位扩展到清算服务。归根结底，期货经纪商希望降低清算费用和找到更有效的跨交易所保证金方法，以减少期货经纪商和其他清算会员支持清算所职能所需的资金。他们希望有权在交易执行后通过自己选择的清算所进行清算。[32]

交易所认为，交易执行和清算是一个综合产品的两个部分，必须同时提供，以保护期货合约的财务完整性。他们认为，交易执行和清算的整合是一种成功的商业模式，在市场上胜过了竞争对手。同时，他们能够以比独立提供相同服务更低的成本提供交易执行和清算的捆绑服务，其他交易所可以自由进入该行业，提供交易执行和清算相互独立的竞争性商业模式。

事实上，2004 年欧洲期货交易所（美国）进入美国市场暂时平息了争论。作为竞争的结果，芝加哥商业交易所和芝加哥期货交易所成立了一个清算联盟，满足了清算会员的大部分要求。联盟提高了会员的清算所资金使用效率，降低了清算费用。

### 2.12.3 期货清算所清算场外衍生品

2000 年推出的《商品期货现代化法案》显著改变了期货清算所的地位。除其他事项外，《商品期货现代化法案》允许清算所参与场外衍生品的清算。同时，《商品期货现代化法案》取消了对场外市场合同的法律限制，这些限制使其无法由中央清算所清算。在《商品期货现代化法案》推出之前，场外市场合同必须"双边"清算，即在合同的两个交易对手之间清算。在《商品期货现代化法案》推出之后，场外市场合同可以"多边"清算，即跨多个场外市场交易对手通过中央清算所集体清算。[33]

通过将多边清算的好处扩展到场外市场，国会旨在防止单一市场参与者的失败对整个市场产生不成比例的影响。这种对整个市场的风险被称为系统性风险。国会还希望通过促进合同义务的抵消和净额结算来提高场外市场清算的效率。

期货清算所，最引人注目的是纽约商业交易所的清算所，已经开始提供便利场外市场清算的产品。纽约商业交易所于 2002 年 5 月开始对选定的能源产品提供场外市场清算服务。到 2004 年，纽约商业交易所通过其 ClearPort 每年清算超过 1,200 万份场外市场合同。纽约商业交易所的流程本质上是将场外市场头寸转换为期货头寸，然后再清算期货头寸。场外市场头寸通过一种称为期货转互换（Exchange of Futures for Swaps，EFS）的交易转换为期货。期货转互换交易的操作原理类似于期转现（Exchange of Futures for Physicals，EFP）交易。期货转互换交易的各方可以根据自己的定价条款私下协商场外互换和相关期货交易的执行。市场参与者必须通过清算所会员来发起期货转互换头寸。清算会员负责评估市场参与者的信誉。

期货头寸与出于清算目的的场外市场头寸的混合引发了一些担忧。首先，将场外市场交易纳入期货结算系统可能会将信用风险集中在一个地方。这可能会增加清算系统内部的系统性风险，这与国会通过《商品期货现代化法案》的意图相悖。为了降低系统性风险，《商品期货现代化法案》要求清算系统接受监管，以确保适当的风险管理程序被实施，并且清算系统被合理构建。

其次，场外市场清算的另一个问题是，是否需要调整已公布的保证金，以反映场外市场带来的任何额外信用风险或流动性风险。纽约商业交易所对场外市场合同采用特殊的保证金规定。这些特殊的保证金用于承担场外市场合同可能存在的任何额外信用或流动性风险。

场外和期货清算相结合的可能最具争议的方面，是期货客户与场外市场参与者的资金是否应在清算所或期货经纪商那里混合。问题的核心是，如何保护受监管市场的参与者，使其免予受监管市场以外财务困难所导致负债的影响。为了解决这一问题，纽约商业交易所设立了一个特别担保基金，以弥补因清算所中场外市场参与者违约而产生的任何资金缺口。这种做法令监管机构满意，但并非令所有批评者都满意。作为替代方案，清算所理论上可以为场外市场交易设立特别的独立账户。然而，这可能会给清算所及其清算会员带来巨大的运营和管理成本。

### 2.12.4　大宗交易

大宗交易是指在交易所之外进行的大型交易，但根据交易所规则进行谈判，然后提交给交易所进行清算和结算。从事大宗交易的交易者之所以这样做，是因为他们可以私下协商适用于大量期货合约订单的单一价格，而不会使其订单面临被拆分和以多种不确定价格成交的风险。

大宗交易在股票市场中已经使用多年，但在期货市场中的使用相对较晚。大宗交易在欧洲很常见。例如，在泛欧交易所（Euronext. liffe），大宗交易于 1999 年 4 月被引入，2003 年，大宗交易占富时 100 指数（FTSE 100）期货合约所有成交量的 10%，占欧洲银行间同业拆借利率（Euribor）期货期权的 40%。在美国，商品期货交易委员会自 1999 年以来就允许大宗交易，一些交易所也制定了大宗交易规则。到目前为止，大宗交易只占美国期货成交量的一小部分。随着欧洲的交易所与美国的交易所更直接地竞争，这一事实可能会改变。

允许大宗交易的交易所制定了以下规则：（1）交易报告（如交易所收到交易通知后 15 分钟的报告延迟）；（2）交易价格（如"公平且合理"的价格）；（3）交易规模（如至少 500 手合约）；（4）允许参与大宗交易的各方（如会员或会员的合格客户）。尽管一些期货交易所已接受大宗交易，但许多其他交易所对这种做法极为谨慎，因为担心大宗交易将分割中央市场（如交易池或电子交易系统），并破坏价格发现功能。

大宗交易的另一个担忧是，它可能提供了一种以不接近当前市场的价格进行交易的方式。在某些情况下，偏离当前市场价格预先安排的交易可能显示"资金转移"迹象，即以虚假价格进行交易，用于掩盖错单交易或纠纷的处理、粉饰财务报表或彻头彻尾的欺诈。因此，一些业内批评者敦促交易所制定规则，为大宗交易设定严格的价格参数。其他人担心，严格的价格限制只会将大宗交易商从期货市场推向场外市场，从而进一步分割市场。

大宗交易的支持者认为，通过将场外市场交易纳入公开报告价格和成交量的交易所交易环境，这种做法实际上有助于整合市场。此外，支持者认为，因为大宗交易参与者需要对冲其头寸，所以大宗交易会促进中央市场的期货交易。他们还认为，随着时间的推移，大宗交易活动会导致整体合约成交量的增加，因为通过大宗交易拥有的头寸迟早会在中央市场平仓。[34]

## 2.12.5　双重交易

在双重交易中，一个人同时履行场内交易商和场内经纪商的职能。也就是说，一个人为自己的账户交易，同时为交易所交易大厅之外的交易者执行订单。尽管已经被允许几十年，但双重交易确实存在被滥用的可能性，这种做法受到了严格审查。因为双重交易使一个人手中既有自己的订单又有外部客户的订单，所以双重交易还会导致抢先交易（front running）和其他存在争议的交易做法。

交易者坚持认为，双重交易在多个方面服务市场。首先，支持者坚持认为，双重交易有助于提高市场的流动性。如果交易者只能为自己的账户执行订单，或者只能为他人执行订单，那么在任何给定时间内潜在成交量都会降低。其次，流动性的缺失可能会导致买卖报价之间的价差扩大，从而使市场的效率低于其他情况。最后，双重交易的支持者坚持认为，这种做法可以降低交易成本，因为双重交易商只需要以场内经纪商的身份赚取其收入的一部分。[35]

双重交易是期货交易的普遍特征。1989年，商品期货交易委员会针对双重交易开展了一项重点研究。根据这项研究，在商品期货交易委员会研究期间，超过一半的成交合约由双重交易商处理。此外，超过40%的交易大厅参与者是双重交易商。双重交易商完成了46%的自营成交量和82%的客户成交量。

表2.6总结了这项研究的主要发现。商品期货交易委员会发现，第一，大多数双重交易商倾向于专业化。一般来说，大多数双重交易商主要以经纪商或场内交易商的身份进行交易，很少有双重交易商执行完全混合的订单集合。第二，双重交易不集中

在流动性较低的市场部分，如成交量低的合约或远月合约。如果双重交易的主要功能是向市场提供流动性，那么双重交易应更集中于这些流动性较低的交易情况。第三，双重交易商和单独经纪商在执行客户订单方面表现同样出色。第四，双重交易商似乎不像单独交易商那样为市场提供更多的流动性。根据其研究，商品期货交易委员会得出结论，"……双重交易在为商品交易所提供流动性和降低交易执行成本方面并不重要"。[36] 然而，其他研究发现，双重交易可以增加市场流动性，同时减少买卖价差。[37]

表 2.6　　　　　　　　商品期货交易委员会双重交易研究的主要发现

| 序号 | 主要发现 |
|------|----------|
| 1 | 双重交易商倾向于充当专业的场内经纪商或场内交易商 |
| 2 | 双重交易在成交量低的市场或远月合约上并不普遍 |
| 3 | 双重交易商不能比非双重经纪商实现更好的交易执行 |
| 4 | 在提供市场流动性方面，双重交易商的表现并不优于非双重经纪商 |

数据来源：Commodity Futures Trading Commission，"Economic Analysis of Dual Trading on Commodity Exchanges"，November 1989.

面对商品期货交易委员会报告的结论和国会限制双重交易的立法努力，芝加哥商业交易所在 1990 年对双重交易施加了限制。芝加哥商业交易所投票决定终止日成交量超过 10,000 手合约的双重交易。1993 年末，商品期货交易委员会禁止了双重交易，但允许一些特例。例如，对于日成交量低于 8,000 手的商品，对于审计系统非常完善的交易所，以及禁止双重交易将对公众利益产生不利影响时，双重交易将继续被允许。近年来，既然交易商的自营交易受到限制，这些交易商也没有将其交易转向其他商品，然而芝加哥商业交易所此前的双重交易商似乎没有获得更多的客户份额。[38]

## 2.12.6　建议取消联邦投机持仓限额

大多数期货合约的投机持仓限额是由交易所根据其最佳商业判断设定的。但是，对于国会在《商品交易法》（*Commodity Exchange Act*）中指定的一小部分合约，投机持仓限额由联邦政府设定。2004 年夏天，芝加哥期货交易所、堪萨斯期货交易所和明尼阿波利斯谷物交易所分别向商品期货交易委员会申请取消这些联邦投机持仓限额。在没有联邦限额的情况下，交易所将在商品期货交易委员会的监管下，设定并管理自己的投机持仓限额。

1938 年，联邦投机持仓限额首次在一小部分农产品中实施。随着时间的推移，受联邦限额监管的商品清单不断修订，到 2004 年包括 9 个期货合约。这 9 个合约涉及在芝加哥期货交易所交易的玉米、燕麦、大豆、小麦、豆油和豆粕，在堪萨斯期货交易所交易的小麦，以及在纽约期货交易所交易的棉花。联邦限额由商品期货交易委员会分别为现货月合约、单个非现货月合约和所有月份合约的持仓设定。提出申请的交易所认为，联邦持仓限额与所有其他期货合约的监管制度不一致。

1974 年商品期货交易委员会成立时，早期记录在册的联邦投机持仓限额被保留并纳入商品期货交易委员会监管。商品期货交易委员会成立后，交易所在商品期货交易委员会监管下为新合约设定投机持仓限额。1981 年，商品期货交易委员会通过要求交易所为所有尚未受到联邦限额监管的商品设定投机持仓限额，使其政策正式化。

2000 年《商品期货现代化法案》通过后，联邦投机持仓限额得以幸存。《商品期货现代化法案》基于一系列核心原则建立了监管制度，取代了之前基于规定性规则的监管制度。《商品期货现代化法案》的核心原则之一，是要求交易所在交割月份设定持仓限额（position limits）或持仓责任报告水平（position accountability limits），但允许交易所确定适当的水平。根据《商品期货现代化法案》，交易所不需要设定所有月份合约合并的限额，也不需要设定单个非现货月合约的限额。

提出申请的交易所认为，联邦投机持仓限额体现的规定性方法与《商品期货现代化法案》采用的核心原则方法不一致。交易所认为，保留联邦投机持仓限额使一小部分合约被单独挑选出来进行特别处理。此外，交易所认为，特别处理的基础是历史上的意外，而不是任何深思熟虑的逻辑。交易所认为，由于联邦限额适用于一部分农产品期货合约，但不适用于其他农产品（如活牛和生猪）期货合约，监管制度的合理性很难被证明。

除了提出申请的交易所外，养老基金、对冲基金和其他投资者抱怨说，联邦投机持仓限额限制了他们通过商品资产类别来有效地分散其投资组合的能力。农业利益集团（主要是粮食生产商）认为，联邦投机持仓限额在约束交易所方面是必要的，但是他们认为，在设定符合生产者最佳利益的限额时，交易所是不能信赖的。2005 年，商品期货交易委员会通过保留联邦投机限额、提高限额水平，解决了这个问题。

### 2.12.7 订单流支付

订单流支付是指一些交易所向经纪商支付费用以将订单引导至交易所的做法。这一名词通常用于描述证券交易所（如芝加哥期权交易所）提供的激励措施，以与提供相同产品的其他交易所争夺成交量。当竞争产品无法区分时，订单流支付最有可能发生。在这种情况下，现金激励可能是影响经纪商选择在何处下单的关键因素。

在期货行业，在相互竞争的期货交易所上市的产品很少完全相同。正如我们所看到的，特定合约的成交量往往会集中到单一交易所并保持不变。交易所选择在利基市场（niche market）提供合约或提供具有独特设计特征的合约，而不是提供相同的产品。

因为交易所通常选择不通过提供相同的合约进行直接竞争，所以订单流支付在期货行业中并不是一个重大问题。

但是，随着欧洲期货交易所（美国）2003 年来到芝加哥开拓市场，人们开始关注这种做法。欧洲期货交易所（美国）宣布计划上市与竞争交易所提供的产品几乎相同的产品。欧洲期货交易所（美国）宣布，作为营销计划的一部分，其计划在运营的前两年提供批量折扣。当他们成功地吸引了伦敦国际金融期货交易所国债期货合约的成交量时，欧洲期货交易所（美国）最大的母公司——欧洲期货交易所的商业计划中也开始有类似的折扣。

正如欧洲期货交易所（美国）折扣行为所示，"订单流支付"一词适用于任何旨在让经纪商将订单流引导至交易所的营销计划。虽然这一名词对期货行业来说是新的，但是激励计划却早已存在。芝加哥商业交易所、芝加哥期货交易所和纽约商业交易所都使用了各种激励计划和费用暂缓支付措施，旨在增加每个交易所的成交量。例如，芝加哥商业交易所在 2000 年为其机构债务期货合约提供了一项激励计划，并在 1999 年为其欧元外汇产品提供了一项激励计划。芝加哥期货交易所在 1993 年为其威尔希尔小型股指数期货（Wilshire Small Cap Index Futures）产品提供了激励计划。纽约商业交易所在 1998 年为某些产品提供了做市商激励计划。[39]

订单流支付和其他激励计划的支持者认为，这种做法是交易所竞争的一种形式，最终有利于获得较低交易成本的投资者。正如交易所必须竞争经纪商的订单一样，经纪商也必须通过收取的佣金竞争客户的订单。交易所层面的订单流支付为经纪商提供了降低佣金率的诱因，以吸引客户订单流。客户是这一竞争过程的最终受益者。

订单流支付和其他激励计划的批评者担心这种做法会使洗售交易（wash trading）等不法行为在经济上具有吸引力，从而扭曲开放、竞争和高效的交易。批评者还担心，这种做法会在经纪商及其对客户负有的受托责任之间产生利益冲突。订单流支付降低了经纪商向可以获得最高交易执行质量的市场发送订单的积极性。批评者还认为，订单流支付通过分割多个交易所的订单流，降低了中央市场的流动性和损害了交易执行的质量。

## 2.12.8 事件市场

2003 年 8 月，华盛顿特区爆发了一场骚动，因为有人披露五角大楼（Pentagon）打算经营一个实验性市场，该市场将允许在线交易商根据恐怖袭击和中东政治事件未来发生的可能性进行交易。当时，它是美国最著名的市场，尽管它在交易真正开始之前就已经解散了。在形式上，它被称为政策分析市场（Policy Analysis Market，PAM），但许多新闻报道称该市场为"恐怖主义期货"（terrorism futures）或"动荡交易所"（turmoil exchange）。该市场每周 7 天，每天 24 小时开展交易。五角大楼希望创建政策分析市场，以收集信息，从而帮助验证可用于制止恐怖主义和减少政治不稳定性的其他情报来源。

政策分析市场受到艾奥瓦电子市场（Iowa Electronic Markets，IEM）的启发，投资者根据选举结果交易合约。在超过 15 年的经验中，研究表明艾奥瓦电子市场在预测实际选举结果方面比民意调查做得更好。[40]政策分析市场旨在利用市场的力量汇集数以千计的投资者的知识和信息，市场在收集信息方面做得很好。因为交易者使用真金白银来支持他们的观点，他们愿意在交易过程中使用客观的、有力的和可靠的逻辑，以及可靠的信息。这一特性缓解了组织内部所谓的应声虫效应（yes man effect），即分析师可能会试图告诉老板她想听的内容。新闻报道称，这一特点是五角大楼考虑建立收集情报信息市场的原因之一。

有充分的理由表明，市场在收集信息方面可能比其他方式（如民意调查）更好。为了使民意调查能够提供良好的预测，民意调查的样本应该能够代表预测所依据的人群。一个市场要提供良好的预测，只需要有见多识广的交易者。民意调查询问个人对结果的偏好，市场询问交易者其期望的结果是什么。因此，市场可能较少受到情绪的影响，而是关注事件结果的可靠现实。

政策分析市场和艾奥瓦电子市场是被称为"事件市场"的更广泛市场的一部分。事件市场允许参与者从特定事件的发生中获利。[41]这些市场有多种名称：非价格市场（non-price market）、预测市场（prediction markets）、决策市场（decision markets）、提议市场（proposition markets）、意见市场（opinion markets）、信息市场（information markets）和非传统市场（nontraditional markets）。

一些场所提供各种类型事件的合约。[42]例如，总部位于爱尔兰的 TradeSports 提供了 1,300 多个合约，涉及从体育赛事到选举的各个方面。在 2003 年 8 月政策分析市场的骚动中，他们甚至上市了一个涉及五角大楼负责该市场的官员辞职的合约。还有其他事件市场，如好莱坞证券交易所（Hollywood Stock Exchange）提供涉及新电影发行票房成功的合约。

尽管这些合约通常被称为期货市场，但它们更多地以期权的形式存在。合约条款通常为：如果事件发生，则支付固定款项；如果事件未发生，则支付款项为零。这种支付结构类似于金融从业人员所说的"二元期权"（binary options）或"数字期权"（digital options）。例如，合约的结构可能是：如果共和党当选总统，则支付 1.00 美元，否则为零。如果合约目前的价格是 60 美分，这意味着如果共和党当选，今天 60 美分的投资可能会产生 1.00 美元的收益。如果暂时忽略货币的时间价值，价格可以被解释为市场对事件发生概率的预估。在这种情况下，60 美分的合约价格可以解释为共和党当选的概率为 60%。

从法律上讲，尚不清楚所有事件合约是否符合《商品交易法》定义的期货合约。2000 年《商品期货现代化法案》修订了《商品交易法》，允许交易涉及"事件、事件范围或意外事件……即……超出各方控制……且……与财务、商业或经济后果相关"的期货合约。商品期货交易委员会能否对这些市场行使管辖权，很可能取决于这些合约是否与财务、商业或经济后果有关。完全为赌博设计的合约很可能不符合"经济后果"的标准。天气事件期货合约目前在商品期货交易委员会的管辖范围内交易。

## 2.13　市场操纵

期货市场最剧烈的混乱发生在市场操纵事件中。操纵期货合约价格违反了《商品交易法》，该法第 9（a）条将其定为重罪，可处以高达 100 万美元（个人为 50 万美元）的罚款和不超过 5 年的监禁，任何人被发现"在州际商业中操纵或试图操纵任何商品的价格，或在任何合约市场或根据其规则进行远期交割的任何商品的价格，或对任何该等商品囤积或试图囤积……"市场操纵不仅欺骗其他交易者，而且损害市场。首先，其他交易者被欺骗，因为操纵迫使他们以经济上不合理的价格进行交易。一般来说，当市场价格代表所交易商品的真实均衡价值时，市场是正常运行的。根据定义，如果价格被操纵，市场就不可能处于均衡水平。其次，操纵也损害了市场，因为诚实的交易者逃离了价格与所交易商品的真实经济价值不符的市场。如果诚实的交易者放弃期货市场，市场就无法发挥其社会功能。因为市场中的价格是被操纵的价格，市场将不会发挥其价格发现功能。此外，市场没有提供转移风险的手段，因而诚实的交易者害怕参与市场。由于这些原因，市场操纵是一个市场最糟糕的结局之一。[43]

自 1922 年以来，美国期货市场一直受到联邦政府监管，其主要目的是阻止期货市场中的操纵行为。《商品交易法》以及根据该法颁布的法规的一个奇怪特征是"操纵"被提及近 100 次，但从未被定义过。没有定义并不奇怪，因为这个词太宽泛了。试图准确定义该名词不可避免地进入了逻辑循环：操纵的价格是一种虚假的价格，虚假的价格是被操纵的。

由于法令没有定义操纵行为，因此由联邦法院确定非法操纵行为的特征和属性。联邦法院使用一种经过判例法演变而来的四管齐下的测试方法，通过大量证据来确定一组事实是否与指控的操纵行为一致。操纵案件中的四个证据要素：

（1）被告有能力影响市场价格；

（2）被告明确打算这样做；

（3）产生了虚假的价格；

（4）被告造成虚假的价格。

一些批评者认为，法院和商品期货交易委员会在现实世界中使用这四项标准，使得达到上述任何一项标准都极其困难，更不用说同时达到所有标准了。[44]对任何被发现操纵或试图操纵期货市场的人实施确定的事后制裁，应该是防止操纵最有效果和效率的手段之一。然而，满足这些证据要素的成本和难度，降低了这一手段的有效性。除了事后制裁之外，监管者还使用其他手段来防止操纵。例如，商品期货交易委员会雇佣了一批经济学家和期货市场专家，他们对交易者的头寸开展实时的市场监控。商品期货交易委员会还拥有迫使潜在操纵者平掉其头寸的紧急权力。监管机构和交易所（自律组织）的其他反操纵工具包括持仓限额和合约设计，这些措施使潜在操纵者的操纵成本更高。期货交易所还对其市场进行监督，以阻止操纵行为发生。

期货市场的历史上有许多操纵市场的富有想象力的尝试。我们讨论以下三种操纵类型：（1）市场力量操纵（market power manipulation）；（2）虚假报告操纵（false report manipulation）；（3）微观操纵（micromanipulation）。

### 英国都铎王朝阻止操纵的尝试

纵观金融市场的历史，人们可以找到阻止市场操纵的尝试。[45]《圣经》（箴言11：26）谴责了在市场上囤积玉米以图获利的粮食贸易商。[46]在英国都铎王朝，食品法规（Statute of Victuals）要求所有的商品销售者以合理的价格出售。皇家法令禁止被视为操纵的交易行为。禁止的做法包括在销售粮食或其他"食品"时采取"抢先买断"（forestalling）"高价倒卖"（regrating）和"囤积居奇"（engrossing）的行为。抢先买断是贮藏粮食以引起价格上涨的做法。高价倒卖是贸易商购买商品并在同一市场以更高价格转售的做法。囤积居奇是购买大量商品以抬高其价格的做法。违规者被星室法院（Star Chamber）起诉和处罚，星室法院有权执行操纵禁令。违规者受到罚款和嘲笑。1844年，议会废除了这些禁令，但该项废除不适用于"故意和欺诈传播或共谋传播任何虚假谣言，意图提高或降低任何商品价格的罪行……"

### 2.13.1 市场力量操纵：囤积、挤压和紧贴

在市场力量操纵中，交易者控制了标的商品和大量期货头寸，使其行为能够垄断

或挤压市场。虽然不同的评论员使用了一些不同的定义，但我们将囤积（corner）定义为一个交易者或一组交易者通过有意获得标的商品的可交割供应的市场力量，同时获得大量多头期货头寸，从而成功影响期货合约价格的行为。如果可交割供应被多头期货交易者获得，那么空头将无法交割。这意味着空头将被迫以虚高的价格与多头结算其合约。

在市场挤压（squeeze）的情况下，由于现货商品供应中断，交易者可以有效控制期货合约的价格。当交易者利用这种情况创造虚假的高价格时，就会出现挤压的操纵行为。造成挤压的干扰不一定全都来自处于控制地位的交易者的行为，也可能来自其他自然力量，如天气。紧贴（hug）是一种温和的挤压。

囤积、挤压和紧贴可归结为行使市场力量的例子。理论上，这种市场力量可以由市场的多头或空头行使。但实际上，市场力量几乎全部用于推动价格上涨，从而使多头头寸持有人受益。

交易所设计具有大量可交割供应的期货合约，以减少囤积、挤压或紧贴发生的机会。交易所可以使用交割价格升贴水制度来扩大符合交割条件的供应。交易所还使用持仓限额来减少交易者获得足够的市场力量将价格推动到虚假水平的机会。囤积、挤压和紧贴对业务不利，容易出现这种错位的合约几乎没有成功的机会。

实际上，与市场力量操纵相关的成本和风险对于操纵者来说可能是巨大的。首先，购买大量现货商品的标的库存需要大量投资。如果操纵不成功，操纵策略只会产生成本而不会产生效益。即使操纵成功，操纵者的成本也可能很高。其次，在操纵结束后，操纵者必须处置他所获得的用于垄断市场的库存。也就是说，他必须"处理后事"（bury the corpse）。如果操纵成功，标的商品的库存将流向交割地点，以应对高价格。这意味着，一旦操纵者将其库存出售给供过于求的市场，交割地点的价格将暴跌。"处理后事"可能是进行操纵的最重要成本，并且可能使试图操纵的行为弄巧成拙。一个有先见之明的操纵者可能试图通过以虚高的价格出售远期合约来处理"后事"，进而解决这个问题。

成功的市场力量操纵会留下操纵事件特有的蛛丝马迹。"处理后事"效应，即在操纵行为终止后现货价格（无论是绝对值，还是与远期合约和其他地点现货价格的相对值）的崩塌，就是这样一个特有的足迹。调查人员和法院将利用价格暴跌来帮助证实被控操纵期间的价格是虚假的。

斯蒂芬·克雷格·皮荣（Stephen Craig Pirrong）确定了成功（长期）市场力量操纵的其他特征，包括：[47]

（1）期货合约规定的交割地点的现货市场价格相对于非交割地点的价格异常的高。

（2）交割等级的商品价格相对于非交割等级的同一商品的价格出现上涨。

（3）相关商品之间的价差关系出现扭曲（如玉米与大豆）。

（4）异常多的商品在交割日之前或交割期间被运入交割地点。由于交易者囤积库存用于交割，从交割地点运出的商品异常的少。

（5）异常多的商品在操纵结束时被运出交割地点，流入交割地点的商品异常的少。

（6）被操纵合约的价格相对于相邻和远期合约的价格异常高（如近月合约的价格与远月合约的价格）。

---

### 目光短浅的空头案例

空头有义务避免成为市场挤压的受害者吗？可能有，至少根据一项法院裁决有这样的义务。

1957年10月，沃尔卡特（Volkart）兄弟有限公司，一家大型棉花交易商，同时是纽约棉花交易所（New York Cotton Exchange，NYCE）和新奥尔良棉花交易所（New Orleans cotton Exchange）的会员，在这两家交易所的交割月合约中持有多头期货头寸，合约超过了所有经认证的可用于交割的棉花库存的近100%。沃尔卡特在整个交割月都持有多头头寸。在最后一个交易日，空头发现它们要么不得不向沃尔卡特支付大量溢价以平掉其期货头寸，要么在现货市场支付巨额溢价以获得履行交割义务所需的棉花。这些被挤压的空头声称沃尔卡特操纵了交割过程，案件被提交至法庭。

在其辩护中，沃尔卡特认为，空头将自己置于如此脆弱的境地，只能怪他们自己。沃尔卡特指出，交割地点有大量棉花库存，空头可以对这些库存进行注册，以准备履行交割义务。根据可交割供应的扩展定义，沃尔卡特的多头头寸并没有主导可交割库存，这意味着不可能存在操纵。上诉法院（Court of Appeals）认为，出现挤压只是因为空头疏忽大意，未能及时寻求棉花库存的认证，[48]沃尔卡特被无罪释放。

在其他情况下，法院没有接受注册库存（certificate stocks）之外的可交割库存的扩展定义，这意味着沃尔卡特案例作为先例的价值尚不明确。

---

下面讨论的是一个被证实的市场力量操纵和一个被指控的市场力量操纵。首先，我们分析达拉斯的亨特（Hunt）兄弟及其同谋实施的白银操纵案。这一操纵发生在1979—1980年。其次，我们调查了1989年发生的一起被指控的大豆操纵案件。当时，大型粮食贸易公司费鲁兹金融（Ferruzzi Finanziaria）持有700万蒲式耳大豆，交易所和商品期货交易委员会采取行动迫使费鲁兹平仓。在联邦法院，亨特兄弟被发现操纵

了白银价格。然而，费鲁兹从未接受过审判，大豆操纵行为也没有得到证实，尽管费鲁兹已经向芝加哥期货交易所支付了解决纠纷的费用。

亨特兄弟白银操纵案。毫无疑问，1979—1980 年亨特兄弟对白银的操纵是 20 世纪最重大的期货操纵。有一段时间，亨特兄弟和他们的同谋控制了价值超过 140 亿美元的白银。图 2.4 显示了 1979 年和 1980 年的白银价格。1979 年初，一盎司白银的价格约为 6 美元。1980 年 1 月，价格在一个交易日内一度超过了 50 美元。1980 年 3 月，白银价格暴跌至每盎司 12 美元左右。1996 年，白银的交易价格约为每盎司 5 ~ 6 美元。

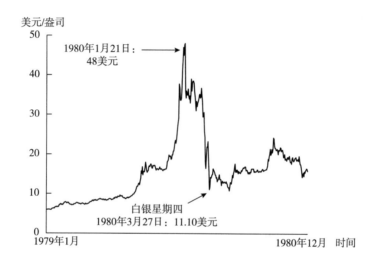

**图 2.4　1979—1980 年白银价格**

在某些方面，白银的操纵非常简单；而在其他方面，它是难以置信的复杂。除了华丽而著名的亨特兄弟，还有许多其他参与者参与了操纵活动。这些其他同谋者包括一些非常富有的沙特阿拉伯人。总而言之，亨特兄弟在白银市场开展了一次囤积活动。他们积累了大量的期货头寸，并在合约到期时要求交割。同时，他们购买了大量实物白银，并让这些实物白银远离市场。因此，由于限制了现货市场供应，他们通过期货市场加速了需求的增长，结果导致白银价格飙升。

1980 年 1 月，当白银接近每盎司 50 美元时，交易所和商品期货交易委员会采取了有效措施，仅限平仓交易。在仅限平仓交易的情况下，交易者只允许平掉其现有期货头寸，不允许建立任何新的头寸（这条规则迫使交易者在任何现有头寸到期时就退出市场，他们不能将这些头寸向前滚动到更晚的合约到期日）。第二天，白银价格在一天内下跌了每盎司 12 美元。从 1 月到 2 月，一直到 3 月，操纵者努力支撑白银价格。但是，交易所也提高了白银的保证金。3 月 19 日，亨特兄弟未能履行追加保证金义务。1980 年 3 月 26 日，操纵者宣布了一项计划——发行实物白银支持的债券，这是其最后一次在绝望中试图支撑白银价格。市场将这一策略解读为绝望之举，第二天市场再次崩盘。由于这场著名的崩盘结束了亨特兄弟对白银的有效控制，1980 年 3 月 27 日被称为"白银星期四"（Silver Thursday）。

秘鲁政府赞助的矿产销售公司明佩科股份公司（Minpeco，S. A.），是 1979—1980 年白银市场的主要空头交易者。他们起诉了亨特兄弟及其同谋和经纪商，要求赔偿 9,000 万美元的实际损失，外加利息和 3 倍的惩罚性赔偿金。明佩科在与被告的和解和判决中赢得了约 2 亿美元。这笔款项包括美林和贝奇（Bache）支付的 3,400 万美元的预判和解款项，这两位是同谋者最大的经纪商。陪审团发现亨特三兄弟邦克（Bunker）、赫伯特（Herbert）和拉玛尔（Lamar）确实操纵了白银市场。判决后，堪萨斯城酋长橄榄球队（Kansas City Chiefs NFL）的老板拉玛尔·亨特支付了 1,700 万美元作为和解费用。邦克和赫伯特在破产中寻求保护，他们未缴纳全额和解费用。自此，这两位自 20 世纪 80 年代开始跻身世界首富行列的兄弟于 1990 年破产。[49]

1989 年被指控的大豆操纵案。1989 年的大豆危机至少可以追溯到前一年，1988 年，美国中西部遭受严重干旱，大豆产量大幅下降。因此，当 1989 年作物年度到来时，市场供应大幅减少。图 2.5 显示了 1989 年的大豆价格。1989 年初，意大利公司费鲁兹的全资粮食子公司——中央大豆（Central Soya）公司，积累了大量实物大豆库存，并在 1989 年 5 月大豆合约上持有大量多头头寸。截至 5 月 16 日，费鲁兹有 1,620 万蒲式耳的 5 月大豆期货合约。芝加哥期货交易所于 5 月 18 日撤销了费鲁兹的套保身份。这意味着费鲁兹被迫将其期货头寸降至 300 万蒲式耳的投机持仓上限。因此，5 月合约得以有序平仓。

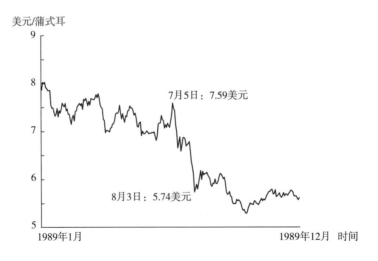

图 2.5　1989 年大豆价格

但是，费鲁兹并没有仅平掉其 5 月合约的头寸，而是将其头寸向前转移。也就是说，费鲁兹卖出 5 月合约，买入 7 月合约。这一操作为 7 月的更大问题埋下了隐患。截至 6 月初，费鲁兹在 7 月期货合约中持有 3,200 万蒲式耳的多头头寸。此外，截至 7 月 1 日，费鲁兹已经有效控制了大豆的可交割供应。费鲁兹控制了 700 万蒲式耳，而所有其他交易者只控制了 160 万蒲式耳。由于费鲁兹持有 3,200 万蒲式耳的多头期货头寸，而其他交易者只能交割 160 万蒲式耳，因此费鲁兹显然占据了主导市场地位。

1989 年 7 月 11 日，芝加哥期货交易所宣布存在紧急情况。自 7 月 12 日起，芝加哥期货交易所撤销了费鲁兹作为套保者的身份。这意味着费鲁兹再次受到 300 万蒲式耳的持仓限制。此外，芝加哥期货交易所命令在接下来的几个交易日内，每天至少平掉 20% 的期货头寸，7 月 20 日交易结束时绝对头寸持有降至不超过 100 万蒲式耳。这些措施有助于避免危机，7 月合约交易没有进一步中断。1989 年 9 月 15 日，费鲁兹宣布，其在巴黎的主要粮食和油料交易员因 "交易策略分歧" 而辞职。[50]

费鲁兹后来对芝加哥期货交易所提起诉讼，芝加哥期货交易所则对费鲁兹处以罚款。1992 年，费鲁兹向芝加哥期货交易所支付 200 万美元并放弃诉讼，这场争端得以平息。芝加哥期货交易所将这笔款项视为罚款，但费鲁兹对这一说法提出质疑。这场混乱的后果一直持续到 1993 年，费鲁兹的董事长自杀，从而发现约 3.5 亿美元的巨额损失，这些损失显然是由此前的交易崩溃造成的。[51]该事件还导致芝加哥期货交易所大豆合约中规定的交割点发生变化。

### 2. 13. 2　虚假报告操纵

《商品交易法》第 9（a）（2）条规定，"禁止任何人在知情的情况下传播错误的或具有误导性的，或不准确的农作物报告、市场信息或状况，而该等报告、信息或状况影响或易于影响州际商业中的任何商品价格。"2002—2005 年，商品期货交易委员会对 25 家能源贸易公司提起了 2.97 亿美元的执法诉讼，这些公司被指控向《普氏天然气日报》（*Platts Gas Daily*）和《联邦能源管理委员会天然气市场报告》（*Inside FERC Gas Market Report*）的天然气价格指数发布者提供虚假报告，从而操纵或试图操纵现货天然气市场。指数供应商公布的价格指数往往会影响期货价格。虚假报告涉及改变实际交易的价格和成交量信息。虚假报告还涉及报告不存在的交易。

### 2. 13. 3　微观操纵

微观操纵源于期货合约结算价格的瞬间操纵。微观操纵涉及试图以产生可能只持续一瞬间的虚假价格的方式进行交易。如果交易者持有以期货价格作为参考价格进行估值的场外衍生品头寸，那么他们可能会发现进行此类操纵是有利可图的。2001 年，商品期货交易委员会与阿维斯塔（Avista）能源有限公司就微观操纵指控达成和解。[52] 商品期货交易委员会声称，阿维斯塔在 1988 年 4 月至 1988 年 7 月操纵了纽约商业交易所帕洛·弗迪（Palo Verde）和加利福尼亚—俄勒冈边境（California - Oregon Border）电力期货合约的结算价格，从而使与纽约商业交易所电力期货合约每日结算价格挂钩的现金结算的场外期权头寸获利。商品期货交易委员会声称，阿维斯塔能够通过在市场收盘前交易大量订单来提高和降低结算价格。商品期货交易委员会声称，收盘前的交易没有商业或经济目的，其唯一目的是操纵结算价格以使阿维斯塔的场外市场头寸获利。

---

## 老哈奇

　　本杰明·哈钦森（Benjamin Hutchinson，1829—1899 年）是一位传奇的芝加哥交易者，其职业生涯跨越 19 世纪下半叶的近 40 年。他囤积芝加哥期货交易所粮食市场的多次尝试，为他赢得了财富和声誉，并获得了"囤积之王"（King of the Corner）和"老哈奇"（Old Hutch）的绰号。

　　也许他最令人难忘的囤积是芝加哥期货交易所 1888 年 9 月的小麦合约。早在 1888 年 1 月，当小麦的交易价格约为 85 美分/蒲式耳时，老哈奇就开始秘密囤积小麦的现货市场库存，同时开始建立多头期货头寸。在囤积现货小麦的过程中，传闻老哈奇已经"去世"。这压低了价格，使得事实上还活着的老哈奇能够以更低的价格囤积更多的小麦库存。7 月和 8 月，他用租来的船将大量小麦从芝加哥运往东海岸（East Coast）市场。通过租用这些船只，他阻碍了空头在老哈奇的头寸被披露后迅速增加可交割供应的能力。8 月 31 日，他在芝加哥和其他城市拥有的现货小麦被公之于众。据估计，他获得现货头寸的平均价格为 87 美分/蒲式耳。他的囤积大大提高了价格，使他受到农民的欢迎。当时的一份报告提到，农民们"为老哈奇祝福，他的名字在农村祈祷会上被提及"。[53]

　　老哈奇在交割月份也增加了现货头寸。随着作物报告的恶化，价格持续上涨。9 月 27 日，现货小麦价格达到 1.28 美元，一些空头难以交割。老哈奇以 1.25 美元的价格与一些空头结算。在合约的最后交易日，现货价格升至 2.08 美元。老哈奇将合约价格定为 2.00 美元，这一价格成为结算价格。芝加哥报纸报道说，一些空头自杀以逃避交割义务。当时的报告估计老哈奇在囤积过程中获利多达 800 万美元。

> 1889 年，老哈奇的职业生涯以与其开始时相同的方式结束：尝试一个巨大的囤积。他冒着数百万美元的风险试图囤积 1890 年 7 月的玉米合约，一场意想不到的市场动荡导致玉米价格下跌，老哈奇损失惨重。不到一年，老哈奇的财富和声誉就消失了，他也永远地离开了市场。之后，他偶尔会出现在芝加哥期货交易所的走廊里，但他再也没有交易过。他最后几年独自在威斯康星州的农村度过，于 1899 年去世。[54]

## 2.14　小结

在本章中，我们详细考察了期货行业的一些组织特征。我们首先研究了期货头寸组合的保证金规则。随着市场的进一步整合，这些期货价差变得越来越普遍，并对清算所评估风险的能力提出了更大的挑战。考虑交易者整体投资组合风险的努力催生了 SPAN 保证金系统和市场间交叉保证金的发展。

我们还考察了塑造期货行业竞争格局的经济力量。我们注意到，随着市场日益国际化和技术变革步伐的加快，行业的竞争格局正在发生变化。我们探讨了期货交易所之间相互竞争，以及期货交易所与其他市场提供服务竞争的多种方式。

我们还考察了期货市场专业人员的多样性。场内经纪商、期货经纪商和介绍经纪商都扮演着相关且专业的角色。客户经理和介绍经纪商的职能通常与商品交易顾问的职能重叠。近年来，管理期货（managed futures）交易变得越来越重要，使商品基金管理人的作用越来越大。

今天，美国期货行业面临来自新兴国家期货市场的挑战，以及技术变革驱动的电子化交易发展趋势。尽管这些趋势有可能终结美国交易所长期以来在期货交易中的主导地位，但也拓宽了期货交易在日益全球化的经济中的范围。

接下来，我们讨论了期货行业的现实问题。我们探讨了交易所治理、清算所治理、期货清算所清算场外衍生品、大宗交易、双重交易、建议取消联邦投机持仓限额、订单流支付和事件市场等问题。最后，我们探讨了各种类型的市场操纵策略和旨在阻止操纵的相关法律。

## 2.15　习题

1. 解释商品间价差和商品内价差之间的差异。

2. 投机者买入近月白银期货合约，同时卖出远月白银期货合约。必须出现什么情况，交易者才能从这个组合头寸中获利？

3. 投机者买入白银期货合约，同时卖出同一到期月份的黄金期货合约。这是什么类型的价差？必须出现什么情况，投机者才能获利？

4. 什么是"市场间交叉保证金"？解释交叉保证金如何运用投资组合理论的思想。

5. 如果保证金维持在保持单个合约风险恒定的水平，但引入了市场间交叉保证金，那么所有市场的保证金资金池可能会发生什么变化？解释原因。

6. 考虑根据某一天各政府气象站降雨量进行现金结算的降雨期货合约。这一合约如何满足本章所列的成功条件？

7. 解释场内经纪商和客户经理的不同作用。

8. 在一次聚会上，一位男士告诉你他是介绍经纪商。他接着解释说，他的工作是向期货经纪商介绍像你这样的潜在交易者。他还说，作为服务投资者的一项内容，他持有保证金资金。你对这个解释怎么看？

9. 假设你是一名场内经纪商，你的一个朋友是一名做市商，他在芝加哥期货交易所的交易大厅内交易大豆。大豆的交易价格为 6.53 美元/蒲式耳。你收到一份购买大豆的订单，你从朋友那里以 6.54 美元的价格购买了一手合约，比市价高出一美分。谁赢，谁输，为什么？解释将此类行为定为非法的理由。

10. 为什么一些期货交易所对大宗交易持谨慎态度？为什么一些交易所支持大宗交易？

11. 几个小时后，你回到聚会上。问题 8 中的好友再次拖住你聊天，并开始解释他作为一名双重交易商取得的巨大成功，他同时交易大豆和玉米。你怎么看？

12. 你很难摆脱问题 11 中的朋友。他接着解释说，仅限平仓交易涉及交易大豆与豆油，以从大豆压榨时发生的平仓中获利。解释一下你对"仅限平仓交易"的理解与你的朋友有何不同。

13. 一名交易者在 3 月长期国债（T-bond）期货合约中持有多头头寸。她平掉了这一头寸，同时买入 6 月长期国债期货合约。这种交易的名称是什么？

14. 期货交易所以何种方式进行竞争？

15. 期货交易所是如何赚钱的？

16. 什么是捆绑订单？捆绑订单的交易后分配涉及哪些问题？

17. 什么是"流单交易"？期货交易所如何促进流单交易的协调？

18. 期货市场操纵认定所需的四个证据要素是什么？

19. 商品期货交易委员会和期货交易所的行动在哪些方面阻止了期货市场操纵？

20. 期货市场透明度意味着什么？

21. 商品的可替代性意味着什么？

22. 什么是炒单？

## 2.16　尾注

［1］有关网络效应的更多信息，见 S. J. Liebowitz and S. E. Margolis，"Network Externalities（Effects）"，*The New Palgrave's Dictionary of Economics and the Law*，MacMillan，1998。

［2］价差的术语相当多样，这里使用的定义并不通用。

［3］案例摘自商品期货交易委员会于 2001 年 4 月出版并发布在其网站 www. cftc. gov 上的报告：*Review of Standard Portfolio Analysis of Risk "SPAN" Margin System*。

［4］V. G. France，"The Regulation of Margin Requirements：A Survey"，*Unpublished Working Paper*，August 1990，University of Illinois，报告提供了对期货、期权和期货期权保证金监管的全面调查。

［5］对交叉保证金的讨论借鉴了三篇主要文献：J. P. Behof，"Intermarket Cross – Margining for Futures and Options"，*Issue Summary of the Federal Reserve Bank of Chicago*，May 1989；R. D. Rutz，"The Myth and Reality of Intermarket Cross – margining"，*Intermarket*，August 1988；K. Pierog，"Cross – margining Caught in Clearinghouse Cross Fire"，*Futures*，September 1988。在 Gordon Gemmill，"Margins and the Safety of Clearing Houses"，*Journal of Banking & Finance*，18：5，1994，pp. 979 – 996 中，Gordon Gemmill 发现，由于多样化的好处，一个清算所为多个交易所提供清算服务，可以在实现同等程度的安全性的同时占用较少的资金。Gikas A Hardouvelis and Dongcheol Kim，"Margin Requirements，Price Fluctuations，and Market Participation in Metal Futures"，*Journal of Money*，*Credit & Banking*，27：3，1995，pp. 659 – 671，强调了保证金的成本。他们发现，一个金属市场提高保证金促使交易者转向保证金不变的其他金属市场。

［6］有关 SPAN 系统的更多信息，见以下三本芝加哥商业交易所的手册，"Standard Portfolio Analysis of Risk"，1989；"SPAN Overview"，July 1990；"SPAN Technical Specifications"，July 1990 和 T. Mayer，"SPAN – ning the Margin Problem for Commodity Options"，*Futures*，December 1989. Paul H. Kupiec，"The Performance of S&P 500 Futures Product Margins Under the SPAN Margining System"，*Journal of Futures Markets*，14：7，1994，pp. 789 – 811 发现，SPAN 系统比早期系统的效率更高。

［7］有关在险价值（VAR）及其拓展材料的介绍，见以下三篇文章：Charles Smithson and Lyle Minton，"Value at Risk"，*Risk*，9：1，1996，pp. 25 – 27；Charles Smithson and Lyle Minton，"Value at Risk（2）"，*Risk*，9：2，1996，pp. 38 – 39；Chris Turner，"VAR as an Industrial Tool"，*Risk*，9：3，1996，pp. 38 – 40。以下三篇文章记录了替代计算方法的不同在险价值（VAR）结果：Arturo Estrella，Darryll Hendricks，John Kambhu，Soo Shin，and Stefan Walter，"The Price Risk of Options Positions Measurement and Capital Requirements"，Federal Reserve Bank of New York，*Quarterly Review*，19：2，1994 ，pp. 27 – 43；Tanyo Styblo Beder，"VAR：Seductive but Dangerous"，*Financial Analysts Journal*，51：5，1995，12 –

24；James V. Jordan and Robert J. Mackay，"Assessing Value at Risk for Equity Portfolios：Implementing Alternative Techniques"，in Rod Beckstrom，Alyce Campbell，and Frank Fabozzi（ed.）*Handbook of Firm - Wide Risk Management*，Homewood，IL：Irwin Publishing Company，1996。

［8］见 Ronald H. Coase，"The Institutional Structure of Production：The 1991 Alfred Nobel Memorial Prize Lecture in Economic Sciences"，*The American Economic Review*，82：4，1992。

［9］交易者担心，一旦他们将头寸从成熟的流动性市场转移到非流动性市场，如果其他交易者不进入新交易所，那么退出其头寸的成本可能会过高。交易者将非流动性市场称为"蟑螂汽车旅馆"（roach motels），因为就像在同名产品的害虫防治商业广告中说的一样，"你可以进去，但不能出来"。

［10］有关交易所之间直接竞争的案例，见 M. E. Holder，M. J. Tomas Ⅲ，and R. L. Webb，"Winners and Losers：Recent Competition Among Futures Exchanges for Equivalent Financial Contract Markets"，*Derivatives Quarterly*，5：2，1999，pp. 19 - 27。

［11］Da - Hsiang Donald Lien，"Entry - deterring Contract Specification on Futures Markets"，*Journal of Futures Markets*，10：1，1990，pp. 89 - 95，分析了交易所引入新期货合约的动机。介绍了一家首先在给定商品中引入合约的交易所。Lien 认为，这种创新型交易所将倾向于引入传统的现金结算合约，以阻止另一家交易所引入类似合约。Lien 认为，如果没有竞争压力，交易所更有可能使用不同的结算方法。因此，当创新型交易所选择通过合约条款阻止竞争对手进入时，合约的交易所和交易商就都会失败。

［12］见 Craig Pirrong，"Bund for Glory，or It's a Long Way to Tip a Market"，*Working Paper*，University of Houston，2003。

［13］大豆、豆粕和豆油之间的关系被称为"压榨"，因为大豆被压榨成豆粕和豆油。第4章详细研究了压榨的定价。

［14］中美洲商品交易所（Mid - America Commodity Exchange）于1986年被芝加哥期货交易所收购，并于2003年关闭。其合约现在由芝加哥期货交易所作为"迷你"合约提供。中美洲商品交易所已不复存在。

［15］见 Ronald H. Coase，*The Firm，the Market，and the Law*，Chicago：University of Chicago Press，1988。

［16］Yale Brozen 在其著作 *Concentration，Mergers，and Public Policy*，New York：Macmillan Publishing Co.，Inc.，1982 中支持这一观点："反垄断机构在要求分权时攻击了错误的目标。持续的集中度或支配地位表明要么表现优异，要么继续使用……不适当的排他性手段。如果是前者，分权将导致巨大的成本。如果是后者，则应抨击此类手段的使用，并停止此类策略……是时候消除支配地位和集中度……从反垄断阶段的中心"（第405 - 406页）。

［17］引用了以下文章：Mary Chung，"NYMEX is Boosted by Enron Backlash"，*Financial Times*，May 31，2002。

［18］在对期货合约成功与失败的详尽研究中，商品期货交易委员会经济学家 Michael Penick 发现，在自1940年以来上市的632个新期货合约中，72%能存活1年，44%能存活3年，20%能存活10年。他还发现，不同交易所和不同产品类型的存活率差异很大。此前，中美洲商品交易所开发的合约

具有较高的存活率（3 年后为 86%），尽管交易所本身并没有作为一个独立实体存活下来。芝加哥期货交易所 3 年后的存活率是更低的 36%。金属合约的存活率最高，而能源合约的存活率最低。见 Michael A. Penick, "The Life Cycle of Futures Contracts: The Success and Failure Rates of Futures Contracts in the United States", *Working Paper*, CFTC, Washington, DC: 2004。

［19］最近，有人试图更正式地解释为什么一些合约成功，而另一些合约失败。Deborah G. Black, *Success and Failure of Futures Contracts: Theory and Empirical Evidence*, Salomon Brothers Monograph Series in Finance and Economics, Monograph 1986 – 01, 认为商品价格的变化越大，现货商品的市场越大，期货合约成功的机会就越大。除这些传统因素外，她认为，交叉套保的剩余风险和流动性很重要。这十个合约特征的列表部分源于 Black, 以及 K. Pierog and J. Stein, "New Contracts: What Makes Them Fly or Fail?", *Futures*, September 1989。

［20］Elizabeth Tashjian Johnston and John J. McConnell, "Requiem for a Market: An Analysis of the Rise and Fall of a Financial Futures Contract", *The Review of Financial Studies*, 2: 1, 1989, pp. 1 – 23, 得出结论认为合约失败是由于其设计不当。同时见 K. Pierog and J. Stein, "New Contracts: What Makes Them Fly or Fail?", *Futures*, September 1989。随后，芝加哥期货交易所试图引入改进的抵押贷款利率合约。

［21］见 D. Carlton, "Futures Markets: Their Purpose, Their History, Their Growth, Their Successes and Failures", *The Journal of Futures Markets*, 4: 3, 1984, pp. 237 – 271。同时见 R. W. Anderson, *The Industrial Organization of Futures Markets*, Lexington, MA: D. C. Heath and Company, 1984。Anderson 的书中包含了许多介绍期货市场行业组织不同方面的文章。

［22］本节中使用的定义摘自全国期货协会（National Futures Association）的各种出版物。关于每种类别公司和个人数量的统计数据来自商品期货交易委员会 1989 年的年报。

［23］有关经纪商团体的更多信息，见 G. Szala and S. Abbott, "Broker Groups: The Good, the Bad and the Ugly", *Futures*, 19, 1990, pp. 46 – 48。

［24］Scott H. Irwin, Terry R. Krukemeyer, and Carl R. Zulauf, "Investment Performance of Public Commodity Pools: 1979 – 1990", *Journal of Futures Markets*, 13: 7, 1993, pp. 799 – 820.

［25］David K. Bruderle, "Introducing Brokers: Small and Ag – Focused but Tech Savvy", *Futures Industry Magazine*, 25, 2004, pp. 62 – 65.

［26］见 Paul M. Architzel, Nancy E. Yanofsky, and Michael Riedlinger, "Locating the Futures Exchange and its Regulatory Impact", *Journal of Global Financial Markets*, 3, 2002, pp. 17 – 24。

［27］见 A. Rosenbaum, "Are Exchange Fees Worth Scrutiny of Traders?", *Futures*, 19, 1990。

［28］关于在金融领域开展知识产权保护的一般性讨论，见 Josh Lerner, "Where Does State Street Lead? A First Look at Finance Patents 1971 to 2000", *The Journal of Finance*, 57: 2, 2002, pp. 901 – 930; 和 Peter K. Trzyna, "Legal Protections For Innovative Financial Products and Services", in John F. Marshall and Vipul K. Bansal（eds.）, *Financial Engineering*, 2nd edn., Miami, FL: Kolb Publishing, 1992。

［29］见 Will Acworth, "Patent Dispute Erupts Over Futures E – Trading", *Futures Industry Magazine*, 11, 2001, pp. 20 – 23。

［30］有关国际交易技术公司（Trading Technologies International）专利的更多信息，见 Mark Young and Gregory Corbett，"A New Competitive Force"，*Outlook* 05，Published by the Futures Industry Association 2004，pp. 46 – 48。

［31］见 Daniel P. Collins，"Errant Drops in Dow，S&P Futures Raise Eyebrows"，*Futures*，32，2003，pp. 14 – 16。

［32］期货行业协会主席 John Damgard 在 "Restructure Clearing"，*Futures Industry Magazine*，12，2002，pp. 14 – 17 中充分阐述了清算会员——期货经纪商的立场。

［33］在《商品期货现代化法案》实施之前，许多场外市场合同的合法性取决于商品期货交易委员会的互换豁免，该豁免使某些场外市场交易免受商品期货交易委员会的监管。但是，互换豁免并不适用于受多边清算系统约束的交易。

［34］见 Jana Hranaiova，Michael Haigh，and James Overdahl，"Do Block Trades Harm Markets？An Empirical Analysis of Block Trading's Impact on the FTSE 100 Futures Market"，*Futures Industry Magazine*，14，2004，pp. 24 – 29。

［35］Michael J. Fishman 和 Francis A. Longstaff 认为，双重交易实际上可以在许多情况下帮助经纪商的客户，"Dual Trading in Futures Markets"，*Journal of Finance*，47：2，1992，pp. 643 – 671。他们还发现，双重交易商比非双重交易商获得了更高的利润。

［36］Commodity Futures Trading Commission，"Economic Analysis of Dual Trading on Commodity Exchanges"，November，1989.

［37］见 M. J. Walsh and S. J. Dinehart，"Dual Trading and Futures Market Liquidity：An Analysis of Three Chicago Board of Trade Contract Markets"，*Journal of Futures Markets*，11：5，1991，pp. 519 – 537。

［38］见 Eric. C. Chang，Peter R. Locke，and Steven C. Mann，"The Effect of CME Rule 552 on Dual Traders"，*Journal of Futures Markets*，14：4，1994，pp. 493 – 510 和 Eric Chang and Peter Locke，"The Performance and Market Impact of Dual Trading：CME Rule 552"，*Journal of Financial Intermediation*，5，1996，pp. 23 – 48。其他研究对限制双重交易的益处表示特别怀疑：Tom Smith and Robert E. Whaley，"Assessing the Costs of Regulation：The Case of Dual Trading"，*Journal of Law & Economics*，37：1，1994，pp. 215 – 246；Sugato Chakravarty，"Should Actively Traded Futures Contracts Come Under the Dual – Trading Ban？"，*Journal of Futures Markets*，14：6，1994，pp. 661 – 684。Hun Y. Park，Asani Sarkar，and Lifan Wu，"The Costs and Benefits of Dual Trading"，Federal Reserve Bank of New York，Staff Reports，2，June 1995，发现双重交易商的客户执行力比纯粹的经纪商更好。但是，他们也发现这种表现只适用于特定的交易池，这种优秀的表现并不是所有商品交易的特征。

［39］有关交易所激励计划的案例，见 CME Incentive Program for Agency Futures Trading，March 2000；New York Mercantile Exchange（NYMEX）ClearPort Incentive Plan，February 17，2003；CME Euro FX and Euro FX Cross – Rate Incentive Program，April 1999；CBT Modified Market Maker Program for the Wilshire Small Cap Index Futures Contract，June 18，1993；CME Principal Market Maker Program，April 20，1995；NYMEX Specialist Market Maker Program，July 8，1998；CBT a/c/e Temporary Fee Waiver Program

Extension，March 25，2003。

［40］见 Joyce Berg，Robert Forsythe，Forrest Nelson，and Thomas Rietz，"Results from a Dozen Years of Election Futures Markets Research"，Working Paper，College of Business Administration，Iowa City：University of Iowa，2000。

［41］有关事件市场的优秀调查，见 Michael Gorham，"In the Event Markets"，*Futures Industry*，14，2004，pp. 13 – 17。

［42］Gorham（如前所述）调查了其中 33 处场所。

［43］Praveen Kumar and Duane J. Seppi，"Futures Manipulation with Cash Settlement"，*Journal of Finance*，47：4，1992，pp. 1485 – 1502，认为现金结算，而不是标的商品的实物交割，将防止囤积和挤压。Stephen Craig Pirrong，"Mixed Manipulation Strategies in Commodity Futures Markets"，*Journal of Futures Markets*，15：1，1995，pp. 13 – 38，开发了操纵的正式模型。Robert A. Jarrow，"Derivative Securities Markets，Market Manipulation，and Option Pricing theory"，*Journal of Financial & Quantitative Analysis*，29：2，1994，pp. 241 – 261，认为衍生市场的出现丰富了操纵的机会。

［44］见 Craig Pirrong，"Squeezes，Corpses，and the Anti – Manipulation Provisions of the Commodity Exchange Act"，*Regulation*，17：4，1994；和 Jerry W. Markham，"Manipulation of Commodity Futures Prices – The Unprosecutable Crime"，*Yale Journal on Regulation*，8：2，1991，pp. 281 – 390。

［45］本节中的信息来自关于市场操纵历史的一篇优秀文章：J. W. Markham，L. H. Hunt，Jr.，M. S. Sackheim，"Market Manipulation – From Star Chamber to Lone Star"，*Futures & Derivatives Law Report*，2003，pp. 7 – 18。

［46］"屯粮不卖的，民必诅咒他；情愿出卖的，人必为他祝福。"转引自《圣经》，詹姆士王版。

［47］见 Stephen Craig Pirrong，"Manipulation of the Commodity Futures Market Delivery Process"，*Journal of Business*，66：3，1993，pp. 335 – 369。

［48］*Volkart Bros. Inc v. Freeman*，311 F. 2d. 52，58（5th Cir. 1960）.

［49］Warren Bailey and Edward Ng，"Default Premiums in Commodity Markets：Theory and Evidence"，*Journal of Finance*，46：3，1991，pp. 1071 – 1093，探讨了亨特兄弟活动对价格的影响。

［50］该描述依赖于 F. Bailey，*Emergency Action：July 1989 Soybeans*，Chicago：Chicago Board of Trade，1990。同时见 K. Schap and C. Flory，"Ferruzzi versus CBOT：Who Is Right？"，*Futures*，September 1989；和 K. Pierog，"Report Vindicates CBOT Action in July Soybeans"，*Futures*，October 1989。

［51］见 Peter Truell and Maureen Kline，"Ferruzzi's Problems May be Italy's Too"，*The Wall Street Journal*，August 12，1993，p. A7。

［52］Commodity Futures Law Reporter（CCH）& para；28，623（CFTC 2001）.

［53］E. J. Dies，*The Plunger，A Tale of the Wheat Pit*，New York，NY：Arno Press，Orig. Pub. 1929，pp. 137 – 138.

［54］有关老哈奇（Old Hutch）时代的更多信息，见 Jonathan Lurie，*The Chicago Board of Trade 1859 – 1905*，Urbana，IL：University of Illinois Press，1979。

# 第 3 章　期货价格

## 3.1　概述

第 1 章和第 2 章探讨了有关期货市场的基本制度特征，现在我们来思考一下期货价格。从重要意义上来讲，市场价格的研究是理解市场所有特征的关键。价格和决定价格的因素最终会在市场每一次发挥作用时有所体现。

本章检验了影响期货价格的基本因素。例如，外汇期货价格和橙汁期货价格的决定因素肯定大不相同。但我们也应认识到所有类型的期货合约都通过共同的思路模式相联系。本章遵循这一共同思路，而随后的章节将探讨影响特定商品价格的个别因素。也许影响期货价格最基本和常见的因素是其报价方式。我们对期货价格的讨论就从查阅《华尔街日报》（*The Wall Street Journal*，WSJ）的每日报价开始。

期货市场价格与其他市场价格也具有重要的经济关系。本章的一个重要目标就是加深对这些关系的理解。例如，3 个月后交割的咖啡期货价格，一定与某一特定地点的咖啡现货价格相关。现货价格（spot price/cash price/current price）是指可立即交付商品的价格。例如，在一家餐厅以现货价格购买一杯咖啡。

现货价格和期货价格之间这个重要差异称为基差（basis）。类似地，3 个月后交割的咖啡期货价格，一定与 6 个月后交割的咖啡期货价格有所关联。同一商品不同到期日的期货合约之间的价格差异为"商品内价差"。正如我们将看到的，时间价差（time spread）也是很重要的一个经济变量。

因为期货合约要求商品在未来某一特定时刻进行交割，所以我们可以肯定，市场参与者的预期有助于确定期货价格。如果人们认为黄金在 3 个月后的售价是 50 美元/盎司，那么 3 个月后交割的黄金期货合约价格不可能是 100 美元。期货价格与预期未来现货价格之间的关系是非常强烈的，以至于一些市场观察人士认为二者必须或者至少应该是相等的。

类似地，期货合约标的商品的储存成本，有助于确定期货价格之间的关系，以及期货价格与现货价格之间的关系。通过储存，实际上可以将 3 月收到的玉米转换为 6 月交割的玉米。因此，玉米期货 3 月合约和 6 月合约之间的价格差异必然与储存玉米的成本有关。

所有这些期货定价问题都是相互关联的。基差（basis）、价差（spreads）、预期未来现货价格和储存成本，共同构成了一个相关概念体系。本章描述了适用于所有期货合约的概念之间的联系。我们的讨论从期货价格本身开始。

## 3.2　查阅期货价格

每天发布期货价格的《华尔街日报》是获取期货价格最全面和最广泛的有效来源之一。这些价格以标准化格式发布，如图 3.1 所示。在常规板块上发布价格信息，是一个期货合约取得一定成功的标志。《华尔街日报》也会列出一些不太活跃的合约。

图 3.1 顶部显示的日期是价格被记录当天的日期。华尔街会在下一个工作日公布这些价格数据。如标题所示，我们稍后将讨论的持仓量，与前一交易日相关。图 3.1 显示了农业和冶金期货的报价。在后面的章节中，我们会介绍其他类期货的报价。对于每一个合约，列表中都会显示商品名称、上市交易所、一手合约的商品数量及报价单位。例如，图中第一个合约是芝加哥期货交易所（Chicago Board of Trade，CBOT）交易的玉米合约。一手合约代表 5,000 蒲式耳玉米，价格以 "美分/蒲式耳" 的形式报出。

在此，需要提醒的是与价格一起显示的合约信息很有用，但并不完整。对于玉米来说，交易的玉米种类和交割流程都没有被提及。此外，《华尔街日报》没有提供每日价格限制信息，且没有报告最小变动位。由于省略了如此多信息，交易者不应仅根据《华尔街日报》显示的内容进行交易。想要更深入地了解合约的价格行为和价格波动，需要更多信息，如可在芝加哥期货交易所发布的《商品交易手册》（*Commodity Trading Manual*）中查询到的信息。

对于每一交割月份，价格列表中都有一行数据与之对应，第一行对应下一个到期合约，也被称为近月合约（nearby contract/prompt month contract）。后面的每一行都与另一个到期月份有关。较晚到期的合约被称为远月合约（distant/ deferred/ back - month contracts）。价格列表的前三列分别给出了在被报告的交易日中每个合约的开盘价、最高价和最低价。

第四列记录了结算价格（settlement price），即当日交易结束时用于合约结算的价格。结算价格并不总是当日最后一笔交易的价格，就像股票一样。在第 1 章中，我们研究了每日结算的特点。期货交易所在交易的最后时段确定结算价格的规则非常重要，因为清算所会依据这个价格对交易者的头寸进行逐日盯市。所有保证金流向都基于结

# FUTURES PRICES

Thursday, June 24, 2004

## Grain and Oilseed Futures

| | OPEN | HIGH | LOW | SETTLE | CHG | LIFETIME HIGH | LIFETIME LOW | OPEN INT |
|---|---|---|---|---|---|---|---|---|
| **Corn** (CBT)-5,000 bu.; cents per bu. | | | | | | | | |
| July | 275.50 | 277.50 | 271.75 | 273.25 | -1.25 | 342.00 | 227.75 | 94,534 |
| Sept | 280.25 | 282.50 | 276.50 | 277.75 | -1.50 | 341.00 | 229.75 | 138,239 |
| Dec | 285.00 | 287.50 | 280.50 | 282.50 | -1.75 | 341.50 | 232.50 | 313,244 |
| Mr05 | 290.00 | 291.00 | 286.50 | 288.00 | -1.75 | 342.00 | 239.00 | 31,469 |
| May | 295.00 | 295.00 | 291.00 | 292.75 | -2.25 | 344.00 | 243.50 | 9,372 |
| Dec | 269.00 | 269.50 | 268.00 | 268.00 | -1.50 | 288.50 | 235.00 | 9,488 |
| Est vol 86,830; vol Wed 115,148; open int 607,788, -6,249. | | | | | | | | |
| **Oats** (CBT)-5,000 bu.; cents per bu. | | | | | | | | |
| Sept | 154.00 | 154.25 | 149.50 | 150.50 | -1.50 | 190.00 | 145.00 | 2,586 |
| Dec | 158.50 | 159.50 | 155.00 | 156.50 | -1.50 | 193.00 | 150.00 | 5,393 |
| Mr05 | 160.00 | 160.50 | 160.00 | 160.50 | -1.50 | 191.00 | 158.00 | 132 |
| Est vol 1,164; vol Wed 1,540; open int 10,988, -304. | | | | | | | | |
| **Soybeans** (CBT)-5,000 bu.; cents per bu. | | | | | | | | |
| July | 920.00 | 940.00 | 912.25 | 921.50 | 4.00 | 1064.00 | 520.00 | 52,942 |
| Aug | 844.00 | 870.00 | 841.00 | 848.00 | 4.50 | 1026.00 | 521.00 | 38,130 |
| Sept | 739.50 | 754.00 | 733.00 | 740.50 | 3.00 | 904.50 | 528.00 | 12,056 |
| Nov | 694.00 | 707.00 | 691.00 | 699.00 | 5.00 | 802.00 | 483.00 | 83,915 |
| Ja05 | 695.50 | 706.00 | 694.50 | 700.50 | 6.00 | 800.00 | 573.00 | 4,867 |
| Mar | 700.00 | 705.00 | 692.00 | 700.00 | 6.50 | 787.00 | 570.00 | 4,078 |
| May | 693.00 | 694.00 | 685.00 | 687.00 | 4.00 | 775.00 | 642.00 | 3,141 |
| Est vol 77,022; vol Wed 81,702; open int 201,218, +1,566. | | | | | | | | |
| **Soybean Meal** (CBT)-100 tons; $ per ton. | | | | | | | | |
| July | 305.00 | 316.00 | 303.00 | 306.00 | 1.40 | 339.50 | 152.50 | 33,798 |
| Aug | 288.00 | 303.50 | 287.60 | 290.00 | 2.40 | 326.00 | 154.00 | 29,369 |
| Sept | 257.00 | 270.00 | 256.50 | 260.20 | 3.20 | 299.50 | 154.00 | 17,752 |
| Oct | 232.00 | 233.50 | 227.00 | 230.00 | 4.00 | 257.00 | 150.50 | 14,070 |
| Dec | 220.20 | 228.00 | 220.20 | 223.60 | 3.40 | 252.00 | 150.00 | 37,321 |
| Ja05 | 221.50 | 225.70 | 220.00 | 222.00 | 3.40 | 249.50 | 161.50 | 4,722 |
| Mar | 223.00 | 223.00 | 218.50 | 220.00 | 3.30 | 245.50 | 168.50 | 4,307 |
| May | 220.00 | 221.00 | 216.00 | 218.00 | 4.50 | 242.00 | 186.00 | 4,203 |
| Est vol 43,001; vol Wed 50,538; open int 150,752, +2,527. | | | | | | | | |
| **Soybean Oil** (CBT)-60,000 lbs.; cents per lb. | | | | | | | | |
| July | 29.21 | 29.70 | 29.20 | 29.40 | .19 | 35.05 | 19.01 | 26,288 |
| Aug | 28.36 | 28.90 | 28.30 | 28.52 | .36 | 34.52 | 19.05 | 25,590 |
| Sept | 27.11 | 27.75 | 27.11 | 27.47 | .36 | 33.45 | 19.01 | 17,013 |
| Oct | 25.91 | 26.05 | 25.70 | 25.81 | .28 | 30.85 | 19.00 | 10,848 |
| Dec | 24.65 | 25.05 | 24.56 | 24.68 | .21 | 29.55 | 18.98 | 42,503 |
| Ja05 | 24.45 | 24.45 | 24.43 | 24.44 | .22 | 29.20 | 22.00 | 6,544 |
| Mar | 24.40 | 24.40 | 24.35 | 24.37 | .25 | 28.66 | 23.76 | 4,809 |
| May | 24.40 | 24.40 | 24.25 | 24.25 | .25 | 27.50 | 23.75 | 1,957 |
| Est vol 32,135; vol Wed 44,681; open int 139,683, +1,096. | | | | | | | | |
| **Rough Rice** (CBT)-2,000 cwt.; cents per cwt. | | | | | | | | |
| July | 927.00 | 954.00 | 927.00 | 937.00 | 7.00 | 1155.00 | 761.00 | 2,126 |
| Nov | 830.00 | 844.00 | 811.00 | 842.00 | 7.00 | 944.00 | 730.00 | 1,479 |
| Ja05 | 840.00 | 856.00 | 830.00 | 856.00 | 6.00 | 959.00 | 800.00 | 257 |
| Est vol 903; vol Wed 920; open int 4,758, -38. | | | | | | | | |
| **Wheat** (CBT)-5,000 bu.; cents per bu. | | | | | | | | |
| July | 346.00 | 347.00 | 338.00 | 339.50 | -5.75 | 430.50 | 298.00 | 26,470 |
| Sept | 354.50 | 356.25 | 346.50 | 348.25 | -6.00 | 432.50 | 326.00 | 75,351 |
| Dec | 366.00 | 366.25 | 358.00 | 359.00 | -6.00 | 440.00 | 330.00 | 34,972 |
| Mr05 | 372.00 | 372.00 | 367.00 | 368.75 | -4.25 | 441.50 | 367.00 | 7,155 |
| May | 371.00 | 371.00 | 370.50 | 370.50 | -2.50 | 430.00 | 370.50 | 211 |
| Est vol 34,713; vol Wed 41,333; open int 145,786, +4,089. | | | | | | | | |
| **Wheat** (KC)-5,000 bu.; cents per bu. | | | | | | | | |
| July | 370.50 | 371.50 | 365.00 | 365.50 | -5.50 | 434.75 | 313.00 | 15,782 |
| Sept | 379.50 | 380.00 | 372.75 | 373.00 | -6.50 | 437.50 | 330.50 | 29,362 |
| Dec | 387.00 | 389.50 | 382.50 | 383.25 | -6.50 | 444.00 | 341.00 | 12,811 |
| Mr05 | 397.00 | 397.00 | 390.00 | 391.00 | -6.00 | 443.00 | 374.00 | 1,895 |
| Est vol 18,475; vol Wed 13,336; open int 60,378, -99. | | | | | | | | |
| **Wheat** (MPLS)-5,000 bu.; cents per bu. | | | | | | | | |
| July | 403.50 | 404.00 | 397.00 | 399.00 | -4.00 | 453.00 | 352.00 | 5,901 |
| Sept | 403.50 | 403.50 | 398.00 | 398.75 | -3.75 | 453.50 | 346.00 | 11,936 |
| Dec | 406.25 | 407.75 | 403.00 | 404.50 | -2.25 | 457.00 | 355.00 | 9,880 |
| Mr05 | 407.25 | 407.75 | 406.50 | 407.50 | -2.50 | 453.00 | 398.00 | 625 |
| May | 407.50 | 407.50 | 406.50 | 406.50 | -3.00 | 440.00 | 404.00 | 160 |
| Est vol 7,958; vol Wed 4,862; open int 28,555, -1,044. | | | | | | | | |

| | OPEN | HIGH | LOW | SETTLE | CHG | LIFETIME HIGH | LIFETIME LOW | OPEN INT |
|---|---|---|---|---|---|---|---|---|
| Ja05 | 12.25 | 12.30 | 12.25 | 12.30 | ... | 12.44 | 11.50 | 508 |
| Feb | 12.12 | 12.18 | 12.08 | 12.18 | ... | 12.35 | 11.50 | 444 |
| Mar | 12.20 | 12.25 | 12.20 | 12.25 | ... | 12.35 | 11.50 | 405 |
| Est vol 480; vol Wed 3,074; open int 30,794, +1,000. | | | | | | | | |
| **Cocoa** (NYBOT)-10 metric tons; $ per ton. | | | | | | | | |
| July | 1,340 | 1,340 | 1,327 | 1,329 | -10 | 2,307 | 1,299 | 459 |
| Sept | 1,343 | 1,350 | 1,335 | 1,337 | -9 | 2,402 | 1,308 | 42,874 |
| Dec | 1,355 | 1,358 | 1,349 | 1,351 | -7 | 2,065 | 1,322 | 14,918 |
| Mr05 | 1,375 | 1,378 | 1,370 | 1,372 | -6 | 1,810 | 1,344 | 9,632 |
| May | 1,385 | 1,391 | 1,385 | 1,385 | -7 | 1,702 | 1,365 | 11,186 |
| July | 1,395 | 1,398 | 1,398 | 1,398 | -7 | 1,594 | 1,375 | 10,922 |
| Sept | 1,413 | 1,412 | 1,412 | 1,412 | -8 | 1,580 | 1,385 | 4,681 |
| Est vol 4,244; vol Wed 3,479; open int 96,519, +389. | | | | | | | | |
| **Coffee** (NYBOT)-37,500 lbs.; cents per lb. | | | | | | | | |
| July | 74.60 | 74.60 | 73.60 | 74.05 | -.40 | 86.50 | 63.90 | 1,150 |
| Sept | 76.50 | 76.70 | 75.60 | 76.25 | -.35 | 88.75 | 65.75 | 66,548 |
| Dec | 79.50 | 79.65 | 78.75 | 79.40 | -.25 | 91.25 | 68.50 | 12,917 |
| Mr05 | 82.40 | 82.40 | 82.00 | 82.20 | -.25 | 93.00 | 71.00 | 6,843 |
| May | 83.50 | 84.00 | 84.00 | 83.85 | -.20 | 94.00 | 72.20 | 1,252 |
| July | 85.00 | 85.50 | 85.00 | 85.40 | -.15 | 95.25 | 74.00 | 1,086 |
| Est vol 7,499; vol Wed 10,582; open int 90,518, -1,192. | | | | | | | | |
| **Sugar-World** (NYBOT)-112,000 lbs.; cents per lb. | | | | | | | | |
| July | 7.10 | 7.23 | 7.09 | 7.21 | .12 | 7.36 | 5.50 | 33,318 |
| Oct | 7.65 | 7.73 | 7.57 | 7.71 | .11 | 7.85 | 5.55 | 161,827 |
| Mr05 | 8.00 | 8.08 | 7.94 | 8.07 | .11 | 8.11 | 6.13 | 43,399 |
| May | 7.97 | 8.04 | 7.92 | 8.03 | .11 | 8.04 | 6.19 | 16,174 |
| July | 7.78 | 7.84 | 7.75 | 7.80 | .07 | 7.84 | 6.11 | 11,168 |
| Oct | 7.70 | 7.71 | 7.65 | 7.69 | .02 | 7.71 | 6.13 | 11,360 |
| Est vol 35,026; vol Wed 37,978; open int 281,334, -237. | | | | | | | | |
| **Sugar-Domestic** (NYBOT)-112,000 lbs.; cents per lb. | | | | | | | | |
| Sept | 19.81 | 19.85 | 19.81 | 19.83 | ... | 22.07 | 19.80 | 3,490 |
| Nov | 20.25 | 20.25 | 20.24 | 20.24 | -.03 | 21.70 | 20.24 | 2,087 |
| Ja05 | 20.74 | 20.74 | 20.72 | 20.73 | -.01 | 21.40 | 20.68 | 1,663 |
| May | 20.99 | 20.99 | 20.99 | 20.99 | -.01 | 21.50 | 20.90 | 419 |
| July | 21.05 | 21.18 | 21.15 | 21.17 | -.01 | 21.50 | 21.00 | 426 |
| Est vol 208; vol Wed 1,011; open int 9,328, +46. | | | | | | | | |
| **Cotton** (NYBOT)-50,000 lbs.; cents per lb. | | | | | | | | |
| July | 47.90 | 50.85 | 47.90 | 49.30 | 1.35 | 85.50 | 47.00 | 1,310 |
| Oct | 52.45 | 54.50 | 51.60 | 53.00 | 1.45 | 70.85 | 50.61 | 3,506 |
| Dec | 53.30 | 55.75 | 53.19 | 54.45 | 1.26 | 71.00 | 51.77 | 53,519 |
| Mr05 | 55.40 | 57.60 | 55.40 | 56.45 | 1.19 | 72.50 | 53.98 | 9,487 |
| May | 56.20 | 58.25 | 56.20 | 57.25 | 1.10 | 73.25 | 55.04 | 1,845 |
| July | 57.00 | 58.75 | 57.35 | 58.15 | 1.05 | 72.00 | 56.18 | 1,136 |
| Dec | 56.50 | 56.75 | 56.75 | 57.10 | .59 | 68.50 | 56.00 | 984 |
| Est vol 14,984; vol Wed 22,429; open int 71,890, -3,097. | | | | | | | | |
| **Orange Juice** (NYBOT)-15,000 lbs.; cents per lb. | | | | | | | | |
| July | 58.35 | 61.10 | 58.35 | 60.00 | 1.85 | 106.00 | 54.20 | 11,862 |
| Sept | 60.70 | 63.50 | 60.70 | 62.30 | 1.75 | 86.80 | 56.60 | 18,202 |
| Nov | 63.20 | 65.50 | 63.20 | 65.00 | 2.00 | 91.50 | 58.50 | 7,270 |
| Ja05 | 65.60 | 67.80 | 65.60 | 67.00 | 1.75 | 93.00 | 61.00 | 1,768 |
| Mar | 67.55 | 69.75 | 67.55 | 69.20 | 1.65 | 94.00 | 63.50 | 3,039 |
| May | 71.75 | 72.90 | 71.25 | 72.85 | 1.60 | 80.25 | 67.20 | 2,737 |
| Est vol 11,773; vol Wed 10,463; open int 45,098, -58. | | | | | | | | |

## Metal Futures

| | OPEN | HIGH | LOW | SETTLE | CHG | LIFETIME HIGH | LIFETIME LOW | OPEN INT |
|---|---|---|---|---|---|---|---|---|
| **Copper-High** (CMX)-25,000 lbs.; cents per lb. | | | | | | | | |
| June | 120.70 | 121.50 | 120.70 | 122.45 | 2.75 | 139.30 | 73.50 | 201 |
| July | 119.60 | 123.00 | 118.90 | 122.35 | 2.85 | 138.20 | 70.90 | 17,489 |
| Aug | 119.50 | 122.90 | 119.15 | 122.45 | 2.85 | 137.50 | 73.65 | 2,167 |
| Sept | 119.80 | 123.10 | 118.80 | 122.40 | 2.75 | 136.40 | 70.95 | 27,577 |
| Oct | 119.10 | 121.60 | 119.10 | 121.70 | 2.55 | 132.25 | 74.00 | 808 |
| Nov | 120.20 | 120.20 | 120.00 | 120.00 | 2.35 | 130.50 | 79.00 | 595 |
| Dec | 117.00 | 119.50 | 117.00 | 118.80 | 2.20 | 132.50 | 74.20 | 9,916 |
| Mr05 | 114.00 | 114.00 | 114.00 | 115.70 | 2.10 | 128.00 | 74.40 | 1,486 |
| Sept | 107.50 | 107.50 | 107.50 | 109.10 | 1.50 | 119.70 | 104.50 | 360 |
| Dec | 104.50 | 107.00 | 104.50 | 106.10 | 1.50 | 119.00 | 99.00 | 1,418 |
| Est vol n.a.; vol Wed 13,394; open int 64,457, -2,368. | | | | | | | | |

### 图 3.1 期货报价

（数据来源："Futures Price Quotations", *The Wall Street Journal*, June 25, 2004, p. B5.

期货价格反映的是白天和隔夜交易，持仓量反映的是前一日的交易。

经《华尔街日报》允许再次印刷，© Dow Jones & Company, Inc. 全世界范围内版权所有）

算价格。如果结算价格使交易者资产净值低于维持保证金所要求的水平，那么交易者将会收到追保通知，并必须支付变动保证金。

交易所采用规则来确保结算价格反映的是交易最后时段的市场价格。不同的交易所和清算所设定结算价格的规则不同。在一个流动性高的市场，结算价格的确定可能是微不足道的工作，但随着市场流动性降低，交易所必须使用其他方法来确保结算价格是合理的，且不会被那些可能因结算价格不能反映市场价格而受益的交易者的行为所扭曲。随着期货市场已经转向全天候交易，在确定合理结算价格过程中也出现了一些其他问题。

大多数交易所对于每一个交易池都有一个结算委员会（也被称为交易池委员会），委员会通常由在该交易池交易的交易所会员构成。活跃于正在确定结算价格的市场中的会员，通常更积极地参与这一过程。委员会将在交易时段结束时立即开会，以确定结算价格。当一天结束时交易活跃且价格稳定，结算委员会的工作就变得轻松了。交易产生的价格将是连续的，交易之间的价格波动很小。在这种情况下，委员会可以简单地将最后一笔交易的价格作为结算价格。因此，在很多情况下最后一笔交易的价格和结算价格是相同的，但它们在概念上是不同的。

但当合约交易不活跃时，结算委员会的工作就会变得困难起来。想象一下，某合约的最后一笔交易发生在收盘 3 小时前，而与该合约有关的重要信息是在以上最后一笔交易之后发现的。在这个例子中，合约的最后实际成交价格并不能代表交易结束时真实的经济价格。在这种情况下，结算委员会通过确定一个不同于最后一笔交易的价格的结算价格，来发挥其重要作用。

为了确定合约的结算价格，委员会寻找最佳可用信息，这些信息通常存在于相邻月份合约的价格中。不同交割月份合约的价格差异非常稳定，至少相对于期货价格本身而言非常稳定。因此，结算委员会将利用该价格差异（或称为价差）来确定最近无成交合约的结算价格。更具戏剧性的情况可能时有发生，但即使信息很少，结算委员会也必须要确定一个结算价格。由委员会履行这一职能，有助于排除选择不准确的结算价格，从而为使用这一结算价格的人带来意外收益的可能性。为进一步防止在确定结算价格时出现利益冲突，交易所和清算所的工作人员将独立验证结算委员会建议的结算价格。

## 结算价格的旁白

历史记录了很多确定结算价格的方法。乌里克·谢德（Ulrike Schaede）在一个对 18 世纪日本堂岛大米市场的研究中，[1]讲述了该交易所的收盘价是如何通过一根放进一个木盒中的保险丝确定的，该木盒会被挂在交易者的视线范围内。然后保险丝会被点燃。只要保险丝还在燃烧，交易所官方就允许交易继续进行。火熄灭时的价格成为当天的官方价格，称为"保险丝价格"（fuse cord price）。然而，一些交易者会在官方收市后继续交易。为了阻止其交易，交易所雇用了"水工"，他们在市场上泼水以驱散交易人群。如果交易继续进行，水工会将整桶水泼向交易者，直到交易停止。在此期间形成的价格被称为"水桶价格"（bucket price）。水桶价格被用于结算，保险丝价格为次日交易时段的开盘价。

在某些司法管辖区，政府监管机构可以在确定结算价格方面发挥直接作用。1992 年 8 月 28 日，在大阪证券交易所（Osaka Stock Exchange）交易的日经股票指数期货合约收盘价为 17,760 点，低于日经股票指数本身 210 点。这个价格不符合日本财政部一位官员的喜好。交易结束后，政府官员将日经股票指数期货合约的价格上调至 17,970 点。这种官僚主义策略的目的是防止股市在 8 月 31 日重新开市时面临下行压力。

随着期货市场转为全天候交易，"每日结算价格"一词失去了意义。"交易时段结算价"一词现在被用于反映这样一个事实：即便是全天候交易，也会有提前确定的暂停时间，以允许清算所对市场头寸进行逐日盯市并收取变动保证金，同时允许交易所对其电子交易平台的操作系统进行维护。

结算价格的下一列为"变化"。该列数值是当日结算价格相对于前一日结算价格的环比变化。接下来的两列显示了每个合约在其生命周期内的最高价和最低价。图 3.1 表明一些合约在其生命周期内的价格可能会发生很大变化。对于即将到期的合约，生命周期内的最高价和最低价之间的差异可能是巨大的。对于刚刚上市的合约，生命周期内的最高价和最低价还没有时间发生重大变化。

图 3.1 最后一列的表头为"持仓量"，显示了每个到期月份的未平仓合约的总数量。持仓量（open interest）是当前有义务进行交割的期货合约的数量。为了更清楚地了解这一点，假设 2006 年 12 月到期的小部件合约（widget contract）刚刚上市，但还没有交易。此时，该合约的持仓量为零。交易开始，首个合约被买入。该笔买入必然意味着其他交易者卖出。该交易创建了一手持仓量，因为现在存在一手有义务进行交

割的合约。

在后续交易中,持仓量有可能增加或减少,表 3.1 展示了非常受欢迎的小部件合约的交易情况。在 $t=0$ 时,小部件合约开始交易。持仓量和当前成交量均为零。在 $t=1$ 时,交易者 A 和交易者 B 分别买入和卖出 1 手小部件合约。该交易创建了 1 手成交量。交易完成后,合约持仓量为 1 手,因为 1 手合约有义务进行交割。在 $t=2$ 时,交易者 C 和交易者 D 分别买入和卖出 3 手小部件合约。这些交易产生的成交量是 3 手合约,持仓量此时为 4 手合约。在 $t=3$ 时,交易者 A 和交易者 D 分别卖出和买入 1 手小部件合约,成交量再增加 1 手。请注意,交易者 A 通过反向交易抵销了其 1 手合约。在该平仓交易结束后,交易者 A 退出市场。交易者 D 抵销了其 3 手合约中的 1 手。这使持仓量减少 1 手。在 $t=4$ 时,交易者 C 和交易者 E 分别卖出和买入 1 手小部件合约,成交量为 1 手合约。通过此交易,交易者 C 抵销 1 手合约,但交易者 E 进入市场。因为实际上交易者 E 代替了交易者 C 持有这一手合约,所以持仓量保持在 3 手。表 3.1 下半部分总结了每个交易者的头寸,并显示了持仓量如何保持在 3 手合约。

表 3.1　　　　　　　　　　交易如何影响持仓量

| 时间 | 行为 | 持仓量（手） |
|---|---|---|
| $t=0$ | 受欢迎的小部件合约开始交易 | 0 |
| $t=1$ | 交易者 A 买入同时交易者 B 卖出 1 手小部件合约 | 1 |
| $t=2$ | 交易者 C 买入同时交易者 D 卖出 3 手小部件合约 | 4 |
| $t=3$ | 交易者 A 卖出同时交易者 D 买入 1 手小部件合约（交易者 A 抵销了 1 手合约并退出市场。交易者 D 抵销了 1 手合约,现在仍持有 2 手合约的空头头寸） | 3 |
| $t=4$ | 交易者 C 卖出同时交易者 E 买入 1 手小部件合约 | 3 |

| 最终头寸 | 交易者 | 多头头寸（手） | 空头头寸（手） |
|---|---|---|---|
| | B | | 1 |
| | C | 2 | |
| | D | | 2 |
| | E | 1 | |
| | 所有交易者 | 3 | 3 |

当合约距到期日较远时,其持仓量往往相对较少。随着合约临近到期日,持仓量增加。大多数情况下,最接近交割的合约,即近月合约,拥有最高水平的持仓量。然而,随着近月合约越来越接近到期日,持仓量开始下降。这是因为交易者为避免实际交割而了结其头寸。正如我们在第 1 章中所看到的,实际交割是非常不常见的。当期货合约到期时,所有持有未平仓合约的交易者必须进行交割,持仓量归零。同时回想

一下，《华尔街日报》中报告的持仓量数据与价格报告日的前一日有关。图 3.2 显示了标准普尔 500 期货 1989 年 12 月合约在其生命周期内的持仓量变化情况，图 3.3 显示了其成交量变化情况。持仓量和成交量变化遵循可预测的模式，如图 3.2 和图 3.3 所示。请注意，当合约距离到期还有 2~3 个月的时间时，持仓量的峰值就会出现。

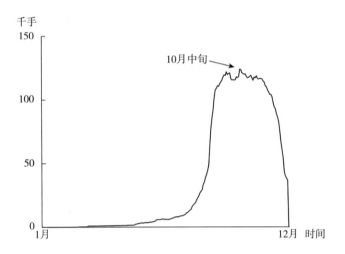

**图 3.2　标准普尔 500 期货 1989 年 12 月合约持仓量**

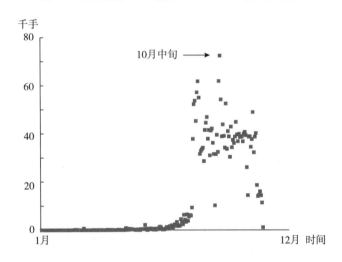

**图 3.3　标准普尔 500 期货 1989 年 12 月合约成交量**

　　在图 3.1 中，在各合约到期月份的下方一行，《华尔街日报》报告了更多交易信息。图 3.1 显示了给定商品所有月份合约的预估成交量，紧跟着的是前一日所有月份合约的实际成交量。接下来显示的是所有月份合约的持仓量（此数值应等于单个月份合约持仓量的总和[2]）。这一行最后一个数字是自前一日以来持仓量的变化。我们还可能注意到，成交量有可能超过持仓量。当某一日给定商品的交易活动特别频繁时，就会发生这种情况。第 4 章会讨论导致成交量和持仓量增加的不同交易方。

## 价格就是财产[3]

出售实时交易价格、报价和其他市场数据，是芝加哥商业交易所和芝加哥期货交易所等金融交易所的巨大收入来源。然而，如果不是因为 19 世纪的一系列诉讼，交易所可能还没有建立对交易过程中产生的信息的产权，从而无法出售这些数据。

19 世纪后期，交易价格和市场报价是通过当时先进的交易系统——电报来传播的。就像互联网在 1990 年为交易者所做的一样，电报在当时也为交易者做了以下事情：提高了通信速度，降低了传播报价的成本，并为交易所同时带来了成本和收益。一方面，它允许交易所会员在广阔的地理区域内接收和传输客户订单，从而扩展了交易所工具的潜在用户市场；另一方面，即时报价的快速传输使场外交易者更容易对由交易所生成的报价进行"搭便车"（free – ride）。场外"搭便车者"（free rider）被贴上了"投机商"（bucket shop）的标签。为防止投机商的"搭便车"行为，交易所制定了新的规则和合约安排，以定义和执行其报价信息内容的产权。

在交易所与投机商的交锋中，芝加哥期货交易所曾被法院命令，要么完全停止传播报价信息，要么向所有有需求的人提供报价信息。因此，芝加哥期货交易所决定停止发布市场报告和报价信息。芝加哥期货交易所总裁威廉·贝克（William Baker）下令将所有电报仪器和电报员工移出交易区，使会员无法在交易大厅向外界传递信息。在随后的"贝克窗罩"（Baker Blackout）事件期间，芝加哥期货交易所用肥皂涂抹了交易大厅的窗户，以防止交易员通过手势将报价从交易大厅传递给外界。[4]

芝加哥期货交易所和其他交易所最终成功地建立了对交易所形成价格的产权。1905 年，作为原告的芝加哥期货交易所赢得了美国最高法院的裁决，法官霍姆斯（Holmes）写道："原告的报价合集有权受到法律的保护。[5] 它就像一个商业秘密。"法院还表示："原告有权将其已经完成或支付的工作留给自己。其他人可能会做类似的工作，如果他们可能的话，这一事实并不授权他们窃取原告的工作。"根据这一决定，法院对其他金融交易所做出了类似的裁决。

## 3.3 基差与价差

在本部分中，我们将分析两个价格之间的关系。基差（basis）是同一商品现货价格和期货价格之间的关系。我们还会讨论到价差。价差（spread）是两个期货价格之间的差异。如果这两个价格是针对同一标的商品但到期日不同的期货合约，则价差为商品内价差（intracommodity spread）。如果形成价差的两个期货价格是两个标的商品的期货价格，如小麦期货和玉米期货，那么价差就是商品间价差（intercommodity spread）。

### 3.3.1　基差

基差在期货交易中受到极大关注。基差是某种特定商品在特定地点的现货价格减去其期货价格：

基差 = 当前现货价格 − 期货价格

这一定义的许多特性需要解释。基差的定义基于一种商品在特定地点的现货价格。例如，堪萨斯城和芝加哥的玉米现货价格可能不同，所以这两个地点的基差也将不同。一般来说，一种商品不能在两个市场以不同的价格出售。如果存在一种商品有两个价格，交易者就可以在价格较低的市场买入该商品，并在价格较高的市场将其卖出，从而会获得套利收益（arbitrage profit）——一个不需要投资的确定收益。当然，芝加哥和堪萨斯城的玉米价格可以不同，因为存在从一个地点到另一个地点的运输成本。如果玉米产地靠近芝加哥，那么我们就可以合理地预估芝加哥的玉米价格比堪萨斯城的低。因此，计算时考虑了期货价格的基差可能会不同，而这取决于被用于计算基差的现货价格的地理位置。

通常人们所说的基差是指现货价格与近月期货合约价格之间的差异。然而，每个未到期的期货合约都有一个基差，并且这些基差通常按照各期货合约到期日的不同呈现出系统化变化。表 3.2 显示了 7 月 11 日的黄金现货和期货价格，并展现了这一基差现象。现货价格是伦敦上午定盘价或报价（London AM fix, or morning quotation），因此基差与伦敦有关。期货价格来自纽约商业交易所旗下的商品交易所。右边一列显示了每个期货合约的基差。在这个例子中，所有交割月份的基差均为负。表 3.2 显示，未来以高于当前现货价格的价格买卖黄金是可能的。353.70 美元/盎司的当前现货价格与远月期货合约价格之间的差异是惊人的，与最远的 12 月合约的差异高达 37.80 美元/盎司。

表 3.2　　　　　　　　　　7 月 11 日黄金价格与基差　　　　　　　单位：美元/盎司

| 合约 | 价格 | 基差 |
| --- | --- | --- |
| 现货价格 | 353.70 | |
| 7 月（当年） | 354.10 | − 0.40 |

| 合约 | 价格 | 基差 |
|---|---|---|
| 8 月 | 355.60 | − 1.90 |
| 10 月 | 359.80 | − 6.10 |
| 12 月 | 364.20 | − 10.50 |
| 2 月（次年） | 368.70 | − 15.00 |
| 4 月 | 373.00 | − 19.30 |
| 6 月 | 377.50 | − 23.80 |
| 8 月 | 381.90 | − 28.20 |
| 10 月 | 386.70 | − 33.00 |
| 12 月 | 391.50 | − 37.80 |

　　期货市场可以表现出正向价格模式，也可以表现出反向价格模式。在正向市场（normal market）中，远月期货合约价格高于近月期货合约价格。例如，表 3.2 中的黄金价格就代表正向市场。在反向市场（inverted market）中，远月期货合约价格低于临近到期的合约价格。对于基差的理解非常重要，特别是对于农产品来说。对于许多商品而言，每年在特定时间收获这一事实，将季节性因素引入一系列现货价格中。[6]许多交易者认为，了解这些季节性因素对投机和套期保值非常有利。此外，如表 3.2 所示的基差是预测期货合约标的商品的未来现货价格的宝贵信息来源。

　　表 3.2 中还带来了另一个关于基差的问题。我们看到近月合约的基差仅为 − 0.40 美元，约为现货价格的 1/1,000。基差这么小是有充分理由的。表格中截取数据的日期 7 月 11 日，7 月合约非常临近交割。在交割时，期货价格和现货价格必须相等，但由于运输和其他交易成本导致的微小差异除外。如果有人在 7 月 11 日交易 7 月合约，那么这一交易将在 3 周内交割黄金。3 周内交割的黄金价格必须接近当前黄金现货价格。

　　期货合约到期时，黄金的期货价格和现货价格必须相等。基差必须为零，但同样允许因交易成本而产生的差异。这种基差随时间变化的趋势称为收敛（convergence），如图 3.4 和图 3.5 所示。在图 3.4 中，现货价格高于期货价格。随着时间的推移，期货合约接近到期日，基差变小。期货合约到期时，基差为零，符合期货合约到期时期货价格与现货价格相等的无套利要求。图 3.5 描绘了对应于图 3.4 中价格的基差本身，基差为正，但随着期货合约接近到期日会下降至零。

　　图 3.6 解释了对期货交易非常重要的基差的另一个特征。图 3.6（a）部分显示了标准普尔 500 期货 3 月合约的价格。图 3.6 涵盖了从 300 点到 400 点的区间，即当年 7 月至次年 3 月到期期间 100 点的合约交易范围。图 3.6（b）部分解释了该合约的基差

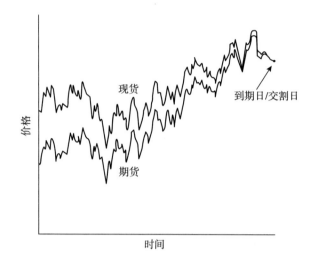

图 3.4　现货和期货价格收敛

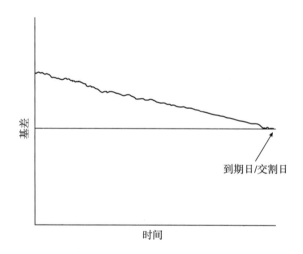

图 3.5　基差收敛于零

在相同期间内如何表现。图 3.6（b）部分同样覆盖 100 点的范围，以使这两个图具有可比性。

　　由图 3.4、图 3.5 和图 3.6 可知，基差的波动幅度远小于期货价格本身的波动。这是普遍现象。当单独分析这些价格时，基差几乎总是比期货价格或现货价格稳定得多。期货价格可能会震荡，现货价格可能会大幅波动，但基差（现货价格减去期货价格）却趋于相对稳定。基差相对较低的波动性对于套期保值和某些类型的投机非常重要，我们将在第 4 章中详细讨论。

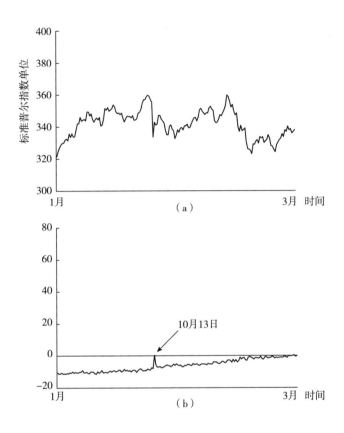

注：（a）标准普尔 500 指数期货价格；（b）标准普尔 500 指数基差。

**图 3.6　标准普尔 500 指数期货价格和指数基差比较**

### 3.3.2　价差

　　正如商品的各期货合约价格与现货价格之间存在重要关系，同一商品的期货价格之间的关系也很重要。正如我们在第 1 章中讨论的，存在商品内价差和商品间价差。商品内价差是同一商品不同到期日的两个期货合约之间的价格差异，并且这些价差十分重要，因为它们代表一个商品在两个时间点交割时的相对价格差异。正如我们将看到的那样，任何两个期货合约之间都存在很强的经济联系，这一经济联系影响着允许的时间价差。

　　价差关系对投机者来说很重要。许多投机行为都涉及某些类型的价差头寸——持有两个或多个相关期货合约。如果交易者希望利用期货市场赚取投机利润，那么了解价差关系至关重要。由于大多数投机操作都会利用价差，因此对利润的追求需要有识别经济上不合理价差关系的能力。虽然了解特定商品的价差关系需要对商品本身进行深入了解，但有些一般原则适用于所有价差。

图 3.7 显示了标准普尔 500 指数期货当年 6 月合约和次年 3 月合约之间的价差，计算方法为 6 月合约价格减去 3 月合约价格。这里的时间段与图 3.6 使用的时间段相同。因此，与图 3.6 中的价格相比，我们可以看到图 3.7 中的价差更加稳定。[7]

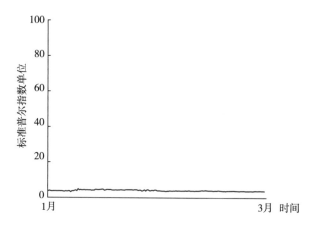

**图 3.7　标准普尔 500 指数的价差**

# 限价指令

交易者通常会提交附带以下条件的指令：除非价格达到预定水平，否则不得执行。这些附带条件的指令被称为限价指令。例如，玉米生产商可能会要求他的经纪商仅在价格达到 2.70 美元/蒲式耳时才可卖出玉米期货 3 月合约。另外，买方可能会指示不要买入玉米期货 3 月合约，除非价格低于 2.50 美元/蒲式耳。限价指令是交易者向经纪商传达指示的一种手段。经纪商会跟踪市场，以确保遵循其客户的交易指示。

提交限价指令的交易者为其他交易者提供了是否与该指令达成交易的选择权。这种选择权可以被描述为一种交易选择权。例如，卖出的限价指令为其他交易者提供了以限定价格买入的选择权。以固定价格买入固定数量的期权被定义为看涨期权。买入的限价指令为其他交易者提供了以限定价格卖出的选择权。以固定价格卖出固定数量的期权被定义为看跌期权。

与任何其他期权一样，交易的选择权是有价值的。然而，发出限价指令的交易者不会像市场上交易的其他类型期权那样获得权利金。相反，提交限价指令的交易者将期权免费提供给市场。任何想要行使期权的交易者都可以通过提交市场指令来实现。市场波动越大，交易的选择权就越有价值，并且限定价格越接近当前市场价格。为了降低其放弃的期权价值，交易者经常在市场波动时发布与市场价格相差甚远的限价指令。

## 3.4 期货价格模型

在本部分中，我们思考两个期货价格模型。第一个模型是持有成本模型（Cost-of-carry Model）。根据该模型，期货价格取决于商品的现货价格，以及标的商品从现在到期货合约交割日的储存成本。第二个模型是期望模型（Expectations Model）。根据该模型，今天的期货价格等于交易者预期标的商品在期货合约交割日的现货价格。例如，7 月合约在 1 月的期货价格，是市场在 1 月对期货合约到期后的 7 月玉米价格的估计。

为了探索这些模型，我们引入了套利的概念。我们首先假设市场价格没有任何套利空间。在该假设下，我们来确定期货定价关系是否成立。为简单起见，我们首先假设期货市场是完美的。完美市场（perfect market）是一个没有交易成本以及双方签约不受限制的市场。因此，分析是在一个理想化世界的假设下开始的——一个不允许套利且没有市场"摩擦"的世界。通过放宽这些假设，我们逐渐开展更为现实的分析。这种方法使我们能够在相对简单的环境中开始分析，并在我们探索了定价关系最本质特征之后增加复杂性。

### 3.4.1 套利

"套利"有很多不同的定义。我们从一个严格的套利概念开始分析，可以称为"理论套利"（academic arbitrage）。在理论套利中，可以在没有投资的情况下进行交易并产生无风险的利润。套利者（arbitrageur）是指参与套利的人。例如，IBM 的股票同时在纽约证券交易所（New York Stock Exchange）和太平洋证券交易所（Pacific Stock Exchange）交易。假设 IBM 的股票在纽约证券交易所以 110 美元的价格交易，在太平洋证券交易所以 105 美元的价格交易。交易者可以同时进行以下两项交易：

在太平洋证券交易所以 105 美元的价格买入 1 股 IBM 股票；

在纽约证券交易所以 110 美元的价格卖出 1 股 IBM 股票。

这两项交易行为产生了 5 美元的无风险利润。因为假设两种交易同时发生，所以没有投资成本。因此，这样的机会被称为理论套利机会——它无须投资即可获得无风险利润。

在一个运行良好的市场中，这样的机会是不可能存在的。如果它们确实存在，那我们大家都会变得非常富有。这种理论套利机会就等于把钱丢在大街上随便大家拿。如果去过华尔街，你就会知道那条街上并没有钱。为了理解期货定价，我们假设没有套利机会，并确定该假设对价格意味着什么。换言之，我们将在没有套利机会的假设下确定期货价格的影响因素。

在 IBM 股票例子中，我们假设没有交易成本。现在，让我们假设期货市场是完美的，没有税收，没有交易成本，也没有任何形式的"摩擦"。让我们继续假设任何商品都可以卖空，并且可以被储存。在这些理想化的假设下，我们准备探索期货定价关系。（在本章后面部分，我们会在更现实的存在交易成本的环境中思考价格。）

### 3.4.2 完美市场中的持有成本模型

在本部分中，我们使用刚刚解释过的套利概念来探索期货价格的持有成本模型或持有费用理论。持有成本（cost – of – carry）或持有费用（carrying charge）是持有商品至远期的总成本。例如，6 月手头的小麦可以持有或储存至 12 月。

持有成本分为四个基本类别：储存成本、保险成本、运输成本和融资成本。储存成本包括将商品存放在适当设施中的成本。虽然储存似乎最适用于实物商品，如小麦或木材，但金融工具也可能被储存。在很多情况下，金融工具的持有者会将工具存放在银行金库中。对于许多正在储存的货物，保险也是必要的。例如，储存的木材应该防火，储存的小麦应该投保水灾险。[8]

---

## 持有成本的类别

1. 储存成本（Storage costs）　　3. 运输成本（Transportation costs）

2. 保险成本（Insurance costs）　　4. 融资成本（Financing costs）

---

持有成本有时还包括运输成本。堪萨斯州铁路沿线的小麦必须以两种方式运送并交付。在给定期货合约的适当交割日期到来之前，小麦必须被储存起来，同时还必须被实际运送到适当的地点以便交割。我们将看到，不同地点之间的运输成本决定了两地之间的价格差异。毫无疑问，运输成本对不同的商品起着不同的作用。将小麦从堪萨斯运到芝加哥的运费可能是一笔重要支出。相比之下，中期国债（Treasury note）期货合约的交割是通过电汇完成的，费用仅为几美元。在几乎所有情况下，期货市场中最重要的持有成本都是融资成本。在多数情况下，库存商品的融资成本高于其他成本。

持有成本仅反映将商品从一个时间持有至另一个时间，或从一个地方运送到另一个地方所涉及的费用。持有成本不包括商品本身的价值。因此，如果黄金的成本为 400 美元/盎司，融资利率为每月 1%，则持有黄金至远期的融资成本为 4 美元/月 ×（1% × 400 美元）。

大多数期货市场参与者都面临与回购利率相等的短期融资成本。回购利率（repo rate）是回购协议的利率。在回购协议（repurchase agreement）中，一个人在某时间点出售证券，并知道这些证券将在未来以某个特定价格被购回。大部分回购协议期限只有一天，因此被称为隔夜回购。回购利率较低，仅略高于短期国债（Treasury bills）利率。[9]此类商品的融资成本如此之低，是因为任何希望为商品融资的人都可将商品本身作为贷款的抵押品。此外，大多数市场参与者往往是不同类型的金融机构，他们的融资成本很低，至少对于非常短期的债务而言很低。

现货与期货的定价关系。上述持有成本很重要，因为它们在确定现货和期货价格之间的定价关系，以及不同到期日期货合约之间的价格关系方面起着至关重要的作用。现在，让我们假设唯一的持有成本是年利率为 10% 的融资成本。作为一个案例，思考如表 3.3 所示的价格与相应的交易行为。

表 3.3　　　　　　　　　　黄金的正向期现套利交易

| 分析所需价格 | | |
|---|---|---|
| | 黄金的现货价格 | 400 美元 |
| | 黄金的期货价格（1 年后交割） | 450 美元 |
| | 利率 | 10% |
| **交易** | | **现金流** |
| $t=0$ | 以 10% 的利率借款 400 美元（为期 1 年） | +400 美元 |
| | 以 400 美元的价格购买黄金现货 1 盎司 | −400 美元 |
| | 以 450 美元的价格卖出 1 年后到期的黄金期货合约 1 盎司 | 0 |
| **总现金流** | | 0 |
| $t=1$ | 将黄金从库存取出 | 0 |
| | 将取出的黄金用于期货合约交割 | +450 美元 |
| | 偿还借款（含利息） | −440 美元 |
| **总现金流** | | +10 美元 |

表 3.3 中的交易是一个成功的正向期现套利。被称为正向期现套利（cash – and – carry arbitrage）是因为交易者购买现货商品并将其持有至期货合约到期。交易者在 $t=0$ 时的交易确保无须投资即可获得无风险利润。因为在 $t=0$ 时没有现金流，所以无投资。交易者只是借钱购买黄金并将其持有至到期。一旦交易者在 $t=0$ 时完成交易，则这些交易的利润就是确定的。正如这些交易所示，为了防止套利，黄金的期货价格应该是440 美元或更低。例如，对于 440 美元的期货价格，表 3.3 中交易的利润将为零。从该案例中，我们可以得出以下一般原则。

## 持有成本原则1

期货价格一定小于或等于商品的现货价格加上持有现货商品至到期以便交割所必需的持有成本。

我们可以将原则1用数学公式表达如下：

$$F_{0,t} \leq S_0(1 + C) \tag{3.1}$$

式中：

$F_{0,t}$为$t = 0$时的期货价格，交割时间为$t$；

$S_0$为$t = 0$时的现货价格；

$C$为持有成本，以现货价格的一部分表示，是将商品从现在持有至期货交割日所必需的成本。

综上所述，如果价格不符合持有成本原则1，则交易者可以借入资金，并用借入的资金买入现货商品，同时卖出期货合约，然后将商品持有至到期以完成期货合约的交割。这些交易会在没有投资的情况下产生一定的利润，或者说是套利利润。期货合约的卖出保证了这一确定的利润。此外，交易中没有投资，因为实施策略所需的资金是借来的，而使用这些资金的成本已包含在持有成本中。这样的机会不可能存在于理性市场中。正向期现套利机会的出现是因为现货价格相对于期货价格过低。

我们已经看到，如果现货价格相对于期货价格过低，套利机会就会出现。如我们即将看到的，现货价格相对于期货价格也可能过高。如果现货价格过高，我们就有了反向期现套利的机会。顾名思义，利用该套利机会所需的步骤与正向期现套利策略正好相反。作为反向期现套利策略的一个例子，思考表3.4中的黄金价格及其相关交易。

在这些交易中，套利者卖空黄金。与股票市场一样，卖空者从另一位交易者那里借入商品，并且必须在未来偿还。一旦借入商品，卖空者就将其出售并从中获取资金（该交易被称为卖空，因为一个人卖出了他实际上并不拥有的商品）。在这个例子中，卖空者可以使用卖空所得的所有收入（按10%的利率）进行投资。交易者还购买了一份期货合约，以确保他能够在1年后期货到期时获得偿还出借人所需的黄金。

表3.4　　　　　　　　　　　黄金的反向期现套利交易

| 分析所需价格 | | |
|---|---|---|
| | 黄金的现货价格 | 420 美元 |
| | 黄金的期货价格（1 年后交割） | 450 美元 |
| | 利率 | 10% |

续表

| 交易 | | 现金流 |
|---|---|---|
| $t = 0$ | 卖空 1 盎司黄金 | +420 美元 |
| | 以 10% 的利率贷款 420 美元（为期 1 年） | −420 美元 |
| | 买入 1 盎司黄金期货（1 年后交割） | 0 |
| 总现金流 | | 0 |
| $t = 1$ | 收取贷款本金和利息（420 美元 ×1.1） | +462 美元 |
| | 接受期货合约交割 | −450 美元 |
| | 使用期货交割的黄金偿还借出黄金的交易者 | 0 |
| 总现金流 | | +12 美元 |

请注意，这些交易保证了套利利润。一旦 $t = 0$ 时的交易完成，$t = 1$ 时的 12 美元利润就确定了。此外，交易者在 $t = 0$ 时没有净现金流，因此该策略不需要投资。为避免出现这种套利机会，现货价格和期货价格必须遵守持有成本原则 2。

## 持有成本原则 2

期货价格一定大于或等于现货价格加上持有现货商品至期货交割日的成本。

用我们前文介绍的数学公式表示该原则如下：

$$F_{0,t} \geq S_0(1 + C) \tag{3.2}$$

如果价格不符合该原则，就会存在套利机会。表 3.5 总结了实施正向期现套利策略和反向期现套利策略所需的交易步骤。

为防止套利，我们已经看到以下两条必须遵守的原则：

防止正向期现套利：$F_{0,t} \leq S_0(1 + C)$

防止反向期现套利：$F_{0,t} \geq S_0(1 + C)$

**表 3.5**　　　　　　　　　　　　　　**套利策略的交易步骤**

| 市场 | 正向期现套利 | 反向期现套利 |
|---|---|---|
| 债务 | 借款 | 贷出卖空所得 |
| 现货 | 买入资产并储存；进行期货交割 | 卖空资产；获得卖空收入 |
| 期货 | 卖出期货 | 买入期货；接受交割；偿还卖空时承诺的实物资产 |

式（3.1）和式（3.2）共同推导出持有成本原则 3。

## 持有成本原则3

期货价格一定等于现货价格加上持有现货商品至期货交割日的成本。

用数学公式表示原则3如下：

$$F_{0,t} = S_0(1 + C) \tag{3.3}$$

值得注意的是，式（3.3）是基于以下假设得出的：市场是完美的，也就是说，没有交易成本，对卖空所得的资金使用也没有限制。必须承认，这个论点明确排除了交易成本。交易成本存在于市场买卖双方，包括买入或卖出期货。然而，在许多市场中，卖空的交易成本要高得多，这就限制了反向期现套利策略的适用性。

价差与持有成本。这些持有成本同样决定了同一商品不同到期日的期货合约之间可能存在的价格关系。例如，思考如表3.6所示价格与相应的套利交易行为。

表3.6　　　　　　　　黄金远期正向期现套利

| 分析所需价格 | | |
|---|---|---|
| | 1年后到期的黄金期货价格 | 400 美元 |
| | 2年后到期的黄金期货价格 | 450 美元 |
| | 利率（覆盖第1年至第2年） | 10% |
| **交易** | | **现金流** |
| $t=0$ | 买入1年后到期的期货合约 | +0 美元 |
| | 卖出2年后到期的期货合约 | 0 |
| | 约定以10%的利率在第1年至第2年借入400美元 | 0 |
| **总现金流** | | **0** |
| $t=1$ | 以在$t=0$时约定的10%的利率借款400美元（为期1年） | +400 美元 |
| | 接受期货合约交割 | −400 美元 |
| | 开始储存黄金1年 | 0 |
| **总现金流** | | **0** |
| $t=2$ | 交割黄金以履行期货合约义务 | +450 美元 |
| | 偿还借款（400美元×1.1） | +440 美元 |
| **总现金流** | | **+10 美元** |

如表3.6所示，两个期货合约之间的价差不能超过从一个交割日到下一个交割日持有商品的成本，如持有成本原则4所述。

## 持有成本原则 4

远月期货合约价格必须小于或等于近月期货合约价格加上从近月交割日至远月交割日持有商品的成本。

用数学公式表示原则 4 如下：

$$F_{0,d} \leqslant F_{0,n}(1 + C), d > n \tag{3.4}$$

式中：

$F_{0,d}$ 为 $t = 0$ 时到日期为 $t = d$ 的远月合约的期货价格；

$F_{0,n}$ 为 $t = 0$ 时到日期为 $t = n$ 的近月合约的期货价格；

$C$ 为从 $t = n$ 至 $t = d$ 持有商品的成本比例。

正如我们所看到的，如果这种关系不成立，交易者可以买入近月期货合约并卖出远月期货合约。然后，交易者接受近月合约的交割，并持有商品到远月合约交割，从而获利。

为了完成论证，我们需要分析如果近月期货合约价格相对于远月期货合约价格过高会发生什么。为了在这种情况下进行套利，请思考如表 3.7 所示的黄金价格和套利交易。

表 3.7 黄金远期反向期现套利

| 分析所需价格 | | |
|---|---|---|
| | 1 年后到期的黄金期货价格 | 440 美元 |
| | 2 年后到期的黄金期货价格 | 450 美元 |
| | 利率（覆盖第 1 年至第 2 年） | 10% |
| 交易 | | 现金流 |
| $t = 0$ | 卖出 1 年后到期的期货 | +0 美元 |
| | 买入 2 年后到期的期货 | 0 |
| | 约定以 10% 的利率在第 1 年至第 2 年贷款 440 美元 | 0 |
| 总现金流 | | 0 |
| $t = 1$ | 借入 1 盎司黄金，为期 1 年 | 0 |
| | 针对到期期货，交割黄金 | +440 美元 |
| | 投资交割所的，为期 1 年 | −440 美元 |
| 总现金流 | | 0 |
| $t = 2$ | 接受到期货交割 | −450 美元 |
| | 偿还此前借入的 1 盎司黄金 | 0 |
| | 收取 $t = 1$ 时投资的 440 美元的本金和利息 | +484 美元 |
| 总现金流 | | +34 美元 |

因此，如果近月期货合约价格相对于远月期货合约价格过高，可能就会存在远期反向期现套利机会。为了避免这种套利机会，价格必须符合持有成本原则5：

## 持有成本原则5

近月期货合约价格加上从近月交割日至远月交割日持有商品的成本不能超过远月期货合约价格。

用数学公式表示原则5如下：

$$F_{0,d} \geq F_{0,n}(1 + C), d > n \tag{3.5}$$

从表3.6和表3.7两个套利论证中，我们可以得出式（3.4）和式（3.5）所表达的原则。排除远期情况后得到如下公式：

正向期现套利 $\quad F_{0,d} \leq F_{0,n}(1 + C), d > n \tag{3.4}$

反向现货套利 $\quad F_{0,d} \geq F_{0,n}(1 + C), d > n \tag{3.5}$

按照与现货价格和期货价格相同的论证模式，我们可以看到式（3.4）和式（3.5）隐含了持有成本原则6：

## 持有成本原则6

远月期货合约价格一定等于近月期货合约价格加上从近月交割日至远月交割日持有商品的成本。

我们可以将持有成本原则6用数学公式表示如下：

$$F_{0,d} = F_{0,n}(1 + C), d > n \tag{3.6}$$

如果这些关系被破坏，逐利的交易者会立即识别出机会并进行交易，直到价格调整以消除所有套利机会。

总结。目前为止所探讨的所有持有成本关系，都是基于市场是完美的这一假设。特别地，我们假设市场允许无限制的卖空。例如，我们假设借贷利率相等，我们可以卖空黄金并使用100%的卖空所得，并且可以以远期利率签订借贷合同。所有这些假设都需要限定条件，这些将在下一节中介绍。

本节得出的基本原则为分析现货和期货价格之间的关系，以及期货价格之间价差的关系提供了一个非常有用的框架。持有成本原则3和式（3.3）表达了基本的现货和期货关系。

$$F_{0,t} = S_0(1 + C) \tag{3.3}$$

持有成本原则 6 和式 (3.6) 表达了两个期货价格之间的关系：

$$F_{0,d} = F_{0,n}(1 + C), d > n \tag{3.6}$$

请注意，这两个公式具有相同的形式。因此，我们使用式 (3.3) 来总结完美市场中的持有成本模型。式 (3.7) 暗示着我们一直在探讨的完美市场中的持有成本等于期货价格与现货价格之比减 1。在式 (3.7) 中，$C$ 是隐含回购利率（implied repo rate）——隐含在现货和期货价格之差中的利率。求解式 (3.3) 中的持有成本 $C$，我们得到：

$$C = F_{0,t}/S_0 - 1 \tag{3.7}$$

在一个运行良好的市场中，隐含回购利率必须等于实际回购利率。正如我们在本节中所看到的，偏离这种关系将导致完美市场中出现套利机会。现在让我们思考一下对于不完美市场所要求的基本结论的限定条件。

### 3.4.3 不完美市场中的持有成本模型

在真实市场中，四种市场缺陷使式 (3.3) 和式 (3.6) 的关系变得复杂并受到干扰。首先，交易者面临交易成本。其次，对卖空的限制会破坏反向期现套利策略。再次，借入和贷出利率一般不会像完美市场假设暗示的那样是相等的。最后，一些商品不能被储存，所以它们不能被持有至交割。本节会逐一考虑以上每一点。

这些市场缺陷的主要影响是需要对式 (3.3) 和式 (3.6) 所表达的恒等关系进行调整。市场缺陷不会使我们已经构建的基本框架失效，我们发现，市场缺陷为式 (3.3) 和式 (3.6) 所表达的恒等关系带来一定的不确定性，而不是像在完美市场框架下所表达的那样。

---

### 市场缺陷的四种类型

1. 直接交易成本　　　　　　3. 保证金和对卖空的限制

2. 不相等的借入利率和贷出利率　4. 储存的局限性

---

直接交易成本。在真实市场中，交易者面临各种各样的直接交易成本。首先，交易者必须支付费用以执行指令。对于交易所交易大厅以外的交易者来说，这些费用包括经纪业务佣金和各种交易费用。即便是交易所会员也必须为每笔交易向交易所支付费用。其次，在每个市场中都存在买卖价差。交易所交易大厅里的做市商必须尝试以比其愿意买入的价格（买入价，bid price）更高的价格（卖出价，asked price）卖出。

卖出价与买入价之间的差异就是买卖价差（bid‐asked spread）。在我们的讨论中，让我们假设这些交易成本是交易金额 T 的某个固定百分比。为简便起见，我们假设交易成本适用于现货市场，但不适用于期货市场。[10]

为了说明交易成本的影响，我们使用与完美市场分析时相同的价格。然而，我们现在假设交易成本是 3%。考虑到交易成本，我们之前购买商品并持有至交割的套利策略不再可行。表 3.8 显示了这种套利企图的结果：有了交易成本，套利企图会导致一定损失，而不是套利利润。

表 3.8　　　　　　　　　　　黄金正向期现套利交易企图

| 分析所需价格 | | |
|---|---|---|
| | 黄金现货价格 | 400 美元 |
| | 黄金期货价格（1 年后交割） | 450 美元 |
| | 利率 | 10% |
| | 交易成本（$T$） | 3% |
| **交易** | | **现金流** |
| $t = 0$ | 以 10% 的利率借入 412 美元，为期 1 年 | +412 美元 |
| | 以 400 美元的价格在现货市场购买 1 盎司黄金并支付 3% 的交易成本，合计 412 美元 | −412 美元 |
| | 以 450 美元的价格卖出 1 年后交割的期货合约 1 盎司 | 0 |
| **总现金流** | | 0 |
| $t = 1$ | 将黄金从库存中取出 | 0 |
| | 交割 1 盎司黄金以了结期货合约 | +450 美元 |
| | 偿还贷款及利息 | −453.2 美元 |
| **总现金流** | | −3.2 美元 |

我们在获得商品之前需要支付 400 美元，再加上 3% 的交易成本，得出总支出为 412 美元（400 美元 ×（1 + T））。接着我们需要为这一总金额融资直至交割，成本为 453.20 美元（412 美元 ×1.1）。作为回报，我们在期货合约交割时只收到 450 美元。鉴于这些价格，正向期现套利的企图显然是不划算的。如表 3.8 所示，套利企图产生了 3.20 美元的确定损失。结合 3% 的交易成本和 400 美元的现货价格，期货价格必须超过 453.20 美元才能使套利具有吸引力。为了验证这一点，考虑现金的流出和流入。我们支付现货价格加上交易成本 $S_0 (1 + T)$ 来获得商品。持有商品至交割的成本为 $S_0 (1 + T)(1 + C)$。这些成本包括获取商品并持有至期货交割日。在此案例中，总成本为：

$$S_0 (1 + T)(1 + C) = 400 \text{ 美元} \times 1.03 \times 1.1 = 453.20 \text{ 美元}$$

因此，为了收支平衡，期货交易必须产生收益 453.20 美元。我们可以更正式地将其表达为：

$$F_{0,t} \leqslant S_0(1 + T)(1 + C) \qquad (3.8)$$

如果价格符合式（3.8），正向期现套利机会将不会存在。请注意，式（3.8）与式（3.1）具有相同的形式，但式（3.8）包含交易成本。

在讨论完美市场中的持有成本模型时，我们看到期货价格相对于现货价格不能太高。否则，就会出现套利机会，如表 3.4 所示。我们现在深入探讨表 3.4 中的交易，只是包括了 3% 的交易成本。表 3.9 显示了这些交易。

表 3.9　　　　　　　　　　　　黄金反向期现套利交易的企图

| 分析所需价格 | | |
|---|---|---|
| | 黄金现货价格 | 420 美元 |
| | 黄金期货价格（1 年后交割） | 450 美元 |
| | 利率 | 10% |
| | 交易成本（$T$） | 3% |
| 交易 | | 现金流 |
| $t = 0$ | 卖出 1 盎司黄金的空头头寸，支付 3% 的交易成本，收到 407.40 美元（420 美元 × 0.97） | +407.40 美元 |
| | 以 10% 的利率贷款 407.40 美元（为期 1 年） | −407.40 美元 |
| | 购买 1 年后交割的黄金期货 1 盎司 | 0 |
| 总现金流 | | 0 |
| $t = 1$ | 收取贷款本金和利息（407.40 美元 × 1.1） | +448.14 美元 |
| | 接受期货合约的黄金交割 | −450.00 美元 |
| | 使用期货交割所得的黄金偿还此前卖出的黄金 | 0 |
| 总现金流 | | −1.86 美元 |

在分析中考虑交易成本会导致交易出现亏损，而这一交易在没有交易成本的情况下却是盈利的。在以相同价格进行的如表 3.4 所示的原始交易中，利润为 12 美元。对于完美市场，式（3.2）给出了反向期现套利策略下的无套利条件：

$$F_{0,t} \geqslant S_0(1 + C) \qquad (3.2)$$

加上交易成本后，我们得出：

$$F_{0,t} \geqslant S_0(1 - T)(1 + C) \qquad (3.9)$$

结合式（3.8）和（3.9）得出：

$$S_0(1 - T)(1 + C) \leqslant F_{0,t} \leqslant S_0(1 + T)(1 + C) \qquad (3.10)$$

式（3.10）定义了无套利区间（no-arbitrage bounds）——期货价格必须保持在这

个区间内以防止套利。一般来说，交易成本迫使式（3.3）中的价格关系不牢固。在完美市场中，式（3.3）给出了期货价格作为现货价格及持有成本函数的精确方程式。如果期货价格偏离了无套利价格，交易者可以通过交易在没有投资的情况下获得无风险利润。对于有交易成本的市场，式（3.10）给出了期货价格的区间。如果期货价格超出该区间，则套利是可能的。然而，期货价格可以在区间内波动而不提供套利机会。举例来说，考虑表3.8中交易所隐含的区间。如果没有交易成本，期货价格必须刚好是440美元才能防止套利发生。由于现货市场3%的交易成本，期货价格可以在426.80 ~ 453.20美元的区间内自由波动，而不会产生任何套利机会，如表3.10所示。

表3.10 无套利区间说明

| 分析所需价格 | |
| --- | --- |
| 黄金现货价格 | 400美元 |
| 利率 | 10% |
| 交易成本（$T$） | 3% |
| 完美市场中的无套利期货价格：$F_{0,t} = S_0(1 + C) = 400$美元 $\times 1.1 = 440$美元 | |
| 含交易成本的无套利区间上限：$F_{0,t} \leqslant S_0(1 + T)(1 + C) = 400$美元 $\times 1.03 \times 1.1 = 453.20$美元 | |
| 含交易成本的无套利区间下限：$F_{0,t} \geqslant S_0(1 - T)(1 + C) = 400$美元 $\times 0.97 \times 1.1 = 426.80$美元 | |

图3.8解释了套利区间的概念。纵轴表示期货价格，横轴表示时间维度。图3.8中的水平实线表示完美市场的无套利条件。在完美市场中，期货价格一定刚好等于现货价格乘以1加上持有成本，即 $F_{0,t} = S_0(1 + C)$。然而，由于交易成本，我们有了无套利区间的下限和上限。如果期货价格高于无套利区间上限，则将存在正向期现套利的机会，这发生在 $F_{0,t} > S_0(1 + T)(1 + C)$ 时。同样的，如果期货价格跌得太低，它将低于无套利区间下限。相对于现货价格过低的期货价格会形成反向期现套利机会。这个机会出现在 $F_{0,t} < S_0(1 + T)(1 + C)$ 时。图3.8中虚线显示了无套利区间的界限。

如果期货价格保持在区间内，则套利不可行。如果期货价格越过界限，套利者将涌入市场来探寻机会。例如，如果期货价格过高，交易者将买入现货商品并卖出期货。这一行为将会使现货价格相对于期货价格得以提高，从而推动期货价格回到无套利区间。如果期货价格在区间内，则套利不可行，并且套利者将不能影响期货价格。

从图3.8中，我们注意到三个要点。首先，交易成本 $T$ 越大，区间的界限就越宽。随着交易成本的提高，我们一直探索的套利关系对可能的价格的约束力也越来越小。其次，我们一直假设市场上的所有交易者都面临相同的百分比交易成本 $T$。显然，不同

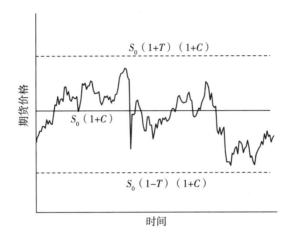

**图 3.8  无套利区间**

的交易者面临不同的交易成本。例如，非交易所会员的散户交易者可能面临比场内交易商高得多的交易成本。散户交易者支付的交易费用和经纪费用非常有可能是场内交易商支付的 100 倍。因此，图 3.8 实际上只适用于特定的交易者，而不是市场中的每个交易者。想象一个交易者面临 $2T$ 而不是 $T$ 的更高交易成本，对于这个交易者，无套利区间的宽度将是图 3.8 中的 2 倍。最后，我们看到，存在市场力量使期货价格保持在无套利区间，并且每个交易者都有自己的特定区间，这个特定区间取决于其交易成本。

交易成本的差异引出了准套利（quasi－arbitrage）的概念。一些交易者，如小型散户，面临全额交易成本。其他交易者，如大型金融机构，交易成本要低得多。例如，交易所会员支付的交易成本比外部交易者低得多。因此，准套利者是交易成本相对较低的潜在正向期现套利或反向期现套利交易者。期货价格应保持在交易成本最低的交易者的无套利区间。一旦期货价格偏离交易成本最低的交易者的区间，他就会利用套利机会。正如我们所看到的，套利行为将推动期货价格回到该交易者的无套利区间。

因此，在真实市场中，我们预计期货价格在交易成本最低的交易者的无套利区间。这意味着交易成本较高的交易者将无法利用任何套利机会。如果价格开始偏离完美市场中式（3.3）的结果，则套利机会将首先被交易成本最低的交易者利用。这样的利用将通过准套利进行，因为低交易成本的交易者不会面临外部交易者的全部交易成本问题。

不相等的借贷利率。在完美市场中，所有交易者都可以以无风险利率借入和贷出资金，而真实市场并非如此。通常，交易者面临的借入利率超过贷出利率。在正向期现套利和反向期现套利的案例中，我们假设这两种利率是相同的。在正向期现套利中交易者借入资金，而在反向期现套利中交易者贷出资金。综观这两个案例，我们假设交易者可以以 10% 的利率借入和贷出资金。如果借入利率和贷出利率不相等，则需要对式（3.10）进行调整以反映这一事实。在式（3.10）中，期货价格的上限取决于正向期现套利的可能性，如图 3.8 所示。在正向期现套利中，交易者借入资金，因此借入利率是计算上限时适用的利率。类似地，反向期现套利使用贷出策略来确定下限。因此，贷出利率是计算下限时适用的利率。式（3.11）复制了式（3.10），但反映了不同的借入利率和贷出利率：

$$S_0(1 - T)(1 + C_L) \le F_{0,t} \le S_0(1 + T)(1 + C_B) \tag{3.11}$$

式中：

$C_L$ = 贷出利率；

$C_B$ = 借入利率[11]。

不同的借入利率和贷出利率有助于拓宽我们一直在探索的无套利区间，因为通常 $C_L < C_B$。我们可以通过扩展表 3.10 的案例以囊括不相等的借入利率和贷出利率情况，从而说明利率差异的影响。表 3.11 说明了不相等的借入利率和贷出利率对无套利区间的影响。如表 3.11 所示，不相等的借入利率和贷出利率扩大了无套利区间。

表 3.11　　　　　　　　借入利率和贷出利率不同情况下的无套利区间

| 分析所需价格 | |
| --- | --- |
| 黄金现货价格 | 400 美元 |
| 利率（借入） | 12% |
| 利率（贷出） | 8% |
| 交易成本（$T$） | 3% |
| 含交易成本和借入利率的无套利区间上限：<br>$F_{0,t} \le S_0(1 + T)(1 + C_B)$ =400 美元 ×1.03 ×1.12 =461.44 美元 | |
| 含交易成本和贷出利率的无套利区间下限：<br>$F_{0,t} \ge S_0(1 - T)(1 + C_L)$ =400 美元 ×0.97 ×1.08 =419.04 美元 | |

卖空限制。到目前为止，我们的分析都假设交易者可以卖空资产，并使用卖空所得。在所有案例中，我们还假设卖空者可以不受限制地使用卖空产生的所有资金。然而，我们暂时考虑一下促成卖空的经纪商的立场。例如，在股票市场中，潜在的卖空者要求其经纪商从另一位客户那里借入股票，并以卖空者的名义卖出。如果卖空者从卖空中获得了全部资金，那么经纪商将处于不稳定的境地。经纪商从另一位客户那里借了股票，并必须在对方要求时归还股票。如果经纪商允许卖空者拥有卖空的所有收益，则经纪商将承担重大风险。例如，卖空者可能会拿走所有资金并潜逃，或者，价格变动可能会对卖空者不利，因而卖空者可能无力回购股票。

由于这些固有风险，几乎所有市场都限制卖空。这些限制很重要，因为我们知道卖空是反向期现套利策略的必要环节。如果交易者卖空现货商品，则式（3.2）必须成立以防止套利。此外，我们能够从式（3.1）和式（3.2）推导出完美市场中无套利条件的式（3.3）。

在真实市场中，卖空存在严重阻碍。首先，对于一些商品来说，几乎没有卖空的机会，许多实物商品尤其如此。其次，即使允许卖空，卖空所得资金的使用也是受限制的。这些限制通常意味着卖空者无法使用卖空所得的全部收益。经纪商保留的典型百分比是 50%，这意味着卖空者只能使用 50% 的卖空所得资金。

从式（3.2）的套利关系中，我们总结得出：

$$F_{0,t} \geq S_0(1 + C)$$

这个结果假设卖空不受限制，因此卖空者充分利用了卖空收益 $S_0$。正如我们前面讨论的，反向期现套利采用卖空策略，并且这种套利策略决定了期货价格的下限。为了反映卖空者没有使用全部收益，而只使用一部分 $f$ 的事实，我们可以将式（3.2）改写为：

$$F_{0,t} \geq S_0(1 + fC)$$

式中，$f$ 为卖空所得资金中可使用的比例。

该比例必须介于 0 和 1 之间。在完美的市场中，$f = 1.0$，它实际上从公式中消失了。结合卖空限制，我们现在可以重写无套利条件。首先，对于只增加卖空限制的完美市场，我们修改式（3.3）为：

$$S_0(1 + fC) \leq F_{0,t} \leq S_0(1 + C) \tag{3.12}$$

我们还可以将卖空限制整合到不完美市场架构下的式（3.11）。考虑到交易成本、借入利率和贷出利率差异以及卖空限制后，无套利区间为：

$$S_0(1 - T)(1 + fC_L) \leq F_{0,t} \leq S_0(1 + T)(1 + C_B) \tag{3.13}$$

卖空限制扩大了无套利区间。然而，现在请注意，卖空限制只影响反向期现套利策略，因此卖空限制只影响区间下限。这些影响是巨大的。表 3.12 显示了卖空收益使用受限时更低的无套利区间下限。当交易者面临大量卖空限制时，反向期现套利的机会就变得微乎其微。如果交易者只能使用卖空收益的一半，那么无套利区间下限就会很低，以至于对期货价格几乎没有影响。我们将会看到不同的交易者面临不同的卖空收益使用限制。这些卖空收益的使用差异与准套利概念有关。能更好地获得卖空收益的交易者，在实施正向期现套利或反向期现套利策略时，支付的交易成本低于全部交易成本。

表 3.12　　　　　　　　　　　　　卖空限制不同情况下的无套利区间

| 分析所需价格 | |
|---|---|
| 黄金现货价格 | 400 美元 |
| 利率（借入） | 12% |
| 利率（贷出） | 8% |
| 交易成本（$T$） | 3% |
| 含交易成本和借入利率的无套利区间上限： $$F_{0,t} \leq S_0(1+T)(1+C_B) = 400 \text{ 美元} \times 1.03 \times 1.12 = 461.44 \text{ 美元}$$ | |
| 含交易成本和贷出利率的无套利区间下限，$f=1.0$： $$F_{0,t} \geq S_0(1-T)(1+fC_L) = 400 \text{ 美元} \times 0.97 \times (1+1.0 \times 0.08) = 419.04 \text{ 美元}$$ | |
| 含交易成本和贷出利率的无套利区间下限，$f=0.75$： $$F_{0,t} \geq S_0(1-T)(1+fC_L) = 400 \text{ 美元} \times 0.97 \times (1+0.75 \times 0.08) = 411.28 \text{ 美元}$$ | |
| 含交易成本和贷出利率的无套利区间下限，$f=0.5$： $$F_{0,t} \geq S_0(1-T)(1+fC_L) = 400 \text{ 美元} \times 0.97 \times (1+0.5 \times 0.08) = 403.52 \text{ 美元}$$ | |

式（3.13）表达了持有成本模型分析的最终结果，包括交易成本、借入利率和贷出利率差异以及卖空限制。在复杂性上，它与简单的完美市场无套利关系式（3.3）相去甚远。然而，二者密切相关。根据式（3.13），完美市场假设可以表示为：

$T = 0$，所以没有交易成本；

$C_B = C_L = C$，所以借入利率和贷出利率相等；

$f = 1.0$，所以交易者可以使用全部卖空收益。

如果这三个条件成立，我们就回到了完美市场假设，同时式（3.13）变为：

$$(1.0)S_0(1-0)(1+C) \leq F_{0,t} \leq S_0(1+0)(1+C)$$

简化后得到：

$$S_0(1+C) \leq F_{0,t} \leq S_0(1+C)$$

$$F_{0,t} = S_0(1+C)$$

最终的表达式就是简单的式（3.3），持有成本模型的完美市场版本。

储存限制。在所有商品中，黄金可能是最耐储存的。它具有化学稳定性，相对于重量和体积具有很高的价值等。一些其他商品根本不能很好地储存。商品的耐储存性对于期货价格很重要，因为我们探讨的套利策略依赖于标的商品能够被储存。例如，正向期现套利策略假设交易者可以在今天购买一种商品，并将其储存至之后的期货合约交割日。如果一种商品无法被储存，我们一直探讨的套利策略将不可行。因此，我们此前介绍的无套利区间需要被修改以反映实际的储存限制。

在正向期现套利策略中，储存商品的能力限制了相对于现货价格的期货价格。如式（3.1）所示，期货价格高于现货价格的部分不能超过其持有成本。为了了解这一点的重要性，设想一种美味的热带水果，每年只能在一天内收获，并且假设该水果如果不被吃掉就会在一天内腐烂。这种水果的上述物理特性使其无法储存。这种储存限制意味着正向期现套利策略不能将期货和现货价格联系起来。因为这种水果是不可储存的，我们可以说其储存成本无穷大。因此，式（3.1）仅能说明期货价格必须小于无穷大。这是我们在获得商业学位之前就已经知道的事情。

虽然热带水果的例子非常特殊，但还有一些商品受到非常实际的储存限制。芝加哥商业交易所多年来一直交易新鲜鸡蛋的期货合约。虽然鸡蛋可以被储存一段时间，但还是有一些确定的限制不可超越。谷物和油籽在农产品期货中扮演着重要角色。虽然小麦、燕麦、玉米、大豆、豆粕和豆油都可以很好地储存，但是它们不能被无限期地储存。因此，当储存受限时，正向期现套利策略也会受限。这些储存限制的重要性因商品而异。正如我们所指出的，它们对黄金不重要，但对易变质资产很重要。

交易者如何应对市场缺陷。我们已经看到，交易成本、借入利率和贷出利率的差异以及卖空限制，都会扩大将现货与期货价格联系起来的无套利区间。同样重要的是，要认识到这些因素对不同交易者有着截然不同的影响。它们在不同市场之间也存在很大差异。本节将从实际角度考虑这些市场缺陷。

关于交易成本有两个关键点。首先，每个交易者的每笔交易都面临交易成本。其次，这些成本在交易者之间差异很大。让我们思考两种极端情况，在这两种情况下，我们都对边际交易成本感兴趣，因为边际交易成本决定了交易是否发生。想象一位科罗拉多州的偶尔涉足期货市场的教授。这样的交易者将通过经纪公司进行交易。经纪商将收取佣金，执行指令的场内经纪商将面临一个买卖价差，交易者也必须支付交易费用。这些成本加在一起可能低至 15～20 美元，也可能更高。此外，教授需要花费大量的检索成本来决定如何交易，这些是很难量化的。与这位教授相比，大型黄金贸易公司，例如汉迪和哈蒙（Handy and Harmon）或恩格尔哈德（Engelhard），这些公司提炼白银和黄金，并在全球范围内进行贸易。作为其商业活动的一部分，他们设有期货交易室来对冲自己的黄金市场风险敞口。此外，交易室内的交易员在市场中积极交易，寻找着我们一直在探讨的套利机会。大型贸易公司的边际交易成本非常低。

交易成本中的这些差异来源于几个方面。首先，公司出于其他商业目的已经进入市场。与研究市场的教授只是为了寻找一个好的交易机会不同，这些商业公司已经在市场上开展现货金属业务。这就使公司的信息收集成本远低于只是偶尔交易的教授所面临的成本。其次，商业公司通常拥有交易所会员资格，并在交易大厅内有自己的员工。如果是这样，公司将不会面临经纪业务佣金，而这对教授的每一笔交易来说都是巨大的成本。

最后，也是主要因素，即卖空机会的差异。卖空金属实际上对教授是不可行的，但对金属贸易公司是可以实现的。对于教授来说，即使卖空可以实现，也将涉及对卖空收益使用的实质性局限。相比之下，这家金属贸易公司持有黄金库存。因此，贸易公司可以仅仅通过出售其部分库存来模拟卖空。从交易的角度来看，卖出公司已经拥有的黄金与卖空黄金完全相同。只要能够获得可以出售的黄金供应，公司就可以复制卖空的交易效果。对于拥有大量黄金库存的公司，复制卖空几乎没有限制。总之，对于很多市场来说，大型商业公司面临的交易成本非常低。对他们来说，我们所研究的市场缺陷并没有什么实际意义。因此，在某些市场中，价格非常接近如式（3.3）所示的完美市场定价关系。

### 3.4.4 完全持有成本市场的概念

在图 3.1 的报价中，我们很容易观察到不同商品的不同价格模式。一般来说，某些商品的期货价格会随着期货合约到期日的临近而上涨；某些商品的期货价格会随着期货合约到期日的临近而下降。对于其他商品，价格的上涨和下跌，与到期日没有明显关系。

我们可以根据商品价格接近完全持有成本的程度，将商品市场分为不同的类型。在完全持有成本市场（full carry market）中，期货价格符合式（3.3）和式（3.6）。如果价格与公式中规定的关系相匹配，则市场处于完全持有成本状态。如果期货价格高于式（3.3）和式（3.6）隐含的价格，则市场处于高于完全持有成本状态。如果期货价格低于完全持有成本价格，则市场处于低于完全持有成本状态。

例如下面 8 月 16 日的数据：

| | |
|---|---|
| 黄金 9 月合约 | 410. 20 |
| 黄金 12 月合约 | 417. 90 |
| 银行可接受的利率，为期 90 天[12] | 7. 80% |

黄金是否处于完全持有成本状态？除了融资成本之外，仓储和为黄金投保也是有成本的。以百分比计算，这些成本对于黄金来说是微不足道的，因此我们暂时将其忽略。我们首先将这两个黄金价格之间的百分比差异进行年化[13]：

$$(F_{0,d}/F_{0,n})^4 = 1.0772$$

因此，这两个黄金价格之间隐含的年化百分比差异为 7.72%。这几乎完全符合我们对利率的估计。事实上，这并不令人惊讶，因为黄金几乎总是处于完全持有成本状态。从这个案例中，我们可以看到在一个完全持有成本市场中，价格应该是正常的。也就是说，远月期货合约价格应该高于近月期货合约价格。其他市场则并未处于完全持有成本状态。一些市场有时是正常的且接近完全持有成本状态，而在其他时候则大相径庭。

我们已经看到，一个允许卖空的非常成熟的市场，对于保持较窄的无套利区间来说很重要，这样价格将更接近于完全持有成本关系。五个主要因素影响市场价格，并使其接近或远离完全持有成本状态，即卖空条件、供应、季节性生产、季节性消费和储存的便利性。

---

### 形成完全持有成本状态的市场特性

1. 易于卖空
2. 供应充足
3. 非季节性生产

4. 非季节性消费
5. 易于储存

---

易于卖空。在讨论持有成本模型时，我们已经看到卖空限制扩大了期货价格的无套利区间。在极端情况下，卖空不被允许，不存在反向期现套利，因此期货价格没有无套利区间下限。在现货商品市场中，卖空被严格限制，虽然一些商业利益集团可以通过减少库存来复制卖空。相比之下，金融资产的卖空非常容易。由于这个原因及一些其他因素，金融资产往往是完全持有成本资产。

供应充足。如果商品的供应量相对于其消费来说非常大，那么该商品市场将更接近于完全持有成本市场。在正向期现套利方面，大量供应使交易者更容易获得现货商品以储存至未来交割。例如，相对于珠宝消费或工业用途来说，黄金的供应量非常大。这一点有助于让黄金保持接近完全持有成本状态。相比之下，世界范围内铜的供应相对于消费来说非常低。现有铜的典型供应量相当于其 3 个月的产量。[14]铜和其他工业金属的市场不是完全持有成本市场。

非季节性生产。供需暂时失衡往往会导致正常价格关系的扭曲。如果生产的季节性很强，那么商品的库存会发生很大变化。由于存在收获周期，许多农产品生产的季节性很强。在这些市场中，价格往往在收获前一段时间内很高，而在收获后的几个月内很低。

非季节性消费。大豆等食品可能存在季节性生产，但其消费相当稳定，人们一年四季都喜欢吃。对于其他商品，生产是相当连续的，但消费的季节性很强。例如，取暖油价格往往在冬季呈现季节性高价，而夏季的汽油价格往往相对较高。

高耐储存性。在必须于一天内收获和食用的热带水果案例中，我们有一个完美的不可储存的商品。如果商品是不可储存的，则正向期现套利策略无法将现货价格与期货价格联系起来。因此，持有成本模型不太可能适用于不耐储存的商品。在很大程度上，期货交易所交易的大多数现货商品都具有良好的耐储存性。一些不易储存的商品，比如新鲜鸡蛋和土豆，已经从期货交易中消失了。然而，如果一种商品不耐储存，则不太可能适用持有成本模型。

### 3.4.5 便利收益

我们在上部分看到，各种因素导致很多商品的期货价格偏离完全持有成本状态。一般来说，当资产存在便利收益（convenience yield）——持有实物资产的回报时，持有成本模型将不适用。当持有资产存在便利收益时，期货价格将低于完全持有成本。在极端情况下，市场可能处于远低于完全持有成本的状态，以至于现货价格可能超过期货价格。当现货价格超过期货价格，或者近月期货价格超过远月期货价格时，市场处于远期贴水（backwardation）状态。当交易者愿意支付溢价以在特定时间持有实物资产时，该资产存在便利收益。例如，天然气价格在冬季往往很高，因为冬季正好是人们需要取暖的时候。同样，大豆价格在收获前也很高，那时正好是供应不足而人们仍然想吃的时候。

为进一步探索便利收益概念，假设现在是10月，并且大豆现货价格为6.00美元/蒲式耳。距离收获还有1个月，一位交易者持有5,000蒲式耳大豆。11月大豆期货合约价格为5.50美元。在这个案例中，市场处于远期贴水状态，因为现货价格超过了期货价格。在这种情况下，交易者只有在此期间内明确需要持有大豆的情况下，才会在10—11月持有大豆。

如果次月不需要实物大豆，交易者可以卖出大豆，并买入11月大豆期货合约。这种策略将产生0.50美元/蒲式耳的利润，并将节省一个月的持有成本。显然，鉴于以上价格结构，只有需要实物大豆的人才会持有它们。例如，设想一个在10月仍然想要大豆的食品加工商。食品加工商可能会因持有大豆而获得便利收益，但只有像食品加工商这样对大豆有商业需求的人，才能获得便利收益。[15]

如果大豆市场处于低于完全持有成本状态，则似乎有机会进行反向期现套利。这种策略需要卖空大豆，但很明显卖空是不可能的。卖空需要向其他人借入豆子。因为市场处于低于完全持有成本状态，没有人会免费借出大豆。任何拥有大豆的人，都是因为这些大豆会带来便利收益，所以才持有大豆。如果他们持有大豆而未获得便利收益，那么他们将在市场上全部卖出，并购买较便宜的11月期货合约以在2个月后替换他们的大豆。将大豆借给别人，从而让对方赚钱，是实物大豆持有者最后才会考虑的操作。因此，如果一项资产存在便利收益，则市场可能处于低于完全持有成本状态，甚至处于远期贴水状态。然而，这种情况不会为反向期现套利策略提供实战机会，因为没有卖空机会可以利用。

### 3.4.6　小结

在对持有成本模型的探索中，我们已经看到正向期现套利和反向期现套利策略为期货价格设置了无套利区间。交易成本、借入利率和贷出利率差异、卖空限制和储存限制都会扩大该区间。因此，尽管持有成本模型揭示了期货价格的决定因素，但它并不能完全确定期货价格。

正如我们所看到的，一些商品具有推动完全持有成本状态的特征。包括易于卖空、商品供应充足、非季节性生产和消费以及高耐存储性。与这些特征相关且有利于持有成本模型应用的是便利收益的缺失。因为市场缺陷和商品本身特性有时共同迫使无套利区间扩大，所以其他因素有助于确定期货价格在无套利区间的位置。在无套利区间，市场预期在期货价格决定中发挥着重要作用。

## 3.5　期货价格与预期

早些时候，我们讨论了一种每年只能在 7 月 4 日这一天收获的热带水果。这种水果非常鲜嫩以至于其必须在当天食用，否则就会变质。这种水果的期货合约将如何定价？正如我们将在本节中探讨的，持有成本模型对于这种期货合约的定价会失灵。

正向期现套利策略不适用于这种水果，因为它不能被持有。水果一天内就变质了。因此，现货价格和期货价格并没有被持有水果一段时间的机会联系起来。换言之，持有成本无穷大。因此，无论价格有多高，任何正的现货价格都与任何正的期货价格一致。

反向期现套利策略也不适用。例如，假设当前水果的现货价格为 2 美元，而 1 年后交割的期货价格为 1 美元。从对便利收益的讨论中，我们得知这种远期贴水是由于持有现货水果所带来的好处。因此，没有人会向卖空者借出水果。任何不需要立即消费这种水果的人，只会在现货市场上将其卖出，然后购买较为便宜的期货。总之，卖空是不可能实现的，因此反向期现套利策略将无法把现货和期货价格联系起来。因为正向期现套利和反向期现套利策略都不适用于这种水果，所以它们只能勉强地在期货价格上施加无套利区间。

### 3.5.1 投机的作用

什么决定了期货价格？假设市场参与者预期下一次收获时的水果价格为每个 10 美元，这个价格是预期未来现货价格（expected future spot price）。在这种情况下，期货价格必须等于或至少接近于预期未来现货价格。如果不是这样，就会出现有利可图的投机策略。

例如，如果期货价格为 15 美元，超过 10 美元的预期未来现货价格，投机者将卖出期货合约，然后计划在收获日以 10 美元的价格购买水果。如果一切按计划进行，他们将可以交割水果并获得 15 美元的收入，利润为 5 美元。相比之下，如果期货价格低于预期未来现货价格，如 7 美元，投机者将买入期货合约，在收获日以 7 美元的价格接受交割，并计划以 10 美元的市场价格出售水果。

简言之，市场上投机者的存在确保了期货价格与预期未来现货价格大致相等。期货价格与预期未来现货价格之间过大的差异会创造诱人的投机机会。作为回应，只要期货价格与预期未来现货价格相差足够多，逐利的投机者就会进行交易。我们可以通过下面的公式来表达这个基本原则：

$$F_{0,t} \approx E_0(S_t) \tag{3.14}$$

式中，$E_0(S_t)$ 为在 $t=0$ 时对 $t$ 时现货价格的预期。

式（3.14）表示，期货价格大约等于当前预期的在交割日盛行的现货价格。如果这种关系不成立，就会出现诱人的投机机会。

### 3.5.2 投机的限制

通过式（3.14），我们已经说明了期货价格和预期未来现货价格应该大致相等。为什么这种关系只能近似成立？这个问题有两个基本解释，一个显而易见，而另一个却非常深奥。首先，交易成本的存在使这种关系只能大致成立。其次，如果市场中的某些参与者比其他参与者更厌恶风险，则期货价格可能会大幅偏离预期未来现货价格。

交易成本。假设水果的期货价格为 9 美元，预期未来现货价格为 10 美元，并假设利用这种差异获利的交易成本为 2 美元。结合这些价格，交易者就不能以 9 美元的价格购买期货，并计划通过以预期未来现货价格出售水果来赚取 1 美元的利润。这个机会因交易成本而变得无利可图，因为获取水果的总成本将是 9 美元的期货价格加上 2 美元的交易成本。交易成本可以使期货价格不完全等于预期未来现货价格。这与我们对交易成本及其对持有成本模型影响的讨论相似。

风险厌恶。期货市场交易者至少可以粗略地分为套期保值者和投机者。套期保值者面临与商品相关的预先存在的风险，并且有时会进入市场以降低该风险，而投机者则是为了获利而交易。以投机者的身份进入期货市场是项风险投资。然而，如果人们厌恶风险，只有当承担风险的预期利润可以弥补其风险敞口时，他们才会自愿承担风险。毫无疑问，金融市场的大多数参与者都厌恶风险，因此他们寻求补偿以证明持有风险头寸是有必要的。[16] 在期货市场中，投机利润只能来自期货合约价格的有利变动。

假设这种虚构水果的预期未来现货价格为 10.00 美元，并且相应的期货价格为 10.05 美元。同时预测水果的实际价格将是多少存在较大的不确定性。市场预计收获时的现货价格为 10 美元，但这种水果很容易受到天气条件的影响，还容易受到可怕的虚构水果象鼻虫的影响。对于投机者来说，卖出期货，在收获时以 10.00 美元的价格购买水果，并将其用于期货合约交割的策略似乎可以获得 0.05 美元的利润。然而，如果天气不好或象鼻虫来袭，则这种策略会使投机者遭受相当大的风险。投机者可能会认为 0.05 美元的预期利润不值得冒险。如果投机者不追求 0.05 美元的预期利润，那么就不会有市场力量推动期货价格与预期未来现货价格完全相等。因此，如果交易者厌恶风险，那么期货价格可能与预期未来现货价格不同。

总结。多数情况下，持有成本模型的强大原则为期货价格设置了无套利区间。在一些情况下，由于交易成本、卖空限制或实物商品特性，这些区间非常宽泛，甚至不存在。在正向期现套利和反向期现套利策略划定的区间内，预期在确定期货价格方面发挥着重要作用。我们已经看到，当期货价格不等于预期未来现货价格时可以使用投机策略。尽管如此，这些投机策略并不能确保期货价格与预期未来现货价格完全相等。由于交易者的交易成本或风险厌恶，期货价格可能会偏离预期未来现货价格。在这两者中，风险厌恶更为重要，并值得进一步讨论。

## 3.6　期货价格与风险厌恶

在本节中，我们将详细探讨风险厌恶如何影响期货价格的两种理论。我们已经了解了投机者的避险情绪会导致期货价格偏离预期未来现货价格。根据正常期货折价（normal backwardation）理论，这种偏离是以一种系统的方式发生的。作为第二种理论，资本资产定价模型（Capital Asset Pricing Model，CAPM）将市场价格与系统风险的度量联系起来。一些学者将资本资产定价模型应用到期货市场，用于理解期货价格与预期未来现货价格之间可能存在的差异。我们首先探讨这两种理论，然后检验这两种理论的实证依据，并以此结束本节内容。

### 3.6.1　正常期货折价理论

暂时假设投机者是理性的。也就是说，他们根据现有信息对预期未来现货价格进行估计。在评估这些信息时，理性的投机者偶尔会犯错，但总体来说，他们有效地处理了信息。结果，普遍来说，他们的预期得以实现，但这并不意味着他们不会出错。事实上，他们的估计会有误差，但却是无偏的。[17]预期误差随机分布在商品未来真实价格的周围。我们还假设投机者有"同质预期"，即他们预期相同的未来现货价格。

这样的一群投机者可能会面对期货市场价格，并发现这些价格与预期未来现货价格相符。如果期货价格与预期的期货合约到期时的商品价格相等，那么就没有理由在期货市场上投机。如果期货价格与投机者对商品后续现货价格的预期相匹配，那么投机者进入期货市场后既不能获利也不会亏损。然而，在这种情况下进入市场，投机者肯定会承担额外的风险。毕竟，交易者的预期可能是不正确的。面对这种情况，厌恶风险的投机者不会进行交易，因为投机者将面临额外的风险而得不到补偿。

作为一个群体，套期保值者需要在期货市场做多或做空，以降低他们在业务中面临的风险。例如，一位小麦农场主因为种植小麦而持有现货小麦的多头头寸。农场主可以通过出售小麦期货来减少风险。例如，如果套期保值者为净空头，则投机者必须为净多头。为简单起见，假设有一个正在考虑是否持有多头头寸的投机者。如前文所述，理性投机者只有在预期未来现货价格超过当前期货价格时才会持有期货多头头寸。否则，投机者将不能预期任何利润。

我们假设套期保值者需要做空以避免不想承担的风险。根据这种推理逻辑，他必须愿意以低于商品预期未来现货价格的价格卖出期货合约。否则，套期保值者无法劝说投机者接受合约的多头头寸。从这个角度来看，他实际上是从投机者那里购买了保险。套期保值者将其不想承担的风险转移给投机者，并将预期利润支付给承担风险的投机者。投机者的报酬是期货价格与预期未来现货价格之间的差额。即便如此，投机者也不会收到任何确定的报酬。投机者仍然需要等待预期未来现货价格得以实现，从而获取承担风险的预期利润。

到目前为止，讨论主要集中于单个套期保值者和单个投机者。然而，有必要尝试正视这样一个事实，即市场上挤满了许多需求不同、风险厌恶程度不同以及对未来现货价格预期不同（异质预期）的个人。

图3.9描述了一种商品期货市场可能出现的情况。它显示了套期保值者和投机者作为两组交易者的相关头寸。随着期货价格的变化，两组交易者需要的合约数量也会有所不同。我们假设套期保值者为净空头。对于任何期货价格，套期保值者作为一个

整体，都不会希望持有期货多头头寸。[18]考虑到套期保值者的定义，即为降低预先存在的风险而进入期货市场的交易者，以上行为就是合理的。WX 显示了套期保值者在各种期货价格情况下希望持有的期货市场头寸。价格越高，套期保值者希望卖出的期货合约越多，正如 WX 向下的斜率所示。虽然 WX 和 YZ 被画成直线，但这只是为了方便。此外，还需要注意的是，套期保值者根据期货价格调整套期保值数量。价格越低，他们卖出的合约数量越少，从而对冲比期货价格较高时更少的预先存在的风险。

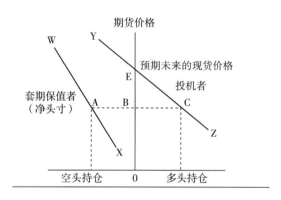

**图 3.9　净头寸假设**

在图 3.9 中，投机者愿意根据情况需要持有多头或空头净头寸。假设投机者作为一个群体，正确地估计了适当的预期未来现货价格，那么当期货价格等于预期未来现货价格时，他们既不会做多也不会做空。此时，投机者在期货市场上的净头寸为零（在这种情况下，一些投机者会做多，另一些会做空，这反映了他们的不同观点，但总的来说，他们将持有净零头寸）。YZ 显示投机者想要的头寸是期货价格的函数。如果期货价格超过预期未来现货价格，投机者和套期保值者都希望为净空头。如果期货价格低于预期未来现货价格，投机者将希望为净多头，在 YZ 上的 E 和 Z 之间持有一些头寸。

图 3.9 中显示的所有位置并非都是可行的。如果期货价格高于 E，那么套期保值者和投机者都希望做空。然而，空头持仓必须等于多头持仓。如图 3.9 所示，只有一个价格可以让市场出清——B。当价格为 B 时，套期保值者想要的净空头头寸正好抵销了投机者想要的净多头头寸。AB 之间距离等于 BC 之间距离的事实形象地反映了这一点。通过市场达到均衡的典型过程，期货市场可能形成均衡价格 B，即期货价格低于预期未来现货价格。

请注意，WX（套期保值者持仓线）的斜率比 YZ（投机者持仓线）的斜率更陡。YZ 的斜率越平缓，说明投机者的风险承受能力越大。对于低于预期未来现货价格 E 的任何期货价格的下跌，投机者做多需求的增加都大于套期保值者做空需求的减少。事实上，情况一定是这样。在经济上，投机者必须比套期保值者更能承受风险，因为该模型中的投机者接受了套期保值者不愿承担的风险。[19]

这一描述解释了期货价格会如何偏离预期未来现货价格，即使没有交易成本。同样，如果套期保值者想要成为净多头，投机者必须为净空头；在这种情况下，只有当期货价格高于预期未来现货价格时，投机者才能希望从其承担风险的服务中获得回报。重申一遍，期货价格不必等于预期未来现货价格。期货价格和预期未来现货价格之间的关系反而部分取决于套期保值者需要净空头还是净多头。

显然在该模型中，如果套期保值者为净空头，则期货价格将低于预期未来现货价格。价格差异的大小取决于两组交易者的风险厌恶程度。例如，假设投机者的风险厌恶程度比图3.9描述的程度更深。更高的风险厌恶程度在图3.9中表现为更陡峭的套期保值者或投机者持仓线。如果投机者更厌恶风险，其持仓线就会更陡峭。因此，当价格为B时，投机者愿意持有更少的多头头寸，从而使市场不能以该价格进行清算。相反，市场清算价格将低于B，具体价格取决于投机者持仓线的陡峭程度。在这种情况下，市场清算价格将低于B，更少的套期保值者能够实现对冲。

这种确定期货价格的方法由约翰·梅纳德·凯恩斯（John Maynard Keynes）和约翰·希克斯（John Hicks）提出。如图3.9所示，套期保值者为净空头的观点与凯恩斯和希克斯有关。在期货合约的整个生命周期内，期货价格必须向现货价格靠拢（这一点已经很清楚了，因为如前所述，在期货合约到期时基差必为零）。如果对未来现货价格的预期是正确的，并且套期保值者为净空头，那么期货价格必须低于预期未来现货价格。在这种情况下，期货价格会可能会在合约生命周期内上涨。

期货价格因套期保值者普遍希望持有净空头头寸而在合约期限内趋于上涨的观点被称为正常期货折价（normal backwardation）［正常期货折价不应与远期贴水（back-wardation）市场相混淆，如果现货价格超过期货价格或者近月期货价格超过远月期货价格，则市场此时处于远期贴水状态］。相反，如果套期保值者为净多头，则期货价格将高于预期未来现货价格，期货合约的价格将在其生命周期内下跌。这种价格下跌的模式被称为正常期货溢价（contango）。图3.10描述了这些价格模式。[20]

图3.10说明了我们在不同场景下可能看到的期货价格模式。在分析图3.10时，假设市场参与者正确地估计了未来现货价格，这样图3.10中的预期未来现货价格就变成了期货合约到期时的实际现货价格。如果期货价格等于预期未来现货价格，那么期货价格将位于虚线上，虚线代表预期未来现货价格。由于最初的预期是正确的，并且没有出现导致预期修正的信息，期货价格在其整个交易周期内应该保持不变。

当然也存在其他概念，例如正常期货折价和正常期货溢价理论。如果投机者如凯

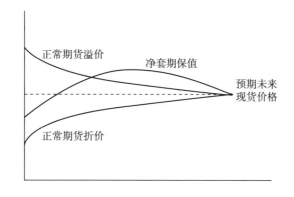

**图3.10 期货价格模式**

恩斯和希克斯所认为的那样为净多头，那么投机者要获得承担风险的补偿，期货价格就必须在合约生命周期内上涨。然后，价格会遵循图3.10中标记为"正常期货折价"的曲线。随着期货价格在其生命周期内不断上涨，投机者因承担风险而获得回报。请注意，正常期货折价曲线终止于预期未来现货价格。这是十分必要的，因为期货合约到期时期货价格和现货价格必须相等，并且该图是在预期未来现货价格等于随后观察到的现货价格的假设下绘制的。

同样如图3.10所示，如果投机者为净空头，并且需要获得承担风险的补偿，则期货价格必须遵循如图3.10所示的正常期货溢价曲线。随着合约临近到期日，期货价格的下跌为空头投机者提供了吸引他们进入市场的补偿。

图3.10还显示了最后一种可能性，即净套期保值假说（net hedging hypothesis）。根据这种观点，套期保值者的净头寸可能会在期货合约的生命周期内发生变化。当合约开始交易时，套期保值者为净空头，投机者为净多头。在这种情况下，期货价格低于预期未来现货价格。随着时间的推移，套期保值者逐渐改变他们的净头寸。最终，套期保值者为净多头，从而需要投机者为净空头。为了让投机者在这种情况下获得补偿，期货价格必须高于预期未来现货价格，就像正常期货溢价那样。[21]

也许这种关于套期保值者在合约生命周期内从净空头变为净多头的说法看起来不怎么可靠，但这肯定是可以想象的。想想那些希望对其即将收获的农作物进行套期保值的谷物农场主，为了对冲与收获相关的价格风险，他们需要做空。谷类食品生产者对谷物有需求，他们通过做多来对冲价格风险。为了说明价格如何遵循净套期保值假说所给出的模式，设想农场主先进行套期保值。这使套期保值者为净空头。紧接着，谷类食品生产者开始对未来谷物需求进行套期保值，农场主和谷类食品生产者共同的净套期保值头寸开始趋于零。当净套期保值头寸为零时，农场主和谷类食品生产者的总头寸既不为空头也不为多头。随着时间的推移，越来越多的谷类食品生产商通过做多来对冲。最终，多头套期保值者占主导地位，所有套期保值者合计为净多头。在这种情况下，如果投机者要获得承担风险的补偿，期货价格必须高于预期未来现货价格。

### 3.6.2 期货价格与资本资产定价模型

资本资产定价模型已广泛应用于各种金融工具，包括期货合约。式（3.15）表达了资本资产定价模型的基本关系：

$$E(R_j) = r + \beta_j[E(R_m) - r] \tag{3.15}$$

式中：

$r$ 为无风险利率；

$E(R_j)$ 为资产 $j$ 的预期回报率；

$E(R_m)$ 为市场投资组合的预期回报率；

$\beta_j$ 为资产 $j$ 的贝塔系数。

资本资产定价模型通过 $\beta$ 来衡量资产的系统风险，$\beta$ 通常由以下形式的回归方程估计得出：

$$r_{j,t} = \alpha_j + \beta_j r_{m,t} + \varepsilon_{j,t} \tag{3.16}$$

式中：

$r_{j,t}$ 为资产 $j$ 在第 $t$ 期的回报率；

$r_{m,t}$ 为市场投资组合在第 $t$ 期的回报率；

$\alpha_j$ 为回归中的常数项；

$\varepsilon_{j,t}$ 为第 $t$ 期残差。

根据资本资产定价模型，只有不可避免的风险才应该在市场上得到补偿，交易者可以通过多元化来规避很多风险。即使在多元化之后，一些资产的风险仍然存在，因为资产的回报率与整个市场相关。这种剩余风险是系统性的。本质上，$\beta_j$ 衡量的是资产 $j$ 相对于市场投资组合的系统风险。根据式（3.15），$\beta$ 为 1 的资产与市场投资组合具有相同程度的系统风险，并且该资产应获得与市场相同的回报率。无风险资产的 $\beta$ 为零，其回报率应该为无风险利率。

正如我们所看到的，期货市场交易不需要任何投资。但是，交易期货需要支付保证金，但这不是投资。没有资金投入，就没有资本来赚取无风险利率。因此，如果 $\beta$ 为零，则期货头寸的回报应该为零。如果期货头寸的贝塔系数大于零，则期货合约的多头头寸应该获得正回报。例如，对于期货头寸 $j$，假设以下参数值成立：

$E(R_m) = 0.09$

$r = 0.06$

$$\beta_j = 0.7$$

根据式（3.15），期货合约 $j$ 的多头头寸应获得：

$$E(R_j) = \beta[E(R_m) - r] = 0.7 \times (0.09 - 0.06) = 0.021$$

因此，期货合约的 $\beta$ 为正会导致期货价格上涨的预期。$\beta$ 为零与既不上涨也不下跌的期货价格保持一致。$\beta$ 为负意味着期货价格应该下跌。

与正常期货折价理论一样，当资本资产定价模型应用于期货市场时，支持与反对该模型的研究数量大致相等。这种杂乱难以定论的结果可能源于期货回报率非常接近于零的事实。因此，一些研究发现期货的平均回报率与零显著不同，而其他研究则没有发现这一点。大多数研究似乎确实发现期货合约的 $\beta$ 接近于零，至少在使用传统技术估计这些 $\beta$ 时是这样。要想最终解决这些问题，将需要比现在更全面的数据集和分析方法。

---

### 期货价格理论与价格预测模式

**正常期货折价理论**

期货价格应随着时间的推移而上涨，因为套期保值者往往为净空头，并为投机者因持有多头头寸而承担风险的行为支付溢价。

**资本资产定价模型**

多头期货头寸的预期回报率取决于期货合约的贝塔系数：

如果 $\beta > 0$，期货价格应随时间推移而上涨；

如果 $\beta = 0$，期货价格应保持不变；

如果 $\beta < 0$，期货价格应随时间推移而下跌。

---

## 3.7　期货价格的特征

在本部分中，我们将思考期货价格的四个特征和期货价格的变化。第一，我们思考同一商品期货价格和远期价格之间的关系。从理论上讲，即使标的商品相同，以上价格也可能是不同的。之所以有这种可能性，是因为期货合约每日结算，而远期合约则不然。第二，我们思考期货价格的预测能力。如果期货价格等于预期未来现货价格，则价格发现过程将得到极大的帮助。第三，我们思考期货价格变化的分布。如果价格变化不呈正态分布，统计检验会变得更加困难，因为大多数常用检验都假设价格变化呈正态分布。正如我们将看到的，期货价格变化一般不呈正态分布。这在许多方面都具有重要意义。例如，关于期货价格平均变化是否为正的检验，依赖于被检验的变化是否呈正态分布。第四，我们思考期货价格的波动性以及该波动性对现货市场价格波动性的影响。

### 3.7.1 期货价格与远期价格

在第 1 章中，我们思考了远期市场和期货市场的区别。在这里，我们将分析可能导致远期和期货价格出现差异的因素，即使合约具有相同的标的商品和相同的到期时间。由于不同的税收待遇、不同的交易成本或不同的保证金规则，远期价格和期货价格可能会有所不同。此外，由于远期市场没有清算所，远期合约违约的可能性更高。价格可能存在差异的主要概念性原因，源于期货市场的每日结算制度。

要想了解远期价格和期货价格之间的潜在差异，请思考以下案例。黄金期货和黄金远期均将在 1 年后到期，两种合约的当前价格均为 500 美元。我们假设 1 年后的黄金现货价格也是 500 美元。因此，两种合约都不会有利润或亏损。此外，当合约到期时，远期价格、期货价格和现金价格都必须相等。我们已经探讨过的套利观点表明这样的结果一定可以实现。一年大约有 250 个交易日，因此我们考虑黄金在这一年内可能遵循的两条非常简单的价格变化路径。第一条路径，我们假设期货价格连续 125 天每天上涨 2 美元，然后连续 125 天每天下跌 2 美元。第二条路径，我们假设黄金价格连续 125 天每天下跌 2 美元，然后连续 125 天每天上涨 2 美元。图 3.11 展示了这两种价格变化路径。在任何一种情景下，1 年后到期时价格都将为 500 美元。因此，两种合约都没有利润或损失。

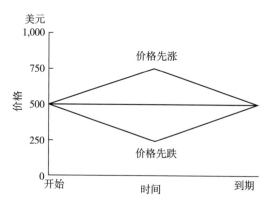

**图 3.11　可能的期货价格变化路径**

远期交易者不会对这两条价格变化路径有所偏好。远期交易者在开始时没有现金流，在结束时也没有。然而，由于每日结算，期货交易者却有明确的偏好。例如，多头期货交易者更喜欢价格先涨后跌。价格上涨的每一天，多头期货交易者都会收到一笔可以用于投资的结算款。在持有期的早期获得现金流入，意味着期货交易者可以赚取更多的利息。

假设利率为 10%，对于期货交易者来说，这两条价格变化路径的利息收入差异约为 25 美元。如果价格先上涨，多头期货交易者会收到可以用于投资的款项。然而，下半年期货交易者必须每日支付结算款。尽管如此，在图 3.11 中，如果价格先上涨，则交易者在年底时将获得 12.48 美元的利息。[22] 同样，如果价格先下跌，则交易者将损失 12.48 美元的利息。请注意，这些差异完全源于每日结算款的利息收益或损失。从案例中可以清楚地看出这一点，因为期货头寸没有利润或损失。因此，我们可以看到期货交易者的境况可能比远期交易者更好或更差。

当然，交易者只有在事件结束后才能知道哪个路径更有吸引力，因为没有人知道价格如何变化。毕竟，利率变动具有偶然性。这使大家不可能在一开始就知道会出现哪条价格变化路径，因此在以上案例中黄金交易者并不知道应该选择哪种合约——远期还是期货。

从这个分析中可以得出一个一般规律。如果期货价格与利率正相关，那么多头交易者将更喜欢期货头寸，而不是远期头寸。这一结果已在多项研究中得到严格的证明。[23] 虽然这个命题的证明有许多数学计算过程，但我们可以遵循其背后的内在逻辑。

如果期货价格和利率一起上涨，那么多头期货交易者将收到可以以更高利率投资的结算款。如果期货价格和利率都下跌，期货交易者必须支付结算款，但交易者可以以新的较低利率为这些支付融资。根据这一论点，交易者不需要预测利率，就可以优先选择期货而不是远期。偏好期货而不是远期，仅取决于期货价格和利率之间的相关性。

期货和远期最终将获得相同的利润，不包括结算款。如果期货头寸由于期货价格与利率正相关而可能有更有利的临时现金流，则期货价格应该高于远期价格。同理，如果期货价格与利率负相关，那么期货价格应该低于远期价格。这个结论的得出，是因为当利率上升时多头期货交易者往往会遭受损失。最终，如果商品价格与利率不相关，那么远期价格和期货价格应该相等。请注意，所有这些结论都源于严谨的经济推理。现在我们转向对证据的检验。

虽然大多数研究发现远期价格和期货价格之间存在统计差异，但差异通常非常小，从而在经济上可以忽略。因此，我们通常可以假设在大多数应用场景下远期价格和期货价格大致相等。

**远期价格和期货价格的理论关系**

| 现货价格和利率的相关性 | 价格关系 |
|:---:|:---:|
| 正相关性 | 期货价格 > 远期价格 |
| 负相关性 | 期货价格 < 远期价格 |
| 无相关性 | 期货价格 = 远期价格 |

### 3.7.2　期货价格的统计特性

本部分讨论期货价格的四个统计特征。首先，我们探讨期货合约的价格变化是否呈正态分布。其次，我们思考价格变化的时间序列本身是否存在相关性。再次，我们检验商品期货作为资产类别的统计特性。最后，我们思考期货合约的波动性是否会随合约剩余期限的变化而变化。

期货价格分布。正如我们前面提到的，大多数期货价格的统计检验都依赖于标的价格变化呈正态分布的假设。如果期货价格变化不呈正态分布，那么这些检验将变得更加难以进行。几乎该领域的所有研究都不同意期货价格变化呈正态分布，但同意期货价格百分比变化呈尖峰态分布。图3.12展示了尖峰态——相对于正态分布有过多极端观测值的分布趋势。图3.12中实线表示正态分布，虚线表示尖峰态分布。更频繁的极端观测值使得尖峰态分布的尾部出现"肥尾"。许多实证研究试图确定期货价格如果不呈正态分布那么将呈何种分布，并以此作为第二项主要研究主题。有两种主要的备选分布形态。第一，可能是稳定帕累托分布。这种分布是对称的，就像正态分布一样，

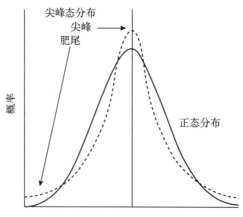

**图3.12　正态分布与尖峰态分布**

但相对于正态分布它存在尖峰。第二，一些研究发现期货价格变化的分布似乎类似于两个或多个正态分布的混合。因此，这些研究发现虽然分布不是正态的，但是可以近似为正态分布的混合。两个阵营都认为，这种非正常状态需要格外谨慎来对期货价格进行统计推断。

自相关性。除了检验期货价格变化的分布，一些研究还检验了期货价格变化的时间序列数据是不是自相关的。如果序列中的某一观测值与另一观测值统计相关，则时间序列是自相关的。例如，在一阶自相关中，某一观测值与其紧邻的前一观测值相关。这个问题具有相当重要的实际意义。例如，如果期货价格表现出正的一阶自相关性，那么某期间的正回报率往往紧跟着随后期间的正回报率。类似地，负回报率往往也紧跟着随后的负回报率。

如果相关性足够强，就有可能设计出交易策略，从这种跟随趋势中获利。例如，在一阶自相关性为正的情况下，人们可以设计一个交易规则，在价格上涨后立即买入期货。然后，价格再次上涨就会产生利润。

几乎所有的研究都发现，期货价格在统计上表现出显著的一阶自相关性。虽然自相关性在统计学上似乎很重要，但是在经济上好像没有那么重要。换言之，在考虑交易成本后，自相关性不足以支撑有利可图的交易策略。

## 市场微观结构

市场微观结构是金融经济学的一个分支，分析交易技术如何影响金融市场的交易特征。例如，市场微观结构分析方法可以应用于期货市场，以确定公开喊价交易环境中形成价格的信息内容与电子交易环境中形成价格的信息内容是否不同。交易技术定义了交易者可以做什么，以及他们可以知道什么。从广义上看，交易技术包括市场的物理布局、交易协议和规则、市场治理以及交易者可用的信息系统等。交易特征包括市场价格、市场流动性、交易成本、波动性和交易利润的决定因素。了解市场的微观结构对于理解价格和市场行为很有价值。它可以直接应用于市场监管、新交易机制的制定以及确定最佳交易执行策略。在过去20年中，由于可以获得来自众多不同市场机构的交易数据集，市场微观结构研究的价值得到了提升。这些数据集包括对市场交易、报价、订单流和做市商库存的观测值。与此相关的计算和储存成本的降低，也促进了市场微观结构分析。[24]

商品期货作为资产类别的统计特性。对冲基金、养老基金和其他投资基金，通常将商品期货（而非金融期货）作为一种单独的资产类别，以使由股票、债券和其他资产组成的投资组合实现多元化。商品期货是否代表单独的资产类别，取决于商品期货价格与其他金融工具价格的相关性。在对 1959—2004 年商品期货价格统计特性的研究中，加里·戈顿（Gary Gorton）和 K. 吉尔特·卢文赫斯特（K. Geert Rouwenhorst）发现，商品期货合约的等权重投资组合在使股票和债券投资组合多元化方面是有效的。他们发现，商品期货价格与股票和债券价格之间的相关性在大多数时间范围内为负，并且持有期越长，负相关性越强。他们还发现，商品期货分散了股票和债券回报率的周期性变化。形成商品期货分散作用的一个原因，是商品期货价格与不可预期的通货膨胀正相关，而股票和债券与通货膨胀负相关。

为满足寻求将商品期货作为一个资产类别的投资经理的需求，高盛集团创建了高盛商品指数（Goldman Sachs Commodity Index，GSCI）。如第 1 章所述，高盛商品指数是由 24 种商品期货合约价格组成的指数，指数提供者选择指数中的成分及其权重。该指数仅使用近月期货合约的价格。许多基金建立期货头寸来跟踪该指数，其他人则使用芝加哥商业交易所的高盛商品指数期货合约来获得其想要的商品敞口。

期货价格的波动性。我们在此检验受到学者广泛关注的期货价格波动的两个维度。第一个维度，我们思考期货交易与标的商品价格波动之间的关系。通常，这个问题以如下形式提出：期货交易的引入是否会使标的商品价格波动更大？通常，波动率是用价格变化的方差来衡量的，价格波动本身既不好也不坏。如果因新信息体现在市场价格中而发生，那么波动就是多的。在这种情况下，波动性增加只是市场发挥作用的反映。如果由"噪声"驱动，而不是由新信息到来驱动，那么波动就是坏的。在这种情况下，波动性增加只会提高交易成本。第二个维度，关注期货价格本身的波动模式。正如我们将看到的，有证据表明期货价格在接近到期日时波动更大。

期货交易和现货市场波动。一些市场观察人士声称，期货交易使标的商品的价格波动更大。最近，这一指控也被用于股票市场。这些期货市场的批评者声称，近期股市波动可以追溯到股指期货交易的引入。[25]这些指控通常伴随着加强期货交易监管的建议。因此，这个问题具有重要的公共政策影响。

大多数关于期货交易对现货市场影响的研究，都比较了期货交易引入前后现货市场的波动性。虽然不完全一致，但大量证据似乎表明期货交易不会增加现货市场的波动性。事实上，一些研究甚至发现，期货交易开始后现货市场的波动性会下降。表 3.13 总结了这些研究成果。

**表 3.13**　　　　　　　　　**期货交易与现货市场波动**

| 研究 | 市场 | 关键成果 |
|------|------|----------|
| Emery（1896） | 棉花、小麦 | 现货市场波动性更低 |

| 研究 | 市场 | 关键成果 |
|------|------|----------|
| Hooker（1901） | 小麦 | 现货市场波动性更低 |
| Working（1960） | 洋葱 | 现货市场波动性更低 |
| Gray（1963） | 洋葱 | 现货市场波动性更低 |
| Powers（1970） | 猪腩、牛 | 现货市场波动性更低 |
| Tomek（1971） | 小麦 | 现货市场波动性更低 |
| Johnson（1973） | 洋葱 | 无影响 |
| Taylor/Leuthold（1974） | 牛 | 现货市场波动性更低 |
| Cox（1976） | Several | 现货市场波动性更低 |
| Froewiss（1978） | GNMA | 现货市场波动性更低 |
| Figlewski（1981） | GNMA | 现货市场波动性更高 |
| Dale/Workman（1981） | T－bills | 无影响 |
| Simpson/Ireland（1982） | GNMA | 无影响 |
| Bortz（1984） | T－bonds | 现货市场波动性更低 |
| Corgel/Gay（1984） | GNMA | 现货市场波动性更低 |
| Simpson/Ireland（1985） | T－bills | 无影响 |
| Moriarity/Tosini（1985） | GNMA | 无影响 |
| Santoni（1987） | S&P 500 | 无影响 |
| Edwards（1988） | T－bills，S&P 500 | 现货市场波动性更低 |
| Harris（1989） | S&P 500 | 无影响 |
| Brorsen 等（1989） | 牛 | 现货市场波动性更高 |
| Weaver/Banerjee（1990） | 牛 | 无影响 |
| Damodaran（1990） | S&P 500 | 现货市场波动性更低 |
| Antoniou/Foster（1992） | 原油 | 无影响 |
| Netz（1996） | 小麦 | 现货市场波动性更低 |
| Kocagil（1997） | 金属 | 无影响 |

　　到期时间和期货价格波动。在一篇现在被视为经典的论文中，保罗·萨缪尔森（Paul Samuelson）[26]认为，随着合约临近到期，期货价格的波动性应该会增加。这就是萨缪尔森假说（Samuelson hypothesis）。在其分析中，萨缪尔森假设期货市场的竞争力使期货价格保持在与合约到期时预期未来现货价格相等的水平。在该假设下，期货价格应遵循鞅过程——下一价格的预期值等于当前价格的价格变动过程，预期价格变化为零。因此，这个结论意味着期货价格等于预期未来现货价格。

　　虽然萨缪尔森模型的计算过程有些复杂，但由此得出的内在逻辑很清楚。价格波动性高意味着价格变化大。当有关商品的更多信息被披露时，价格变化很大。在期货合约生命周期的早期，人们对标的商品未来现货价格的信息知之甚少。后来，随着合约临近到期，信息获取进度增加。例如，人们对收获前一整年的玉米收获情况知之甚少。随着收获期临近，市场对玉米的最终价格有了更多的了解。对于在收获期附近到期的期货合约，萨缪尔森模型暗示，随着收获期的临近，期货价格应该波动更大。大多数研究都支持这一假说。

## 新闻与噪声

政客和市场评论员经常抱怨市场波动，并鼓励监管机构采取措施解决这一问题。例如，在20世纪90年代初期，几位国会议员谴责股票指数套利，指控其助长了股市波动，并敦促证券交易委员会（Securities and Exchange Commision，SEC）限制这种做法。

然而，金融经济学家在为市场波动定罪时更加谨慎。这是因为金融经济学家知道波动性可能只是市场正在发挥作用的反映。金融经济学家会区分基本面波动和暂时性波动。基本面波动是由知情交易者基于新基本面信息进行交易的行为引起的。当知情交易者进行交易时，市场价格发生变化以反映新信息。基本面波动可能对经济有利，因为它可以帮助投资者更有效地分配稀缺资本以最大化其使用价值。暂时性波动是由投机者的交易决定引起的，这些投机者不了解市场基本面信息，只根据交易过程中收集的信息进行交易。这些投机者有时被称为"噪声交易者"。金融经济学家对暂时性波动持谨慎态度，因为它会导致价格偏离内在价值。

尽管经济学家经常批判暂时性波动，但它对良好运行市场的存在是至关重要的。这是因为暂时性波动的存在使那些根据信息交易的人获利。人们支付高额成本来寻找可以作为其交易基础的信息，甚至也变得有利可图。随着时间的推移，人们会预期不知情的噪声交易者群体将在交易中亏损，而知情交易者群体将盈利。[27]

尽管噪声交易者被定义为不了解市场基本面信息，但他们仍然可能掌握从交易过程的噪声中收集到的有用信息。约书亚·科瓦尔（Joshua Coval）和泰勒·沙穆威（Tyler Shumway）研究了芝加哥期货交易所国债期货交易池中以环境噪声水平度量的实际噪声所包含的信息。科瓦尔和沙穆威控制了除噪声以外的市场变量，并能够单独分析噪声水平本身的影响。他们发现在声音水平上升后价格变得更加不稳定——这对交易者来说是有用的信息。研究发现，除了波动性，声音水平还向交易者传递了其他有用的信息。[28]该研究意味着，从公开喊价交易中收集的信息可能难以在电子交易环境中复制。

## 3.8 小结

虽然期货市场以高风险和价格波动剧烈著称，但本章强调了期货价格的潜在合理性。我们不能否认期货市场价格会剧烈波动，但这些价格变动很可能准确地反映了市场中的新信息。此外，期货价格还很明显地遵循了前面详述的经济规律。持有成本模型和预期未来价格框架都为思考期货价格行为提供了合理过程。同样必须承认的是，期货价格总体上符合这些理论。

如果上述结论是正确的，那么市场的作用就会开始显现。如果价格对新信息作出理性反应，如果价差关系密切相关，如果期货价格是对预期未来现货价格的良好估计，那么就有可能理解社会不同群体对市场的利用。社会上的这些不同群体被认为是希望通过观察期货市场来发现价格信息的人，如投机者和套期保值者。如果期货价格非常接近预期未来现货价格，那么价格发现功能就可以很好地发挥出来。另外，投机者将过上艰难的生活，因为获利机会不会很多。而套期保值者显然有机会以相对较低的成本降低风险敞口。

第 4 章将探讨这些不同的群体如何利用期货市场。投机者面临的困难，以及期货市场为套期保值者和整个社会带来的益处，都将得到更为认真的研究。

---

### 手势信号

由于交易大厅中人数众多且噪声水平较高，交易者经常使用手势与其指令交易柜台，以及同一交易池内的交易者和其他交易池内的交易者进行交流。没有一套标准的手势——它可能因交易所不同而不同，也可能因同一交易所的不同交易池而不同。对更完整描述感兴趣的读者可以访问芝加哥商业交易所的网站（www.cme.com），该网站提供了芝加哥商业交易所使用的手势信号的图解指南。

有些手势是通用的。例如，当交易者想要发出买入信号时，他会伸出手，手心朝向自己。为了发出卖出信号，他会伸出手，手背朝向自己。为了发出价格信号，交易者会根据当前买入价或卖出价的最后一位数字用手指进行报价。例如，手心朝外并伸出两根手指的手势可能代表"52"的卖出价。握紧的拳头代表零。为了表示买卖数量，信号会稍微复杂一些。为了表示在单一合约上进行买卖，交易者用手指触摸下巴。一根手指放在下巴上表示 1 手合约的买卖。为了表示 10 手整数倍的合约买卖，交易者要将手指放在额头上。为了表示买入 100 手整数倍的合约，交易者将拳头放在额头上。例如，要买入 500 手合约，交易者会将手举到额头上，摆动五个手指以表示买入数量，然后用紧握的拳头轻敲额头。

为了发出到期月份信号，交易者使用另一组手势。1 月合约通常以手掐喉咙表示；2 月拇指向下，食指和中指伸出；3 月拇指缩进，手指摆动；4 月手向下运动，同时摆动手指；5 月握住夹克的翻领；6 月小拇指和食指向下；7 月指着一只眼睛；8 月揉额头；9 月手掌张开，手心向上；10 月食指和中指呈"V"字；11 月以"X"形在脸前交叉移动；12 月以食指和中指交叉。

交易者还必须发出合约的"集合"或到期周期信号。在芝加哥商业交易所，"白色"或临近月份不使用手势。第二年的到期月份（"红色"）通过触摸肩膀发出信号。2 年后到期的月份（"绿色"）通过拇指和食指形成一个环的"OK"符号表示。来回摆动手指代表三年后到期的月份（"蓝色"），拇指指向无名指表示当年结束之后 4 年后到期的月份（"金色"）。

其他手势用于传递有关指令状态的信息。"竖起大拇指"表示指令已成交。旋转食指意味着交易者正在处理指令。将拳头打在手心上意味着指令为止损指令，而手在喉咙前移动意味着取消指令。

## 3.9 习题

1. 请解释结算委员会的职能。为什么期货市场中结算价格很重要，而股票市场中交易日最终价格没有那么重要？

2. 新到期日合约刚刚挂牌时持仓量往往较低，合约交易很长一段时间后持仓量也往往较低。请解释原因。

3. 请解释正向市场和反向市场的区别。

4. 请解释为什么期货价格收敛于现货价格，并讨论如果收敛失败会发生什么？

5. 为保证期货价格收敛于现货价格，交割或交割预期是必要的吗？请解释原因。

6. 正如我们对术语的定义，"理论套利"的两个关键要素是什么？

7. 假设从没有交易成本和卖空限制的意义上来说，市场是完美的。黄金的现货价格是 370 美元。当前利率为 10%，按月复利。根据持有成本模型，如果距离到期还有 6个月，那么黄金期货合约价格应为多少？

8. 思考问题 7 中的信息。期货合约开仓和平仓的交易成本为 25 美元/100 盎司黄金，买入或卖出 1 盎司黄金（现货——译者注）会产生 1.25 美元的交易成本。黄金可以以 0.15 美元/盎司/月的成本储存（忽略仓储费和交易成本的利息）。什么样的期货价格才能与持有成本模型保持一致。

9. 思考问题 7 和问题 8 中的信息。卖空限制实际上意味着黄金市场中的反向期现套利交易者只能使用卖空黄金价值的 90%。根据这一新信息，期货价格的允许区间是多少？

10. 思考问题 7 至问题 9 中关于黄金的所有信息。问题 7 中的年利率为 10%，按月复利，这是借入利率，贷出利率仅为 8%，按月复利。当我们考虑这种缺陷时，期货价格的允许区间是多少？

11. 思考问题 7 至问题 10 中关于黄金的所有信息。6 个月后到期的黄金期货交易价格为 375 美元/盎司。结合我们考虑的所有市场缺陷，请解释你将如何应对这个价格。将你的交易过程显示在类似于表 3.8 或表 3.9 的表格中。假设黄金交易价格为 395 美元/盎司，请回答相同的问题。

12. 请解释纯套利和准套利的区别。

13. 假设你是一个拥有充足可交割黄金供应的黄金商人。请解释你如何模拟卖空，并计算将你带入反向期现套利市场的黄金价格。

14. 假设白银在完全持有成本市场交易。如果现货价格为 5.90 美元/盎司，而 1 年后到期的期货价格为 6.55 美元/盎司，那么隐含的持有成本是多少？在什么条件下将隐含持有成本视为隐含回购利率是合适的？

15. 什么是"正常期货折价"？什么情况可能会导致正常期货折价？

16. 假设期货合约在资本资产定价模型中的 $\beta$ 为 0，但这种商品的价格往往会随着时间的推移而不断上涨。请解释这种情况对正常期货折价和资本资产定价模型的影响。

17. 请解释为什么期货和远期的价格可能会不同。假设铂金价格与利率正相关，铂金远期和期货的价格应该是什么关系？请解释原因。

18. 思考期货合约从开始到交割的整个生命周期。请解释在合约生命周期内的不同时间，期货价格可能表现出不同的波动性的两个基本理论。

19. 什么是限价指令？限价指令如何为其他交易者提供一个选择权？

20. 什么是市场微观结构？

21. 基本面波动和暂时性波动的区别是什么？

22. 什么是隐含回购利率？隐含回购利率提供了哪些关于现货和期货价格之间关系的信息？

# 3.10　尾注

[1] 见 Ulrike Schaede, "Forwards and Futures in Tokugawa – Period Japan: A New Perspective on the Dōjima Rice Market", *Journal of Banking and Finance*, 13, 1989, pp. 487 – 513。这里讲述的逸事来自她的论文第 503 页和第 504 页。

[2] 有时总持仓量不等于报告的所有合约持仓量的总和。这是因为《华尔街日报》没有报告一些离到期日非常远的合约的交易情况，而这些合约是包含在总持仓量数据中的。

[3] 见 J. Harold Mulherin, Jeffry Netter, and James A. Overdahl, "Prices are Property: The Organization of Financial Exchanges from a Transaction Cost Perspective", *Journal of Law and Economics*, October 1991, pp. 591 – 644。

[4] 一个类似的例子被引用在《华尔街日报》1992 年 5 月 13 日的文章中。该文章写道："1837 年春天，纽约证券和交易委员会（New York Stock & Exchange Board）（*纽约证券交易所前身——译者注*）中的经纪商注意到了大楼砖墙上的一个小洞。他们发现这是由一个经纪商凿出来的，该经纪商不是交易所会员，经常在交易所外的街边投机股票。像前前后后无数投资者一样，经纪商非常渴望知道里面发生了什么。决定将经纪商之流拒之门外的交易所，堵上了这个洞并继续闭门交易。"

[5] Board of Trade of the City of Chicago v. Christie Grain and Stock Company 198 U. S. 236（1905）.

[6] 正如将在第 4 章中解释的那样，我们预期季节性商品价格在收获前相对较高，而在收获后相对较低。正是这种顾虑导致期货市场观察人士预计基差的系统性波动会在全年呈现。

[7] 当我们考虑到纵轴上的比例差异时，稳定性会更加显著。

[8] 在多数情况下，这些商品的所有者都会为自己持有的商品投保。即使所有者可以自保，也存在隐含的保险成本。

[9] 信息量大且可读性强的回购协议描述，见 M. Bowsher, "Repurchase Agreements", *Instruments of the Money Market*, Richmond, VA: Federal Reserve Bank of Richmond, 1981。

[10] 一般来说，如果流动性越低、波动性越高且不确定性越强，那么买卖价差就越大。此外，在某一交易日中，买卖价差通常在交易日开始和结束时较高，因为在这些时候真实价格的不确定性增加。见 Henry L. Bryant and Michael S. Haigh, "Bid – Ask Spreads in Commodity Futures Markets", *Applied Financial Economics*, 14, 2004, pp. 923 – 936。Bryant 和 Haigh 将从伦敦国际金融期货交易所商品期货电子订单簿中观察到的名义价差，与从公开喊价市场无法直接观察到的估计价差进行了比较。其他利用公开喊价市场数据的作者，尝试估计了买卖差价。例如，见 C. K. Ma, R. L. Peterson, and S. R. Sears, "Trading Noise, Adverse Selection, and Intraday Bid – Ask Spreads in Futures Markets", *Journal of Futures Markets*, 12：5, 1992, pp. 519 – 538。同时见 Tom Smith and Robert E. Whaley, "Estimating the Effective Bid/Ask Spread from Time and Sales Data", *Journal of Futures Markets*, 14：4, 1994, pp. 437 – 455。

[11] 回想一下，在我们交易成本为零的假设下，不考虑非利息持有成本。

[12] 定期回购协议的利率通常不会在财经媒体上公布。银行承兑汇票是国际贸易中使用的由银

行担保的可转让票据。此外，《华尔街日报》"货币利率"板块中引用的利率仅旨在提供现行利率的一些迹象。

［13］远月期货合约和近月期货合约价格的比例定义了两个日期 $t = n$ 和 $t = d$ 之间的利率。在这个例子中，$d$ 至 $n$ 之间共 90 天，所以我们对表达式进行 4 次方运算，以表示季度复利。

［14］例如，见 M. J. Pring，*The McGraw – Hill Handbook of Commodities and Futures*，New York：McGraw – Hill，1985 中的表 31 – 1。

［15］B. Wright and J. Williams，"A Theory of Negative Prices for Storage"，*Journal of Future Markets*，9：1，1989，pp. 1 – 13，更严格地探讨了便利收益。

［16］在其著作 *Risk and Risk Bearing*，Chicago，IL：University of Chicago Press，1940 中，Charles O. Hardy 给出了投机者行为的不同解释。他将期货市场比作赌场。Hardy 认为，如果我们忽略期货市场中的交易成本，那么任何交易的预期结果都是没有收益也没有损失的。如果考虑交易成本，那么预期结果是略微亏损的。Hardy 表示，这使期货市场就像一个赌场，因为即使人们本应有赔钱预期，也会入场交易。

［17］当且仅当估计值的期望等于被估计参数的实际值时，估计值才是无偏的。在这种背景下，理性预期理论已被应用于商品市场。见 T. J. Sargent，"Commodity Price Expectations and the Interest Rate"，*Quarterly Journal of Economics*，83，1969，pp. 126 – 140，and J. F. Muth，"Rational Expectations and the Theory of Price Movements"，*Econometrica*，29，1961，pp. 315 – 335。

［18］通过假设套期保值者无论期货价格如何变化都会是净空头，我们只是认为他们预先存在的风险需要空头头寸。当然，如果期货价格足够低，一些潜在的套期保值者会放弃其降低风险的空头头寸。然而，如果这样做，这些潜在的套期保值者将放弃套期保值意图，转而进行投机。如果我们回想一下降低风险的期货交易是做空，这一点就很清楚了。

［19］图 3.9 的构思由 Hans Stoll 的演讲提出。

［20］正向市场会形成"正常期货折价"，而反向市场则与遵循"正常期货溢价"的价格保持一致（但在法国期货市场，你有时可能会遇到"巴黎最后的正常期货溢价"，抱歉）。

［21］图 3.10 最初改编自 William Sharpe 的书籍，*Investments*，Englewood Cliffs，NJ：Prentice Hall，Inc.，1981。

［22］这个计算假设年利率为 10%，并且有 250 个交易日，所以日利率为 1.000381。因此，第一天，价格上涨 2 美元，因此利息为 2 美元 × $(1.000381)^{250}$ – 2 美元 = 0.20 美元，依此类推。后来，当损失开始时，损失也必须在交易期间进行复利计算。

［23］很多论文都讨论了远期价格和期货价格均衡的必要性。例如，见 G. E. Morgan，"Forward and Future Pricing of Treasury Bills"，*Journal of Banking and Finance*，December 1981，pp. 483 – 496；R. Jarrow and G. Oldfield，"Forward Contracts and Futures Contracts"，*Journal of financial Economics*，19，1981，pp. 373 – 382；J. Cox，J. Ingersoll，and S. Ross，"The Relation between Forward Prices and Futures Prices,"*Journal of Financial Economics*，19，1981，pp. 321 – 346；S. Richard and M. Sundaresan，"A Continuous Time Equilibrium Model of Forward Prices and Futures Prices in a Multigood Economy"，*Journal of*

*Financial Economics*, 19, 1981, pp. 347 – 371。

［24］关于市场微观结构的更多信息，见 Maureen O'Hara, *Market Microstructure Theory*, Cambridge, MA：Blackwell Publishers, 1995。

［25］我们将在第 8 章和第 9 章思考股票的具体证据。

［26］P. Samuelson, "Proof that Properly Anticipated Prices Fluctuate Randomly", *Industrial Management Review*, 6：2, 1965, pp. 41 – 49.

［27］见 Larry Harris, *Trading and Exchanges*：*Market Microstructure for Practitioners*, Oxford：Oxford University Press, 2003, p. 328。

［28］见 Joshua D. Coval and Tyler Shumway, "Is Sound Just Noise?", *The Journal of Finance*, 56：5, 2001, pp. 1887 – 1910。

# 第4章  利用期货市场

## 4.1  概述

在前三章中，我们已经讨论了期货市场的机构设置和期货价格的确定。本章我们将探讨期货市场服务社会不同群体的三种方式。正如前面已经指出的，第一，期货市场提供了一种价格发现的手段。第二，期货市场为投机者提供了一个"竞技场"。第三，期货市场提供了一种转移风险，或套期保值的手段。本章将探讨期货市场的每一种贡献。

首先，我们来分析价格发现的功能——对未来商品价格信息的揭示。因为期货市场价格提供了其他地方不容易获得的信息，所以市场可以服务社会需求。我们注意到价格发现对所有人开放，即使是非交易者。任何人仅需要购买一份报纸，就都可以获得期货市场的价格信息。

其次，我们将考察期货市场中投机者的角色。投机者是为追求利润而进入期货市场的交易者，因而接受风险的增加。将投机机会列为一项对社会的服务似乎很奇怪，但请考虑以下案例。赌场为人们提供投机机会，这可能被视为一项公共服务。专业运动队和高校运动队也为人们提供了一种通过下赌注进行投机的方式（这在某些州非法，而在其他州则合法）。

显然，运动队的存在并不是为了让人们可以对他们下赌注，但下赌注的机会是运动存在的连带后果，或者也许是附带益处。期货市场的情况也类似。期货市场存在目的并不是为了提供投机机会，但它们确实提供了投机机会。不太明显的是投机者自己为期货市场平稳运行作出贡献的方式。正如我们所展示的，投机者追求利润。作为附带益处，投机者为市场提供了帮助其更有效运行的流动性。

最后，我们将分析套期保值者的角色。套期保值者是为降低预先存在的风险而进入期货市场的交易者。例如，小麦农场主面临未来小麦收割时的价格风险。通过期货市场交易，该农场主就可能降低以上已经存在的风险。这种转移风险的机会或许是期货市场对社会的最大贡献。在许多情况下，企业面临由正常商业行为导致的风险。这些风险通常是不受欢迎的，而期货市场提供了一种将风险转移给愿意承担风险的个体的方式。如果人们知道可以通过在期货市场上以合理的成本进行交易来规避不想要的风险，那么他们就不会害怕作出最初会使他们面临某些风险的决定，他们知道可以对冲这种风险。

从社会的角度来看，套期保值有着重要的优势。那些有利可图但风险高于当事人愿意承受的水平的事业仍然可以被青睐。然后，不愿承担的风险可在期货市场上转移出去，社会也会从经济上受益。这是期货市场存在的最有力论据。通过提供一种有效的方式，将风险转移给社会中愿意以较低的成本承担风险的个人，期货市场为经济作出了贡献。[1]

## 4.2　价格发现

在第 3 章中，我们较为详细地探讨了期货价格与预期未来现货价格之间的联系。特别是，我们思考了期货价格与预期未来现货价格之间关系的证据。该关系对于期货市场实现价格发现的社会功能至关重要。在本部分中，我们将更深入地探讨这个问题。

期货市场的研究人员承认期货价格和预期未来现货价格之间存在密切联系。问题是该如何利用期货市场来揭示有关后续商品价格的信息。基于期货价格的价格预测的有效性取决于以下三个因素：

（1）对于未来现货价格信息的需求；

（2）期货市场预测这些价格的准确性；

（3）期货市场预测相对于其他预测技术的表现。

### 4.2.1　信息

社会中的许多个人和团体都需要各种商品未来价格的信息。例如，如果拥有自现在起一年后的黄金价格信息，获得财富就会相对简单。当然，如果一个人有关于未来现货价格的私下且可靠的信息来源，投机获得的财富可能会更多。除了这些财富梦，关于未来现货价格的信息也需要用于更广泛的目的，如规划个人、公司和政府机构的未来投资和消费。

看看一位想要买房的薪酬不高的大学教授的案例。一方面，因为利率很高，所以此时进行长期抵押贷款将使他一生都要支付大笔款项。另一方面，如果他不买房子，那么他就不能享受房屋款项中利息部分所提供的税收减免。如果利率很快下降，那么延缓买房就是合理的。通过查阅报纸的金融版面，教授可以了解市场对未来利率水平的看法。长期国债期货合约在芝加哥期货交易所（Chicago Board of Trade，CBOT）交易。如果 6 个月后交割债券的利率比当前利率低 3 个百分点，那就有充分的理由预计未来 6 个月利率将下降。在这种情况下，大学教授最好等几个月再买他的房子。

另一个例子涉及制造木制家具的家具制造商。假设他正在打印明年产品的价格目录，包括不同家具项目的价格。提前定价总是一件非常棘手的事情。此外，他预计的价格还将取决于木材的预期未来现货价格。木材成本差异很大，很大程度上取决于建筑业的稳健发展情况，因此他在定价时很难计算该成本因素。他解决此问题可能用到的一种方法是，使用木材期货市场的价格来估算其以后必须购买木材的成本。在此过程中，他利用期货市场来发现价格。[2]

在这两个例子中，个人使用期货价格来估计未来某个日期的现货价格。这种技术的合理性取决于期货市场价格预测的准确性。当然，期货价格可能与随后观察到的现货价格不一致。如果存在较大差异，则期货预测可能不是非常有用。该差异可能有两个来源：不准确但无偏的预测和预测本身的偏差。

### 4.2.2　准确性

如果预测的平均值等于被预测变量的值，则该预测估计值是无偏的。[3]因此，期货价格可能会提供误差很大的无偏预测。这种情况让人想起预测次年失业率的两位经济学家的笑话。第一位经济学家预测有 12% 的劳动力将失业，而第二位经济学家预测数据为充分就业，即失业率为零。最后的实际失业率是 6%，经济学家高兴地得出结论，平均来看，他们的预测完全正确。在预测失业率时，可以说经济学家提供了一个无偏预测，但预测误差很大。

与许多商品的典型情况一样，期货市场的预测存在很大误差。期货价格波动剧烈，这意味着在大多数情况下，期货价格对其标的商品在交割时的现货价格提供了不准确的预测。毫无疑问，来自期货市场的巨大预测误差限制了预测的可靠性。[4]

人们很自然地会想知道为什么会有这么大的误差。根据相关金融理论，成熟市场中的价格反映了所有可用的信息。随着新信息的出现，期货价格会迅速进行自我调整。因此，期货价格往往会出现剧烈波动，这意味着其作为未来现货价格的估计将不准确。

除了在期货市场预测中可以观察到较大误差外，期货价格本身也可能存在偏差。一个可能的原因已经在第 3 章介绍了。期货价格可能包含风险溢价，使期货价格无法与预期未来现货价格相等。一般来说，偏差存在的可能性不是太大的担忧，至少实践中是这样。此外，虽然关于其存在仍未形成真正的一致意见，但人们却一致认为，如果偏差确实存在，那么它们也很小。一般来说，期货预测的误差比较大，以至于它们往往会掩盖可能存在的任何偏差。

### 4.2.3 表现

既然基于期货价格的预测似乎如此糟糕，为什么还会有人关心它们呢？在放弃预测之前，可以考虑替代方案。还有什么其他预测可能更准确？关于这个问题的大量研究未能得出任何最终答案。尽管如此，有证据表明，基于期货价格的预测未被其他预测技术超越。人们已经将期货预测与其他技术进行了比较，并没有发现其处于劣势。汇率预测的当前情况具有典型性。例如，相对于专业的外汇预测公司，其中一些收取高额费用，外汇期货价格的预测效果非常好。许多专业公司最近提交了预测记录，结果比随机预测更糟糕。[5]

尽管基于期货市场价格的预测存在很大误差，但期货市场似乎比替代方案更好。总之，期货预测的准确性不是很好，但肯定比替代方案更好，并且期货市场预测是免费的。需要预测未来现货价格的人不应过于依赖任何预测。然而，当需要依赖某种预测技术时，最好的方案就是期货市场免费提供的预测。

### 4.2.4 案例分析：预测原油价格

对于提供良好价格发现机制的期货市场，我们想知道期货市场得出的预测价格与期货合约到期时获得的商品实际价格之间的关系。价格发现似乎依赖于期货价格的预测与最终实现的实际现货价格的匹配。每个预测模型都必须要与一些替代模型来衡量比较。例如，如果我们想要预测原油的现货价格，我们有几种选择。首先，我们可以预测原油的未来价格等于原油的当前价格。例如，我们可以预测原油6个月后的价格将等于原油当前的价格。如果期货价格不能优于这样一个简单的预测，那么它就没有什么用处了。此外，我们还想将期货市场的预测与其他更复杂的模型进行比较。

对原油相关商品，表4.1提供了一个期货市场预测的有用示例。此表来自辛迪·W. 马（Cindy W. Ma）的一篇论文，在论文中她检验了期货价格相比其他预测方案高的预测准确度。表4.1中呈现的只是她结果的一部分。对于原油、取暖油和含铅汽油，她对期货合约到期时每种商品的现货价格进行了预测。首先，她将期货市场价格视为对未来现货价格的估计。其次，她把当前的现货价格作为对未来现货价格的预测。最后，她针对期货市场和当前的现货价格预测，检验了四个更复杂的统计预测模型。表4.1只关注了前两种类型的预测——期货和现货市场的预测。报告的误差是预测中的近似百分比误差。因此，期货市场对到期前1个月原油价格的预测，误差约为1.5%；相比之下，现货市场预测误差约为2.7%。平均而言，期货市场对1个月后的原油现货价格作出了更好的预测。事实上，如表4.1所示，在接受检验的12个预测中，有10个期货市场预测得更好。因此，至少基于这一证据，今天的期货价格比当前的现货价格更能反映原油的未来现货价格。在马的论文中，期货价格的准确度也优于基于复杂统计技术的预测。[6]

表 4.1 替代预测技术的预测误差

| 商品 | 期限 | 期货预测误差 | 不变预测误差 |
|------|------|--------------|--------------|
| 原油 | 1 月 | 0.0148 | 0.0268 |
| | 2 月 | 0.0268 | 0.0499 |
| | 3 月 | 0.0456 | 0.0720 |
| | 6 月 | 0.1057 | 0.1469 |
| 取暖油 | 1 月 | 0.0074 | 0.0085 |
| | 2 月 | 0.0182 | 0.0196 |
| | 3 月 | 0.0284 | 0.0305 |
| | 6 月 | 0.0628 | 0.0553 |
| 含铅汽油 | 1 月 | 0.0129 | 0.0155 |
| | 2 月 | 0.0261 | 0.0281 |
| | 3 月 | 0.0397 | 0.0440 |
| | 6 月 | 0.0956 | 0.0893 |

资料来源：Cindy W. Ma, "Forecasting Efficiency of Energy Futures Prices", *The Journal of Futures Markets*, 9：5, 1989, pp. 393–419. 经 Wiley & Sons Inc. 许可转载。

马的论文说明了期货市场提供的重要的价格发现功能的好处。与被检验的简单预测和复杂统计预测相比，这些好处是显而易见的。她总结说，基于期货的预测在以下四个维度是有用的：可用性、成本、预测误差的大小以及相对于其他方法的表现。

虽然期货市场的预测误差与其他方法的误差相比可能很小，但它们也可能相当大。因此，期货可能提供一种与任何可用预测一样好的预测，但从某种绝对意义上讲，它可能不是很好。例如，如果我们再次考虑马的研究结果，我们会发现期货市场对 6 个月期限的预测误差较大，平均误差范围从 6% ~ 10.5%，因此期货价格预测确实有其局限性。

---

## 预测技术的维度

（1）可用性 （3）预测误差的大小

（2）成本 （4）相对于可替代方案的表现

---

### 4.2.5 不同商品的预测表现

我们已经看到，从期货市场得出的预测可能存在重大误差，即使这些期货预测优于替代预测。现在我们思考期货预测表现如何因商品而异。尤金·法玛（Eugene F. Fama）和肯尼斯·弗伦奇（Kenneth R. French）已经研究了这个问题。他们检验了21种不同商品的期货预测能力。表4.2基于其论文总结了其成果。应用复杂的计量经济学检验，法玛和弗伦奇发现他们研究的商品中约有一半有期货预测能力。也就是说，期货价格有预测未来现货价格的能力。总的来说，他们发现基差变化最大的商品，其预测能力最高。对于持有成本模型应用不佳的那些商品，基差将是变化最大的。这使期货价格拥有足够的灵活性以反映预期未来现货价格。从表4.2中可以得出的最重要结论是期货价格的预测能力因商品而异。

**表 4.2**　　　　　　　　　　　　　**商品期货的预测能力**

| 对所有到期日有预测能力 | | 没有预测能力 | |
|---|---|---|---|
| 肉鸡 | 生猪 | 木材 | 铜 |
| 鸡蛋 | 燕麦 | 豆油 | 棉花 |
| 对大多数到期日有预测能力 | | 可可 | 黄金 |
| 牛 | 大豆 | 玉米 | 铂金 |
| 猪腩 | 豆粕 | 小麦 | 白银 |
| 对一些到期日有预测能力 | | 咖啡 | |
| 橙汁 | 胶合板 | | |

资料来源：Eugene F. Fama and Kenneth R. French, "Commodity Futures Prices：Some Evidence on Forecast Power, Premiums, and the Theory of Storage", *Journal of Business*, 60：1, 1987, pp. 55 – 73. 经伊利诺伊州芝加哥大学出版社许可转载。

其他研究人员也发现了与期货价格包含未来有用信息这一概念一致的证据。詹姆斯·汉密尔顿（James Hamilton）1992 年的一项研究显示，商品期货价格中包含的信息反映了市场对 20 世纪 30 年代大萧条期间通货紧缩的预期。[7] 马修·霍尔特（Matthew Holt）和安德鲁·麦肯齐（Andrew McKenzie）2003 年的一项研究显示，商品期货价格在形成生产者的价格预期方面很重要。[8] 通过影响生产者的价格预期，商品期货市场在影响农业生产决策方面发挥着重要作用。

## 橙汁和天气

*20 世纪 80 年代初，加州大学洛杉矶分校（UCLA）的金融学教授理查德·罗尔*

（Richard Roll）正在佛罗里达州中部访问，当时一场冰冻袭击了该地区并摧毁了橙子，该作物是生产冷冻浓缩橙汁的主要原料。[9]这一事件让罗尔开始思考期货价格的信息内容。当然，罗尔认为，专业交易员有强大的动力去花费大量资源获取有关天气的准确信息，尤其是佛罗里达州中部的冰冻信息，因为这些信息可以在与纽约棉花交易所（NYCE，现在是纽约期货交易所的一个分部）柑橘会员交易冷冻浓缩橙汁期货合约中获利。事实上，罗尔深入思考后发现，期货交易员比起美国气象局雇用的领取薪酬的预报员有更多的动力获得准确的天气预报。经与美国气象局合作，罗尔设计了一个假设检验，即期货市场在预测冰冻方面比气象局做得更好。检验结果与假设一致。自从罗尔的研究发表以来，其他人试图构建更有效的检验，但基本的结论并未发生改变：市场的预测工作比预报员做得更好。

期货市场在预测天气方面比气象学家做得更好的原因之一可能是，气象学家将他们最好的预测保存在他们在期货市场的私人交易中。《华尔街日报》1993 年报道说，许多电视气象学家兼职做商品交易员。[10]报道中引用一位气象学家的话，"越来越多的气象学家意识到交易商品可以赚多少钱或赔多少钱，并开始参与其中"。报道援引另一位气象学家的话，"如果你有一个头寸，它确实会影响你所说的"。显然一些电视气象员已经将他们的兼职工作变成了全职工作，他们离开电视气象部门，去交易商品以及向其他交易者提供咨询服务。

### 4.2.6  总结

在讨论价格发现时，我们已经看到期货市场通过为市场观察人士提供一种评估商品未来价格的手段来服务社会。期货价格本质上是对标的商品未来价格市场共识的预测。与替代技术相比，期货价格提供了一个很好的，或许是最好的预测。然而，期货价格预测有两个重要的限制。首先，期货预测的误差可能很大，尽管它们可能比替代技术预测产生的误差小。原油价格预测误差的大小就说明了这一点。其次，预测质量可能因商品而异。从法玛和弗伦奇的研究中，我们看到他们检验的大约一半的实物商品似乎提供了有用的期货市场预测，另一半则没有提供很好的预测。

## 4.3  投机

在期货市场中定义投机或识别投机者总是很困难的。出于我们的目的，以下投机者的定义将被证明是实用的。投机者是为追求利润而进入期货市场的交易者，为此愿意接受增加的风险。[11]

大多数人在大多数商品中没有很大的风险敞口。考虑一个既不是农民也不是食品加工者，但对小麦市场感兴趣的人。如果她交易小麦期货合约，那么她很可能是在进行前文定义的投机。她进入期货市场，心甘情愿地接受增加的风险，并希望获利。

有人可能会反对此人在小麦中没有预先存在的风险敞口。事实上，每个以面包为食的人都有这样的风险敞口。如果小麦价格上涨得太高，一个人消费面包的计划可能会改变。这个反对意见很有道理。为了知道期货市场中的特定行为是否属于投机交易，需要了解交易者的当前资产情况和未来消费计划。然而，对于个人来说，进入期货市场大概率是为了投机。对于交易小麦期货合约的女性来说，小麦合约的规模（5,000 蒲式耳）相对于她对小麦的需求而言是如此之大，以至于交易增加了她的整体风险。假设她像大多数人一样厌恶风险，她就不会让自己面临进入期货市场而增加的额外风险，除非她希望通过这样做来获利。这就是将她归类为投机者的原因。

早些时候，我们还注意到投机者使用期货交易代替现货市场的交易。对于个人而言，交易一手5,000 蒲式耳的期货合约不太可能代替现货市场的交易，而这一标准也将交易小麦的个人认定为投机者。

不同类型的投机者可以根据他们计划持有头寸的时间长短进行分类。通常有三种类型的投机者：抢帽子者（Scalpers）、日内交易者（Day Traders）和头寸交易者（Position Traders）。

## 4.3.1　抢帽子者

在所有投机者中，抢帽子者计划持有期货头寸的期限最短。抢帽子者的目标是在很短的时间间隔内预测市场走势，从接下来的几秒到几分钟。许多抢帽子者将自己描述为心理学家，试图体会其他市场参与者的交易感受。为了做到这一点，他们必须在交易池里，否则，他们就没有希望看到其他交易者之间积累的买入或卖出压力。[12]

因为其计划的持有期限很短，所以抢帽子者不奢望在每笔交易中赚取巨额利润。相反，他们希望从一两个最小变动价位（tick）的变动中获利。抢帽子者的许多交易以亏损或无利润告终。如果在建仓后几分钟内价格没有朝着其预测方向变动，那么抢帽子者很可能会平仓，并开始寻找新的机会。

这种类型的交易策略意味着抢帽子者将产生大量的交易。如果作为交易大厅外的参与者通过经纪商进行这些交易，那么抢帽子者将因高昂的交易成本而失去任何预期的利润。因为抢帽子者是交易所会员，或者可以从会员那里租用一个席位，所以他们的交易成本非常低。在大多数期货市场中，抢帽子者每次买卖支付的费用可能不到1

美元，而通过普通经纪商进行交易的交易大厅外的交易者需要 25 ~ 80 美元。[13] 如果没有这些非常低的交易成本，抢帽子者的努力将看不到希望。为了感知市场的方向并节省交易成本，抢帽子者需要在交易所的交易大厅交易。

在《新盖茨比》（*The New Gatsbys*）一书中，鲍勃·塔马金（Bob Tamarkin）根据经验探讨了期货交易者的性格特征。在描写抢帽子者时，他说：

> 许多人都是根据感觉而不是基本面进行交易，忘记了主要经济指标、政府政策，甚至商品供应等事情。他们只是试图在价格上涨时买入，在价格下跌时卖出。在交易池中，他们可以比任何外部投机者做得更快、更好，因为他们不偏不倚地处于交易的核心位置。

通过讨论一般的抢帽子者，并描述一位名为保罗（Paul）的个体抢帽子者，塔马金告诉我们：

> 每个交易者都有一套关于接下来的五分钟将发生什么的理论。如果每个人都认为市场要高开，结果却低开，那交易池中大家的心理状态将立刻改变。这是一种以原始情感为基础的从众心理。这是一个简单的方法。获得交易池内人群的交易感觉，然后入场交易。等到公众入场时，市场变动 0.25 美分或 0.5 美分，这样保罗就得到了他的利润。保罗认为，一种商品的最终价格可能是由供需关系决定的，但在此期间，情绪因素占主导地位。[14]

虽然乍一看可能并不明显，但抢帽子者通过其频繁的交易活动为市场提供了有价值的服务。通过频繁交易，抢帽子者为市场提供了流动性。他们的交易活动增加了其他市场参与者寻找交易伙伴的便利性。没有高流动性，一些外部交易者会避开市场，这会降低市场效用。期货市场的成功需要高流动性，而抢帽子者在提供这种流动性方面发挥着重要作用。[15] 我们可以说抢帽子者为其他交易者提供了立即成交的机会。

为了说明抢帽子者在提供流动性方面所起的作用，请思考以下案例。交易大厅以外的交易者可能会在自动收报机（ticker machine）上看到最近的报价，并希望以该价格进行交易。如果市场没有流动性，那么至少有两个原因可能导致其难以按该价格或相近价格成交。首先，如果市场没有流动性，观察到的交易可能发生在一段时间之前，可能没有人愿意以最后的报价进行交易。其次，如果交易池内没有以抢帽子者为代表的潜在交易者的意愿池（willing pool），买卖价差会相当大，从而很难在最后的报价附近达成交易。交易池中的抢帽子者是为了追逐利润，但是他们也相互竞争以达成交易。因此，抢帽子者的存在有助于缩小买卖价差，保持市场更加活跃，报价更加及时，并吸引外部交易者进入市场，因为他们知道他们的订单可以在均衡价格的附近被执行。

## 抢帽子者提供的服务

（1）为交易大厅以外的交易者提供愿意接受交易的对手方。

（2）积极交易，从而产生报价，让市场更有效地发现价格。

（3）通过交易竞争，帮助缩小买卖价差，从而降低其他交易者的交易成本。

（4）吸引套期保值活动，因为套期保值者知道他们的订单可以被执行。

在一篇有趣的文章中，威廉·希尔伯（William Silber）教授探讨了抢帽子者的行为。他观察一个抢帽子者 X 先生的所有交易。X 先生是纽约期货交易所的一位交易者，交易纽约证券交易所综合指数（New York Stock Exchange Composite Index）期货。在 1982 年末至 1983 年初的 31 个交易日内，希尔伯跟踪了 X 先生的所有交易。表4.3 展示了希尔伯的一些成果。在观察的交易期间，X 先生共交易 2,106 次，相当于 70 次/天。这些交易涉及 2,178 手合约的买入和卖出（往返交易）。

表 4.3 还显示了交易数量，希尔伯将其定义为从零净头寸回到零净头寸。这些交易中不到一半（48%）是盈利的，22% 产生亏损。30% 是盈亏平衡交易——既无盈利也无亏损的交易。期间，这些交易产生 10.56 美元的平均利润，7,698.24 美元的总交易利润。每笔交易平均耗时 116 秒。因此，X 先生面临风险敞口的平均时长为 2 分钟。最久的交易，也就是最久的风险敞口期，耗时 547 秒，即 9 分钟多一点。显然，X 先生不愿意持有头寸太长时间。

表 4.3　　　　　　　　　　X 先生在 31 个交易日内的交易

| 总交易次数 | 2,106（手） |
|---|---|
| 交易的合约数量（往返交易——买入并卖出 1 手合约） | 2,178（手） |
| 交易数量（从零净头寸回到零净头寸） | 729（手） |
| 盈利的交易 | 353（48%） |
| 亏损的交易 | 157（22%） |
| 盈亏平衡（scratch）的交易 | 219（30%） |

资料来源：William L. Silber, "Marketmaker Behavior in an Auction Market: An Analysis of Scalpers in Futures Market", *Journal of Finance*, 39:4, 1984, pp. 937–953. 经 Blackwell Publishers 有限公司许可转载。

表 4.4 展示了 X 先生半小时内的交易情况。其间，X 先生进行了 19 笔交易。注意 X 先生在市场中如何开仓，无论是多头还是空头，之后会迅速将头寸归零。在这半小时内，X 先生经历了 5 个交易周期，开始和结束时均为净零头寸。

**表 4.4**                    **X 先生半小时内交易情况**

| 交易 | 时间 | 交易的合约数量（买入为 +/卖出为 −） | 净头寸 |
|------|------|------|------|
| 1 | 10:05:29 | 2 | 2 |
| 2 | 10:06:47 | −2 | 0 |
| 3 | 10:08:10 | 5 | 5 |
| 4 | 10:09:15 | −1 | 4 |
| 5 | 10:09:49 | −2 | 2 |
| 6 | 10:10:25 | −1 | 1 |
| 7 | 10:11:20 | −1 | 0 |
| 8 | 10:12:56 | 6 | 6 |
| 9 | 10:13:29 | −3 | 3 |
| 10 | 10:15:38 | −1 | 2 |
| 11 | 10:16:58 | −1 | 1 |
| 12 | 10:17:23 | −1 | 0 |
| 13 | 10:22:25 | −5 | −5 |
| 14 | 10:23:11 | 3 | −2 |
| 15 | 10:23:23 | 2 | 0 |
| 16 | 10:25:26 | 5 | 5 |
| 17 | 10:26:12 | −1 | 4 |
| 18 | 10:26:18 | −1 | 3 |
| 19 | 10:28:12 | −3 | 0 |

资料来源：William L. Silber, "Marketmaker Behavior in an Auction Market: An Analysis of Scalpers in Futures Market", *Journal of Finance*, 39:4, 1984, pp. 937 − 953. 经 Blackwell Publishers 有限公司许可转载。

正如希尔伯总结的那样，X 先生为市场提供的主要功能是流动性。作为一位抢帽子者，X 先生成为了交易所交易大厅以外的交易者入场交易的对手方。此外，希尔伯发现 X 先生的交易在持续时间较短时往往更有利可图。例如，X 先生超过 3 分钟的交易平均而言是亏损的交易。正如希尔伯总结的那样："抢帽子者的收益用于补偿在很短的时间内评估市场状况的能力，以及在此期间为市场提供流动性的行为。"[16]这与塔马金的观点一致。[17]

---

## 实验室里的期货交易者

实验经济学（Experimental economics）是经济学的一个分支，试图通过受控实验来检验经济命题。这种方法在经济学界获得了广泛的认可，2002 年诺贝尔经济学奖最终授予了该领域的先驱乔治梅森大学（George Mason University）教授弗农·史密斯（Vernon Smith）。2004 年，迈克尔·黑格（Michael Haigh）和约翰·李斯特（John List）

---

公布了他们对 54 位芝加哥期货交易所交易池内的交易者进行的一项实验研究成果。[18]

　　具体而言，该研究旨在检验"短视损失厌恶"（myopic loss aversion）猜想。表现出短视损失厌恶的交易者，将更敏锐地意识到损失，而不是同等规模的收益，并做出短期（短视）的选择。黑格和李斯特期望发现与非专业交易者的普通人对照组相比，专业交易者小组的短视性损失厌恶程度较低。相反，黑格和李斯特发现，虽然芝加哥期货交易所的交易者和普通人对照组都表现出与短视损失厌恶猜想一致的交易行为，但是芝加哥期货交易所的专业交易者比研究中的其他受试者表现出这种行为的程度更高。显然，专业期货交易者的想法与非专业交易者的普通个人不同。这一发现对于市场研究人员意味着用于描述个人经济行为的模型可能不适用于描述专业交易者行为。

## 4.3.2　日内交易者

　　与抢帽子者相比，日内交易者对市场采取了非常有远见的做法。日内交易者试图从一个交易日内可能发生的价格变动中获利。日内交易者在每个交易日结束前平仓，因此他在期货市场上没有隔夜头寸。日内交易者可以在交易大厅之内或之外交易。

　　日内交易者可能会遵循一种策略，如围绕美国政府公告进行交易。农业部每隔一段时间发布生猪产量数据，这是事先众所周知的。日内交易者可能认为，即将在某日发布的生猪数据将表明产量水平超出预期。如果是这样，受未来猪肉供应超出预期的影响，这一公告将导致生猪期货价格下跌。为了利用这一洞察，日间交易者会在公告发布前卖出生猪期货合约，然后等待公告发布后的价格下跌。这一策略可以在没有期货市场隔夜头寸的情况下实施。因此，这是一个适合日内交易者的策略（为了避免对市场造成剧烈影响，政府公告通常在当天晚些时候，受影响市场闭市后发布）。

　　抢帽子者在很短的时间间隔内持有头寸的策略显然是有动机的，但日内交易者将自己限制在仅在一天交易间隔内发生的价格变动范围内的原因却并不那么明显，其根本原因是风险。日内交易者认为，持有隔夜投机头寸风险太大，太多灾难性的价格变动可能会发生。

　　要想了解持有隔夜头寸的危险，可以考虑在纽约期货交易所（NYBOT）交易的浓缩橙汁头寸。11 月下旬，一位交易者持有橙汁期货空头头寸。佛罗里达州的天气对橙汁价格至关重要，交易者在当日交易结束前查看了佛罗里达州的天气预报。未来几天似乎没有出现坏天气的可能，所以他持有他的头寸过夜。出乎意料的是，一股强烈的冷空气进入佛罗里达州并摧毁了大部分橙子，这些橙子在 11 月仍挂在树上且尚未成熟。很自然地，橙汁期货价格在第二天开盘时飙升，持有隔夜头寸的交易者损失惨重。由于担心这种突发的事态发展，日内交易者每天在交易停止前平仓。

绝大多数的投机者要么是抢帽子者，要么是日内交易者，这恰恰表明持有隔夜头寸的风险非常大。随着每天交易接近尾声，交易节奏就会加快。通常情况下，当天成交量的 25% 发生在交易的最后半小时，最后 5 分钟特别疯狂，因为交易者试图平掉其持有的所有头寸。[19]

### 4.3.3 头寸交易者

头寸交易者是持有隔夜期货头寸的投机者。他们有时可能会持有数周甚至数月。头寸交易者主要有两种类型，单边头寸交易者和持有价差头寸的交易者。在这两种策略中，单边头寸的风险要大得多。

单边头寸（Outright Position）。单边头寸交易者如果认为未来 2 个月内长期利率的上升幅度将超过市场预期，则可能会采用以下策略。随着利率上升，代表债券价格的期货价格必然下降。然而，交易者并不知道在接下来的 2 个月内利率何时会上涨。为了利用其对利率走势的判断，交易者可以卖出在芝加哥期货交易所交易的美国国债期货合约，并在未来 2 个月内持有该头寸。如果交易者是正确的，市场将无法正确预测利率的急剧上升，期货价格将下跌。然后，交易者可以平仓并获得利润。

该交易者的单边头寸风险是显而易见的。如果判断错误，利率出乎预料地下降，那么他将遭受巨大损失。如果判断正确，单边持仓提供了获得巨大收益的机会，但同时也带来了巨大损失的风险。对于大多数投机者来说，与单边持仓相关的风险太大。新交易者的预期交易寿命约为 6 个月，但对于单边头寸交易者来说，要短得多。

价差头寸（Spread Position）。更多风险厌恶的头寸交易者会选择交易价差。商品内价差涉及同一标的商品的两个或多个到期日不同的合约之间的价格差异。相比之下，商品间价差是两个或多个不同但相关的标的商品合约之间的价格差异。例如，7 月小麦和玉米合约之间的价格差异属于商品间价差。价差交易者交易两个或多个价格变动相关的合约，目的是从相对价格的变动中获利。

列举一个价差交易者案例，他认为小麦和玉米期货之间的价格差异太大。该交易者认为小麦和玉米之间的商品间价差与两种商品之间应有的合理价格差异不一致。小麦通常以高于玉米的价格出售，但对该交易者来说当前这一价格差异太大。2 月 1 日，可以观察到 7 月小麦和玉米合约的收盘价如下：

7 月小麦合约 329.50 美分/蒲式耳；

7 月玉米合约 229.00 美分/蒲式耳。

该交易者认为，这个超过 1 美元的价格差异太大，并愿意针对玉米价格相对小麦价格会上涨这一推测进行投机。因此，该交易者进行了如表 4.5 第一行所示的交易。

**表 4.5**                 **商品间价差**

| 小麦和玉米合约的规模都是 5,000 蒲式耳 | |
|---|---|
| 日期 | 期货市场 |
| 2 月 1 日 | 以 329.50 美分/蒲式耳的价格卖出 1 手 7 月小麦合约 |
| | 以 229.00 美分/蒲式耳的价格买入 1 手 7 月玉米合约 |
| 6 月 1 日 | 以 282.75 美分/蒲式耳的价格买入 1 手 7 月小麦合约 |
| | 以 219.50 美分/蒲式耳的价格卖出 1 手 7 月玉米合约 |
| 总利润：1,862.50 美元 | 玉米亏损：<br>−0.095 美元/蒲式耳×5,000 蒲式耳 = −475.00 美元<br>小麦盈利：<br>0.4675 美元/蒲式耳×5,000 蒲式耳 = 2,337.50 美元 |

图 4.1 显示了 7 月玉米和小麦合约在相关期间的价格，价格以美分/蒲式耳表示。如图 4.1 所示，玉米和小麦价格均未发生剧烈变化，但在 2 月 1 日之后均出现下跌，小麦价格跌幅大于玉米。由于交易者做空小麦并做多玉米，价格走势显示小麦交易获利，玉米交易亏损。然而，小麦价格的跌幅大于玉米价格的跌幅，使价差头寸整体获利。图 4.2 追踪了交易者从 2 月 1 日到 6 月 1 日所获得的利润。

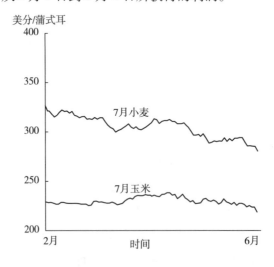

**图 4.1   7 月小麦和玉米期货价格（2 月 1 日至 6 月 1 日）**

在这个案例中，交易者正确地押注玉米价格会相对于小麦价格上涨。碰巧的是，两个价格都下跌了，但小麦价格下跌幅度更大，使交易的整体利润为正。然而，这个

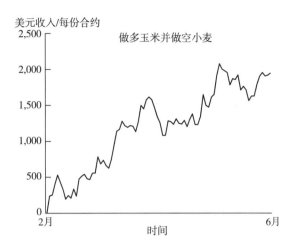

**图 4.2　小麦/玉米价差收益（2 月 1 日至 6 月 1 日）**

结果对于交易者来说并不是获利的必要条件。例如，如果小麦和玉米都上涨，但玉米上涨更多，那么交易仍然是有利可图的。在价差交易中，相对价格很重要，而不是绝对价格。

其他类型的价差策略也是可以的。在商品内价差中，交易者持有同一商品的两个或多个到期日合约的头寸。该策略认为同一商品不同交割日期之间的相对价格会发生变化，从而为交易者带来利润。单边头寸只需要对一种商品的价格变动有信心，而价差头寸则侧重于两种或多种商品以及不同到期日合约之间的相对价格变动。

前文考虑的价差案例相对简单，而价差可以很复杂。一个经常被提及的复杂价差是蝶式价差（butterfly spread），也是一个最好的案例。假设今天是 11 月 10 日，铜期货价格如表 4.6 所示。将 9 月合约价格（67.5 美分/磅）与临近的 7 月和 12 月合约价格进行比较，9 月合约价格似乎不合理。对于这一投机者来说，9 月合约价格应该在 7 月和 12 月合约价格的中间，但当前价格严重低于该水平。因为并不真正知道铜价总体上会上涨还是下跌，所以他只想利用不同到期日合约之间明显的定价差异。

**表 4.6　　　　　　　　　　　　　11 月 10 日的铜期货价格**

| 交割月（下一年度） | 价格（美分/磅） |
| --- | --- |
| 7 月 | 67.0 |
| 9 月 | 67.5 |
| 12 月 | 70.5 |

为了做到这一点，他发起了一项被称为蝶式价差的期货交易，如表 4.7 所示。因为预计 9 月合约价格相对于 7 月和 12 月合约将上涨，所以他分别卖出 1 手 7 月和 12 月合约。为对冲这两手合约的卖出，他买入 2 手 9 月合约。到 4 月 15 日，所有合约的价

格都下跌了，但它们的价格关系更接近于投机者认为的合理水平。4 月 15 日，相对于其他合约，9 月合约价格已经大约上涨到 7 月和 12 月合约价格的中间，这正是他所期望的。蝴蝶的翅膀（7 月和 12 月合约）已经煽动，使所有价格回归合理水平。如表 4.7 所示，该价差策略共产生 750 美元的总利润。

表 4.7　　　　　　　　　　　　　铜的蝶式价差

| 日期 | 期货市场 |
|------|----------|
| 11 月 10 日 | 以 67 美分/磅的价格卖出 1 手 7 月铜合约 |
| | 以 67.5 美分/磅的价格买入 2 手 9 月铜合约 |
| | 以 70.5 美分/磅的价格卖出 1 手 12 月铜合约 |
| 4 月 15 日 | 以 65 美分/磅的价格买入 1 手 7 月铜合约 |
| | 以 67 美分/磅的价格卖出 2 手 9 月铜合约 |
| | 以 68.5 美分/磅的价格买入 1 手 12 月铜合约 |
| 总利润：750 美元 | 利润和损失： |
| | 7 月合约：0.02 美元 × 25,000 磅 = 500 美元 |
| | 9 月合约：−0.005 美元 × 2 手 × 25,000 磅 = −250 美元 |
| | 12 月合约：0.02 美元 × 25,000 磅 = 500 美元 |

注：铜合约在纽约商业交易所旗下的商品交易所进行交易。每手合约的规模为 25,000 磅。

　　将投机者分为抢帽子者、日内交易者和头寸交易者是有用的，但这不应掩盖个人可以拥有多种投机策略的事实。某一交易者可以轻松地将其交易活动合并为抢帽子者以及头寸交易者。那些在交易池内积极交易的人，将有望利用可能出现的各种机会。

# 奥黑尔价差

　　来自芝加哥的交易者使用"奥黑尔价差"（O'Hare Spread）一词来指代与前往异国他乡的单程机票一起持有的巨额期货头寸。如果交易者赢得了他的期货赌注，那么他就会赚取这笔钱并飞走，从此过上幸福的生活。如果他输掉了赌注，交易者会迅速抓起他的包，匆匆地给妻子和孩子们写一张纸条，然后跳着"L"形舞步快速去芝加哥的奥黑尔机场，以便逃离这个国家。奥黑尔价差应该是一个关于绝望交易者可能会做什么的幽默说法。然而，1992 年，两名交易者上演了真实的奥黑尔价差。

　　达雷尔·齐默尔马（Darrell Zimmerma）和他的朋友安东尼·卡塔利佛（Anthony Catalfo）是芝加哥期货交易所长期国债（Treasury bond）交易池的场内经纪商（floor broker）。他们被授权交易长期国债期货，并根据需要持有期货期权头寸，以对冲其期货头寸。1992 年 10 月，齐默尔马和卡塔利佛将大约 30,000 美元存入了斯特恩公司（Stern and Co.）的交易账户，斯特恩公司是芝加哥期货交易所清算公司（BOTCC）的清算会员，授权两人在其存入金额限度内进行交易。齐默尔马和卡塔利佛随后进行了数百笔超出其授权额度的交易。他们购买了大量债券期货看跌期权，同时卖出了数千份期货，试图影响看跌期权的价格。他们交易的最终结果是损失超过 800 万美元。两人前往奥黑尔机场，留下斯特恩公司继续处理追保通知。斯特恩公司无法满足追保通知要求，最终芝加哥期货交易所清算公司宣布其违约。为了解决这个问题，李·斯特恩（Lee Stern）开出一张超过 700 万美元的个人支票，以履行其公司的义务。卡塔利佛和齐默尔马则成为众多民事和刑事诉讼目标。此外，他们还面临交易所的纪律处分，以及斯特恩公司的追责。然而，两人逃到了加拿大。最终，卡塔利佛回到美国，被判有罪并被送进监狱。然而，齐默尔马仍留在加拿大，住在不列颠哥伦比亚省的一个公园里，以街头音乐家的身份谋生。

## 4.4　投机利润

在本部分中，我们回顾了投机交易的几个方面。首先，我们思考了对于个人来说投机者成功和失败的可用证据。我们已经看到抢帽子者似乎在赚取投机利润。在这里，我们调查了几项关于整体交易者业绩表现的研究成果。其次，我们评估了一些技术交易系统的实践和利润。再次，我们考虑了商品基金的目标和业绩表现。最后，我们分析了在有效市场环境中的投机利润。

### 4.4.1　投机利润的证据

在大多数情况下，投机利润和损失很难被观察到。大多数交易者看重其经纪账户的隐私。这种隐私使他们可以私下享受利润并舔舐"交易伤口"，还可以讲述有关其交易能力的"鱼故事"（美国俚语，指添油加醋的夸大吹嘘其行为——译者注）。尽管如此，还是有几项研究来评估投机者的交易结果的。这些信息主要来源于商品期货交易委员会的大额交易者报告，拥有大量头寸的交易者被要求报告这些头寸。该信息以交易者持仓报告（Commitments of Traders Report）的形式公开，交易者持仓报告以汇总的形式总结了大额交易者报告。因此，从总体上确定大额交易者（高于报告要求）和小额交易者（低于报告要求）在做什么是可能的。请注意，这与能够调查特定个人的实际交易样本不同。

表 4.8 总结了一些关于投机利润的研究。这些研究并没有达成共识，所采用的一些方法也受到过批评。尽管如此，似乎没有理由认为投机者能赚取巨额利润，特别是在考虑交易成本之后。相反，一些利得和损失的结果可能与交易价格合理的期货合约的投机者大体一致。[20]

表 4.8　　　　　　　　　　　　　　　投机利润的证据

| 研究 | 主要成果 |
| --- | --- |
| Stewart（1949） | 75% 的投机者亏损 |
| Houthakker（1957） | 小型投机者在谷物中亏损，但在棉花中获利 |
| Rockwell（1967） | 小型投机者在考虑交易成本后始终亏损 |
| Ross（1975） | 投机者在考虑佣金之前获利，在考虑佣金之后亏损 |
| Chang 和 Stevenson（1985） | 小型投机者获利 |
| Hartzmark（1987） | 大型投机者不能显著获利；<br>大型套期保值者没有显著亏损 |
| Leuthold、Garcia 和 Lu（1994） | 冷冻猪腩的大型交易者能显著获利 |

## 4.4.2　技术交易系统

技术交易系统在期货市场中，似乎比在金融市场中任何其他组成部分更受青睐。这可以通过浏览最近一期的《期货》（*Futures*）并注意各种技术交易系统的许多广告来验证。技术分析（Technical analysis）是一种仅使用市场数据（价格、成交量、持仓量和类似信息）来预测未来价格走势的市场分析方法。例如，根据技术分析，技术分析师认为某些价格形态预示着期货价格将会上涨，其他形态则预示着期货价格将会下跌。在这里，我们不想探索技术分析的方法，许多书籍都涵盖这个主题。[21]相反，我们想探索技术分析是否可以产生投机利润的证据。

为了获得成功的机会，技术分析依靠期货价格形态是否存在。在大多数市场中，学者发现价格形态确实存在，但这些形态不足以让技术交易策略产生利润。为了获得交易利润，包括覆盖掉交易成本，我们需要非常显著的形态。例如，斯蒂芬·泰勒（Stephen J. Taylor）发现期货价格确实表现出统计学上显著的形态，但这些形态却不足以让交易获利。[22]

表 4.9 总结了最近关于技术交易系统有用性的证据。其中，许多研究基于模拟的交易系统，而不是实际使用的系统。如表 4.9 所示，总体上的研究似乎表明技术分析可能有一些优点。然而，这是一个非常有争议的领域，这一问题还没有形成定论。如果技术分析在期货交易中有用，那么这一结果将与其他金融市场的发现形成对比。[23]

表 4.9 技术交易系统的证据

| 研究 | 主要成果 |
|---|---|
| Tomek 和 Querin（1984） | 技术交易规则起作用的机会是很小的 |
| Neftci 和 Policano（1984） | 对短期国债、黄金和大豆有一些预测能力，但对铜没有 |
| Lukac、Brorsen 和 Irwin（1988a） | 检验了 12 种不同的技术交易系统，发现有 7 种是盈利的，这为技术分析提供了一些支持 |
| Lukac、Brorsen 和 Irwin（1988b） | 技术交易系统是相似的，在相似的时间产生交易信号 |
| Lukac、Brorsen 和 Irwin（1989） | 交易系统要求用户指定参数，但过去的数据无助于选择最佳参数 |

### 4.4.3 商品基金

商品基金（Commodity Fund/Commodity Pool）是接受来自各方参与者的资金并利用这些资金在期货市场上进行投机的金融机构。因此，其组织与共同基金类似。我们已经注意到期货交易不需要投资。因此，商品基金使用客户的资金用于两个目的：缴纳保证金和赚取利息。赚取利息的部分为未来追加通知提供了一个资金池，资金的利得和损失来自期货交易和赚取的利息。大多数基金的交易策略都非常依赖技术分析。

我们可以期待商品基金有怎样的表现呢？为了分析这个问题，我们做了两个初步假设。首先，我们假设期货价格的形态不足以让技术分析产生利润。其次，我们假设期货价格等于预期未来现货价格。在这两个限制条件下，我们预计商品基金的期货交易部分既不亏损也不盈利。在我们的假设下，基金可能会进行交易，但每笔交易的预期收益都将是零。对于其资产的赚取利息部分，我们预计投资的资产将赚取按货币市场利率计算的利息。在这些假设下，由于执行其交易策略过程中产生的交易成本，商品基金的表现将逊于买入并持有的货币市场投资。为了取得成功，商品基金必须能够赚取投机利润，想必这些是通过技术交易系统实现的，因为大多数基金在很大程度上依赖于这些系统。

表 4.10 总结了近期商品基金研究的主要发现。第一，商品基金仅使用 20%～28%的投资资金作为保证金。因此，其收到的大部分资金用于货币市场投资。第二，回报往往是负数。第三，即使获得正回报，通常也不会超过其固有的系统性风险水平。也就是说，商品基金不能够打败市场。第四，即使本身作为投资不具吸引力，但在加入股票和债券投资组合时，商品基金可能有助于降低风险。关于这一点的证据很混乱。第五，过去的表现不能很好地指导未来的表现。总之，证据似乎表现得与有效市场的观点相当一致。商品基金似乎不是一个令人兴奋的投资工具，但在某些情况下可能是一种有用的工具。

**表 4.10**　　　　　　　　　　　　　　　　商品基金的研究

| 研究 | 主要成果 |
|---|---|
| Irwin 和 Brorsen（1985） | 每年回报差异很大；利息收入占总收入的很大一部分；65% 的基金都是亏损的；股票和债券投资组合中加入基金，可降低风险 |
| Cornew（1986） | 基金仅使用 20% 的总资金用于保证金，80% 用于赚取利息 |
| Murphy（1986） | 技术型基金表现不如股票和短期国债；把基金加入股票和债券投资组合可降低整体风险；没有证据表明基金表现优于买入并持有的策略 |
| Irwin 和 Brorsen（1985） | 基金配置 28% 的资金用于保证金 |
| Elton、Gruber 和 Rentzler（1987） | 单独交易或加入股票和债券投资组合，整体表现都不具有吸引力；过去的表现并不能很好地指导未来的表现 |
| Edwards 和 Ma（1988） | 基金招募说明书中披露的上市前交易结果无助于预测上市后的基金业绩，并且上市前交易结果显著高于上市后的业绩 |

许多商品基金被组织为对冲基金。这些对冲基金的运营商在商品期货交易委员会注册为商品基金管理人（CPO），因为他们打算交易期货合约。由商品基金管理人运营的对冲基金必须向全国期货协会（NFA）提供年终财务报告，向潜在投资者提供书面披露材料，接受全国期货协会的定期检查，遵守记录保存和报告要求，遵守广告限制，以及满足与客户资金处理相关的要求。

# 什么是对冲基金

对冲基金[24]是一个术语，用于描述一系列私下组织且公众无法广泛参与的集合投资工具。对冲基金只面向富有的个人和机构投资者。对冲基金可以采用他们选择的任何交易策略，包括高风险策略，因此"对冲"一词在描述基金投资者的风险偏好时具有误导性。许多投资者被某些对冲基金所吸引，因为它们代表了一个非常适合整体投资组合多元化策略的另类资产类别。

尽管对冲基金没有固定的组织形式，但大多数对冲基金的运营结构不受适用于更传统的投资工具如共同基金的法律和法规约束。为免予 1940 年的《投资公司法》（*Investment Company Act*）和《投资顾问法》（*Investment Advisors Act*，即监管共同基金及其投资顾问的法律）的约束，对冲基金必须通过"私募"方式提供，将份额出售给少于 100 名的"合格投资者"。合格投资者是满足净资产或收入阈值要求的个人或机构。个人要成为合格投资者，必须在前两年内每年收入超过 200,000 美元（或与配偶的共同收入超过 300,000 美元）。个人必须能够合理预期当年收入达到相同水平。如果在投资时拥有的净资产（或与配偶共同拥有的净资产）超过 100 万美元，个人也可以成为合格投资者。机构投资者的资产必须超过 500 万美元。这些限制的目的是将对冲基金投资者限制在富有的（可能是老练的）投资者范围内，这些投资者可以自谋生计，且不需要联邦政府投资者保护法律和法规的保护。如果出现争议，这些投资者可以根据现行合同法提起诉讼。

对冲基金须遵守任何其他投资基金必须满足的各种监管报告要求。例如，如果对冲基金持有期货或期货期权头寸，则它们必须遵守商品期货交易委员会的大额交易者要求。

### 4.4.4 "正常"投机回报

我们已经看到几个明显成功的投机案例。首先，我们看到在希尔伯的研究中 X 先生通过抢帽子交易获得了正回报。其次，我们考虑了几项关于投机利润的研究。再次，我们注意到一些技术交易系统似乎获得了正收益，虽然有证据表明其他系统没有。最后，我们调查了商品基金，并发现了某些商品基金赚取投机利润的一些证据。在本部分中，我们想从有效市场的角度来考虑期货市场投机。为此，我们将回顾关于"正常利润"的概念，然后更详细地思考 X 先生的交易。

有效市场（efficient market）是价格充分反映特定信息集中包含的信息的市场。对于不同形式的有效市场假说，我们可以指定不同的信息集。有效市场假说的传统形式包括弱式有效、半强式有效和强式有效。[25]弱式有效市场假说认为市场价格充分反映了包含在历史成交量和价格中的所有信息。半强式有效市场假说认为市场价格充分反映了所有公开信息。强式有效市场假说认为市场价格反映了所有信息，无论是公开的还是未公开的。未公开信息包括仅由公司内部人员和政府官员掌握的信息。强式有效市场假说几乎肯定是错误的，所以我们只关注弱式有效市场假说和半强式有效市场假说。

如果弱式有效市场假说是正确的，那么任何过去或现在的价格或成交量信息都对指导投机策略没有用处。如果期货市场是弱式有效市场，就不会有我们在第 3 章分析过的期现套利机会。此外，技术交易策略也不会奏效。如果半强式有效市场假说是正确的，那么研究价格决定因素的信息在指导投机策略方面也不会有用。

与投资股票或债券不同，期货交易因保证金制度和每日结算，而不需要实际投资。这表明期货交易中的任何稳定利润都与有效市场不一致。因此，前文回顾的 10 美元/手的抢帽子利润似乎与有效市场假说背道而驰。我们现在想调查抢帽子者面临的一些额外成本。

首先，在主要交易所交易期货，一个人必须拥有一个席位，或者从拥有席位的人那里获得一个席位使用权。其次，在交易所进行交易涉及时间和精力的投入。由于时间和精力都花在了交易上，因此无法将其应用到其他地方来获得回报。最后，期货交易必然涉及风险。大多数人不愿意冒险，除非这些风险的预期回报高到足以证明风险是合理的。考虑到这些想法，再思考一下 X 先生，我们假设他在一家主要交易所拥有一个席位。从财务角度来看，他需要多少收入才能使交易变得有价值，这与他的实际交易结果相比如何？

首先要考虑的是交易所需席位的价值。如第 1 章所述，交易所的席位是在市场上买卖的，芝加哥商业交易所和芝加哥期货交易所席位的最近成交价在 400,000 ~ 935,000 美元。[26]保守估计其价值为 500,000 美元，很明显交易者因购买席位而损失了 500,000 美元。假设同样风险投资的回报率为 10%，为了覆盖席位费用，X 先生必须每年赚取 50,000 美元。其次，X 先生将其时间投入交易中，而如果不交易，他可以从事另一份工作。大多数交易者都是有专业能力和执行能力的人，远多于有限交易时间的长时间工作让人精疲力竭、神经紧张。表现出像交易者一样努力工作的意愿，同时具有成功交易者所必需的才能，X 先生可以期望在其他一些职位上获得相对可观的薪水。也许每年 60,000 美元是一个保守的数字。由于大多数支付薪酬的职位都有医疗、牙科和人寿保险等附加福利，因此这是非常保守的。

除了放弃将席位购买资金投资于其他地方和选择其他工作机会之外，还必须承认交易的高风险。相对于交易，支付薪酬的职位是非常安全的。作为风险厌恶者，X 先生会合理地期望为他的额外风险敞口获得一些补偿。补偿的金额很难量化，显然取决于他个人的风险承受能力。最后，交易者工作的性质需要更全面地考虑。交易对身体、情感和精神的要求都非常高。一项对交易池的随机调查显示，很少有老年参与者。从与众多交易者的交谈中可以很明显地看出，他们通常不希望超过 40 岁还进行交易。[27]对于衡量压力水平的另一个指标，你只需查阅《华尔街日报》，该报经常刊登有关交易者问题的文章。他们因大喊大叫而失声，需要发音训练，他们有时会受到身体伤害，有时会因工作压力而感到焦虑。[28]虽然许多交易者被交易池的刺激所吸引，但许多人会要求在这种条件下工作的高额报酬。极端的身体和心理需求很难用美元来衡量，但它们是真实的成本。

如表 4.11 所示，X 先生应该每年至少赚取 110,000 美元，即便如此也不会有任何迹象表明其正在获取超额利润。许多交易者的收入非常可观，并且生活得很好——当他们不在交易大厅时。这一事实本身并不足以证明交易期货合约是一种快速致富的简单方法。交易者在开始获得超额利润之前需要先支付高额的成本，期货投机可能不是一件轻松的事情。

**表 4.11**　　　　　　　　　　　　X 先生假设的替代收入

| 资源 | 年度金额 |
|---|---|
| 席位维护资金的使用 | 50,000 美元 |
| 放弃的其他工作机会 | 60,000 美元 |
| 额外承担的风险 | ? |
| 额外的压力和担忧 | ? |
| 合计 | 110,000 多美元 |

来自希尔伯研究的真实数据揭示了交易者面临的困难。正如希尔伯所指出的，X 先生在此期间收入较少。在希尔伯样本中的 31 个交易日内，X 先生的平均利润为 742 美元/天。这是扣除佣金之前的水平，而佣金平均为 1.22 美元/手。扣除佣金之后，X 先生的平均利润为 672 美元/天。每年大约有 250 个交易日，X 先生每年的收入约为 168,000 美元。希尔伯报告称，这些结果使 X 先生在纽约期货交易所（NYFE）的抢帽子者中位居前 1/4。当将这些结果与表 4.11 中计算的机会成本进行比较时，我们可以看到 X 先生做得很好，但并不出色。如果我们考虑他所承担的风险，他承受的压力和担忧，以及他所面临的自付费用，X 先生必须比他在此期间做得更好，才能让我们相信他可以战胜市场。

---

## 颠倒乾坤

"大胆想象，积极思考，永远不要表现出任何软弱的迹象。逢低买入，逢高卖出。恐惧？那是另外一个家伙的问题。"这是电影《颠倒乾坤》（*Trading Places*）中路易斯·温索普三世（Louis Winthorpe Ⅲ）给比利·雷·瓦伦丁（Billy Ray Valentine）的交易建议。

尽管派拉蒙 1983 年拍摄的热门电影《颠倒乾坤》已经过去了 20 多年，但它仍然是世界各地期货市场专业人士的最爱。对刚开始了解期货交易和交易机构的学生来说，影片提供了几节精彩课程。一个有用的课程是，即使持有空头头寸，也可以通过低买高卖来实现获利。另一个课程与市场效率概念和未公开信息价值有关。

这部电影的情节围绕着杜克兄弟（Duke Brothers）［由拉尔夫·贝拉米（Ralph Bellamy）和唐·阿米奇（Don Ameche）饰演］的一项计划，该计划利用内幕信息在橙子作物报告发布之前交易冷冻浓缩橙汁期货。令杜克兄弟不知道的是，温索普和瓦伦丁［由丹·艾克罗伊德（Dan Aykroyd）和埃迪·墨菲（Eddie Murphy）饰演］发现了这个计划，并用伪造的作物报告代替了真实的作物报告。根据伪造的作物报告，杜克兄弟认为恶劣天气影响了橙子作物的收成，并将在报告公开后导致价格上涨。根据这些信息，杜克兄弟告诉他们的场内交易商买入（做多）4月冷冻浓缩橙汁合约。随着杜克兄弟的场内交易商执行其交易，价格从开盘价102美元上涨至142美元。温索普和瓦伦丁以142美元的价格开始建立4月冷冻浓缩橙汁期货空头头寸，他们可以获得真实的作物报告，并知道报告显示恶劣天气并没有影响橙子的收成。当作物报告发布，价格像掉落的石头一样下跌，一路跌至29美元。瓦伦丁和温索普然后通过买入4月合约来平掉空头头寸。最终结果是瓦伦丁和温索普以29美元的价格买入并以142美元的价格卖出。杜克兄弟在102美元至142美元的价格区间买入，并以接近29美元的价格卖出。电影结尾，瓦伦丁和温索普变得富有，杜克兄弟最终住进了破房子。

影片的细心观察人士会注意到，在交易高峰期，4月合约的显示价格快速波动，而相邻和较远月份到期的合约的价格则保持不变。在现实世界中，正向期现套利将迫使其他交割月份的合约价格也发生变化。

## 4.5　套期保值

与投机者相反，套期保值者（hedger）是为降低预先存在的风险而进入期货市场的交易者。[29]如果一个交易者交易商品期货，但在该商品上没有初始头寸，也不考虑持有现货头寸，则该交易者就不能成为一个套期保值者。期货交易不能代替现货市场交易。在这种情况下，拥有头寸并不意味着交易者必须实际拥有商品。预计未来需要某种商品的个人或公司，或计划以后购买某种商品的人，都可以说是在该商品上拥有头寸。在许多情况下，套期保值者有一个确定的套期期限（hedging horizon）——套期保值将终止的未来日期。例如，农民可能会想在种植到收获期间进行套期保值。在其他情况下，可能没有具体的期限。我们从下面两个例子开始，在这两个例子中套期保值者有明确的套期保值期限。

### 4.5.1　买入套期保值

对于某些人来说，认为在没有实际拥有的某一商品上面临风险，可能是一个令人困惑的想法。但请考虑以下案例。白银是用于生产大多数类型的摄影胶片和相纸的重要原料，并且白银价格波动很大。对于胶片制造商来说，利润可能会受到白银价格波动的巨大影响，这是一个相当大的风险。如果要维持生产计划，定期大量采购白银是绝对必要的。假设该胶片制造商在 2 个月后需要 50,000 金衡盎司白银，同时 5 月 10 日的白银价格如表 4.12 所示。当前白银现货价格为 1,052.5 美分/金衡盎司，7 月白银期货合约价格为高于现货价格的 1,068.0 美分/金衡盎司，9 月白银期货合约价格为 1,084.0 美分/金衡盎司。

表 4.12                    5 月 10 日白银期货价格

| 合约 | 价格（美分/金衡盎司） |
| --- | --- |
| 现货 | 1,052.5 |
| 7 月合约 | 1,068.0 |
| 9 月合约 | 1,084.0 |

注：纽约商业交易所旗下商品交易所交易的白银合约的规模为 5,000 金衡盎司。

由于担心白银价格可能会意外上涨，胶片制造商认为 1,068.0 美分/金衡盎司的价格对于其在 7 月需要的白银来说是可以接受的。他意识到，在现货市场上以 1,052.5 美分/金衡盎司的价格购买白银并将其储存 2 个月是不划算的。15.5 美分/金衡盎司的价格差异无法覆盖其储存成本。此外，即使为 7 月交割白银支付 1,068.0 美分/金衡盎司的价格，胶片制造商依然可以获得可接受的利润水平。但若支付高于 1,068.0 美分/金衡盎司的价格，可能就会严重损害盈利能力。考虑到这些原因，胶片制造商决定进入期货市场以对冲未来价格意外上涨的可能性，为此他开展了如表 4.13 所示的交易。

表 4.13                    白银买入套期保值

| 日期 | 现货市场 | 期货市场 |
| --- | --- | --- |
| 5 月 10 日 | 预计 2 个月后需要 50,000 金衡盎司，并且希望以 1,068 美分/金衡盎司的价格或者总计 534,000 美元进行支付 | 以 1,068 美分/金衡盎司的价格买入 10 手 5,000 金衡盎司的 7 月期货合约 |
| 7 月 10 日 | 白银当前的现货价格是 1,071 美分/金衡盎司，制造商买入 50,000 金衡盎司，支付 535,500 美元 | 由于期货合约到期，期货价格与现货价格相等，10 手期货合约以 1,071 美分/金衡盎司的价格卖出 |
| | 现货损失：−1,500 美元 | 期货盈利：1,500 美元 |
| 净财富变化 = 0 | | |

以期货价格作为对未来现货价格的最佳估计，胶片制造商预计自现在起 2 个月后在 7 月现货市场，以 1,068.0 美分/金衡盎司的价格购买白银。同时，他以 1,068.0 美分/金衡盎司的价格买入 10 手 5,000 金衡盎司的 7 月白银期货合约。因为买入期货合约是为了套期保值，所以这种交易就被称为买入套期保值（Long Hedge）。此外，交易者还是在为未来某个日期的预期白银需求买入期货合约，因此该交易也代表了对预期的套期保值。时间流逝，到了 7 月，白银现货价格已升至 1,071.0 美分/金衡盎司，比预期高出 3 美分。

由于需要白银，胶片制造商在现货市场上购买白银，共支付535,500美元。这比预期多出1,500美元。由于期货合约即将到期，期货价格必须等于现货价格，因而胶片制造商能够以1,071.0美分/金衡盎司的相同价格卖出其10手期货合约，每金衡盎司获利3美分，期货头寸总盈利1,500美元。现货和期货损益相抵为零。在现货市场上，购买成本比预期高出1,500美元，但有1,500美元的期货盈利将其抵销，导致净财富变化为零。

### 4.5.2　反向交易和套期保值

这些交易的一个特点是制造商不接受期货合约的交割，反而是将合约平仓。比起接受合约交割，反向交易会更好，因为平仓节省了交易成本，降低了管理难度。空头交易者有权选择交割地点的权利，而多头交易者一定会担心空头交易者选择一个难以接受的地点。不接受交割，多头交易者可以从正常供应商那里获得实物商品，而不是接受交割。前文案例中的套期保值者也可以通过接受交割达到相同的结果。如果期货合约交割被接受，则白银价格将被锁定在1,068.0美分/金衡盎司，这与使用反向交易时发生的情况一样。

### 4.5.3　卖出套期保值

虽然白银买入套期保值涉及期货合约的买入，但套期保值不一定涉及多头期货多头头寸。卖出套期保值（short hedge）是套期保值者卖出期货合约的套期保值。例如，我们假设同样的白银价格，日期也为5月10日，如表4.14所示。内华达州的一位银矿主担心白银价格，因为他希望能够为其公司的盈利能力做出规划。如果白银价格下跌，他可能会被迫停产。基于目前的产量水平，他预计在2个月后将有大约50,000金衡盎司的白银准备发货。考虑到如表4.14所示的白银价格，他决定认可1,068.0美分/金衡盎司的白银销售价格。

为了锁定1,068.0美分/金衡盎司的价格，银矿主决定进入白银期货市场。通过套期保值，他可以规避未来2个月白银价格下跌的风险。表4.14显示了银矿主的交易情况。请注意，这些正是胶片制造商交易的镜像。预计需要在2个月后卖出50,000金衡盎司白银，银矿主以1,068.0美分/金衡盎司的价格卖出10手5,000金衡盎司的7月交割的期货合约。7月10日，白银现货价格为1,071.0美分/金衡盎司，银矿主卖出白银并获得535,000美元的收入。这比最初预期的多出1,500美元。然而，在期货市场上，银矿主遭受了抵销性损失。他将以1,068.0美分/金衡盎司的价格卖出的期货合约，在7月以1,071.0美分/金衡盎司的价格平仓。现货和期货两个市场的盈利和损失再次相互抵销，导致净财富变化为零。

表 4.14　　　　　　　　　　　　　　　　白银卖出套期保值

| 日期 | 现货市场 | 期货市场 |
|---|---|---|
| 5 月 10 日 | 预计 2 个月后销售 50,000 金衡盎司，并且希望以 1,068 美分/金衡盎司的价格或者总计 534,000 美元进行销售 | 以 1,068 美分/金衡盎司的价格卖出 10 手 5,000 金衡盎司的 7 月期货合约 |
| 7 月 10 日 | 白银当前的现货价格是 1,071 美分/金衡盎司，银矿主销售 50,000 金衡盎司，收入 535,500 美元 | 以 1,071 美分/金衡盎司的价格买入 10 手期货合约 |
| | 现货盈利：1,500 美元 | 期货损失：−1,500 美元 |
| 净财富变化 = 0 | | |

从 7 月的有利价格来看最终结果，显然如果银矿主没有套期保值就会多拥有 1,500 美元的财富。他在现货市场上的收入会比最初预期的多 1,500 美元，而在期货市场上不会蒙受损失。然而，这并不意味着他开展套期保值是不明智的。在套期保值中，银矿主和胶片制造商都认为选这一期货价格是用于在 7 月达成交易的可接受价格。

### 4.5.4　套期保值者需要投机者吗

套期保值通常被视同为购买保险。根据这种观点，套期保值者在期货市场进行交易，投机者承担套期保值者试图规避的风险。自然地，投机者要求对这项服务给予一些补偿。在第 3 章中，正常期货折价（normal backwardation）和正常期货溢价（cantango）理论被认为是对投机者因承担风险而获得补偿的方式的解释。然而，在考虑这两个白银案例时却不需要投机者进行头寸交易。买入套期保值者和卖出套期保值者完美地实现了相互平衡。

虽然这个案例是人为设计的，但它说明了一个重要的观点。作为一个群体，套期保值者需要投机者持有头寸并承担风险，但仅针对那些买入套期保值和卖出套期保值者需求不匹配的合约。只要套期保值者的头寸匹配，就不需要投机者中的头寸交易者来承担风险。这也有助于解释为什么风险溢价（如果有的话）并不大。在这两个案例中，套期保值者不需要投机者作为头寸交易者。然而，即使买入套期保值者和卖出套期保值者总是处于平衡状态，期货市场仍然需要抢帽子者提供的流动性，正如我们之前研究的抢帽子者 X 先生。

### 4.5.5　交叉套期保值

在白银的买入套期保值和卖出套期保值案例中，套期保值者的需求与白银市场的机构特征完美匹配。涉及的商品与期货市场交易的商品完全相同，现货数量也与期货合约数量相符，银矿主和胶片制造商的套期保值期限也与期货合约的交割日期相符。在实际的套期保值应用中，很少有所有因素都匹配得这么好。在大多数情况下，被套期保值项目头寸和套期保值工具头寸将在涵盖的时间跨度、商品数量或商品特征方面有所不同。在这些情况下，套期保值就将是交叉套期保值（cross–hedge）——现货头寸与期货头寸的特征不完全匹配的套期保值。

---

### 形成交叉套期保值的错配

（1）套期保值期限可能与期货到期日不匹配。
（2）被套期保值项目数量可能与期货合约数量不匹配。
（3）被套期保值商品的物理特性可能与期货合约标的商品不同。

---

例如，首先考虑一家使用白银的胶片制造商所面临的问题，白银是制造胶片的关键原料。胶片生产是一个工业流程，或多或少需要连续生产。然而，在纽约商业交易所旗下商品交易所上市的白银期货，其交割月份是1月、3月、5月、7月、9月和12月。胶片制造商在2月、4月等其他月份也需要白银。因此，期货到期日和胶片制造商的套期保值期限并不完全匹配。其次，考虑期货合约数量与胶片制造商需求数量的差异。商品交易所白银期货合约规模为5,000金衡盎司。胶片制造商可能需要数千金衡盎司，因此该制造商很容易选择和交易一定数量的合约，使白银期货数量接近实际需求。然而，如果一个套期保值者需要对冲7,500金衡盎司，他可能会在选择一手还是两手期货合约之间遇到问题。最后，考虑期货合约标的的白银和用于制造胶片的白银在物理特性上的差异。为了生产胶片，白银需要呈颗粒状，且不需要像银条那样纯净。此外，呈颗粒状的白银还需要含有除银以外的其他金属。而商品交易所白银合约规定可交割白银必须为99.9%纯度的1,000金衡盎司银锭。换言之，期货合约标的的白银是极其纯净且被精炼过的，不像工业上通常使用的混合白银产品。因此，胶片制造商将不得不用纯银锭来对冲工业银。在利率期货市场上，交叉套期保值通常问题非常多。金融工具的特征极为不同，如风险水平、到期日和票面利率。相比之下，只有少数几个不同类型的有息证券的期货合约才真正活跃。

当被套期保值项目的头寸特征与用于套期保值的期货合约的特征不完全匹配时，套期保值者必须确保交易正确数量和种类的期货合约，以尽可能多地控制被套期保值项目头寸的风险。一般来说，我们不能期望交叉套期保值在降低风险方面与直接套期保值（direct hedge）一样有效。我们将在后面的章节中详细探讨交叉套期保值。

### 4.5.6　微观套期保值与宏观套期保值

套期保值还可以通过其潜在风险范围来描述。"微观套期保值"（micro - hedge）一词描述了期货头寸与资产负债表上特定资产或负债项目相匹配的情况。银行在资产负债表的负债端对冲一年期存单的利率，是微观套期保值的一个例子。"宏观套期保值"（macro - hedge）一词描述了通过套期保值的结构化来对冲与套期保值者整体资产/负债组合相关的净风险（组合）的情况。银行利用利率期货使得其资产的利率风险敞口与负债的利率风险敞口相等，是宏观套期保值的一个例子。

### 4.5.7　叠式套期保值与条式套期保值

在某些情况下，需要在较长时间内对现金流进行套期保值。可以通过两种不同的方式对此类长期风险进行套期保值。第一种方式，期货头寸可以建立在一系列到期日逐渐变长的期货合约上，这种方式称为条式套期保值（strip hedge）。第二种方式，整个期货头寸可以集中在近月合约，然后向前滚动（减去不再需要的套期保值部分）至下一个近月合约，这种方式称为叠式套期保值（stack hedge）。

每个策略都需要权衡。条式套期保值与潜在风险的相关性高于叠式套期保值（如跟踪误差较低），但可能会有较高的流动性成本，因为远月合约交易可能非常稀少，且可能具有高买卖价差及高交易执行风险。叠式套期保值具有较低的流动性成本，但具有较高的跟踪误差。叠式套期保值在 1993 年成为新闻，当时德国金属公司（Metallge-sellschaft AG）的美国子公司德国金属精炼和营销公司（MG Refining and Marketing Inc.，MGRM）被迫解除能源期货中的大量叠式套期保值，带来了灾难性后果。我们将在第 5 章中详细研究德国金属的惨败案例。

### 4.5.8　风险最小化套期保值

在第一个案例中，我考虑了套期保值者有明确期限情况下的套期保值。套期保值者通常不想仅在未来某一特定日期进行套期保值。相反，套期保值者可能想要无限期地控制持续存在的风险。例如，考虑一个持有大豆库存的大豆经销商。依赖于该库存，经销商可以满足客户的订单。随着库存下降，经销商会定期从现货市场来补充自己的库存，持有库存的价值会随着大豆价格波动而波动，然而，他可以通过卖出大豆期货合约来减少库存价值波动，如以下案例分析所示。

图 4.3 显示了 300 天的大豆现货历史价格。对于这一案例，我们假设现在是第 60 天，大豆价格接近近期高点，今天的收盘价是 719.5 美分/蒲式耳。如图 4.3 所示，大

豆价格在过去 60 天内波动很大。因此，经销商决定通过卖出大豆期货来对冲其 100 万蒲式耳的大豆库存。卖出期货后，经销商将在库存中持有大豆现货多头头寸，同时持有大豆期货空头头寸。如果套期保值有效，则现货和期货组合头寸的风险应该低于单独现货头寸的风险。

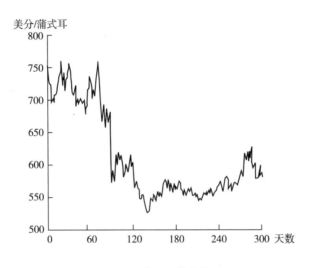

图 4.3　大豆现货价格

由于库存为 100 万蒲式耳，而大豆合约规模为 5,000 蒲式耳，对于现货市场上的 1 蒲式耳，在期货市场上也卖出 1 蒲式耳似乎是明智之举。这将需要卖出 200 手大豆期货合约。然而，1:1 套期保值可能不是最优的。在案例中，经销商想要最小化其因持有大豆库存而预先存在的风险。我们假设经销商出于商业原因而持有给定的大豆库存，并假设库存是固定的。经销商面临的问题是选择将风险最小化的期货合约数量。因此，我们将套期保值比率（Hedge Ratio，HR）定义为为给定商品头寸而持有的期货合约数量：

$$套期保值比率(\mathrm{HR}) = -\frac{期货头寸}{现货市场头寸} \qquad (4.1)$$

经销商将交易如套期保值比率所示单位的期货以建立期货市场套期保值头寸。建立套期保值头寸后，交易者拥有了一个投资组合（$P$），它由现货头寸和期货头寸组成。该投资组合一天的盈亏为：

$$P_{t+1} - P_t = S_{t+1} - S_t + \mathrm{HR}(F_{t+1} - F_t) \qquad (4.2)$$

请注意，在最初的讨论中，我们认为经销商可能会用 1 蒲式耳期货头寸对冲 1 蒲式耳现货头寸。这种情况下，套期保值比率为 − 1.0，负号表示空头头寸。一般来说，如果交易者做多现货商品，则期货头寸就会是空头。同样的，如果交易者做空现货商品，则期货头寸就会是多头。

　　然而，现在经销商想要选择能够使现货大豆和期货头寸投资组合的风险最小化的套期保值比率。投资组合的方差取决于现货价格的方差、期货价格的方差以及期现货价格之间的协方差。式（4.3）给出了一个基本的统计规则，即 1 单位的现货资产和如套期保值比率所示单位的期货合约的投资组合（P）收益的方差：

$$\sigma_p^2 = \sigma_s^2 + \mathrm{HR}^2 \sigma_F^2 + 2\mathrm{HR}\rho_{SF}\sigma_S\sigma_F \tag{4.3}$$

式中：

$\sigma_P^2$ 是投资组合（P）的方差；

$\sigma_s^2$ 是现货价格的方差；

$\sigma_F^2$ 是期货价格的方差；

$\rho_{SF}$ 是现货价格与期货价格之间的相关系数。

经销商通过如下定义的套期保值比率来最小化方差[30]：

$$\mathrm{HR} = \frac{\rho_{SF}\sigma_S\sigma_F}{\sigma_F^2} = \frac{\mathrm{COV}_{SF}}{\sigma_F^2} \tag{4.4}$$

式中：

$\mathrm{COV}_{SF}$ 是 $S_t$ 和 $F_t$ 的协方差。

　　实际上，找到风险最小化套期保值比率的最简单方法是估计以下回归：

$$S_t = \alpha + \beta F_t + \varepsilon_t \tag{4.5}$$

式中：

$\alpha$ 是常数项；

$\beta$ 是回归系数；

$\varepsilon$ 是均值为 0 且标准差为 1 的误差项。

　　该回归的估计值 $\beta$ 就是风险最小化套期保值比率，因为 $\beta$ 的估计值等于自变量（$F_t$）和因变量（$S_t$）之间的样本协方差除以自变量的样本方差。这正是我们在式（4.4）中给出的风险最小化套期保值比率的定义。

　　从回归估计中，我们还获得了套期保值有效性的度量值。决定系数或 $R^2$ 由回归估计提供，定义如下：

　　$R^2$ ＝现货价格变化总方差中与期货价格变化在统计上相关的部分。

　　因此，$R^2$ 始终是介于 0 和 1 之间的数字。越接近 1，现货和期货之间回归的拟合程度就越好，套期保值效果良好的机会就越大。

　　在式（4.5）的回归中，我们可能会尝试使用至少三种可能的方法来度量 $S_t$ 和 $F_t$：价格水平、价格变化和价格变化百分比。关于适当的方法，存在相当大的争议。[31] 尽管争议尚未完全解决，但我们建议使用价格变化或价格变化百分比，而不是价格水平。

如果估计期内价格的总体范围相当稳定，则价格变化的方法将是令人满意的。如果价格变化剧烈，则使用价格变化百分比将产生更好的结果。[32]

我们现在将这种回归方法应用于大豆经销商的问题，使用最近60天的每日数据来估计以下回归方程：

$$\Delta C_t = \alpha + \beta \Delta F_t + \varepsilon_t$$

式中：

$\Delta C_t$ 是现货价格在第 $t$ 日的变化；

$\Delta F_t$ 是期货价格在第 $t$ 日的变化。

给定以下参数估计来进行回归分析：

估计的 $\alpha$ = 0.6976；

估计的 $\beta$ = 0.8713；

估计的 $R^2$ = 0.56。

由于估计的 $\beta$ = 0.8713，该模型建议对于每蒲式耳库存在期货市场上卖出 0.8713 蒲式耳。由于库存为100万蒲式耳以及期货合约规模为5,000蒲式耳，该模型建议卖出174手合约，因为：

$$0.8713 \times (1,000,000 / 5,000) = 174.26 \text{ 手}$$

从模型的估计中，我们看到回归关系解释了样本期间现货价格变化方差的56%。这一点很重要，因为回归分析选择估计值 $\beta$ 来最大化 $R^2$。这并不能确定我们可以在估计期之外期待类似的结果。在本案例中，我们基于此观点使用了交易者在第60日可获得的数据。我们假设大豆经销商估计了其套期保值比率，并在下一个工作日结束时进行对冲。接下来，我们要评估套期保值的效果。

图4.4显示了大豆从第61日到第300日的表现，大约在接下来的一年，我们假设经销商在期货市场上平仓，从而结束套期保值。[33]图4.4显示了自第61日起1手大豆现货，以及用0.8713手期货合约对冲1手大豆现货的财富变化。如图4.4所示，大豆价格在接下来的一年（240个交易日）大幅下跌。从进行套期保值开始到第150日左右，大豆价格下跌约2.00美元/蒲式耳。在同一时间段内，套期保值组合头寸损失约1.00美元/蒲式耳。从大约第150日到第300日，价格略有上涨。

比较未套期保值策略和套期保值策略，我们发现两者都亏损。然而，套期保值策略避免了与现货价格下跌相关的约50%的损失。在套期保值期限内，未套期保值的大豆损失1.56美元/蒲式耳，而套期保值的大豆损失0.71美元/蒲式耳。对于100万蒲式耳的库存，这意味着套期保值带来了850,000美元的收益。从图4.4中，我们还可以看到，套期保值组合头寸的方差远小于现货头寸。对于未套期保值的大豆，价格变化的标准差为 0.0815 美元/蒲式耳/天。对于套期保值组合头寸，标准差为 0.0431 美元/蒲式耳/天。

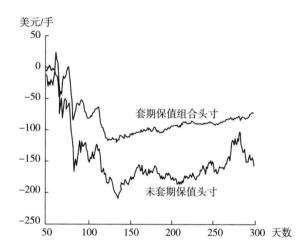

**图 4.4 大豆套期保值组合头寸和未套期保值头寸的表现**

关于这个特殊的套期保值，需要提出几个特别的观点。我们先看到套期保值之所以带来收益，是因为期货空头头寸在大豆价格下跌时获利。我们必须意识到豆类价格本可以很容易地上涨。在这种情况下，套期保值中的期货头寸将会亏损。这就引出第二个观点。套期保值旨在降低风险，不是创造利润。在这种情况下，目标是减少方差，套期保值就是这样做的。如果豆类价格上涨，套期保值也会减少方差，从而成功实现其目标。因此，套期保值者必须期望套期保值收益和损失的均等机会。有了良好的套期保值，方差就可以大大减少。

### 4.5.9 套期保值和数量风险

实施套期保值的一个问题就是确定套期保值数量。考虑一个想要对农作物价格进行套期保值的农场主的案例。套期保值要有效，就必须在农作物收割前完成。这意味着农场主面临数量风险（quantity risk）。套期保值中使用的期货头寸大小取决于农场主对农作物产量的预期。但是有许多因素会影响农作物的产量，如天气，这些因素都是农场主无法控制的。

实施对冲的另一个问题可以追溯至用于构建套期保值的期货合约的交割规定。正如我们所看到的，几乎所有期货合约都允许交割多种品质标的商品中的任何一种。交割地点差异也是允许的。因此，期货合约的价格将与最便宜可交割品的价格密切相关，而不是标准交割品。[34]

### 4.5.10　套期保值的成本和收益

我们已经将套期保值者定义为进入期货市场以降低预先存在风险的交易者。我们还看到，这个定义意味着套期保值活动将通常仅限于商业问题。在本部分，我们将探讨公司进行套期保值的基本原理。

由于分析比较简单，我们首先考虑在完美市场中进行套期保值的动机。正如我们所看到的，套期保值本质上是金融市场中的一种交易。从公司的角度来看，套期保值决策本质上是一种财务决策。在完美市场中，公司的财务政策是无关紧要的，因为股东总是可以通过交易来抵消管理层的行为。例如，正如米勒（Miller）和莫迪利安尼（Modigliani）所展示的那样，[35]股东可以抵消关于债权和股权融资比例的管理层决策，以创造任何其想要的资本结构。因此，如果公司不发行债务，股东可以通过在其个人账户上发行债务来创造"自制杠杆"。

在期货套期保值方面，情况类似。如果公司未进行套期保值，那么完美市场中的股东可以通过在期货市场上交易少量合约来有效对冲其持有的公司股份。[36]类似地，如果公司通过卖出期货进行套期保值，那么股东可以通过买入少量期货合约来在公司中创建未套期保值的个人股份。虽然完美市场中的套期保值不能增加公司价值，但也不能降低价值，因为股东总是可以通过交易来抵消公司的行为。如果公司在完美市场中进行套期保值毫无意义，正如这一论点所表明的那样，那么套期保值的任何真正好处都必须来自市场缺陷。

我们考虑了6个市场缺陷，它们可能使套期保值变得更重要，并可能给公司带来实际成本：税收、财务困境成本、对冲的交易成本、委托—代理问题、多元化成本和内外部融资成本差异。

---

**影响公司套期保值决策的市场缺陷**

1. 税收　　　　　　　　4. 委托—代理问题

2. 财务困境成本　　　　5. 多元化成本

3. 对冲的交易成本　　　6. 内外部融资成本差异

---

税收可以激励套期保值。在完美市场中，没有税收。在实际市场中，当对年度会计收入征税时，税收可以激励公司进行套期保值。假设一家公司今年将开采1,000盎司金条，成本为300美元/盎司。黄金的期货价格以及公司的预期销售价格为400美元/盎司。这个价格将带来100,000美元的利润。然而，这只是一个预期价格，实际价格

可能是 300 美元/盎司或 500 美元/盎司。我们假设以上两种价格出现的概率相等。我们还假设税率为 20%，并且公司有 20,000 美元的税收抵免，可用于抵销所得税。为了套期保值，公司将以 400 美元/盎司的期货价格为其 1,000 盎司产量的卖出期货。如表 4.15 所示，基于黄金销售价格和公司套期保值决定的不同经营结果。

表 4.15　　　　　　　　　税收如何激励套期保值

| | 未套期保值公司 | | 套期保值公司 | |
|---|---|---|---|---|
| | 结果 1 | 结果 2 | 结果 1 | 结果 2 |
| 黄金销售价格 | 300 美元 | 500 美元 | 300 美元 | 500 美元 |
| 黄金销售收入 | 300,000 美元 | 500,000 美元 | 300,000 美元 | 500,000 美元 |
| 期货盈亏 | 0 | 0 | +100,000 美元 | -100,000 美元 |
| 减去生产成本 | -300,000 美元 | -300,000 美元 | -300,000 美元 | -300,000 美元 |
| 税前利润 | 0 | 200,000 美元 | 100,000 美元 | 100,000 美元 |
| 纳税义务 | 0 | -40,000 美元 | -20,000 美元 | -20,000 美元 |
| 加上税收抵免 | 0 | +20,000 美元 | +20,000 美元 | +20,000 美元 |
| 净收入 | 0 | 180,000 美元 | 100,000 美元 | 100,000 美元 |
| 预期税后净收入 | 90,000 美元 | | 100,000 美元 | |

对于套期保值和未套期保值公司，黄金销售收入都将是 300,000 美元或 500,000 美元，这取决于黄金价格是 300 美元/盎司还是 500 美元/盎司。对于未套期保值公司，没有期货盈亏。如果黄金价格为 300 美元/盎司，套期保值的公司的期货收益为 100,000 美元，因为套期保值需要在期货市场以 400 美元/盎司的价格卖出 1,000 盎司黄金。如果黄金价格为 500 美元/盎司，套期保值公司将在期货市场上损失 100,000 美元，因为它以 400 美元/盎司的期货价格卖出，而如果不进行套期保值，它本可以获得 500 美元/盎司的价格。所有情景的生产成本都是 300,000 美元。未套期保值的公司的税前利润将为 0 或 200,000 美元，这取决于黄金的价格。对于套期保值公司，由于进行了套期保值，这两种情景下的税前利润均为 100,000 美元。

我们现在可以考虑税收和 20,000 美元税收抵免的影响。只有当公司需要纳税时，才能使用税收抵免。对于未套期保值公司，300 美元/盎司的价格意味着其净收入为零，且无须纳税。因此，公司不能使用税收抵免，其税后净收入为零。如果黄金售价为 500 美元/盎司，未套期保值公司可以充分利用其税收抵免，其税后净收入为 90,000 美元。因此，未套期保值的公司有 50% 的机会使用其税收抵免。对于套期保值公司，无论黄金价格如何变化，其税前收入都是 100,000 美元。这意味着在这两种情况下其义务纳税额均为 20,000 美元。因此，公司可以使用税收抵免来履行其纳税义务。这使套期保值公司拥有 100,000 美元税后净收入，无论黄金价格如何变化。

　　未套期保值和套期保值公司之间的区别总结如下。通过套期保值，公司确保能够使用其税收抵免。如果不进行套期保值，公司有 50% 的机会无法使用 20,000 美元的税收抵免。请注意，两种情景下公司预期税后净收入的差异正好等于 10,000 美元，这正是未套期保值公司无法使用税收抵免的预期损失（20,000 美元 ×0.50）。因此，在我们的例子中，税收创造了套期保值的合理激励。通过套期保值，公司能够增加其预期税后收入。通过税收，套期保值可以增加公司的价值。[37]

　　关于税收和套期保值之间关系的实证证据褒贬不一。1993 年的一项研究发现，套期保值公司在累进税率下面临更多的纳税义务。其他研究表明，很明显，税收确实会影响公司的套期保值决策，但并非出于上述原因。相反，套期保值可以让公司增加其负债能力，从而获得额外的税收抵免。与此结果一致的是，其他证据表明财务杠杆较高的公司更有可能进行套期保值。[38]

　　财务困境成本可以激励套期保值。在表 4.15 中，套期保值和未套期保值策略的预期税前利润相同。然而，套期保值降低了税前利润中的固有风险。在完美市场中，只要期望值保持不变，降低风险就没有任何价值。在完美市场假设下，投资者可以在没有任何成本的情况下进行多元化投资，以创建其想要的任何风险头寸。如果一家特定的公司采取高风险战略并破产，其资产会立即发挥相同的作用。相比之下，在现实世界中，破产和财务困境带来了实际成本，例如，律师和会计师必须得到报酬。此外，资产无法立即投入使用以获得相同的回报。陷入财务困境的公司如果被迫降低其提供的商品和服务的质量可能会失去客户。财务困境也可能迫使公司退出他们原本会继续经营的业务。其他成本包括税盾的丧失等。因此，风险降低策略可以帮助避免这些财务困境成本，而且套期保值可以因此增加公司的价值。

　　通过降低投资项目回报变动，套期保值可以降低公司濒临破产的可能性。对于既有债权又有股权的公司，降低破产概率可能会改变股东的投资动机。因为在破产事件中债权人将先于股东获得赔付，所以股东知道追加投资的收益将与债权人共享。正因如此，股东有动力放弃原本有利可图的投资。套期保值通过减少未来发生违约情景的数量改变了投资不足的动机，从而增加了股东成为剩余索取权人情景的数量。[39]

　　交易成本可以抑制套期保值。我们有理由相信期货价格非常接近预期未来现货价格。如果期货价格等于预期未来现货价格，则交易期货合约的预期利润为零。这对套期保值和投机都适用。因此，套期保值交易的预期成本大致是与设置和管理套期保值相关的交易成本。对于任何一项套期保值，实际结果可能非常有利或不利，而可预期的结果是损失交易成本。对于持续套期保值的公司，大数定律开始发挥作用。在某些套期保值中公司会赢，而在另一些套期保值中公司会输。通过大量套期保值，大数定律向我们保证，实际结果将越来越接近理论结果——没有期货收益或损失，但公司付出了交易成本。因此，从长远来看，可以预期持续套期保值政策损失的就是交易成本。这种略微负面结果的高发生概率抑制了套期保值。

委托—代理冲突可以激励套期保值。在完美市场中，公司管理层是股东的完全代理人。他们为股东的利益经营公司，就像股东自己经营公司一样。然而，在真实的公司中，管理层和股东往往有相互矛盾的愿望。这些矛盾导致委托人（股东）与其代理人（管理层）之间发生冲突。例如，管理层可能喜欢拥有豪华的办公室。股东支付办公室费用，而管理层使用办公室。在套期保值决策中，股东可能比管理层更能承受风险。股东可以持有股票组合，因此这家公司可能只是股东投资组合中的一小部分。相比之下，管理层为公司全职工作，他们可能有很大一大部分财富都投入了公司。在这种情况下，管理层比股东更急于降低风险。鉴于管理层较高的风险厌恶程度，当股东真的不希望公司进行套期保值时，他们可能会进行套期保值。

所有者缺乏多元化投资可以激励套期保值。除了管理层，一些股东可能也不像完美市场条件所暗示的那样，投资实现完全多元化。如果股东将大部分财富投入一家公司，他们可能会像管理层一样高度厌恶风险。例如，农场主可能将其全部财富投入到一个农场。所有者缺乏多元化投资也会激励套期保值。

内外部融资成本差异可以激励套期保值。市场缺陷可能导致投资项目的外部融资成本高于内部融资成本。外部融资是指借款或发行新证券，内部融资是指利用留存收益和现金储备。套期保值可以在降低公司面临现金流短缺的可能性方面发挥作用。这意味着套期保值可以增加公司继续利用内部融资为有利可图的投资机会提供资金的可能性。如果没有套期保值，现金流短缺可能会迫使公司要么使用更昂贵的外部融资，要么放弃有利可图的投资机会。套期保值有助于确保公司有足够的内部资金，以利用有利可图的投资机会，并降低使用更昂贵的外部资金的可能性。[40]

## 公司何时有责任进行套期保值

一般而言，"商业判断规则"保护普通商业决策不被股东和法院质疑。换言之，股东和法官不能用他们的判断（事后诸葛亮）代替公司管理层或董事会的日常商业判断。商业判断规则提供了一个前提假设，即做出明智的商业决策是出于善意和诚实判断的结果。

1992 年，印第安纳州谷仓合作社的股东起诉合作社的董事，称该合作社的董事未能充分告知他们本可以防止超过 400,000 美元谷物销售损失的套期保值机会。股东们辩称，董事的失职构成了董事对合作社股东信托责任的违反。印第安纳州的一家上诉法院同意了股东的诉讼请求，并认为合作社的董事对因管理层未能套期保值而造成的损失负有个人责任。法院认为，由于合作社 90% 的收入来自谷物销售，合作社未能进行适当的套期保值证明管理层和董事会成员没有充分了解商品期货市场提供的套期保值机会。法院认为，根据印第安纳州法律，公司董事实质上有责任对公司因商品价格变化而面临的风险敞口进行套期保值，如果该敞口是公司业务的重要组成部分。[41] 尽管本案的判例价值可能仅限于印第安纳州，但它指出了董事可能因未充分了解套期保值机会而应承担的潜在责任。为确保其套期保值决策受到商业判断规则的保护，董事需要充分了解公司风险，并建立应对这些风险的体系。

在一个相关案件中，康柏计算机公司的股东以涉嫌违反联邦证券法为由起诉该公司首席执行官和董事会主席。股东们声称，康柏缺乏足够的外汇套期保值计划，以使康柏免受美元在外汇市场上升值的影响，而外汇收入占康柏总收入的一半以上。在这个案件中，股东没有声称公司有责任进行套期保值。相反，他们辩称康柏不进行套期保值的决定是一个重大事项，应该公开披露，以便投资者可以在知情的情况下决定是否购买或出售康柏股票。[42]

总结。在本部分中，我们考虑了与套期保值相关的一些成本和收益。我们首先观察到，在本质上只有公司可以套期保值，因为只有公司可以通过期货交易减少其风险。在完美市场中，套期保值是没有意义的，因为个人交易者可以有效地进行套期保值，而不必通过公司的套期保值。因此，套期保值的动机来自市场缺陷。我们看到税收和财务困境成本都可以创造一种情景，在这种情景下，套期保值可以增加公司价值。我们也考虑了股东和管理层之间的委托—代理冲突，这种冲突可以使管理层比股东更有意愿进行套期保值。另外，我们看到所有者缺乏多元化投资也会激励套期保值。

如果期货价格等于预期未来现货价格，则交易期货合约的预期收益或损失为零，不包括必须支付的交易成本，这意味着套期保值的预期货币收益略微为负值。持续套期保值很可能产生与交易成本和管理套期保值的成本相等的损失。这些成本对公司进行套期保值起到了强烈的抑制作用。

## 政府套期保值

政府部门经常受到外界冲击的影响，这可能导致预算期间的收入低于预期。应对收入赤字通常需要进行代价高昂的调整，要么增加税收、缩减或推迟支出，要么是发行外债来弥补赤字。这些成本在不同程度上由管理者（如政治家和政府官员）和被管理者（如政府部门管理的公民）承担。由于这些成本，政府部门试图找到成本较低的方法来应对预算风险。在过去 20 年中，经过越来越频繁的探索，政府部门已经找到一种替代方案，即利用期货和其他衍生品对收入短缺的风险敞口进行套期保值。例如，1992 年得克萨斯州启动了一项试点计划（2000 年暂停），利用能源期货合约和私下协商的互换合约，来对冲该州与原油和天然气价格相关的部分税收。[43]

路易斯安那州是另一个使用商品期货为所有或部分预期矿产产量确定固定价格的州，这些产量需缴纳州开采税或特许权使用费。2004 年，阿拉斯加州正在起草法案，为其北坡（Alaskan North Slope，ANS）原油收入实施期货套期保值计划。套期保值计划的目的是补充州宪法预算储备基金（State's Constitutional Budget Reserve Fund）。加拿大阿尔伯塔省也研究了利用期货在省内土地上生产石油。几个州的公用事业委员会鼓励其管辖范围内的公用事业公司实施期货套期保值计划，以减轻天然气价格飙升的风险。这些州包括加利福尼亚州、密苏里州、新泽西州、新墨西哥州、纽约州、得克萨斯州和威斯康星州。

美国联邦政府也研究了原油和矿产期货套期保值计划的应用。世界上最大的单一燃料购买商——美国军方，已经研究了让其国防燃料供应中心（Defense Fuel Supply Center）利用期货合约对其每年 50 亿美元燃料费用进行套期保值的可能性。

## 4.6 小结

在本章中，我们探讨了观察人士和交易者利用期货市场的三种主要方式。首先，我们考虑价格发现的功能，这是一项交易者和非交易者都可以享受的期货市场服务。其次，我们考虑了生产商利用期货市场信息指导其生产决策的方式。如果期货价格为未来现货价格提供了良好的指导，那么期货市场就揭示了有助于社会更有效配置资本的价格信息。最后，在讨论价格发现时，我们考虑了原油市场价格发现的案例研究，并总结了法玛和弗伦奇在不同商品市场中发现的预测能力。

期货市场吸引了投机者——为追求利润而进入期货市场的交易者，他们愿意增加风险来这样做。我们根据投机者计划持有期货头寸的时间长短将他们分为抢帽子者、日内交易者和头寸交易者。我们注意到价差交易是投机交易的一种重要形式，并考虑了不同的价差交易技术。

我们检验了关于投机交易盈利能力的现有证据。首先，我们发现，对投机交易利润大小甚至是否存在投机利润的研究存在很大分歧。其次，我们简要考虑了技术交易系统的表现，在学术文献中发现了不同的结论。近年来，商品基金已成为重要的投机交易工具。我们分析了商品基金表现的证据，并再次发现没有证据表明其交易更加敏锐。最后，我们考虑了"正常"投机利润的概念。这是为了将抢帽子者或其他交易大厅交易者进行投机所需的资金和时间的投资考虑其中。我们发现交易者必须获得可观的收入，才能证明其投资和失去其他工作机会的合理性。

套期保值是期货市场最重要的社会功能之一。套期保值者是为降低预先存在的风险而进入期货市场的交易者。我们看到，交易者可以通过在期货市场做多或做空来进行套期保值。除了提供流动性外，我们注意到套期保值者需要投机性头寸交易者，仅仅是为了弥补买入套期保值者和卖出套期保值者之间的不平衡。许多套期保值活动涉及被套期保值资产的特征与期货合约标的资产之间的不完美匹配。这种情况下的套期保值就是交叉套期保值。我们举例说明了交易者在这种情况下如何利用市场进行套期保值。在许多情况下，套期保值者会希望对给定头寸采用风险最小化技术。我们表明，通过历史数据的统计分析可以得出正确的期货头寸，以最小化给定的初始风险。使用实际的大豆数据，我们自始至终跟踪了一年内的大豆套期保值策略。此外，我们考虑了套期保值的成本和收益。

## 4.7 习题

1. 请解释期货市场如何使社会中从不交易期货的个人受益？

2. "期货价格"是作为期货合约到期时商品价值最佳估计的当前市场报价。你怎么看这个定义？

3. 请解释无偏预测的概念？

4. 如果预测值是无偏的，那么误差是怎么发生的？

5. 抢帽子者为了从期货价格的微小波动中获利而进行交易。请解释这种贪婪的行为是如何使他人受益的？

6. 假设抢帽子交易被视为非法。这种做法会对期货市场中的套期保值活动产生什么影响？

7. 一位交易者预计玉米价格将上涨，并希望利用这一洞察来交易商品内价差。你会建议她买入近月合约同时卖出远月合约，或者其他交易方式？请解释原因。

8. 假设期货市场的每日结算价格表现出很强的一阶序列相关性。请问你将如何利用此性质进行交易？如果该相关性在统计上很显著，但幅度很小，请解释你的答案会有什么不同。

9. 假设你是一个坚定的有效市场支持者。一只商品基金将其资金的 20% 用于支付保证金，其余 80% 投资于无风险证券。你期望该基金的投资表现如何？

10. 有两位交易者，一位交易者是一个拥有自己席位的个人，他只为自己的账户进行交易；另一位交易者为一家积极从事零售期货经纪业务的经纪公司工作。哪位交易者的有效边际交易成本更低？请将边际交易成本与准套利联系起来。

11. 考虑预期良好收成并在期货市场上卖出小麦的农场主的经典套期保值问题。农场主是否有可能将其收获的小麦用于期货交割？请解释原因。如果他不太可能参与交割，那么他将如何管理其期货头寸？

12. 一位可可商持有价值 1,000 万美元的可可现货库存，当前价格为 1,250 美元/公吨。库存回报的标准差为 0.27。她正在考虑使用咖啡、可可和糖交易所（Coffee, Cocoa, and Sugar Exchange）的可可合约对其库存进行风险最小化套期保值。合约规模为 10 公吨，期货价格波动率为 0.33。对于她库存中特定等级的可可，期货和现货可可之间的相关性为 0.85。请计算风险最小化套期保值比率，并确定她应该交易多少手合约？

13. 一位加油站操作员读了这本书。他想对他的汽油风险敞口进行套期保值。他每周都会抽出 50,000 加仑汽油，他相信这种模式会持续下去。你会提供什么建议？

14. 请描述叠式套期保值和条式套期保值的区别？每种策略的优点和缺点是什么？

15. 为什么一个公司可能不适合进行套期保值？

16. 什么是对冲基金？对冲基金真的会对冲吗？

## 4.8　尾注

［1］这一论证可以用完备市场理论（Theory of Complete Market）进行更正式的表达。如果我们可以以任何期望的收益模式进行交易，那么市场就是完备的。完备市场理论是通过状态偏好分析框架发展出来的。在状态偏好分析法（State - preference Approach）中，选择的对象被定义为在某些自然状态下的收益。自然状态的定义使得为每一种可能发生的情况只属于一种自然状态。在这个框架中，当且仅当我们可以在任何自然状态或自然状态的组合中签订合同以获得回报，市场才是完备的（关于状态偏好框架的进一步研究，见 S. Myers, "A Time State – Preference Model of Security Valuation", *Journal of*

*Financial and Quantitative Analysis*，1968）。

如果市场是完备的，那么我们可以自由地签订最符合我们需求的收益组合的合同。市场越接近完备，社会就越能从与个人期望相匹配的结果中受益。在此背景下，期货市场的争论就很明确：它们通过使金融市场更加完备而为社会福利作出贡献（对于在状态偏好分析方法下完备市场的高级数学推导，见 G. Debreu, *Theory of Value*, New Haven, CT：Yale University Press, 1959）。

［2］家具制造商也可能会尝试通过买入木材期货合约来"锁定"这些"发现"的价格。这种尝试是很一小步，却强调了价格发现和套期保值之间的密切联系。

［3］关于估计值无偏性的更正式介绍，见 J. Maddala, *Introduction to Econometrics*, New York：Macmillan, 1988。

［4］关于期货价格预测预期未来现货价格准确性的评估，见 R. Kolb, G. Gay, and J. Jordan, "Futures Prices and Expected Future Spot Prices", *Review of Research in Futures Markets*, 2, 1983, pp. 110 – 123。

［5］见 R. Levich, "Currency Forecasters Lose Their Way", *Euromoney*, 1983, pp. 140 – 147。第 11 章更详细地讨论了专业外汇预测公司的预测准确性。

［6］马对四个更复杂模型的测试结果如何？我们不提供这些结果。总体而言，对于所有期限和所有商品来说，基于期货的预测优于其他方法。Manmohan S. Kumar, "The Forecasting Accuracy of Crude Oil Futures Prices", *Monetary Fund Staff Papers*, 39：2, 1992, pp. 432 – 461，发现原油期货价格也提供了无偏预测。Richard Deaves and Itzhak Krinsky, "The Behavior of Oil Futures Returns Around OPEC Conferences", *Journal of Futures Markets*, 12：5, 1992, pp. 563 – 574，发现在包含"好消息"的会议后买入，可以获得超常的交易利润。

［7］见 James D. Hamilton, "Was the Deflation During the Great Depression Anticipated? Evidence from the Commodity Futures Market", *American Economic Review* 82：1, 1992, pp. 157 – 178。

［8］见 Matthew T. Holt and Andrew M. McKenzie, "Quasi – Rational and Ex Ante Price Expectations in Commodity Supply Models：An Empirical Analysis of the U. S. Broiler Market", *Journal of Applied Econometrics*, 18：4, 2003, pp, 407 – 426。

［9］见 Richard Roll, "Orange Juice and Weather", *American Economic Review*, 74, 1984, pp. 861 – 880。

［10］见 Warren Getler, "Some Meterologists Reap Windfall From Crop Futures Markets", *Wall Street Journal*, 13, 1993, p. C1。

［11］一些作者试图区分投机者和投资者。这两个定义之间的一般差异似乎在于他们各自对风险的态度以及他们期望持有头寸的时间长度。投机者仅与套期保值者形成对比，因此，就本书而言，期货市场上的任何投资者，无论多么保守，都将被视为投机者。

［12］在交易所大厅，不同的商品在不同的交易池内交易。交易池实际上是交易大厅的一块区域，被台阶或竖板包围，通常大约有五级台阶。这种安排使交易者能够看到彼此并相互交流。"交易池"一词实际上是期货交易的同义词，正如 Frank Norris 的小说的名字《交易池》（*The Pit*）所显示的，该

小说讲述了小麦期货交易的故事。

[13] 一个往返是指期货头寸的开仓和平仓。例如，交易者买入期货合约后再卖出，就是进行了一个往返交易。往返交易成本是完成整个交易所产生的成本。

[14] B. Tamarkin, *The New Gatsbys：Fortunes and Misfortunes of Commodity Traders*, New York：William Morrow and Company Inc. 1985, pp. 26, 43.

[15] 正如第 2 章所讨论的，高流动性对于特定期货合约的存续也是至关重要的。在竞争合约中，最初流动性较大的合约成功的概率要高得多。

[16] W. L. Silber, "Marketmaker Behavior in an Auction Market：An Analysis of Scalpers in Futures Markets", *Journal of Finance*, 39：4, 1984, pp. 937 – 953.

[17] B. Wade Brorsen, "Liquidity Costs and Scalping Returns in the Com Futures Market", *Journal of Futures Markets*, 9：3, 1989, pp. 225 – 236，使用玉米数据模拟抢帽子者的行为。根据他的交易规则，Brorsen 估计抢帽子交易的每笔利润约为 10.00 美元。Brorse 评论他的结果与 Silber 的结果相符。Gregory J. Kuserk and Peter R. Locke, "Scalper Behavior in Futures Markets：An Empirical Examination", *Journal of Futures Markets*, 13：4, 1993, pp. 409 – 431，也发现抢帽子交易提供了巨大的获利机会。

[18] 见 Michael S. Haigh and John A. List, "Do Professional Traders Exhibit Myopic Loss Aversion？An Experimental Analysis", *Journal of Finance*, 2005, pp. 523 – 534。

[19] 在任何情况下，交易所的访客只能在交易所人员的监督下短暂停留在交易大厅。接近交易结束时进入交易大厅会受到更多限制，因为当一天的交易接近结束时，交易活动水平会急剧增加。

[20] 美国农业部（USDA）对农作物收成进行定期预测，最近的一系列论文对此进行了分析。这三篇论文发现，预测通常是无偏且有效的，美国农业部的预测与基于期货的预测之间几乎没有差异。McNew 和 Espinosa 发现美国农业部的预测有助于降低价格的不确定性。见 Scott H. Irwin, Mary E. Gerlow, and Te – Ru Liu, "The Forecasting Performance of Livestock Futures Prices：A Comparison to USDA Expert Predictions？", *Journal of Futures Markets*, 14：7, 1994, pp. 861 – 875; Robert F. Baur and Peter F. Orazem, "The Rationality and Price Effects of U. S. Department of Agriculture forecasts of Oranges", *Journal of Finance*, 49：2, 1994, pp. 681 – 695; Kevin P. McNew and Juan Andres Espinosa, "The Informational Content of USDA Crop Reports：Impacts on Uncertainty and Expectations in Grain Futures Markets", *Journal of Futures Markets*, 14：4, 1994, pp. 475 – 492。

[21] 例如，见 Commodity Trading Manual, Chicago, IL：Chicago Board of Trade, 1989 和 Martin J. Pring (ed.), The McGraw – Hill Handbook of Commodities and Futures, New York：McGraw – Hill, 1985。

[22] S. J. Taylor, "The Behavior of Futures Prices Over Time", *Applied Economics*, 17：4, 1985, pp. 713 – 734。

[23] 最近出现的关于期货价格模式争论的另一个方面来自混沌理论（Chaos Theory）。某些过程，无论是在自然过程中，还是在金融市场等社会过程中，可能看起来都是由纯粹的随机行为组成的。根据混沌理论，这种随机性的出现可能是一种错觉。借助混沌理论的洞察力，或许可以在看似混沌的数据中找到规律。关于该理论在期货市场中的应用，见 R. Savit, "When Random Is Not Random：An Intro-

duction to Chaos in Market Prices", *Journal of Futures Markets*, 8：3，1988, pp. 271 – 290。

［24］见 Franklin R. Edwards, "Hedge Funds：What Do We Know?", *Journal of Applied Corporate Finance*, 15：4，2003, pp. 8 – 21。

［25］有效市场假说的三种形式首次发表于 E. Fama, "Efficient Capital Markets：Theory and Empirical Work", *Journal of Finance*, 1970, pp. 383 – 417。关于有效市场文献的最新调查，见 T. Copeland, F. Weston, and K. Shastri, *Financial Theory and Corporate Policy*, 4th edn, Reading, MA：Addison Wesley, 2005。

［26］在传统上，价值最高的商品交易所席位是芝加哥期货交易所的席位。1982 年末，芝加哥商业交易所的席位价格历史上首次超过芝加哥期货交易所。20 世纪 90 年代中期，芝加哥商业交易所的席位价格始终高于芝加哥期货交易所，这些席位的价格非常不稳定。席位的价值与交易所的交易规模直接相关，而交易规模本身是非常不稳定的。关于商品交易所席位价格的研究，见 R. Chiang, G. Gay, and R. Kolb, "Commodity Exchange Seat Prices", *Review of Futures Markets*, 6：1，1987, pp. 1 – 10。

［27］交易者的年轻化在利率期货市场等较新的市场中尤为明显。相对而言，更老旧的、更传统的商品由更年长的交易者交易。在其著作 *The New Gatsbys*, NewYork：William Morrow and Co., Inc., 1985 中，Bob Tamarkin 强调了交易者所承受的身体压力和精神压力。例如，见第 20 章，"Pit Falls"。

［28］许多交易者在 6 ~ 7 小时的交易时段内不会离开交易池，甚至不会去洗手间。即使很短暂地离开交易大厅也十分冒险。这表明了交易池中的压力水平。

［29］套期保值理论仍然是很多争论的主题。见 C. Smith and R. Stulz, "The Determinants of Firms5 Hedging Policies", *Journal of Financial and Quantitative Analysis*, 20：4，1985, pp. 391 – 405 和 R. Stulz, "Optimal Hedging Policies", *Journal of Financial and Quantitative Analysis*, 19：2，1984, pp. 127 – 140。

［30］为了找到风险最小化套期保值比率，我们取式（4.3）中投资组合风险相对于套期保值比率的一阶导数，将倒数设为零，并求解套期保值比率。

［31］见 J. Hill and T. Schneeweis, "A Note on the Hedging Effectiveness of Foreign Currency Futures", *Journal of Futures Markets*, 1：4，1981, pp. 659 – 664 和 H. Witt, T. Schroeder, and M. Hayenga, "Comparison of Analytical Approaches for Estimating Hedge Ratios for Agricultural Commodities", *Journal of Futures Markets*, 7：2，1987, pp. 135 – 146。

［32］H. Witt, T. Schroeder 和 M. Hayenga, "Comparison of Analytical Approaches for Estimating Hedge Ratios for Agricultural Commodities", *Journal of Futures Markets*, 7：2，1987, pp. 135 – 146 详细研究了这个问题。他们认为，除非某些不利条件普遍存在，否则价格水平回归可以令人满意地发挥作用。其中一个不利条件是价格序列的自相关性——某一时间的价格水平随另一时间的价格水平系统地变化。然而，大多数金融价格水平序列表现出一阶自相关性，出于这个原因，通常使用其他方法。

［33］这个结束日期没有什么特别之处。我们选择这个日期是因为 7 月合约即将到期，此时合约持仓量将会下降。选择几周内不同的日期无论怎样都不会明显改变结果。

［34］应对风险的方法，见 Jacques Rolfo, "Optimal Hedging Under Price and Quantity Uncertainty", *Journal of Political Economy*, 88，1980, pp. 100 – 116；Avraham Kamara 和 Andrew F. Siegel, "Optimal

Hedging in Futures Markets with Multiple Delivery Specifications", *The Journal of Finance*, 42：4, 1987, pp. 1007 – 1021。

［35］M. Miller and F. Modigliani, "The Cost of Capital, Corporate Finance, and the Theory of Investments", *American Economic Review*, 48：3, 1958, pp. 261 – 297.

［36］请注意，由于能够交易部分股份，股东可以在完美市场中为他或她自己的份额进行套期保值。在实际市场中，个人通常无法进行套期保值，因为期货合约相对于大多数个人的财富水平和风险敞口来说是很大的。

［37］未套期保值公司不一定会失去税收抵免。一般来说，未套期保值公司将能够保留其税收抵免，并在其有正收入和纳税义务的 1 年内使用。

［38］有关税收和套期保值的经验证据，见 D. Nance, C. Smith, and C. Smithson, "On the Determinants of Corporate Hedging", *Journal of Finance*, 48, 1993, pp. 267 – 284；J. R. Graham and D. A. Rogers, "Do Firms Hedge in Response to Tax Incentives?", *Journal of Finance*, 57：2, 2002, pp. 815 – 839。其他提供公司套期保值决策的经验证据包括：G. D. Haushalter, "Financing Policy, Basis Risk, and Corporate Hedging：Evidence from Oil and Gas Producers", *Journal of Finance*, 55：1, 2000, pp. 107 – 152；G. D. Haushalter, "Why Hedge? Some Evidence from Oil and Gas Producers", *The Bank of America Journal of Applied Corporate Finance*, 13：4, 2001, pp. 87 – 92；G. Allayannis and J. Weston, "The Use of Foreign Currency Derivatives and Firm Market Value", *Review of Financial Studies*, 14：1, 2001, pp. 243 – 276；G. M. Bodnar, G. S. Hayt, and R. C. Marston, "1998 Wharton Survey of Financial Risk Management by U. S. Non – Financial Firms", *Financial Management*, 27：4, 1998, pp. 70 – 91；C. GEczy, B. A. Minton, and C. Schrand, "Why Firms Use Currency Derivatives", *Journal of Finance*, 52：4, 1997, pp. 1323 – 1354；M. A. Peterson and S. R. Thiagarajan, "Risk Management and Hedging：With and Without Derivatives", *Financial Management*, 29：4, 2000, pp. 5 – 29；P. Tufano, "Who Manages Risk? An Empirical Analysis of Risk Management Practices in the Gold Mining Industry", *Journal of Finance*, 51：4, 1996, pp. 1097 – 1138。

［39］这一论点在以下文章中提出：H. Bessembinder, "Forward Contracts and Firm Value：Investment Incentives and Contracting Effects", *Journal of Financial and Quantitative Analysis*, 26：6, 1991, p. 520。

［40］这一论点在以下文章中提出：K. Froot, D. Scharfstein and J. Stein, "Risk Management：Coordinating Corporate Investment and Financing Policies", *Journal of Finance*, 48, 1993, pp. 1629 – 1658。

［41］Brane versus Roth, 590 N. E. 2d 587（Ind. Ct. App. 1992）.

［42］In re Compaq Securities Litigation, 848 F. Supp. 1307（S. D. Tex. 1993）.

［43］关于得克萨斯州套期保值项目的更多信息，见 William Falloon, "Texas Parries", *Risk*, 5：8, 1992；James A. Overdahl, "The Use of Crude Oil Futures by the Governments of Oil – Producing States", *Journal of Futures Markets*, 7：6, 1987。

# 第 5 章　农业、能源和金属期货合约

## 5.1　概述

本章探讨了农业、能源和冶金类商品期货合约。本章的大部分内容应用了第 1 章至第 4 章中介绍的概念。首先,我们概述了影响期货价格的商品的基本特征。如我们在第 3 章中所看到的,持有成本模型是理解期货价格的主要概念。然而,我们也考虑了一些商品特征,这些特征会影响持有成本模型的顺利应用。这些特征包括储存、季节性生产和季节性消费。在本章中,我们依次分析了以上每一种特征。

其次,在回顾了直接影响期货定价的商品特征之后,我们转向了对价差的考察。正如我们前面所讨论的,价差既可以是商品内价差也可以是商品间价差。本章更具体地描述了这两种类型的价差。在此背景下,我们可以进一步了解持有成本模型以及模型缺陷对某些商品的影响。最后的一个主题,我们通过一些特定的与交叉套期保值方法和问题相关的案例,来更详细地分析套期保值。

## 5.2　商品特征

在第 3 章和第 4 章中,我们介绍了持有成本模型,该模型解释了当市场是完美的且目标的商品是可存储的情况下的期货价格。我们回顾了正向期现套利策略,该策略可以应对期货价格相对于商品现货价格过高。类似地,我们看到反向期现套利策略,可以应对期货价格相对于现货价格过低。在完美市场中,当现货价格和未来持有商品成本信息已知时,持有成本模型给出了期货合约价格的准确值。

如果市场不完美,但仍允许无限制卖空,我们发现持有成本模型给出了允许的期货价格区间。但这一允许的价格区间,或无套利区间的宽度,是以完美市场价格为中心的。无套利区间的宽度简单地反映出因市场缺陷而产生的交易成本。无论是在完美市场情形下,还是在不限制卖空的不完美市场情形下,持有成本模型都能给出一个非常明确的允许价格,或允许价格的区间。这些价格由正向期现套利和反向期现套利策略来界定。

正向期现套利策略假设商品可以从一个日期储存到下一个日期。如果货物不能被储存，则正向期现套利策略不可行。如果现货价格和期货价格间的无套利联系因商品不能被储存而失效，那么期货价格相对于现货价格便可以不受限制地上涨。同样，反向期现套利策略取决于卖空。如果卖空不可行，则反向期现套利策略不适用。如果现货和期货价格之间没有这种联系，那么现货价格相对于期货价格便可以不受限制地上涨，就像我们所看到的，现货价格有时甚至可以超过期货价格。如第 3 章所述，一些商品具有便利收益，这源于将其存入库存的有用性。例如，在原油危机期间，库存中持有原油可以让商业企业保持营业状态。在这种情况下，现货价格将相对于期货价格上涨，以反映与持有现货商品相关的便利收益。

总之，现货价格和期货价格之间的关系取决于交易成本、商品供应量、商品储存特征、商品生产和消费周期，以及卖空商品的便利性。每一特征通常都与其他特征相关。图 5.1 试图解释主要商品类型的一些关系，还绘制了各种商品的供应和储存特征。我们将依次思考供应和储存问题。

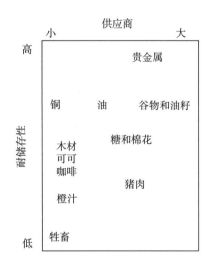

**图 5.1　商品供应和储存特征**

如果商品库存量相对于消费量较高，则短缺的概率较小。如果商品总是供应充足，交易者就会愿意将其卖空。因此，商品的便利收益过低，从而更有可能在完全持有成本市场交易。一般来说，一种商品的供应量取决于其相对于消费量的生产量。如果商品生产是平稳的，那么供应意外短缺的概率较小。同样，如果消费是持续的，那么出现意外高需求的概率较小。

在图 5.1 中，我们看到，相对于工业用途需求，贵金属库存要多得多。除了相当大的库存，贵金属的生产和消费也十分稳定。矿山开采通常是稳定的，因为它在很大程度上不依赖于天气。同样，消费也是稳定的，因为消费主要用于可以预期的工业目的，而且消费过程全年都在持续。相比之下，铜的库存量过低，如第3章所述。谷物和油籽等商品的供应量相对于消费量而言很大。然而，这些商品的供应遵循收获周期，使谷物库存的总体水平不如贵重金属稳定。

图5.1的纵轴显示了不同商品的储存特征。如果一种商品不会变质，并且相对于其价值而言可以便宜地入库储存，那么它就是高度耐储存的。黄金是高度耐储存商品的典型例子。相对于其价值而言，它的储存成本较低，不会变质。在许多方面，黄金与铜是相似的。然而，由于铜的价值相对于其体积而言过低，它的耐储存性不如黄金。另外，牲畜很难储存。例如，圈养在仓库中的饲养牛继续成长，从而导致其不符合饲养牛规格。与年消费量相比，活体动物的供应量也不大。动物年龄太小或太大都降低了其消费价值。因为现有牲畜供应量低且不耐储存，牲畜在"供应/储存"特征图中位于与贵金属相反的另一端。

新手市场观察人士有时会感到震惊，因为未平仓期货头寸的名义数量高出有效库存许多倍。然而，经验丰富的市场观察人士知道，绝大多数期货合约将在交割前平仓。申请交割的期货合约所代表的名义数量要低得多，并且几乎总是与合约标的商品的有效库存保持一致。

接下来，我们分析按储存和供应特征整理的商品。表5.1显示了商品的各种特征和预期价格行为。如果一种商品具有良好的耐储存性，且相对于消费量而言供应量较大，我们预计该商品的市场将接近完全持有成本市场。符合这些条件的典型商品是黄金。接下来，我们思考高度耐储存，但供应随生产周期变化而变化的商品。在这里，我们指的是大多数有收获季节的农产品，比如谷物和油籽。商品可能获得了丰收，以至于大大增加了其可获得性。相对于年消费量而言，这种供应量的根本变化可能导致价格的较大波动。因此，我们预计已收获商品的期货价格将显著偏离完全持有成本。[1]

**表5.1** 储存和库存特征及价格行为

| 耐储存性 | 相对库存 | 商品示例 |
|---|---|---|
| 高 | 高 | 贵金属——预计总体符合完全持有成本 |
| 好 | 生产周期导致库存波动 | 谷物和油籽——预计会偏离完全持有成本 |
| 好 | 消费周期导致库存波动 | 能源产品——预计会偏离完全持有成本 |
| 低 | 低，主要是由于耐储存性差 | 牲畜——预计经常偏离完全持有成本 |

商品的耐储存性可能相当高，但库存可能因商品的季节性需求变化而变化。例如，原油产品表现出很强的季节性需求。夏季对汽油的需求最高，冬季则对取暖油的需求最高。这些季节性需求的变化会影响原油库存，并可能导致完全持有成本状态的偏离。

虽然原油生产是相当连续的，但正常生产周期的中断也可能导致价格波动，从而偏离完全持有成本状态。

如果一种商品的耐储存性较差，那么其供应也可能相对于需求较低。在极端情况下，再次思考第 3 章的热带水果例子。在这里，我们分析了一种只能在一天内储存的水果。如果不食用，商品将在当天变质。在这个例子中，商品是不耐储存的。这种较差的耐储存性也影响了供应，因为不可能再多持有这些商品一天。虽然热带水果的例子是一种极端情况，但是牲畜在很大程度上表现出相同的特征。牲畜不能很好地储存，因为其一直在成长。这种较差的耐储存性还意味着养殖场无法持有相对于销售而言的大量供应，因为储存的商品无法很好地持有以满足未来的需求。

## 5.3　完全持有成本市场——贵金属

在本部分中，我们分析完全持有成本市场，我们将使用贵金属作为主要案例，即通常在完全持有成本市场中交易的商品。我们已经看到，相对于年消费量而言，具有大量供应的高度耐储存商品，适用于我们在第 3 章中介绍的持有成本模型。对于贵金属来说，正向期现套利和反向期现套利策略都可能有效，因为贵金属相当容易进行卖空。特别地，准套利策略是有效的，因为大型商业利益集团持有大量黄金和其他贵金属库存。正如我们在第 3 章中看到的，这些企业可以通过出售部分库存复制卖空行为。

### 5.3.1　完全持有成本案例

图 5.2 展示了当年 3 月至次年 3 月期间黄金期货 6 月和 12 月合约的价格变化情况。图 5.2 显示，这两个价格彼此之间的联系非常密切，较远的 12 月合约的价格位于较近的 6 月合约的价格之上。如果黄金市场确实是一个完全持有成本市场，那么这两个期货价格之间的差异一定与 6—12 月的黄金持有成本密切相关。如果 12 月合约价格相对于 6 月合约价格过高，交易者将采用正向期现套利策略，买入 6 月合约并卖出 12 月合约。他们将在 6—12 月持有黄金现货，并用于 12 月合约的交割。同样的，如果 12 月合约价格过低，交易者将采用反向期现套利策略。

我们从第 3 章中更具体的讨论中了解到，持有成本包括储存、保险、运输和融资成本。通常，融资成本非常大，以至于淹没了其他成本。因此，我们在分析黄金市场时会忽略除融资成本之外的所有其他成本。相应地，如果黄金市场是完全持有成本市场，我们得出以下公式。

$$F_{0,d} = F_{0,n}(1 + C), d > n \qquad (3.6)$$

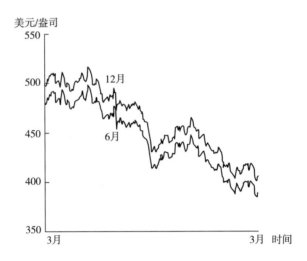

**图 5.2 黄金期货 6 月和 12 月合约**

也就是说，远月期货合约价格应等于近月期货合约价格乘以 1 加上持有成本。这是我们在假设卖空不受限制的完美市场中发现的结果。将此公式应用于我们当前的案例意味着：

$$12 月黄金期货合约 = 6 月黄金期货合约 \times (1 + C) \qquad (5.1)$$

将式（5.1）的两边除以右侧并减去 1，我们得到：

$$\frac{12 月黄金期货合约}{6 月黄金期货合约 \times (1 + C)} - 1 = 0 \qquad (5.2)$$

假设市场是完美的，式（5.2）应在完全持有成本市场中成立。在这里，我们忽略了除融资成本之外所有的其他持有成本。我们将融资成本近似为 6—12 月的短期国债利率。[2] 基于轻微的市场缺陷和对融资成本的不完美估计，我们预计式（5.2）将在使用真实数据时保持近似成立。

**表 5.2**             **10 月 13 日的数据**

| 项目 | 数值 |
| --- | --- |
| 6 月期货合约价格 | 426.00 美元 |
| 12 月期货合约价格 | 442.60 美元 |
| 短期国债利率（6 月至 12 月） | 7.7719% |
| 6 月至 12 月的半年系数，$(1 + C)$ | 1.038132 |

为了使计算更加具体，思考表 5.2 中 10 月 13 日的黄金数据。使用表中的数据，式（5.2）中的值为：

$$\frac{442.60}{426.00 \times 1.038132} - 1 = 0.000804$$

　　虽然该值近似为零，但它的确表明，全部持有成本等于估计的短期国债利率的交易者，可以通过正向期现套利策略获利。对于每一盎司黄金，其利润为 0.36 美元：

$$442.60 - 426.00 \times 1.038132 = 0.36 \text{ 美元}$$

　　对于 100 盎司的合约，利润将为 36.00 美元。这一利润计算方法忽略了交易成本和除估计的短期国债利率之外的所有其他持有成本。因此，很明显，这些价格并未提供真正的套利机会。

　　我们使用了在此期间 7.7719% 的短期国债利率的估计。我们还可以询问这些值所隐含的回购利率是多少。再次忽略所有其他交易成本和持有成本，隐含回购利率为：

$$\frac{442.60}{426.00} = 1.038967$$

　　半年的隐含回购利率为 3.8967%。按年度计算，我们对其进行平方运算，得出隐含回购利率为 7.9453%。这比短期国债利率高 17 个基点。因此，如果交易者的融资成本低于 7.9453%，那么他可以进行正向期现套利。然而，这一融资成本接近短期国债利率，所以很少有交易者会有如此低的借款利率。此外，这还不包括除利息外的任何其他交易成本或持有成本。

　　从 10 月 13 日的这一分析中，我们可以得出结论，那一天的黄金市场非常接近完全持有成本市场。那其他日期呢？图 5.3 展示了当年 3 月至次年 3 月式（5.2）的测量值。如图 5.3 所示，所有值都非常接近零，每个值都在零的 0.5% 误差以内。此外，价格关系中似乎没有任何特别的偏差。一些值在零以上，而其他值在零以下。在这一时期，黄金市场几乎就是完全持有成本市场。其他贵金属的情况类似，通常符合完全持有成本市场状态。因此，在如图 5.3 所示的全年期间，6 月和 12 月合约的期货价差非常接近于完全持有成本市场状态。

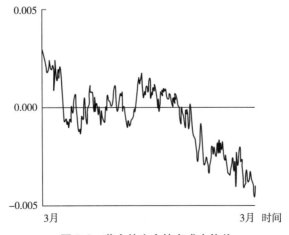

**图 5.3　黄金的完全持有成本偏差**

### 5.3.2 偏离完全持有成本——白银案例

我们已经看到，黄金市场通常是一个完全持有成本市场。其他贵金属，如银、铂，以及某种程度上的钯，也是如此。[3] 然而，可能会发生中断，使市场脱离正常的完全持有成本关系。本节简要介绍白银市场的一个历史案例。

在第 2 章中，我们了解了市场操纵，并介绍 1979—1980 年亨特兄弟白银操纵案例。在此期间，亨特兄弟和他们的同伙积累了大量的白银现货和期货头寸。当多头期货合约开始交割时，他们接受了许多合约的交割，迫使空头白银交易者争先恐后地寻找他们能够交割的白银现货。这种对白银现货的迫切需求，导致白银近月合约价格相对于远月合约价格上涨。

从对黄金价差的分析中，我们可以看到，近月合约的这种相对价格上涨将导致式 (5.2) 的测量值降到零以下。如果式 (5.2) 的测量值小于零，则市场为低于完全持有成本市场，因为远月期货合约价格相对于近月期货合约价格过低。如果市场处于低于完全持有成本状态，那么反向期现套利策略可能变得更有吸引力。如果卖空是可能的，交易者将借入商品，在现货市场出售，并买入期货。此后，他们将接受期货交割，并用收到的商品偿还此前借入的商品。就像我们看到的那样，卖空的机会意味着商品所有者不会从持有商品中获得便利收益。如果出于商业利益考虑需要实物商品作为生产过程的投入，那么市场可以在低于完全持有成本的状态下达成交易，且不会产生套利机会。

1980 年 1 月，亨特兄弟的市场操纵达到顶峰，白银触及 50 美元/盎司的历史最高价格。图 5.4 显示了 1979 年 10 月 1 日至 1980 年 6 月 30 日期间白银市场式 (5.2) 的测量值（图 5.4 中的数据是现货价格和伦敦金属交易所期货价格）。[4] 如图 5.4 所示，市场在一些日子里远低于完全持有成本状态。这些日子大多发生在 1980 年 1 月，当时白银价格达到峰值，市场操纵也如火如荼。这些价格关系表明，与远月合约价格相比，白银近月合约价格极其高。在大多数日子里，市场都处于低于完全持有成本状态，但仍然没有形成远期贴水，因为远月合约价格仍然高于近月合约价格。在某些天内，现货价格实际上超过了远月合约价格。

作为市场中断的一个案例，假设白银现货价格和 3 个月后交割的期货价格都是 40 美元/盎司。此外，假设 3 个月的持有成本为 4%。持有白银的交易者可以在现货市场卖出，并在期货市场买入。这将使 40 美元/盎司的资金可以在未来 3 个月内进行投资，并获得 4% 的收益。对于一个不能从持有白银现货中获得便利收益的交易者来说，这是一个非常有吸引力的机会。实际上，这是一个 4% 的准套利利润。

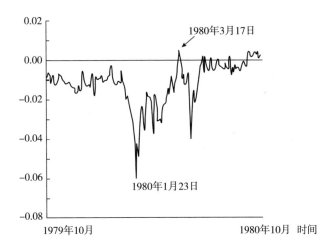

**图 5.4　1979—1980 年白银的完全持有成本偏差**

显然，任何不能从持有白银现货中获得便利收益的交易者，都应该将白银在市场上卖出，并以相应价格买入白银期货。由于没有获得便利收益，任何投机者都肯定会这样做；只有对商品有商业需求的交易者才能获得便利收益。尽管有这种强烈的卖出白银的动因，亨特利益团体仍然继续持有大量白银，并持续买入。尽管短期内他们对白银没有明显的合法商业用途，他们仍然采取了上述行动。

在此期间，与亨特兄弟无关的其他交易者也持有白银。他们的动机是什么？一些商业公司，如胶片制造商，需要白银用于生产。他们不能卖出白银现货并买入期货，因为他们现在需要白银来制造胶片。然而，一般来说，所有不能获得便利收益的交易者，或者没有试图限制白银供应的交易者，都一定会向市场提供白银现货，以获取准套利利润。市场如此低于完全持有成本状态的事实，说明在此期间白银极度缺乏。1980 年 3 月 27 日，星期四，白银操纵的活跃阶段结束，市场崩溃。如图 5.4 所示，白银市场很快恢复到近乎完全持有成本状态。

---

### 产品简介：纽约商业交易所白银期货合约

合约规模：5,000 金衡盎司。

交割等级：精炼银，测定纯度不低于 0.999，每根重量为 1,000 金衡盎司或 1,100 金衡盎司的铸棒，附有经交易所认可并登记在册的精炼厂的序列号和识别印章。

最小变动价位：0.005 美元/金衡盎司或 25 美元/手。

报价单位：美分/金衡盎司。

---

合约月份：当前自然月，接下来的两个自然月，此后 23 个月内的任何一个 1 月、3 月、5 月和 9 月，以及从当月开始的 60 个月内的任何一个 7 月和 12 月。

到期日和最终结算：交易在交割月份最后一个工作日之前的第三个工作日结束时终止。

交易时间：公开喊价交易从上午 8:25 开始到下午 1:25 结束。盘后期货交易通过纽约商业交易所 ACCESS 互联网交易平台进行，从周一到周四的下午 2:00 开始，在次日上午 8:00 结束。周日交易时段从下午 7:00 开始。

每日价格限制：初始价格限制为基于前一日结算价上下浮 1.50 美元。在两个最活跃月份中的任何一个交易达到限制后的两分钟内，期货和期权的所有月份合约的交易将停止 15 分钟。如果两个活跃月份中的任何一个在 2 分钟内以上限报价买入或以下限报价卖出而不进行交易，交易也将停止。如果在当天交易的最后 20 分钟内达到限制，交易将不会停止。如果在交易的最后半小时内达到限制，交易将在不迟于正常收盘前 10 分钟恢复。当交易恢复时，价格限制将扩大 100%。

# 5.4 季节性生产商品

在本部分中，我们将注意力转向季节性生产的商品。我们还假设这些商品的消费十分稳定，且易于储存。这些商品包括有收获季节的商品，如小麦、玉米、燕麦、大麦和大豆产品。一种商品的新供应只能定期出现，以及收获量相对于现有库存来说很大的事实，对商品现货价格变化遵循的模式具有重要影响。我们将看到，由于收获发生在某个固定时节，现货价格往往表现出季节性趋势，这对期货价格具有重要意义。在本部分中，我们使用几种农产品来说明定价的基本特征。

## 产品简介：芝加哥期货交易所玉米期货合约

合约规模：5,000 蒲式耳。

交割等级：2 号黄玉米依照合约价格，1 号黄玉米高于合约价格 1.5 美分/蒲式耳，3 号黄玉米低于合约价格 1.5 美分/蒲式耳。

最小变动价位：0.25 美分/蒲式耳（12.50 美元/手）。

报价单位：美分/蒲式耳和 1/4 美分/蒲式耳。

合约月份：12 月、3 月、5 月、7 月和 9 月。

到期日和最终结算：最后交易日是合约月份第 15 个自然日之前的工作日。最后交割日是最后交易日之后的第二个工作日。

交易时间：公开拍卖——上午 9:30 至下午 1:15，中部时间，周一至周五；电子交易——下午 7:30 至次日上午 6:00，中部时间，周日至周五。到期合约的交易在最后交易日中午结束。

每日价格限制：高于或低于前一天结算价 20 美分/蒲式耳（1,000 美元/手）。交割月没有限制（在交割月开始前两个工作日取消限制）。

## 5.4.1　库存和价格模式

对于季节性生产的商品，决定价格最重要的单一因素是商品不稳定的可获得性。再看一下我们的热带水果案例，只能在一年中的某一日收获储存，24 小时内就会腐烂。这种产品的库存特征很奇怪。除了收获日，全年其他日子世界范围内的库存都是零。在收获日，水果随处可见。这种供应情况将对水果价格产生较大影响。在收获日，假设价格为 0.10 美元。虽然无法观察到，但是在任何收货日以外的其他日子水果价格都无限大；无论提供什么样的购买价格，水果供应都不会出现。在这种情况下，价格将在 0.10 美元和无限大之间波动，这一波动发生在收获日。虽然没有此类商品，但这一案例强调了供应和突然变化的库存对价格决定的重要性。

可收获作物，如小麦，与稀有水果相似，虽然它们可以储存，且不必瞬间收获。为了解此类作物的收获模式如何影响其价格模式，我们首先做一些简化的假设。我们假设长期库存量是稳定的，生产量将等于消费量。这意味着从一次收获到下一次收获的结转是个常数。假设所有这些值都是确定的。图 5.5 描述了此类商品的特征。图 5.5（a）显示了库存将如何随时间变化而变化。折线从第一次收获时开始，因此库存量高。作物年度期间，库存量因消费而下降。这种下降持续到第二次收获，依此类推。图 5.5（b）显示了现货价格的可能模式。在收获时，现货价格可能较低，因为商品供过于求。随着作物年度的推进，库存量不会增加，收获已经结束。然而，持续的消费导致库存量下降，现货价格很可能上升。在图 5.5（b）中，直到下一次收获到来、商品再次充足时，价格才停止上升。

图 5.5（c）显示了两个不同期货合约的可能价格。两条线都是平的，反映出期货价格在作物年度期间是稳定的。上面的线是在第四次收获前到期的期货合约的价格。在收获前，现货价格较高，所以期货价格也应该较高。下面的线是在第二次收获后到期的期货合约的价格。此时，价格应该较低，所以期货价格在其整个生命周期内都较

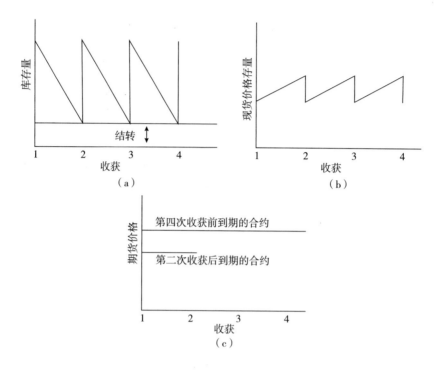

注：（a）库存量与收获；（b）现货价格与收获；（c）期货价格与收获。

**图5.5　季节性生产商品的库存和价格**

低。事实上，这两个期货价格与期货到期时的现货价格相匹配。

　　图5.5还显示了一个关于基差的非常重要的事实，即现货价格和期货价格之间的差异。回想一下，库存和价格模式都是在确定性条件下提出的。在此确定性条件下，期货价格必须保持不变，但是现货价格随供应变化而波动。这意味着基差必须变化，如图5.6所示。图5.6中的基差曲线与图5.5中的价格模式一致。因为现货价格在每次

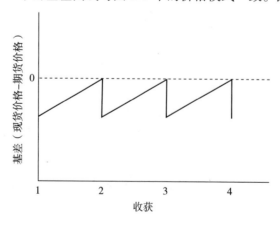

**图5.6　季节性生产商品的基差**

收获之前处于相同的水平，并且当期货合约在第四次收获之前到期时，基差必须为零，所以基差在整个期间必须为零或负值。变动的基差通常被认为是高风险和不稳定价格的标志。在本案例中，因为假设确定性条件，所以没有风险。这说明，即使在确定性条件下，基差也可能发生剧烈变化。虽然变化的基差通常代表高风险，但是情况并非总是如此。重要的是将基差波动区分为预期部分和非预期部分。[5]

## 5.4.2　小麦和小麦期货

小麦是一种极为重要的作物，具有季节性收获和耐储存的特征。当然，小麦并不完全符合前述分析的简化条件。小麦不能永久储存，收获也不确定，而且这种不确定性长期存在。因为小麦不完全符合我们的模型，所以通过研究小麦价格的特征，我们可以了解此前思维方式的合理性。如果前述分析适用于小麦，那么小麦应该表现出几个重要的特征。应该可以用季节模式解释现货小麦的价格。我们预计小麦价格在夏季将较低，此时小麦正在收获。

有许多小麦品种具有不同的生长特征和不同的收获季节。[6]小麦产区最南端的冬小麦从 5 月下旬开始收获，持续到 7 月中旬，农场主在 8 月和 9 月收获春小麦。除了美国小麦收获期如此长之外，赤道以南还有一些重要的小麦生产国也是如此，如阿根廷，因此小麦可以不间断地进入市场。

虽然全球小麦供应持续不断，但是美国小麦供应的季节性因素很强。图 5.7 显示了小麦现货价格的季节性特征。图 5.7 显示了 1960—1989 年每个交易日小麦的平均现货价格。如图 5.7 所示，小麦价格在冬季往往较高，而在夏季则较低。表 5.3 列出了 1969—1982 年每个作物年度内美国小麦的月平均库存量（美国农业部将小麦作物年度

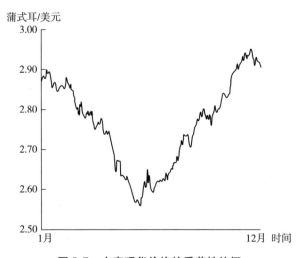

图 5.7　小麦现货价格的季节性特征

定义为 6 月 1 日至次年 5 月 31 日)。6 月,前一次收获结转的库存几乎耗尽,但新的收获才刚刚开始。小麦库存量在收获期继续增长,在 10 月达到最高水平,然后再次开始下降。请注意,小麦库存量的最大增量发生在 7 月和 8 月,增幅为 31% ~ 38%。

表 5.3　　　　　　　　1969—1982 年作物年度美国小麦平均库存量

| 月份 | 库存量（百万蒲式耳） | 环比变化（%） |
| --- | --- | --- |
| 6 月 | 187.78 | -9.40 |
| 7 月 | 246.37 | 31.20 |
| 8 月 | 338.65 | 37.46 |
| 9 月 | 380.19 | 12.27 |
| 10 月 | 398.40 | 4.79 |
| 11 月 | 379.40 | -4.77 |
| 12 月 | 346.41 | -8.70 |
| 1 月 | 314.28 | -9.28 |
| 2 月 | 284.21 | -9.57 |
| 3 月 | 257.42 | -9.43 |
| 4 月 | 236.14 | -8.27 |
| 5 月 | 205.44 | -13.01 |

　　根据这一推理,供应的增加会导致价格的下降,其他因素保持不变。表 5.4 显示了小麦现货价格的季节性特征。该表显示了 1892—2002 年当年最高和最低现货价格出现月份的情况。需要注意的明显规律性是,最低价出现的月份集中在 7 月和 8 月。显然,这两个月份与小麦库存增幅最大的月份相对应。最高价也有类似明显的趋势并集中出现在 12 月和 1 月,此时小麦库存量较低。这些结果证实了以下观点:库存量较低时现货价格较高,库存量较高时现货价格较低。

表 5.4　　　　　　　　1892—2002 年小麦现货最高价和最低价出现的月份

| 月份 | 出现最高价次数 | 出现最低价次数 |
| --- | --- | --- |
| 6 月 | 3 | 10 |
| 7 月 | 3 | 25 |
| 8 月 | 1 | 24 |
| 9 月 | 7 | 8 |
| 10 月 | 4 | 6 |
| 11 月 | 10 | 9 |
| 12 月 | 24 | 2 |
| 1 月 | 21 | 9 |
| 2 月 | 10 | 5 |
| 3 月 | 8 | 3 |
| 4 月 | 10 | 7 |
| 5 月 | 12 | 4 |

资料来源:Chicago Board of Trade, *Statistical Annual*, Various Years and Computerized Data Bank.

注:数据为 2 号冬小麦自然年度数据。© 芝加哥期货交易所,经允许转载。

表5.5 显示了1963—2002 年的40 年，芝加哥期货交易所交易小麦期货5 月合约的最高价和最低价的分布。这些数据有一些显著特征。首先，5 月、6 月和7 月有出现许多少见价格的趋势，包括最高价和最低价。这并不奇怪，因为考虑到合约将在近一年后才能到期，我们几乎对下一年的作物情况一无所知。因此，期货价格可能远高于或远低于未知的最终将占优势的现货价格。其次，这几个月出现大量最高价和最低价反映了期货价格在距离到期日很遥远时的巨大预测误差。然而，在表5.5 中，我们没有发现最高价集中出现在某一月份而最低价集中出现在其他时段的趋势。因此，我们看到现货价格可以是季节性的，而同一商品的期货价格则不是。

表5.5           1963—2002 年小麦期货最高价和最低价出现的月份

| 月份 | 出现最高价次数 | 出现最低价次数 |
|---|---|---|
| 6 月 | 6 | 6 |
| 7 月 | 1 | 8 |
| 8 月 | 2 | 2 |
| 9 月 | 1 | 1 |
| 10 月 | 3 | 1 |
| 11 月 | 1 | 0 |
| 12 月 | 1 | 0 |
| 1 月 | 3 | 0 |
| 2 月 | 3 | 2 |
| 3 月 | 6 | 5 |
| 4 月 | 6 | 5 |
| 5 月 | 7 | 9 |

资料来源：Chicago Board of Trade, *Statistical Annual*, Various Years and Computerized Data Bank.

注：数据为芝加哥期货交易所小麦期货5 月合约数据。© 芝加哥期货交易所，经允许转载。

特尔泽（Telser）对小麦和棉花期货的经典研究为期货价格行为提供了进一步的有趣证据。特尔泽研究了1927—1954 年小麦期货价格行为（忽略了战争年代）。表5.6 给出了他的部分研究成果。如表5.6 所示，特尔泽将这些年度分成若干小组，包括小麦现货价格上涨、下跌或保持稳定的期间。然后，他研究了以上不同期间的期货价格，指出期货价格上涨或下跌的月份数量。在整个期间，期货价格上涨的频率与下跌的频率差不多。但在现货价格上涨的期间，期货价格往往会上涨；当现货价格下跌时，期货价格也会下跌。

表 5.6　　　　　　1927—1941 年和 1946—1954 年特尔泽的小麦期货研究成果

| 项目 | 期货价格上涨月份数量 | 期货价格下跌月份数量 |
|---|---|---|
| 现货价格下跌的年度 | 19 | 42 |
| 现货价格稳定的年度 | 45 | 56 |
| 现货价格上涨的年度 | 52 | 32 |
| 合计 | 116（47.15%） | 130（52.85%） |

　　这种现象可能由两个因素造成。首先，期货价格可能存在季节性趋势。其次，导致现货价格变化的新信息也可能已经导致期货价格变化。在这两种解释中，第二种更为合理。小麦现货价格的季节性模式是众所周知的，且应在市场预料之中。事实上，期货价格在 1/3 以上（35.17%）的期间向与现货价格相反的方向移动，再加上已经观察到的期货最高价和最低价分布情况，印证了特尔泽的结论："期货数据没有提供任何证据来反驳简单的……假设——期货价格是对预期现货价格的无偏估计。"[7] 如第 3 章所述，如果期货价格提供了对预期未来现货价格的无偏估计，并且如果没有新信息到达市场，那么期货价格在合约到期前既不应上涨也不应下跌。总体而言，这是对小麦期货价格走势的一个合理解释。

---

### 产品简介：芝加哥期货交易所小麦期货合约

　　合约规模：5,000 蒲式耳。

　　交割等级：1 号和 2 号软红小麦，1 号和 3 号硬红冬小麦，1 号和 2 号北方春黑麦，1 号北方春小麦高于合约价格 3 美分/蒲式耳；2 号北方春小麦依照合约价格。替代品依照交易所确定的差额定价。

　　最小变动价位：1/4 美分/蒲式耳（12.50 美元/手）。

　　报价单位：美分和 1/4 美分/蒲式耳。

　　合约月份：7 月、9 月、12 月、3 月和 5 月。

　　到期日和最终结算：最后交易日为合约月份第 15 个自然日之前的工作日。最后交割日是交割月份最后交易日之后的第七个工作日。

　　交易时间：公开拍卖——上午 9:30 至下午 1:15，中部时间，周一至周五；电子交易——下午 7:32 至上午 6:00，中部时间，周日至周五；到期合约的交易在最后交易日中午结束。

　　每日价格限制：高于或低于前一日结算价格 30 美分/蒲式耳（1,500 美元/手）。交割月份没有限制（在交割月份开始前两个工作日取消限制）。

### 5.4.3　小麦和持有成本模型

在对黄金作为完全持有成本市场的分析中，我们发现，黄金期货 6 月合约和 12 月合约之间的价差，几乎完全由近月交割到远月交割期间黄金的融资成本来解释。鉴于小麦的特征，我们预计小麦的价格关系与黄金的完全持有成本市场情况有很大不同。

首先，小麦生产是季节性的。即使事先知道收获情况，小麦仍会在收获后供应充足，并在此后逐渐减少。其次，因为事先不知道收获情况，所以可能会出现小麦供应短缺或过剩的情况。例如，由于市场观察人士开始预测供应短缺，干旱可能导致价格普遍飙升（事实上，这一时期的小麦确实如此）。因此，一般而言，我们不能期望小麦市场在所有情况下都处于完全持有成本状态。供应变化太大导致小麦市场不可能成为典型的完全持有成本市场。

我们现在研究 7 月和 12 月合约的期货价格。这将使我们能够与涵盖几乎完全相同时期的黄金分析进行详细比较。图 5.8 显示了两个合约的价格。总的来说，它们变动的趋势很接近。然而，这两个价格之间的价差并不像我们预期的那样稳定。

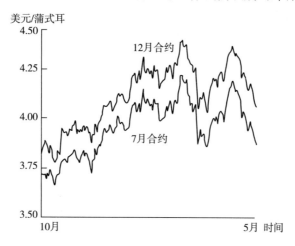

**图 5.8　小麦期货 7 月和 12 月合约价格**

图 5.9 通过绘制按照式（5.2）计算得到的值（将黄金替换为小麦），显示了小麦的完全持有成本偏差。请记住，该值将利息成本的估计值视为持有商品至远期的唯一成本。在图 5.9 中，我们注意到两个重要特征。首先，与黄金相比，小麦的完全持有成本偏差要大得多。对于小麦来说，其偏差大约是我们注意到的黄金偏差的 4 倍。其次，小麦完全持有成本偏差的趋势性很强。相比之下，黄金几乎总是处于完全持有成本状态。小麦市场先是处于低于完全持有成本状态，然后处于高于完全持有成本状态。

早期，从 10 月开始，小麦市场似乎处于低于完全持有成本状态。这意味着近月合

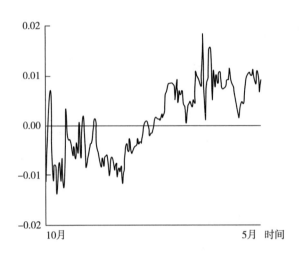

图 5.9　小麦的完全持有成本偏差

约价格相对于远月合约价格较高。正如我们所看到的，当近月合约价格相对较高时，市场对小麦的即时需求非常旺盛。在接近年底的时候，市场仍然反映了收成不佳。收成不足可能给小麦带来了巨大的便利收益。

后期，我们在图 5.9 中计算的测量值超过了零，这意味着 12 月合约价格超过 7 月合约价格的幅度大于 7—12 月持有小麦的融资成本。这似乎带来了正向期现套利的机会。对于黄金而言，远月合约价格从未超过近月合约价格与融资成本之和。与黄金相比，小麦的储存、保险和运输等持有成本更大。在黄金市场中，我们发现利率本身几乎完全解释了两个不同到期日的黄金期货合约的价格差异。小麦的情况并非如此。在图 5.9 中，最大值约为 2%。因此，如果小麦每月储存、运输和保险的成本仅为小麦价值的 0.004，那么市场将不会处于高于完全持有成本状态（从 7—12 月有 5 个月，$1.004^5 = 1.02$，涵盖了与完全持有成本 2% 的偏差）。例如，如果小麦价格为 4.00 美元/蒲式耳，而图 5.9 显示市场高于完全持有成本 2%，如果在 7—12 月能够以 "0.016 美元/蒲式耳/月" 或更低的价格完成小麦的储存、保险和运输，我们就可以进行正向期现套利 [按照这一储存、保险和运输成本，持有小麦 5 个月的总成本（不包含融资成本）将为 $5 \times 0.016 = 0.08$ 美元，这正是每蒲式耳小麦 4.00 美元价值的 2%]。

通过以上讨论，我们得出三个结论。首先，由于供应的波动性和收成的不确定性，小麦现货价格具有季节性。其次，由于季节性因素，两个到期日不同的合约之间的价差可能会以系统的方式变化。最后，在评估市场是否处于完全持有成本状态时，我们需要将储存、保险和运输成本，以及小麦本身的融资成本考虑在内。

## 5.5 季节性消费商品

许多食品的季节性生产导致商品偏离了我们发现的适用于黄金的正向期现套利市场的严格价格模式。这些商品的库存变化可能会造成供应短缺，并在特定期间内为某些商品带来便利收益。在本部分中，我们将展示季节性消费模式能够产生类似的效果。一般而言，商品的便利收益来源于特定期间的供需不平衡。这种不平衡可能来自季节性生产，或来自季节性需求。

原油和相关产品是一个很好的例子，产量相当稳定，但季节性需求很高。我们在第 3 章中注意到，夏季汽油需求较高，冬季取暖油需求较高。因为两者都产自原油，我们预计这几种原油相关商品都会呈现季节性模式。

与具有特定收获期的农作物不同，原油可以连续生产。从某种程度上来说，除非能够很便利地销售，否则几乎没有动机去开采石油。如果供应管道处于开放状态且能够正常使用，则通常没有理由在地面上储存原油。然而，一些原油用户希望通过储存原油以防供应中断。对于这样的用户，持有现货原油可以提供便利收益。

在 1990 年夏天海湾战争之前，世界原油供应一直供过于求。因此，几乎没有理由储存原油。季节性因素可能会导致某些类型的原油产品产生溢价，但是这种溢价可能与炼油能力有关，而不是与原油本身的需求有关。因此，在夏季，汽油需求可能会使炼油能力紧张，即使原油供应充足。这些不同因素的存在意味着原油期货有时处于完全持有成本状态，而在其他时候，原油可能具有相当大的便利收益，或者市场甚至可能处于远期贴水状态。表 5.7 列出了 1984—1990 年度同一日期的原油期货价格。

表 5.7 1984—1990 年 3 月 21 日原油期货价格

| 到期月份 | 合约到期年度及价格 | | | | | | |
|---|---|---|---|---|---|---|---|
| | 1984 | 1985 | 1986 | 1987 | 1988 | 1989 | 1990 |
| 6 月 | 30.32 | 27.76 | 14.17 | 18.08 | 16.19 | 19.49 | 19.28 |
| 9 月 | 30.20 | 27.05 | 14.60 | 17.62 | 16.05 | 18.45 | 20.44 |
| 12 月 | 30.28 | 27.15 | 15.01 | 17.57 | 15.99 | 17.75 | 20.44 |

表 5.7 显示了几乎所有可能的价格模式。1984 年和 1985 年，价格先下降后上升。这几年，6 月和 9 月合约价格处于远期贴水状态，9 月和 12 月合约价格处于低于完全持有成本状态。1986 年的价格接近完全持有成本状态，6 月和 9 月合约之间的隐含回购利率超过 12%。1987—1989 年，市场处于严格的远期贴水状态。从这些几乎代表了原油市场价格关系的数据中，我们可以看到，原油很少处于完全持有成本状态。不同的

供应量和对未来价格的预期似乎主导了价格形成过程，而不是由库存量所主导。

## 5.6　不耐储存的商品

在本部分中，我们探讨不耐储存的商品。在某种程度上，我们已经考察了储存时间有限的货物。谷物和油籽不能永久储存，而且相对于货物的价值，其体积很大，无论如何都不适合长期储存。石油与食品一样，相对于产品价值，储存成本也很高。但在本部分中，我们考虑一种更加极端的情况。我们继续以热带水果为例，解释无法储存的商品。期货合约不交易此类商品，其原因不难理解。然而，如果期货合约以活体动物为标的，则这些动物在某些方面类似于热带水果。

例如，活牛在交割时，重量必须在 1,050~1,200 磅。如果持有活牛的时间过长，那么就不能履行合约交割的义务。饲养牛合约规定牛的重量在 600~800 磅。然而，饲养牛合约并非以实物交割方式结算。相反，该合约使用现金结算。合约到期时，最后一天的结算价格等于现货价格。这将迫使期货合约向现货价格靠拢，避免成本高昂或手续烦琐的实物交割。在使用现金结算的情况下，显然不可能实际采取正向期现套利策略，因为不能通过实物交割履行期货合约。然而，采取正向期现套利策略的交易者可以简单地将期货头寸平仓。

严苛的储存条件松动了到期日不同的期货合约之间的无套利关系。图 5.10 显示了 6 月和 12 月活牛期货合约价格。如图 5.10 所示，活牛合约不太可能遵守正向期现套利的限制。图 5.11 显示了我们熟悉的完全持有成本的测算。根据图 5.10 和图 5.11，12 月 1 日至次年 5 月 25 日，市场价格低于完全持有成本，价格关系极不稳定。在活牛之

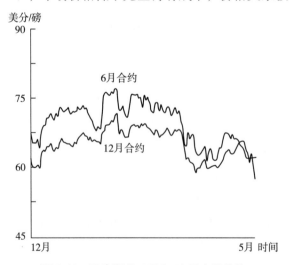

**图 5.10　活牛期货 6 月和 12 月合约价格**

类的市场，持有成本模型告诉我们实际预期的价格关系相对较少。这并不意味着价格违反持有成本模型，而是说持有成本模型并不适用。首先，构成持有成本模型核心的无套利关系崩溃。其次，如果储存困难或不可能卖空，那么持有成本模型不会在很大程度上限制价格。因此，我们发现价格可能等于、高于或低于完全持有成本。

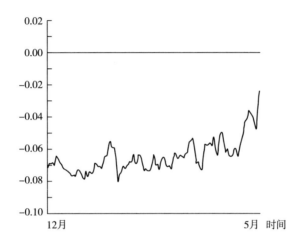

**图5.11 活牛的完全持有成本偏差**

## 5.7 牛市和熊市商品内价差

牛市价差（bull spread）是一种旨在当标的商品价格上涨时获利的商品内价差。熊市价差（bear spread）是一种旨在在标的商品价格下跌时获利的商品内价差。每一种商品内价差都涉及做多一种到期日合约和做空另一种到期日合约（当然，即便是更复杂的价差也可以有额外的合约，但每一种商品内价差必须至少有两种合约）。在本部分中，我们将探讨一些用于确定如何构建牛市和熊市价差的常见规则。让我们考虑完全持有成本市场与完美市场的基本持有成本模型关系。在这些条件下，最初由式（3.6）给出的关系为：

$$F_{0,d} = F_{0,n}(l+C), d > n \tag{3.6}$$

假设持有成本不变，近月期货价格"$F_{0,n}$"上涨意味着远月期货价格"$F_{0,d}$"必须进一步上涨。否则，这个公式就不成立。因此我们可以看到，对于完全持有成本商品（full carry commodity），牛市价差要求交易者做多远月合约，做空近月合约。

以黄金为例，我们已经看到黄金市场通常采用完全持有成本。我们考虑6月和12月合约之间的价差。在两种合约上市时，黄金价格接近6月初的峰值。在接下来的8

个月里，黄金价格一直在下跌。表5.8显示了6月2日和2月10日的黄金期货价格和黄金价差。如表5.8所示，价格在此期间大幅下跌。在表格的最后一列，我们看到价差也有所下降。这种关系对完全持有成本商品而言实属正常。

表5.8 黄金期货价格与价差

| 日期 | 6月期货 | 12月期货 | 价差（12月−6月） |
|------|---------|----------|------------------|
| 6月2日 | 497.90 | 516.50 | 18.6 |
| 2月10日 | 396.60 | 412.90 | 16.3 |

对于同一对黄金合约，近月合约的价格和价差均在146天内发生变化。在这146天内，有109天的价差随近月价格上涨而扩大，或随近月价格下跌而缩小。这109天符合我们的期望。另外，有37天的价差随近月期货价格下跌而扩大，或随近月期货价格上涨而缩小。

$$价差变化 = \alpha + \beta \times 近月期货价格变化 + \varepsilon \qquad (5.3)$$

估计的$\beta$为0.043，统计量$t$为11.4，$R^2 = 0.33$。这一回归支持价差会随价格上涨而扩大、随价格下跌而缩小的结论。因此，黄金的牛市价差是做空近月合约，做多远月合约。

对于不在完全持有成本市场交易的商品，牛市价差不需要做空近月合约，做多远月合约。我们已经看到，铜并没有在完全持有成本市场交易，这可能是由于存储成本较高且供应较少。因此，铜的牛市价差可能不是做空近月合约和做多远月合约。为了说明其中差异，我们研究了同年7月和12月铜合约的数据。这两个合约的价差在248天内发生变化。在这248天内，有80天的价差随价格上涨而扩大，或随价格下跌而缩小；有168天的价差随价格上涨而缩小，或随价格下跌而扩大。换言之，这与黄金所遵循的模式正好相反。

对于铜，我们还估计了方程（5.3）的回归。对于该估计方程，$\beta = -0.21143$，统计量$t$为13.6，$R^2 = 0.35$。因此，就铜的数据而言，铜价上涨伴随价差缩小。这与黄金的结果正好相反，也与持有成本模型所隐含的关系完全相反。

---

## 价差变化和价格变化

完全持有成本市场如果商品价格上涨，则远月期货价格上涨幅度大于近月期货价格上涨幅度。

非完全持有成本市场如果商品价格上涨，则近月期货价格上涨幅度大于远月期货价格上涨幅度。

---

**表 5.9**　　　　　　　　　　　牛市和熊市商品内价差

| 牛市价差 | 熊市价差 | 商品 |
|---|---|---|
| 做空近月合约<br>做多远月合约 | 做多近月合约<br>做空远月合约 | 完全持有成本市场<br>金、银、铂、钯、金融 |
| 做多近月合约<br>做空远月合约 | 做空近月合约<br>做多远月合约 | 非完全持有成本市场<br>可可、铜、小麦、玉米、燕麦、橙汁、胶合板、猪腩、大豆、豆粕、豆油、糖 |

表 5.9 列出了遵循每种关系的商品。一般而言，对于在完全持有成本市场交易的商品，牛市价差做多远月合约，做空近月合约。我们已经了解到为什么这种价差关系在完全持有成本市场中始终不变。对于铜等没有大量供应来源的商品而言，新的供求信息可能会导致期货价格上涨。在库存稀缺的情况下，近月合约价格可能会发生更大的变化。但从长远来看，新库存可以到位，远月期货到期价格的变化幅度低于近期期货价格的变化幅度。因此，如果近月期货价格大幅上涨，而远月期货价格只上涨一点，那么当价格上涨时，价差就会不断缩小。在表 5.9 中，完全持有成本市场和非完全持有成本市场之间的差异导致价差行为的差异。

## 5.8　商品间价差关系

在本章中，我们探讨了同一标的商品期货合约之间的联系。从本质上讲，我们已经看到持有成本模型建立了这些联系。在本部分中，我们要考虑相关商品之间的几个重要价差关系。因此，我们研究了大豆系列产品、能源市场和牲畜市场的价差关系。

### 5.8.1　大豆与压榨

大豆是蛋白质的主要来源，而美国是大豆的主要生产国。多年来，美国的大豆产量占世界总产量的 40%～50%。但是，我们不会食用大豆，至少不会直接食用豆子。大豆必须经过压榨，才能生产出可食用的豆粕和豆油。1 蒲式耳的大豆重 60 磅，可产生出约 48 磅的豆粕和 11 磅的豆油，留下约 1 磅的废渣。1 蒲式耳大豆与由此产生的豆粕和豆油之间的价值差异就是压榨利润（crush margin）。压榨利润的下降通常会刺激大豆出口，尤其是向西欧出口，当地压榨利润可能更可观。虽然生产成本常与压榨利润保持一致，但对最终大豆产品的需求极不稳定，导致压榨利润大幅波动。大豆、豆粕和豆油的期货合约在芝加哥期货交易所交易。但如表 5.10 所示，每种合约的规模明显不同。

表5.10                                     大豆合约规模

| 合约 | 合约规模 | 报价方式 |
|------|---------|---------|
| 大豆 | 5,000 蒲式耳 | 美元/蒲式耳 |
| 豆粕 | 100 吨 | 美元/吨 |
| 豆油 | 60,000 磅 | 美分/磅 |

表5.11                                     大豆期货价格

| 合约 | 8 月 4 日 | 11 月 14 日 | 12 月 19 日 |
|------|----------|-----------|------------|
| 7 月大豆（美元/蒲式耳） | 8.6600 | 7.8525 | 8.1700 |
| 9 月豆粕（美元/吨） | 232.5000 | 232.0000 | 232.0000 |
| 9 月豆油（美元/磅） | 0.2665 | 0.2442 | 0.2495 |

    1 手 5,000 蒲式耳大豆合约的大豆经压榨可生产约 120 吨豆粕。这约等于 1.2 手豆粕合约。此外，1 蒲式耳大豆可生产约 11 磅豆油，因此 1 手大豆合约可产生 55,000 磅豆油，约为 1 手豆油合约的 92%。压榨商估计，压榨 10 手大豆合约将产生 12 手豆粕合约和 9 手豆油合约，这一大致数值关系可用于交易：

$$10 \text{ 手合约} \times 5,000 \text{ 蒲式耳} \approx 2,400,000 \text{ 磅豆粕} + 550,000 \text{ 磅豆油}$$

$$\approx 12 \text{ 手豆粕合约} + 9 \text{ 手豆油合约}$$

    在正常情况下，豆粕加上豆油的价值必然超过大豆的价值。否则，人们不会有种植和压榨大豆的动力。因此，我们预计压榨利润为正值。然而，压榨利润会出现波动。分析如表 5.11 所示大豆、豆粕和豆油的价格。这些是三个不同日期的价格，我们以此举例说明大豆压榨价差。

---

### 大豆压榨和反向压榨价差

    压榨价差：做多某一到期日的大豆；做空下一到期日的豆粕和豆油。

    反向压榨价差：做空某一到期日的大豆；做多下一到期日的豆粕和豆油。

---

    假设今天是 8 月 4 日，一名投机者认为压榨利润太小。该投机者认为，通过买入大豆以及卖出豆粕和豆油组合头寸，有可能赚取利润。请注意，大豆合约 7 月到期，而其他合约 9 月到期，这两个月的间隔可用于压榨大豆。投机者根据自己的判断，决定买入 10 手大豆合约，卖出 12 手豆粕合约及 9 手豆油合约。表 5.12 详细列出了这些交易。

表 5.12　　　　　　　　　　　　　　　　大豆压榨投机

| 日期 | 期货市场 |
|---|---|
| 8 月 4 日 | 以 8.66 美元/蒲式耳的价格买入 10 手 7 月大豆合约<br><br>以 232.50 美元/吨的价格卖出 12 手 9 月豆粕合约<br><br>以 0.2665 美元/磅的价格卖出 9 手 9 月豆油合约 |
| 11 月 14 日 | 以 7.8525 美元/蒲式耳的价格卖出 10 手 7 月大豆合约<br><br>以 232 美元/吨的价格买入 12 手 9 月豆粕合约<br><br>以 0.2442 美元/磅的价格买入 9 手 9 月豆油合约<br><br>利润/损失：<br><br>大豆：$10 \times 5,000 \times (-8.66 + 7.8525) = -40,375$ 美元<br><br>豆粕：$12 \times 100 \times (232.50 - 232) = 600$ 美元<br><br>豆油：$9 \times 60,000 \times (0.2665 - 0.2442) = 12,042$ 美元<br><br>总损失：$-27,733$ 美元 |

在表 5.12 中，交易者买入 7 月大豆合约，卖出相应数量的 9 月豆粕和豆油合约。价格迅速变动，形势开始对交易者不利。如表 5.11 所示价格，到 11 月 14 日，交易者的投机行为完全失控。如表 5.12 所示，交易者在 11 月 14 日平仓所有合约。总损失超过 27,000 美元。在这个例子中，交易者做多，大豆价格下跌。如果豆粕和豆油价格下跌更多，那么大豆价格下跌就不会引发问题。然而，豆粕价格仅下跌 0.50 美元/吨，豆油价格下跌不足 0.03 美元/磅。这些价格下跌分别产生了 600 美元和 12,042 美元的利润，但不足以抵销超过 40,000 美元的大豆损失。

压榨交易者不相信自己的运气会这么差，希望在 11 月 14 日退出市场后挽回损失。当天晚些时候，市场仍然呈现同样的价格趋势。交易者推断，导致亏损的趋势也许会继续下去。因此，他决定进行反向压榨价差交易（reverse crush spread），即卖出大豆合约，买入豆粕和豆油合约。交易者在同样的到期日卖出 10 手大豆合约，买入 12 手豆粕合约和 9 手豆油合约。表 5.11 显示了交易价格，表 5.13 详细说明了他的新交易。现在，交易者做空大豆，做多豆粕和豆油。大豆价格开始上涨，导致大豆头寸出现亏损。如果豆粕和豆油价格充分上涨，交易者仍然可以获利。但在接下来的一个月里，豆粕价格完全没有变化，豆油价格仅略微上涨，到 12 月 12 日，交易者蒙受新的损失。大豆损失 15,875 美元，未被豆粕和石油的收益抵销。豆粕合约毫无收益，豆油合约收益只有 2,862 美元。净损失达到 13,013 美元。

这位不幸的交易者在 8 月 4 日至 11 月 14 日的压榨价差交易中首次亏损，在 11 月 14 日至 12 月 12 日的反向压榨价差交易中再次失利。交易者遭受双重损失，连续两次相反交易均以失利告终。这个例子说明，尽管大多数投机行为都能带来可观利润，但也同样容易遭受损失。[8]

表 5.13 大豆反向压榨投机

| 日期 | 期货市场 |
|------|---------|
| 11 月 14 日 | 以 7.8525 美元/蒲式耳的价格卖出 10 手 7 月大豆合约<br>以 232 美元/吨的价格买入 12 手 9 月豆粕合约<br>以 0.2442 美元/磅的价格买入 9 手 9 月豆油合约 |
| 12 月 12 日 | 以 8.17 美元/蒲式耳的价格买入 10 手 7 月大豆合约<br>以 232 美元/吨的价格卖出 12 手 9 月豆粕合约<br>以 0.2495 美元/磅的价格卖出 9 手 9 月豆油合约<br>利润/损失：<br>大豆：$10 \times 5,000 \times (7.8525 - 8.17) = -15,875$ 美元<br>豆粕：$12 \times 100 \times (232 - 232) = 0$<br>豆油：$9 \times 60,000 \times (-0.2442 + 0.2495) = 2,862$ 美元<br>总损失：$-13,013$ 美元 |

## 产品简介：芝加哥期货交易所大豆期货合约

合约规模：5,000 蒲式耳。

交割等级：2 号黄大豆依照合约价格，1 号黄大豆高于合约价格 6 美分/蒲式耳，3 号黄大豆低于合约价格 6 美分/蒲式耳。

最小变动价位：美分/蒲式耳（12.50 美元/手）。

报价方式：美分和 1/4 美分/蒲式耳。

合约月份：9 月、11 月、1 月、3 月、5 月、7 月和 8 月。

到期日和最终结算：最后交易日是交割月份第 15 个自然日之前的工作日，最后交割日是交割月份最后交易日之后的第二个工作日。

交易时间：公开拍卖——上午 9:30 至下午 1:15，中部时间，周一至周五；电子交易——晚上 7:31 至上午 6:00，中部时间，周日至周五；到期合约的交易在最后交易日的中午结束。

每日价格限制：高于或低于前一天结算价 50 美分/蒲式耳（2,500 美元/手）。交割月份无限制（交割月份开始前两个工作日解除限制）。

### 5.8.2 原油与裂解

原油和大豆一样，在天然状态下用处不大，但能够转化为非常有用的相关产品。

为了发挥作用，原油必须精炼成汽油、取暖油或丙烷等其他产品。这种精炼过程称为裂解。因此，大豆加工过程是压榨，原油加工过程是裂解。在蒸馏过程中，原油在更高的温度下精炼，生成丁烷和丙烷。在更高的温度下，原油会产生石脑油、煤油和柴油，柴油经过催化裂化或加氢裂化生产汽油。因此，同种原油可以生产多种产品，具体取决于裂解技术。然而，给定数量的原油只能生产一定数量的产品。产品组合多种多样，但总产量是一个零和游戏。

裂解模式在很大程度上取决于一年中的季节。我们已经注意到，汽油在夏季的需求更高，而取暖油的需求则在冬季最高。因此，炼油厂会在春季增加汽油库存。在夏末和秋季，炼油厂会改变产品组合，着重生产冬季所需的取暖油。

原油及其精炼产品之间的价格关系称为裂解价差（crack spread）。裂解价差有几种类型。市场存在原油/取暖油裂解价差、原油/汽油裂解价差以及基于多个原油单位的其他裂解价差组合。为了买入裂解价差，交易者买入精炼产品并卖出原油。为了卖出裂解价差，交易者卖出精炼产品并买入相应原油。卖出裂解价差也称为反向裂解价差（reverse crack spread）。最常见的裂解价差是原油和取暖油或原油和汽油之间的"1:1"价差。

---

### 四种裂解价差

| 原油使用数量 | 精炼产品产出数量 |
|---|---|
| 1 桶原油 | 1 桶汽油 |
| 1 桶原油 | 1 桶取暖油 |
| 2 桶原油 | 1 桶汽油和 1 桶取暖油 |
| 3 桶原油 | 2 桶汽油和 1 桶取暖油 |

---

能源期货在纽约商业交易所交易。成熟的合约包括原油合约、取暖油合约和汽油合约。表 5.14 概述了这些商品的合约特征。纽约商业交易所也交易丙烷合约，但该合约目前的成交量和持仓量极低。不同于许多其他商品，能源系列产品每月进行交割。原油合约在未来 18 个月内交易。取暖油和汽油在 15 个连续月内交易。如表 5.14 所示，1 手原油合约包括 1,000 桶原油，以美元/桶报价。相比之下，1 手取暖油和 1 手汽油合约分别包括 42,000 加仑取暖油和汽油，以美元/加仑报价。由于 1 桶等于 42 加仑，所有合约的实物数量相同。为了体现精炼的合理性，精炼产品价格必然高于原油价格。图 5.12 显示了 7 月原油和取暖油的期货价格，单位为美元/加仑，取暖油价格高于原油价格。图 5.13 显示了价差。

为了探讨裂解价差，我们将讨论"1∶1"原油/取暖油裂解价差和反向裂解价差。表5.15列出了三个日期的原油价格、取暖油价格和裂解价差，均基于7月合约。我们从3月16日开始，这一天，原油交易价格为0.4569美元/加仑，取暖油交易价格为0.5185美元/加仑。裂解价差为0.0616美元/加仑。交易者认为，这种价差现象不可持续，合理的精炼价差仅为0.04美元/加仑。

表5.14 能源系列产品期货合约规范

| 商品 | 合约规模 | 报价方式 | 等级 |
|------|---------|---------|------|
| 原油 | 1,000 桶 | 美元/桶 | WTI 原油 |
| 取暖油 | 42,000 加仑 | 美元/加仑 | 2 号取暖油 |
| 汽油 | 42,000 加仑 | 美元/加仑 | 无铅汽油 |

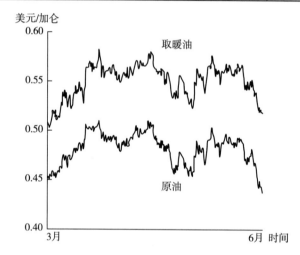

图 5.12 原油和取暖油期货 7 月合约价格

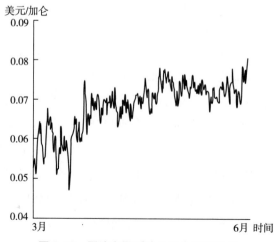

图 5.13 原油和取暖油 7 月合约的价差

表 5.15　　　　　　　　　　　能源系列产品期货价格

| 日期 | 原油<br>（美元/加仑） | 取暖油<br>（美元/加仑） | 裂解价差<br>取暖油 – 原油 |
|---|---|---|---|
| 3 月 16 日 | 0.4569 | 0.5185 | 0.0616 |
| 6 月 8 日 | 0.5017 | 0.5628 | 0.0611 |
| 6 月 3 日（次年） | 0.4700 | 0.5419 | 0.0719 |

表 5.16　　　　　　　　　　　反向裂解投机

| 日期 | 期货市场 |
|---|---|
| 3 月 16 日 | 以 0.5185 美元/加仑的价格卖出 1 手 7 月取暖油合约 |
| | 以 0.4569 美元/加仑的价格买入 1 手 7 月原油合约 |
| 6 月 8 日 | 以 0.5628 美元/加仑的价格买入 1 手 7 月取暖油合约 |
| | 以 0.5017 美元/加仑的价格卖出 1 手 7 月原油合约 |
| | 利润/损失：<br>取暖油：$1 \times 42,000 \times (0.5185 - 0.5628) = -1,860.60$ 美元<br>原油：$1 \times 42,000 \times (0.5017 - 0.4569) = 1,881.60$ 美元<br>总收益：21 美元 |

　　交易者预计价差将收窄，于是决定卖出取暖油、买入原油。鉴于卖出精炼产品、买入原油，这是一笔反向裂解价差交易。这笔交易完成之后，如果原油价格相对取暖油价格上涨，则交易者将获利。

　　表 5.16 上部显示了 3 月 16 日 1 手合约的交易。由于价差对应 1 手 42,000 加仑的合约，如果价差从 0.0616 美元收窄，则每收窄 0.01 美元，1 手合约将收窄 420 美元。交易者的观点被证明是错误的，到 6 月 8 日，价差为 0.0611，基本没有变化。现在，交易者认为自己的观点有误，且预计价差将会扩大。因此，他通过将其两个头寸平仓来终止反向裂解价差交易。这些交易出现在表 5.16 的底部，显示其总利润仅为 21 美元。该利润也可直接根据裂解价差的变化计算得出。如表 5.15 所示，价差从 0.0616 美元变动至 0.0611 美元。交易者通过 1 手合约交易了 42,000 加仑。因此，交易者获利 $42,000 \times (0.0616 - 0.0611) = 21$ 美元。

　　交易者在改变其对可持续精炼价差的看法后，确信价差将会扩大，即取暖油价格相对原油价格将会上涨，因此决定扩大头寸规模，买入裂解价差。裂解价差包括买入精炼产品和卖出原油。因此，交易者进行了如表 5.17 所示的交易。6 月 8 日，交易者买入 10 手价差合约，即买入取暖油并卖出原油。裂解价差为 0.0611 美元。正如交易者所料，在接下来的 12 个月，裂解价差有所扩大。到 6 月 3 日，裂解价差为 0.0719 美元，交易者决定平仓。表 5.17 底部显示了交易者在 6 月 3 日的交易。

表 5.17 裂解投机

| 日期 | 期货市场 |
|------|----------|
| 6月8日 | 以 0.5628 美元/加仑的价格买入 10 手 7 月取暖油合约 |
| | 以 0.5017 美元/加仑的价格卖出 10 手 7 月原油合约 |
| 6月3日（次年） | 以 0.5419 美元/加仑的价格卖出 10 手 7 月取暖油合约 |
| | 以 0.4700 美元/加仑的价格买入 10 手 7 月原油合约 |
| | 利润/损失：<br>原油：$10 \times 42,000 \times (0.5017 - 0.470) = 13,314.00$ 美元<br>取暖油：$10 \times 42,000 \times (0.5419 - 0.5628) = -8,778.00$ 美元 |
| | 总收益：4,536 美元 |

在交易者的持有期内，价差从 0.0611 美元/加仑扩大到 0.0719 美元/加仑。在 10 手合约的情况下，总利润为 $10 \times 42,000 \times (0.0611 - 0.0719) = 4,536$ 美元。交易者在价差的一条"腿"亏损，另一条"腿"获利。交易者做多取暖油，但取暖油价格下跌，所以在这方面损失了 8,778 美元。同时，交易者做空原油，原油价格下跌带来了 13,314 美元的利润。原油利润超出了取暖油损失，使交易整体盈利。请注意，交易者的整体盈利或亏损仅取决于裂解价差，而非油价的总体走向。

---

## 产品简介：纽约商业交易所轻质低硫原油期货合约

合约规模：1,000 美国标准油桶（42,000 加仑）。

交割等级：特定国内原油，含硫量不超过 0.42%（按重量计算），比重在 37 ~ 42API 范围内。可交割以下国内原油：WTI 原油、低硫混合原油、新墨西哥低硫原油、北得克萨斯低硫原油、俄克拉何马低硫原油、南得克萨斯低硫原油。特定外国原油，比重在 34 ~ 42 API 范围内。可交割以下外国原油：英国布伦特原油和福尔蒂斯原油，以及挪威奥斯伯格混合原油，卖方应接受低于最终结算价格 30 美分/桶的折扣；尼日利亚邦尼轻质原油和哥伦比亚库西亚纳原油，以 15 美分的溢价交割；尼日利亚夸伊博原油，以 5 美分的溢价交割。

最小变动价位：1 美分/桶（10 美元/手）。

报价方式：美元和美分/桶。

合约月份：30 个连续月，以及上市时距离交割 36 个月、48 个月、60 个月、72 个月和 84 个月的长期限合约。

到期日和最终结算：最后交易日是交割月前一个月第 25 个自然日之前的第三个工作日。如果当月第 25 个自然日并非工作日，则应在第 25 个自然日前一工作日之前的第三个工作日停止交易。在俄克拉何马州库欣的任何管道或储存设施，经管道接入 TEPPCO、Cushing Storage 或 Equilon Pipeline Co.，通过油罐转移、管道转移、登记转移或设施间转移，允许当月交割，必须在交割月的第一个自然日或之后开始，并在交割月的最后一个自然日之前完成。

交易时间：公开喊价交易时间为上午 10:00 至下午 2:30。盘后期货交易通过纽约商业交易所 ACCESS©互联网交易平台进行，周一至周四下午 3:15 开始，次日上午 9:30 结束。周日交易时段从晚上 7:00 开始。

每日价格限制：所有月份合约均为 10 美元/桶（10,000 美元/手）。如果任何合约以上述价格限制进行的交易、出价或报价达到 5 分钟，则交易暂停 5 分钟。当交易恢复时，价格限制上浮或下调 10.00 美元/桶。如果再次触发暂停，市场将在每次交易暂停 5 分钟后继续将价格限制上浮或下调 10.00 美元/桶。此后，任何一个交易时段都不会设最大价格波动限制。

## 5.9　饲养牛和活牛

我们已经看到，大豆作为豆子并没有太大的用处。大豆如果不经压榨，还能如何处理？同样，原油必须经过裂解才能发挥最大效用。期货合约交易的其他商品可由所有者自行决定转化为其他商品。一个典型的例子是幼牛经过饲喂可以长大成为肉用牛。

生产饲养牛共有三个不同阶段。第一阶段是从受孕到断奶的牛犊期。第二阶段是饲养场经营者饲养牛犊约 1 年，喂食饲料作物和粗饲料等低成本饲料。此时是育成期，准备进入第三阶段。第三阶段是催肥期，此时牛被圈养，并且仅喂养谷物和蛋白质精料等高成本饲料。在催肥期，牛逐渐长大，牛肉质量进一步提高。在这一过程结束时，饲养牛已成为活牛，准备屠宰。[9]

芝加哥商业交易所分别交易饲养牛（幼牛）和活牛（肉牛）合约。饲养场经营者投入饲养牛，生产活牛。实际上，饲养场经营者持有饲养牛，通过喂养将饲养牛转化为活牛。本部分简要分析了这两种牛的期货合约，它们代表了可转化和不可储存的商品。

用于交易牛的两个合约在期货市场上引发了关于储存和持有成本的有趣问题。如果幼牛符合饲养牛合约规范，则可根据活牛合约结转和交割。小麦或大豆尽管可以储存并结转到其他合约交割，但并不会增值。相比之下，牛的价值之所以增加，是因为它们在成熟时体重增加。屠宰饲养牛，或将其结转作为活牛交割，取决于两种期货合约间的价差及其所代表的相应期间的饲养成本。

因此，饲养牛可能会被市场拒之门外，并在以后根据活牛合约交割。这样做的动机将取决于两种合约间的价差。如果活牛带来的收益超过饲养牛，那么可以继续喂养饲养牛，直到它们达到活牛的体重要求（饲养牛重约 700 磅，活牛一般重约 1,150 磅）。显然，这种可能性限制了两种合约间的价差。经过第 3 章和第 4 章的价差讨论，我们已经掌握这种关系。在之前的讨论中，我们注意到，这种限制仅仅针对远月合约与近月合约间的价差。差额可能不足以产生套利机会。但这种关系并不意味着两种合约之间存在最小价差。毕竟，人们无法将 9 月收获的小麦转化为之前 5 月合约的可交割商品。换言之，这种受限的情况无法进行反向期现套利。

这就引出了小麦和牛肉等合约间的重要区别。在某些情况下，可用于活牛期货合约交割的牛，在早些时候也可用于饲养牛期货合约交易。如果饲养牛合约和活牛合约间的价差太小，则表明饲养场经营者无法通过育肥获利。根据活牛合约，体重足以交割的牛犊最好在达到育肥体重时屠宰。从某种意义上说，在更遥远的未来有望达到活牛重量要求的牛，可能在不太遥远的未来转化为饲养牛。此类机会有助于防止饲养牛合约和活牛合约间的价差过小。如果价差过小，因此不值得继续喂养，那么牛犊就会被提前屠宰。越来越多的牛犊被提前屠宰，降低了大型活牛的远期供应，直到价差变得足够大，使高效生产的饲养场经营者可从继续饲养牛犊中获利。

在小麦方面，市场力量可防止两个不同月份合约间的价差过大。但对于饲养牛合约和活牛合约，即使不要求饲养场经营者采取纠正措施（如他们决定屠宰牛犊或继续喂养牛犊），价差也不会太大或太小。图 5.14 为生产牛的时间线，具体说明了这种关系。如果牛犊在第 0 个月出生，那么可能在第 12 个月作为饲养牛交割。如果继续喂养，那么可能在第 18 个月作为活牛交割。假设新生牛犊的所有者为牛犊卖出 2 手期货合约，1 手是在 12 个月后作为饲养牛交割，另 1 手是在 18 个月后作为活牛交割。对于这头快满 12 月龄牛犊的所有者来说，有一个基本的选择。所有者可以根据饲养牛合约交割牛犊，将活牛合约平仓。或者，所有者可以将饲养牛合约平仓，保留活牛合约，并计划在活牛合约到期时交割 18 月龄活牛。所有者的决定将在很大程度上取决于第 12 个月至第 18 个月期间继续饲养这头牛的盈利能力。相应地，这种盈利能力在很大程度上与这段时间内的玉米成本有直接关系。在其他条件相同的情况下，若饲料价格上涨，则饲养的盈利能力下降。在这种情况下，随着玉米价格上涨，我们预计饲养牛现货（或近月期货）价格与活牛期货价格（6~7 个月后交割）间的价差将有所收窄。随着玉米价格上涨，不在市场上卖出饲养牛以继续喂养的吸引力将有所下降。[10]因此，牛期货合约提供了另外一个例子，我们不能简单地利用持有成本模型来理解期货价格。

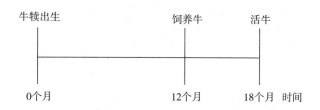

**图 5.14　养殖牛的时间线**

---

### 产品简介：芝加哥商业交易所活牛期货合约

合约规模：40,000 磅，55% 优选，45% 精选等级活牛。

最小变动价位：0.025 美分/磅（10.00 美元/手）。

报价方式：美分/磅。

合约月份：2 月、4 月、6 月、8 月、10 月和 12 月。

到期日和最终结算：最后交易日是合约月份的最后一个工作日。需要实物交割。

交易时间：公开喊价——上午 9:05 至下午 1:00，中部时间，周一至周五；电子交易——晚上 9:05 至凌晨 1:00，中部时间，周一至周五。

每日价格限制：高于或低于前一天结算价 30 美分/磅（1,200 美元/手）。

---

### 产品简介：芝加哥商业交易所饲养牛期货合约

合约规模：50,000 磅乘以芝加哥商业交易所饲养牛指数，对应体重为 700 ~ 849 磅的大中型 1 号饲养牛。

最小变动价位：0.025 美分/磅（12.5 美元/手）。

报价方式：美分/磅。

合约月份：1 月、3 月、4 月、5 月、8 月、9 月、10 月和 11 月。

到期日和最终结算：最后交易日是合约月份的最后一个工作日，现金结算。

交易时间：公开喊价——上午 9:05 至下午 1:00，中部时间，周一至周五；电子交易——晚上 9:05 至凌晨 1:00，中部时间，周一至周五。

每日价格限制：高于或低于前一天结算价 3 美分/磅（1,500 美元/手）。

### 活牛养殖价差

2004 年，芝加哥商业交易所和芝加哥期货交易所建立了交叉保证金清算联系，降低了在两个交易所的产品之间建立价差头寸的成本。一种流行的交易所间价差存在于芝加哥期货交易所的玉米合约和芝加哥商业交易所的牛合约之间。由于玉米与牛的价差关系复制了牲畜饲养操作，交易者将他们的交易称为"纸上养牛"。玉米与牛的价差在概念上类似于大豆压榨或原油裂解价差，交易者根据原材料和产成品之间的差异建立头寸。因此，玉米与牛的期货价差也被称为活牛养殖价差（cattle crush）。

通过在玉米期货建立多头头寸，同时在活牛期货建立空头头寸，可以建立活牛养殖价差。每手玉米合约中的玉米都足以喂养 2 手活牛合约中的饲养牛，使之达到屠宰重量。因此，饲养场经营者希望锁定饲养牛的利润率，就每手玉米合约多头头寸卖出 2 手活牛合约。对于反向活牛养殖价差（reverse cattle crush），交易者就每手玉米合约空头头寸买入 2 手活牛合约。

为了探讨活牛养殖价差，我们将讨论"1:2"玉米/活牛养殖价差和反向养殖价差。表 5.18 显示了两个日期的玉米期货价格和活牛期货价格，均基于 12 月合约。我们从 5 月 22 日开始，饲养场经营者预计 65 头牛犊将在饲养场饲养 6 个月，最终达到屠宰重量。这一天，玉米交易价格为 2.675 美元/蒲式耳，活牛合约价格为 76.80 美分/磅。玉米合约规模为 5,000 蒲式耳，1 手玉米合约多头头寸价值为 13,375 美元，或 205.77 美元/头；活牛合约规模为 40,000 磅，2 手活牛合约空头头寸价值为 61,440 美元，或 945.23 美元/头。这意味着价差为 739.46 美元/头。饲养场经营者担心这一价差可能收窄，希望锁定当前价差。通过建立活牛空头头寸和玉米多头头寸，饲养场经营者可以实现这一想法。这类似于前文讨论的大豆压榨价差，因为他卖出产成品同时买入原材料。在这笔交易之后，如果价差收窄，即玉米价格相对于活牛价格上涨，那么饲养场经营者将获利。活牛养殖价差头寸将抵消现货市场价差的收窄。

表 5.19 上部显示了 5 月 22 日的交易。在 11 月 22 日结束后的 6 个月饲养期内，玉米期货价格从 2.675 美元/蒲式耳上涨至 2.80 美元/蒲式耳，活牛期货价格从 76.80 美分/磅下跌至 76 美分/磅。这意味着价差从 739.46 美元/头收窄至 720 美元/头。饲养场经营者的利润随着价差收窄有所下降，但该损失被活牛养殖价差头寸的平仓收益对冲。在这种情况下，活牛养殖价差头寸产生 1,265 美元收益，有助于抵消饲养场经营者面临的现货市场价差收窄情形。

表 5.18　　　　　　　　　　　　　　　玉米和活牛期货价格

|  | 5 月 22 日 | 11 月 22 日 | 合约规模 | 报价方式 |
|---|---|---|---|---|
| 12 月玉米 | 2.675 | 2.80 | 5,000 蒲式耳 | 美元/蒲式耳 |
| 12 月活牛 | 76.800 | 76.00 | 40,000 磅 | 美分/磅 |

表 5.19　　　　　　　　　　　　　　　活牛养殖价差头寸

| 日期 | 期货市场 |
|---|---|
| 5 月 22 日 | 以 2.675 美元/蒲式耳的价格买入 1 手 12 月合约<br>以 76.80 美分/磅的价格卖出 2 手 12 月活牛合约 |
| 11 月 22 日 | 以 2.80 美元/蒲式耳的价格卖出 1 手 12 月玉米合约<br>以 76.00 美分/磅的价格买入 2 手 12 月活牛合约 |
|  | 利润/损失：<br>玉米：$5,000 \times (-2,675 + 2.80) = 625$ 美元<br>活牛：$2 \times 40,000 \times (0.7680 - 0.7600) = 640$ 美元 |
|  | 总收益：1,265 美元 |

表 5.20　　　　　　　　　　　　　　　反向活牛养殖价差头寸

| 日期 | 期货市场 |
|---|---|
| 5 月 22 日 | 以 2.675 美元/蒲式耳的价格卖出 1 手 12 月玉米合约<br>以 76.80 美分/磅的价格买入 2 手 12 月活牛合约 |
| 11 月 22 日 | 以 2.80 美元/蒲式耳的价格买入 1 手 12 月玉米合约<br>以 76.00 美分/磅的价格卖出 2 手 12 月活牛合约 |
|  | 利润/损失：<br>玉米：$5,000 \times (2,675 - 2.80) = -625$ 美元<br>活牛：$2 \times 40,000 \times (-0.7680 + 0.7600) = -640$ 美元 |
|  | 总收益：$-1,265$ 美元 |

　　表 5.20 显示了如表 5.18 所示价格计算的反向活牛养殖价差的结果。在这种情况下，一位投机者参照 5 月 22 日的有利价位，认为"玉米/牛"价差将会扩大。为了利用这一趋势，该投机者建立了反向活牛养殖价差。也就是说，他就活牛多头头寸建立了玉米空头头寸。这种情况与前一种情况一样，玉米合约与活牛合约的比率为"1:2"，每手玉米合约中的玉米都足以喂养 2 手活牛合约中的饲养牛，使之达到屠宰重量。表 5.20 中的结果表明该投机者计算错误。随着价差收窄，该投机者在期货市场的反向活牛养殖头寸损失 1,265 美元。

## 5.10 套期保值

在第 4 章中，我们讨论了套期保值动机，并探讨了基本的套期保值策略。在本部分中，我们将有针对性地讨论农业、能源和冶金市场的一些更为复杂的策略。从本质上讲，这些策略涉及扩展和完善第 4 章所述风险最小化套期保值方法。我们具体讨论三种情况：不同等级原油套期保值；在多个市场进行小麦套期保值；用大豆、豆粕和豆油期货进行大豆套期保值。我们还讨论两个广为人知的不当套期保值案例，一个涉及农产品，另一个涉及能源产品。

### 5.10.1 全球原油套期保值

乍一看，原油似乎都一样。然而，世界各地有不同种类的原油。我们讨论六种原油，从 WTI 原油到迪拜原油。虽然布伦特原油（Brent oil）和柴油期货目前在伦敦国际石油交易所交易，但占主导地位的世界石油期货市场仍然是纽约商业交易所，主要交易 WTI 原油。本部分内容参考了戈登·吉米尔（Gordon Gemmill）的一篇文章。[11]

---

### 原油类型

| 名称 | 描述 |
| --- | --- |
| WTI 原油（WTI） | 西得克萨斯轻质原油—米德兰产油区（West Texas Intermediate – Midland） |
| 布伦特原油（Brent oil） | 北海原油（North Sea oil） |
| ANS 原油（ANS） | 阿拉斯加北坡原油（Alaskan North Slope oil） |
| Forcados 原油（Forcados） | 尼日利亚原油（Nigerian oil） |
| 迪拜原油（Dubai） | 阿拉伯轻质原油（Arab light oil） |
| 乌拉尔原油（Urals） | 俄罗斯原油（Russian oil） |

---

在第 4 章中，我们看到，可以通过回归商品现货价格的变化与期货价格的变化，估计风险最小化套期保值比率。回归所得 $\beta$ 即为用于分析数据的风险最小化套期保值比率。回归所得 $R^2$ 用作估计期内套期保值有效性的衡量指标。$R^2$ 必须介于 0 和 1.0 之间，$R^2$ 越接近 1.0，套期保值有效性越高。

表 5.21 显示了不同原油每周价格变化的波动性以及两种套期保值策略的结果。在第二列中，我们可以看到每桶原油价格变化的标准差的差异很大。ANS 原油、WTI 原

油和布伦特原油的波动性都很高，而乌拉尔原油的波动性相对较低。第三列显示了用期货市场上的一桶原油对冲现货市场上的一桶原油的有效性。效果最好的是 WTI 现货原油。这并不意外，毕竟纽约商业交易所期货合约基于 WTI 原油。这说明了现货和期货工具相似度越高套期保值效果越好的一般原理。其他类型的原油套期保值效果较差。在最糟糕的情况下，乌拉尔原油套期保值，只能将每桶原油的价格风险降低约 25%。

吉米尔还计算了可将持有一桶原油的风险降至最低的套期保值比率。表 5.21 也列出了这些套期保值比率。我们可能会先注意到，WTI 原油的风险最小化套期保值比率几乎为 1.0，即套期保值比率为"1:1"。ANS 原油的套期保值比率几乎一样高。但对于所有其他类型的原油，风险最小化套期保值比率均远低于 1.0。例如，为了进行乌拉尔原油套期保值，每桶现货原油只需交易 0.60 桶期货原油。该表最后一列显示了风险最小化套期保值的有效性。对于 WTI 原油，效果与"1:1"套期保值相同。因为风险最小化套期保值也是"1:1"（或至少接近这一比率），所以这是有意义的。

表 5.21　　　　　　　　　　　　原油套期保值结果

| 原油 | 周 $\sigma$（美元/桶） | $R^2$ "1:1" 套期保值 | 风险最小化套期保值比率 | $R^2$ 风险最小化套期保值 |
|---|---|---|---|---|
| WTI 原油 | 0.8407 | 0.8462 | 0.9991 | 0.8462 |
| 布伦特原油 | 0.8238 | 0.5779 | 0.8272 | 0.6042 |
| ANS 原油 | 0.8433 | 0.8284 | 0.9961 | 0.8285 |
| Forcados 原油 | 0.7500 | 0.5010 | 0.7351 | 0.5758 |
| 迪拜原油 | 0.7049 | 0.2959 | 0.6227 | 0.4676 |
| 乌拉尔原油 | 0.6699 | 0.2553 | 0.5956 | 0.4738 |

数据来源：Gordon Gemmill, "Hedging Crude Oil: How Many Markets Are Needed in the World?", *The Review of Futures Markets*, 7, 1988, pp. 556–571. 经 The Review of Futures Markets 许可转载。

通过比较两列 $R^2$，我们可以发现从简单的"1:1"套期转向风险最小化套期保值的优势。对于 WTI 原油，两个套期保值比率几乎相同，因此没有降低风险。至于其他原油，风险最小化套期保值可以大幅提高套期保值有效性。对于乌拉尔原油，"1:1"套期保值消除了约 26% 的风险，风险最小化套期保值则可消除其 47% 的价格风险。

吉米尔的研究成果说明了几个套期保值原理。首先，找到密切匹配现货商品的期货合约非常重要，这通常会显著提高套期保值效果。吉米尔的研究成果说明了这一原理，因为 WTI 原油套期保值的效果优于任何其他套期保值。其次，对于交叉套期保值，简单的"1:1"套期保值的方法可能明显不如使用风险最小化套期保值比率的方法，尽管情况并非总是如此。对于迪拜原油和乌拉尔原油，从简单套期保值比率转变为风险最小化套期保值比率后，套期保值效果增幅最大。

最后，我们必须谨慎评估套期保值有效性。在表 5.21 的所有结果中，套期保值有效性的衡量指标均针对估计期。也就是说，套期保值比率的确定和 $R^2$ 的计算使用同样的数据。因此，如果我们今天使用历史数据估计套期保值比率，那么计算所得的 $\beta$ 和 $R^2$ 均针对我们的样本期。为了对未来进行套期保值，我们将使用估计的 $\beta$。但我们必须预计，套期保值有效性将低于计算所得的 $R^2$。这几乎是肯定的，因为回归分析会选择将使 $R^2$ 最大化的 $\beta$。因此，除非未来关系与过去一样，否则我们可以预期，在从估计数据进入未知未来数据的过程中，套期保值有效性将有所降低。

---

### 纸原油

市场从业人员使用"纸原油"一词来指原油期货和其他原油衍生品。该术语用于区分在期货市场交易的原油和在现货市场交易的"湿原油"，即实物桶装原油。通过湿原油和纸原油间套利价差谋生的从业人员，只是在现货市场和期货市场之间应用持有成本套利技术。

---

## 5.10.2 用多种工具进行小麦套期保值

在第 4 章中，我们认为风险最小化套期保值策略可能使用多种期货进行对冲。在本部分中，我们将根据 William W. Wilson 的一篇文章说明这种策略。[12] 虽然芝加哥期货交易所主导着美国境内的小麦期货交易，但明尼阿波利斯和堪萨斯城的交易所也进行小麦期货交易。合约条款各不相同，特别是在可以通过交割履行期货合约的主要小麦类型方面。明尼阿波利斯合约要求硬红春小麦（Hard Red Spring wheat）；堪萨斯城合约指定硬红冬小麦（Hard Red Winter wheat）；芝加哥期货交易所合约侧重软红冬小麦（Soft Red Winter wheat）。[13] 虽然 Wilson 讨论了各种不同的现货小麦，但我们将重点关注软红冬小麦的套期保值，讨论使用三个不同交易所的期货对小麦进行套期保值。

表 5.22 概述了 Wilson 的一些研究成果。在每种情况下，我们讨论用一个或多个美国期货交易所的期货合约对冲现货市场的软红冬小麦。在每种情况下，套期保值的估计期为 26 周，使用的是在套期保值估计期开始后 6~10 个月到期的期货合约。在每种情况下，我们都假设正在对冲 1 手现货市场小麦合约。

表 5.22 的前三行显示使用单一期货合约对冲现货小麦。例如，使用明尼阿波利斯小麦合约，套期保值比率为 -0.69。负号表示卖出，因此建议每 5,000 蒲式耳现货市场小麦卖出 0.69 手期货合约。堪萨斯城小麦期货的套期保值比率为 -0.73，芝加哥小麦期货的套期保值比率为 -0.67。芝加哥市场的套期保值有效性最高。这在意料之中，

因为现货市场小麦与芝加哥合约所标的的小麦相同。[14]另外还需注意，风险最小化套期保值比率均非 1.0。这与吉米尔在原油套期保值中发现的结果相似。

表 5.22 中最后两行显示使用两种或三种期货合约的组合对冲现货小麦。在第四行，通过两个市场对现货市场小麦进行套期保值。对于软红冬小麦，芝加哥和明尼阿波利斯是最好的两个市场（因为现货市场小麦与芝加哥合约可交割小麦相同，所以芝加哥自然是其中之一）。请注意，芝加哥的套期保值比率绝对值现在超过 1.0。因此，风险最小化套期保值是卖出 1.28 手芝加哥期货合约，买入 0.69 手明尼阿波利斯期货合约。在此策略下，$R^2$ 为 0.55。

**表 5.22　　　　　　　　　　用多种工具进行小麦套期保值**

| 项目 | 估计风险最小化套期保值比率 $\beta$ | | | |
|---|---|---|---|---|
| | 明尼阿波利斯 | 堪萨斯城 | 芝加哥 | $R^2$ 套期保值有效性 |
| 1 种期货合约 | − 0.69 | | | 0.43 |
| 1 种期货合约 | | − 0.73 | | 0.46 |
| 1 种期货合约 | | | − 0.67 | 0.52 |
| 2 种期货合约 | 0.69 | | − 1.28 | 0.55 |
| 3 种期货合约 | 0.60 | 0.25 | − 1.42 | 0.55 |

数据来源：William W. Wilson, "Hedging Effectiveness of U. S. Wheat Futures Markets", *Review of Research in Futures Markets*, 3：1, 1984, pp. 64 − 79. 经 The Review of Futures Markets 许可转载。

虽然 $R^2$ 似乎并未增加很多，仅从 0.52 增加到 0.55，但差异具有统计学意义。这在 Wilson 的研究中非常常见。相比使用单一期货合约，使用两种期货合约在统计学上显著改善了 $R^2$。

表 5.22 的最后一行显示了用三种不同期货合约对冲现货市场小麦的套期保值比率和套期保值有效性。现在的风险最小化策略是卖出 1.42 手芝加哥期货合约，买入 0.60 手明尼阿波利斯期货合约和 0.25 手堪萨斯城期货合约。$R^2$ 仍为 0.55。因此在本例中，用三种合约而非两种合约进行对冲，并未显著提高套期保值有效性（根据 Wilson 的其他研究成果，用三种合约对冲在统计学上优于仅用两种合约对冲）。我们注意到，$R^2$ 在统计学上的显著增加并不等于在经济上的大幅改善。

## 5.10.3　样本外套期保值有效性

在风险最小化套期保值策略讨论中，我们看到套保者使用回归分析，根据历史数据估计套期保值比率。正如我们注意到的，这种技术可以在估计期内找到将风险最小化以及将套期保值有效性最大化的套期保值比率。然而，套保者通常希望将估计的套期保值比率应用于未来。用于估计的期间为样本内期间，不用于估计套期保值比率的期间为样本外期间。在本部分中，我们将就样本外套期保值有效性进行一个简单的案例研究。

在该案例研究中，我们使用现货市场大豆的实际数据，并考虑用大豆、豆粕和豆油期货对现货市场大豆进行套期保值。在 3 月 28 日至 12 月 29 日期间 194 个交易日，所有变量的完整数据均可用。正如我们前面讨论的，大豆合约规模为 5,000 蒲式耳，豆粕合约规模为 100 吨，豆油合约规模为 60,000 磅。为使这些合约具有可比性，我们对所有条款的描述均以单位"美元/手"为基础，并假设将对 5,000 蒲式耳现货市场产品进行套期保值。我们将价格发生变化的 194 天分为前 100 天的样本内期间和后 94 天的样本外期间。我们估计前 100 天的套期保值比率，并在后 94 天用这些套期保值比率测试套期保值有效性。

表 5.23 总结了估计期内各种套期保值组合的套期保值比率。我们讨论第一个低点，借以说明该表信息。对冲 5,000 蒲式耳现货大豆的风险最小化套期保值比率相当于卖出 0.96 手大豆期货合约（负号表示空头头寸）。仅用豆粕对冲现货产品，套期保值比率为 -1.39。这种差异反映了合约规模的价值差异。用单一期货合约对冲时，大豆期货表现最好。相比用大豆期货对冲的 $R^2$，增加第二种合约收效甚微。即使使用全部三种商品期货，表现也不会显著优于单独使用大豆期货。

虽然表 5.23 中估计的套期保值比率可能很重要，但真正的测试在于样本外期间的套期保值表现。我们现在观察这些套期保值比率在测试年度后期（样本外期间）的表现。表 5.24 中的套期保值结果显示了每种策略在样本内和样本外期间的标准差和套期保值有效性。对于 5,000 蒲式耳现货大豆，我们看到样本内期间的日标准差为 620 美元。在下半年（样本外期间），日标准差为 334 美元。因此，大豆在样本外期间的波动性显著降低。我们需要在相应条件下比较套期保值策略，讨论大豆波动率在两个子期间的显著差异。

**表 5.23**                         **样本内套期保值比率估计**

| 套期保值工具 | 大豆 | 豆粕 | 豆油 | $R^2$ |
|---|---|---|---|---|
| 仅大豆 | -0.96 | | | 0.66 |
| 仅豆粕 | | -1.39 | | 0.51 |
| 仅豆油 | | | -2.17 | 0.48 |
| 大豆和豆粕 | -1.20 | 0.45 | | 0.67 |
| 大豆和豆油 | -0.76 | | -0.73 | 0.69 |
| 豆粕和豆油 | | -0.93 | -1.34 | 0.64 |
| 大豆、豆粕和豆油 | -0.87 | 0.18 | -0.68 | 0.69 |

表 5.24                                    样本内和样本外的对冲有效性

| 头寸 | 标准差（美元/天） | | 有效性 | |
|---|---|---|---|---|
| | 样本内 | 样本外 | 样本内 | 样本外 |
| 现货 | 620 | 334 | | |
| 现货 - 0.96 手大豆期货合约 | 360 | 240 | 0.66 | 0.48 |
| 现货 - 1.39 手豆粕期货合约 | 432 | 261 | 0.51 | 0.39 |
| 现货 - 2.17 手豆油期货合约 | 446 | 302 | 0.48 | 0.18 |
| 现货 - 1.20 手大豆期货合约 + 0.45 手豆粕期货合约 | 356 | 246 | 0.67 | 0.46 |
| 现货 - 0.76 手大豆期货合约 - 0.73 手豆油期货合约 | 345 | 252 | 0.69 | 0.43 |
| 现货 - 0.93 手豆粕期货合约 - 1.34 手豆油期货合约 | 373 | 265 | 0.64 | 0.37 |
| 现货 - 0.87 手大豆期货合约 + 0.18 手豆粕期货合约 - 0.68 手豆油期货合约 | 345 | 253 | 0.69 | 0.43 |

第一列数字显示了所有套期保值策略的标准差。我们看到，仅使用大豆期货进行套期保值就将标准差从 620 美元降至 360 美元。如样本内有效性一列所示，套期保值有效性为 0.66。[15] 对于样本内策略，大豆期货在单一期货套期保值策略中效果最好。对于多种工具套期保值，大豆和豆油的期货组合与大豆、豆粕和豆油的期货组合效果相同，套期保值有效性均为 0.69。

表 5.24 中最重要的特征是最后两列的比较，体现了样本内和样本外的套期保值有效性。对于每种套期保值策略，样本外期间的套期保值有效性都有大幅下降。表现最好的样本外套期保值是仅使用大豆期货的最简单的套期保值。样本外期间最有效的套期保值都包括大豆期货。这种情况表明，使用与现货市场商品密切相关的期货合约的简单套期保值可能最受欢迎。

# 对冲担保协议

对冲担保协议（Hedged Collateral Agreement，HCA）是嵌入银行贷款合同的贷款契约，要求借款人用期货或期货期权合约对作为抵押品抵押给银行的资产价值进行套期保值。抵押资产通常是由银行贷款资助项目产生的产出。例如，农业对冲担保协议可能要求生产者使用大豆期货，对作为经营贷款抵押品的大豆作物的价值进行套期保值。如果大豆价格下跌，则抵押品的净值至少等于贷款的价值。这意味着抵押品的价值将受到保护，免受大豆价格意外下跌的影响。

通常情况下，对冲担保协议为简单的两页文件，并附有贷款协议。针对作为抵押品抵押给银行的资产价值，该协议规定了各当事方的权利和义务。根据对冲担保协议，借款人同意将资金存入经纪商处。借款人承诺仅将资金用于套期保值交易，为了履行这一承诺，借款人允许经纪商代表银行监控借款人的账户。借款人还必须同意向银行转让清算借款人经纪账户中任何未平仓头寸的权利，并在清算后向银行支付账户余额。

根据对冲担保协议，经纪商的职责是帮助银行监控借款人的经纪账户。这种监控旨在严格履行银行与借款人之间关于借款人套期保值义务的合约。经纪商同意向银行交付借款人账户所有相关文件的副本，包括所有已签署合同的确认书、月度账户报表以及与借款人的通信等的副本。如果借款人将经纪账户用于抵押资产套期保值以外的任何目的，经纪商同意就此通知银行。最后，经纪商同意按照银行指示清算借款人账户中的所有未平仓头寸。对于借款人因经纪商遵守银行清算指示而提出的任何索赔，经纪商将从银行获得赔偿。

### 5.10.4 关于 HTA 的失败案例

HTA（Hedge – to – arrive）合约是谷物生产商和买家之间基于期货的合约。[16] 20 世纪 90 年代之前，这些合约基本上不为人所知，但从 20 世纪 90 年代初开始，美国中西部的谷仓公司开始向主要生产商提供 HTA 合约，作为一种营销工具。根据 HTA 合约，生产商在收获前收到了谷仓公司的固定价格承诺，相关价格基于芝加哥期货交易所交易的特定期货合约价格。作为回报，生产商同意在指定日期向谷仓公司交付一定数量的谷物。谷仓公司为了对冲其对生产商的义务，将在芝加哥期货交易所建立一个空头期货头寸，在合约期限内承担任何必要的追加保证金责任。在 20 世纪 90 年代初，这些合约运作良好，到 1996 年，许多农场主决定增加对 HTA 合约的使用。

1996 年是玉米价格创纪录的一年。随着价格上涨，许多生产商决定在现货市场出售玉米，因为现货市场提供的价格远远高于 HTA 合约提供的价格。根据 HTA 合约，生产商需要向谷仓公司承担交割义务。然而，许多生产商可以利用 HTA 合约中的展期交割条款，将交割义务推迟到新作物年的新期货交割月。这要求谷仓公司将其空头期货头寸转入新的 HTA 合约交割月。由于价格涨至创纪录的水平，部分谷仓公司不得不向银行借款，才能满足空头期货头寸的保证金要求。随着价格的持续上涨，谷仓公司还发现其在 HTA 合约方面处于"正面你赢，反面我输"（heads you win, tails I lose）的局面。部分谷仓公司无法再履行保证金义务，无法偿还银行贷款，或者履行其对生产商的合约义务。简言之，谷仓公司破产了。

谷仓公司破产在许多农业社区产生了连锁反应。[17] 许多谷仓公司都以合作社的形式存在，所有成员都有潜在责任。加入本地谷仓公司合作社的生产商，即使没有使用 HTA 合约，最后也都卷入了诉讼，因为银行试图追回谷仓公司贷款产生的损失。同一个镇上的银行家和农场主争吵不休。

回想起来，许多 HTA 合约极不完善，导致谷仓公司面临极大风险。许多合约缺乏明确定义的展期条款。特别是允许多年滚动头寸的 HTA 合约实质上降低了谷仓公司对库存的控制，削弱了谷仓公司履行核心谷物营销职能的能力。针对这些问题，商品期货交易委员会发布了指导方针，禁止使用具有多年滚动头寸的 HTA 合约。商品期货交易委员会还起诉了一些提供 HTA 合约的谷仓公司，据称这些合约被设计为非法的场外期货合约。

### 5.10.5　德国金属公司套期保值失败案例

1993 年 12 月，德国企业集团——德国金属公司（Metallgesellschaft AG）的子公司德国金属精炼和营销公司（MG Refining and Marketing Inc.，MGRM）披露，其造成了约 15 亿美元的损失。MGRM 承诺，以 1992 年确定的价格在 10 年内每月出售一定数量的原油。事实证明，这些合约起初非常成功，保证了价格高于当前原油现货价格。截至 1993 年 9 月，MGRM 已售出 1.6 亿桶原油的远期合约。MGRM 合约附带一项选择条款：如果纽约商业交易所近月期货合约价格高于 MGRM 出售原油产品的固定价格，对手方可提前终止合约。如果买方选择如此行事，MGRM 必须支付一定现金，具体金额为期货价格与固定价格差额的一半乘以合约剩余交付量。该选择权可以吸引陷入财务困境或不再需要原油的客户。

MGRM 认为，自身的风险管理专业知识以及母公司的财务支持，能够为客户提供内嵌回售选择权的有担保的合约。为了管理提供这些合约的风险，MGRM 使用纽约商业交易所的近月期货合约进行叠式套期保值。在第 3 章中，我们看到，集中套期保值涉及在近月合约上建立大量"滚动"期货头寸，然后向前滚动（减去不再需要套期保值的部分）至下一个近月合约，这种策略存在风险。

MGRM 用于对冲客户合约风险的期货合约以无铅汽油和 2 号取暖油为标的。MGRM 还持有大量 WTI 原油合约。MGRM 做多期货，且经私下谈判签订互换协议，接受浮动能源价格同时支付固定能源价格。MGRM 一度持有 5,500 万桶汽油和取暖油的名义期货头寸。其互换头寸增加了近 1 亿桶。

MGRM 的套期保值策略在概念上是否存在任何问题，这一点目前尚不清楚。但很明显，MGRM 没有向母公司和财务支持者充分说明其意图。1993 年末，由于现货能源价格下跌，MGRM 期货头寸出现亏损，需要额外资金满足追加保证金要求。据推测，

MGRM 持有的长期固定价格的客户合约价值因能源价格下跌而增加，使其净头寸按计划对冲。但长期客户合约的收益并未实现，而期货损失却每日按市价计算。到 1993 年底，集中套期保值所需大量现金流出，对大额互换头寸承担信用风险的担忧情绪涌现，这些都令 MGRM 母公司改变了对其与客户间的远期交割合约所涉潜在风险的评估结论。MGRM 母公司在审查该计划后决定终止 MGRM 的套期保值计划。1993 年 12 月，MGRM 期货头寸被平仓，客户合约被取消。考虑到其中许多合约对 MGRM 而言都处于实值状态，取消成本高昂。

在短时间内清算如此庞大的期货头寸，也需要付出高昂代价。纽约商业交易所取暖油和无铅汽油期货合约的平均成交量约为每天 25,000 手合约。由于 MGRM 需要清算 55,000 手多头期货合约，其他交易者可就提供流动性从 MGRM 获得大量溢价。最终，MGRM 采取的措施在套期保值的两条"腿"上都未能成功。退出套期保值后，MGRM 损失了套期保值的期货部分，同时放弃了远期客户合约中的未实现收益。在这场灾难中，MGRM 损失共计 15 亿美元。

MGRM 母公司将 MGRM 大量积累远期和套期保值头寸归咎于 MGRM 管理层。但是，MGRM 母公司显然并非无可指责。一方面，母公司如果真的对 MGRM 的头寸情况一无所知，那么就说明其没有做好自身工作。另一方面，母公司如果对 MGRM 的头寸情况有所耳闻但未全面了解，那么它也没有做好自身工作。无论真相如何，MGRM 母公司都要为此承担责任。[18]

## 5.11　小结

本章重点关注大宗商品的储存特性和生产特性之间的关系。我们还讨论了它们的现货和期货价格表现。通过分析，我们得出重要结论：期货价格是合理的，它们显然符合针对可交割商品特性的基本经济现实。这一点适用于具有不同储存特性和生产特性的商品，例如黄金、小麦、大豆及牛。

期货价格的合理性有两个非常重要的含义。首先，它表明商品期货市场的参与者了解标的商品及其价格决定因素。其次，它意味着期货合约的潜在投机者必须做好准备，利用自己对这些商品的了解，与由市场决定的期货价格所反映的其他期货交易者的集体智慧展开较量。人们可能仍然相信（事实也可能的确如此），商品种类繁多，有眼光的交易者一定有机会投机获利。在下一章，我们会将注意力转向一种更加同质化的大宗商品，即长期持有的货币。在这种商品中，本章已经显现的类似定律的关系会变得更加明显。这些关系对投机和套期保值都有重要意义。

## 5.12  习题

1. 一些期货市场专家提出了计算机存储芯片期货合约。你认为这种合约的价格会严格遵循持有成本模型吗？换言之，持有成本的可识别要素能否解释现货和期货价格间的大部分差异？在确定合约是否遵守持有成本模型时，哪些因素很重要？

2. 讨论普通沙子期货合约。此类合约的成功前景如何？请解释一下。

3. 如果存在沙子的期货合约，那么沙子的便利收益可能是多少？请解释一下。

4. 迈阿密虚构期货交易所（Miami Fictional Futures Exchange）考虑推出一种凤凰花期货合约。佛罗里达州南部长有凤凰花，这种花美丽但易凋落。哪些因素可能决定此类期货的价格以及现货和期货价格间的关系？

5. 假设有研究实验室称，钯可以作为核聚变的关键成分。那么，钯就可能是产生能量的关键元素。如果钯期货正常遵循持有成本模型，你认为不同到期日的期货价格会有哪些反应？

6. 乔治·H. W. 布什总统认为，1991 年海湾战争后的高油价源自期货市场的过度投机。假设你已被聘为期货行业的顾问。你会给出什么答案？换言之，支持价格上涨可能源于理性经济力量的观点。

7. 解释在何种条件下，一种商品的现货价格可以表现出季节性，而期货价格则不会。

8. 对于完全持有成本商品的商品内价差，解释为什么牛市价差做多远月合约、做空近月合约？

9. 考虑裂解价差。假设你相信一项重大技术突破即将公布，并展示如何从根本上降低炼油成本。你将如何利用这一预期来交易能源期货？

10. 解释如何衡量风险最小化套期保值策略的有效性。确保对比样本内和样本外的有效性衡量指标。

11. Mesa Rosa 玉米饼公司是一家墨西哥玉米饼大型生产商，主要生产原料为玉米。Mesa Rosa 玉米饼的需求呈现季节性特点，需求峰值出现在 11 月中旬至 12 月底。为了满足假期需求，生产计划要求在 9 月下旬收购 25,000 蒲式耳玉米。Mesa Rosa 管理层担心，从现在到 9 月，玉米价格上涨可能影响盈利能力。要想确保盈利能力，玉米收购价格就不能超过 2.25 美元/蒲式耳。9 月玉米期货合约（5,000 蒲式耳）售价为 2.11 美元/蒲式耳。

（1）Mesa Rosa 可以采取哪些措施确保盈利能力？

（2）Mesa Rosa 通过期货交割来收购玉米，将面临哪些风险？Mesa Rosa 应该如何收购所需玉米？

（3）如果 9 月现货价格为 3.15 美元/蒲式耳，说明 Mesa Rosa 在玉米现货和期货市场的交易，并计算净财富变化。

12. 现在是 8 月 10 日，农场主 John 正在对今年小麦收成进行最终估计。结果显示，他的收成远超预期。这引起了担忧，如果他的收成好于预期，那么其他农场主肯定也会遇到同样的情况。当前现货价格为 2.25 美元/蒲式耳，9 月小麦期货（5,000 蒲式耳/手）价格为 2.52 美元/蒲式耳。按照当前现货价格，即使农场主 John 的预期收成达到 60,000 蒲式耳，也只能实现盈亏平衡。他的小麦要到 9 月才能收割。

（1）农场主 John 可以采取哪些措施确保盈利能力？这是买入套期保值还是卖出套期保值？为何这么说？

（2）到 9 月的收获期，小麦现货价格已跌至 1.70 美元/蒲式耳，农场主 John 的担忧变成了现实。假设农场主 John 对预期产量进行套期保值，且最终产量为 60,000 蒲式耳，计算玉米价格下跌为其带来的净财富变化。

（3）假设农场主 John 的产量只有 50,000 蒲式耳。计算净财富变化。

13. Ace Trucking Lines 拥有一支 10,000 辆卡车组成的车队，在北美地区运输各类商品，其主要运营成本包括柴油。市场并不交易柴油期货合约，但会交易与柴油密切相关的 2 号取暖油以及普通无铅汽油的期货合约。这两种合约的规模均为 42,000 加仑/手。针对 Ace Trucking Line 的情形，确定三个相关因素，以便将任何套期保值活动定性为交叉套期保值。

14. QT 在美国中部共有 150 个汽油销售点，公司汽油库存始终保持在 112.5 万加仑。Derek Larkin 建议 QT 对冲汽油库存风险，并表示这种情况适合使用风险最小化套期保值技术。

（1）什么是风险最小化套期保值？

（2）Derek 根据 42,000 加仑普通无铅汽油近月合约，估计现货（$S_t$）和期货（$F_t$）价格间的以下关系：

$$\Delta S_t = \alpha + \beta \Delta F_t + e_t$$

Derek 的估计得出以下结果：

$$\alpha = 0.5231, \beta = 0.9217, R^2 = 0.88$$

基于这些结果，QT 应该采取哪些措施对冲库存价格风险？

（3）Derek 还根据 42,000 加仑 2 号取暖油近月期货合约估计上述关系，结果如下：

$$\alpha = 0.7261, \beta = 0.6378, R^2 = 0.55$$

比较两次回归结果，评价哪种合约最适合用于套期保值。

15. Anton Beneke 和 Son, LLP 是一家位于艾奥瓦州中北部的中型家族农场企业。经营者希望扩大业务范围，专门生产经过认证和改良的大豆种子。为了实现这一目标，Beneke 和 Son 向当地生产商出售经过认证的种子，但条件是生产商向其出售收获的大豆。作为承诺的一部分，Beneke 和 Son 同意为收获的大豆支付高于当地市场价格 50 美分/蒲式耳的溢价。Beneke 和 Son 管理层预计这些种子将产出 15,000 蒲式耳大豆。由于购买这一数量大豆的承诺，Beneke 和 Son 管理层面临大豆价格上涨的风险。Beneke 和 Son 如何利用期货市场对冲大豆价格上涨的风险？哪些因素会使套期保值策略复杂化？

## 5.13　尾注

［1］我们可以比较收获周期引发的自然短缺以及操纵行为导致的人为短缺。两种事件都可以提高现货相对于期货的价格，从而使期货价格低于完全持有成本。

［2］对于任何特定的一天，我们从 6 月和 9 月短期国债期货价格中提取 6 月至 12 月的远期利率。第 6 章至第 8 章全面解释了这一概念，并说明了如何计算该利率。

［3］钯还存在强劲工业需求，因此具有贵金属和工业商品双重性质。例如，见 S. R. Hill, N. H. Moore, and S. W. Pruitt, "Cold Fusion – Hot Metal: An Analysis of the Metals Futures Market Reactions to the Cold Fusion Announcement", *Journal of Futures Markets*, 11：3, June 1991, pp. 385 – 397。

［4］我们用伦敦金属交易所的数据说明这种关系，因为期货市场在 1980 年 1 月的每个交易日几乎都遭到了限制。1 月是交割月，1 月合约没有持仓限额。更多远月合约有价格限制，而且每天都会触及限制。因此，在无限制的 1 月合约和有限制的远月合约之间，价格比较并无意义。伦敦金属交易所的价格没有此类限制。

［5］如第 7 章所述，基差的预期变化和意外变化间的区别对于利率期货非常重要。

［6］有关小麦市场特征的更多信息，见 *Commodity Trading Manual*, Chicago：Chicago Board of Trade, 1989 和 D. Morgan, *Merchants of Grain*, New York：Penguin Books, 1982。

［7］见以下作品，均转载于 A. Peck, *Selected Writings on Futures Markets*, Chicago：Chicago Board of Trade, 1977；L. Telser, "Futures Trading and the Storage of Cotton and Wheat"；P. Cootner, "Returns to Speculators：Telser vs Keynes"；R. Gray, "The Search for a Risk Premium" 和 H. Working, "Financial Results of Speculative Holding of Wheat"。

［8］两项研究表明，大豆压榨交易策略有利可图。见 R. L. Johnson, C. R. Zulauf, S. H. Irwin, and M. E. Gerlow, "The Soybean Complex Spread：An Examination of Market Efficiency from the Viewpoint of a Production Process", 11：1, 1991, pp. 25 – 37；和 D. Rechner and G. Poitras, "Putting on the Crush：Day Trading at the Soybean Complex Spread", *Journal of Futures Markets*, 13：1, 1993, pp. 61 – 75。

［9］北卡罗来纳州立大学的 Paul Fackler 帮助说明了牛养殖业的运作方式。

［10］见 R. Leuthold and W. Tomek，"Developments in the Livestock Futures Literature"，and W. Purcell，D. Flood，and J. Plaxico，"Cash – Futures Interrelationships in Live Cattle：Causality，Variability，and Pricing Processes"，both in R. Leuthold and P. Dixon，*Livestock Futures Research Symposium*，Chicago：Chicago Mercantile Exchange，1980；R. Leuthold，"The Price Performance on the Futures Market of a Nonstorable Commodity：Live Beef Cattle"，*American Journal of Agricultural Economics*，56：2，1974，pp. 271 – 279；J. Helmuth，"A Report on the Systematic Downward Bias in Live Cattle Futures Prices"，*Journal of Futures Markets*，1：3，1981，pp. 347 – 358；L. Palme and J. Graham，"The Systematic Downward Bias in Live Cattle Futures：An Evaluation"，*Journal of Futures Markets*，1：3，1981，pp. 359 – 366 和 R. Kolb and G. Gay，"The Performance of Live Cattle Futures as Predictors of Subsequent Spot Prices"，*Journal of Futures Markets*，3：1，1983，pp. 55 – 63。

［11］G. Gemmill，"Hedging Crude Oil：How Many Markets Are Needed in the World？"，*The Review of Futures Markets*，7，October 1988，pp. 556 – 571. 材料已进行大幅修改。

［12］W. W. Wilson，"Hedging Effectiveness of U. S. Wheat Futures Markets"，*Review of Research in Futures Markets*，3：1，1984，pp. 64 – 79.

［13］对于所有这些合约，允许交割合约规定等级以外的等级。此外，有的合约还允许交割不同类型的小麦。在每种情况下，交易所都规定了可交割的各种小麦的价格差异。

［14］一般来说，最佳的方法是在期货市场上用以特定品种小麦为标的的合约对冲该特定现货市场小麦。例如，对冲硬红春小麦的最佳期货合约可能是堪萨斯城合约。

［15］有效性的衡量指标为已消除的波动在原始现货市场波动中的百分比。对于第一个套期保值，我们计算如下：

$$1 - \left(\frac{\sigma_{套期保值头寸}}{\sigma_{现货头寸}}\right)^2 = 1 - \left(\frac{360}{620}\right)^2 = 0.6629$$

［16］见 Robert Wisner，"Understanding Risk in Hedge – to – Arrive Contracts"，*Cooperative Extension Service*，Iowa State University，Publication PM – 1697b，January，1997。

［17］见 Roger A. McEowen and Neil E. Harl "Rights of Farmers in Failed Grain Elevators"，*Agricultural Law Digest*，11：21，October 27，2000。

［18］关于德国金属公司（Metallgesellschaft）闹剧的详细分析，见 C. L. Culp and M. H. Miller，"Metellgesellschaft and the Economics of Synthetic Storage"，*Journal of Applied Corporate Finance*，8，1995，pp. 62 – 76。

# 第6章 债券入门

## 6.1 概述

在本章中，我们描述了债券定价和债券投资组合管理的一些基本特征。对于很多人来说，本章内容将仅限于温习之用。然而，由于我们在第 7 章和第 8 章中将使用债券定价的概念，因此为了方便起见，我们在这里对其进行了梳理。

本章首先考虑了替代的收益率概念，之后涉及具有特殊重要性的债券市场工具。本章还讲述了债券价格波动、久期、利率期限结构和债券投资组合免疫的原理。

## 6.2 收益率的概念

贴现债券（pure discount bond）的结构非常简单，但在债券市场中非常重要。例如，很多货币市场工具都是贴现债券，如短期国债。贴现债券承诺在未来特定时间支付一定款项，而该工具售价低于其承诺的未来付款。通常，承诺的未来付款是债券的票面价值（par value/face value）。票面价值和售价之间的差额是债券折价。对于贴现债券，债券的初始发行日与支付票面价值的到期日之间不存在付款。

式（6.1）给出了贴现债券的价格：

$$P_i = \frac{C_m}{(1 + r_i)^t} \tag{6.1}$$

式中：

$P_i$ 为债券 $i$ 的价格；

$C_m$ 为债券 $i$ 在到期日 $m$ 时应支付的现金流；

$r_i$ 为债券 $i$ 的年化到期收益率；

$t$ 为债券到期前的年数。

例如，考虑一个 5 年后到期的票面价值为 1,000 美元的贴现债券。如果债券收益率为 12%，那么其价格一定是 567.43 美元：

$$P = \frac{1,000}{1.12^5} = 567.43$$

即便是这种最简单的债券也具有债券定价的所有基本特征。承诺的现金、价格和收益率都是相关的。到期收益率是在承诺的付款兑现后债券持有人将实现的收益率。承诺的付款风险越大，承诺的收益率或预期回报率就必须越高，才能诱使投资者持有此类债券。

大多数长期债券是息票债券（coupon bond），在初始发行日与到期日之间定期付款。息票债券到期时也支付票面价值。期间的付款称为息票（coupons），通常每半年支付一次。式（6.2）给出了所有债券的一般定价公式：

$$P_i = \sum_{t=1}^{M} \frac{C_t}{(1 + r_i)^t} \tag{6.2}$$

式中，$C_t$ 为时间 $t$ 时从债券获得的现金。

例如，考虑一只票面价值为 1,000 美元、收益率为 13%、每半年支付 60 美元、1 年后到期的息票债券。通常，最后一笔息票付款在到期时兑现。在到期日，债券将支付票面价值金额加上最后一笔息票付款。根据这些信息，我们可以应用如下债券定价公式：

$$P = \frac{60}{1.065} + \frac{1,060}{1.065^2} = 56.34 + 934.56 = 990.90 \text{ 美元}$$

请注意，我们将年化收益率除以 2 以反映半年复利。

## 6.2.1 应计利息

债券市场的一个特点是其不同寻常的报价方式。对于大多数债券来说，其价格并不反映购买者必须支付的实际价格。相反，债券的成本是报价加上应计利息（accrued interest）——购买时已获得的下一笔息票付款的一部分。例如，考虑一只每半年支付 100 美元息票、票面价值为 1,000 美元的债券。到期时，该债券将支付 1,100 美元，包括最终息票付款和票面价值。即将到期之前，债券的总价值必须略低于承诺支付的 1,100 美元。然而，其报价将为 1,000 美元，但仍有 100 美元的应计利息。应计利息（AI）通过以下公式计算：

$$AI = 息票付款 \times \frac{自上次息票付款后的天数}{息票付款之间的天数} \tag{6.3}$$

## 6.2.2 货币市场收益率计算

虽然债券定价公式适用于所有债券，但是一些货币市场工具的收益率是根据特殊惯例报价的。与之前关于债务工具收益率的一般讨论相比，货币市场中广泛使用的收益率计算和报价方法有很大不同。很多货币市场证券都是按贴现收益率（discount yield）报价的。报价以该贴现收益率表示，此外还须据此计算该工具的实际美元价格。贴现收益率（$d$）的计算公式为：

$$d = \frac{360}{t}\left(\frac{DISC}{FV}\right) \tag{6.4}$$

式中：

$DISC$ 为票面价值的美元折扣；

$FV$ 为工具的票面价值；

$t$ 为距离工具到期的天数。

实际美元价格（$P$）取决于票面价值和美元折扣金额（$DISC$）：

$$P = FV - DISC = FV\left(1 - \frac{dt}{360}\right) \tag{6.5}$$

作为这一系统工作方法的例子，考虑一个 90 天的货币市场工具，其票面价值为 100 万美元，贴现收益率为 11%。该工具的美元折扣（$DISC$）为：

$$DISC = 1,000,000 \times \frac{0.11 \times 90}{360} = 27,500 \text{ 美元}$$

实际美元价格为：

$P = FV - DISC = 1,000,000 - 27,500 = 972,500$ 美元

### 6.2.3　主要货币和债券市场工具

债券市场分为货币市场和债券市场。货币市场交易初始期限为一年或更短的债务工具，而债券市场交易期限更长的债务工具。在本部分中，我们思考三种货币市场工具——短期国债、欧洲美元存款、回购协议。我们还思考长期国债和中期国债。

货币市场上最重要的证券之一是短期国债（Treasury bill，T－bill）。短期国债是美国财政部的债务，每周发行，期限为 91 天和 182 天。期限为 52 周的短期国债每月发行。还有不定期的额外发行。拍卖会（auctions）通常在星期一举行，买入报价在下午 1:30 之前提交，交付（delivery）通常在星期二完成。短期国债收益率以贴现收益率表示。短期国债的最小面额为 10,000 美元，并从以上最小面额按 5,000 美元递增。[1]

欧洲美元（Eurodollar）是一种存放在美国以外银行的以美元计价的银行存款。欧洲美元存款凭证（Certificate of Deposit，CD）是由美国以外银行发行的以美元计价的存款凭证。[2] 在欧洲美元市场，存款凭证主导着欧洲美元银行存款。欧洲美元存款凭证市场规模约为国内存款凭证市场规模的 60%。很多外国银行发行欧洲美元存款凭证，以吸引美元计价的资金，很多投资者更喜欢欧洲美元存款凭证，而不是国内的存款凭证，因为欧洲美元存款凭证支付的利率稍高。

欧洲美元存款凭证支付更高的利率，因为它们通常比国内存款凭证风险更高。更大的风险来自发行银行没有像美国银行那样受到严格监管的事实。因此，这些银行必须为其资金支付更多息票，因为避免了更严格监管的成本，它们也能够支付市场要求的更高利率。在很大程度上，欧洲美元市场是因美国银行业监管而兴起的。几乎所有美国银行存款都在美国政府部门——联邦存款保险公司（Federal Deposit Insurance Corporation，FDIC）投保。这项保险的费用必须由被保险银行支付。对于美国以外的银行，保险要求通常不那么严格，因此外国银行可以避免部分此类成本。

有助于维持欧洲美元市场正常运转的美国银行业监管的另一个特点是实行准备金要求。美国银行必须将一定比例的存款余额以非生息资产的形式持有，如库存现金。如果没有准备金要求，银行可以在任何存款基础上创造金额无限的贷款。准备金要求占未偿贷款的百分比越高，银行在给定存款基础上能够贷出的金额就越少。对美国银行的准备金要求往往比对外国银行的要求严格得多。因此，很多外国银行的运营成本低于美国银行。

这些监管差异造成了美国银行和外国竞争对手之间的重要成本差异，但也造成了显著（通常较小）的风险差异。由于风险水平和成本结构的差异，接受欧洲美元存款的银行必须支付，且有能力支付高于美国国内银行的利率。

当一方向另一方出售证券，并同意在指定时间以指定价格回购该证券时，就会形成回购协议（Repurchase agreements/repos）。初始销售价格和回购价格之间的差异决定了利率的大小。回购协议主要用于非常短期的融资，绝大多数回购协议的期限只有一天，被称为"隔夜回购"。很多公司通过回购市场投资多余的现金。通过购买证券并保证第二天以略高的价格转售，公司可以将其多余的现金充分利用。对这种交易的需求导致了回购市场的建立，其规模目前超过 1,000 亿美元。回购市场中使用的大多数证券是美国政府证券。货币市场工具收益率报价的一个很好的来源是《华尔街日报》名为"货币利率"的每日专栏，如图 6.1 所示。请特别注意，不同期限的工具的收益率略有不同。

长期国债（Treasury bonds）和中期国债（Treasury notes）与短期国债一样，也由财政部发行，并得到政府的相同背书。这些票据和债券具有类似的支付结构，仅在期限长短上有所不同。长期国债的初始期限至少为 10 年。在实践中，初始期限要长得多，通常为 25~30 年，中期国债的初始期限约为 10 年。

长期国债和中期国债每半年支付一次息票。初始发行时，财政部设定票面利率，使债券的初始价格接近其票面价值。大多数长期国债都是可赎回的，首次赎回日期在债券到期前 5 年来临。提及某一特定债券时，通常会采用"ten - and - three - eights of 2007 to

Thursday, June 24, 2004

The key U. S. and foreign annual interest rates below are a guide to general levels but don't always represent actual transactions.

## Commercial Paper

Yields paid by corporations for short-term financing, typically for daily operation

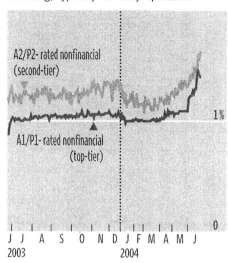

Source: Federal Reserve

**Prime Rate:** 4.00% (effective 06/27/03). The base rate on corporate loans posted by at least 75% of the nation's 30 largest banks.

**Discount Rate (Primary):** 2.00% (effective 06/25/03).

**Federal Funds:** 1.063% high, 1.000% low, 1.000% near closing bid, 1.031% offered. Effective rate: 1.03%. Source: Prebon Yamane (USA) Inc. Federal-funds target rate: 1.000% (effective 06/25/03).

**Call Money:** 2.75% (effective 06/30/03).

**Commercial Paper:** Placed directly by General Electric Capital Corp.: 1.23% 30 to 59 days; 1.34% 60 to 87 days; 1.49% 88 to 91 days; 0.80% 92 to 116 days; 1.61% 117 to 148 days; 1.71% 149 to 175 days; 1.81% 176 to 209 days; 1.90% 210 to 237 days; 1.99% 238 to 270 days.

**Euro Commercial Paper:** Placed directly by General Electric

Capital Corp.: 2.04% 30 days; 2.06% two months; 2.08% three months; 2.11% four months; 2.14% five months; 2.15% six months.

**Dealer Commercial Paper:** High-grade unsecured notes sold through dealers by major corporations: 1.24% 30 days; 1.35% 60 days; 1.50% 90 days.

**Certificates of Deposit:** 1.25% one month; 1.51% three months; 1.81% six months.

**Bankers Acceptances:** 1.27% 30 days; 1.40% 60 days; 1.52% 90 days; 1.62% 120 days; 1.72% 150 days; 1.82% 180 days. Source: Prebon Yamane (USA) Inc.

**Eurodollars:** 1.29% - 1.26% one month; 1.40% - 1.38% two months; 1.55% - 1.52% three months; 1.65% - 1.62% four months; 1.75% - 1.72% five months; 1.84% - 1.81% six months. Source: Prebon Yamane (USA) Inc.

**London Interbank Offered Rates (Libor):** 1.3200% one month; 1.58625% three months; 1.8825% six months; 2.40625% one year. Effective rate for contracts entered into two days from date appearing at top of this column.

**Euro Libor:** 2.07375% one month; 2.11925% three months; 2.19106% six months; 2.40750% one year. Effective rate for contracts entered into two days from date appearing at top of this column.

**Euro Interbank Offered Rates (Euribor):** 2.075% one month; 2.122% three months; 2.196% six months; 2.413% one year. Source: Reuters.

**Foreign Prime Rates:** Canada 3.75%; European Central Bank 2.00%; Japan 1.375%; Switzerland 2.34%; Britain 4.50%.

**Treasury Bills:** Results of the Monday, June 21, 2004, auction of short-term U.S. government bills, sold at a discount from face value in units of $1,000 to $1 million: 1.315% 13 weeks; 1.675% 26 weeks. Tuesday, June 22, 2004 auction: 1.050% 4 weeks.

**Overnight Repurchase Rate:** 0.99%. Source: Garban Intercapital.

**Freddie Mac:** Posted yields on 30-year mortgage commitments. Delivery within 30 days 5.94%, 60 days 6.00%, standard conventional fixed-rate mortgages: 2.875%, 2% rate capped one-year adjustable rate mortgages.

**Fannie Mae:** Posted yields on 30 year mortgage commitments (priced at par) for delivery within 30 days 6.03%, 60 days 6.10%, standard conventional fixed-rate mortgages; 3.45%, 6/2 rate capped one-year adjustable rate mortgages. Constant Maturity Debt Index: 1.491% three months; 1.806% six months; 2.270% one year.

**Merrill Lynch Ready Assets Trust:** 0.54%.

**Consumer Price Index:** May, 189.1, up 3.1% from a year ago. Bureau of Labor Statistics.

**图 6.1 货币利率**

2012"的形式。这是指 2012 年到期的票面利率为 $10\frac{3}{8}\%$ 的债券，从 2007 年开始可赎回。

大多数长期国债和中期国债在 2 月、5 月、8 月或 11 月到期，到期日为 15 日。

长期国债报价以票面价值的百分比表示买入价和卖出价，其中小数点后的数字以 1

个百分点的 1/32 表示，如图 6.2 所示。98.20 的报价代表价格为 98 加上票面价值的 $\frac{20}{32}$ %。报价也显示了到期收益率。长期国债价格和收益率可根据式（6.2）计算。由于每半年支付一次息票，因此应用该公式将产生一个半年收益率，该收益率必须翻倍

# Treasury Bonds, Notes and Bills

June 24, 2004

## Explanatory Notes

Representative Over-the-Counter quotation based on transactions of $1 million or more. Treasury bond, note and bill quotes are as of mid-afternoon. Colons in bid-and-asked quotes represent 32nds; 101:01 means 101 1/32. Net changes in 32nds. n-Treasury note. i-Inflation-Indexed issue. Treasury bill quotes in hundredths, quoted on terms of a rate of discount. Days to maturity calculated from settlement date. All yields are to maturity and based on the asked quote. Latest 13-week and 26-week bills are boldfaced. For bonds callable prior to maturity, yields are computed to the earliest call date for issues quoted above par and to the maturity date for issues below par. *When issued.
Source: eSpeed/Cantor Fitzgerald

U.S. Treasury strips as of 3 p.m. Eastern time, also based on transactions of $1 million or more. Colons in bid and asked quotes represent 32nds; 99:01 means 99 1/32. Net changes in 32nds. Yields calculated on the asked quotation. ci-stripped coupon interest. bp-Treasury bond, stripped principal. np-Treasury note, stripped principal. For bonds callable prior to maturity, yields are computed to the earliest call date for issues quoted above par and to the maturity date for issues below par.
Source: Bear, Stearns & Co. via Street Software Technology Inc.

### Government Bonds & Notes

| RATE | MATURITY MO/YR | BID | ASKED | CHG | ASK YLD |
|---|---|---|---|---|---|
| 2.875 | Jun 04n | 100:00 | 100:00 | -1 | 0.87 |
| 2.250 | Jul 04n | 100:02 | 100:03 | ... | 1.13 |
| 2.125 | Aug 04n | 100:04 | 100:05 | ... | 1.15 |
| 6.000 | Aug 04n | 100:20 | 100:21 | ... | 1.14 |
| 7.250 | Aug 04n | 100:26 | 100:27 | ... | 1.13 |
| 13.750 | Aug 04 | 101:24 | 101:25 | -1 | 0.95 |
| 1.875 | Sep 04n | 100:03 | 100:04 | -1 | 1.29 |
| 2.125 | Oct 04n | 100:05 | 100:06 | -1 | 1.50 |
| 5.875 | Nov 04n | 101:20 | 101:21 | ... | 1.55 |
| 7.875 | Nov 04n | 102:13 | 102:14 | ... | 1.54 |
| 11.625 | Nov 04 | 103:28 | 103:29 | ... | 1.48 |
| 2.000 | Nov 04n | 100:05 | 100:06 | ... | 1.55 |
| 1.750 | Dec 04n | 100:00 | 100:00 | ... | 1.70 |
| 1.625 | Jan 05n | 99:28 | 99:29 | ... | 1.74 |
| 7.500 | Feb 05n | 103:18 | 103:19 | ... | 1.80 |
| 1.500 | Feb 05n | 99:24 | 99:25 | ... | 1.80 |
| 1.625 | Mar 05n | 99:24 | 99:25 | ... | 1.89 |
| 1.625 | Apr 05n | 99:22 | 99:23 | 1 | 1.96 |
| 6.500 | May 05n | 103:28 | 103:29 | ... | 2.01 |
| 6.750 | May 05n | 104:03 | 104:04 | ... | 2.01 |
| 12.000 | May 05 | 108:25 | 108:26 | ... | 1.93 |
| 1.250 | May 05n | 99:09 | 99:10 | 1 | 2.00 |
| 1.125 | Jun 05n | 99:01 | 99:02 | 1 | 2.06 |
| 1.500 | Jul 05n | 99:09 | 99:10 | 1 | 2.13 |
| 6.500 | Aug 05n | 104:26 | 104:27 | 1 | 2.17 |
| 10.750 | Aug 05 | 109:19 | 109:20 | 1 | 2.15 |
| 2.000 | Aug 05n | 99:23 | 99:24 | 1 | 2.21 |
| 1.625 | Sep 05n | 99:06 | 99:07 | 2 | 2.25 |
| 1.625 | Oct 05n | 99:01 | 99:02 | 1 | 2.33 |
| 5.750 | Nov 05n | 104:18 | 104:19 | 1 | 2.36 |
| 5.875 | Nov 05n | 104:23 | 104:24 | 1 | 2.36 |
| 1.875 | Nov 05n | 99:08 | 99:09 | 2 | 2.39 |
| 1.875 | Dec 05n | 99:03 | 99:04 | 1 | 2.45 |
| 1.875 | Jan 06n | 99:00 | 99:00 | 1 | 2.50 |
| 5.625 | Feb 06n | 105:00 | 105:00 | 1 | 2.48 |
| 9.375 | Feb 06 | 111:00 | 111:00 | 2 | 2.48 |
| 1.625 | Feb 06n | 98:14 | 98:15 | 1 | 2.55 |
| 1.500 | Mar 06n | 98:03 | 98:04 | 2 | 2.58 |
| 2.250 | Apr 06n | 99:08 | 99:09 | 2 | 2.64 |
| 2.000 | May 06n | 98:24 | 98:25 | 2 | 2.66 |
| 4.625 | May 06n | 103:16 | 103:17 | 2 | 2.68 |
| 6.875 | May 06n | 107:21 | 107:22 | 2 | 2.67 |
| 3.000 | Jul 12i | 107:28 | 107:29 | 6 | 1.93 |
| 4.375 | Aug 12n | 99:11 | 99:12 | 13 | 4.46 |
| 4.000 | Nov 12n | 96:20 | 96:21 | 13 | 4.48 |
| 10.375 | Nov 12 | 122:06 | 122:07 | 5 | 3.37 |
| 3.875 | Feb 13n | 95:12 | 95:13 | 13 | 4.52 |
| 3.625 | May 13n | 93:14 | 93:15 | 13 | 4.52 |
| 1.875 | Jul 13i | 98:18 | 98:19 | 8 | 2.04 |
| 4.250 | Aug 13n | 97:12 | 97:13 | 14 | 4.60 |
| 12.000 | Aug 13 | 132:00 | 132:01 | 7 | 3.60 |
| 4.250 | Nov 13n | 97:03 | 97:04 | 13 | 4.63 |
| 2.000 | Jan 14i | 99:04 | 99:05 | 8 | 2.10 |
| 4.000 | Feb 14n | 95:03 | 95:04 | 14 | 4.63 |
| 4.750 | May 14n | 100:26 | 100:27 | 14 | 4.64 |
| 13.250 | May 14 | 141:20 | 141:21 | 12 | 3.82 |
| 12.500 | Aug 14 | 139:21 | 139:22 | 13 | 3.90 |
| 11.750 | Nov 14 | 137:10 | 137:11 | 11 | 3.98 |
| 11.250 | Feb 15 | 149:30 | 149:31 | 20 | 4.72 |
| 10.625 | Aug 15 | 149:30 | 149:31 | 20 | 4.78 |
| 9.875 | Nov 15 | 143:24 | 143:25 | 20 | 4.83 |
| 9.250 | Feb 16 | 138:18 | 138:19 | 19 | 4.87 |
| 7.250 | May 16 | 120:21 | 120:22 | 18 | 4.93 |
| 7.500 | Nov 16 | 123:01 | 123:02 | 18 | 4.98 |
| 8.750 | May 17 | 135:09 | 135:10 | 20 | 5.00 |
| 8.875 | Aug 17 | 136:23 | 136:24 | 19 | 5.02 |
| 9.125 | May 18 | 140:02 | 140:03 | 21 | 5.07 |
| 9.000 | Nov 18 | 139:08 | 139:09 | 21 | 5.11 |
| 8.875 | Feb 19 | 138:04 | 138:05 | 22 | 5.13 |
| 8.125 | Aug 19 | 130:20 | 130:21 | 21 | 5.18 |
| 8.500 | Feb 20 | 135:00 | 135:01 | 22 | 5.20 |
| 8.750 | May 20 | 138:00 | 138:00 | 22 | 5.20 |
| 8.750 | Aug 20 | 138:05 | 138:06 | 22 | 5.22 |
| 7.875 | Feb 21 | 128:22 | 128:23 | 21 | 5.26 |
| 8.125 | May 21 | 131:23 | 131:24 | 22 | 5.26 |
| 8.125 | Aug 21 | 131:29 | 131:30 | 22 | 5.28 |
| 8.000 | Nov 21 | 130:22 | 130:23 | 22 | 5.28 |
| 7.250 | Aug 22 | 122:04 | 122:05 | 21 | 5.33 |
| 7.625 | Nov 22 | 126:24 | 126:25 | 23 | 5.32 |
| 7.125 | Feb 23 | 120:27 | 120:28 | 21 | 5.34 |
| 6.250 | Aug 23 | 110:12 | 110:13 | 21 | 5.37 |
| 7.500 | Nov 24 | 126:09 | 126:09 | 24 | 5.36 |
| 7.625 | Feb 25 | 127:30 | 127:31 | 24 | 5.37 |
| 6.875 | Aug 25 | 118:18 | 118:19 | 23 | 5.39 |
| 6.000 | Feb 26 | 107:12 | 107:13 | 21 | 5.41 |
| 6.750 | Aug 26 | 117:05 | 117:06 | 22 | 5.41 |

| MATURITY | TYPE | BID | ASKED | CHG | ASK YLD |
|---|---|---|---|---|---|
| Nov 06 | np | 93:07 | 93:07 | 4 | 2.98 |
| Feb 07 | ci | 92:06 | 92:06 | 5 | 3.11 |
| Feb 07 | np | 92:08 | 92:08 | 5 | 3.08 |
| May 07 | ci | 91:06 | 91:06 | 5 | 3.22 |
| May 07 | np | 91:07 | 91:07 | 5 | 3.21 |
| Aug 07 | ci | 90:03 | 90:03 | 5 | 3.36 |
| Aug 07 | np | 90:06 | 90:06 | 5 | 3.33 |
| Aug 07 | np | 90:10 | 90:10 | 5 | 3.28 |
| Nov 07 | ci | 89:09 | 89:09 | 6 | 3.39 |
| Nov 07 | np | 89:10 | 89:10 | 6 | 3.37 |
| Feb 08 | ci | 88:05 | 88:05 | 6 | 3.50 |
| Feb 08 | np | 88:08 | 88:08 | 6 | 3.47 |
| Feb 08 | np | 88:10 | 88:10 | 6 | 3.45 |
| May 08 | ci | 87:01 | 87:01 | 7 | 3.61 |
| May 08 | np | 87:04 | 87:04 | 7 | 3.58 |
| Aug 08 | ci | 86:02 | 86:02 | 7 | 3.67 |
| Aug 08 | np | 86:06 | 86:06 | 7 | 3.63 |
| May 08 | np | 87:08 | 87:08 | 7 | 3.55 |
| Nov 08 | ci | 84:27 | 84:27 | 7 | 3.79 |
| Nov 08 | np | 85:01 | 85:01 | 7 | 3.74 |
| Nov 08 | np | 85:02 | 85:02 | 7 | 3.73 |
| Feb 09 | ci | 83:22 | 83:22 | 8 | 3.88 |
| May 09 | ci | 82:20 | 82:20 | 8 | 3.95 |
| May 09 | np | 82:31 | 82:31 | 8 | 3.86 |
| Aug 09 | ci | 81:18 | 81:18 | 8 | 4.01 |
| Aug 09 | np | 81:22 | 81:22 | 8 | 3.98 |
| Nov 09 | ci | 80:25 | 80:25 | 8 | 4.01 |
| Nov 09 | bp | 80:03 | 80:03 | 8 | 4.17 |
| Feb 10 | ci | 79:07 | 79:07 | 8 | 4.18 |
| Feb 10 | np | 79:15 | 79:15 | 8 | 4.12 |
| May 10 | ci | 78:06 | 78:06 | 8 | 4.23 |
| Aug 10 | ci | 77:04 | 77:04 | 9 | 4.28 |
| Aug 10 | np | 77:12 | 77:12 | 9 | 4.23 |
| Nov 10 | ci | 76:12 | 76:12 | 9 | 4.27 |
| Feb 11 | ci | 74:30 | 74:30 | 9 | 4.40 |
| Feb 11 | np | 75:09 | 75:09 | 9 | 4.33 |
| May 11 | ci | 73:27 | 73:27 | 9 | 4.45 |
| Aug 11 | ci | 72:25 | 72:25 | 9 | 4.51 |
| Aug 11 | np | 73:05 | 73:05 | 9 | 4.43 |
| Nov 11 | ci | 71:26 | 71:26 | 9 | 4.53 |
| Feb 12 | ci | 70:19 | 70:19 | 10 | 4.61 |
| Feb 12 | np | 71:03 | 71:03 | 10 | 4.52 |
| May 12 | ci | 69:17 | 69:17 | 10 | 4.66 |
| Aug 12 | ci | 68:13 | 68:13 | 10 | 4.72 |
| Aug 12 | np | 69:06 | 69:06 | 10 | 4.58 |
| Nov 12 | ci | 67:13 | 67:13 | 10 | 4.76 |
| Nov 12 | np | 68:11 | 68:11 | 10 | 4.59 |
| Feb 13 | ci | 66:14 | 66:14 | 10 | 4.79 |
| Feb 13 | np | 67:13 | 67:13 | 10 | 4.62 |
| May 13 | ci | 65:13 | 65:13 | 10 | 4.84 |
| May 13 | np | 66:22 | 66:22 | 10 | 4.62 |
| Aug 13 | ci | 64:13 | 64:13 | 10 | 4.88 |
| Aug 13 | np | 65:12 | 65:12 | 10 | 4.71 |
| Nov 13 | ci | 63:13 | 63:13 | 10 | 4.92 |
| Nov 13 | np | 64:13 | 64:13 | 10 | 4.74 |
| Feb 14 | ci | 62:14 | 62:14 | 10 | 4.95 |
| May 14 | ci | 61:15 | 61:15 | 11 | 4.99 |
| Aug 14 | ci | 60:14 | 60:14 | 11 | 5.03 |
| Nov 14 | ci | 59:16 | 59:16 | 11 | 5.07 |

图 6.2　长期国债和中期国债报价

（数据来源：The Wall Street Journal, June 25, 2004, p. C6. 被《华尔街日报》允许再印刷，

© Dow Jones & Company, Inc., 全世界范围内版权所有）

才能得到长期国债的年化收益率。要获得国债，必须支付卖出报价和未反映在债券报价中的应计利息。

## 6.3 债券价格变化

债券价格变化有很多原因。首先，我们解释了为什么债券必须在到期时以票面价值出售。这意味着，无论其他因素如何表现，债券价格在其有效期内都必须收敛到其票面价值。其次，债券价格随利率变化而变化。在本部分中，我们将介绍利率变化导致债券价格变化的不同方式。

### 6.3.1 债券价格与时间推移

因为债券价格必须等于其到期时的票面价值，所以债券价格仅仅是随时间推移而变化。例如，典型的长期国债到期时支付 1,000 美元的票面价值。结果是，无论买入价格如何，债券到期时的价格都将为 1,000 美元。因此，债券价格在其有效期内必须收敛到 1,000 美元，即使利率从未改变，这也将是事实。

所有债券可分为溢价债券、平价债券或折价债券。溢价债券（premium bond）的价格大于票面价值，平价债券（par bond）的价格等于票面价值，而折价债券（discount bond）的价格小于票面价值。对于到期前仍有一段时间的溢价债券，投资者必须意识到，即使利率不变，债券价格在其有效期内也会普遍下跌。出于同样的原因，折价债券的价格必须上涨，才能在到期时达到票面价值。为了说明债券价格的时间路径，假设利率恒定在 10%。图 6.3 显示了三种债券价格随时间变化的路径。债券 1 是期限为20 年、票面利率为 12% 的债券。债券 2 是期限为 20 年、票面利率为 10% 的债券。债券 3 是期限为 20 年、票面利率为 8% 的债券。

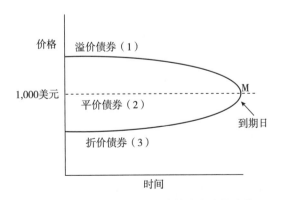

图 6.3 临近到期日导致的债券价格变化

由于利率恒定在 10%，债券 1 是溢价债券。每当票面利率超过到期收益率时，债券必须溢价出售，其价格必须随时间而下跌。到期时，债券 1 的价格等于票面价值。债券 2 的票面利率等于 10% 的到期收益率。因此，债券 2 的价格在整个期间内等于其票面价值。债券 3 的票面利率低于到期收益率，是折价出售，因此其价格必须随时间推移而票面价值上涨，并在到期时达到票面价值。图 6.3 中的价格变化假设利率不变。在现实世界中，价格变动因利率波动而变得更加复杂。[3]

## 6.3.2 债券价格变动和利率变化

不同特征的债券以截然不同的方式应对市场利率的变化。给定利率变化对债券价格的影响取决于三个关键变量：

（1）债券的到期日；

（2）票面利率；

（3）利率变化时的现行利率水平。

本部分将阐述债券定价的五个原则，它们解释了债券价格如何随着利率的突然变化而变化。这些原则反映了利率变化对三个关键变量的不同影响：债券的到期日、债券的票面利率以及利率变化时的现行利率水平。在本部分中，我们假设利率从一个水平瞬间变化到另一个水平，并检验债券价格如何因此而变化。最初的起点是基本债券估值式（6.2）。

## 6.3.3 债券定价原则

本部分讨论的五项债券定价原则已由波顿·麦基尔（Burton Malkiel）在一篇著名的文章中严格证明。[4] 这里只陈述原则，不做证明。

（1）债券价格与利率反向变动。

（2）对于给定的利率变化，期限较长的债券会经历较大的百分比价格变化。

（3）如原则 2 所述，债券的价格敏感性随着期限的增加而增加，但其增加的速度会降低。

（4）对于给定的利率变化，票面利率较低的债券会经历较大的百分比价格变化。

（5）对于给定的债券，债券收益率下降导致的美元绝对价格上涨，将超过相同幅度债券收益率上升导致的价格下跌。[5]

从这些原则中我们可以看出，相较于其他债券，某些债券将对利率变化更敏感。例如，考虑两个票面价值为 1,000 美元的债券。债券 A 和债券 B 的期限和票面利率不同，如以下数据所示。

| | 期限 | 票面利率 | 收益率为10%时的价格 | 收益率为12%时的价格 |
|---|---|---|---|---|
| 债券 A | 5 年 | 10% | 1,000.00 美元 | 926.40 美元 |
| 债券 B | 30 年 | 6% | 621.41 美元 | 515.16 美元 |

假设这两只债券的利率最初均为 10%，因此债券 A 的价格为其票面价值 1,000.00 美元，债券 B 的价格为 621.41 美元。如果收益率突然升至 12%，债券 A 的价格将降至 926.40 美元，而债券 B 的价格将为 515.16 美元。根据上述债券定价原则，我们将预期债券 B 对利率变化更敏感，因为其期限更长、票面利率更低。事实上，当收益率变化时，债券 A 的价值仅下降 7.36%。相比之下，债券 B 下降 17.10%。

### 6.3.4　总体度量的需要

对于理解债券投资来说，债券定价的五个原则都非常重要。然而，由于每一个原则都假设除正在考虑的因素外，所有其他因素都保持不变，因此仍有可能在比较不同债券的价格敏感性时遇到困难。例如债券 C 和债券 D。

| 债券 C | 期限 15 年 | 票面利率 8% | 收益率 11.94% |
|---|---|---|---|
| 债券 D | 期限 20 年 | 票面利率 8% | 收益率 13.73% |

尽管具有相同的票面利率，且债券 D 期限更长，但是并非所有其他因素都保持不变，因为这两只债券的收益率不同。如果收益率相同，债券 D 显然具有更强的价格敏感性，因为其期限更长。然而，债券 D 较高的收益率可能会抵消其较长的到期期限对敏感性的影响。事实上，如表 6.1 所示，这两只债券的价格敏感性几乎相同。对于这两只债券来说，收益率 2% 的下降会导致价格 16.01% 的上涨，而收益率 2% 的上升会导致价格 12.8% 的下跌。

这个例子显示了两个重要的观点。第一，保持息票和期限不变，收益率较高的债券具有较低的价格敏感性。第二，债券的息票和期限通常不相等，因此，对债券价格敏感性进行总体度量将非常有用，以反映影响债券价格敏感性的所有因素——期限、票面利率和到期收益率。这种度量称为久期。

表 6.1　债券 C 和债券 D 的价格敏感性

| 收益率变化 | 债券 C 期限 15 年，票面利率 8% | | | 债券 D 期限 20 年，票面利率 8% | | |
|---|---|---|---|---|---|---|
| | 收益率（%） | 价格（美元） | 价格百分比变化 | 收益率（%） | 价格（美元） | 价格百分比变化 |
| -2% | 9.94 | 86.68 | 16.01 | 11.73 | 73.38 | +16.01 |
| 变化之前 | 11.94 | 74.66 | 0.00 | 13.73 | 63.25 | 0.00 |
| +2% | 13.94 | 65.06 | -12.87 | 15.73 | 55.15 | -12.80 |

### 6.3.5　久期

久期（Duration）是弗雷德里克·麦考利（Frederick Macaulay）首次提出的概念，是反映所有影响债券价格对利率变化敏感性因素的针对某一债券的单一数字。[6]久期取决于三个关键变量：票面利率、到期期限和到期收益率。债券 $I$ 的久期（$D_i$）如式（6.6）所示：

$$D_i = \frac{\sum_{t=1}^{M} \frac{tC_t}{(1 + r_i)^t}}{P_i} \tag{6.6}$$

式中，$P_i$ 为债券价格；$C_t$ 为债券在时间 $t$ 产生的现金流；$r_i$ 为债券 $i$ 的到期收益率；$t$ 为从现在到该笔现金流完成支付的时间。

久期公式的分子计算了每笔现金流的现值，并按照从现在到收到该笔现金流的时间，对每笔现金流的现值进行加权。所有这些加权的现金流相加，并除以债券的当前价格。因此，久期是债券现金流现值的加权平均值，其中权重是从现在到收到现金流的时间。为说明久期计算过程，假设一只年票面利率为 10% 的 5 年期债券，该债券的收益率为 14%，票面价值为 1,000 美元。该债券的价格为 862.69 美元。表 6.2 列出了现金流，并展示了该债券久期的计算过程，该债券的久期为 4.10。

**表 6.2　久期的计算**

| | $t$ | | | | |
|---|---|---|---|---|---|
| | 1 | 2 | 3 | 4 | 5 |
| $C_t$ | 100.00 美元 | 100.00 美元 | 100.00 美元 | 100.00 美元 | 1,100.00 美元 |
| $C_t/(1+r)^t$ | 87.72 | 76.95 | 67.50 | 59.21 | 571.31 |
| $t[C_t/(1+r)^t]$ | 87.72 | 153.90 | 202.50 | 236.84 | 2,856.55 |
| $D_i = (87.72 + 153.90 + 202.50 + 236.84 + 2,856.55)/862.69 = 3,537.51/862.69 = 4.10$ | | | | | |

还有另一个计算久期的公式，该公式将久期表示为债券价格相对于贴现因子（1 + $r$）的弹性系数的负值。

$$D = -\frac{\frac{dP}{P}}{\frac{d(1+r)}{(1+r)}} \tag{6.7}$$

式中，$dP$ 为价格的变化，$d(1+r)$ 为利率的变化。作为本质上的弹性度量，久期给出了贴现系数（1 + $r$）变化时债券价格变化的单一度量结果。当重新排列式（6.7）时，这一点将很清楚，如式（6.8）所示：

$$dP_i = -D_i \left( \frac{d(1+r_i)}{(1+r_i)} \right) P_i \qquad (6.8)$$

应用式（6.8）需要知道债券的初始利率水平、初始价格、利率变化和久期。

为了解以上公式如何应用，考虑前文用于计算久期的债券。该债券的期限为5年，年票面利率为10%，收益率为14%，久期为4.10。如果收益率突然从14%降至12%，那么债券价格将上涨，且变动金额可通过式（6.8）得出：

$$dP = -4.10 \times \frac{-0.02}{1.14} \times 862.69 = 62.05 \text{ 美元}$$

随着价格的变化，新价格应为旧价格加上价格变化。

$$\text{新价格} = 862.69 + 62.05 = 924.74 \text{ 美元}$$

以上结果可以通过使用12%的新收益率，将债券定价公式应用于该债券进行验证。根据债券定价公式，新价格为927.90美元，与使用久期价格变化公式得出的924.74美元的新价格不同。这有两个原因，第一，任何这样的计算都可能有一些取整误差；第二，久期价格变化公式使用了来自微积分的概念，而这些概念仅适用于变量的微小变化。在这种情况下，2%的收益率的巨大变化形成了这两种方法之间细微差异的原因。

久期是一个非常有用的工具，因为它提供了决定债券价格变动的三个关键变量的十分方便的总体度量：票面利率、债券期限和利率水平。这意味着债券投资者可以通过简单地比较不同债券的久期，来比较它们的价格变动敏感性。

## 6.4 凸性

在债券定价中，久期提供了对收益率微小变化导致的债券价格变化的合理估计。但对于收益率的较大变化，久期并不能完全描述债券的价格敏感性，因为久期本身会随着收益率的变化而变化。凸性（Convexity）描述了久期随收益率变化而变化的方式。换言之，久期等于描述债券价格和收益率之间关系的曲线的斜率，而凸性则度量了债券价格和收益率之间关系的曲线的曲率。如果债券没有表现出任何凸性，那么仅久期自己就可以提供债券价格对收益率变化敏感性的很好估计。

凸性既可以是正的，也可以是负的。对于具有正凸性的债券，随着收益率的下降，债券价格将以递增的速度上升；随着收益的率上升，债券价格将以递减的速度下降。换言之，相对于线性估计，正凸性意味着债券价值下降得更慢、上升得更快。凸性越大，效果越强。对于具有负凸性的债券，随着收益率的下降，债券价格将以递减的速度上升；随着收益率的上升，债券价格将以递增的速度下降。

正凸性或负凸性的大小影响着债券的市场价格和收益率。与没有凸性的相同债券相比，凸性为正的债券将以更高的价格和更低的收益率出售。同样，当其他条件都相同时，凸性为负的债券将比没有凸性的债券价格更低、收益率更高，这可归因于凸性的债券价格的金额，可以被认为是凸性的市场价格。在对债券的买入或卖出进行评估时，债券投资组合经理必须考虑凸性的价格，凸性的价格将取决于收益率的波动性。如果收益率稳定，那么凸性的市场价格将很低。如果收益率波动，那么凸性的市场价格将很高。

## 6.5　利率期限结构

利率期限结构是指所有其他方面都相似但期限不同的债券的到期期限与到期收益率之间的关系。因为收益率曲线或期限结构分析的目的是为了理解仅源于期限差异的债券收益率差异，所以分析中使用的债券在除期限外的其他方面必须尽可能相似。例如，收益率曲线中使用的所有债券的风险水平应相似。此外，我们还应确保债券具有相同的赎回条款、偿债基金特征和纳税状况。

收益率曲线分析中使用的债券之间的相似性要求很烦琐，因为很难找到满足所有这些条件的一批债券。出于这一原因，我们通常关注国债的期限结构。国债都具有相同的违约风险水平，其纳税状况和其他特征也趋于相似。此外，由于国债的风险最低，国债收益率曲线提供了能够与其他债券收益率关联起来的基本收益率曲线。出于这些原因，本部分关注国债的收益率曲线，如图 6.4 所示。

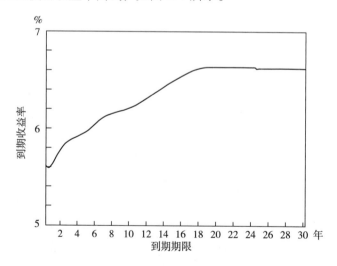

**图 6.4　国债收益率曲线**

在不同的时代，收益率曲线可以呈现各种形状。例如，图 6.5 显示了一个世纪以来高等级公司债券显著不同的收益率曲线形状。即使在短期内，收益率曲线的水平和形状也会发生剧烈变化。收益率曲线的形状包含有关利率未来走势的信息。因为利率未来走势是债券投资者希望获得的最重要信息，所以理解收益率曲线非常重要。形成对收益率曲线的理解首先需要远期利率知识。

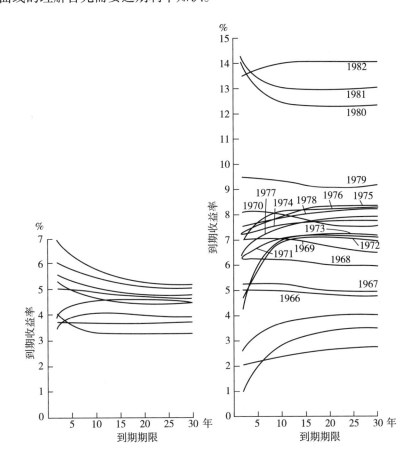

**图 6.5　历史收益率曲线**

（数据来源：John Wood，"Do Yield Curves Normally Slope up? The Term Structure of Interest Rates, 1862 – 1982"，

*Economic Perspectives*，Federal Reserve Bank of Chicago，July/August 1983）

## 远期利率

远期利率是指隐含在当前可用即期利率中的涵盖未来时间段的利率。即期利率是指债券在某一给定时刻的现行收益率。给定一组即期利率，就可以计算任何中间时段的远期利率。

为了方便起见，让我们引入一个表示债券收益率的符号 $r_{x,y}$，即从时间"$x$"开始

至时间"$y$"到期期间，债券的现行利率。当前时间总是 0，因此涵盖从时间 0 开始的任何时间跨度的债券收益都是即期利率。例如，$r_{0,5}$ 将是 5 年后到期的工具的即期利率。如果特定利率所涵盖的时间在时间 0 之后开始，则为远期利率。涵盖从 2 年后开始并延长 3 年至时间 5 这一期间的远期利率将用符号 $r_{2,5}$ 表示。我们使用这一符号引入了一个可用于计算远期利率的原则：远期利率计算基于以下假设——回报在给定时间段内都是相等的，无论该时间跨度内持有债券的期限是多少。

---

## 远期利率计算原则

远期利率计算基于以下假设——回报在给定时间段内都是相等的，无论该时间跨度内持有债券的期限是多少。

---

以 5 年期为例，这一原则意味着在假设以下所有策略将在 5 年内获得相同回报的情况下，远期利率可以在 5 年内被计算出来。

（1）买入 5 年期债券并持有至到期。

（2）买入 1 年期债券，在其到期后再买入 1 年期债券，在整个 5 年内重复这一过程。

（3）买入 2 年期债券，在其到期后买入 3 年期债券并持有至到期。

根据远期利率计算原则，在这 5 年内持有任何期限的债券都将获得相同的回报。请注意，这不是对回报的预测，而是用于计算远期利率的假设。

根据本章中使用的符号，这三种策略的总回报可以表示为：

持有一份 5 年期债券 5 年：

$$总回报 = (1 + r_{0,5})^5$$

持有一系列 1 年期债券：

$$总回报 = (1 + r_{0,1})(1 + r_{1,2})(1 + r_{2,3})(1 + r_{3,4})(1 + r_{4,5})$$

持有 2 年期债券后再持有 3 年期债券：

$$总回报 = (1 + r_{0,2})^2 (1 + r_{2,5})^3$$

此外，这些远期利率可以按照计算原则来计算。该原则规定，这些总回报应该是相等的。根据远期利率计算原则：

$$(1 + r_{0,5})^5 = (1 + r_{0,1})(1 + r_{1,2})(1 + r_{2,3})(1 + r_{3,4})(1 + r_{4,5})$$
$$= (1 + r_{0,2})^2 (1 + r_{2,5})^3$$

为了理解计算原则如何使计算此处的远期利率成为可能，需要一些即期收益率的价值。对于国债，假设获得以下即期收益率。

| 即期利率 | 收益率 | 期限 |
|---|---|---|
| $r_{0,1}$ | 0.08 | 1 年 |
| $r_{0,2}$ | 0.088 | 2 年 |
| $r_{0,3}$ | 0.09 | 3 年 |
| $r_{0,4}$ | 0.093 | 4 年 |
| $r_{0,5}$ | 0.095 | 5 年 |

这些收益率均为即期收益率，与向上倾斜的收益率曲线明显一致，因为债券期限越长，收益率越高。正如我们将看到的，这组即期利率还意味着涵盖从时间 1 到时间 5 的多个远期利率。投资期限为 5 年的投资者可能持有 5 年期债券，收益率为 9.5%。然而，存在多种在同一时间段内持有债券投资的替代方式。作为如何计算远期利率的一个例子，考虑上述第三种策略——投资者持有 2 年期债券后再持有 3 年期债券。目前，在时间 0，不可能知道 3 年期债券在时间 2 到时间 5 期间的收益率将是多少。在时间 2 实际到来之前，该利率不可能确切地被知道。然而，在时间 0，可以计算涵盖从时间 2 到时间 5 的时间跨度的远期利率。如前文所述，远期利率计算原理意味着：

$$(1 + r_{0,5})^5 = (1 + r_{0,2})^2(1 + r_{2,5})^3$$

使用前文给出的即期利率代入为：

$$(1.095)^5 = (1.088)^2(1 + r_{2,5})^3$$

现在唯一未知的是远期利率，因此可以求解方程获得远期利率：

$$r_{2,5} = 0.0997 = 9.97\%$$

即这组即期利率所隐含的涵盖第 2 年至第 5 年期间的远期利率为 9.97%。

给定相关即期利率，可以计算出任何远期利率。在本案例的 5 年期间内，所有中间时段的远期利率都可以通过已提供数据计算得出，因为所有期限的即期利率均已列示。请注意，到目前为止，关于如何解释远期利率，还没有任何说法。不同的期限结构理论以不同的方式解释远期利率。然而，所有使用远期利率来理解期限结构的理论都同意，远期利率提供了有关利率未来走势的重要信息。

## 6.6 期限结构理论

三种期限结构理论受到了最大的关注。它们是完全预期理论（Pure Expectations Theory）、流动性溢价理论（Liquidity Premium Theory）和市场分割理论（Market Segmentation Theory）。完全预期理论和流动性溢价理论都将远期利率作为关键要素，这两种理论都可以通过其对远期利率的解释来表述。

### 6.6.1 完全预期理论

完全预期理论指出，远期利率是未来利率的无偏估计，或者远期利率等于预期未来即期利率。无偏估计的期望值等于被估计参数的真实值。用更直接的话说，完全预期理论声称，平均而言，今天的远期利率等于该远期利率对应时期的未来即期利率。根据前文我们计算了涵盖第 2 年到第 5 年的 3 期债券的远期利率为 9.97% 的例子，完全预期理论认为 9.97% 是对从现在起 2 个时间段后将被普遍接受的 3 期债券的即期利率非常好的估计。实际利率可能高于或低于 9.97%，但根据完全预期理论，平均而言，远期利率将等于随后观察到的即期利率。

这一理论具有很强的现实意义。如果理论成立，那么期限结构就包含对未来利率的预测。为什么有人会相信这一理论？其捍卫者是这样解释的。债券市场发展良好，市场中存在很多拥有不同财富水平和不同偏好的参与者。在债券市场上，很多人对其持有工具的期限没有特别的偏好。在没有强烈期限偏好的情况下，这些投资者寻求最佳回报率。因此，假设在 5 年期国债投资中，持有 5 年期债券 5 年的当前预期总回报，大于持有 2 年期债券 2 年后再持有 3 年期债券 3 年的总回报。这些没有强烈期限偏好的投资者会选择收益率较高的 5 年期债券。任何持有 2 年期债券的投资者都会将其出售，以便将资金投资于表现更好的 5 年期债券。

由于 2 年期债券被出售以转换为 5 年期债券，两种债券都会受到强烈的价格影响。2 年期债券的价格将下跌，5 年期债券价格将上涨。只有当两种策略的预期回报相等时，投资者才会停止从 2 年期债券转向 5 年期债券。这样就不会有更多的动力从一种债券转向另一种债券。根据完全预期理论，将资金转向收益率更高的任何期限策略的债券投资者很多。然而，投资者持有预期收益更高的期限策略的意愿，意味着在均衡状态下所有期限策略必须具有相同的预期回报。换言之，当所有期限转换停止并达到均衡后，任何投资期间都必须具有相同的预期回报，无论该期间持有何种期限的工具。

现在，我们可以看到完全预期理论是如何将远期利率和预期未来即期利率联系在一起的。在前文的例子中，持有收益率为 9.5% 的 5 年期债券的投资者，预计在未来 5 年期间每年可获得 9.5% 的收益。根据完全预期理论，持有 2 年期债券后计划再持有 3 年期债券的 5 年期投资者，肯定会期望在整个期间获得相同的 9.5% 的年回报率。然而，2 年期债券的到期收益率仅为 8.8%。在 5 年持有期的前 2 年获得 8.8% 收益的投资者，必须在后 3 年获得更多收益，才能在整个期间获得 9.5% 的回报率。

以 9.5% 的利率投资 5 年的 1 美元，期末价值为 1.57 美元。如果计划持有利率为

8.8% 的 2 年期债券至到期后再持有 3 年期债券的投资者想要获得相同的回报率，那么该投资者肯定会预期更高的 3 年期债券收益率。事实上，3 年期债券的预期回报率必须足够高，这样两种期限策略的回报才能为同等投资带来相同的最终财富。以下等式必须成立：

$$(1.095)^5 = (1.088)^2(1 + X)^3$$

式中，$X$ 为 3 年期债券的预期收益率，涵盖时间 2 到时间 5。那么 $X$ 的值是多少？求解此方程中的 $X$ 得出：

$$X = 9.97\%$$

请注意，3 年期债券的预期利率正好等于以上计算得到的同一债券的远期利率。这是完全预期理论的关键论据。如果所有期限策略的预期回报相等，那么远期利率必须等于预期的未来即期利率。从所有期限策略在任何给定的持有期内都具有相同的预期回报的观点来看，远期利率和预期未来即期利率的相等是合乎逻辑的。如果有足够多的投资者不关心其持有工具的期限，而只是寻求最高的预期回报，那么他们将确保所有不同的期限策略都具有相同的预期回报。此外，他们将迫使完全预期理论的主要结论成立，即远期利率等于预期的未来即期利率。完全预期理论根本上取决于债券投资者的存在，他们不关心所持有债券的期限，而寻求最大的预期回报。

## 6.6.2　流动性溢价理论

在很多方面，流动性溢价理论与完全预期理论相似，至少这两种理论看待问题的角度非常相似。流动性溢价理论也可以通过参考远期利率来表述。该理论认为，远期利率是预期未来即期利率的向上偏估计。该理论认为，估计值过高，远期利率超过了预期未来即期利率。

如前文所述，如果有足够多的债券投资者只关心回报，那么完全预期理论就肯定成立。这些投资者将确保在给定时间跨度内的所有期限策略具有相同的预期回报。流动性溢价理论的支持者承认这一论点，但他们否认有很多投资者对其持有债券的期限漠不关心的说法。

流动性溢价理论的支持者认为，债券持有人更喜欢持有短期债券，而不是长期债券，因为短期债券的利率风险较小。显然，正如上文所解释的，期限越短，利率风险就越小。债券价格不会发生剧烈变化的事实，使短期债券对很多投资者来说比长期债券更有吸引力。根据流动性溢价理论，短期债券比长期债券更具吸引力，以至于投资者愿意为短期债券支付比长期债券更多的成本。他们愿意支付的额外金额就是流动性溢价。

投资者愿意为短期债券支付流动性溢价，这也意味着在其他条件相同的情况下，短期债券的收益率将低于长期债券的收益率。以上情形的另一种说法是，长期债券必须比短期债券支付更高的回报，以诱使投资者将资金投入长期工具。

如果在正常情况下短期债券的收益率低于长期债券的收益率，那么投资于较短期限的总回报将低于投资于较长期限的总回报，即使这两种策略在同一时间段内实施。例如，由于投资者对短期债券的偏好，假设5年期债券的收益率必须比1年期债券高0.1%。继续使用前文案例中的数值，5年期债券在其有效期内的回报率为9.5%。由于5年期债券的年回报率比1年期债券高0.1%，连续持有5只1年期债券的策略在5年期间内只能获得9.4%的年回报率。1年期即期工具的收益率为8%。因此，此后4年持有的1年期债券的收益率必须确保持有1年期债券策略的平均年收益率为9.4%：

$$(1.094)^5 = (1.08)(1 + X)^4$$

$$X = 9.753\%$$

如果持有1年期债券策略在5年期间内总体实现的年回报率为9.4%，那么第2年至第5年的预期平均年回报率必须为9.753%。[7]远期利率$r_{1,5}$也可以被计算出来：

$$(1 + r_{0,5})^5 = (1 + r_{0,1})(1 + r_{1,5})^4$$

$$r_{1,5} = 9.88\%$$

根据流动性溢价理论的主要观点，当两种期限策略在同一时间段实施时，一系列1年期债券的预期回报率必须低于长期债券的预期回报率。在其他条件相同的情况下，回报的差异等于流动性溢价。在本例中，假设因流动性溢价而形成的5年期和1年期债券之间的收益率差异为0.1%。这意味着涵盖5年期间后4年的1年期债券的预期回报率为9.753%。然而，相同的4年期间的远期利率为9.88%。这一结果与流动性溢价理论的观点完全一致。在此4年期间，远期利率（9.88%）超过了预期回报率（9.753%）。如果流动性溢价理论是正确的，那么使用远期利率来估计未来即期利率会因流动性溢价而给出过高的估计。

---

### 完全预期理论与流动性溢价理论

完全预期理论：远期利率等于预期未来即期利率。因此，远期利率是未来即期利率的无偏估计。

流动性溢价理论：远期利率大于预期未来即期利率，相差的金额为流动性溢价。因此，远期利率是未来即期利率的有偏估计。

---

完全预期理论和流动性溢价理论都非常严谨，逻辑上遵循着其各自对债券市场参

与者偏好和行为的看法。这两种理论之间的基本分歧在于债券持有人是否更喜欢短期工具而非长期工具。在检查有关期限结构理论的证据之前，还有一个理论需要考虑。

## 6.6.3 市场分割理论

与完全预期理论和流动性溢价理论不同，市场分割理论没有通过远期利率来明确表述。根据市场分割理论，任何时候存在的收益率曲线都反映了债券市场某些主要参与者的行为和偏好。在很大程度上，债券市场由大型金融机构主导，每一类机构都因其所开展的业务类型而具有强烈的期限偏好。例如，商业银行承担着以活期存款和存款凭证形式存在的相对短期的债务。因此，它们更倾向于投资相对短期的债券。[8] 相比之下，人寿保险公司的债务在未来很长时间（投保人死亡）后才会到期。相应地，人寿保险公司更青睐长期债券。意外保险公司，如提供汽车和家庭保险的公司，承担着中期债务，它们相应地倾向于投资中期债券。

不同类型金融机构的这些偏好源于其业务的性质，以及为了控制风险而匹配其资产和负债期限的愿望。由于这些偏好，金融机构往往只在各自期限范围内交易债券。例如，为了吸引银行投资于长期债券，长期债券必须支付比银行出于商业原因而偏好的短期债券更高的收益率。这些不同机构希望只参与债券市场某些期限细分市场，这直接导致了分割市场假说（Segmented Markets Hypothesis）：收益率曲线由债券市场不同期限细分市场中供求因素的相互作用决定。拥有强烈期限偏好的金融机构占据了这些不同的细分市场，并有效地按照期限将债券市场分割成不同的细分市场。

对某些期限范围的偏好不是绝对的。如果机构主导了债券市场，并且从未改变其期限偏好，那么甚至可能出现不连续的收益率曲线。然而，根据市场分割理论，也称为期限偏好理论（Preferred Habitat Theory），各机构有其偏好的期限范围，但不同期限的诱人收益率导致各机构接受超出其偏好范围的期限。因此，在实践中从未观察到不连续的收益率曲线。

## 6.6.4 三种理论如何解释不同的收益率曲线

这三种期限结构理论中的任何一种都可以解释任何观察到的市场收益率曲线。例如，如果收益率曲线向上倾斜，则远期利率会随着期限的延长而上升。根据完全预期理论，这意味着短期利率有望上升。在收益率曲线是平的情况下，所有远期利率都等于当前短期的即期利率，因此完全预期理论将其解释为市场认为利率将保持不变。对于向下倾斜的收益率曲线，完全预期理论强调了远期利率将随着期限的延长而下降的事实，并将其解释为市场认为短期利率预期会下降。

流动性溢价理论同样可以便利地解释任何观察到的收益率曲线，但由于流动性溢价的存在，解释起来有点复杂。为了了解流动性溢价的影响，假设市场预期短期利率将永远保持不变。由于流动性溢价，长期债券必须支付更高的收益率。这意味着，根据流动性溢价理论，即使预计短期利率保持不变，收益率曲线也会略微向上倾斜。收益率曲线在这种情况下的上升趋势将严格归咎于流动性溢价的影响。图 6.6 描述了这种情况。图 6.6 中的水平线显示了恒定不变的预期短期利率水平。然而，收益率曲线受流动性溢价影响而向上倾斜。因此，很多人认为向上倾斜的收益率曲线是收益率曲线的正常形状。

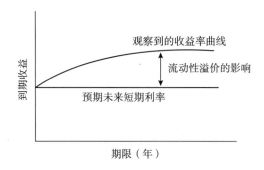

**图 6.6　预期未来短期利率不变情景下的收益率曲线**

如果市场收益率曲线强烈向上倾斜，流动性溢价理论将这种形状归因于两个因素的存在，即流动性溢价的影响和市场对更高利率的预期。图 6.7 显示了一条明显向上倾斜的收益率曲线。较低的曲线表示当只有流动性溢价而无更高未来利率预期时收益率曲线所在的位置。流动性溢价的作用总是使观察到的收益率曲线比其他情况下更明显地向上倾斜。实际收益率曲线是最上面的曲线，因为利率预计在本例中也会上升。

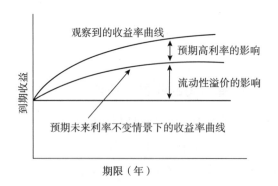

**图 6.7　流动性溢价理论对向上倾斜收益率曲线的解释**

对于向下倾斜的收益率曲线，流动性溢价理论认为预计利率下降的幅度将大于流动性溢价的影响。流动性溢价总是会使收益率曲线比其他情况下更向上倾斜。对于观察到的向下倾斜的收益率曲线，市场必须预期利率下降幅度足够大，从而超出弥补流动性溢价的需要。市场分割理论将所有观察到的收益率曲线形状归咎于债券市场各细分市场的供求因素。根据这一观点，虽然预期很重要，但是更重要的是不同机构参与者的利益和期限偏好。

### 6.6.5　三种理论的证据

对这三种理论的检验有很多，但证据却参差不齐。尽管有一些证据支持市场分割理论，但似乎有一种共识，即仅凭市场分割理论无法解释收益率曲线的一切。[9]因此，真正的争议存在于完全预期理论和流动性溢价理论之间。

梅塞尔曼（Meiselman）和圣梅罗（Santomero）都找到了支持完全预期假说的经验证据，[10]而尼尔森（Nelson）和麦克库洛赫（McCulloch）的研究反对这些结果。[11]麦克库洛赫发现了一个确定但很小的流动性溢价，并且还发现整个溢价实际上仅限于约 1年或更短的期限。

虽然不同的期限结构理论肯定会继续存在，也肯定会吸引更多的研究，但重要的是在达成重大一致意见时，不要被微小的意见分歧所误导。几乎所有不同的理论家都会同意这一基本命题——收益率曲线的形状表达了市场对未来利率的看法。一般而言，向上倾斜的收益率曲线意味着利率预期会上升；向下倾斜的收益率曲线意味着利率预期会下降。此外，如果确实存在流动性溢价，流动性溢价也不会很大，因此远期利率仍然可以很好地指导未来利率的市场预期。事实上，远期利率通常比专业预测服务能够更好地预测未来利率。

## 6.7　债券投资组合的期限策略

在对期限结构的讨论中，我们已经看到，对于任何债券持有人来说，期限的选择都是一个非常重要的问题。如果在一个投资组合中持有大量债券，那么该投资组合将有一定的平均期限。即使在选择了投资组合的平均期限后，仍有另一个重要的投资决策涉及债券投资组合的期限结构。[12]投资组合的期限结构涉及资金分配给不同期限债券的方式。根据所选择的技术，债券投资组合经理既可以使投资组合易于管理，也可以使投资组合的利率敏感性发生显著变化。

有两种基本方法，称为梯形策略（Laddered Strategy）和哑铃或杠铃策略（Dumbbell/Barbell Strategy）。每种策略都有其自身优点和缺点。在梯形策略中，债券投资组合中的资金在整个期限范围内大致均匀分布。梯形策略的名称源于这样一个事实，即资金在整个期限范围内均匀分布，就像梯子的横档均匀分布一样。梯形策略的主要优点是易于管理。短期债券每年到期，由此获得的资金被用于长期债券投资。因此，这种策略易于以很小的交易成本维持相同类型的期限分布。

梯形策略的缺点是难以改变投资组合的期限结构。激进的经理有时会希望改变债券投资组合的期限结构，以利用收益率的预期变化。回想一下债券定价原则，该原则指出收益率下降会导致债券价格上涨，同时还指出在其他因素相同的情况下，特定债券的期限越长，收益率下降带来的影响就越大。考虑到这一原则，如果债券经理认为利率将很快大幅下降，他可能希望延长投资组合的平均期限，以在收益率下降导致债券价格上涨时获得更大的收益。采用梯形策略，如果不交易很多债券，很难对投资组合的期限产生重大影响。为了延长投资组合的平均期限，债券经理将出售期限最短的债券，并将资金投资于期限最长的债券。然而，由于所有期限的债券都得到了大致相等的投资，因此可供出售的短期债券太少，以至于不会对投资组合的平均期限产生重大影响。在短期债券出售完后，债券经理将出售中期债券，并将收入用于购买长期债券。但将资金从中期债券转换为长期债券对投资组合平均期限的影响相对较小。因此，梯形策略使得投资组合期限结构的大幅度改变更难实现。

采用哑铃策略，债券投资组合中的资金只投资于短期债券和长期债券。短期和长期期限的集中形成了一个几乎空置的中期期限范围。因此，短期和长期期限的集中形成了哑铃的铃片，而铃杆则由空置的中期期限范围形成。使用哑铃策略的主动型债券经理可以很容易地延长或缩短投资组合的期限结构，因为资金可以在非常短和非常长的期限之间转移。

然而，哑铃策略有其自身缺点。在很多情况下，哑铃策略就像持有两个投资组合——一个期限非常长，另一个期限非常短。每个投资组合都需要单独的管理。对于投资组合的短期部分，债券经理必须对所有到期债券进行再投资。到期资金"展期"的必要性需要管理层的高度重视。对于投资组合的长期部分，问题更为严重。随着时间的推移，长期债券将变成中期债券。为了保持哑铃形状，债券经理必须出售中期债券，并再投资于长期债券。在出售中期债券和购买长期债券过程中也需要主动型管理，从而会产生大量的交易成本。一般来说，哑铃策略的缺点是需要大量的管理工作和较高的交易成本。

选择梯形策略还是哑铃策略，取决于是否希望参与债券投资组合的主动型管理。主动型管理主要包括试图改变债券投资组合的期限结构，以利用预测的利率变化。主动型经理更喜欢哑铃策略。主动型债券管理的适当性，取决于预测利率的能力。一些投资组合经理认为，不可能以足够的准确度来预测利率，从而使主动型债券投资组合管理切实可行。这些债券经理采用被动型管理策略，以寻求最小化管理费用和控制交易成本，这种方法自然会导致对梯形投资组合策略的偏好。主动型或被动型管理策略的决定，主要取决于债券经理对其利率预测能力的信心。

## 6.8 投资组合免疫技术

债券投资组合经理越来越认识到预测利率的难度。如果债券经理不知道如何改变投资组合以利用预期的利率变化，因为其没有充分的理由来预期一种而不是另外一种变化，那么主动型投资组合管理就没有任何作用。

随着债券经理接受了这一观点，被动型策略变得更加流行，特别是投资组合免疫（portfolio immunization）。如果债券投资组合的投资业绩对利率变化不敏感，那么该债券投资组合就是免疫的。由于认识到无法预测利率，很多债券经理发现，通过免疫来保护其投资组合免受利率变化带来的不良影响是有意义的。这些免疫技术分为两类——银行免疫方案（bank immunization case）和规划期间方案（planning period case）。两者都依赖于久期的概念。

### 6.8.1 银行免疫方案

银行免疫方案形式因其在商业银行中的突出地位而得名。最简单的形式是商业银行通过接受存款来借钱，并利用这些资金进行贷款。存款组合和贷款组合都可以被视为债券投资组合，存款组合构成负债组合，贷款组合构成资产组合。商业银行的一个问题源于存款组合的久期非常短，因为大多数存款可以在很短的时间内被提取。相比之下，由于银行提供商业贷款和消费贷款，并提供抵押融资服务，因此贷款组合包含为更长期间提供资金的义务。

表 6.3 中上半部分显示了桑普勒国家银行（Simple National Bank）的头寸，该银行持有的存款组合和贷款组合各自的账面价值和市场价值均为 1,000 美元。负债组合的久期为 1 年，资产组合的久期为 5 年。为简单起见，假设两个投资组合的利率都是 10%。由于这两个投资组合的久期不同，银行面临相当大的利率风险。正如我们之前所看到的，当利率下降时，债券价格会上涨，因此这两种投资组合的价值都会上升。但资产组合对利率变化的敏感度是负债组合的 5 倍，因为其久期是负债组合的 5 倍。然而，如果利率上升，所有债券的价值都会下降，资产组合的价值下降幅度将远远超过负债组合。

表 6.3                                    桑普勒国家银行的资产负债表

| 初始状态 | | | |
|---|---|---|---|
| 资产 | | 负债 | |
| 贷款组合价值 | 1,000 美元 | 存款组合价值 | 1,000 美元 |
| 投资组合久期 | 5 年 | 投资组合久期 | 1 年 |
| | | 所有者权益 | 0 |
| 利率 | 10% | 利率 | 10% |
| 利率随后上升至12% | | | |
| 资产 | | 负债 | |
| 贷款组合价值 | 909 美元 | 存款组合价值 | 982 美元 |
| | | 所有者权益 | −72 美元 |

为了了解对银行的影响，假设存款和贷款组合的利率都从10%上升至12%。将久期价格变化公式应用到桑普勒国家银行案例，存款组合价值的变化将为：

$$dP = -1 \times (0.02/1.10) \times 1,000 = -18.18 \text{ 美元}$$

对于贷款组合，同样的利率变化会导致投资组合价值更大幅度的下降：

$$dP = -5 \times (0.02/1.10) \times 1,000 = -90.91 \text{ 美元}$$

表6.3中下半部分显示了方案对银行的影响。由于资产组合的久期大得多，利率上升的影响导致其价值下降得更多。从所有者权益为零的状态开始，银行转向净资产为负或技术性破产的状态。

通过对负债和资产的审慎管理，银行可能会达到表6.4初始状态所示的免疫状态，其中资产和负债组合的久期均为3年。然后，随着利率从10%～12%的相同变化，每个投资组合的价值都将发生相同的变化，因为久期相同。

$$dP = -3 \times (0.02/1.10) \times 1,000 = -54.55 \text{ 美元}$$

如表6.4中下半部分所示，如果两个投资组合的价值下降幅度相同，那么所有者权益将保持不变。银行对利率变化免疫，因为利率变化使银行的净资产状况保持不变。

表 6.4                                    桑普勒国家银行免疫的资产负债表

| 初始状态 | | | |
|---|---|---|---|
| 资产 | | 负债 | |
| 贷款组合价值 | 1,000 美元 | 存款组合价值 | 1,000 美元 |
| 投资组合久期 | 3 年 | 投资组合久期 | 3 年 |
| | | 所有者权益 | 0 |
| 利率 | 10% | 利率 | 10% |

| 利率随后上升至12% | | | |
| --- | --- | --- | --- |
| 资产 | | 负债 | |
| 贷款组合价值 | 945 美元 | 存款组合价值 | 945 美元 |
| | | 所有者权益 | 0 |

必须指出，很多金融机构很难实现完美免疫。由于商业银行的性质，包括接受短期存款和发放长期贷款，很难使这两种投资组合的久期相等。然而，即使银行无法实现完美免疫，管理这两种投资组合的久期差异也有助于抵销利率变化的影响。事实上，几乎每家银行都有一个资产/负债管理委员会。委员会在银行的管理中起着至关重要的作用，银行资产负债表两边的期限和久期结构是委员会需要处理的最重要问题之一。[13]

## 6.8.2 规划期间方案

债券投资组合免疫的第二种基本类型涉及在一定期间内管理投资组合。很多债券投资组合都有明确的规划期间，目的是在规划期间结束时实现投资组合的目标值。例如，一个富裕的家庭可能会为一个小孩建立一只信托基金，并指示这个小孩在其 21 岁生日时可以使用该基金。在这种情况下，债券经理必须在考虑到该期限或规划期间的情况下管理投资组合。养老基金管理中也存在类似的问题，债券经理在养老金到期前的期间内管理养老基金中的债券。

在这种情况下，债券经理面临的问题涉及利率变化对债券投资组合的即时价值和再投资利率的影响，再投资利率是指债券投资组合出售后的资金进行再投资的利率。总的来说，投资于未来期间的债券经理，试图在该未来期间结束前，最大化风险约束下的投资组合价值。为了达成相当于最大化投资组合未来价值的效果，债券经理可能会尝试最大化已实现的到期复合收益率（Realized Compound Yield to Maturity，RCYTM）：

$$RCYTM = \sqrt[n]{\frac{最终价值}{初始价值}} - 1$$

根据这一定义，RCYTM 是 $n$ 个期间内投资实现的复合收益率。例如，对于初始价值为 500,000 美元的债券投资组合，规划期间为 8 年，最终价值为 900,000 美元，RCYTM 为：

$$RCYTM = \sqrt[n]{\frac{最终价值}{初始价值}} - 1 = \sqrt[8]{\frac{900,000\ 美元}{500,000\ 美元}} - 1 = 0.0762$$

如以下案例所示，规划期间内的利率变化可能会显著影响 RCYTM。假设一只债券投资组合由一只票面价值为 1,000 美元、年息 10% 的债券组成，该债券将在 5 年后到期。如果利率目前为 10%，并且在 5 年内保持稳定，那么所有的息票付款都可以按照 10% 的利率进行投资。在这种情况下，以上 5 年内的 RCYTM 将为 10%。在到期日，债券和所有再投资收益的总价值将为所有再投资息票的价值：

$$100 \times (1.10)^4 + 100 \times (1.10)^3 + 100 \times (1.10)^2 + 100 \times (1.10) = 510.51 \text{ 美元}$$

加上最后的息票付款和本金返还：

$$1,100.00 \text{ 美元}$$

得到未来总价值为 1,610.51 美元。在初始利率为 10% 的情况下，债券的初始价值必须为 1,000 美元，因此 RCYTM 为：

$$RCYTM = (1,610.51/1,000.00)^{0.2} - 1 = 10\%$$

如果在投资期间开始时利率突然从 10% 降至 8%，RCYTM 将有所不同。息票收入只能以 8% 的新利率进行再投资，因此息票付款的未来价值仅为 486.66 美元（包括所有再投资息票的价值）：

$$100 \times (1.08)^4 + 100 \times (1.08)^3 + 100 \times (1.08)^2 + 100 \times (1.08) = 486.66 \text{ 美元}$$

加上最后的息票付款和本金返还：

$$1,100.00 \text{ 美元}$$

得到未来总价值为 1,586.66 美元，因此该投资的 RCYTM 为：

$$RCYTM = (1,586.66/1,000.00)^{0.2} - 1 = 9.67\%$$

规划期间免疫使债券经理能够避免这种结果。如果投资组合的久期等于规划期间的年份数量，那么投资组合将被免疫。这意味着利率变化不会影响 RCYTM 或给定规划期间内实现的最终财富。

在本例中，问题源于债券久期小于规划期间。对于这一特殊债券，久期为 4.17，但规划期间为 5 年。现在假设久期更长的债券也可用，该债券还有 8 年到期，票面利率为 10%，到期收益率为 10%。由于初始收益率为 10%，因此该债券的价格为 1,000 美元，久期为 5.87。

在 5 年规划期间内，由于这两种债券都可用，因此有可能创建一个久期为 5.0 的投资组合，以匹配 5 年期间。为了创建新的投资组合，必须向这两种债券提供资金，以使投资组合的平均久期为 5.0。如果投资组合价值的 51.18% 投资于 5 年期债券，48.82% 投资于 8 年期债券，那么最终的投资组合将具有 5.0 的平均久期。

$$\text{投资组合的久期} = 0.5118 \times 4.17 + 0.4882 \times 5.87 = 5.0$$

为了了解在初始案例中这是如何发挥作用的，假设债券是可除尽的，因此投资 511.80 美元于 5 年期债券，投资 488.20 美元于 8 年期债券。换言之，投资组合由一定比例的两种债券组成。有了这两种债券，前 4 年投资组合的现金流仍将为每年 100 美元的息票。5 年后，5 年期债券将到期。由于持有 5 年期债券的 51.18%，该投资组合将获得 0.5118 × 1,100 = 562.98 美元。此外，由于规划期间为 5 年，较长期限债券将支付第 5 年息票，然后在那时被出售，价格取决于市场情况。

为了了解免疫在这种情况下是如何发挥作用的，再次假设利率在投资组合建立后立即从 10% 变为 8%。在这种情况下，息票的未来价值（截至第 5 年）将为前文所述的 486.66 美元。由于第 5 年利率为 8%，较长期限债券还有 3 年到期，其市场价格将为 1,051.54 美元。

$$P = 100/1.08 + 100/ (1.08)^2 + 1100/ (1.08)^3 = 1,051.54 \text{ 美元}$$

由于该投资组合持有该债券的 48.82%，因此第 5 年该投资组合的价值将为 513.36 美元。该投资组合在第 5 年的未来总价值有 4 个来源：

（1）第 1 年至第 4 年收到的再投资息票的未来价值：

486.66 美元

（2）5 年期债券到期清算的未来价值：

562.98 美元（1,100 美元最终付款的 51.18%）

（3）较长期限债券第 5 年的息票付款：

48.82 美元（100 美元投资组合息票付款的 48.82%）

（4）较长期限债券第 5 年的出售：

513.36 美元（1,051.54 美元市场价值的 48.82%）

未来总价值为 1,611.82 美元，RCYTM 为：

$$RCYTM = (1,611.82/1,000)^{0.2} - 1 = 10.02\%$$

这几乎与利率没有任何变化情况下的 RCYTM 完全相同。这一结果是由于利率变化有两种不同的影响。在本例中，利率下降导致息票以低于没有变化时的利率进行再投资。利率下降的另一个影响是这两种债券的资本收益。对于 5 年期债券，没有资本收益；但对于 8 年期债券，资本收益是免疫的重要组成部分。事实上，当久期等于规划期间时，利率变化会产生再投资利率效应，这正好抵销了利率变化导致的资本利得或损失。

通过以稍微不同的方式观察同一个案例，这一点会变得很清楚。在开始时，投资组合构成如下：

5 年期债券：$D = 4.17$，投资 = 511.80 美元

8 年期债券：$D = 5.87$，投资 = 488.20 美元

总投资 = 1,000.00 美元

随着利率从 10% 降至 8%，这两种债券的价值将按以下方式变化：

5 年期债券：$dP = -4.17 \times (-0.02/1.10) \times 511.80 = 38.80$ 美元

8 年期债券：$dP = -5.87 \times (-0.02/1.10) \times 488.20 = 52.10$ 美元

新的总价值 = 1,000 美元 + 38.80 美元 + 52.10 美元 = 1,090.90 美元

由于利率已经发生变化，这一金额只能以 8% 的利率进行再投资。在 5 年期间内，该价值将增长至 1,602.89 美元，即 $1,090.90 \times 1.08^5$，这意味着 RCYTM 也几乎正好为 10% 。

$$RCYTM = (1,602.89/1,000)^{0.2} - 1 = 9.90\%$$

在这里，利率下降导致的价格上涨几乎完全被 5 年规划期间内可用再投资利率的下降所抵销。[14]

### 6.8.3　免疫策略的复杂性

免疫策略比最初看起来复杂得多。在前文案例中，我们假设所有不同期限的利率变化相同。这与假设收益率曲线的任何变化都只是一个平行移动是一样的。如图 6.5 所示，情况显然并非如此。对于扭曲的收益率曲线，免疫效果无法完全保持。本章介绍的久期度量方法被称为"麦考利久期"。当收益率曲线以非平行方式变化时，还有其他更复杂的用于投资组合免疫的久期度量方法。然而，对于任何特定的久期度量方法，都存在一些可能会干扰免疫效果的收益率曲线变化。[15]

另外，免疫结果只适用于利率的一次变化，即使所有期限的利率变化幅度相同。久期随利率变化而变化。所以，如果一个投资组合实现免疫，而利率发生变化，那么该投资组合将不会继续免疫，因为各种债券的久期可能会以不同的方式发生变化。这并不十分重要，但它表明，免疫策略需要定期重新平衡，以维持各种债券的久期。

这些复杂性表明，债券投资组合经理要想成功，需要具备很多技能。债券投资组合经理不需要通过预测利率和做出引人注目的投资决策来谋生。相反，这项任务需要对债券定价原则及其在复杂投资组合管理中的应用有深刻的理解。

## 6.9　小结

这一"债券入门"章节首先回顾了债券定价的基本原则。我们顾及贴现债券和息票债券的定价公式，并考虑了应计利息和贴现工具收益率计算等制度性因素。我们简要讨论了多种类型的货币市场工具。五项原则决定了债券价格对利率变化的反应方式。我们注意到，久期提供了一个包含收益率、到期期限和票面利率的单一概念。其次，我们探讨了利率期限结构，并比较了期限结构的三大理论：完全预期理论、流动性溢

价理论和市场分割理论。最后，我们回顾了债券投资组合的期限策略和免疫技术。这些原则将为我们在第 7 章和第 8 章中讨论利率期货提供一个有用的背景。

## 6.10 习题

1. 假设你是一个拥有大量现金的货币基金经理，这些现金将投资于债券。你预计利率总体上会大幅上升。这一信念意味着你将选择哪种债券进行投资，特别是在期限和息票方面？

2. 再次假设你预期利率会大幅上升，并且你将购买以下两种债券之一：票面利率为 8% 的 20 年期息票债券，或者票面利率为 9.75% 的 15 年期息票债券。这是否为你提供了做出决定的足够信息？你还需要知道什么？

3. 作为一名投资者，你正试图在两种债券之间为 4 年期限投资做出决定。第一种债券的票面利率为 12%，3 年后到期。第二种债券的票面利率为 0，5 年后到期。比较与每种债券相关的风险，以及它们对你的投资期限的适当性。

4. 考虑 5 年期贴现债券，票面价值为 1,000 美元，年复合收益率为 10%。它的价格是多少？如果利率突然升至 11%，它的价格将是多少？如果利率突然降至 9%，它的价格将是多少？资本收益和损失是否相同？

5. 票面价值为 1,000 美元、年票面利率为 8%、收益率为 11% 的 3 年期息票债券的价格是多少？假设每年复利。债券的久期是多少？

6. 再次考虑票面价值为 1,000 美元、年票面利率为 8%、收益率为 11% 的 3 年期息票债券。假设利率突然升至 13%。通过按新利率贴现现金流和使用久期价格变化公式两种方法，计算债券的新价格。两种方法的结果相同吗？为什么？

7. 票面价值为 1,000 美元、收益率为 8%、3 年后到期的贴现债券的久期是多少？

8. 票面利率为 12%、收益率为 11%、5 年后到期的息票债券的久期是多少？假设票面价值为 1,000 美元。

9. 你今天以 930 美元的价格购买了一份票面价值为 1,000 美元、票面利率为 8%、5 年后到期的息票债券。假设你能够以 11% 的利率再投资所有息票，那么 5 年后你的最终财富是多少？你的 RCYTM 是多少？

10. 假设你的投资期限为 5 年。你以 621 美元的价格购买了一份票面价值为 1,000 美元的 5 年期贴现债券。你的朋友以票面价格购买了一份票面价值为 1,000 美元、票面利率为 10% 的息票债券。每种债券的当前利率是多少？假设利率不变，同时假设你的朋友将所有息票进行再投资，那么每种债券的最终财富和 RCYTM 将是多少？假设购买后利率立即降至 8% 。这两项投资的最终财富和 RCYTM 是多少？

11. 一家银行聘请你作为顾问，就其利率风险敞口提供建议。该银行的资产组合为 100 万美元，久期为 5 年，目前收益率为 12% 。该资产组合由一个负债组合提供资金，同样价值 100 万美元，久期为 1.5 年，收益率为 10.5% 。你的难题是，如果利率在任何一个方向上变化 1% ，就其风险敞口向银行提供建议。分析这两种情况下银行的最终头寸。

12. 假设你被要求管理一个 100 万美元的免疫投资组合，期限为 3 年。有两种债券可供你使用：收益率为 12% 的 5 年期贴现债券，以及票面利率为 12% 、收益率为 12% 的 2 年期息票债券。你将如何利用这两种债券组成免疫投资组合？

13. 对于前面的问题，假设利率在 3 年内不变，投资组合的最终财富是多少？期间的 RCYTM 是多少？现在假设这两种债券的利率都下降了 1% ，计算 3 年后的最终财富。假设利率上升 2% ，做同样的计算。

# 6.11  尾注

［1］关于短期国债和各种货币市场证券的更多详情，有两篇很好的文献：T. Q. Cook and B. J. Summers, *Instruments of the Money Market*, 5th edn. , Richmond, VA: Federal Reserve Bank of Richmond, 1981 和 M. Stigum, *The Money Market*, Revised Edition, Homewood, IL: Dow Jones – Irwin, 1983, p. 49。

［2］除了欧洲美元，人们有时也会提到亚洲美元（Asian dollars）和石油美元（Petro dollars）。正如这里所定义的，这些也是欧洲美元市场的组成部分。亚洲美元是在亚洲银行持有的以美元计价的存款，而石油美元是石油生产国产生的以美元计价的存款。

［3］回想一下，如前文所述，还需要考虑应计利息，而债券报价通常会忽略应计利息。因此，在票面利率等于到期收益率的债券示例中，报价将始终等于票面价格。然而，在确定债券的实际销售价格时，必须将应计利息计入其中。

［4］见 B. Malkiel, "Expectations, Bond Prices, and the Term Structure of Interest Rates", *Quarterly Journal of Economics*, May 1962, pp. 197 – 218。

［5］以下文献详细讨论并举例说明了这些债券定价原则：R. Kolb, *Investments*, 4th edn. , Miami, FL: Kolb Publishing, 1995, Chapter 7。

［6］见 F. R. Macanlay, *Some Theoretical Problems Suggested by the Movements of Interest Rates*, *Bond Yields*, *and Stock Prices in the United States Since* 1856, New York: Columbia University Press, 1938。

［7］在这里，我们无法确定每种 1 年期债券的预期利率是多少。但这些回报率的几何平均值必须是 9.753% 。幸运的是，这对于当前的目的来说已经足够了。

［8］这种偏好的原因将在投资组合免疫技术一节中解释。

［9］市场分割理论最早由以下文献提出：F. Modigliani and R. Sutch, "Innovations in Interest Rate

Policy", *American Economic Review*, 56, 1966, pp. 178 – 197。该理论的实证支持可以在以下文献中获得：E. J. Kane and B. G. Malkiel, "The Term Structure of Interest Rates: An Analysis of a Survey of Interest Rate Expectations", *Review of Economics and Statistics*, 49 1967, pp. 343 – 355 和 J. W. Elliot and M. E. Echols, "Market Segmentation, Speculative Behavior, and the Term Structure of Interest Rates", *Review of Economics and Statistics*, 58: 1, 1976, pp. 40 – 49。

［10］D. Meiselman, The Term Structure of Interest Rates, Englewood Cliffs, NJ: Prentice Hall, 1962; A. M. Santomero, "The Error Learning Hypothesis and the Term Structure of Interest Rates in Eurodollars", *Journal of Finance*, 30: 3, 1975, pp. 773 – 783.

［11］C. Nelson, "Estimation of Term Premiums from Average Yield Differentials in the Term Structure of Interest Rates", *Econometrics*, 40, 1972, pp. 277 – 287; J. H. McCulloch, "An Estimate of the Liquidity Premium", *Journal of Political Economy*, 83: 1, 1975, 95 – 119.

［12］本节的思想可以通过到期期限和久期进行阐述。为方便起见，这里的重点是到期期限。

［13］关于商业银行资产负债管理问题的更深入讨论，见 J. F. Sinkey, Jr., *Commercial Bank Financial Management*, New York: Macmillan, 1989, Chapter 17。

［14］从 10.00% 到 9.90% 的轻微偏差，源于利率的变化是离散的，且变化幅度相对较大。免疫效果仅适用于利率的微小变化，这在实际应用中不存在较大困难。

［15］关于久期的更多内容，见 G. O. Bierwag and G. G. Kaufman, "Coping with the Risk of Interest Rate Fluctuations: A Note", *Journal of Business*, July, 50 (3) pp. 364 – 370; G. O. Bierwag, "Measures of Duration", *Economic Inquiry*, 16 (4), 1978, pp. 497 – 507。

# 第7章　利率期货：入门

## 7.1　概述

本章探讨了期货市场历史上最成功且最令人激动的创新之一——利率期货合约的出现。自 1975 年 10 月 20 日首批合约在芝加哥期货交易所交易以来，利率期货市场迅速扩张。尽管推出了一些相对不成功的合约，但是利率期货市场还是取得了巨大的成功。率先在美国芝加哥期货交易所和芝加哥商业交易所推出后，利率期货已发展至全球主要金融市场。今天，一些最成功的合约在国外交易，特别是在英国、欧洲大陆和新加坡。然而，这些非常成功的非美国合约显然基于美国创造且验证了的架构。

美国利率期货的几乎所有交易都集中在两个交易所，芝加哥期货交易所和芝加哥商业交易所的国际货币市场（International Monetary Market，IMM）。芝加哥期货交易所专注于期限较长的合约，活跃合约包括长期国债，2 年期、5 年期和 10 年期的中期国债，以及基于伦敦银行同业拆借利率（London Inter – Bank Offer Rate，LIBOR）的 5 年期互换[1]。相比之下，芝加哥商业交易所拥有期限非常短的成功合约，如 1 个月和 3 个月欧洲美元存款合约。虽然本章讨论了许多不同合约的特点，但是我们重点关注在芝加哥期货交易所交易的美国国债合约和在芝加哥商业交易所交易的欧洲美元合约。正如我们将看到的，这些合约为大多数主要的非美国合约奠定了概念基础。

## 7.2　短期利率期货

要了解利率期货市场，我们需要了解不同合约的规格。本部分重点介绍基于货币市场工具的利率期货。

### 7.2.1　欧洲美元期货

欧洲美元存款是在美国境外的商业银行持有的美元存款。这些银行可能是外国银行或美国银行的外国分行。这些存款通常是不可转让的，且不能用作贷款的抵押品。伦敦主导着欧洲美元存款市场，因此该市场的利率通常基于 LIBOR。LIBOR 是银行愿意在银行间市场向其他银行贷款的利率，这是国际金融中的一个重要利率。例如，许多场外交易的利率合约使用 3 个月美元 LIBOR 作为参考利率。除伦敦外，欧洲美元存款利率在巴黎（PIBOR）和东京（TIBOR）也有报价。欧洲美元期货合约的名称可能有误。一个更具描述性的名称可能是"3 个月美元 LIBOR 合约"，以强调它是基于 LIBOR 的合约。

欧洲美元期货在芝加哥期货交易所、泛欧交易所和新加坡货币交易所（Singapore Monetary Exchange）进行交易。截至 2005 年，最成功的合约来自芝加哥商业交易所。欧洲美元期货目前主导美国短期利率（Short - term Interest Rate，STIR）合约市场。欧洲美元合约的标的工具是商业银行持有的价值 100 万美元的不可转让的 3 个月欧洲美元定期存款。由于标的工具是不可转让的，因此欧洲美元合约没有实际交割。相反，合约是通过现金结算来履行的。

当 1981 年欧洲美元期货合约开始交易时，它成为第一个通过现金结算而不是实际货物交割来履行的合约。我们已经注意到，欧洲美元存款是不可转让的，这一特点本身就排除了交割。因此，IMM 要求通过基于其欧洲美元利率计量的现金支付来履行合约。为了在交易结束时确定结算利率，IMM 确定 3 个月 LIBOR。然后，IMM 根据这一利率来确定合约到期时的最终结算价格。交易所的规则非常明确：

最终结算价格应由清算所按以下规则确定。在交易的最后一天，清算所应在交易终止时和交易最后 90 分钟内随机选择的时间点，确定 3 个月欧洲美元定期存款资金的 LIBOR。最终结算价格应为 100 减去这两个 LIBOR 的算术平均值，四舍五入至最接近的 1/100 个百分点。

为了能在任何时候确定 LIBOR，清算所应从不少于 20 家伦敦欧洲美元市场主要参与银行的名单中随机选择 12 家作为参考银行。各参考银行应向清算所陈述其对市场当前向主要银行提供 3 个月期欧洲美元定期存款资金的利率的看法。这些利率在被正式接受之前，必须通过电传以书面形式确认，只有在确认后，它们才能被用来确定最终结算价格。最高的两个和最低的两个报价应被排除，剩下 8 个报价的算术平均值应为当时的 LIBOR。如果出于任何原因难以在合理的时间间隔内从样本中的某一银行获得报价，则应从样本中删除该银行，并随机选择另一银行进行替换。[2]

使用多家银行在两个不同的时间点进行投票，并要求书面确认，旨在阻止任何试图操纵最终结算价格的行为。自 1981 年创建以来，这一程序一直运行良好，欧洲美元期货发展迅速，并成为其他类似期货合约的全球典范。一旦最终结算价格确定，持有未平仓头寸的交易者将按照正常的盯市程序进行现金结算。这履行了它们的义务，同时合约到期。

在最后交易日之前，每日结算价格取决于期货市场的报价。从某种意义上说，除了交易的最后一天，期货价格似乎可以自由偏离现货市场价值。然而，这是一种错觉。例如，考虑倒数第二个交易日。交易者知道，明天期货结算价格将被设定为等于从银行实际可获得 LIBOR 的平均值。因此，今天的价格与其现货市场的 LIBOR 不会有太大不同。如果确实存在显著差异，交易者将进入市场买卖期货，并期望在期货价格与现货市场 LIBOR 挂钩时获得利润。同样的理由也适用于其他到期前的每一天，因此欧洲美元期货合约必须表现得好像合约到期时会有实际交割一样。换言之，我们预计期货合约中隐含的欧洲美元收益率将等于 90 天远期利率。以下是这种关系的证据。

对于欧洲美元合约，合约规模为 100 万美元，收益率以附加的形式进行报价。附加收益率（add－on yield）由以下公式给出：

$$附加收益率 = \left(\frac{折扣}{价格}\right)\left(\frac{360}{DTM}\right) \tag{7.1}$$

式中，DTM 为到期所剩天数。

例如，假设折扣收益率为 8.32%。为了获得与此折扣收益率相关的价格，我们应用以下公式：

$$价格 = 1,000,000 - \frac{折扣 \times 1,000,000 \times DTM}{360} \tag{7.2}$$

使用式（7.2），我们可以看到，对于这个折扣收益率，面值为 100 万美元的 3 个月工具的价格为 979,200 美元。因此，美元折扣为 20,800 美元，距离工具到期还有 90 天。通过这些值，我们可以得到：

$$附加收益率 = \frac{20,800}{979,200} \times \frac{360}{90} = 0.0850$$

附加收益率超过相应的折扣收益率。在我们的示例中，折扣收益率为 8.32%，附加收益率为 8.5%。然而，对于面值为 100 万美元的合约来说，无论哪种衡量标准，1 个基点（1% 的 1/100）的变动都意味着 25 美元的价值变动。这一金额由以下公式得出：

$$1,000,000 \times 0.0001 \times \frac{90}{360} = 25 \text{ 美元}$$

还要注意，这些收益率和关联因到期期限而异，因此这里的说法仅适用于 3 个月期限。

欧洲美元期货合约价格采用 IMM 指数报价，该指数是 3 个月 LIBOR 的函数：

$$IMM \text{ 指数} = 100.00 - 3 \text{ 个月 LIBOR} \tag{7.3}$$

IMM 采用了这种报价方法，以确保买入价格低于卖出价格，这是大多数市场普遍存在的关系。

欧洲美元期货合约在允许基于 LIBOR 的互换交易商对冲其交易活动中累积的利率风险方面发挥着重要作用。由于欧洲美元期货合约按照 3 个月美元 LIBOR 进行结算，因此它是对冲基于 LIBOR 的互换的相关利率风险的理想选择。互换交易商的使用有助于解释欧洲美元合约异常遥远的到期期限（整整 10 年）和巨额持仓量（2003 年底接近 500 万手，年成交量超过 2 亿手）。

---

### 产品简介：芝加哥商业交易所的欧洲美元期货合约

合约规模：面值为 1,000,000 美元的欧洲美元定期存款，期限为 3 个月。

交割等级：按照 3 个月美元 LIBOR 进行现金结算。

最小变动价位：11 个月至 40 个月到期，0.01 = 25.00 美元；2 个月至 10 个月到期，0.005 = 12.50 美元；即将到期月份，0.0025 = 6.25 美元。

报价单位：采用 IMM 3 个月欧洲美元指数报价，该指数为 100 减去年收益率（一年 360 天），每个基点价值 25 美元。

合约月份：3 月、6 月、9 月和 12 月，循环 10 年。

到期日和最终结算：欧洲美元期货于合约月份第 3 个星期三之前的第 2 个伦敦银行营业日的芝加哥时间上午 5:00（伦敦时间上午 11:00）停止交易；最终结算价格基于英国银行家协会利息结算利率（British Bankers' Association Interest Settlement Rate）。

交易时间：交易大厅——上午 7:20 至下午 2:00；Globex——周一至周四下午 5:00 至下午 4:00；停机时间为每晚下午 4:00 至下午 5:00；周日和节假日下午 5:30 至下午 4:00。

每日价格限制：无。

---

### 7.2.2 Euribor 期货

欧洲美元期货市场之所以繁荣，很大程度上是因为交易商银行的参与，它们通过基于美元 LIBOR 的利率互换交易来对冲风险。然而，许多（事实上大多数）利率互换是以欧元而非美元计价的。欧元计价利率互换的交易商使用欧元计价定期存款的利率（称为 Euribor），作为构建其互换合约的参考利率。这些互换交易商使用 Euribor 期货来对冲其交易活动带来的风险。

Euribor 期货在两个交易所交易：泛欧交易所和欧洲期货交易所（Eurex）。合约的设计类似于欧洲美元期货合约的设计，但有一些重要的区别。Euronext. life 合约基于名义价值为 100 万欧元的 3 个月定期存款。合同到期时，在伦敦时间最后一个交易日上午 10：00，以 3 个月欧元定期存款的欧洲银行联合会 Euribor（EBF Euribor）进行现金结算。最后一个交易日是合约月份第 3 个星期三之前的两个工作日。2003 年，Euronext. life 的 Euribor 合约交易了近 1. 38 亿手，年末持仓量近 300 万手。

Eurex 合约与 Euronext. life 合约相似，只是其名义价值为 300 万欧元。合约到期时也以欧洲银行联合会和金融市场协会（Financial Market Association）确定的 Euribor 进行现金结算。Eurex 的 Euribor 合约自 1998 年 9 月 18 日开始交易。2003 年，Eurex 的 Euribor 合约交易了约 50 万手，年末持仓量近 22，000 手。

---

### 产品简介：Euronext. liffe 的 Euribor 期货合约

合约规模：1，000，000 欧元，期限为 3 个月。

交割等级：按照 3 个月欧元定期存款的欧洲银行联合会 Euribor（EBF Euribor）进行现金结算。

最小变动价位：0. 005%，12. 5 欧元。

报价单位：100 减去 Euribor，保留小数点后三位。

合约月份：3 月、6 月、9 月、12 月及 4 个连续月，如此重复以形成 24 个交割月份可用于交易，最近的 6 个到期月份是连续日历月。

到期日和最终结算：最后一个交易日是合约月份第 3 个星期三之前的两个工作日。最终结算基于伦敦时间最后一个交易日上午 10：00 的 3 个月欧元定期存款的 EBF Euribor。

交易时间：上午 7：00 至下午 6：00。

每日价格限制：无。

---

### 7. 2. 3 TIEE 28 期货

TIEE 28 期货合约基于墨西哥短期（28 天）利率。该合约在墨西哥衍生品交易所（Mexican Derivatives Exchange/Mercado Mexicano de Derivados，MexiDer）交易，已成为世界上成交量最大的合约之一。TIIE 28 期货合约的面值为 100 万墨西哥比索。该合约以 28 天银行间均衡利率（Interbank Equilibrium Interest Rate，TIIE）为基础进行现金结算，该利率由墨西哥银行（Banco de México）根据提供全方位服务的银行提交的报价，通过旨在反映墨西哥比索货币市场情况的机制进行计算。截至 2003 年底，该合约的年成交量超过 1.62 亿手，持仓量超过 2,000 万手。芝加哥商业交易所上市了与该合约的竞争版本。

---

### 产品简介：MexDer 的 TIEE 期货合约

合约规模：TIIE 28 期货合约的面值为 100 万墨西哥比索。

交割等级：以 28 天银行间均衡利率进行现金结算，该利率由墨西哥银行根据提供全方位服务的银行提交的报价，通过旨在反映墨西哥比索货币市场情况的机制进行计算。

最小变动价位：年化百分比收益率的 1 个基点。

报价单位：TIIE 28 期货合约的交易使用以百分比表示的年化收益率，保留小数点后两位。

合约月份：MexDer 每月列出不同系列的 TIIE 28 期货合约，期限长达 60 个月（5 年）。

到期日和最终结算：最后一个交易日是墨西哥银行在到期月份第 3 个星期三所在的周举行政府证券首次拍卖后的银行营业日。

交易时间：墨西哥城时间上午 7:30 至下午 3:00 的银行营业日。

每日价格限制：无。

---

## 7.2.4　短期国债期货

短期国债（T-bill）期货合约曾是在芝加哥商业交易所 IMM 交易的旗舰合约。然而，从 20 世纪 80 年代开始，该合约的成交量开始下降，直到被另一个短期利率合约——3 个月欧洲美元合约所取代。尽管该合约交易不再活跃，但我们仍描述了其特征，因为该合约塑造了所有其他短期利率合约的基础模型。

该合约以期限为 90 天的短期国债为标的，面值为 100 万美元。这些合约在 3 月、6 月、9 月和 12 月进行交割。合约到期日的选择与美国财政部的融资周期相对应。合约到期日将与新发行的 13 周短期国债，以及之前发行的剩余 13 周到期的 1 年期短期国债相匹配。

短期国债期货的报价采用 IMM 指数，该指数为折扣收益率（DY）的函数。

$$\text{IMM 指数} = 100.00 - \text{DY} \tag{7.4}$$

其中，DY 为折扣收益率，DY 为 7.1 表示折扣收益率为 7.1%。

例如，8.32% 的折扣收益率意味着 IMM 指数值为 91.68 点。

考虑到这些工具的定价采用折扣收益率和 100 万美元的合约规模，1 个基点的利率变动会产生 25.00 美元的价格变动。

在合约要求实物交割的日子里，期货账单价格（空头向多头开出账单的价格）由式（7.5）确定，式（7.5）给出的价格是折扣收益率和剩余到期天数的函数：

$$\text{期货账单价格} = 1,000,000 \text{ 美元} - \frac{DY \times 1,000,000 \text{ 美元} \times 90}{360} \tag{7.5}$$

期货合约的折扣收益率为 8.32%，期货到期时需支付的现金结算价格为 979,200 美元：

$$\text{期货账单价格} = 1,000,000 - \frac{0.0832 \times 1,000,000 \times 90}{360} = 979,200 \text{ 美元}$$

许多期货合约都设有用于约束期货价格在一天交易中波动幅度的每日价格限制。例如，在 Globex 电子交易系统上，短期国债合约的价格限制为前一天结算价格增加或减少 200 个基点（或 5,000 美元）。合约规范没有要求对在交易所交易大厅交易的公开喊价合约的每日价格波动进行限制。

短期国债期货合约是现金结算的，这意味着不会发生短期国债的实物交割。相反，期货多头和空头头寸均以最终结算价计价盯市，该最终结算价以美国财政部在合约到期月份的第三个周三当周拍卖中接受的最高出价为基准。最终的盯市程序履行了未平仓交易者的义务，同时合约到期。

## 7.2.5 其他短期利率期货

图 7.1 显示了以短期参考利率为标的的若干期货合约。例如，芝加哥商业交易所交易的 3 个月欧洲日元（Euroyen）合约和 3 个月欧洲瑞士法郎（Euroswiss）合约。这些非美国货币市场期货合约的结构与上文详细讨论的欧洲美元和 Euribor 合约非常相似。每个合约都以 90 天定期存款为标的，仅进行现金结算，并基于一组银行的报价。因此，对欧洲美元和 Euribor 合约的理解为熟悉这些其他类似合约提供了坚实的基础。从图 7.1 可以看出，欧洲日元和欧洲瑞士法郎合约的报价与其他短期利率期货合约的报价具有相似的结构。芝加哥商业交易所还交易 1 个月 LIBOR 合约，该合约与欧洲美元期货合约相似，不同之处在于它以 1 个月欧洲美元定期存款利率为标的，而不是 3 个月利率。

图 7.1 显示，Euronext. life 提供了短期英镑期货合约。该合约以 3 个月英镑定期存款的 LIBOR 为标的，该合约的名义价值为 50 万美元，其结构与欧洲美元和 Euribor 合

约相同。截至 2003 年底，该合约的年成交量超过 4,200 万手，年末持仓量近 100 万手。

### 1 Month Libor (CME)-$3,000,000; pts of 100%

| | OPEN | HIGH | LOW | SETTLE | CHG | YIELD | CHG | OPEN INT |
|---|---|---|---|---|---|---|---|---|
| July | 98.54 | 98.55 | 98.54 | 98.54 | .01 | 1.46 | -.01 | 98,090 |
| Aug | 98.29 | 98.31 | 98.29 | 98.30 | .01 | 1.70 | -.01 | 170,161 |
| Sept | 98.09 | 98.12 | 98.09 | 98.10 | .01 | 1.90 | -.01 | 24,178 |
| Oct | 97.99 | 98.00 | 97.98 | 97.98 | .03 | 2.02 | -.03 | 242,582 |
| Ja05 | 97.47 | 97.47 | 97.46 | 97.45 | .03 | 2.55 | -.03 | 2,300 |

Est vol 11,064; vol Wed 6,720; open int 628,313, +16.

### Eurodollar (CME)-$1,000,000; pts of 100%

| | OPEN | HIGH | LOW | SETTLE | CHG | YIELD | CHG | OPEN INT |
|---|---|---|---|---|---|---|---|---|
| July | 98.27 | 98.29 | 98.27 | 98.27 | .01 | 1.73 | -.01 | 83,670 |
| Aug | 98.10 | 98.11 | 98.09 | 98.10 | .02 | 1.90 | -.02 | 18,235 |
| Sept | 97.92 | 97.97 | 97.91 | 97.94 | .02 | 2.06 | -.02 | 995,686 |
| Dec | 97.39 | 97.48 | 97.39 | 97.43 | .03 | 2.57 | -.03 | 925,699 |
| Mr05 | 96.92 | 97.04 | 96.92 | 96.98 | .05 | 3.02 | -.05 | 781,952 |
| June | 96.53 | 96.66 | 96.52 | 96.58 | .05 | 3.42 | -.05 | 615,925 |
| Sept | 96.19 | 96.31 | 96.18 | 96.25 | .06 | 3.75 | -.06 | 518,695 |
| Dec | 95.88 | 96.01 | 95.88 | 95.95 | .07 | 4.05 | -.07 | 402,907 |
| Mr06 | 95.65 | 95.78 | 95.65 | 95.71 | .06 | 4.29 | -.06 | 334,175 |
| June | 95.46 | 95.58 | 95.46 | 95.52 | .06 | 4.48 | -.06 | 200,357 |
| Sept | 95.34 | 95.41 | 95.34 | 95.35 | .06 | 4.65 | -.06 | 189,820 |
| Dec | 95.16 | 95.25 | 95.16 | 95.18 | .06 | 4.81 | -.06 | 144,341 |
| Mr07 | 95.04 | 95.11 | 95.04 | 95.06 | .06 | 4.94 | -.06 | 140,209 |
| June | 94.91 | 94.98 | 94.90 | 94.92 | .06 | 5.08 | -.06 | 106,151 |
| Sept | 94.78 | 94.86 | 94.78 | 94.80 | .05 | 5.20 | -.05 | 93,468 |
| Dec | 94.67 | 94.73 | 94.65 | 94.67 | .05 | 5.33 | -.05 | 69,955 |
| Mr08 | 94.57 | 94.63 | 94.56 | 94.58 | .05 | 5.42 | -.05 | 71,481 |
| June | 94.46 | 94.52 | 94.45 | 94.47 | .05 | 5.53 | -.05 | 61,234 |
| Sept | 94.41 | 94.43 | 94.35 | 94.37 | .04 | 5.63 | -.04 | 53,311 |
| Dec | 94.32 | 94.33 | 94.26 | 94.28 | .04 | 5.72 | -.04 | 40,515 |
| Mr09 | 94.24 | 94.25 | 94.18 | 94.20 | .05 | 5.80 | -.05 | 33,763 |
| June | 94.16 | 94.17 | 94.10 | 94.12 | .05 | 5.88 | -.05 | 17,905 |
| Sept | 94.06 | 94.08 | 94.01 | 94.04 | .04 | 5.96 | -.04 | 9,758 |
| Dec | 93.98 | 94.00 | 93.93 | 93.96 | .04 | 6.04 | -.04 | 8,031 |
| Mr10 | 93.92 | 93.94 | 93.86 | 93.89 | .04 | 6.11 | -.04 | 7,320 |
| June | 93.80 | 93.87 | 93.79 | 93.82 | .04 | 6.18 | -.04 | 7,714 |

Est vol 809,394; vol Wed 793,926; open int 5,962,480, -4,615.

### Short Sterling (LIFFE)-£500,000; pts of 100%

| | OPEN | HIGH | LOW | SETTLE | CHG | HIGH | LOW | OPEN INT |
|---|---|---|---|---|---|---|---|---|
| July | ... | ... | ... | 95.09 | -.01 | 95.06 | 95.00 | 700 |
| Sept | 94.93 | 94.94 | 94.89 | 94.93 | .02 | 96.59 | 93.35 | 200,769 |
| Dec | 94.73 | 94.76 | 94.69 | 94.75 | .04 | 96.49 | 93.25 | 241,174 |
| Mr05 | 94.61 | 94.64 | 94.56 | 94.62 | .04 | 96.38 | 93.29 | 192,624 |
| June | 94.53 | 94.57 | 94.49 | 94.55 | .05 | 96.30 | 93.29 | 138,679 |
| Sept | 94.47 | 94.51 | 94.45 | 94.50 | .05 | 96.23 | 94.06 | 142,138 |
| Dec | 94.46 | 94.49 | 94.41 | 94.48 | .06 | 96.15 | 94.06 | 91,045 |
| Mr06 | 94.45 | 94.47 | 94.41 | 94.46 | .05 | 96.10 | 94.05 | 56,407 |
| June | 94.43 | 94.46 | 94.40 | 94.45 | .05 | 95.97 | 94.04 | 33,312 |
| Sept | 94.41 | 94.44 | 94.39 | 94.44 | .05 | 95.75 | 94.20 | 36,392 |
| Dec | 94.40 | 94.45 | 94.37 | 94.42 | .04 | 95.83 | 94.21 | 11,179 |
| Mr07 | 94.39 | 94.45 | 94.38 | 94.41 | .04 | 95.82 | 94.20 | 4,203 |
| June | 94.38 | 94.38 | 94.38 | 94.40 | .05 | 95.73 | 94.21 | 2,504 |

Est vol 308,523; vol Wed 332,914; open int 1,155,138, -17,556.

### 3 Month Euribor (LIFFE)-€1,000,000; pts of 100%

| | OPEN | HIGH | LOW | SETTLE | CHG | HIGH | LOW | OPEN INT |
|---|---|---|---|---|---|---|---|---|
| July | 97.87 | 97.88 | 97.87 | 97.87 | .01 | 98.00 | 97.82 | 41,997 |
| Aug | 97.83 | 97.84 | 97.83 | 97.84 | .01 | 97.84 | 97.80 | 2,915 |
| Sept | 97.79 | 97.82 | 97.78 | 97.81 | .03 | 98.18 | 93.73 | 573,757 |
| Dec | 97.54 | 97.62 | 97.54 | 97.61 | .07 | 98.07 | 93.64 | 580,336 |
| Mr05 | 97.28 | 97.38 | 97.28 | 97.37 | .10 | 97.92 | 94.07 | 405,604 |
| June | 97.02 | 97.13 | 97.02 | 97.13 | .12 | 97.71 | 94.29 | 326,368 |
| Sept | 96.80 | 96.90 | 96.79 | 96.90 | .12 | 97.49 | 94.29 | 251,754 |
| Dec | 96.58 | 96.69 | 96.58 | 96.68 | .12 | 97.23 | 94.41 | 239,241 |
| Mr06 | 96.43 | 96.52 | 96.42 | 96.52 | .11 | 97.27 | 94.40 | 124,215 |
| June | 96.29 | 96.38 | 96.28 | 96.37 | .11 | 96.96 | 94.66 | 77,622 |
| Sept | 96.15 | 96.24 | 96.15 | 96.23 | .10 | 96.81 | 94.58 | 70,315 |
| Dec | 96.02 | 96.09 | 96.01 | 96.09 | .10 | 96.60 | 94.62 | 58,097 |
| Mr07 | 95.91 | 95.98 | 95.91 | 95.98 | .09 | 96.48 | 94.57 | 19,934 |
| June | 95.81 | 95.87 | 95.80 | 95.87 | .09 | 96.29 | 94.57 | 8,379 |
| Sept | 95.71 | 95.76 | 95.71 | 95.76 | .07 | 96.21 | 95.26 | 5,928 |
| Dc08 | 95.31 | 95.31 | 95.29 | 95.36 | .07 | 95.41 | 95.29 | 100 |

Est vol 925,998; vol Wed 479,764; open int 2,791,808, +31,111.

### Euroyen (CME)-¥100,000,000; pts of 100%

| | OPEN | HIGH | LOW | SETTLE | CHG | LIFETIME HIGH | LIFETIME LOW | OPEN INT |
|---|---|---|---|---|---|---|---|---|
| Sept | ... | ... | ... | 99.89 | ... | 99.91 | 99.35 | 6,855 |
| Dec | 99.84 | 99.85 | 99.84 | 99.85 | .01 | 99.89 | 99.42 | 8,284 |
| Mr05 | 99.76 | 99.76 | 99.75 | 99.75 | ... | 99.85 | 99.27 | 7,493 |
| June | 99.66 | 99.66 | 99.66 | 99.66 | .01 | 99.82 | 99.16 | 7,790 |

Est vol 218; vol Wed 663; open int 41,356, -287.

### 3 Month Euroswiss (LIFFE)-CHF 1,000,000; pts of 100%

| | OPEN | HIGH | LOW | SETTLE | CHG | HIGH | LOW | OPEN INT |
|---|---|---|---|---|---|---|---|---|
| Sept | 99.14 | 99.18 | 99.12 | 99.16 | .04 | 99.61 | 97.60 | 104,345 |
| Dec | 98.76 | 98.82 | 98.75 | 98.79 | .05 | 99.42 | 98.00 | 100,199 |
| Mr05 | 98.45 | 98.52 | 98.44 | 98.49 | .06 | 99.22 | 97.90 | 45,951 |
| June | 98.21 | 98.26 | 98.17 | 98.23 | .07 | 98.98 | 97.74 | 46,430 |
| Sept | 98.01 | 98.06 | 97.94 | 98.02 | .06 | 98.74 | 97.75 | 15,903 |
| Mr06 | 97.69 | 97.71 | 97.69 | 97.72 | .06 | 98.40 | 97.67 | 3,046 |
| June | 97.56 | 97.58 | 97.56 | 97.60 | .06 | 97.58 | 97.55 | 169 |

Est vol 18,602; vol Wed 9,523; open int 321,630, +805.

### Canadian Bankers Acceptance (ME)-CAD 1,000,000

| | OPEN | HIGH | LOW | SETTLE | CHG | HIGH | LOW | OPEN INT |
|---|---|---|---|---|---|---|---|---|
| Sept | 97.60 | 97.65 | 97.58 | 97.63 | 0.04 | 98.09 | 94.22 | 69,959 |
| Dec | 97.06 | 97.15 | 97.06 | 97.12 | 0.06 | 97.97 | 94.10 | 72,915 |
| Mr05 | 96.63 | 96.69 | 96.63 | 96.65 | 0.05 | 97.74 | 94.05 | 34,384 |
| June | 96.26 | 96.28 | 96.25 | 96.26 | 0.05 | 97.44 | 95.30 | 11,955 |
| Dec | 95.63 | 95.63 | 95.63 | 95.63 | 0.06 | 95.43 | 95.43 | 4,120 |

Est vol 30,707; vol Wed 25,266; open int 204,175, +1,214.

### 30 Day Federal Funds (CBT)-$5,000,000; 100 - daily avg.

| | OPEN | HIGH | LOW | SETTLE | CHG | HIGH | LOW | OPEN INT |
|---|---|---|---|---|---|---|---|---|
| June | 98.990 | 98.990 | 98.990 | 98.985 | ... | 98.995 | 98.950 | 107,460 |
| July | 98.74 | 98.74 | 98.74 | 98.74 | .01 | 98.97 | 98.65 | 149,812 |
| Aug | 98.50 | 98.52 | 98.50 | 98.51 | .01 | 98.94 | 98.37 | 165,031 |
| Sept | 98.32 | 98.35 | 98.32 | 98.33 | .02 | 98.90 | 98.14 | 57,564 |
| Oct | 98.14 | 98.17 | 98.14 | 98.16 | .02 | 98.85 | 97.96 | 39,118 |
| Nov | 97.99 | 97.99 | 97.96 | 97.97 | .02 | 98.96 | 97.74 | 41,949 |
| Dec | 97.77 | 97.82 | 97.77 | 97.78 | .02 | 98.93 | 97.57 | 28,186 |

Est vol 57,591; vol Wed 51,108; open int 601,067, +8,316.

**图 7.1　主要短期利率期货合约的报价**

（数据来源：The Wall Street Journal, June 25, 2004, p. 35. 被《华尔街日报》允许再印刷，

© Dow Jones & Company, Inc., 全世界范围内版权所有）

图 7.1 还显示了在芝加哥期货交易所交易的 30 天联邦基金（Federal Funds）的报价。对于通常关注以长期利率产品为标的的期货合约的芝加哥期货交易所来说，该合约是不寻常的。该合约的名义价值为 500 万美元，到期时根据纽约联邦储备银行（New York Federal Reserve）公布的交割月份的日均联邦基金隔夜利率进行现金结算。该合约的结构与我们研究过的其他短期利率合约的结构相似。截至 2003 年底，该合约的年成交量超过 440 万手，年末持仓量约为 350,000 手。

---

### 存款凭证期货市场的消亡

　　20 世纪 80 年代初，以国内银行存款凭证（Certificate of Deposit，CD）为标的的期货合约，曾一度成为世界上交易最活跃的短期利率合约之一。该合约于 1981—1987 年在芝加哥商业交易所交易，成交量于 1982 年达到峰值，当时有超过 150 万手合约易手。芝加哥期货交易所和纽约期货交易所也曾于 1981 年和 1982 年尝试交易类似的合约。两家交易所的合约都要求来自顶级货币中心银行名单的为期 3 个月的大额可转让存款凭证的实物交割。该合约主要作为美国银行对冲其借贷成本意外变化的一种手段。该合约以私人债务为标的的事实，被视为与现有短期国债期货合同相比的设计优势，而现有短期国债期货合约以公共债务为标的，因为私人债务代表了银行自身在借贷中面临的国债信用价差。一家用短期国债期货对冲借贷成本的银行，不得不担心信用违约事件可能引发"安全投资转移"（flight to quality），导致短期国债收益率下降速度快于风险更高的私人债务的收益率。用短期国债对冲其私人债务风险的银行面临这样的可能性：随着信贷价差在"安全投资转移"事件中变得对其不利，其套期保值可能会突然变得不那么有效。

　　由于以私人银行债务为标的，存款凭证期货市场被认为是银行需要对冲其借贷成本意外变化的完美解决方案。然而，存款凭证期货合约的实物结算特征很快被证明是十分麻烦的。由于空头交易者被允许从符合交割条件的银行存款凭证列表中交付任何存款凭证，他们自然会选择最便宜交割（cheapest-to-deliver）存款凭证，也就是名单上信用最差的银行的存款凭证。在正常时期，顶级银行之间的信用质量差异几乎没有变化，这意味着期货合约的价格应该在其有效期内跟踪单一的最便宜交割存款凭的价格。然而，在存款凭证期货合约有效期内的最初几年里，一家又一家顶级银行出现了信用问题，这意味着最便宜交割存款凭证，以及与存款凭证相关的信用质量可能会突然改变。由于期货合约价格将跟踪最便宜交割存款凭证，如果某家银行的存款凭证在合格银行存款凭证名单中，那么该银行信用质量的突然恶化，可能会导致最便宜交割存款凭证和其他顶级银行存款凭证之间的信用价差扩大。一家试图用存款凭证期货合约对冲其借贷成本的银行面临这样的可能性：如果在套期保值期间最便宜交割存款凭证的信用水平发生变化，信用价差可能会突然扩大。合约的实物结算特征削弱了合约的套期保值效力。1984 年伊利诺伊大陆银行（Continental Illinois）的流动性危机被证明是该合约的"丧钟"。1984 年现金结算的欧洲美元期货合约的成交量急剧上升，正好与存款凭证期货成交量的下降相对应。美国银行开始依赖欧洲美元合约来对冲国内借贷成本。

## 7.3 长期利率期货

本部分探讨以息票债务工具为标的商品的利率期货的特点。对于这些工具，其较长的期限和息票的存在会影响期货合约的构建。正如我们将看到的，这些期货通常需要交割实际债券，而息票的存在会带来一些有趣的定价复杂性。

### 7.3.1 长期国债期货

在所有期货合约中，长期国债合约是最复杂和最有趣的合约之一。合约的复杂性源于交易合约所依据的交割规则，以及为履行合约而能够用于交割的各种债券。对于在芝加哥期货交易所交易的长期国债合约，交割可以在交割月份的任何一个工作日进行。

尽管有其特殊性，长期国债合约仍可能是有史以来最成功的单一期货合约。从 1977 年 8 月开始，它的成功令人惊叹。例如，1986 年，长期国债期货合约成交量超过 5,200 万手；1995 年，这一数字超过 8,800 万手；2005 年，该合约有望在当年成交超过 1 亿手。近年来，随着美国国债变得不那么重要，长期国债期货成交量已经减少。在利率期货中，中期国债的成交量相对于长期国债的成交量有所增加，外国长期合约的成交量和持仓量都超过了长期国债合约。图 7.2 显示了来自《华尔街日报》的长期国债、中期国债和其他长期利率期货的报价。这些报价的结构与我们已经研究过的其他报价相似。前四列数字给出了合约的开盘价、最高价、最低价和结算价，报价以"points and 32nds of par"表示。例如，报价为 97 − 26 意味着合约的交易价格为面值的 97 26/32%。该数值的小数形式为面值的 97.8125%。如果合约的面值为 100,000 美元，则现货价格为 97,812.50 美元。接下来的两列显示了合约生命周期内的最高价和最低价，而最后一列数字显示了每个合约的持仓量。报价的最后一行给出了通常的成交量和持仓量信息。对于长期国债合约，最小变动价位为1%面值的1/32。这意味着每手合约的1个最小变动价位的价值为31.25美元［（1/32）×0.01×100,000美元］。

**Treasury Bonds** (CBT)-$100,000; pts 32nds of 100%

| | | | | | | | | |
|---|---|---|---|---|---|---|---|---|
| Sept | 105-09 | 106-11 | 105-07 | 105-31 | 23 | 114-30 | 101-24 | 496,791 |
| Dec | 104-10 | 105-06 | 104-10 | 104-26 | 23 | 113-07 | 100-24 | 10,954 |

Est vol 218,977; vol Wed 194,308; open int 529,136, +11,071.

**Treasury Notes** (CBT)-$100,000; pts 32nds of 100%

| | | | | | | | | |
|---|---|---|---|---|---|---|---|---|
| Sept | 08-175 | 09-075 | 108-16 | 108-31 | 13.5 | 15-095 | 106-13 | 1,215,938 |

Est vol 737,027; vol Wed 441,825; open int 1,274,083, −1,233.

**5 Yr. Treasury Notes** (CBT)-$100,000; pts 32nds of 100%

| | | | | | | | | |
|---|---|---|---|---|---|---|---|---|
| Sept | 08-045 | 108-20 | 108-03 | 08-135 | 9.5 | 112-15 | 106-29 | 1,072,975 |

Est vol 464,008; vol Wed 270,294; open int 1,109,530, +8,094.

**2 Yr. Treasury Notes** (CBT)-$200,000; pts 32nds of 100%

| | | | | | | | | |
|---|---|---|---|---|---|---|---|---|
| June | 105-29 | 06-002 | 105-29 | 05-295 | 1.7 | 07-247 | 105-14 | 10,041 |

Est vol 35,130; vol Wed 21,745; open int 202,894, −3,572.

**10 Yr. Interest Rate Swaps** (CBT)-$100,000; pts 32nds of 100%

| | | | | | | | | |
|---|---|---|---|---|---|---|---|---|
| Sept | 105-14 | 105-30 | 105-14 | 105-22 | 15 | 107-19 | 103-19 | 52,910 |

Est vol 2,161; vol Wed 333; open int 52,910, +29.

**10 Yr. Muni Note Index** (CBT)-$1,000 x index

| | | | | | | | | |
|---|---|---|---|---|---|---|---|---|
| Sept | 99-23 | 100-06 | 99-23 | 99-30 | 12 | 100-06 | 97-25 | 2,123 |

Est vol 155; vol Wed 63; open int 2,123, −95.
Index: Close 100-20; Yield 4.921.

**Long Gilt** (LIFFE)-£100,000; pts of 100%

| | | | | | | | | |
|---|---|---|---|---|---|---|---|---|
| June | 106.04 | 106.10 | 106.04 | 106.15 | .45 | 110.06 | 104.86 | 22,794 |
| Sept | 105.53 | 105.91 | 105.48 | 105.85 | .45 | 107.38 | 104.43 | 212,548 |

Est vol 54,306; vol Wed 37,185; open int 235,342, −492.

**10 Yr. Canadian Govt. Bonds** (ME)-CAD 100,000

| | | | | | | | | |
|---|---|---|---|---|---|---|---|---|
| Sept | 107.06 | 107.54 | 107.03 | 107.24 | 0.41 | 108.39 | 105.67 | 91,761 |

Est vol 11,716; vol Wed 11,072; open int 91,761, −1,165.

**3 Yr. Commonwealth T-Bonds** (SFE)-AUD 100,000

| | | | | | | | | |
|---|---|---|---|---|---|---|---|---|
| Sept | 94.54 | 94.59 | 94.53 | 94.54 | 0.01 | 94.59 | 94.34 | 298,240 |

Est vol 52,270; vol Wed 37,826; open int 298,240, +1,658.

**5 Yr. Euro-BOBL** (EUREX)-€100,000; pts of 100%

| | | | | | | | | |
|---|---|---|---|---|---|---|---|---|
| Sept | 110.02 | 110.52 | 110.01 | 110.34 | 0.30 | 112.71 | 109.32 | 781,303 |
| Dec | 109.41 | 109.46 | 109.41 | 109.42 | 0.28 | 109.46 | 108.60 | 600 |

vol Thu 873,655; open int 781,903, +3,342.

**10 Yr. Euro-BUND** (EUREX)-€100,000; pts of 100%

| | | | | | | | | |
|---|---|---|---|---|---|---|---|---|
| Sept | 112.72 | 113.34 | 112.71 | 113.20 | 0.46 | 116.37 | 111.81 | 925,488 |
| Dec | 111.88 | 112.38 | 111.88 | 112.26 | 0.44 | 115.24 | 110.90 | 2,866 |

vol Thu 1,064,605; open int 928,762, +1,325.

**2 Yr. Euro-SCHATZ** (EUREX)-€100,000; pts of 100%

| | | | | | | | | |
|---|---|---|---|---|---|---|---|---|
| Sept | 105.43 | 105.60 | 105.43 | 105.57 | 0.12 | 106.57 | 105.16 | 753,229 |

vol Thu 686,101; open int 755,984, +39,802.

**图7.2　主要长期利率期货合约的报价**

（数据来源：The Wall Street Journal，June 25，2004，p. 35. 被《华尔街日报》允许再印刷，

© Dow Jones & Company，Inc.，全世界范围内版权所有）

长期国债合约的交割是一个为期数天的过程，空头交易者可以在交割月份的任何一个工作日触发交割。与短期国债和欧洲美元合约一样，长期国债合约在3月、6月、9月和12月进行交割。交割可以在交割月份的任何一个工作日进行，空头交易者来选择确切交割日。为了实现交割，空头交易者发起一个覆盖3个工作日的交割流程。表7.1显示了长期国债期货的交割程序，这一程序也适用于其他芝加哥期货交易所的合约，如中期国债期货合约。

在交割过程开始之前，各清算公司向清算服务提供商（清算所）报告所有多头持仓，并按其开仓日期排序。这些头寸还被区分为是在客户账户中持有，还是在公司自

营账户中持有。这种多头持仓的申报发生在所谓的第一头寸日（First Position Day）。这一天发生在合约到期月份第一个工作日的前两天。

在交割月份，到期期货合约中空头头寸的持有者有权决定何时启动为期三天的交割流程。空头可以在合约到期月份内的任何时间启动该流程。如表 7.1 所示，交割流程的第一天称为意向日（Intention Day），空头指示其清算公司通知清算所其有意交割。空头交易者被允许申报其交割意向的首日，与多头头寸持有者的第一头寸日相对应，即合约到期月份第一个工作日的前两天。

**表 7.1　　　　　　　　　　　芝加哥期货交易所国债期货交割时间表**

| | 空头 | 清算服务提供商 | 多头 |
|---|---|---|---|
| 第一头寸日（交割月份的前两天） | | | 到期期货合约被允许交割首日的前两天的晚上 8：00 之前，清算公司向清算服务提供商报告所有多头持仓，按来源（自营账户或客户账户）和开仓日期排序 |
| 第一天：意向日 | 晚上 8：00 之前，空头所在清算公司通知清算服务提供商其有意对某一即将到期的合约进行交割。一旦清算服务提供商完成空头所在清算公司与多头所在清算公司的匹配，申报将不能被撤销 | 晚上 10：00 之前，清算服务提供商将有意交割的空头所在清算公司与开仓日期最早的多头头寸所在清算公司进行匹配。每一方（多头和空头）都会被告知对方的交割意向 | 晚上 8：00 之前，所有结算公司向结算服务提供商报告即将到期期货合约的空头持仓，按来源（自营账户或客户账户）和开仓日期排序 |
| 第二天：通知日 | 下午 2：00 之前（最后通知日下午 3：00 之前），根据即将到期合约的意向日结算价格，空头所在清算公司通过清算服务提供商向多头所在清算公司开具账单 | | 下午 4：00 之前，多头所在清算公司向空头所在清算公司提供其银行的名称和地址 |
| 第三天：交割日 | 空头所在清算公司和多头所在清算公司必须在上午 9：30 之前解决账单分歧，上午 10：00 之前，空头所在清算公司将国债存入其银行账户，并指示其银行针对不迟于下午 1：00 的付款，通过联邦结算系统（Fed wire）将证券转入多头所在清算公司的账户 | | 上午 7：30 之前，多头所在清算公司备齐资金，并通知其银行进行汇款并接收国债，下午 1：00 之前，多头所在清算公司的银行完成国债接收，同时通过联邦结算系统将账单金额汇入空头所在清算公司的账户 |

数据来源：Chicago Board of Trade, Inc.，被允许再印刷。

一旦收到空头所在清算公司的指令，清算所就会将有意交割的空头交易者的头寸与最早开仓的多头头寸进行匹配。一旦多头和空头头寸完成匹配，空头交易者就有义务在交割日向特定多头交易者交割国债。

三天交割流程的第二天称为意向通知日（Notice of Intention Day），或简称通知日（Notice Day）。在这一天，空头所在清算公司为多头所在清算公司准备一份账单，详细说明空头将交割的国债。账单将包括有关票面利率、到期日以及按照期货合约价格确定的交割所需付款金额的信息。

交割流程的第三天也是最后一天为交割日（Delivery Day），即实际交易发生的日子。在这一天，空头交易者将国债交给多头交易者并接受付款。然后，多头交易者拥有履行合约时所交割国债的全部所有权。芝加哥期货交易所的网站（www.cbot.com）有35页的国债期货交割流程的详细描述。

对于长期国债期货合约，可以在任何时候根据合约交割多种债券。芝加哥期货交易所规则要求交割价值10万美元的长期国债，这些国债距离到期或第一个可赎回日期至少还剩15年。表7.2显示了符合2004年6月24日挂牌的2004年9月和12月合约交割条件的25只长期国债。这些债券中的许多都符合其他合约到期日的交割条件。2004年6月至2004年9月，财政部可能会发行新的符合2004年9月和12月交割条件的债券。表7.2的前两列列出了每只债券的票面利率和到期日。最后两列列出了每只债券对于2004年9月和12月合约的转换因子（转换因子将在后文介绍）。如表7.2所示，这些债券的票面利率覆盖5.25%～8.75%，到期日覆盖2020—2030年。这25只债券的总发行规模为3,295亿美元，因此很难控制可交割国债的供应。

表7.2 　　　　　　　　2004年9月和12月长期国债期货的转换因子

| 票面利率 | 到期日 | 2004年9月 | 2004年12月 |
|---|---|---|---|
| 5 1/4 | 11/15/28 | 0.9052 | 0.9056 |
| 5 1/4 | 02/15/29 | 0.9047 | 0.9052 |
| 5 1/2 | 08/15/28 | 0.9370 | 0.9374 |
| 6 | 02/15/26 | 0.9999 | 1.0000 |
| 6 1/8 | 11/15/27 | 1.0155 | 1.0153 |
| 6 1/8 | 08/15/29 | 1.0159 | 1.0159 |
| 6 1/4 | 08/15/23 | 1.0278 | 1.0277 |
| 6 1/4 | 05/15/30 | 1.0324 | 1.0322 |
| 6 3/8 | 08/15/27 | 1.0461 | 1.0460 |
| 6 1/2 | 11/15/26 | 1.0606 | 1.0602 |
| 6 5/8 | 02/15/27 | 1.0761 | 1.0758 |

| 票面利率 | 到期日 | 2004 年 9 月 | 2004 年 12 月 |
|---|---|---|---|
| 6 3/4 | 08/15/26 | 1. 0903 | 1. 0899 |
| 6 7/8 | 08/15/25 | 1. 1029 | 1. 1024 |
| 7 1/8 | 02/15/23 | 1. 1236 | 1. 1228 |
| 7 1/4 | 08/15/22 | 1. 1352 | 1. 1343 |
| 7 1/2 | 11/15/24 | 1. 1734 | 1. 1721 |
| 7 5/8 | 11/15/22 | 1. 1774 | 1. 1759 |
| 7 5/8 | 02/15/25 | 1. 1889 | 1. 1878 |
| 7 7/8 | 02/15/21 | 1. 1928 | 1. 1911 |
| 8 | 11/15/21 | 1. 2113 | 1. 2094 |
| 8 1/8 | 05/15/21 | 1. 2206 | 1. 2185 |
| 8 1/8 | 08/15/21 | 1. 2224 | 1. 2206 |
| 8 1/2 | 02/15/20 | 1. 2474 | 1. 2450 |
| 8 3/4 | 05/15/20 | 1. 2750 | 1. 2721 |
| 8 3/4 | 08/15/20 | 1. 2775 | 1. 2750 |

数据来源：芝加哥期货交易所网站（www. cbot. com）。© Chicago Board of Trade. 被允许再印刷。

　　一些债券价格便宜，一些债券价格昂贵，这一事实表明，交割一种而不是另一种债券可能会有好处。如果存在这样的好处，为什么芝加哥期货交易所还会允许多只债券用于合约交割？需要考虑的因素密切相关，并对合约设计产生重要影响。这些债券在到期日和票面利率方面的显著差异，导致了巨大的价格差异。因为空头交易者选择是否交割，以及交割哪种债券，所以我们可能会认为只有最便宜的债券才会被交割。

　　为了消除只交割一种特定债券的动机，芝加哥期货交易所发起了一个转换因子系统，根据票面利率和到期期限来转换不同债券的交割价值。表 7.2 中的转换因子基于票面利率为 6% 的假想债券。快速浏览表 7.2 后发现只有一只票面利率为 6% 的债券。出于交割目的，芝加哥期货交易所使用基于给定债券和特定期货合约到期日的转换因子，来调整每只债券的价格。账单金额根据式（7.6）计算：

$$账单金额 = DSP \times 100{,}000\ 美元 \times CF + AI \tag{7.6}$$

式中：

$DSP$ 为十进制结算价格（如 96 – 16 = 0. 965）；

$CF$ 为转换因子；

$AI$ 为应计利息。

　　十进制结算价格（Decimal Settlement Price）只是 "points and 32nds of par" 形式报价的小数表示形式。100,000 美元反映了合约金额。转换因子试图调整可交割债券之间的息票和到期日的差异。

任何债券的转换因子都可以通过以下两条规则非常精确地估算：

（1）假设待交割债券的面值为 1 美元。

（2）使用债券定价公式，将债券的假设现金流按 6% 的折现率折现。

以上结果近似于所讨论债券的转换因子。准确的转换因子可以从芝加哥期货交易所以表 7.2 所示的形式获得。[3]仔细查看表 7.2 中的转换因子，我们可以注意到，票面利率越接近 6%，转换因子越接近 1。对于票面利率为 6% 的债券，转换因子等于 1。这是有道理的，因为转换因子是通过将票面利率为 6% 的工具按 6% 的折扣收益率贴现计算得来的。对于票面利率高于 6% 的债券，期限越短，转换因子越接近 1。票面利率低于 6% 的债券则正好相反。一般来说，如果所有期限的收益率均为 6%，那么转换因子将与债券的市场价格成正比。这正是理想的情况，因为债券的交割价值应该与其市场价值成正比。

当期限结构水平且收益率为 6% 时，任何债券在交割时都没有优势。与这一命题紧密相关的情景有些令人不安，并且对长期国债期货非常重要。如果期限结构不是平的，或者收益率不等于 6%，那么一些债券将比其他被允许的债券更适合交割。这种债券被称为最便宜可交割债券（cheapest－to－deliver）。在长期国债期货交易者中，最便宜可交割债券的概念是众所周知的。大多数经纪公司都有实时显示最便宜可交割长期国债的计算机系统。由于这一特点为众人所熟知，期货价格往往会跟踪可能会随时间推移而变化的最便宜可交割债券。

实际债券市场价格和前文提到的转换因子偏差的相互作用，决定了在某一给定时刻哪只债券是最便宜可交割债券。在实际交割之前，一些债券的购买和持有至交割的成本将是最便宜的。我们已经注意到，持有成本关系考虑了持有某一资产至交割的净融资成本。在长期国债期货市场中，净融资成本等于为获得资金而必须支付的利息成本减去持有债券本身获得的票面利率。因此，在任何特定时刻，最便宜可交割债券将是最有利可图的用于交割的债券。在第 8 章中，我们将更详细地解释如何找到最便宜可交割债券。

芝加哥期货交易所为什么会采用这种烦琐的转换因子系统，特别是它还将偏差引入了市场？正如我们所看到的，现货商品的大量可交割供应是期货合约成功的必要条件。如果可交割商品供应不足，那么就会出现市场囤积（corners）和挤压（squeezes）的机会。为了确保大量的可交割供应，芝加哥期货交易所允许大量债券符合交割条件。由于许多债券符合交割条件，因此有必要调整债券价格，以反映其不同的市场价值。

在期货市场中，空头交易者通常在交割过程中有选择权。例如，我们注意到空头交易者可以选择交割月份中的确切交割日，以及将哪只可交割债券用于交割。因此，空头交易者拥有嵌入期货头寸中的许多选择权。这些时间和质量选择权对卖方来说是有价值的，因此它们有效地降低了我们在期货市场观察到的价格。评估这些选择权对卖方的价值变得相当复杂。我们将在本章稍后简要讨论这些问题，并在第 8 章中详细讨论这些问题。

---

### 产品简介：芝加哥期货交易所 30 年期长期国债期货合约

合约规模：一份到期时面值为 100,000 美元的美国长期国债。

交割等级：美国长期国债，如果可赎回，则自交割月份第一天起至少 15 年内不可赎回；如果不可赎回，则自交割月份第一天起至少还有 15 年才到期。账单价格等于期货结算价格乘以转换因子加上应计利息。转换因子是收益率为 6% 的可交割债券（面值 1 美元）的价格。

最小变动价位：1/32 点（31.25 美元/手）；票面价值为 100 点。

报价方式：点（1,000 美元）和 1/32 点；即 84 - 16 等于 84 16/32。

合约月份：3 月、6 月、9 月和 12 月。

到期日和最终结算：最后一个交易日是交割月份最后一个工作日之前的第 7 个工作日。合约以实物交割方式结算。最后一个交割日是交割月份的最后一个工作日。

交易时间：公开拍卖——中部时间周一至周五的上午 7:20 至下午 2:00；电子交易——中部时间周日至周五的下午 7:00 至下午 4:00；到期合约的交易在芝加哥时间最后一个交易日的中午结束。

每日价格限制：无。

---

## 7.3.2　中期国债期货

长期国债和中期国债具有非常相似的结构，只在最初发行的期限上有所不同。这两种工具都是每半年支付一次息票。正如现货市场工具非常相似一样，长期国债和中期国债期货合约也非常相似。

三个中期国债期货合约在芝加哥期货交易所交易。它们虽然结构相似，但基于不同期限的票据。名义上，合约被设计为 2 年期、5 年期和 10 年期合约。然而，每个合约都有一系列期限可用于交割，该期限从交割月份的第一天开始计算。可交割期限包括：2 年期合约的 21 个月至 2 年，5 年期合约的 4 年 3 个月至 5 年 3 个月，10 年期合约的 6 年 6 个月至 10 年。5 年期和 10 年期合约的规模为 10 万美元的面值，但 2 年期合约的规模为 20 万美元。通过为 2 年期合约设计更大的面值，芝加哥期货交易所将合约波动性纳入相同的范围。标的债券波动性的差异导致报价的差异。对于 2 年期合同，最小变动价位为 1/32 的 1/4，而 5 年期合约的最小变动价位为 1/32 的 1/2。每个合约都允许一系列可交割期限，从而增加每个合约的可交割供应。中期国债合约与长期国债合约使用相同的转换因子系统，并且具有相同的交割系统。每个中期国债合约都有可观的成交量和持仓量。

---

### 产品简介：芝加哥期货交易所的 10 年期中期国债期货合约

合约规模：一张到期时面值为 100,000 美元的美国中期国债。

交割等级：自交割月份第一天起，至少还有 6.5 年（但不超过 10 年）到期的美国中期国债。账单价格等于期货结算价格乘以转换因子加上应计利息。转换因子是收益率为 6% 的可交割债券（面值 1 美元）的价格。

最小变动价位：1/32 点的 1/2（15.625 美元/手），四舍五入为最接近的美分；票面价值为 100 点。

报价方式：点（1,000 美元）和 1/32 点的 1/2；例如，84－16 等于 84 16/32，84－165 等于 84 16.5/32。

合约月份：3 月、6 月、9 月和 12 月。

到期日和最终结算：最后一个交易日是交割月份最后一个工作日之前的第 7 个工作日。合约以实物交割方式结算。最后一个交割日是交割月份的最后一个工作日。

交易时间：公开拍卖——中部时间周一至周五上午 7:20 至下午 2:00；电子交易——中部时间周日至周五下午 7:00 至下午 4:00；到期合约的交易在芝加哥时间最后一个交易日中午结束。

每日价格限制：无。

---

### 产品简介：芝加哥期货交易所的 10 年期互换期货合约

合约规模：10 年期利率互换的固定利率端的名义价格，该互换的名义本金等于 100,000 美元，每半年以 6% 的年化固定利率付款交换基于 3 个月 LIBOR 的浮动利率付款。

交割等级：现金结算。

最小变动价位：1/32 点（31.25 美元）。

报价方式：点（1,000.00 美元）和 1/32 点的名义票面价值为 100,000 美元的互换的名义本金。票面价值为 100 点。

合约月份：3 月、6 月、9 月和 12 月季度周期内的 3 个连续合约。

到期日和最终结算：最后一个交易日是交割月份第 3 个星期三之前的第 2 个伦敦工作日。到期合约的交易在东部时间最后一个交易日上午 11 点结束。交易单位在交易最后一天的名义价格，基于纽约时间上午 11:30 左右在路透社 ISDAFIX1 页面上公布的交易最后一天的 10 年期美元利率互换的国际掉期与衍生工具协会（ISDA）基准利率。

交易时间：公开拍卖——中部时间周一至周五上午 7:20 至下午 2:00；电子交易——中部时间周日至周五下午 7:00 至下午 4:00；到期合约的交易在芝加哥时间最后一个交易日中午结束。

每日价格限制：无。

### 7.3.3　非美国长期利率期货

图 7.2 显示了一些主要非美国利率期货的报价，如长期金边债券（Gilt）、短期欧元债券（Euro – Schatz）、中期欧元债券（Euro – BOBL）和长期欧元债券（Euro – Bund）。金边债券是英国的长期国债，长期金边债券期货合约在 Euronext. liffe 上交易，合约规模为 50,000 英镑。德国政府以欧元计价的 2 年期、5 年期和 10 年期债务分别为短期欧元债券、中期欧元债券和长期欧元债券。这些工具的期货在欧洲期货交易所交易，合约规模为 100,000 欧元。如图 7.2 报价所示，这些合约的成交量和持仓量都很大，在某些情况下甚至超过了美国长期国债期货。

这些合约在结构上都与美国长期国债期货合约类似。每个合约都要求实际交割债务工具以履行合约，每个合约都允许交割多个债务工具，都有一个基于期货合约标的的收益率为 6% 的名义债券的转换因子系数。理解长期国债期货合约为理解其他类似合约提供了坚实的基础。

### 产品简介：欧洲期货交易所的长期欧元债券（Euro Bund）期货合约

合约规模：一份票面价值为 100,000 欧元的德国长期国债。

交割等级：由德国联邦政府发行的长期债务工具，期限为 8 ~ 10 年，票面利率为 6%。账单价格等于期货结算价格乘以转换因子加上应计利息。

最小变动价位：0.01%，10 欧元。

报价方式：票面价值的百分比，保留两位小数。

合约月份：3 月、6 月、9 月和 12 月交割周期内的 3 个连续月。

到期日和最终结算：最后一个交易日为合约月份交割日的前两个交易日。交割日是合约月份的第 10 个自然日，如果这一天不是交易所交易日则顺延至下一个交易日。

交易时间：欧洲期货交易所在 3 个交易阶段运行。在交易前时段，用户可以进行查询，或输入、更改或删除指令及报价，以准备交易，该时段为上午 7:30 至 8:00。主要交易时段为上午 8:00 至下午 7:00。交易结束后的时段为下午 7:00 至晚上 8:00。

每日价格限制：无。

## 7.4 利率期货合约定价

### 7.4.1 简介

利率期货交易的市场几乎总是处于完全持有成本状态。换言之，持有成本模型（Cost – of – Carry Model）提供了对利率期货合约价格结构的几乎完整的理解。为了理解为什么持有成本模型适合利率期货，请回顾我们在第 3 章的讨论。我们确定了促进完全持有成本状态形成的标的商品的 5 个特征：易于卖空、标的商品的大量供应、非季节性生产、非季节性消费和易于储存。

主要利率期货合约的标的商品非常符合这些条件。第一，债券发行后以非季节性的方式到期，因此季节性限制几乎得到了完美的解决。第二，储存几乎毫不费力。大多数国债只存在于计算机记录中，甚至不存在于纸面上。第三，供应非常充足。对于最重要的合约，标的工具是高流动性的债务工具。对于中期国债合约、长期国债合约和短期国债合约，标的工具都是美国财政部发行的。这些工具有大量的供应，并在流动性很高的市场上交易。欧洲美元合约通过完全避免交割和使用现金结算，来解决可交割供应的问题。第四，卖空在该市场中非常成熟。因为期货市场参与者持有数量如此之大的债券，所以这些交易者可以通过出售部分国债库存来模拟卖空。因此，利率期货价格似乎应该表现得像完美市场中的持有成本模型。也就是说，利率期货市场应该处于完全持有成本状态。

在第 3 章中，我们考虑了完美市场中的持有成本模型，得出的结论是，期货价格应该等于现货价格加上持有现货商品至期货合约交割的成本：

$$F_{0,t} = S_0(1 + C) \tag{3.3}$$

我们还得出结论，近月期货价格和远月期货价格之间存在类似的关系：

$$F_{0,d} = F_{0,n}(1 + C) \tag{3.6}$$

式中，$F_{0,t}$ 为在时间 $t$ 到期的合约的当前期货价格；$S_0$ 为当前现货价格；$C$ 为两个日期之间的百分比形式的持有成本；$F_{0,n}$ 为近月期货价格；$F_{0,d}$ 为远月期货价格。

最后，如果我们假设持有成本中只有融资成本，我们还得出结论，期货价格除以现货价格得到隐含回购利率（implied repo rate）：

$$\frac{F_{0,t}}{S_0} = 1 + C \tag{3.7}$$

式中，$C$ 为隐含回购利率。

正如我们将看到的，该模型非常适用于利率期货。然而，我们必须考虑到债务工具的一些特点。

## 7.4.2 完美市场中的持有成本模型

在本部分中，我们将持有成本模型应用于完美市场假设下的利率期货。此外，我们假设持有成本只包括为持有商品融资的利率，并且我们可以忽略给定期货合约的特殊特征。例如，我们忽略了期货合约卖方可能持有的隐含选择权，如交割时替代不同等级商品的选择权或在交割月份内选择确切交割日期的选择权，我们也忽略了期货合约每日重新结算现金流可能导致的远期价格和期货价格之间的差异。总之，我们假设：

（1）市场是完美的。

（2）融资成本是唯一的持有成本。

（3）我们可以忽略卖家可能拥有的选择权。

（4）我们可以忽略远期价格和期货价格之间的差异。

在本章后续部分，我们将放宽这些假设。

我们考虑的每个利率期货合约都规定了可交割债券的期限。例如，短期国债期货合约要求可交割的短期国债必须有 90 ~ 92 天的期限。这一要求适用于交割日。正如我们在第 3 章中所看到的，正向期现套利策略包括卖出期货合约，买入现货商品，并将其储存至期货交割日，然后交易者根据期货合约交割商品。例如，如果黄金期货价格相对于黄金现货价格过高，交易者可能会进行正向期现套利。该策略的一部分将涉及买入黄金，储存至期货到期，并根据期货合约交割黄金。

要在利率期货市场应用这一策略，我们必须非常谨慎。例如，如果一份短期国债期货合约在 77 天后到期，我们就不能购买一份 90 天期短期国债并将其储存起来以备将来交割。如果我们尝试这样做，我们会发现自己在交割日持有 13 天的短期国债。根据期货合约，这不能用于交割。因此，要应用正向期现套利策略，交易者必须购买在交割日仍拥有或即将拥有准确所有权的债券。对于我们的短期国债的正向期现套利策略，交易者必须确保 167 天期短期国债能够持有 77 天。然后，该票据将在交割日到期时拥有 90 天的剩余期限。

我们用一个例子来说明正向期现套利策略。表 7.3 中的数据使用了 IMM 指数的折扣收益率。这个例子假设处于完美市场，包括假设人们可以以短期国债收益率所代表的任何无风险利率进行借贷。这些限制性假设将暂时放宽。表 7.3 中的数据和刚刚做出的假设意味着存在套利机会。由于期货合约在 77 天后到期，77 天期即期利率代表了购买 167 天期短期国债的融资成本，该短期国债可于 3 月 22 日根据 3 月期货合约进行交割。这是有可能的，因为在 1 月 5 日到期期限为 167 天的短期国债，将在 3 月 22 日剩余到期期限 90 天。

如表 7.4 所示的交易，因为这三种工具的价格和利率相互不一致，所以存在套利机会。为了实施正向期现套利策略，交易者可以在 1 月 5 日卖出 3 月期货并买入 167 天期短期国债。交易者然后持有该票据并将其用于期货合约交割。交易者必须在 1 月 5 日至 3 月 22 日交割的 77 天内为持有该票据进行融资。为了利用利率差异，交易者以 6% 的短期利率借款，并将所得资金用于购买期限较长的短期国债。请注意，交易者通过发行所需金额的 77 天期短期国债，借入了购买 167 天期短期国债所需的 953,611 美元。该短期国债的票面价值为 966,008 美元，而非 1,000,000 美元，因为：

$$953,611 \text{ 美元} = 966,008 - 0.06 \times 966,008 \times \frac{77}{360}$$

当期货到期时，期限较长的短期国债具有完全合适的期限，可以根据期货合约进行交割。该策略可产生 2,742 美元/手的利润。相对于短期利率，期货收益率和期限较长的短期国债收益率过高。在本例中，交易者以较低的利率（6%）获得短期资金，并以较高的利率（10%）对这些资金进行再投资。这种差异可能会产生套利利润，但这并不完全准确，如下一个例子所示。[4]

表 7.3　　　　　　　　　　　　　　　利率期货和套利

| 1 月 5 日 | | |
|---|---|---|
| 期货 | 折扣收益率（%） | 价格（1,000,000 美元面值） |
| 3 月合约（77 天后的 3 月 22 日到期） | 12.50 | 968,750 美元 |
| 现货票据 | | |
| 167 天期短期国债（可用于 3 月期货交割） | 10.00 | 953,611 美元 |
| 77 天期短期国债 | 6.00 | 987,167 美元 |

表 7.4　　　　　　　　　　　　　　正向期现套利交易

| 1 月 5 日 |
|---|
| 通过以 6% 的利率发行 77 天期短期国债借款 953,611 美元，为期 77 天 |
| 以 953,611 美元的价格买入收益率为 10% 的 167 天期短期国债 |
| 以 968,750 美元的价格卖出收益率为 12.50% 的 3 月短期国债期货合约 |
| 3 月 22 日 |
| 根据 3 月期货合约交割最初买入的短期国债，并获得 968,750 美元 |
| 偿还今天到期的 77 天期短期国债的债务 966,008 美元 |
| 利润：968,750 − 966,008 = 2,742 美元 |

考虑如表 7.3 所示的相同数值，现在假设 77 天期短期国债的利率为 8%。短期利率现在相对于较长期限利率和期货收益率过高。为了利用这种情况，我们颠倒表 7.4 中的正向期现套利程序，如表 7.5 所示。换言之，我们现在采用反向期现套利策略。由于这组新的利率，套利变得更加复杂，因为它涉及持有期货合约交割而来的短期国债。在这种情况下，套利者以 10% 的利率借款 952,174 美元，为期 167 天，并在 3 月期货到期前的 77 天内以 8% 的利率投资这些资金。952,174 美元 77 天投资的回报将是 968,750 美元，正好足以支付期货合约交割而来的短期国债。该票据将被持有 90 天，直到 6 月 20 日到期并获得 1,000,000 美元。6 月 20 日，套利者 167 天期短期国债的贷款也将到期，相当于 998,493 美元。该交易者将从到期票据上获得的 1,000,000 美元用于偿还这笔债务。该策略可盈利 1,507 美元。请注意，在第二个例子中，交易者以 10% 的利率借入资金，并暂时以 8% 的利率投资该资金。这表明，整组利率必须符合一定关系，并且套利机会需要涉及不止两个利率之间的偏移。

表 7.5　　　　　　　　　　　　　　反向期现套利交易

| 1 月 5 日 |
|---|
| 以 10% 的利率发行 167 天期短期国债，借款 952,174 美元 |
| 以 952,174 美元的价格买入收益率为 8% 的 77 天期短期国债，该短期国债将于 3 月 22 日支付 968,750 美元 |
| 以 968,750 美元的价格买入一份收益率为 12.50% 的 3 月期货合约 |

续表

| 3 月 22 日 |
| --- |
| 从到期的 77 天期短期国债中获得 968,750 美元 |
| 支付 968,750 美元，并接受 3 月期货合约交割而来的 90 天期短期国债 |
| 6 月 |
| 从到期的 90 天期短期国债上获得 1,000,000 美元，该短期国债来自期货合约交割 |
| 偿还 167 天期短期国债的债务 998,493 美元 |
| 利润：1,000,000 - 998,493 = 1,507 美元 |

从第 3 章的分析中，我们知道反向期现套利策略涉及卖空资产并将卖空所得收益进行投资。在表 7.5 的案例中，卖空是发行债务。通过发行债券，套利者实际上卖出了债券。在第 3 章中，我们还注意到，交易者可以通过卖出库存来模拟卖空。利率期货也是如此，例如，持有短期国债投资的银行可以通过卖出短期国债库存来模拟卖空。

到目前为止，我们已经讨论了表 7.4 中的正向期现套利策略以及表 7.5 中的反向期现套利策略。这两个案例表明，为了防止套利机会，不同工具的利率之间必须存在非常精确的关系。如果 3 月期货的收益率为 12.50%，167 天即期收益率为 10%，那么 77 天期短期国债只有一个收益率才不会产生套利机会，该收益率为 7.3063%。要了解为什么会出现这种情况，请考虑以下在案例中的 167 天期间内持有短期国债投资的两种方法：

（1）持有 167 天期短期国债。

（2）持有 77 天期短期国债，到期后持有期货合约交割而来的 90 天期短期国债。

由于这两种持有短期国债的方式涵盖了相同的时间段并具有相同的风险水平，因此这两种头寸必须具有相同的收益率才能避免套利。为了解这一点，我们假设头寸面值为 1,000,000 美元。在这种情况下，折扣收益率为 10.00% 的 167 天期短期国债的价格为 953,611 美元。如果套利是不可能的，那么在相同的期间，这一金额也必须增长到 1,000,000 美元，先持有 77 天期短期国债，到期后持有期货合约在第 77 天交割而来的 90 天期短期国债，而该短期国债期货是在期间开始时买入的。如表 7.3 所示，如果期货合约的折扣收益率为 12.50%，则期货交割的短期国债的价格为 968,750 美元。为防止套利，考虑到 167 天期短期国债的折扣收益率为 10.00%，以及 77 天后到期的期货的折扣收益率为 12.50%，77 天期短期国债的无套利折扣收益率为如下所示的 7.3063%：

$$953,611 \text{ 美元} = 968,750 \text{ 美元} - 0.073063 \times 968,750 \text{ 美元} \times \frac{77}{360}$$

如果 77 天期短期国债的折扣收益率低于 7.3063%，则可以进行如表 7.4 所示的正向期现套利。如果收益率较高，则如表 7.5 所示的反向期现套利将奏效。

　　融资成本和隐含回购利率。根据这些价格，并继续假设唯一的持有成本是融资成本，我们还可以推断隐含回购利率。我们知道期货价格除以现货价格的比率等于 1 加上隐含回购利率。正如我们所看到的，以上案例的正确现货工具是 167 天期票据，因为当期货到期时，该票据将具有合适的交割特征。因此，我们得出：

$$1 + C = \frac{P_F}{P_{167}} = \frac{968,750 \text{ 美元}}{953,611 \text{ 美元}} = 1.015875$$

　　隐含回购利率 $C$ 为 1.5875% 。这涵盖了从现在至期货到期的 77 天期间的持有成本。因此，假设利息成本是唯一的融资成本，则持有成本等于隐含回购利率。

　　持有成本和隐含回购利率之间的等价性也导致了两种套利规则：

　　（1）如果隐含回购利率超过融资成本，则可利用正向期现套利机会：借入资金；买入现货债券；卖出期货；持有债券并开展期货交割。

　　（2）如果隐含回购利率低于融资成本，则可利用反向期现套利机会：买入期货；卖空债券，并将收益投资至期货到期；接受期货交割并履行卖空义务。

　　期货收益率和远期利率。我们已经看到，利率期货合约的期货价格隐含作为期货合约标的工具的收益率。我们称这种隐含收益率为期货收益率。现在我们继续假设融资成本是唯一的持有成本且市场是完美的，期货合约卖方可能拥有的选择权可以忽略，远期合约和期货合约之间的价格差异也可以忽略。在这些条件下，我们可以证明期货收益率一定等于远期利率。

　　我们继续以短期国债期货合约为例。与许多其他利率期货合约一样，短期国债期货的标的工具将在合约到期时交割。如果我们考虑 9 月合约，它要求交割将于 12 月到期的 90 天期短期国债。期货收益率涵盖了从 9 月交割到 12 月到期的 90 天期间。给定必要的即期利率集合，就可以计算涵盖任何给定期间的远期利率。

　　为了说明在我们的假设下期货收益率和远期利率之间的等价性，我们继续使用持有期间为 167 天的短期国债的案例。让我们假设以下即期折扣收益率：

　　对于 167 天期票据，收益率为 10.0000% ；

　　对于 77 天期票据，收益率为 7.3063% 。

　　我们已经看到，收益率为 7.3063% 的 77 天期短期国债将从 953,611 美元增至 968,750 美元，比率为 968,750 美元/953,611 美元 = 1.015875。同样的，167 天期票据从 953,611 美元增加到 1,000,000 美元，比率为 1,000,000 美元/953,611 美元 = 1.048646。为了防止套利，从第 77 天到第 167 天的远期利率必须使这两种投资策略具有相同的总体投资收益率。假设 $X$ 是从第 77 天到第 167 天的整个期间必须给定的远期利率，我们得到：$1.048646 = X \times 1.015875$。因此，$X$ 必须等于 $1.032259$。于是，涵盖整个 90 天期间的远期利率为 $3.2259\%$。请注意，该利率与价格为 $968,750$ 美元的期货合约交割的短期国债的利率完全匹配，因为 $1,000,000$ 美元/$968,750$ 美元 $= 1.032259$。根据 77 天期和 167 天期的即期利率，从第 77 天到第 167 天的期货利率必须为贴现形式的 $12.50\%$，以防止套利。在得出这个结果时，我们必须牢记我们的假设：市场是完美的，融资成本是唯一的持有成本，卖方的选择权被忽略，远期和期货价格之间的差异也被忽略。

### 7.4.3 长期国债期货的持有成本模型

在本部分中，我们将持有成本模型应用于长期国债期货合约。本质上，适用相同的概念，但有一点不同。长期国债持有人从债券中获得现金流。这会影响债券持有人实际产生的持有成本。例如，假设 $100,000$ 美元面值长期国债的票面利率为 $8\%$，交易者为债券融资的利率为 $8\%$。在这种情况下，净持有成本为零——收益抵销了融资成本。

为了说明这个想法，让我们假设，在 1 月 5 日，可用于期货合约交割的长期国债的票面利率为 $8\%$，成本为 $100.00$ 点。在期货合约交割前的 77 天内，该交易者面临 $7.3063\%$ 的贴现形式的融资利率（我们暂时忽略了转换因子及其带来的复杂性）。对于 $8\%$ 的票面利率，从购买日到期货交割日的应计利息为：

$$\frac{77}{182} \times 0.04 \times 100,000 = 1,692 \text{ 美元}$$

因此，账单金额为 $101,692$ 美元 $= 100,000$ 美元 $+ 1,692$ 美元。如果这是 77 天后的账单金额，那么该长期国债的成本必须为以上金额的现值，以 77 天期利率 $7.3063\%$ 贴现 77 天。这意味着该长期国债的成本为 $100,103$ 美元。如果价格低于 $100,103$ 美元，则可以采用正向期现套利策略。在这种情况下，正向期现套利策略的现金流如表 7.6 所示。

**表 7.6　　　　　　　　　长期国债的正向期现套利交易**

| |
|---|
| 1 月 5 日 |
| 以 7.3063% 的 77 天期利率借款 100,103 美元，为期 77 天 |
| 以 100,103 美元的价格买入票面利率为 8% 的长期国债 |
| 以 101,692 美元的价格卖出一份长期国债期货合约 |
| 3 月 22 日 |
| 交割长期国债；获得账单金额 101,692 美元 |
| 偿还 101,692 美元借款 |
| 利润：0 |

表 7.6 中的交易表明，期货价格必须进行调整，以反映应计利息。表 7.6 中的债券在 77 天的时间间隔内没有息票支付，但必须进行同样的调整，以体现债券持有人在持有期间遭受的现金损失。

## 7.4.4 不完美市场中的持有成本模型

我们现在放宽对完美市场的假设，看看持有成本模型是如何应用于利率期货的。特别是，我们将聚焦借款和贷款利率也许不同的可能性。我们继续忽略卖方的选择权以及远期和期货合约之间的价格差异。因此，在本部分，我们分析了以下情况的持有成本模型：

（1）借款利率高于贷款利率。

（2）融资成本是唯一的持有成本。

（3）我们可以忽略卖方可能拥有的选择权。

（4）我们可以忽略远期和期货价格之间的差异。

在第 3 章中，我们看到允许不同的借款和贷款利率会导致期货价格附近的套利区间。例如，假设借款利率比贷款利率高 25 个基点或 1/4 个百分点。继续使用短期国债案例，我们得到：

| 工具 | 贷款利率 | 借款利率 |
| --- | --- | --- |
| 77 天期票据 | 7.3063 | 7.5563 |
| 167 天期票据 | 10.0000 | 10.2500 |

这些假设近似于真实市场条件。例如，银行可以通过购买短期国债贷款给政府。然而，银行可能不得不以稍高的利率进行借款。

当借款和贷款利率相同时，我们前面的案例表明期货收益率必须为 12.50%。现在，考虑到不同的借款和贷款利率，我们想确定期货收益率相较于 12.50% 如何变化。为了做到这一点，我们应用了正向期现套利和反向期现套利策略。在这两种情况下，如果允许四舍五入到与 25 美元最小变动价位最为接近的期货价位上，我们都会找到使得策略收益或损失为零的期货价格。

在正向期现套利策略中，我们卖出期货，并借入资金以购买可用于期货合约交割的商品。表 7.7 详细列出了借款和贷款利率不相等情况下的交易。该表说明了在借款和贷款利率不相等的情况下，使利润为零的最高期货收益率和最低期货价格。从这个案例中，我们看到不会产生套利机会的期货收益率可以低至 12.29%。这一期货收益率意味着期货价格可以高达 969,275 美元，却不会产生套利机会。

我们现在考虑反向期现套利策略。在这里，我们将借入长期资金用于短期投资，然后购买期货。当期货到期时，我们接受交割，并持有交割而来的债券直到其到期。表 7.8 说明了能够显示不提供套利机会情况下的最高期货收益率和最低期货价格的交易。

从表 7.8 交易中，我们可以看出，在不提供套利机会的情况下，期货收益率可以高达 12.97% 。同样的，不会相应地创造套利机会的期货价格可以低至 967,575 美元。

在前面借款和贷款利率相等的案例中，我们看到期货收益率必须正好为 12.50% ，期货价格必须为 968,750 美元。不相等的借款和贷款利率为期货价格创造了一个无套利区间。现在，期货收益率必须在 12.29% 至 12.97% ，期货价格必须在 967,575 美元至 969,275 美元。只要期货收益率和期货价格保持在以上区间内，套利就不可能发生。

表 7.7 　　　　　借款和贷款利率不相等情况下的正向期现套利交易

| 1 月 5 日 |
| --- |
| 以 7.5563% 的 77 天期借款利率借款 953,611 美元，为期 77 天 |
| 以 953,611 美元的价格买入收益率为 10% 的 167 天期短期国债 |
| 以 969,275 美元的价格卖出一份收益率为 12.29% 的短期国债期货合约 |
| 3 月 22 日 |
| 根据 3 月期货合约交割最初购买的短期国债，并获得 969,275 美元 |
| 偿还今天到期的 77 天期短期国债的 969,277 美元债务 |
| 利润：−2 美元≈0 |

表 7.8 　　　　　借款和贷款利率不相等情况下的反向期现套利交易

| 1 月 5 日 |
| --- |
| 以 10.25% 的 167 天期借款利率借款 952,454 美元 |
| 以 952,454 美元的价格买入收益率为 7.3063% 的 77 天期短期国债 |
| 以 967,575 美元的价格买入一份期货收益率为 12.97% 的 3 月期货合约 |
| 3 月 22 日 |
| 从到期的 77 天期短期国债中获得 967,575 美元 |
| 支付 967,575 美元，并接受期货合约交割的 90 天期短期国债 |
| 6 月 20 日 |
| 从到期的期货合约交割而来的 90 天期短期国债中获得 1,000,000 美元 |
| 支付到期的 167 天期短期国库券的 1,000,003 美元债务 |
| 利润：−3 美元≈0 |

利率期货定价的实证调查。如果市场是完美的，如果唯一的持有成本是融资成本，如果我们忽略卖方的选择权，并且如果我们忽略期货和远期价格之间的差异，那么我

们已经看到了持有成本模型是如何确定准确的期货收益率和期货价格的。如果允许借款和贷款利率不相等这一市场的不完美形式，那么我们已经看到了持有成本模型会导致期货价格的无套利区间。现在，我们提供了一种将其他市场缺陷纳入分析的实证方法。

在第 3 章中，我们考虑了交易成本，这是一种典型的市场缺陷。我们在那里看到了交易成本会导致期货价格的无套利区间。本质上，交易成本正如借款和贷款利率不相等一样，拓宽了无套利区间。在第 3 章中，我们还将卖空障碍视为一种阻碍反向期现套利策略的市场缺陷。从实证角度来看，卖空限制在利率期货定价中相对不重要。第一，可交割的国债供应充足，政府债券的便利收益很低（或为零）。第二，由于国债被广泛持有，许多交易者可以通过出售库存中的短期国债、中期国债和长期国债来模拟卖空。因此，卖空限制不太可能对定价产生任何影响。

在对持有成本模型的分析中，我们发现在我们的假设下期货收益率必须等于远期利率。通过假设可以忽略远期和期货价格之间的差异，我们隐含地假设可以忽略每日重新结算现金流对定价的影响。然而，我们在第 3 章中发现，如果现货商品的价格与利率相关，则每日重新结算现金流可能会影响期货合约的定价。在利率期货市场中，标的商品与利率高度相关。因此，我们可能会发现期货和远期价格之间，以及期货和远期收益率之间的差异。在第 3 章中，我们看到，现货商品价格与利率之间的负相关将导致期货价格低于远期价格。这正是利率期货的情况，因为债券价格随着利率的上升而下降。因此，出于这个原因，我们预计期货价格将低于远期价格。然而，大多数研究表明，这总体上不是一个严重的问题。从实证的角度来看，这种差异不太可能是至关重要的。我们在第 8 章中将更详细地探讨这种关系的理论后果。

在利率期货合约的构建中，我们已经看到期货合约的卖方拥有可能有价值的时间和质量选择权。例如，长期国债期货的卖方拥有时间选择权，因为其可以决定在交割月份的哪一天进行交割。同样，卖方拥有质量选择权，因为其可以决定交割哪种债券。期货的买方知道卖方通过出售期货获得这些选择权。因此，期货价格必须根据这些选择权进行调整。这意味着嵌入卖方选择权的期货价格必须低于没有嵌入选择权时的价格。

研究表明，卖方的选择权可能具有重大价值。我们将在第 8 章中详细讨论这个问题。在这里我们注意到，这些选择权在利率期货应用方面具有充分价值和实际意义。我们还将看到，这些选择权的价值甚至可能占到期货价格的 15%。

## 7.5  利率期货投机

在利率期货市场，可以通过持有单边头寸或进行价差交易进行投机。单边头寸，如买入中期国债期货合约，是对利率变动方向的简单押注。更复杂的投机策略涉及价差交易。正如我们在第 4 章中所讨论的，价差投机涉及对两个期货价格之间关系变化的押注。在本部分中，我们将考虑一些基本的投机策略，并对其举例说明。

正如我们在第 4 章中所讨论的，投机利润的概念是一个非常模糊的概念。投机者可能会获得会计利润，这构成了其资本和精力运用的合理回报。这与经济利润或经济租金不同，后者是超过资本使用和风险承担回报的利润。会计利润与市场效率一致，但经济利润却并不如此。在考虑本部分的投机策略时，牢记这些不同的利润概念十分重要。

### 7.5.1  单边头寸投机

对于一个持有单边期货头寸的投机者来说，投机非常简单。多头交易者押注利率将下降，从而使期货价格上涨。空头交易者押注利率将上升，从而使期货价格下跌。

作为一个单边投机的例子，我们假设一位在 1990 年 9 月 20 日海湾战争后预期利率会上升的交易者。特别地，该交易者认为短期利率会上升，因此其交易了如表 7.9 所示的欧洲美元合约。为了从利率上涨中获利，该交易者必须做空利率期货。因此，他以 90.30 点的价格卖出一份 12 月 90 天期欧洲美元合约。5 天后，利率上升，期货合约价格为 90.12 点。他对利润感到满意，卖出期货合约，获得 18 个基点的收益。因为每个基点价值 25 美元，他的总利润为 450 美元（见表 7.9）。

**表 7.9**　　　　　　　　　　　　　　欧洲美元期货投机

| 日期 | 期货市场 |
|---|---|
| 9 月 20 日 | 以 90.30 点的价格卖出 1 手 12 月 90 天期欧洲美元期货 |
| 9 月 25 日 | 以 90.12 点的价格买入 1 手 12 月 90 天期欧洲美元期货 |
| 利润 | 90.30 – 90.12 = 0.18 |
| 总收益 | 18 个基点 × 25 美元 = 450 美元 |

### 7.5.2  价差投机

在大多数情况下，利率期货的投机依赖于价差交易。商品内价差通常是对利率期限结构的投机。例如，近月和远月欧洲美元期货之间的价差。商品间价差既可以是对收益率曲线形状变化的投机，也可以是对不同工具之间风险水平变化的投机。例如，短期国债和长期国债具有相同的违约风险，因此长期国债/短期国债价差是对收益率曲线的投机。商品间价差通常是对不同工具之间风险水平变化的投机，例如，短期国债和欧洲美元之间的价差。当然，给定的价差可以兼具期限结构投机和风险结构投机的特点。本部分将对各种不同类型的价差投机进行说明。

欧洲美元的商品内价差。表 7.10 列出了欧洲美元的一系列即期利率和期货利率。如即期利率所示，收益率曲线向上倾斜，3 个月期票据收益率为 10%，12 个月期票据收益率为 11.47%。表 7.10 显示了 3 份期货合约，近月合约将在 3 个月后到期。对于期货合约，期货收益率与现货利率给出的期限结构一致，即期货收益率等于期限结构隐含的远期利率。面对这样的情况，特别是收益率曲线非常陡峭地向上倾斜，投机者可能会认为期限结构将在 6 个月内趋于平缓。即使不确定利率是上升还是下降，投机者仍可以通过开展如表 7.11 所示的交易从欧洲美元期货价差中获利。

表 7.10          3 月 20 日欧洲美元的即期利率和期货利率

| 到期期限或期货到期日 | 附加收益率（%） | 期货合约 | 期货收益率（%） | IMM 指数 |
|---|---|---|---|---|
| 3 个月 | 10.00 | 6 月合约 | 12.00 | 88.00 |
| 6 个月 | 10.85 | 9 月合约 | 12.50 | 87.50 |
| 9 个月 | 11.17 | 12 月合约 | 13.50 | 86.50 |
| 12 个月 | 11.47 | | | |

表 7.11          欧洲美元期货投机

| 日期 | 期货市场 |
|---|---|
| 3 月 20 日 | 以 86.50 点的价格买入 12 月欧洲美元期货 |
| | 以 87.50 点的价格卖出 9 月欧洲美元期货 |
| 4 月 30 日 | 以 88.14 点的价格卖出 12 月欧洲美元期货 |
| | 以 89.02 点的价格买入 9 月欧洲美元期货 |

| 利润 | |
|---|---|
| 12 月合约 | 9 月合约 |
| 88.14 | 87.50 |
| −86.50 | −89.02 |
| 1.64 | −1.52 |

总体收益：12 个基点 ×25 美元 = 300 美元

如果收益率曲线变平，连续到期的期货合约之间的收益率价差一定会缩小。目前，12 月和 9 月期货合约之间的收益率价差为 100 个基点。通过买入更远的 12 月合约并卖出 9 月合约，交易者押注收益率价差将缩小。如果收益率曲线变平，那么无论利率的总体水平是上升还是下降，这种价差策略都会带来利润。如表 7.11 所示，截至 4 月 30

日，收益率已大幅下降。12 月合约的收益率从 13.50% 降至 11.86%，9 月合约的收益率从 12.50% 降至 10.98%。对于这种投机策略的利润而言，重要的一点是收益率价差已从 100 个基点变为 88 个基点。这带来了 12 个基点价差的利润，即 300 美元，因为每个基点变化代表 25 美元。只要收益率曲线变平，在利率上升的市场上也可以得到同样的结果。

这个例子表明，所有利率期货的商品内价差都是对收益率曲线变化形状的投机。无论收益率曲线形状会发生什么预期变化，都可以通过交易正确的利率期货价差从以上变化中获利。

短期国债/欧洲美元（T‐Bill/Eurodollar，TED）价差。利率期货市场可能出现的另一种基本投机是对利率风险结构变化的投机。在国际债务危机持续的日子里，对于大量从事国际贷款的银行来说，这是一个危险的时刻，它们非常担心第三世界国家的普遍违约。投机者可能会认为这种情况提供了潜在的机会。例如，如果危机进一步发展，我们可能会发现短期国债存款和欧洲美元存款之间的收益率价差会扩大。这种不断扩大的收益率价差将反映出人们在面临潜在巨额贷款损失时，对持有欧洲美元存款所涉及风险的看法正在发生变化。2 月，假设 9 月短期国债和欧洲美元期货合约的收益率分别为 8.82% 和 9.71%。如果马上了解银行头寸的全部风险，我们可能会预期收益率价差扩大。无论利率是上升还是下降，都将如此。为了利用这种情况，交易者可以卖出 12 月欧洲美元合约，同时买入 12 月短期国债合约。

由于交易者预计收益率价差会扩大，因此其卖出欧洲美元合约，同时买入短期国债合约，指数值分别为 90.29 点和 91.18 点。在此后的 10 月 14 日，这个例子的收益率价差实际上扩大了，短期国债收益率略有上升，因此此价差扩大了 27 个基点，这意味着投机获利 675 美元（见表 7.12）。

表 7.12　　　　　　　　　　短期利率的商品间价差

| 日期 | 期货市场 | |
|---|---|---|
| 2 月 17 日 | 卖出 1 手 IMM 指数值为 90.29 点的 12 月欧洲美元期货合约 | |
| | 买入 1 手收益率为 8.82%、IMM 指数值为 91.18 点的 12 月短期国债期货合约 | |
| 10 月 14 日 | 买入 1 手 IMM 指数值为 89.91 点的 12 月欧洲美元期货合约 | |
| | 卖出 1 手收益率为 8.93%、IMM 指数值为 91.07 点的 12 月短期国债期货合约 | |
| 利润 | | |
| | 欧洲美元 | 短期国债 |
| | 90.29 | 91.07 |
| | −89.91 | −91.18 |
| | 0.38 | −0.11 |
| 总体利润：27 个基点 ×25 美元 =675 美元 | | |

也许可以用这个例子来强调投机最重要的一点。由于《华尔街日报》几乎每天都会刊登文章，差不多每个人都意识到了参与国际贷款的银行所面临的问题。因此，期货价格已经嵌入了市场对短期国债和欧洲美元之间未来收益率价差的预期。通过参与这里讨论的投机策略，交易者可以对市场的其他部分进行投机。仅预期收益率价差扩大是不够的，交易者预期的价差扩大幅度肯定超过市场预期的。因此，交易者肯定正好可以获得利润。这一价差关系如此出名，以至于它有一个名字——TED 价差（国债/欧洲美元）。[5]

TED 价差也可以通过中期国债期货和基于 LIBOR 的互换期货来构建。芝加哥期货交易所有 5 年期和 10 年期的以上合约，可用于构建 5 年期和 10 年期的 TED 价差。这些被称为"TED 价差"。LIBOR 互换合约的标的利率基于欧洲美元的银行存款利率。因此，相同期限的中期国债利率和互换利率之间的价差，应该反映银行信用风险，就像短期国债/欧洲美元价差一样。

NOB 交易。像 TED 价差一样，其策略也非常流行，并为此获得昵称。NOB 是一种针对长期国债期货与中期国债期货反向交易的投机策略。"NOB"一词代表"Notes Over Bonds"。正如我们所看到的，长期国债和中期国债的价格密切相关。由于长期国债期货合约标的的长期国债比中期国债期货合约标的的中期国债具有更长的久期，因此收益率的给定变化将对长期国债期货合约的价格产生更大的影响。NOB 价差旨在利用这一事实。因此，NOB 价差本质上是通过市场间价差来利用收益率水平变化或收益率曲线变化的尝试。

如果这两种工具的收益率上升幅度相同，人们可以预期长期国债的价格会发生更大的变化。假设交易者做多长期国债期货，同时做空中期国债期货。相同的利率下降幅度将使长期国债期货的利润超过中期国债期货的损失，从而使价差获利。

NOB 也可用于基于收益率曲线形状变化预期的交易。例如，假设交易者预期收益率曲线会变得更加陡峭地向上倾斜。这意味着，相对于中期国债的收益率，长期国债的收益率将上升。为了利用这一点，交易者应该卖出长期国债期货，同时买入中期国债期货。如果交易者预期收益率曲线会变得更陡峭地向下倾斜，那么该交易者将买入长期国债期货，同时卖出中期国债期货。请注意，这种投机只涉及收益率的相对变化，而不是水平。

NOB 交易的一种变体是 TUT（Tens under Twos）价差。该价差结构与 NOB 价差一样，并用于相同的目的。唯一的区别是，其结构以 2 年期债券合约作为短期工具，并以 10 年期债券合约作为长期工具。

## 7.6 利率期货套期保值

在本部分中，我们将探讨利率期货套期保值的概念。我们展示了一系列案例，从简单的情况到复杂的情况。本质上，利率期货套期保值者试图持有可以产生收益的期货头寸，以抵销现货市场的潜在损失。这也意味着套期保值者持有的期货头寸将带来亏损，从而抵销现货市场的潜在收益。由此可见，利率期货套期保值者试图降低风险，而不是获取利润。

### 7.6.1 买入套期保值案例

一位投资组合经理在 12 月 15 日得知，从现在起 6 个月后，他将有 970,000 美元资金可用于 90 天期短期国债投资。短期国债当前的收益率为 12%，且收益率曲线是平的，因此远期利率也都是 12%。该经理认为 12% 的利率很有吸引力，并决定通过做多 6 月 15 日到期的短期国债期货合约来锁定这一利率，而 6 月 15 日刚好是资金可用于投资的日子。如表 7.13 所示，该经理在 12 月 15 日预测了未来现金头寸，并购买了一份短期国债期货合约，以对冲 6 月 15 日资金可用于投资之前收益率可能下降的风险。以当前的收益率，更重要的是，短期国债的远期利率为 12%，投资组合经理预计能够买入面值为 1,000,000 美元的短期国债，这是因为：

$$970,000\ 美元 = 1,000,000 - 0.1200 \times 1,000,000 \times \frac{90}{360}$$

套期保值开始，时间流逝。6 月 15 日，90 天期短期国债收益率已降至 10%，证实了投资组合经理的担忧。因此，100 万美元面值的 90 天期短期国债价值：

$$975,000\ 美元 = 1,000,000 - 0.10 \times 1,000,000 \times \frac{90}{360}$$

就在期货合约到期之前，该经理卖出了一份 6 月短期国债期货合约，获利 5,000 美元。但在现货市场，100 万美元面值的 90 天期短期国债的成本已经从 970,000 美元上升到 975,000 美元，造成了 5,000 美元的损失。然而，期货市场利润正好抵消了现货市场损失，实现了零财富变化。在收到即将用于投资的 970,000 美元，以及 5,000 美元的期货利润后，最初的计划可能会被执行，投资组合经理将买入 1,000,000 美元面值的 90 天期短期国债。

表 7.13　　　　　　　　　　短期国债期货的买入套期保值

| 日期 | 现货市场 | 期货市场 |
|---|---|---|
| 12 月 15 日 | 一位投资组合经理得知，他将在 6 个月后获得 970,000 美元用于投资短期国债 | 该经理买入 1 手 6 个月后到期的短期国债期货合约 |
| | 市场收益率：12% | 期货价格：970,000 美元 |
| | 买入票据的预期面值 1,000,000 美元 | |
| 6 月 15 日 | 该经理获得用于投资的 970,000 美元 | 该经理卖出 1 手马上到期的短期国债期货合约 |
| | 市场收益率：10% | 期货收益率：10% |
| | 1,000,000 美元面值的短期国债现在成本为 975,000 美元 | 期货价格：975,000 美元 |
| | 损失 = –5,000 美元 | 利润 = 5,000 美元 |
| | 净财富变化 = 0 | |

为说明买入套期保值，这一案例在设计上经过特别的人为处理。请注意，收益率曲线从一开始就是平的，变化的只是其数值（而非曲线形态）。图 7.3 描述了假设的收益率曲线变化类型。这种理想化的收益率曲线变化不太可能发生。更重要的是，水平收益率曲线假设在简化这一案例方面起着至关重要的作用。如果收益率曲线是平的，那么即期利率和远期利率就是相同的。当一个人通过期货交易"锁定"某一利率时，就必然是远期利率被锁定，如下一个案例所示。我们还假设投资组合经理在准确的时间收到了完全准确数量的资金，以购买 1,000,000 美元的短期国债。这些不切实际的假设在以下案例中逐渐放宽。

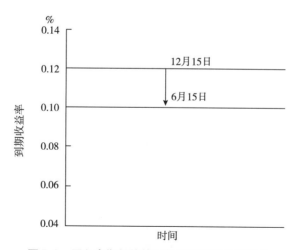

图 7.3　买入套期保值的理想化收益率曲线变化

309

## 7.6.2 卖出套期保值案例

利率期货可用于对冲利率波动带来的各种风险。例如，通过利率期货构建的套期保值，对于面临资产和负债之间利率敏感度错配的银行非常有用。假设一位银行客户在 3 月提出 9 个月期 100 万美元固定利率贷款要求。银行面临的问题是估算贷款期限内的资金成本。如果银行可以发行一张 9 个月期 100 万美元固定利率存款凭证，那么其资产（贷款）的利率敏感度和负债（存款凭证）的利率敏感度将精确匹配。然而，假设银行只能以 3.00% 的利率锁定资金 6 个月。为募集全部 9 个月的贷款资金，银行需要在 9 月按照当时的利率发行 100 万美元的 3 个月期存款凭证。9 月欧洲美元期货的收益率在 3 月为 3.5%。这一收益率为银行提供了市场对 9 月 3 个月期存款凭证利率的评估。这一评估有助于银行确定贷款期限内的预期资金成本，但银行容易受到利率高于预期所带来的影响。

为对冲这一风险，银行可以在 3 月建立 9 月欧洲美元期货的空头头寸。在构建套期保值时，银行将使用单一期货合约。如果利率意外上升，欧洲美元期货价格将下跌，银行的空头头寸将变得更有价值。假设 3 个月期利率在 9 月实际上升到 4.5%。我们知道，欧洲美元期货的收益率必须在合约到期时收敛到现行的 3 个月期利率。这意味着银行的欧洲美元期货头寸增加了 2,500 美元。这一数额正好抵销了现行利率超过贷款定价和套期保值构建时预期的 3.5% 所带来的银行资金成本的增长。表 7.14 显示了与该套期保值构建相关的现金流。当然，由于套期保值，如果资金成本意外下降，银行也放弃了额外赚钱的机会。然而，通过套期保值和锁定资金成本，银行能够确定 9 个月期固定利率贷款的价格，并锁定一个可接受的利润。

**表 7.14**              **利用利率期货为银行资金成本套期保值**

| 日期 | 现货市场 | 期货市场 |
|------|----------|----------|
| 3 月 | 银行提供 9 个月期固定利率贷款，贷款资金来自利率为 3.0% 的 6 个月期存款凭证，该存款凭证到期后还将展期 3 个月，预期利率为 3.5% | 以 96.5 点的价格建立 1 手 9 月欧洲美元期货空头头寸，该价格反映出 3.5% 的期货收益率 |
| 9 月 | 3 个月期 LIBOR 现在为 4.5%；银行的资金成本比预期的 3.5% 高 1%；增加的成本等于 2,500 美元，即 90/360 × 0.01 × 100 万美元 | 以 95.5 点的价格平仓 1 手 9 月欧洲美元期货合约，该价格反映出 4.5% 的期货收益率；产生利润：2,500 美元 = 100 个基点 × 25 美元/基点 × 1 手 |
| | 增加的资金成本总额：2,500 美元 | 期货利润：2,500 美元 |
| 套期保值后的净利息费用：0 | | |

### 7.6.3　交叉套期保值

一家大型制造业公司的财务副总裁决定在 3 个月后发行价值 10 亿美元的 90 天期商业票据。该公司未偿还的 90 天期商业票据的收益率为 17%，比当前 15% 的 90 天期短期国债收益率高出 2%。由于担心利率可能上升，该副总裁决定通过进入利率期货市场来对冲收益率上升的风险。

他决定在短期国债期货市场为公司的商业票据套期保值，因为商业票据和短期国债的利率往往高度相关。由于一种类型的工具通过另一种工具进行套期保值，因此这种套期保值成为"交叉套期保值"。一般来说，当被套期保值对象和套期保值工具在以下方面存在差异时，交叉套期保值便发生：（1）风险水平；（2）息票；（3）到期期限；（4）被套期保值对象和期货合约的可交割工具所涵盖的时间跨度。这意味着利率期货市场中绝大多数的套期保值都是交叉套期保值。该副总裁考虑的套期保值也是交叉套期保值，因为商业票据和短期国债的风险不同。商业票据将在 90 天后发行（并且短期国债期货合约与其同时到期）的假设，确保了商业票据和期货合约交割而来的短期国债涵盖相同的时间跨度。

因此，该副总裁决定卖出 1,000 手 3 个月后到期的短期国债期货合约。表 7.15 显示了该交易。期货价格为 960,000 美元，意味着期货收益率为 16%。请注意，这与当前 15% 的 90 天期短期国债收益率相差 1%。时间流逝，3 个月后的期货收益率没有变化，保持在 16%。然而，由于期货合约即将到期，现货和期货利率现在是相等的。因此，期货合约不会产生任何收益或损失。

**表 7.15　　　　　　　短期国债期货和商业票据之间的交叉套期保值**

| 日期 | 现货市场 | 期货市场 |
|---|---|---|
| 时间 =0 | 财务副总裁计划在 3 个月后卖出 10 亿美元的 90 天期商业票据，预期收益率为 17%，这将使公司获得净收入 957,500,000 美元 | 该副总裁卖出 1,000 手 3 个月后到期的短期国债期货合约，期货收益率为 16%，每手合约的期货价格为 960,000 美元，期货总价为 960,000,000 美元 |
| 时间 =3 个月 | 即期商业票据利率现在为 18%，通常比即期短期国债利率高 2%，因此，销售 10 亿美元商业票据将获得净收入 955,000,000 美元，而非预期的 957,500,000 美元 | 短期国债期货合约即将到期，因此短期国债期货利率 = 即期利率 =16%，期货价格仍然是每手合约 960,000 美元，因此没有收益或损失 |
| | 机会损失 =？ | 收益/损失 =0 |
| 净财富变化 =？ | | |

在现货市场中，套期保值期间结束时的 90 天期商业票据的即期利率已变为 18%，而不是套期保值开始时最初的 90 天期即期利率 17%。由于该副总裁认为"锁定"了 17% 的即期利率，他预计商业票据发行将获得 957,500,000 美元。但发行时的商业票据利率为 18%，因此该公司仅收到 955,000,000 美元。这似乎是现货市场 2,500,000 美元的损失。然而，这只是表象。该副总裁可能认为，在套期保值开始时，他锁定了 17% 的现行即期利率，但这种想法是没有道理的。通过为商业票据套期保值，该副总裁本应锁定 90 天商业票据 3 个月的远期利率。

图 7.4 通过基于银行折扣收益率的短期国债和商业票据的收益率曲线，阐明了这些关系。收益率曲线与前文讨论的数据一致。套期保值开始时，90 天期即期短期国债利率为 15%，商业票据利率为 17%。180 天期即期短期国债和商业票据的利率分别为 15.2% 和 17.1174%。收益率曲线的形状提供了足够多的信息，来计算从第 90 天到第 180 天这段时间跨度内的远期利率以及期货利率。

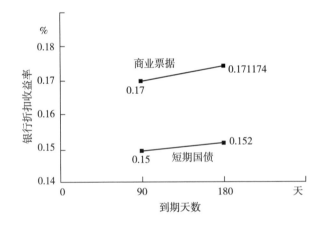

**图 7.4 短期国债和商业票据的收益率曲线假设**

对于银行折扣收益率为 15% 的 90 天期即期短期国债，1,000,000 美元面值的短期国债的价格为 962,500 美元。这项投资在 90 天内的增幅为 1.038961＝1,000,000 美元/962,500 美元。对于银行折扣收益率为 15.20% 的 180 天期短期国债，价格为 924,000 美元，增幅为 1.082251。第 90 天至第 180 天的期货收益率被指定为 16.00%，价格为 960,000 美元，隐含的增幅为 1.041667＝1,000,000 美元/960,000 美元。这些值相互一致，因为 1.082251＝1.038961×1.041667。

同样，对于利率为 17% 的 90 天期商业票据，1,000,000 美元面值票据的价格将为 957,500 美元，增幅为 1.044386＝1,000,000 美元/957,500 美元。对于 180 天期商业票据，折扣利率为 17.1174%。这意味着价格为 914,413 美元，增幅为 1.093598＝1,000,000

美元/914,413 美元。90 天期商业票据利率为 17%，180 天期商业票据利率为 17.1174%，这意味着第 90 天到第 180 天的 90 天期商业票据的远期银行折扣利率为 18%。对于银行折扣利率为 18% 的 90 天期票据，1,000,000 美元面值票据的价格为 955,000 美元，在其有效期内将增长 1.047120 = 1,000,000 美元/955,000 美元。这些值相互一致，因为 1.093598 = 1.044386 × 1.047120。

这些在时间 =0 时估计的远期利率是在 3 个月后盛行的 3 个月期短期国债和商业票据的预期未来银行折扣利率。因此，本案例中商业票据的隐含收益率为 18%，而非该副总裁试图锁定的 17%。

现在，可以准确地理解为什么该副总裁无法锁定 17% 了，尽管这是套期保值开始时盛行的即期利率。原因很简单：对于商业票据的发行期间（未来第 3 个月至第 6 个月），市场认为 90 天期商业票据利率将在 3 个月后达到 18%。期货的价格和收益率反映了这一看法。尽管该副总裁希望获得 17% 的利率，但市场的预期利率是 18%，通过签订期货合约，该副总裁锁定了 18% 的利率。因此，表 7.15 中的机会损失很明显。该副总裁希望以 17% 的利率发行商业票据，这是完全没有道理的。相反，该副总裁本应以市场预期的 18% 的银行折扣利率发行商业票据。然后，他将预期为其公司带来 955,000,000 美元的净收入，而这正是案例中发生的情况。

### 7.6.4 错误预期下的交叉套期保值

在前面的案例中，副总裁误解了期货市场的性质。如果他正确理解了一切，表 7.15 将显示总财富变化为零。到目前为止，所有的案例都是完美的套期保值——套期保值使总财富保持不变。然而有时候，即使套期保值是在合适的预期下正确地开始的，这些预期也可能是错误的。在这种情况下，套期保值将不是完美的；总财富要么增加，要么减少。

为了说明这种可能性，假设与交叉套期保值案例中相同的基本套期保值目的。特别地，假设副总裁希望为相同的商业票据发行进行套期保值，收益率曲线如图 7.4 所示。如表 7.16 所示该副总裁的行动和预期完全正确。收益率曲线表明，90 天后，90 天期短期国债和商业票据的利率将分别为 16% 和 18%。

然而，在这种情况下，假设形成的这些预期是不正确的。在商业票据发行前的 90 天内，市场开始认为商业票据的风险比以前想象的要高，并且经济经历了比预期更高的通货膨胀率。假设历史上商业票据收益率溢价高于短期国债利率 2%，与图 7.4 一致。但现在，由于人们认为商业票据的风险增加，收益率差距扩大至 2.25%。然后，假设 3 个月后短期国债利率因通货膨胀高于预期而上升，恰好为 16.25%。在这些假设下，商业票据利率为 18.5%，而不是最初预期的 18%。

如表 7.16 所示，期货头寸的总收益为 625,000 美元。由于商业票据利率为 18.5%，而不是最初预期的 18%，因此商业票据损失 -1,250,000 美元。由于商业票据的预期误差为 0.5%，而短期国债的预期误差仅为 0.25%，因此期货收益不能抵消商业票据的总损失。这导致 -625,000 美元的净财富变化。然而，如果没有期货套期保值，损失将为 -1,250,000 美元。

**表 7.16**            **错误预期下的交叉套期保值**

| 日期 | 现货市场 | 期货市场 |
|---|---|---|
| 时间 = 0 | 财务副总裁决定在 3 个月后卖出 10 亿美元的 90 天期商业票据，预期收益率为 18%，这将使公司获得净收入 955,000,000 美元 | 该副总裁卖出 1,000 手 3 个月后到期的短期国债期货合约，期货收益率为 16%，每手合约的期货价格为 960,000 美元，期货总价为 960,000,000 美元 |
| 时间 = 3 个月 | 即期商业票据利率此时预期为 18%，但实际为 18.5%，因此，销售 10 亿美元商业票据将获得净收入 953,750,000 美元，而非预期的 955,000,000 美元 | 短期国债期货合约即将到期，因此短期国债期货利率 = 即期利率 = 16.25%，期货价格为每手合约 959,375 美元，因此每手合约的收益为 625 美元，1,000 手合约的总收益为 625,000 美元 |
| | 机会损失 = -1,250,000 美元 | 收益 = +625,000 美元 |
| 净财富变化 = -625,000 美元 | | |

总的来说，现实世界中的套期保值并不完美。套期保值两端的利率倾向于向同一方向移动，但幅度不确定。利率有时甚至会朝相反的方向移动，从而产生巨大的收益或损失。在刚刚讨论的案例中，假设商业票据利率为 18.5%，但短期国债利率为 15.75%，低于预期的 16%。在这种情况下，商业票据的损失将为 -1,250,000 美元，期货的损失将为 -625,000 美元，总损失将为 -1,875,000 美元，因为公司在套期保值的两端都面临损失。这样的结果令人难以相信，但这是一个可能的结果，套期保值者应该意识到。

## 7.7   小结

在本章中，我们考虑了最重要的利率期货合约的合约条款。我们使用持有成本框架探讨了期货合约的合理定价，并了解了利率期货与利率期限结构的关系。

我们注意到，在将最简单形式的持有成本关系应用于利率期货，特别是长期国债期货合约方面存在一些困难。套利条件的失效促成了未来利率预期在确定利率期货价格中的作用。

如果利率期货价格不是由严格的持有成本关系决定的，那么各种投机策略可能会得到充分的回报。本章最后探讨了一些简单的投机策略，以及涉及多种工具的更复杂关系。在下一章中，我们将通过考虑利率期货的定价效率和套期保值应用，继续探索利率期货。

## 7.8　习题

1. 假设 90 天期短期国债的折扣收益率为 8.75%，那么 1,000,000 美元面值短期国债的价格是多少？

2. 如 IMM 指数为 88.70 点，折扣收益率是多少？如果你在该点位买入短期国债，指数值变为 88.90 点，你的收益或损失是多少？

3. 意向日和第一头寸日的区别是什么？

4. 100,000 美元面值长期国债的年票面利率为 9.5%，并在 48 天前支付了其上一次息票。债券的应计利息是多少？

5. 芝加哥期货交易所长期国债合约的转换因子在什么条件下才能为交割一种债券而不是另一种债券创造有利条件？

6. 6 月短期国债期货的 IMM 指数值为 92.80 点，9 月的值为 93.00 点。6—9 月期间隐含的百分比持有成本是多少？

7. 180 天期短期国债的即期折扣收益率为 9.5%。如果未来 3 个月的银行折扣利率为 9.2%，3 个月后到期的期货价格是多少？

8. 对于接下来的 3 个期货到期月份，你观察到以下欧洲美元报价：

3 月 92.00

6 月 91.80

9 月 91.65

收益率曲线是什么形状？请解释。

9. 假设前一问题中的价格适用于短期国债期货，且 3 月合约今天到期。180 天期短期国债的即期价格应该是多少？

10. 长期国债的最便宜可交割债券是一只 87 天前支付息票的票面利率为 10% 的债券，其价格为 105 – 16。该债券的转换因子为 1.0900。近月长期国债期货在 50 天后到期，当前价格为 98 – 00。如果你可以在此期间以 2% 的总利息成本借入或贷出资金以为长期国债融资，你会如何交易？如果你可以在此期间以 3% 的总利息成本借入或贷出资金呢？如果你能以 3% 的总利息成本借入资金，并在整个期间内从投资中获得 2% 的收益呢？请解释。

11. 你预计未来几个月收益率曲线会变陡，但你不确定利率水平会上升还是下降。如果你是正确的，请解释两种不同的你可以获利的交易方式。

12. 如某武装力量入侵阿拉斯加州，金融市场陷入动荡。你对危机恶化程度的预期超过其他交易者的预期。如果你是正确的，你将如何交易短期利率期货来获利？请解释。

13. 你认为收益率曲线非常陡峭地向上倾斜，并且收益率处于非常高的水平。你将如何利用利率期货来对冲你将在 9 个月后收到资金的潜在投资？如果你在 9 个月后面临大额借款，你将如何利用期货？

14. 公司债券的即期利率为 11%，收益率曲线急剧向上倾斜。即将到期的长期国债期货的收益率为 8%，但 6 个月后到期的期货合约的收益率为 8.75%（你确信，这一差异与两份合约的最便宜可交割债券的差异无关）。在这种情况下，一位公司财务人员希望锁定其公司计划在 6 个月后发行的公司债券的当前即期利率 11%。你会给他什么建议？

15. 海伦·雅斯贝尔斯（Helen Jaspers）坐在她的交易桌前，观察短期国债的现货和期货市场价格。她的公司在短期国债市场非常活跃，她渴望进行交易。从支付至到期有 120 天的短期国债的报价是 4.90% 的折扣收益率。该票据可用于 9 月短期国债期货合约在 9 月 20 日的交割，该合约的成交价为 95.15 点。9 月 20 日到期（从支付至到期有 29 天）的短期国债的报价为 4.70% 的折扣收益率。

（1）计算 1 美元面值的短期国债和期货价格。

（2）计算隐含回购利率。隐含回购利率是否可以用来告诉海伦哪里可以获得套利利润？如果可以，如何操作？

（3）100 万美元交易的套利利润是多少？

16. 安琪拉·威克斯（Angela Vickers）负责管理塞米诺尔工业（Seminole Industries）的短期资金头寸。3 周后，塞米诺尔将有一笔现金流入，该笔现金将被转入 100 万美元的 90 天期短期国债。一份短期国债期货合约将在以上预期现金流入的同时进行交割，该合约的成交价为 94.75 点。有迹象表明，金融市场正在恢复平静，利率可能会下降。

（1）安琪拉可能会采用什么类型的套期保值？

（2）未来 3 周，利率实际上会更高。90 天期短期国债的折扣收益率为 6.00%。如果不进行套期保值，计算塞米诺尔的净财富变化。

（3）如果进行套期保值，计算塞米诺尔的净财富变化。

（4）套期保值是个错误吗？

17. 弗雷德·费雷尔（Fred Ferrell）在 ABC 投资公司工作。作为 ABC 投资公司投资策略的一部分，弗雷德负责在 2 个月后清算 ABC 投资公司 2,000 万美元的短期国债投资组合。弗雷德已经确认了可以在清算后用于 3 月短期国债期货合约交割的 2,000 万美元短期国债。期货合约的价格是 94.50 点。弗雷德担心未来经济不确定性会导致利率上升，并为此晚上睡不着觉。

（1）弗雷德可以采取什么措施来降低 ABC 投资公司的利率风险？

（2）在清算时，90 天期短期国债的价格已升至 5.25% 的折扣收益率。如果弗雷德未能套期保值，计算 ABC 投资公司将发生的净财富变化。

（3）假设弗雷德开展了套期保值，计算 ABC 投资公司将发生的净财富变化。

18. 亚历克斯·布朗（Alex Brown）是 B. I. G. 工业公司的金融分析师。他负责处理 5 亿美元长期债务再融资的细节，该债务将于 5 月（从当天起 5 个月后）展期。新的票面利率为 8%、面值为 5 亿美元的 30 年期债务，预计将比 30 年期长期国债收益率有 75 个基点的违约风险溢价。30 年期长期国债的当前成交价为 5.62%。亚历克斯认为，这一风险溢价在与 B. I. G. 工业公司债务质量相似的公司债务中具有代表性。亚历克斯看了看 6 月长期国债，发现其成交价为 123 - 25。他担心，从现在到 5 月的利率变化可能会对再融资现金流产生负面影响。

（1）假设利率不变，B. I. G. 工业公司预期的再融资收入是多少？

（2）亚历克斯可以做些什么来降低 B. I. G. 工业公司面临的再融资风险？

（3）再融资时，30 年期长期国债收益率为 5.80%，长期国债期货价格为 121 - 09，B. I. G. 工业公司新发行的债券收益率为 6.75%。计算再融资实现的收入。

（4）假设亚历克斯以 123 - 25 的价格卖出 5 亿美元的长期国债期货，以对再融资进行套期保值，并在再融资发生时清算期货头寸，请计算期货交易中获得的利润，并评估因再融资利率和期货交易变化而形成的净财富变化。

（5）讨论净财富变化不是零的可能原因。

## 7. 9　尾注

［1］芝加哥期货交易所还成功上市了一个 30 天期联邦基金期货合约，这是一个短期利率合约。

［2］The CME,"Inside Eurodollar Futures", p. 19.

［3］确保转换因子以及其他有用信息的常规来源的最佳方法是访问芝加哥期货交易所在万维网上的网站：www. cbot. com。

〔4〕有关这种短期国债定价方法的研究，见 I. Kawaller and T. Koch，"Cash – and – Carry Trading and the Pricing of Treasury Bill Futures"，*Journal of Futures Markets*，4：2，1984，pp. 115 – 123。

〔5〕见 CME，"Market Perspectives"，5：1，February 1987，pp. 1 – 4。另见 CME，"The TED Spread"，*Financial Strategy Paper*，1987。

# 第8章 利率期货：进阶

## 8.1 概述

第8章建立在第7章基础之上。在探讨了利率期货的基本特征之后，我们现在开始进一步理解这些重要的市场。因此，第8章更仔细地考虑了第7章提到的一些相同问题。此外，我们还研究了一些新问题，如利率期货市场的信息效率。

长期国债合约可能是有史以来最重要的期货合约，也是最复杂的合约之一。此外，它为在世界各地市场交易的许多重要利率期货合约提供了概念基础。我们在本章开始时对长期国债合约进行了详细分析。这一分析为更深入地理解如何利用利率期货来投机和管理风险奠定了基础。接下来，我们考虑了利率期货市场的信息效率。如果市场中的价格充分反映了某组信息中所包含的信息，则该市场对于该组信息而言是有效的。已经有许多关于利率期货信息效率的研究，我们也回顾了这些研究成果。

在第7章中，我们看到利率期货应该是完全持有成本市场。然而，这一结论需要一些限定条件。以长期国债合约为模型，我们分析了该合约的特殊特征，并说明了这些特征如何使完全持有成本难以衡量。例如，卖方选择权对理论上正确的期货价格具有重要影响。

许多交易者利用利率期货管理风险。风险管理的技术非常多样化，而且越来越复杂。根据风险的性质，基本上有两类适用的技术。因此，我们首先考虑短期利率期货的应用，然后通过检验长期利率期货的应用来结束本章。

## 8.2 长期国债期货合约详述

我们在第7章探讨了长期国债期货合约的基本特征。在本部分中，我们首先回顾我们从第7章获得的对合约的了解。然后，我们对合约进行更全面的分析。这一过程深化了对合约的理解，有助于我们理解如何利用利率期货进行投机和风险管理。

### 8.2.1 长期国债合约回顾

在第7章长期国债期货合约的讨论中，我们注意到，该合约要求交割本金金额为

100,000 美元、距离到期日或首次赎回日至少还有 15 年的美国长期国债。我们注意到，交割流程持续 3 个工作日，实际交割发生在第 3 个工作日，这可能是交割月份的任何一个工作日。

对于任何特定的期货合约到期日，多种债券将可用于交割。这些债券可以具有任何票面利率，以及超过最低要求的任何到期期限。在许多情况下，可交割的债券将包括一些最近发行的长期国债，这些长期国债在合约首次上市交易时可能根本不存在。

如果不进行一些调整，这些债券中的一种债券可能比其他债券更适于交割。例如，如果合约允许在没有价格调整的情况下交割任何债券，那么每个交易者都希望交割最便宜的债券。为了使可交割债券种类具有可比性，芝加哥期货交易所使用了一套转换因子系统。本质上，给定债券的转换因子是通过假设债券的面值为 1 美元，并将该债券的所有现金流以 6% 的利率进行折现来确定的。虽然转换因子消除了各种债券之间的许多不平衡，但并不能完全消除。因此，在可交割债券中，仍有一种债券是最便宜可交割债券。

另一个复杂的问题是，我们在第 7 章中指出的长期国债期货的卖方拥有多项选择权。例如，卖方选择交割哪种债券，以及在哪一天交割。正如我们在本章后面所探讨的，这些和其他选择权具有重要价值。

### 8.2.2 最便宜可交割债券

在本部分中，我们将介绍如何确定哪种债券是最便宜可交割债券，以及如何找到准确的账单金额，包括计算应计利息时的所有细微差别。首先，我们分析了到期前还有一段时间但不会有息票支付情况下的最便宜可交割债券。其次，我们考虑了在持有期开始和期货到期之间存在息票支付的情况。

期间无息票的情况。假设今天是 2004 年 9 月 14 日星期二，2004 年 9 月长期国债期货的结算价格为 107 – 16。空头交易者今天决定立即对 2004 年 9 月期货进行交割。他选择今天——9 月 14 日作为意向日，因此实际交割将于 2004 年 9 月 16 日进行。他正在考虑两种债券，并想知道对于每种债券他能收到多少钱，以及他应该交割哪种债券。这两种债券是：

| 到期日 | 票面利率 | 价格 | 2004 年 9 月合约的转换因子 |
|---|---|---|---|
| 2028 年 11 月 15 日 | 5.25% | 93 – 15 | 0.9052 |
| 2021 年 11 月 15 日 | 8.00% | 127 – 03 | 1.2113 |

我们想确定每种债券的确切账单金额，以及哪种债券是最便宜可交割债券。

为了回答这些问题，我们首先按照 100,000 美元的面值计算这些债券的现货价格和账单金额。总价等于报价加上应计利息。在第 7 章中，我们看到债券根据票面利率和本金金额每天产生利息。在市场上，实际计算还取决于半年中的天数，如表 8.1 所示。

**表 8.1　　　　　　　　　　　　　　半年中的天数**

| 计息周期 | 半年中的天数 | | | |
|---|---|---|---|---|
| | 1 日或 15 日支付利息 | | 最后一日支付利息 | |
| | 平年 | 闰年 | 平年 | 闰年 |
| 1 月至 7 月 | 181 | 182 | 181 | 182 |
| 2 月至 8 月 | 181 | 182 | 184 | 184 |
| 3 月至 9 月 | 184 | 184 | 183 | 183 |
| 4 月至 10 月 | 183 | 183 | 184 | 184 |
| 5 月至 11 月 | 184 | 184 | 183 | 183 |
| 6 月至 12 月 | 183 | 183 | 184 | 184 |
| 7 月至次年 1 月 | 184 | 184 | 184 | 184 |
| 8 月至次年 2 月 | 184 | 184 | 181 | 182 |
| 9 月至次年 3 月 | 181 | 182 | 182 | 183 |
| 10 月至次年 4 月 | 182 | 183 | 181 | 182 |
| 11 月至次年 5 月 | 181 | 182 | 182 | 183 |
| 12 月至次年 6 月 | 182 | 183 | 181 | 182 |
| 1 年（任意 2 个连续半年） | 365 | 366 | 365 | 366 |

数据来源：Treasury Circular No. 300, 4th Rev.

这两种债券每年的付息日相同，即 5 月 15 日和 11 月 15 日，因此都处于 5 月至 11 月的周期。如表 8.1 所示，对于平年和闰年，5 月至 11 月这半年都是 184 天。从 5 月 15 日到 9 月 14 日是 122 天。因此，每种债券的应计利息分别为：

票面利率为 5.25% 的债券：AI ＝（122/184）×0.5×0.0525×100,000 美元
　　　　　　　　　　　　　＝1,740.49 美元

票面利率为 8.00% 的债券：AI ＝（122/184）×0.5×0.08×100,000 美元
　　　　　　　　　　　　　＝2,652.1 美元

式中，AI 为应计利息。

由第 7 章可知：

$$账单金额 = DFP \times 100,000\ 美元 \times CF + AI$$

式中，DFP 为十进制期货价格（如 96－16＝0.965）；CF 为转换因子；AI 为应计利息。

2004 年 9 月期货合约在 9 月 14 日的期货结算价为 107－16，账单金额分别为：

票面利率为 5.25% 的债券：1.0750×100,000 美元×0.9052＋1,740.49 美元

$$=99,049.49\ \text{美元}$$

票面利率为 8.00% 的债券：$1.0750\times100,000\ \text{美元}\times1.2113+2,652.17\ \text{美元}$

$$=132,866.92\ \text{美元}$$

因此，这两种债券的账单金额完全不同；票面利率为 8.00% 的债券的账单金额比票面利率为 5.25% 的债券高 34%。

为完成交割，空头交易者必须交付债券，同时收到账单金额。他该交割哪种债券？这一决定取决于账单金额和现货市场价格之间的差额，即交割利润。用于交割的最有利可图的债券是最便宜可交割债券。换言之，空头交易者将选择可以实现利润最大化的债券用于交割。对于特定债券 $i$，其利润 $\pi_i$ 为：

$$\pi_i = \text{账单金额} - (P_i + AI_i) = DFP_i \times 100,000\ \text{美元} \times CF_i + AI_i - (P_i + AI_i)$$

由于应计利息包含在账单金额中，并通过交出债券作为付款扣除，因此利润简化为：

$$\pi_i = DFP_i \times 100,000\ \text{美元} \times CF_i - P_i$$

为了找到最便宜可交割债券，空头交易者将计算每种可交割债券的盈利能力。利润最大的债券就是最便宜可交割债券。[1] 对于这两种债券，交割利润分别为：

对于票面利率为 5.25% 的债券：$\pi_i = 1.0750 \times 100,000\ \text{美元} \times 0.9052$

$$-93,468.75\ \text{美元} = 3,840.25\ \text{美元}$$

对于票面利率为 8.00% 的债券：$\pi_i = 1.0750 \times 100,000\ \text{美元} \times 1.2113$

$$-127,093.75\ \text{美元} = 3,121.00\ \text{美元}$$

交割票面利率为 5.25% 的债券的利润更大，因此比交割票面利率为 8.00% 的债券更便宜。对于 2004 年 9 月的期货合约，我们在第 7 章中看到，截至 2004 年 6 月，有 25 种债券符合交割条件。最便宜可交割债券是从交割中可获得最大利润的债券，正如使用前文所述方法计算的那样。

哪种债券更便宜取决于利率水平。一般来说，当利率低于 6% 时，就有动机交割短期限/高息票的债券。当利率高于 6% 时，就有动机交割长期限/高息票的债券。同样的观点也可以用久期表达，当利率低于 6% 时，交易者应交割低久期的债券，当利率高于 6% 时，应交割高久期的债券。

其间有息票的情况。到目前为止，我们已经分析了没有息票支付情况下的最便宜可交割债券。我们现在考虑当债券在正向期现套利持有期开始和期货到期之间支付息票时，哪种债券是最便宜可交割债券。为了在到期前找到最便宜可交割债券，我们采用正向期现套利策略。正向期现套利策略交割时可获得最大利润的债券，将是最便宜可交割债券。

我们假设一位交易者今天购买一只债券，并持有该债券至交割。我们将以上正向期现套利的现金流与基于今天期货价格的账单金额进行比较。当然，我们无法确切地知道未来的现金流，特别是期货价格可能会发生变化。然而，我们在计算时假设利率和期货价格保持不变。对于该分析，我们必须考虑估计的账单金额，以及估计的与持有该债券至交割相关的现金流。

估计的账单金额取决于三个因素：

（1）今天的期货报价。

（2）我们计划交割的债券的转换因子。

（3）债券在到期日的应计利息。

购买并持有债券至交割还涉及三个现金流：

（1）今天支付的报价加上应计利息。

（2）今天至到期期间为债券融资。

（3）收取并投资今天至到期期间支付的任何息票。

通过图 8.1 中的时间线，我们可以将所有这些因素综合在一起。

**图 8.1　正向期现套利的时间线**

今天，我们购买了一只债券并为其融资，直至交割。从今天至交割期间，我们收取并投资一份息票。交割时，我们交出债券并收到账单金额。因此：

估计的账单金额 = $DFP_0 \times 100,000$ 美元 $\times CF + AI_2$

估计的已交割债券的未来价值 = $(P_0 + AI_0) \times (1 + C_{0,2}) - COUP_1 \times (1 + C_{1,2})$

式中：

$P_0$ 为今天的债券报价，$t=0$；

$AI_0$ 为今天的应计利息，$t=0$；

$C_{0,2}$ 为 $t=0$ 至 $t=2$（到期）期间的利息系数；

$COUP_1$ 为 $t=1$ 时（交割前）收到的息票；

$C_{1,2}$ 为 $t=1$ 至 $t=2$ 期间的利息系数；

$DFP_0$ 为今天的十进制期货价格，$t=0$；

CF 为特定债券和指定期货到期日的转换因子；

$AI_2$ 为 $t = 2$ 时的应计利息。

空头交易者将通过选择最便宜可交割债券来实现利润最大化。对于债券 I，来自交割的预期利润为估计的账单金额减去估计的用于交割的债券价值：

$$\pi_i = DFP_0 \times 100,000 \text{ 美元} \times CF + AI_2 - [(P_0 + AI_0) \times (1 + C_{0,2})$$
$$- COUP_1 \times (1 + C_{1,2})] \tag{8.1}$$

举一个例子，假设今天是 2004 年 9 月 14 日，我们希望找到 2004 年 12 月期货合约的最便宜可交割债券。我们用此前已经讨论过的两只债券来说明计算过程：

| 到期日 | 票面利率 | 价格 | 2004 年 12 月合约的转换因子 |
|---|---|---|---|
| 2028 年 11 月 15 日 | 5.25% | 93 – 15 | 0.9056 |
| 2021 年 11 月 15 日 | 8.00% | 127 – 03 | 1.2094 |

我们假设债券融资和息票投资都将以 7% 的单利回购利率进行，2004 年 12 月国债期货合约的结算价格为 106 – 23。我们假设面值为 100,000 美元，目标交割日期为 2004 年 12 月 31 日。图 8.2 显示了相关日期及期间天数。

这两种债券在 122 天前的 2004 年 5 月 15 日支付了最近一次息票。我们已经看到，截至今天（2004 年 9 月 14 日），票面利率为 5.25% 的债券的应计利息为 1,740.49 美元，票面利率为 8.00% 的债券的应计利息为 2,652.17 美元。这些是式（8.1）中 $AI_0$ 的值。两种债券的融资金额分别为：

对于票面利率为 5.25% 的债券：$P_0 + AI_0 = 93,468.75$ 美元 + 1,740.49 美元
$$= 95,209.24 \text{ 美元}$$

对于票面利率为 8.00% 的债券：$P_0 + AI_0 = 127,093.75$ 美元 + 2,652.17 美元
$$= 129,745.92 \text{ 美元}$$

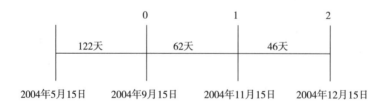

**图 8.2 正向期现套利的日期**

接下来，我们考虑从下一个付息日（2004 年 11 月 15 日）到计划交割日期（2004 年 12 月 31 日）累积的应计利息。从 2004 年 11 月 15 日到 2004 年 12 月 31 日，在半年 181 天中共有 46 天。因此，债券将于 2004 年 12 月 31 日产生以下应计利息。

对于票面利率为5.25%的债券：$AI_2 = (46/181) \times 0.5 \times 0.0525 \times 100,000$ 美元

$= 667.13$ 美元

对于票面利率为8.00%的债券：$AI_2 = (46/181) \times 0.5 \times 0.08 \times 100,000$ 美元

$= 1,016.57$ 美元

2004 年 9 月 14 日，期货价格为 106 – 23，$DFP_0 = 1.0671875$。两种债券估计的账单金额分别为：

对于票面利率为 5.25% 的债券：$1.0671875 \times 100,000$ 美元 $\times 0.9056 + 667.13$ 美元 $= 97,311.63$ 美元

对于票面利率为 8.00% 的债券：$1.0671875 \times 100,000$ 美元 $\times 1.2094 + 1,016.57$ 美元 $= 130,082.23$ 美元

接下来，我们计算融资利率。9 月 14 日，距预期交割日还有 108 天，因此 $C_{0,2} = 0.07 \times (108/360) = 0.0210$。从 2004 年 11 月 15 日到 2004 年 12 月 31 日共有 46 天，因此 $C_{1,2} = 0.07 \times (46/360) = 0.008944$。最终，我们能够计算交割利润。表 8.2 总结了所有这些中间计算。

表 8.2　　　　　　　　　　　　最便宜可交割债券数据

| 债券 | $P_0$ | $AI_0$ | $C_{0,2}$ | $C_{1,2}$ | $DFP_0$ | CF（2004 年 12 月） | $AI_2$ |
|---|---|---|---|---|---|---|---|
| 5.25% | 93,468.75 美元 | 1,740.49 美元 | 0.0210 | 0.008944 | 1.0671875 | 0.9056 | 667.13 美元 |
| 8.00% | 127,093.75 美元 | 2,652.17 美元 | 0.0210 | 0.008944 | 1.0671875 | 1.2094 | 1,016.57 美元 |

使用表 8.2 中的值，我们计算了交割每种债券的预期利润。

对于票面利率为 5.25% 的债券：

$\pi = 1.06718750 \times 100,000$ 美元 $\times 0.9056 + 667.13$ 美元 $- [(93,468.75$ 美元 $+ 1,740.49$ 美元$) \times 1.0210 - 2,625$ 美元 $\times 1.008944] = 2,751.48$ 美元

对于票面利率为 8.00% 的债券：

$\pi = 1.06718750 \times 100,000$ 美元 $\times 1.2094 + 1,016.57 - [(127,093.75$ 美元 $+ 2,652.17$ 美元$) \times 1.0210 - 4,000$ 美元 $\times 1.008944] = 1,647.43$ 美元

对于票面利率为 5.25% 的债券，预期交割利润为 2,751.48 美元，但交割票面利率为 8.00% 的债券仅产生 1,647.43 美元的利润。因此，将票面利率为 5.25% 的债券用于交割更便宜。

最便宜可交割债券和隐含回购利率。我们也可以使用隐含回购利率来分析同样的情况。这里，给定期间的隐含回购利率等于交割时的净现金流除以持有期开始时的净资金流：

$$隐含回购利率 = \frac{期间净现金流}{期初净现金流}$$

分子包括账单金额的现金流入，加上交割时息票的未来价值，减去最初购买债券的成本，分母包括购买债券的成本。因此：

$$\text{隐含回购利率} = \frac{\text{DFP}_0 \times 100,000 \text{ 美元} \times \text{CF} + \text{AI}_2 + \text{COUP}_1 \times (1 + C_{1,2}) - (P_0 + \text{AI}_0)}{P_0 + \text{AI}_0}$$

对于票面利率为 5.25% 的债券：

$$\text{隐含回购利率} = \frac{\begin{array}{c}1.0671875 \times 100,000 \text{ 美元} \times 0.9056 + 667.13 \text{ 美元} \\ + 2,625 \text{ 美元} \times 1.008944 - (93,468.75 \text{ 美元} + 1,740.49 \text{ 美元})\end{array}}{93,468.75 + 1,740.49}$$

$$= 0.0499$$

对于票面利率为 8.00% 的债券：

$$\text{隐含回购利率} = \frac{\begin{array}{c}1.0671875 \times 100,000 \text{ 美元} \times 1.2094 + 1,016.57 \text{ 美元} \\ + 4,000 \text{ 美元} \times 1.008944 - (127,093.75 \text{ 美元} + 2,652.17 \text{ 美元})\end{array}}{127,093.75 + 2,652.17}$$

$$= 0.0337$$

将这些利率年化后，我们得到，对于票面利率为 5.25% 的债券，$0.0499 \times (360/108) = 16.63\%$，对于票面利率为 8.00% 的债券，$0.0337 \times (360/118) = 11.23\%$。因此，低票面利率（5.25%）债券具有较高的隐含回购利率，这表明该债券较票面利率为 8.00% 的债券更适于持有至交割。从这个案例中，我们可以得出以下关于到期前最便宜可交割债券的规则：在正向期现套利策略中，最便宜可交割债券具有最高的隐含回购利率。

如果隐含回购利率等于借款利率，则正向期现套利交易的利润为零。为了说明这一原则，我们重点关注票面利率为 8.00% 的债券以及表 8.3 中的正向期现套利交易。如表 8.3 中案例所示，以隐含回购利率融资的正向期现套利的利润为零。

总之，我们将阐述资金成本与隐含回购利率不同情况下如何开展套利的一般规则。我们考虑的交易假设期货价格没有变化，且市场是完美的。特别是对于反向期现套利来说，交易者充分利用卖空收益的假设至关重要。根据这些限制和下一部分的阐述，一般规则如下：

（1）如果实际借款成本等于隐含回购利率，则正向期现套利的利润为零。

（2）如果有效借款利率低于隐含回购利率，则可以通过正向期现套利获得利润，即买入债券现货并卖出期货。

（3）如果有效借款利率高于隐含回购利率，并且可以卖空债券，则可以通过反向期现套利获得利润，即卖出债券现货，买入期货，并在期货到期时平仓空头头寸。

表 8.3 显示隐含回购利率的交易

| | |
|---|---|
| 2004 年 9 月 14 日 | 以 11.23% 的隐含回购利率借款 129,745.92 美元，为期 108 天<br>买入面值为 100,000 美元、票面利率为 8% 的 2021 年 11 月 15 日到期的长期国债，包含应计利息的总价格为 129,745.92 美元<br>以 106 – 23 的当前价格卖出一份 2004 年 12 月长期国债期货合约 |
| 2004 年 11 月 15 日 | 收取 4,000 美元的息票付款，并以 7.00% 的利率投资 46 天 |
| 2004 年 12 月 31 日<br>（假设期货价格<br>仍为 106 – 23） | 交割债券并收到 130,082.23 美元的账单金额<br>从息票投资中获得：4,000 + 4,000 × 0.07 × （46/360） = 4,035.78 美元<br>偿还债务：129,745.92 + 129,745.92 × 0.1123 × （108/360） = 134,117.06 美元 |
| 净利润 = 130,082.23 + 4,035.78 – 134,117.06 = 0.95 美元 ≈ 0 （给定四舍五入误差） | |

## 8.2.3 为什么他们称其为风险套利

在本部分中，我们通过更详细地考虑长期国债期货合约的特点，为套利分析增添了更多的现实性。正如我们将要展示的那样，市场现实增加了正向期现套利和反向期现套利的风险。这些复杂性使我们的套利框架脱离了"学术套利"的范畴，并表明了为什么长期国债期货市场上的所有套利都是真正的"风险套利"。正向期现套利和反向期现套利策略的风险来源不同，并且风险有三个来源：必须进行再投资的期间息票支付、转换因子的使用和卖方拥有的选择权。在本部中，我们考虑了再投资问题和转换因子使用所产生的风险。我们也对卖方的选择权进行了一般介绍。

正向期现套利的受挫风险。仔细检查表 8.3，可以发现正向期现套利的一些潜在风险因素。第一，债务融资利率在 108 天的持有期内是固定的。第二，交易者实际上能够以 7% 的预期再投资利率对息票进行投资。第三，期货价格在此期间没有变化。我们依次考虑这些问题。

首先，假设表 8.3 中的交易者通过隔夜回购协议为购买长期国债提供资金。隔夜回购利率每天都在变化，因此融资成本可能会增加。随着融资成本的增加，表 8.3 中的交易不会以零利润结束。相反，它们会带来损失。因此，表 8.3 中的交易具有潜在风险，这取决于债券的融资利率。其次，假设债券在整个期间内以 11.23% 的隐含回购利率融资。此外，假设短期利率降低，因此息票只能以 6% 的利率投资，而不是如表 8.3 所示的 7%。现在，再投资的息票只会增长到 4,031 美元，而不是表 8.3 中所示的 4,036 美元。因此，变化的利率将产生损失。这两个案例展示了所谓的无风险正向期现套利策略所固有的风险。我们现在转向一个更大的风险，会影响正向期现套利策略现金流的期货价格变化。

在表 8.3 的交易中，我们假设期货价格在合约有效期内没有变化。在给定的融资利率下，正向期现套利交易的利润为零。现在让我们假设债券融资和息票投资完全如表 8.3 所示。然而，现在我们考虑期货价格从 106 − 23 下降到 104 − 23，这一变化发生在合约建仓至到期之间。期货价格的这种变化是完全可能的，我们需要考虑这种价格变化对正向期现套利策略现金流的影响。

表 8.4 列出了与表 8.3 中零利润正向期现套利交易相同的交易。这两个表格之间的唯一差异是在合同有效期内期货价格从 106 − 23 下降到 104 − 23。当期货到期价格为 104 − 23 时，实际账单金额为：

$$账单金额 = 1.047188 \times 100,000\ 美元 \times 1.2094 + 1,016.57\ 美元$$
$$= 127,663.43\ 美元$$

期货价格的下跌在合约有效期内产生 2,000 美元的每日重新结算现金流入。然而，随着账单金额的减少，正向期现套利交易产生了损失。如表 8.4 交易所示，损失的原因是以 1 美元为计价基础的期货价格波动产生了收益或损失。例如，在本案例中期货价格下跌 2 个点会产生 2,000 美元的收益。然而，当期货价格变化 1 美元时，债券的交割价值将变化 1 美元乘以转换因子，在我们的案例中转换因子超过了 1.0。这使所谓的无风险交易有可能产生损失。下跌的期货价格产生 2,000 美元的每日重新结算利润，但将账单金额从 130,082.23 美元降至 127,663.43 美元，下降了 2,418.80 美元。因此，价格变化产生了 2,000 美元的新利润和 2,418.80 美元的新损失，净损失为 418.80 美元，这与表 8.4 中的数值相差了 0.95 美元的四舍五入误差。

表 8.4　　　　　　　　　　　　显示隐含回购利率的交易

| | |
|---|---|
| 2004 年 9 月 14 日 | 以 11.23% 的隐含回购利率借款 129,745.92 美元，为期 108 天<br>买入面值为 100,000 美元、票面利率为 8% 的 2021 年 11 月 15 日到期的长期国债，包含应计利息的总价格为 129,745.92 美元<br>以 106 − 23 的当前价格卖出一份 2004 年 12 月长期国债期货合约 |
| 2004 年 11 月 15 日 | 收取 4,000 美元的息票付款，并以 7.00% 的利率投资 46 天 |
| 2004 年 12 月 31 日<br>（假设期货价格<br>下降为 104 − 23） | 从 9 月 14 日至 12 月 31 日，期货价格从 106 − 23 下降到 104 − 23，产生了 2,000 美元的现金流入<br>交割债券并收到 127,663.43 美元的账单金额<br>从息票投资中获得：4,000 + 4,000 × 0.07 × （46/360）= 4,035.78 美元<br>偿还债务：129,745.92 + 129,745.92 × 0.1123 × （108/360）= 134,117.06 美元 |
| 净利润 = 2,000 + 127,663.43 + 4,035.78 − 134,117.06 = −417.85 美元 | |

反向期现套利的受挫风险。在反向期现套利交易中，交易者卖出标的商品并买入期货合约。然后，交易者将卖空交易的收益进行投资，计划开展期货交割并返还借入

的商品。表 8.5 显示了作为表 8.3 镜像的反向期现套利交易。在表 8.5 中，交易产生的利润为零。利润必须为零，因为该交易与表 8.3 中的交易完全互补。

我们现在考虑反向期现套利交易中固有的风险因素。首先，困扰正向期现套利策略的所有相同的风险因素也适用于反向期现套利策略。如果表 8.5 中的交易者被迫以低于隐含回购利率的利率投资卖空收益，那么其可能会遭受损失。如果其被迫支付超过 7% 的借款利率来支付息票，那么这笔交易将带来损失。其次，如果期货价格上涨，那么其每日重新结算的收入将少于账单金额的上涨，这也会带来损失。

除了困扰正向期现套利和反向期现套利策略的这些风险来源之外，反向期现套利策略还面临卖方选择权带来的其他特殊风险。在表 8.5 中，我们做了几个隐含的假设，我们假设空头期货交易者于 2004 年 12 月 31 日交割，并且空头交易者交割的债券与表 8.5 中交易者卖空的债券完全相同。

从第 7 章中，我们了解到长期国债期货的空头交易者有几个与交割相关的选择。首先，空头交易者持有质量选择权（quality option）——交割哪种债券的选择权。在第 7 章中，我们注意到，通常有 20 多种可交割债券，空头交易者可以交割其中任何一种。因此，反向期现套利交易者不能确定其将在交割中收到某一特定的债券。如果交割的债券与其卖空的债券不同，那么该交易者必须进入市场去购买可以弥补其卖空交易的债券。当然，这让该交易者面临票面利率为 8.00% 的债券的价格可能发生变化的风险。其次，长期国债期货合约的卖方还拥有第二个重要的选择权——时间选择权（timing option），它是卖方选择交割日期的选择权。从第 7 章中我们知道，交割可以在交割月份的任何一个工作日进行。因此，反向期现套利交易者不能确定交割将在某一特定日期发生。这也使表 8.5 中的交易者面临风险，因为其不能确定交割将在 12 月 31 日进行。除了质量和时间选择权，空头交易者还拥有一些其他非常特殊的选择权，这增加了反向期现套利交易的风险。这些选择权使反向期现套利交易极具风险。正如我们在下一部分所讨论的，这些选择权对长期国债期货的定价有重要影响。

**表 8.5**　　　　　　　　　　　　　　**显示隐含回购利率的交易**

| 2004 年 9 月 14 日 | 卖出面值为 100,000 美元、票面利率为 8% 的 2021 年 11 月 15 日到期的长期国债，包含应计利息的总价格为 129,745.92 美元<br>以 106 – 23 的当前价格买入一份 2004 年 12 月长期国债期货合约<br>以 11.23% 的隐含回购利率贷款 129,745.92 美元，为期 108 天 |
|---|---|
| 2004 年 11 月 15 日 | 以 7% 的利率借款 4,000 美元 46 天，并支付息票 4,000 美元 |

续表

| 2004 年 12 月 31 日<br>（假设期货价格<br>仍为 106 - 23） | 收回投资：129,745.92 + 129,745.93 × 0.1123 × （108/360） = 134,117.06 美元<br>接受债券交割，并支付账单金额 130,082.23 美元<br>偿还用于支付息票的借款的债务：4,000 + 4,000 × 0.07 × （46/360） = 4,035.78 美元 |
|---|---|
| 净利润 = 134,117.06 - 130,082.23 - 4,035.78 = -0.95 美元 ≈ 0（给定四舍五入误差） | |

## 8.3  长期国债期货中的卖方选择权

长期国债期货合约的结构为卖方提供了时间选择权和质量选择权。时间选择权源于卖方选择交割时间的权利，质量选择权源于卖方选择交割哪种债券的权利。长期国债期货合约的某些特征赋予卖方以上两种选择权。我们看到，卖方选择交割日的能力阻碍了多头交易者的反向期现套利交易策略，因为多头交易者永远不知道空头何时选择交割。然而，除了让多头交易者感到沮丧之外，质量和时间选择权对空头交易者来说还有特定的价值。

虽然我们可以在概念上区分时间和质量选择权，但它们却与长期国债期货合约的实际规格纠缠在一起。长期国债期货市场上两种主要的卖方选择权是外卡选择权（wildcard option）和月末选择权（end - of - the - month option）。在本部分中，我们将讨论这些选择权，并分析它们对长期国债合约定价的影响，以及利用这些选择权的最佳交易策略。

### 8.3.1  外卡选择权

在长期国债期货市场中，期货卖方通过通知交易所交割意向来选择意向日。实际交割将在两个工作日后进行。例如，如果今天是 6 月 13 日星期一，交易者可能会通知交易所其交割意向，6 月 13 日成为意向日。实际交割发生在两个工作日后的 6 月 15 日星期三。通过将 6 月 13 日设为意向日，卖空者决定 6 月 13 日结算价格将是用于确定账单金额的结算价格。

根据交易所规则，结算价格是在下午 2 点确定的。在意向日，空头交易者可以在芝加哥时间晚上 8 点之前通知交易所交割意向。通知当天为意向日，账单金额将基于这一天的结算价格。因此，空头交易者有一个从下午 2 点至晚上 8 点的获得好运的窗口期。如果利率在下午 2 点至晚上 8 点之间上涨，空头交易者可以通知交易所其交割意向，并锁定下午 2 点的期货结算价格。然后，交易者可以交割因利率上涨而价格下跌的债券。

外卡选择权是卖方在晚上 8 点之前随时宣布交割意向以锁定下午 2 点价格的选择权。事实上，卖方拥有一系列外卡选择权。例如，在"第一头寸日"，到期前一个月的倒数第二个工作日，卖家就拥有外卡选择权。如果债券价格在当天下午 2 点至晚上 8 点下跌，卖方可以宣布交割意向并锁定下午 2 点的价格。如果下午 2 点至晚上 8 点没有发生任何情况，卖方便无须宣布任何交割意向。相反，卖方只能等到第二天，希望在下午 2 点至晚上 8 点发生点什么情况，从而导致债券价格下跌。卖家可以持续玩这个"游戏"，直到该月的倒数第三个工作日，也就是最后头寸日（Last Position Day）。在购买长期国债期货时，多头交易者向卖方授予了选择权，多头交易者每天都面临风险。外卡选择权的价值在于在任何可能的头寸日下午 2 点至晚上 8 点发生某种情况导致债券价格下跌的可能性。

让我们使用表 8.6 中两种债券的 6 月 13 日数据，探讨利率变化对期货交易者的影响。我们假设，这两种债券都将在 6 月 15 日支付息票，因此我们忽略应计利息。表 8.6 中债券 A 的到期期限为 30 年，票面利率为 5%，售价为面值的 86.16%。该债券的收益率为 6.00%，对于 6 月长期国债期货的转换因子为 0.8616。债券 B 的到期期限为 20 年，票面利率为 9%，售价为面值的 134.67%。该债券的收益率为 6.00%，转换因子为 1.3467。6 月期货合约在 6 月 13 日的结算价格为 100 - 00。对于债券 A，账单金额为 86,160 美元；而对于债券 B，账单金额为 134,670 美元。通过构建，这两种债券的交割利润均为零。

**表 8.6　　　　　　　　　　　6 月 13 日下午 2 点的债券数据**

| 债券 | 票面利率 | 价格 | 转换因子 | 收益率 | 交割利润 |
|------|---------|------|---------|--------|---------|
| A：30 年 | 0.05 | 86.16 | 0.8616 | 0.0600 | 0 |
| B：20 年 | 0.09 | 134.67 | 1.3467 | 0.0600 | 0 |

表 8.6 的构建使没有一种债券比另一种债券更有利于交割。由于价格与转换因子成比例，且无须考虑应计利息，因此每种债券的交割利润均为零。价格与转换因子成比例，是因为我们假设两种债券的收益率均为 6%。让我们假设这是 6 月 13 日交易结束时的情况。如果收益率保持不变，交易者将对交割一种或另一种债券持无所谓的态度。

我们想探讨利率变化是否会影响交割的有利条件，以及利率变化是否会影响交割工具的选择。现在假设芝加哥时间 6 月 13 日下午晚些时候，利率上涨了 1%。债券 A 现在的收益率为 7.00%，其价格下跌至面值的 75.06%。现在，至少有一个受益者，因为空头交易者可以将该债券用于期货合约的交割。

当利率上涨时，购买 100,000 美元面值的债券 A 需要 75,060 美元，而交易者可以根据期货合约以 86,160 美元的账单金额交割该债券。利率的这种变化使空头交易者获得 11,100 美元的交割利润，即债券价格下跌的全部金额。这是由于账单金额在 6 月 13 日下午 2 点确定，但债券价格在下午 2 点至晚上 8 点可以不受限制地下跌。卖空者使用其外卡选择权，并宣布交割意向。表 8.7 总结了债券 A 的这一变化。对于同样如表 8.7 所示的债券 B，利率的上涨也导致价格从 134.67 降至 121.36。这使利率上升后债券 B 的交割利润为 13,310 美元。表 8.7 还显示了利率从 6% 降至 5% 的影响。随着利率的下跌，交易者面临交割损失，因此推迟交割，希望利率会上涨。在我们所举的利率上涨的例子中，外卡选择权报酬丰厚。仅凭外卡选择权期间利率上涨的好运，空头交易者就能够获得对于债券 A 来说 11,100 美元或对于债券 B 来说 13,310 美元的交割利润。

表 8.7　　　　　　　　　　　收益率突然变化后的外卡选择权损益

| | 收益率下跌至 5% | 收益率上涨至 7% |
|---|---|---|
| 债券 A | | |
| 价格 | 100.00 | 75.06 |
| 交割损益 | −13,840 美元 | 11,100 美元 |
| 债券 B | | |
| 价格 | 150.21 | 121.36 |
| 交割损益 | −15,540 美元 | 13,310 美元 |

在下午 2 点至晚上 8 点使用外卡选择权的机会是一种时间选择权。然而，外卡选择权还包含一个质量选择权。6 月 10 日下午 2 点，交易者对交割表 8.6 中的债券 A 或债券 B 持无所谓的态度，因为两者的交割利润均为零。当利率上涨时，两种债券的现货市场价格会发生不同程度的变化，详见表 8.7。随着利率的上涨，这两种债券的交割都变得有利可图，但显然，交割债券 B 以获得 13,310 美元的交割利润，要比交割债券 A 以获得 11,100 美元的交割利润更有利。本案例说明了外卡选择权中固有的质量选择权。

然而，外卡选择权的质量部分甚至比最初看起来的要好。我们看到，计算账单金额的结算价格在意向日下午 2 点确定，空头交易者必须在当天晚上 8 点前宣布交割意向。然而，空头交易者只需在下一个工作日，即通知日，下午 5 点前申报其计划交割哪种债券。因此，交易者拥有一个额外的工作日来选择最适合交割的债券。

利率变化带来了交割一种债券而不是另一种债券的明显倾向。如表 8.7 所示，如果收益率下跌至 5%，则交割债券 A 更有利。当然，如果收益率下跌，空头交易者倾向于不交割，但如果必须交割，则更倾向于交付债券 A。这个例子说明了利率变化会如何改变首选的交割工具，从而形成质量选择权。

### 8.3.2 月末选择权

正如我们所讨论的，长期国债期货合约的卖方可以选择在交割月份的任何一个工作日交割任何可交割债券。长期国债期货的最后交易日是交割月份的倒数第 8 个工作日，所有在该时间之后的未平仓合约必须通过交割来履约。最后交易日确定的结算价格是在当月剩余时间内所有交割的账单计算中使用的结算价格。卖方必须交割，但其仍然可以在两方面作出选择。首先，卖方可以选择在剩余的哪一天进行交割；其次，卖方可以选择交割哪一种债券。

让我们假设在最后几天里利率肯定是稳定的。如果是这样，卖方有明确的方法来确定哪一天交割。卖方持有债券每增加一天，债券就会产生利息。然而，对于其持有债券每增加的一天，卖方必须为该债券融资，融资利率很可能是隔夜回购利率。因此，卖方的选择是明确的。如果债券的票面利率超过持有债券的融资利率，卖方应在最后一天交割。如果融资利率超过票面利率，卖方应立即交割。根据应计利息率选择何时交割是一种时间选择权，称为应计利息选择权（accrued interest option）。这是月末选择权的一个组成部分。

一般来说，在交割月份的最后 8 个工作日，利率不会保持不变。随着利率在此期间的变化，债券价格将发生变化。然而，在此期间，对于任何给定的潜在交割日，债券的账单金额都不会改变。账单金额由最后交易日的结算价格和交割日的应计利息金额决定。从卖方的角度来看，每种债券的交割收入都是已知的。虽然卖方必须交割可交割债券中的一种，但其仍然拥有质量选择权。卖方可以选择交割哪种债券。

### 8.3.3 真实市场中的卖方选择权

虽然卖方选择权可能很有趣，并且可能会给长期国债和中期国债期货合约带来严重扭曲，但是它们到底有多重要还有待观察。首先，我们将研究卖方选择权价值的估计及其对期货价格的影响。其次，我们将考虑交易者在指导自身交易时对这些选择权的关注程度。

卖方选择权的价值。在所有完美市场条件下，我们习惯于持有成本模型的结论，即期货价格应等于现货价格乘以 1 加上持有成本：

$$F = S \times (1 + C)$$

在讨论卖方选择权时，我们看到了它们如何产生价值。然而，这种持有成本模型的表述没有提及卖方选择权。如果卖方选择权具有价值，则市场均衡要求以下公式成立：

$$F + SO = S \times (1 + C)$$

式中，$SO$ 为卖方选择权的价值。

这意味着：

$$F = S \times (1 + C) - SO \tag{8.2}$$

如果这种持有成本模型的重新表述不成立，市场将不会处于平衡状态。这种重新表述也意味着，市场上可观察到的期货价格应低于简单的持有成本价格，相差金额为卖方选择权价值。

换言之，市场因卖方选择权而压低了期货价格。期货价格必须下跌，直到期货价格加上卖方选择权（$F + SO$），刚好等于现货价格乘以 1 加上持有成本 $S \times (1 + C)$。如果期货价格没有被压低，那么卖方实际上将免费获得选择权，这将违反有效市场的原则。

许多学者使用这种方法来估计长期国债期货合约中卖方选择权的价值。估计这些选择权价值的一个难题是，距离到期的时间越长，选择权的价值通常越大。换言之，距离交割 1 年的卖方选择权价值应大于距离交割 3 个月的卖方选择权价值。大多数研究表明，卖方选择权具有相当大的价值。

卖方选择权和交易者行为。到目前为止，我们已经看到卖方选择权显然是有价值的。拥有这些选择权意味着交易者应该以类似的方式行事。因此，我们预期交易者会在相同的日子里交割相同的债券，也会在相同的日子里不进行交割。此外，我们预计空头交易者会意识到并遵循利用其选择权进行交割的最佳策略。总结长期国债期货的一般交割模式，首先，我们注意到，通过交割完成的合约相对较少。作为长期国债合约的一般规则，似乎对所交割债券的特性给予了相当大的关注。其次，月初的交割很少。交易者似乎渴望等待利用月末选择权。然而，大量交割有时会在最后几个交易日之前进行。我们可能希望所有交易者都遵循相同的交割策略，即在同一天交割相同的债券。在实践中，我们看到了与这种行为相背离的情况。一些合约的提前交割似乎是出于其他考虑。此外，即使当交割量很大时，交易者交割的债券也会不同。这表明，一些交易者可能会发现，从现有库存中交割债券比购买最便宜可交割债券更便宜。然而，通常情况下，交割量很少，集中在同一债券上，并且在交割月份即将结束时发生。

杰拉尔德·D. 盖伊（Gerald D. Gay）和史蒂文·马纳斯特（Steven Manaster）研究了对长期国债空头交易者开放的不同策略，以确定是否可以从最优交割策略中获得利润，同时确定交易者是否遵循这些最优策略，[2] 他们得出了几个重要结论。首先，1977—1983 年的交割策略会产生利润。意味着这一时期的期货价格没有充分反映卖空者可用的选择权的价值。其次，他们将最佳交割策略与这一时期的实际交割进行了比较。他们发现，实际交割利用了卖方的一些选择权，但不是全部选择权。换言之，空头交易者在某种程度上利用了他们的选择权，但他们没有充分利用他们可用的选择权。正如盖伊和马纳斯特所指出的，这些选择权在早期可能还没有被交易者完全理解。随着市场走向成熟，期货价格有可能调整，以充分反映卖方选择权的价值。

## 8.4 利率期货市场效率

如果一个市场的价格充分反映了给定信息集的所有信息，那么该市场在信息处理方面就是有效的。如果市场对某一信息集是有效的，那么这些信息就不能用来指导交易策略以击败市场。交易者通过持续赚取超过风险调整后的市场均衡回报率的回报率来击败市场。有效市场假说通常有三种不同的形式：弱式、半强式和强式。这些有效市场的形式通过其信息集来区分。弱式有效市场假说认为，历史价格和成交量数据中包含的信息不能用来击败市场。半强式有效市场假说认为，交易者不能依靠公开信息来击败市场。强式有效市场假说认为，即便是未公开信息也不足以让交易者击败市场。

我们看到，正向期现套利和反向期现套利策略只依赖于可观察到的价格。因此，成功的套利策略违背了弱式有效市场。例如，远期利率和期货利率之间的巨大差异将产生重要的学术套利机会。因为期货市场是一个零和博弈市场，在没有交易成本的情况下，一个参与者的利润意味着其他参与者的相应损失。

出于这些原因，任何市场的用户都应该关注市场效率。无论是投机者还是套期保值者，都是如此。研究人员早已认识到市场效率的重要性。本部分回顾了利率期货市场效率研究的进展，并根据最新研究状况得出了有关市场效率的结论。尽管关注的是市场效率问题，但在已发表的著作中，只有短期国债和长期国债期货合约得到了很好的探索。几乎所有这些分析都集中于现货市场头寸和期货市场头寸所隐含的远期利率之间的差异。这种对利率差异的关注，意味着这些检验已经在利率期货市场中寻找学术套利机会的证据。许多早期检验都基于对市场效率判断条件的片面理解。

期货市场效率的早期检验只关注远期利率和短期国债期货利率之间的差异。这些利率之间的差异有时被毫不犹豫地解释为市场效率低下的证据。由于不同的研究人员得出了截然不同的结论——有人发现有效率，有些人则发现总体无效率，因此这一结论立即带来了难题。从前面的章节中，我们知道远期利率和期货利率的差异至少有两个基本原因：市场的不完美或每日重新结算的影响。许多早期的市场效率研究没有充分考虑这两个因素，而这两个因素都很重要。

评估短期国债期货市场中学术套利机会的尝试，包括在期货市场和现货市场上持有互补头寸。如果要进行真正的学术套利，期货和远期的收益率差异必须足够大，从而弥补相当大的交易成本。尽管许多研究忽略了这些交易费用的重要性，但最近的研究发现，即使在考虑了交易成本之后，也存在套利的可能性。

根据套利尝试的具体方式，交易者必须承担各种交易成本。要了解这些费用的重要性，请考虑表8.8中错位的期货和现货短期国债的价格。我们在第7章中探讨了这些价格。利用这种错位产生的交易成本，取决于交易者在现货或期货市场上的初始头寸。在两个市场都没有头寸的情况下，交易者必须从总交易利润中支付所有交易成本，以获取学术套利利润。如果一个机会足够有吸引力，即使在支付了全部交易成本后也能带来利润，那么它可以被认为是纯套利（pure arbitrage）。

例如，如果交易者已经持有一个短期国债组合，那么一些交易成本就可以避免。部分成本已经被支付，应将其视为套利分析的沉没成本。如果拥有初始投资组合的交易者能够成功地进行套利，那么有利可图的交易就被认为是准套利（quasi－arbitrage）。[3] 在讨论纯套利和准套利时，我们指的都是学术套利。

表8.8　　　　　　　　　　　利率期货和套利

| 期货 | 银行折扣收益率 |
| --- | --- |
| 3月期货合约<br>（77天后的3月22日到期） | 12.50% |
| 现货票据 | |
| 167天期短期国债<br>（可用于3月期货合约交割） | 10.00% |
| 77天期短期国债 | 6.00% |
| 注：今天是1月5日 | |

为了通过纯套利来利用表8.8中的利率差异，交易者必须能够支付各种交易成本。

（1）发行77天期短期国债相当于借入短期国债。信誉最好的交易者能够以比当前收益率高50个基点的价格借入短期国债。对于77天期95,3611美元短期国债的借入，由于50个基点的价差，增加的借款成本为1,020美元。还应考虑，95,3611美元短期国债的借入可能通过签订定期回购协议来实现。

（2）要购买一只167天期短期国债，交易者必须为其支付所要求的价格，即使该交易者是市场的参与者，这可能需要大约100美元的额外成本。如果不是现货短期国债市场的参与者，则交易者必须通过经纪商进行交易并支付佣金。

（3）在卖出3月期货合约时，交易者只能收到买入价，从而增加约25美元的成本。如果不是 IMM 中的交易商，则该交易者也必须支付佣金费用。

（4）交割短期国债也有成本，因为期货市场的空头交易者承担所有交割成本。这些成本可能约为 50 美元。

（5）支付到期账单还涉及电汇和记录保存的交易成本，可能为 25 美元。

此交易成本清单仅表明交易者在套利尝试中可能面临的额外成本。清单中显示的许多成本都难以衡量，并且不同的市场参与者面临不同的成本水平。尽管如此，这些成本很高，可以抵销远期和期货收益率之间的巨大差异。此外，交易者还面临清单中未显示的成本。为了获得套利机会，交易者必须进行寻找，寻找机会的成本必须包含在套利利润的计算中。

从交易成本清单中，我们看到一些市场参与者的处境比其他人好得多。如果参与者拥有现货短期国债投资组合，信用评级非常好，是期货交易所的交易商，并且拥有一个已经正在运行的计算机化信息源网络，那么试图进行套利操作所产生的交易成本就要小得多。这就是纯套利和准套利的区别。对于纯套利来说，收益率差异必须足够大，才能覆盖市场局外人面临的全部交易成本。对于准套利来说，交易者面临的成本少于全部的交易成本。

理查德·伦德勒曼（Richard Rendleman）和克里斯托弗·卡拉比尼（Christopher Carabini）利用 1976 年 1 月 6 日至 1978 年 3 月 31 日的每日数据，对短期国债期货市场效率进行了一项研究，这是最全面、最仔细的研究之一。分析聚焦于任何时刻到期期限最短的 3 个期货合约。通过对市场局外人所面临交易成本的仔细分析，伦德勒曼和卡拉比尼确定了远期利率和期货利率之间的一个区间，这一区间仍然不支持纯套利。换言之，如果远期利率和期货利率仅略微偏离 50 个基点或更低，收益率差异将无法覆盖交易成本，并且纯套利将是不可能的。图 8.3 显示了他们的成果。短期国债期货的实际收益率和理论收益率之间的差异总是在 50 个基点的区间内，这意味着无利润范围。这对其样本中的所有 1,606 个观察结果都是正确的，支持了他们的结论，即短期国债期货市场是有效的——从排除纯套利机会的意义上来说。

关于准套利机会，伦德勒曼和卡拉比尼发现了交易者可以提高现货短期国债投资组合回报的时机。准套利机会很少被发现，并且没有试图将发现机会所需的搜索成本考虑在内。关于这些准套利机会，伦德勒曼和卡拉比尼总结道："短期国债期货市场的低效率似乎不足以为短期投资组合经理提供有吸引力的投资备选方案。"

尽管伦德勒曼和卡拉比尼的研究非常谨慎，但仍有一个严重的局限性——依赖于每日收盘价格。在评估套利的尝试时，必须假设两种相关商品的购买和销售同时发生。然而，短期国债现货和期货市场在不同的时间关闭。这意味着，两个市场的每日收盘

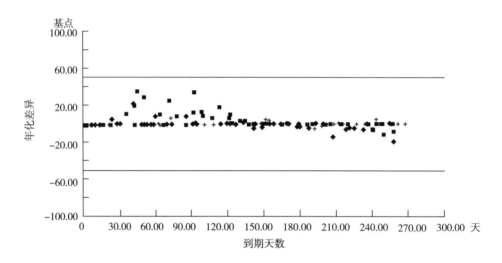

**图 8.3 短期国债期货的纯套利**

（数据来源：R. Rendleman and C. Carabini，"The Efficiency of the Treasury Bill Futures Market"，

*Journal of Finance*，34；4，1979，pp. 895–914. 经 Blackwell Publishers Ltd. 授权再印刷）

价格不会是同一时刻的价格。用学术术语来说，价格是非同时的或表现出非同时性。

为了改进短期国债期货市场效率的检验，埃尔顿（Elton）、格鲁伯（Gruber）和伦茨勒（Rentzler）（以下简称 EGR）使用了日内价格——整个交易日的价格。通过期货和现货短期国债的日内价格，他们对交易发生时间进行匹配，以确保两个市场价格的同时性。他们的数据集包括从 1976 年 1 月 6 日至 1982 年 12 月 22 日间隔约 1 小时的日内现货价格和每一笔短期国债期货交易的样本。

EGR 将他们考虑的策略分为即时执行策略和延迟执行策略。对于即时执行策略，EGR 假设套利机会是从其同时现货/期货价格对中识别出来的，并且交易者以这些价格进行套利交易。对于延迟执行策略，EGR 假设套利机会是从一个现货/期货价格对中识别出来的，并且交易以下一对价格来执行。这意味着识别和执行之间的延迟约为 1 小时。根据 EGR 分析，即时执行策略复制了场内交易商所面临的情况，而延迟执行策略将适用于离交易池较远的市场参与者。

为了分析纯套利策略，EGR 假设套利交易的交易成本为 175 美元，外加用于弥补短期国债卖空交易的 50 个基点的年度成本。正如我们所看到的，进入这种套利交易的交易者仍然面临每日重新结算现金流。因此，任何计划的套利利润只能是预期利润。受每日重新结算现金流的影响，实际利润可能会有所不同。表 8.9 显示了 EGR 对纯套利的即时执行策略和延迟执行策略研究的主要成果。EGR 假设这些每日重新结算现金流赚取存款凭证上的隔夜利率。

表 8.9　　　　　　　　　　　短期国债的纯套利结果

| 筛选金额（美元） | 即时执行策略 | | | | 延迟执行策略 | | | |
|---|---|---|---|---|---|---|---|---|
| | 交易数量 | 预期利润（美元） | 实际利润（美元） | 标准差（美元） | 交易数量 | 预期利润（美元） | 实际利润（美元） | 标准差（美元） |
| 0 | 2,304 | 894 | 889 | 15 | 1,725 | 893 | 880 | 18 |
| 100 | 2,093 | 980 | 975 | 16 | 1,569 | 977 | 964 | 19 |
| 200 | 1,902 | 1,064 | 1,058 | 16 | 1,428 | 1,059 | 1,041 | 19 |
| 300 | 1,738 | 1,142 | 1,135 | 16 | 1,301 | 1,137 | 1,117 | 20 |
| 400 | 1,595 | 1,212 | 1,206 | 17 | 1,206 | 1,199 | 1,176 | 20 |
| 500 | 1,469 | 1,279 | 1,271 | 17 | 1,107 | 1,267 | 1,244 | 21 |
| 600 | 1,332 | 1,352 | 1,346 | 18 | 1,005 | 1,339 | 1,315 | 22 |
| 700 | 1,190 | 1,437 | 1,432 | 18 | 890 | 1,429 | 1,401 | 23 |
| 800 | 1,063 | 1,519 | 1,516 | 18 | 789 | 1,517 | 1,490 | 24 |

数据来源：E. Elton, M. Gruber, and J. Rentzler, "Intra – Day Tests of the Efficiency of the Treasury Bill Futures Market", *Review of Economics and Statistics*, 66, 1984, pp. 129 – 137. 经 MIT Press Journals, MA 授权再印刷。

　　即时执行策略假设在发现有吸引力的机会后立即执行交易，预期利润意味着尚未考虑每日重新结算的影响。然而，这些结果考虑了交易成本。这些结果通过一个过滤规则进行分层，该规则将机会按照预期利润的大小进行分类。例如，对于某一预期利润，他们总共发现了 2,304 个机会（会获得高于该预期利润的利润）。按照 1 手合约规模的交易，所有这些交易的平均预期利润为 894 美元。

　　请注意，他们发现了许多差异很大的机会。例如，他们发现了 1,063 个预期利润超过 800 美元的机会。由于每日重新结算现金流产生的利息收益或成本，实际利润与预期利润之间存在差异，但这些差异很小。如果交易的执行被推迟到下一个现货市场报价，那么预期利润就会减少。然而，总体而言，EGR 的结果表明，这些套利机会仍然存在。因此，EGR 得出的结论是，就纯套利机会而言，短期国债期货市场并不有效。

　　在比较伦德勒曼和卡拉比尼的研究与 EGR 的后续研究时，我们必须更加重视 EGR 的结果。EGR 使用的数据更为完整，并减少了非同时定价的问题。对短期国债期货市场效率的最新研究倾向于证实 EGR 的结果。

　　在发现短期国债期货市场经常且显著地偏离有效市场之后，我们现在转向长期国债期货合约。长期国债期货市场并没有像短期国债期货市场那样受到关注。造成这种差异的部分原因是长期国债合约的极端复杂性，特别是可交割工具和卖方选择权的多样性。由于空头交易者选择哪种债券来履行合约，因此多头头寸没有套利的机会，正如我们在本章前面所述。对于正向期现套利，空头交易者能够进行套利的前提是：

（1）买入债券。

（2）卖出该债券的期货合约。

（3）持有该债券至交割。

正如我们所看到的，即使是这样的策略，其效力也是有限的。在大多数情况下，空头交易者持有的债券将在交割前一个月的 15 日支付息票。息票的投资利率是不确定的，因此如果必须依靠再投资息票的现金流，空头交易者就不能真正指望套利利润。这些条件极大地限制了可能的套利策略。此外，我们还看到期货价格被压低，以反映卖方选择权。从卖方选择权中获取利润是有风险的。因此，卖方选择权导致的期货价格的降低，使套利成功的可能性更小。

科尔布（Kolb）、盖伊（Gay）和乔丹（Jordan）在其关于长期国债期货市场效率的论文中，调查了 1977 年 12 月至 1981 年 6 月存在的所有长期国债期货合约的套利可能性。[4]他们只分析了每种工具 1 天的情况，即交割月份前一个月的最后一个工作日。这是第一头寸日。对于这一日期，以及任何头寸日，套利都是可能的，因为交易者知道特定可交割债券的账单金额。空头交易者在交割时收到账单金额，账单金额取决于本章前面讨论的期货价格、转换因子和应计利息。空头交易者必须利用该现金流支付购买债券的成本，以及从债券购买至交割期间持有债券的融资成本。由于空头交易者选择交割哪种债券，因此他只需要找到一种有利可图的可交割债券，就可以获得套利机会。图 8.4 显示了 15 个合约到期日的所有可交割债券的交割盈利能力，该交割盈利能力根据交割月份前一个月的最后一个工作日计算。

只有 3 个合约到期日存在现金流为正的债券：1978 年 9 月、1980 年 9 月和 1980 年 3 月。对于 1978 年 9 月合约，正现金流为 49.07 美元，对于 1980 年 9 月合约，正现金流为 27.57 美元。在这些潜在利润中，套利者将不得不支付交易和检索成本，因此这两种情况下没有获得套利利润的机会。

对于 1980 年 3 月合约，一只债券将产生高达 591.34 美元的现金流。如果要有套利的希望，就必须依靠这份合约。然而，这种希望似乎是虚幻的。该日期的报价因来源不同而差异巨大，报告的期货价格差异高达 1,625 美元。人们签约时实际价格的不确定性，使这一明显的套利机会被认为是虚假的。科尔布、盖伊和乔丹得出的结论虽然受限，但是与长期国债期货市场的有效性完全一致。

由于很难确定现货市场和长期国债期货合约之间的紧密套利联系，因此大多数后续的长期国债期货效率研究大多集中在投机策略上。如果成功投机策略获得的回报超过了所承担的投机风险水平，那么它们将构成反对市场有效性的证据。然而，评估此类策略的难点在于确定市场标准风险/预期收益之间的关系。因此，投机有效性的检验

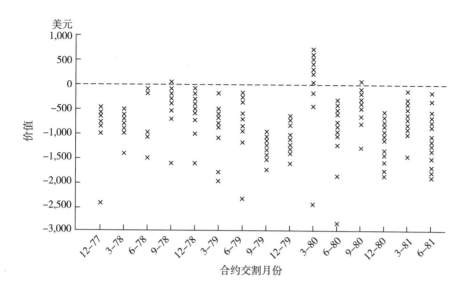

**图 8.4　长期国债期货的潜在套利机会**

（数据来源：R. Kolb, G. Gay, and J. Jordan, "Are There Arbitrage Opportunities

in the Treasury – Bond Futures Market?",

*The Journal of Futures Markets*, 2：3 1987，pp. 217 – 229. 经 John Wiley & Sons Inc. 授权再次印刷)

总是与市场有效性和所使用的风险/预期回报度量充分性的检验同时进行的。

科尔布、盖伊和乔丹方法的一个重要局限是对交割月份内时段的必要限制。布鲁斯·雷斯尼克（Bruce Resnick）和伊丽莎白·亨尼加（Elizabeth Hennigar）将类似的分析扩展到了交割月份以外的时段。他们的研究结果支持了长期国债期货市场的有效性。[5] 在另一项研究中，雷斯尼克评估了不同期限的长期国债期货之间的定价关系，实际上是在询问价差关系是否有效。雷斯尼克的研究结果也支持有效性的一般结论。[6]

R. 克莱姆科斯基（R. Klemkosky）和 D. 拉索（D. Lasser）进行了一项类似于雷斯尼克和亨尼加的研究，但使用了不同的时间段，并试图调整税收。注意到任何类型的正向期现套利评估都依赖借款成本的估计，克莱姆科斯基和拉索发现了市场的无效性。虽然承认自己无法充分调整风险，但是克莱姆科斯基和拉索认为现货和期货价格之间的差异与市场的充分有效性是不一致的。正如他们得出的结论："要么借款成本仍被低估，要么长期国债市场在高利率期间效率低下，这可能是因为可变息票再投资回报的风险溢价过高。"[7]

在对投机有效性的检验中，唐·钱斯（Don Chance）根据期货市场对消费者价格指数变化的反应来检验投机策略。钱斯发现，长期国债期货价格在较低通胀（根据过去的通胀或"预期"通胀衡量）宣布后上涨。钱斯发现，长期国债期货价格对这一信息的调整速度很慢，因此交易者可以迅速地对市场作出反应，并在公告发布后的第二天，随着市场消化这些信息而获得投机利润。[8]

我们如何评估利率期货市场有效性的各种证据？几年前，证据似乎偏向于支撑有效性，但今天看来已经开始转移。EGR 的研究特别有说服力。这项研究的观察结果非常丰富，并尽一切努力调整潜在差异。评估长期国债期货市场效率的尝试要困难得多，目前的证据还没有定论。尝试用一句话概括这一证据：这些市场似乎仍然存在持续的低效率，但低效率的程度可能不足以作为改变职业的奖励。请记住，这些研究都不包括检索成本，以及发现并利用所谓套利机会所需的人力资本的使用。

我们还必须牢记，这些研究大多集中于套利机会的存在。然而，套利是最严重的低效率。市场很可能没有套利机会，但效率仍然很低。如果可以在期货市场上持有风险头寸，并且这些风险头寸获得的回报超过风险调整后的正常回报，那么期货市场仍将是低效率的。针对这种可能性的检验几乎没有，这可能是因为难以界定风险调整后的正常回报。已经开展的研究得出了不同的结论。

## 8.5 应用：欧洲美元和短期国债期货

在第 7 章中，我们考虑了投机策略和一些套期保值策略。在本部分中，我们将探讨使用短期利率期货的替代风险管理策略。我们先考虑一系列案例，可以说这些案例合起来为各种风险管理策略提供了一本技术手册。所有这些策略都开启了对利率变动的保护机制。

### 8.5.1 改变投资期限

许多投资者发现自身现有投资组合可能具有不理想的期限特征。例如，一家公司可能持有 6 个月期短期国债，并意识到 3 个月后将需要资金。同样，另一位投资者可能持有同样的 6 个月期短期国债，并担心这些资金在 6 个月后到期时可能不得不面临较低的再投资利率。该投资者可能更喜欢 1 年的期限。公司和投资者都可以出售 6 个月期票据，并投资于更喜欢的期限。然而，现货市场交易成本相对较高，许多投资者更喜欢通过期货交易来改变投资期限。下面的两个案例说明了如何使用期货来实现期限的缩短和延长。

缩短短期国债投资期限。案例中的公司投资了短期国债。现在，3 月 20 日，短期国债的到期期限为 180 天，但该公司得知 90 天后将需要现金。因此，它希望缩短期限，以便在 90 天后的 6 月中旬左右获得资金。

为简单起见，我们假设短期收益率曲线是平的，3月20日所有利率均为10%。我们假设一年360天，以符合短期国债的定价惯例。该公司短期国债的面值为1,000万美元。到期期限为180天，折扣收益率为10%，短期国债的价格如下：

$$P = FV - (DY \times FV \times DTM)/360$$

式中，$P$ 为短期国债价格；$FV$ 为面值；$DY$ 为折扣收益率；$DTM$ 为到期天数。

因此，180天期短期国债价值9,500,000美元。如果收益率曲线是平的，且收益率为10%，那么期货收益率也必须为10%，90天期短期国债期货价格必须为每手合约975,000美元。如表8.10所示，从6个月期短期国债的初始头寸开始，案例中的公司可以通过卖出3个月后到期的短期国债期货来缩短到期期限。3月20日，没有现金流，因为该公司只卖出期货。6月20日，6个月期短期国债现在是3个月期短期国债，可以用于期货交割。在表8.10中，公司交割短期国债并收到9,750,000美元的期货账单金额（尽管我们假设期货价格没有变化，但这并不限制我们结果的适用性。无论3月至6月期货价格如何变化，该公司都将获得9,750,000美元的总额。我们假设这发生在6月，而不是整个期间）。该公司有效地将到期期限从6个月缩短至3个月。

**表8.10** 缩短到期期限的交易

| 日期 | 现货市场 | 期货市场 |
|---|---|---|
| 3月20日 | 持有6个月期短期国债，面值为10,000,000美元，价值9,500,000美元，希望3个月后到期 | 以90.00点的价格卖出10手6月短期国债期货合约，反映10%的折扣收益率 |
| 6月20日 | | 将现货市场的短期国债用于期货交割；收到9,750,000美元 |

延长到期期限。现在考虑，8月21日，一位投资者持有面值为1,000万美元、30天后的9月20日到期的短期国债。他计划在短期国债到期后再投资3个月。然而，他担心利率可能会意外下降。如果是这样，他将被迫以低于当前收益率曲线所反映的利率进行再投资。9月短期国债期货收益率为9.8%，与当前投资的收益率相同。他认为这一利率很有吸引力，并希望延长短期国债投资的期限。他知道，他可以通过买入9月期货合约和开展交割来延长到期期限。然后，他将持有交割而来的短期国债，直至12月到期。

对于9.8%的期货收益率，交割单位的价值为975,500美元。由于9月20日的可用资金为100,000,000美元，该投资者知道他将拥有足够多的资金来完成102.51手（100,000,000美元/975,500美元）期货合约的交割。因此，他启动了如表8.11所示的策略。

8 月 21 日，他持有一只价值 99,183,333 美元的短期国债，假设收益率为 9.8%。在表 8.11 的交易中，他在 8 月 21 日没有现金流。随着 9 月短期国债到期，他收到了 100,000,000 美元，并将其几乎全部用于支付期货交割。我们假设他以 9.8% 的银行折扣利率投资了剩余的 499,000 美元，期限为 3 个月。12 月，这笔投资将价值 511,533 美元。随着短期国债在 12 月到期，来自 8 月 21 日价值 99,183,333 美元投资的总收益将为 102,511,533 美元。这使他在 8 月至 12 月的 4 个月内获得了约 9.8% 的折扣收益率。

请注意，该交易"锁定"了期货合约 9.8% 的收益率。在本例中，这恰好与即期利率相匹配。然而，需要认识到的重要一点是，延长到期期限涉及锁定期货收益率，无论该收益率是多少。因此，在期货合约交割而来的短期国债所涵盖的期间内，这项投资将在合约签订时获得期货收益率。

表 8.11                                     延长到期期限的交易

| 日期 | 现货市场 | 期货市场 |
| --- | --- | --- |
| 8 月 21 日 | 持有面值为 100,000,000 美元的 30 天期短期国债，希望将到期期限延长 90 天 | 买入 102 手 9 月短期国债期货合约，收益率为 9.8% |
| 9 月 20 日 | 30 天期短期国债到期，投资者收到 100,000,000 美元，投资 499,000 美元于货币市场基金，收益率为 9.8% | 接受 102 手 9 月期货合约的交割，支付 99,501,000 美元 |
| 12 月 19 日 | 9 月期货合约交割而来的短期国债到期，收到 102,000,000 美元，收到投资收益 511,533 美元 | |

## 8.5.2　固定和浮动贷款利率

近年来，利率大幅波动。这些波动的利率产生了几乎没有经济主体愿意承担的利率风险。例如，在住房融资中，购房者寻求固定利率贷款，因为固定利率保护借款人免受利率上升的影响。同样，贷款人可能不愿意提供固定利率贷款，因为他们担心资金成本可能会上升。对于固定利率的贷款和不断上升的资金成本，贷款人面临的风险是，为获得资金而付出高于其固定利率贷款收益的成本。因此，许多贷款人希望提供浮动利率贷款。

在本部分中，我们将介绍获得浮动利率贷款的借款人如何有效地将该贷款转换为固定利率贷款，从而免受利率上升的影响。同样，对于感觉被迫提供固定利率贷款的贷款人，我们展示了该贷款人如何利用期货市场使投资表现得像浮动利率贷款。借款人或贷款人都可能承担利率风险。无论哪一方承担利率风险，都可以通过期货市场对冲该风险。在浮动利率贷款中，借款人承担或对冲风险。在固定利率贷款中，贷款人承担或对冲风险。

在本部分中，我们从贷方和借方两个角度考虑同一个交易。首先，我们假设贷款是浮动利率贷款，借款人对冲与贷款相关的利率风险。其次，我们考虑固定利率贷款，贷款人对冲利率风险。

浮动利率贷款转换为固定利率贷款。一家建筑公司计划用 6 个月的时间完成一个项目，总成本为 1 亿美元。银行以比 90 天期 LIBOR 高 200 个基点的利率为其提供 6 个月的资金。然而，银行坚持认为，第二季度的贷款利率将比届时盛行的 90 天期 LIBOR 高 200 个基点。此外，建筑公司必须在第一季度结束后支付一次利息。本金和第二次利息将在 6 个月后支付。

如今天是 9 月 20 日，目前 90 天期 LIBOR 为 7.0%。12 月欧洲美元期货收益率为 7.3%。基于这些利率和借款计划，建筑公司将在前 3 个月支付 9%，在后 3 个月支付 9.3%。这些利率给出了以下贷款现金流：

| 9 月 20 日 | 获得本金 | + 100,000,000 美元 |
| 12 月 20 日 | 支付利息 | − 2,250,000 美元 |
| 3 月 20 日 | 支付利息和本金 | − 102,325,000 美元 |

9 月和 12 月的现金流是确定的。然而，3 月的现金流取决于 12 月盛行的 LIBOR。该公司预期利率为 9.3%，相当于 12 月期货合约的期货收益率加上 200 个基点。然而，9 月至 12 月期间，以上利率可能会上升。例如，如果在 12 月 90 天期 LIBOR 即期利率为 7.8%，该公司将支付 9.8%，3 月到期的总利息将比预期高 125,000 美元。

建筑公司决定锁定 7.3% 的期货收益率和 9.3% 的预期借款利率，以便控制其借款成本。从浮动利率贷款开始，并通过交易调整利率，被称为综合固定利率贷款（synthetic fixed rate loan）。表 8.12 显示了建筑公司如何进行交易以保护自身免受利率飙升的影响。一开始，该公司接受了浮动利率贷款方案，并卖出 100 手 12 月欧洲美元期货合约。如果利率上升，空头期货头寸将带来足够多的利润，以弥补第二季度贷款的额外利息费用。

如表 8.12 所示，LIBOR 上升 50 个基点至 7.8%。这意味着第二季度的借款利率为 9.8%。然而，利率的上升带来了 125,000 美元（50 个基点 × 25 美元/基点 × 100 手）的期货利润。如表 8.12 所示，由于利率上涨，该公司在第二季度支付的利息比预期多 125,000 美元。然而，这正好被期货利润所抵消。[9] 9 月，该公司预期将为贷款支付总计 4,575,000 美元的利息。算上期货利润，这正是该公司在对冲后支付的利息。通过期货市场交易，建筑公司将其浮动利率贷款转换为固定利率贷款。

表 8.12　　　　　　　　　　　　　　综合固定利率借款

| 日期 | 现货市场 | 期货市场 |
|---|---|---|
| 9 月 20 日 | 以 9.00% 的利率借款 100,000,000 美元，为期 3 个月，并承诺以比届时盛行的 3 个月期 LIBOR 高 200 个基点的利率将贷款延长 3 个月 | 以 92.70 点的价格卖出 100 手 12 月欧洲美元期货合约，有 7.3% 的收益率 |
| 12 月 20 日 | 支付 2,250,000 美元的利息 LIBOR 目前为 7.8%，因此以 9.8% 的利率借款 100,000,000 美元，为期 3 个月 | 以 92.20 点的价格平仓 100 手 12 月欧洲美元期货合约，有 7.8% 的收益率，产生利润 125,000 美元（50 个基点 ×25 美元/基点 ×100 手） |
| 3 月 20 日 | 支付利息 2,450,000 美元，偿还本金 100,000,000 美元 | |
| | 利息费用总额：4,700,000 美元 | 期货利润：125,000 美元 |
| 对冲后的净利息费用：4,575,000 美元 | | |

　　固定利率贷款转换为浮动利率贷款。我们现在从贷款方的角度考虑相同的交易。银行考虑，如果建筑公司真的想要一笔固定利率贷款，那就让他们来吧。银行的资金成本等于我们假设的 90 天期 LIBOR。银行预期本季度支付 7.0% 的利息，下个季度支付 7.3%，即贷款 6 个月的平均利率为 7.15%。因此，银行决定以 9.15% 的利率向建筑公司提供 6 个月期固定利率贷款。银行的预期利润是贷款利率与基于 LIBOR 的资金成本之间的 200 个基点的利差。银行希望确保借入资金的安全。

| 9 月 20 日 | 借入本金 | +100,000,000 美元 |
|---|---|---|
| | 贷款给建筑公司 | −100,000,000 美元 |
| 12 月 20 日 | 支付利息 | −1,750,000 美元 |
| 3 月 20 日 | 从建筑公司收取本金和利息 | +104.575,000 美元 |
| | 支付本金和利息 | −101,825,000 美元 |

　　如果一切如预期，银行的毛利润将达到 100 万美元。然而，在发放了固定利率贷款后，银行面临利率上升的风险。例如，如果 LIBOR 在第二季度上升 50 个基点至 7.8%，银行将不得不额外支付 125,000 美元的利息。为了避免这种风险，银行进行了如表 8.13 所示的交易。请注意，这些交易几乎与建筑公司的交易完全吻合，只是银行的借款利率较低。如果利率上升，银行的资金成本就会上升，就像拥有浮动利率贷款的建筑公司一样。建筑公司和银行都能够通过卖出欧洲美元期货进行对冲。

　　随着利率的上升，银行支付的利息比预期的多 125,000 美元。然而，增加的利息被期货市场收益抵消。最初，银行希望将利率风险转嫁给建筑公司。然而，正如表8.13 中的交易所示，银行能够向建筑公司提供其所需的固定利率贷款，同时也能避免利率风险。本质上，银行创造了一种综合浮动利率贷款（synthetic floating rate loan）。银行为客户提供固定利率贷款，但银行也在期货市场进行交易，从而使交易整体等同于提供浮动利率贷款。

表 8.13                     综合浮动利率贷款

| 日期 | 现货市场 | 期货市场 |
|---|---|---|
| 9 月 20 日 | 以 7.00% 的利率借款 100,000,000 美元，为期 3 个月；以 9.15% 的利率将其贷出 6 个月 | 以 92.70 点的价格卖出 100 手 12 月欧洲美元期货合约，有 7.3% 的收益率 |
| 12 月 20 日 | 支付 1,750,000 美元的利息；LIBOR 目前为 7.8%，因此以 7.8% 的利率借款 100,000,000 美元，为期 3 个月 | 以 92.20 点的价格平仓 100 手 12 月欧洲美元期货合约，有 7.8% 的收益率；产生利润 125,000 美元（50 个基点×25 美元/基点×100 手） |
| 3 月 20 日 | 支付利息 1,950,000 美元，并偿还本金 100,000,000 美元 | |
| | 利息费用总额：3,700,000 美元 | 期货利润：125,000 美元 |
| 对冲后的利息费用：3,575,000 美元 | | |

## 8.5.3 条式和叠式套期保值

在综合固定利率贷款和综合浮动利率贷款的案例中，利率风险集中在单一日期。通常，贷款期间涵盖了利率可能被重置的多个不同日期。例如，我们上一个案例中的建筑公司对完成一个项目需要多长时间进行了更现实的评估。建筑公司意识到这个项目需要一年的时间，而不是 6 个月。

银行坚持以比贷款时盛行的 LIBOR 高 200 个基点的利率提供为期 3 个月的浮动利率贷款。9 月 15 日，建筑公司观察到以下利率。

| 3 个月 LIBOR | 7.00% |
|---|---|
| 12 月欧洲美元 | 7.30% |
| 3 月欧洲美元 | 7.60% |
| 6 月欧洲美元 | 7.90% |

在这四个季度中，建筑公司预期将分别以 9.00%、9.30%、9.60% 和 9.90% 的利率为 1 亿美元融资。因此，建筑公司预期将以 9.45% 的平均利率借款 1 亿美元，为期 1

年。这意味着预期利息成本总额为 9,450,000 美元。

叠式套期保值案例。建筑公司决定通过利用欧洲美元期货进行套期保值来锁定这一借款利率。为了实施套期保值，该公司卖出 300 手 12 月欧洲美元期货合约。该公司希望在 9 月至 12 月保护自己不受利率变化的影响。在 12 月，期货合约将到期，该公司将平仓 12 月期货合约，并用 3 月期货合约取代 200 手 12 月期货合约。这是叠式套期保值，因为所有期货合约都集中或堆叠至单一期货到期日。

我们现在考虑建筑公司如何应对明年利率的单一变化。在该公司开展套期保值后不久，LIBOR 就跃升了 50 个基点。因此，该公司未来三个季度的借款成本为：

| | |
|---|---|
| 12 月至次年 3 月 | 9.80% |
| 3 月至 6 月 | 10.10% |
| 6 月至 9 月 | 10.40% |

为简单起见，我们只考虑一次利率变化，因此该公司可以确保这些利率不再变化。表 8.14 显示了建筑公司的交易和套期保值结果。该公司通过 300 手合约，来对其 1 亿美元的贷款进行套期保值，即标的为 3 亿欧洲美元。贷款后，第一季度的利率固定在 9.00%。因此，该公司在其余三个季度中面临 1 亿美元的风险。由于作为期货标的的欧洲美元的期限只有一个季度，因此该公司所需的期货价值是其现货市场敞口的 3 倍。

随着利率的变化，该公司必须支付 9,825,000 美元的利息，这比其贷款时预期的 9,450,000 美元要多。这一差异是由于利率全面上升 50 个基点。同样的利率上升产生了 375,000 美元的期货交易利润。因此，期货利润正好抵销了利息成本的增加，建筑公司成功地利用叠式套期保值对冲了其利率风险。

表 8.14　　　　　　　　　　　　叠式套期保值结果

| 日期 | 现货市场 | 期货市场 |
|---|---|---|
| 9 月 20 日 | 以 9.00% 的利率借款 100,000,000 美元，为期 3 个月，并承诺以届时盛行的 LIBOR 加上 200 个基点的利率将贷款展期 3 个季度 | 以 92.70 点的价格卖出 300 手 12 月欧洲美元期货合约，有 7.3% 的收益率 |
| 12 月 20 日 | 支付 2,250,000 美元的利息；LIBOR 目前为 7.8%，因此以 9.8% 的利率借款 100,000,000 美元，为期 3 个月 | 以 92.20 点的价格平仓 300 手 12 月欧洲美元期货合约，有 7.8% 的收益率；产生利润 375,000 美元（50 个基点 ×25 美元/基点 ×300 手） |
| 3 月 20 日 | 支付 2,450,000 美元的利息，以 10.10% 的利率借款 100,000,000 美元，为期 3 个月 | |

| 日期 | 现货市场 | 期货市场 |
|---|---|---|
| 6 月 20 日 | 支付 2,525,000 美元的利息，以 10.40% 的利率借款 100,000,000 美元，为期 3 个月 | |
| 9 月 20 日 | 支付 2,600,000 美元的利息和 100,000,000 美元的本金<br><br>利息费用总额：9,825,000 美元 | 期货利润：375,000 美元 |
| 对冲后的利息费用：9,450,000 美元 | | |

使用叠式套期保值的危险。我们现在考虑使用这种类型的叠式套期保值的潜在危险。在以上案例中，由于所有利率都以相同的 50 个基点变化，因此叠式套期保值非常有效。最终，叠式套期保值提供了完美的对冲，建筑公司预期的总借款成本没有变化。如果利率以稍微不同的方式变化，同样的叠式套期保值可能会表现得很差。

例如，在贷款协议签订并收到资金后，并实施相同的叠式套期保值，假设期货收益率发生以下变化。如图 8.5 所示，12 月期货收益率从 7.3% 升至 7.4%，3 月期货收益率从 7.6% 升至 8.3%，6 月期货收益率则从 7.9% 升至 8.6%。随着利率的变化，建筑公司将产生以下借款成本和利息费用。

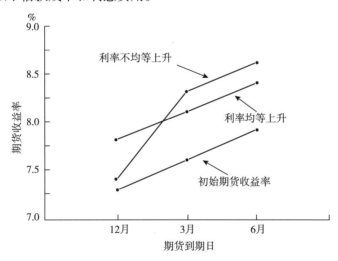

图 8.5　收益率曲线变化

| 9 月至 12 月 | 9.00% | 2,250,000 美元 |
|---|---|---|
| 12 月至次年 3 月 | 9.40% | 2,350,000 美元 |
| 3 月至 6 月 | 10.30% | 2,575,000 美元 |
| 6 月至 9 月 | 10.60% | 2,650,000 美元 |

利率的变化使借款成本从最初预期的 9,450,000 美元增加到 9,825,000 美元。然

而，有一个重要的区别。12月期货收益率仅变化了10个基点。因此，300手12月欧洲美元合约的期货利润仅为75,000美元（10个基点×25美元/基点×300手）。现在，对冲后的净借款成本为9,750,000美元。这比最初预期的要多30万美元。

图8.5显示了12月、3月和6月欧洲美元期货收益率的初始位置。在第一个叠式套期保值案例中，我们假设所有期货收益率都上升了50个基点。均等上升后的利率如图8.5所示。然后，我们考虑了利率的不均等上升和叠式套期保值的有效性。图8.5显示了导致叠式套期保值无效的不均等上升的利率。随着利率的不均等上升，期货收益率曲线大幅变陡。12月期货收益率略有上升，但3月和6月期货收益率则大幅上升。叠式套期保值的糟糕表现是由于利率的不均等变化。

条式套期保值。前面案例中的叠式套期保值实际上是对冲12月期货收益率的变化，因为所有合约都堆叠至单一期货到期日上。条式套期保值不是持有集中至单一到期日的合约，而是在套期保值期间内的每个期货到期日都持有相同数量的合约。

以面临三个季度风险的1亿美元融资要求为例，我们发现欧洲美元套期保值需要300手合约。在条式套期保值中，建筑公司将卖出100手欧洲美元期货合约，包括12月合约、3月合约和6月合约。随着条式套期保值的开展，来年每个季度的利率变化都会被对冲。为了说明条式套期保值对不均等利率上升的有效性，表8.15显示了建筑公司案例的结果。

表8.15中条式套期保值效果良好。条式套期保值的优异表现得益于期货市场套期保值与建筑公司实际风险敞口的一致性。由于建筑公司每个季度都面临利率调整，因此需要对冲与每个季度相关的利率风险。这可以通过条式套期保值实现，但不能通过叠式套期保值实现。

**表8.15**                             **条式套期保值结果**

| 日期 | 现货市场 | 期货市场 |
|---|---|---|
| 9月20日 | 以9.00%的利率借款100,000,000美元，为期3个月，并承诺以届时盛行的LIBOR加上200个基点的利率将贷款展期三个季度 | 分别卖出100手欧洲美元期货：12月合约价格为92.70点，3月合约价格为92.40点，6月合约价格为92.10点 |
| 12月20日 | 支付2,250,000美元的利息；LIBOR目前为7.4%，因此以9.4%的利率借款100,000,000美元，为期3个月 | 以92.60点的价格平仓100手12月欧洲美元期货合约。产生25,000美元（10个基点×25美元/基点×100手）的利润 |
| 3月20日 | 支付2,350,000美元的利息，并以10.30%的利率借款100,000,000美元，为期3个月 | 以91.70点的价格平仓100手3月欧洲美元期货合约，产生175,000美元（70个基点×25美元/基点×100手）的利润 |

| 日 期 | 现货市场 | 期货市场 |
|---|---|---|
| 6 月 20 日 | 支付 2,575,000 美元的利息，并以 10.60% 的利率借款 100,000,000 美元，为期 3 个月 | 以 91.40 点的价格平仓 100 手 6 月欧洲美元期货合约，产生 175,000 美元（70 个基点 × 25 美元/基点 × 100 手）的利润 |
| 9 月 20 日 | 支付 2,650,000 美元的利息和 100,000,000 美元的本金 | |
| | 利息费用总额：9,825,000 美元 | 期货利润：375,000 美元 |
| 对冲后的利息费用：9,450,000 美元 | | |

条式套期保值与叠式套期保值的比较。从条式套期保值案例来看，条式套期保值似乎总是优于叠式套期保值。虽然在许多情况下，条式套期保值是首选，但它并不总是比叠式套期保值好。我们之前的 6 个月期限的公司案例，就使用了叠式套期保值，并取得了巨大成功。在该案例中，叠式套期保值与公司利率风险敞口的时机完全吻合，而条式套期保值则不会那么有效。重要的一点是根据需要使用条式或叠式套期保值，以使期货套期保值的时机与现货市场风险敞口的时机相匹配。

当理论上可能倾向于条式套期保值时，还有一个实际的考虑因素经常导致套期保值者使用叠式套期保值。开展条式套期保值需要交易更多的远月合约。在我们的案例中，建筑公司交易了近月、次远月和远月合约。远月合约并不总是有足够的成交量和流动性使这种策略可行。条式套期保值与欧洲美元期货配合得很好，是因为欧洲美元期货的远月合约现在有足够多的成交量，从而使其具有吸引力。然而，情况并非总是如此。当远月合约缺乏流动性时，套期保值者必须在条式套期保值优势和远月合约潜在流动性不足之间进行权衡。对于利率期货主力合约而言，由于这些市场的流动性很大，条式套期保值的效果很好。

### 8.5.4　跟踪套期保值

在第 3 章中，我们考虑了每日重新结算现金流对期货定价和期货头寸表现的影响。在那里，我们得出结论，期货价格和利率之间的相关性可以用来解释远期和期货价格之间的差异。期货价格和利率之间的正相关性将导致期货价格高于远期价格。相比之下，期货价格和利率之间的负相关性将导致期货价格低于远期价格。对于利率期货来说，期货价格与利率高度负相关，因为利率上升会导致利率期货价格下降。

每日重新结算现金流对套期保值也具有潜在的重要性。如果期货套期保值每天产生正的每日重新结算现金流，那么这些资金一旦收到就可用于投资。这意味着期货市场套期保值收益可能会无意中超过现金市场损失。虽然期货套期保值的意外收益似乎不是问题，但是也可能产生相反的结果。对于正常运作但期货头寸亏损的套期保值，期货头寸可能会产生超过互补的现金市场收益的损失。

在跟踪套期保值（tailing the hedge）过程中，交易者会略微调整套期保值，以弥补从每日重新结算盈利中获得的利息，或为每日重新结算损失支付的利息。因此，套期保值的跟踪是套期保值头寸的轻微减少，以抵销每日重新结算现金流利息的影响。跟踪套期保值可用于任何类型的套期保值。然而，由于当期货价格与利率相关时，每日重新结算现金流可能就更为重要，因此跟踪套期保值在利率期货套期保值中最常被观察到。

为了说明跟踪套期保值背后的原理，请参考以下理想化的案例。一家大型金融机构计划在 91 天后购买 10 亿美元的 90 天期短期国债。届时到期的短期国债期货收益率为 10.00%，因此这些短期国债的预期成本为 9.75 亿美元。该机构通过购买 1,000 手短期国债期货合约来为这一承诺进行套期保值。一夜之间，利率下降了 10 个基点。随着利率的下降，短期国债的预期成本增加至 975,250,000 美元，现货市场损失为 250,000 美元。然而，利率的下降为每手合约带来 250 美元的期货收益，总收益为 250,000 美元。因此，期货市场的收益正好抵消了现货市场的损失——至少在我们考虑 250,000 美元每日重新结算现金流的利息之前是这样的。

250,000 美元每日重新结算现金流可在未来 90 天的套期保值期间内投资（这些资金可投资 90 天，因为我们开始的期间是 91 天）。我们假设每日复利，360 天的年投资利率为 10%。因此，套期保值结束时，250,000 美元将增长至 256,028 美元（250,000 美元 $\times 1.1^{90/360}$）。为简单起见，我们假设这是利率的唯一变化。套期保值期末，金融机构购买了其短期国债，并且有 6,028 美元的资金剩余。这就是每日重新结算现金流的利息。

现在考虑初始套期保值头寸，假设利率上升了 10 个基点，而不是下降。这一利率变化产生了 250,000 美元的每日重新结算现金流出，该机构将不得不为其在未来 90 天内融资。在这种情况下，金融机构将无法购买短期国债，因为他将在套期保值终止时短缺 6,028 美元。该机构必须支付 6,028 美元的利息，为 250,000 美元的每日重新结算现金流出融资。从这个例子可以看出，金融机构交易的期货合约太多了。对期货的总影响——每日重新结算现金流加利息超过了对现货市场的影响。无论利率是上升还是下降，都是如此。

为了减少套期保值中的这些错误，金融机构本可以交易稍微少一些的期货合约。对于每日重新结算现金流 10% 的投资利率和 90 天的投资期限，每日重新结算现金流中的每 1 美元都将增长至 1.024,1 美元（1 美元 $\times 1.1^{90/360}$）。因此，金融机构可以通过将未跟踪套期保值头寸乘以跟踪因子（tailing factor）来得到跟踪套期保值头寸。在我们的案例中，跟踪因子为1/1.0241。然而，请注意，跟踪因子仅为 1 美元按重新结算现金流的投资利率，从套期保值期末折现至当前（加 1 天）的现值。[10]因此，我们将跟踪因子定义为将在套期保值期末收到的 1 美元的现值（截至明天）。跟踪套期保值头寸计算公式为：

$$跟踪套期保值头寸 = 未跟踪套期保值头寸 × 跟踪因子 \qquad (8.3)$$

在我们 1,000 手合约的未跟踪套期保值案例中，跟踪套期保值头寸将为 976.45 手（1,000 手/1.0241）。如果该机构正好交易了以上数量的合约，那么 10 个基点的利率变化将产生 244,112.50 美元（10 个基点/手 × 25 美元/基点 × 976.45 手）的每日重新结算现金流。在套期保值结束时，每日重新结算现金流将增至 250,000 美元（244,112.50 美元 × $1.1^{90/360}$）。现在，套期保值期间内的期货市场影响与现货市场影响完全匹配。总之，为了跟踪套期保值，我们将未跟踪套期保值头寸从套期保值期末折现到了现在。

因为跟踪套期保值依赖从现在到套期保值期末之间的时间，所以即使期货价格没有变化，跟踪套期保值也会不断变化。在 10 亿美元的短期国债套期保值案例中，假设每日重新结算现金流的投资利率仍为 10%，但假设套期保值结束前仅剩下 31 天。每日重新结算现金流将可投资 30 天。在这种情况下，跟踪因子为 0.9921（$1/1.1^{30/360}$）。这意味着该日的跟踪套期保值头寸将为 992 手。在本案例中，跟踪套期保值的头寸在 60 天内从 976 手增加到 992 手。跟踪因子的增长正好与现值因子随折现期间缩短而出现的增长一样。对于 1 天的套期保值期间，跟踪因子是从套期保值期末到当前（加 1 天）的现值。这样就根本没有时间，因此套期保值结束前 1 天的跟踪因子为 1.0。

因为期货只能以合约为单位进行交易，所以跟踪套期保值需要较大的头寸量，如我们案例中的 1,000 手。此外，由于跟踪过程依赖从当前到套期保值期末的利率，因此跟踪调整只能与套期保值者对从当前到套期保值期末的定期利率的估计差不多。在大多数情况下，跟踪调整的百分比相当小。在我们最初的 10% 利率和 90 天期限的案例中，跟踪套期保值的头寸仅比未跟踪套期保值少 2.35%。利率越高，套期保值期间越长，跟踪因子就越大。然而，即使在大多数案例中，跟踪调整也很少超过未跟踪套期保值头寸的 5%。[11]

### 8.5.5　长期国债期货套期保值

本部分从 AAA 级公司债券的交叉套期保值案例开始。该案例显示了一个简单的套期保值规则，即每 1 美元债券使用 1 美元期货，可能会带来可怕的套期保值结果。

这个案例引出了一个关于替代套期保值技术的讨论，该技术专注于长期国债套期保值。

在所有之前的套期保值案例中，被套期保值工具和套期保值工具非常相似。然而，通常需要为一种与期货合约标的工具不同的工具进行套期保值。套期保值的有效性取决于交易的现货端和期货端的收益或损失。但任何债券价格的变化都取决于利率水平的变化、收益率曲线形状的变化、债券的到期期限及其票面利率。

为了说明到期期限和票面利率对套期保值效果的影响，请看以下案例。3月1日，一位投资组合经理获悉，他将于6月1日获得500万美元，用于投资票面利率为5%、到期期限为10年的AAA级公司债券。收益率曲线是平的，并假设在3月1日至6月1日期间保持不变。目前AAA级债券的收益率为7.5%。由于收益率曲线是平的，远期利率也都是7.5%，因此投资组合经理希望以该收益率购买债券。然而，由于担心利率下降，他决定在期货市场进行套期保值，以锁定7.5%的远期利率。

下一步是选择适当的套期保值工具。该经理考虑了两种可能的工具：短期国债或长期国债。然而，AAA级债券的票面利率为5%，到期期限为10年，这与可用于期货合约交割的短期国债或长期国债的票面利率和到期期限特征并不匹配。可交割短期国债的票面利率为零，到期期限仅为90天，而可交割长期国债的到期期限至少为15年，并且半年期息票也各种各样。对于这个案例，我们假设最便宜可交割长期国债在目标日期6月1日将有20年的到期期限，并且最便宜可交割债券的票面利率为6%。

为了充分探讨这种情况的潜在困难，我们考虑用短期国债和长期国债期货来对冲AAA级债券头寸。我们没有考虑中期国债，是为了放大息票和期限特征相匹配的重要性。对于短期国债和长期国债，我们假设收益率分别为6%和6.5%。假设收益率保持在7.5%，该经理计划投资的债券价格将为826.30美元。对于500万美元的投资，该经理预期将购买6,051只债券。

表8.16显示了短期国债套期保值的对冲交易和结果。由于500万美元可用于投资，假设该经理购买了500万美元面值的短期国债期货合约。随着时间的推移，到6月1日，AAA级债券和短期国债的收益率分别下降了42个基点。公司债券的价格为852.72美元，比826.30美元的预期价格高26.42美元。由于该经理预期购买6,051只债券，这意味着额外支出总额将为159,867美元（6,051×26.42美元），这代表了现货市场的损失。在期货市场，利率也下降了42个基点，导致每手期货合约的价格上涨1,050美元。因为购买了5手合约，所以期货利润为5,250美元。然而，现货市场的损失超过了期货市场的收益，净损失为154,617美元。请注意，即使两项投资的利率发生了相同

的变化，也会导致这种损失。

**表 8.16** 公司债券和短期国债期货之间的交叉套期保值

| 日期 | 现货市场 | 期货市场 |
|---|---|---|
| 3 月 1 日 | 一位投资组合经理获悉，他将在 3 个月后获得 500 万美元，用于投资票面利率为 5% 的 10 年期 AAA 级债券，预期收益率为 7.5%，价格为 826.30 美元，该经理预期购买 6,051 只债券 | 投资组合经理购买 500 万美元面值的将于 6 月 1 日到期的短期国债期货（5 手），期货收益率为 6.0%，每手期货合约的价格为 985,000 美元 |
| 6 月 1 日 | AAA 级债券收益率已降至 7.08%，导致债券价格为 852.72 美元，这意味着每只债券的损失为 26.42 美元，由于计划购买 6,051 只债券，总损失为 159,867 美元（6,051 × 26.42 美元） | 短期国债期货收益率已降至 5.58%，因此期货价格 = 现货价格 = 986,050 美元/手，每手合约的利润为 1,050 美元，由于交易了 5 手合约，因此总利润为 5,250 美元 |
| | 损失 = −159,867 美元 | 收益 =5,250 美元 |
| 净财富变化 = −154,617 美元 | | |

现在考虑相同的套期保值问题，但假设我们使用 500 万美元面值的长期国债期货进行对冲。表 8.17 列出了交易和结果。两种工具的收益率再次下降 42 个基点。因此，对现货市场的影响是相同的，但期货总收益为 231,650 美元，超过了抵消现货市场损失所需的金额，并产生了净财富变化 +71,783 美元。

如果套期保值的目标是确保净财富变化为零，那么收益被视为并不比损失好就是合理的。只是由于利率意外地朝着有利的方向变化，才出现收益而不是损失。回想一下，所有简化的假设都适用——两种工具的利率朝着相同的方向且以相同的幅度变化，形成一条平坦的收益率曲线。然而，如前所述，被套期保值工具和套期保值工具的息票和期限不匹配。债券、短期国债期货和长期国债期货这三种工具都有不同的久期，反映了对利率的不同敏感性。因此，对于给定的收益率变化（如 42 个基点），三种工具的价格将发生不同幅度的变化。因此，对于现货市场的 1 美元来说，期货市场简单的 1 美元套期保值不可能产生令人满意的结果。

**表 8.17** 公司债券和长期国债期货之间的交叉套期保值

| 日期 | 现货市场 | 期货市场 |
|---|---|---|
| 3 月 1 日 | 一位投资组合经理获悉，他将在 3 个月后获得 500 万美元，用于投资票面利率为 5% 的 10 年期 AAA 级债券，预期收益率为 7.5%，价格为 826.30 美元，该经理预期购买 6,051 只债券 | 投资组合经理购买 500 万美元面值的将于 6 月 1 日到期的长期国债期货（50 手），期货收益率为 6.5%，每手期货合约的价格为 94,448 美元 |

续表

| 日 期 | 现货市场 | 期货市场 |
|---|---|---|
| 6月1日 | AAA 级债券收益率已降至 7.08%，导致债券价格为 852.72 美元，这意味着每只债券的损失为 26.42 美元，由于计划购买 6,051 只债券，因此总损失为 159,867 美元（6,051 × 26.42 美元） | 长期国债期货收益率已降至 6.08%，因此期货价格 = 现货价格 = 99,081 美元/手，每手合约的利润为 4,633 美元，由于交易了 50 手合约，因此总利润为 231,650 美元 |
| | 损失 = −159,867 美元 | 收益 = 231,650 美元 |
| 净财富变化 = +71,783 美元 | | |

## 8.5.6 替代套期保值策略

我们已经看到，由于息票和期限特征的不匹配，对冲利率风险的简单方法通常会产生令人不满意的结果。为了获得最佳的套期保值效果，我们需要一些考虑了息票和期限不匹配问题的策略。本部分记录了对冲利率风险的一些主要策略，从简单模型到较复杂模型。

票面价值简单模型（Face Value Naive Model）。根据票面价值简单模型（FVN 模型），套期保值者应通过期货合约的 1 美元面值对冲现货工具的 1 美元面值。例如，希望对 100,000 美元面值的债券进行套期保值的套期保值者将使用 1 手长期国债期货合约。我们刚刚讨论的案例使用了这种策略。FVN 策略忽略了两个至关重要的因素：

（1）通过聚焦于面值，FVN 模型完全忽略了现货和期货头寸之间的潜在市场价值差异。因此，保持现货和期货市场的面值相等可能会导致套期保值效果不佳，因为两个头寸的市值不同。

（2）FVN 模型忽略了影响现货市场商品和期货合约的久期的息票和期限特征。

由于这些缺陷，我们不会进一步考虑 FVN 模型。

市场价值简单模型（Market Value Naive Model）。市场价值简单模型（MVN 模型）与 FVN 模型相似，只是它建议用期货市场的 1 美元市值对冲现货商品的 1 美元市值。例如，如果 100,000 美元面值债券的市值为 90,000 美元，而 100,000 美元面值长期国债期货合约的定价为 80 - 00，MVN 模型将建议使用 1.125 手（90/80）期货合约对冲现货债券。

由于考虑了市值和面值之间的差异，MVN 模型避免了针对 FVN 模型的第一个缺陷。然而，MVN 模型仍然没有针对这两种工具的价格敏感性进行调整。因此，我们不再考虑 MVN 模型。

转换因子模型（Conversion Factor Model）。转换因子模型（CF 模型）仅适用于通过转换因子来确定账单金额的期货合约，如长期国债和中期国债期货。该模型的初衷是通过使用转换因子作为敏感性指数，来针对不同的价格敏感性进行调整。

特别是 CF 模型建议用 1 美元期货面值乘以转换因子，来对冲现货市场债券的 1 美元面值。正如我们所看到的长期国债和中期国债期货，许多可交割工具具有不同的转换因子。要应用 CF 模型，我们必须要确定哪种工具是最便宜可交割债券，并使用该工具的转换因子。假设我们已经确定了最便宜可交割债券，套期保值比率（HR）由以下公式得出：

$$HR = -\left(\frac{现货市场本金}{期货市场本金}\right) \times 转换因子 \tag{8.4}$$

负号表示必须持有与现货市场头寸相反的期货市场头寸。例如，如果在现货市场做多，那么套期保值者应该卖出期货。

例如，假设债券经理希望用长期国债期货对冲 500,000 美元面值债券的多头头寸。我们假设最便宜可交割债券的转换因子为 1.2。在这种情况下，该经理应该卖出价值 600,000 美元的长期国债期货（500,000 × 1.2）或 6 手合约，因为每手长期国债期货合约的名义本金为 100,000 美元。CF 模型试图在套期保值的现货和期货两端确保债券的本金价值相等。这种方法主要适用于考虑按照期货合约交割现货市场债券的情况。

基点模型（Basis Point Model）。基点模型（BP 模型）侧重于收益率 1 个基点变化的价格效应。例如，我们已经看到，1 个基点的收益率变化会导致短期国债或欧洲美元合约的期货价格发生 25 美元的变化。假设今天是 4 月 2 日，一家公司计划在 6 周后发行 5,000 万美元的 180 天期商业票据。对于 1 个基点的收益率变化，180 天期商业票据的价格变化将是 90 天期短期国债期货合约的 2 倍（假设面值相等）。换言之，对于 100 万美元的 180 天期商业票据，1 个基点的收益率变化会导致 50 美元的价格变化。从重要性来说，商业票据对收益率变化的敏感度将提高 1 倍。

为了反映这种更大的敏感度，我们可以使用 BP 模型来计算以下套期保值比率。

$$HR = -\frac{BPC_s}{BPC_F} \tag{8.5}$$

式中：

$BPC_S$ 为 1 个基点收益率变化导致的现货工具的美元价格变化；

$BPC_F$ 为 1 个基点收益率变化导致的期货工具的美元价格变化。

$BPC_S/BPC_F$ 比率表示交易合约的相对数量。在我们的商业票据案例中，现货基点价格变化（$BPC_S$）是期货基点价格变化（$BPC_F$）的 2 倍，因此套期保值比率为 −2.0。

为了探讨这种权重的影响，请考虑以下商业票据的 BP 模型套期保值。当计划发行商业票据时，如果利率上升，公司将蒙受损失，因为公司从商业票据发行中获得的现金将减少。由于需要出售商业票据，公司现在是商业票据多头，必须通过卖出期货来对冲。对于 -2.0 的套期保值比率和 5,000 万美元面值的现货市场承诺，该公司应该卖出 100 手短期国债期货合约。

表 8.18 显示了 BP 模型的交易。在期现两端的利率变化 45 个基点后，我们得到以下结果。在现货市场，该公司商业票据发行收入将比预期减少 112,500 美元。然而，这一损失完全被期货头寸中 1 亿美元短期国债的价格变化所抵销。BP 模型有助于确定每个现货市场单位需要交易的准确的期货合约数量。相比之下，FVN 模型只建议交易 50 手期货合约，这只对冲了一半的损失。

**表 8.18　　　　　　　　商业票据发行的 BP 模型套期保值结果**

| 4 月 2 日 | |
|---|---|
| 现货市场 | 期货市场 |
| 公司预期 45 天后发行 5,000 万美元面值的 180 天期商业票据，收益率为 11% | 公司卖出 100 手 6 月短期国债期货合约，收益率为 10%，指数价值为 90.00 点 |
| 5 月 15 日 | |
| 现货市场和期货市场利率均上升了 45 个基点，现在，即期利率为 11.45%，期货市场收益率为 10.45% | |
| 现货市场效应 | 期货市场效应 |
| 每一个基点的变化都导致每百万美元面值的 50 美元的价格变化，由于利率的变化，公司将从商业票据发行中少获得 112,500 美元（45 个基点 ×（-50 美元）×50 = -112,500 美元） | 上升的每一个基点都带来了 25 美元/手的期货市场利润<br>期货利润 = 45 个基点 ×（+25 美元）×100 手 = +112,500 美元 |
| 净财富变化 = 0 | |

有时候，收益率的变化幅度可能不像表 8.18 中的那样是相同的。在这种情况下，套期保值者可能希望在确定套期保值比率时考虑收益率的相对波动性。例如，假设商业票据利率的波动性比短期国债期货高 25%。换言之，短期国债期货利率上升 100 个基点通常可能伴随商业票据利率上升 125 个基点。为了获得与现货头寸相同的期货市场总价格变化，我们需要在确定套期保值比率时考虑波动性的差异。在这种情况下，套期保值比率变为：

$$HR = -\left(\frac{BPC_s}{BPC_F}\right) \times RV \tag{8.6}$$

式中，$RV$ 为相对于期货收益率的现货市场收益率的波动性，通常通过将现货市场工具收益率对期货市场收益率进行回归得出。

如果我们将 $RV$（假设为 1.25）考虑进我们的商业票据套期保值，交易将如表 8.19

的上半部分所示。现在的套期保值比率为：

$$HR = -\frac{50\ 美元}{25\ 美元} \times 1.25 = -2.5$$

因此，套期保值者卖出了125手短期国债期货合约。在此假设短期国债收益率上升45个基点。此外，由于相对波动性更大，商业票据收益率上升了56个基点，是短期国债的1.25倍。因为卖出了更多的短期国债期货，所以短期国债期货的利润仍然几乎完全抵销了商业票据的损失。

**表8.19**　　商业票据发行的考虑相对收益率方差的 BP 模型套期保值结果

| 4月2日 | |
| --- | --- |
| 现货市场 | 期货市场 |
| 公司预期45天后发行5,000万美元面值的180天期商业票据，收益率为11% | 公司卖出125手6月短期国债期货合约，收益率为10%，指数价值为90.00点 |
| 5月15日 | |
| 现货市场利率上升了56个基点至11.56%，期货利率上升45个基点至10.45% | |
| 现货市场效应 | 期货市场效应 |
| 每一个基点的变化都导致每百万美元面值的50美元的价格变化，由于利率的变化，公司将从商业票据发行中少获得140,000美元〔56个基点×（-50美元）×50＝-140,000美元〕 | 上升的每一个基点带来了25美元/手的期货市场利润<br>期货利润＝45个基点×（+25美元）×125手<br>＝+140,625美元 |
| 净财富变化 ＝625 美元 | |

回归模型（Regression Model）。计算利率期货套期保值比率的另一种方法是我们在第4章中探讨过的回归技术。回归发现的套期保值比率可以最小化估计期内期货与现货合并头寸的方差。以上估计的比率适用于套期保值期间。

对于回归模型（RGR 模型），套期保值比率计算公式为：

$$HR = -\frac{COV_{S,F}}{\sigma_F^2} \tag{8.7}$$

式中：

$COV_{S,F}$ 为现货和期货之间的协方差；

$\sigma_F^2$ 为期货的方差。

如第4章所述，该套期保值比率是通过将现货头寸变化对期货头寸变化进行回归得出的回归系数的负值。这些变化可以用美元价格变化或百分比价格变化来衡量。

$$\Delta S_t = \alpha + \beta \Delta F_t + \epsilon_t$$

RGR 模型发现了使误差平方之和最小的套期保值比率。将估计的套期保值比率用于实际套期保值，假设期货和现货工具价格变化之间的关系，在样本期间和实际套期保值期间之间未发生显著变化。

这是一个实际的假设。如果关系基本不变，那么估计的套期保值比率将在实际套期保值情况下表现良好。期货合约与现货市场商品价格之间关系的根本性变化，可能导致严重的套期保值误差。这种危险在所有套期保值情况下都存在，但在利率套期保值中可能会加剧。毫无疑问，RGR 模型已证明其在传统期货市场上的实用性，并且路易斯·埃德灵顿（Louis Ederington）、查尔斯·弗朗克尔（Charles Franckle）、乔安妮·希尔（Joanne Hill）和托马斯·申尼韦斯（Thomas Schneeweis）已将其应用于利率期货市场。[12]

然而，在将 RGR 模型应用于利率套期保值时存在一些问题。第一，由于涉及统计估计，该技术需要现货和期货价格的数据集，而这些数据有时可能很难获取，尤其是在试图为新债券进行套期保值时。在这种情况下，甚至可能不存在现货市场数据，从而必须使用替代数据。第二，RGR 模型没有明确考虑不同债券价格对利率变化的敏感性差异。如表 8.16 和表 8.17 的案例所示，这可能是一个非常重要的因素。然而，回归方法确实间接地考虑了不同价格的敏感性，因为它们的敏感性差异将反映在套期保值比率的估计中。第三，任何现货债券都会随着时间的推移出现可预测的价格变动。任何工具的价格都将在到期时等于其票面价值。RGR 模型并未明确考虑现货债券价格的这一变化，但样本数据却反映了这种价格变动趋势。第四，套期保值比率是通过最小化套期保值期间内期货与现货合并头寸的变动性来确定的。由于回归得到的套期保值比率主要依赖计划的套期保值时间的长短，因此人们可能会理性地选择一种侧重于套期保值结束时财富状况的套期保值技术。[13]毕竟，套期保值带来的财富变化取决于套期保值终止时的收益或损失，而不是套期保值期间内期现货头寸的变动性。尽管存在这些困难，RGR 模型仍然是一种估计传统商品套期保值比率的有用方法，并且在较小程度上也可以用于利率套期保值。

价格敏感性模型（Price Sensitivity Model）。价格敏感性模型（PS 模型）已明确设计用于利率套期保值。[14]PS 模型假设套期保值的目标是消除套期保值期间内的意外财富变化，如式（8.8）所示：

$$dP_i + dP_F(N) = 0 \tag{8.8}$$

式中：

$dP_i$ 为现货市场工具价格的意外变化；

$dP_F$ 为期货工具价格的意外变化；

$N$ 为对冲一个单位现货市场资产的期货合约数量。

式（8.8）表达的目标是，现货工具（$i$）和期货头寸（$F$）的价值的意外变化，加在一起应等于零。如果实现了这一目标，财富变化或套期保值误差应为零。PS 模型不关注套期保值期间的变化幅度，而是使用一个可以在套期保值结束时实现零净财富变化的套期保值比率。

套期保值者的问题是选择正确数量的合约，在式（8.8）中用 $N$ 表示，以实现零套期保值误差。修正久期（Modified duration，MD）定义为麦考利久期除以（$1 + r$）。因此，对于麦考利久期为 $D_x$ 和收益率为 $r_x$ 的债务工具 $x$，它们的关系为：

$$MD_x = \frac{D_x}{1 + r_x}$$

式（8.10）给出了每个现货市场债券需要交易的准确合约数量（$N$）：

$$N = -\frac{P_i MD_i}{FP_F MD_F} RYC \tag{8.9}$$

式中：

$FP_F$ 为期货合约价格；

$P_i$ 为资产 $i$ 预期在套期保值期间内盛行的价格；

$MD_i$ 为资产 $i$ 预期在套期保值期间内盛行的修正久期；

$MD_F$ 为期货合约 $F$ 的标的资产预期在套期保值期间盛行的修正久期；

$RYC$ 为对于给定的无风险利率变化，现货市场收益率相对于期货收益率变化的变化，在实践中通常假设为 1.0。

通过非技术性术语来表达，如式（8.9）所示，假设现货和期货工具收益率的变化相同，对于每个待套期保值现货市场工具，需要交易的期货合约交易数量应为实现完美套期保值的数量。为了探索这一技术的意义和应用，再次考虑表 8.16 和表 8.17 中的 AAA 级债券套期保值。大量套期保值误差起因于期货工具和 AAA 级债券价格敏感性的不同。

表 8.20 给出了计算用短期国债或长期国债期货对冲 AAA 级债券的套期保值比率所需的数据。我们在这里假设现货和期货市场资产具有相同的波动性，因此 RYC 为 1.0。

对于短期国债套期保值：

$$N = -\frac{826.30 \text{ 美元} \times 7.207358}{985,000 \text{ 美元} \times 0.235849} = -0.025636$$

对于每只待套期保值的 AAA 级债券，套期保值者应卖出 0.025636 手短期国债期货。因为投资组合经理计划购买 6,051 只债券，所以他应该通过交易 155.12 手短期国债期货来对冲这一承诺（对于这个例子，我们假设可以卖出非整数手合约）。

对于长期国债套期保值：

$$N = -\frac{826.30 \text{ 美元} \times 7.207358}{94,448 \text{ 美元} \times 10.946953} = -0.005760$$

有 6,051 只债券需要套期保值，投资组合经理应该卖出 34.85 手长期国债期货。

表 8.20                                      价格敏感性套期保值数据

| 现货工具 | |
|---|---|
| $P_i$ | 826.30 美元 |
| $MD_i$ | 7.207358 |
| 短期国债期货 | |
| $FP_i$ | 985,000 美元 |
| $MD_F$ | 0.235849 |
| $N$ | −0.025636 |
| 需要交易的合约数量 | −155.12 |
| 长期国债期货 | |
| $FP_F$ | 94,448 美元 |
| $MD_F$ | 10.946953 |
| $N$ | −0.005760 |
| 需要交易的合约数量 | −34.85 |

无论是哪种套期保值，AAA 级债券和期货工具收益率的相同变化都应该带来完美套期保值。表 8.21 显示了在表 8.16 和表 8.17 中使用的利率同样下降 42 个基点的情况下，这两种套期保值的表现。

在给定套期保值策略和相同收益率降幅的情况下，短期国债套期保值的期货收益为 162,876 美元（155.12 手×42 个基点×25 美元/基点），以抵销 AAA 级债券 159,867 美元的损失。长期国债套期保值的期货收益为 161,460 美元（34.85 手×4,633 美元/手）。表 8.21 第二行显示了短期国债和长期国债的套期保值误差，而最后一行给出了百分比套期保值误差。套期保值效果很好，两种套期保值都将误差控制在 2% 以下，而长期国债的套期保值误差仅为 1% 以下。套期保值误差主要源于利率的巨大离散变化。此外，对于短期国债套期保值，部分误差是由于短期国债的银行折扣收益率和公司债券的债券收益率之间的差异。

表 8.21                                价格敏感性期货套期保值效果分析

| | 现货市场 | 短期国债套期保值 | 长期国债套期保值 |
|---|---|---|---|
| 收益/损失 | −159,867 美元 | +162,876 美元 | +161,460 美元 |
| 套期保值误差 | — | 3,009 美元 | 1,593 美元 |
| 百分比套期保值误差 | | 1.8822% | 0.9965% |

结论。很难比较本部分回顾的所有套期保值模型，因为它们在目标和复杂性方面差异很大。简单套期保值，包括票面价值简单模型和市场价值简单模型，可能只适用于通过短期期货合约为短期工具进行套期保值。CF 模型本质上是一个适用于具有中期国债或长期国债合约结构的期货合约的简单模型。

最广泛使用的技术是 PS 模型的某些版本，尽管 RGR 模型也经常使用。事实上已经证明，当套期保值期间非常短时，PS 模型和 RGR 模型是等效的。[15]由于 RGR 模型的数据获取存在问题，PS 模型似乎更受欢迎。

乔安妮·希尔（Joanne Hill）和托马斯·施尼韦斯（Thomas Schneeweis）在许多论文中发现，RGR 模型是一种有效的套期保值方法。[16]然而，D. 拉索（D. Lasser）发现 RGR 模型的表现并不比各种简单模型更好。[17]雷蒙德·蒋（Raymond Chiang）、杰拉德·盖伊（Gerald Gay）和罗伯特·科尔布（Robert Kolb）发现，PS 模型在对冲公司债券风险方面比简单模型更有效。[18]A. 托瓦斯（A. Toevs）和 D. 雅各布（D. Jacob）对许多套期保值策略进行了有益的比较，包括简单模型和 RGR 模型，他们发现 PS 模型是最有效的。[19]最后，伊拉·卡瓦勒（Ira Kawaller）认为，套期保值中的回归方法不如基点方法或价格敏感性方法。[20]表 8.22 总结了各种套期保值方法。

表 8.22　　　　　　　　　　替代套期保值策略汇总

| 套期保值模型 | 基本原理 |
| --- | --- |
| 票面价值简单模型（FVN 模型） | 用 1 美元面值期货工具对冲 1 美元面值现货工具 |
| 市场价值简单模型（MVN 模型） | 用 1 美元市值期货工具对冲 1 美元市值现货工具 |
| 转换因子模型（CF 模型） | 找出现货市场本金与期货市场本金的比率，将该比率乘以最便宜可交割工具的转换因子 |
| 基点模型（BP 模型） | 对于 1 个基点的收益率变化，找出现货市场价格变化与期货市场价格变化的比率（有时通过现货市场工具利率与期货工具利率的相对波动性进行加权） |
| 回归模型（RGR 模型） | 对于给定的现货市场头寸，通过回归分析找出最小化现货/期货合并头寸的期货头寸 |
| 价格敏感性模型（PS 模型） | 通过久期分析，找出可以在套期保值期间内实现零财富变化的期货市场头寸（有时通过现货市场工具利率与期货工具利率的相对波动性进行加权） |

## 8.5.7　利率期货免疫策略

在债券投资中，久期不匹配会导致利率风险敞口。例如，银行或储蓄和贷款协会等金融机构的资产组合的久期可能大于其负债组合的久期。利率的突然上升将导致资产组合价值的下降幅度超过负债组合价值的下降幅度。作为另一种类型的风险，债券投资组合可能会被管理到某个未来日期，也许是某公司养老金负债到期的时候。如果债券投资组合的久期超过了养老金负债的到期期限，利率的波动将导致债券投资组合现值的变化超过负债现值的变化，从而使整个债券投组合或养老金计划暴露在利率风险之下。通过匹配资产和负债的久期，金融机构有可能使其自身对利率风险免疫，我们称之为银行免疫方案。对于管理到某个期限的债券投资组合，可以通过将债券投资组合的久期调整为等于规划期间的长度，来实现类似的免疫。我们称之为规划期间方案。[21]

这种免疫通常很难实现。例如，银行不能因为希望延长其负债的久期，而简单地拒绝存款人。随着利率期货市场的发展，财务经理拥有了一个可以用于免疫策略的宝贵的新工具。本部分介绍了通过利率期货进行免疫的两个案例，一个用于规划期间方案，另一个用于银行免疫方案。表 8.23 显示了我们将在免疫策略案例中使用的三种债券的数据，以及短期国债和长期国债期货合约的数据。表 8.23 反映了平坦收益率曲线和相同风险水平工具的假设。

表 8.23 免疫策略分析中的工具

| | 票面利率（%） | 到期期限 | 收益率（%） | 价格 | 久期 |
|---|---|---|---|---|---|
| 债券 A | 8 | 4 | 12 | 875.80 | 3.4605 |
| 债券 B | 10 | 10 | 12 | 885.30 | 6.3092 |
| 债券 C | 4 | 15 | 12 | 449.41 | 9.2853 |
| 长期国债期货[a] | 6 | 20 | 12 | 548.61 | 9.0401 |
| 短期国债期货[a] | — | 1/4 | 12 | 970.00 | 0.2500 |

注：a 为便于比较，假设这些工具的面值为 1,000 美元。

规划期间方案。考虑 1 亿美元的债券 C 投资组合，久期为 9.2853 年。现在假设一位经理希望将投资组合的久期缩短至 6 年，以匹配给定的规划期间。以上久期的缩短可以通过在满足以下条件之前卖出债券 C 和买入债券 A 来实现：

$$W_A D_A + W_C D_C = 6 \text{ 年}$$
$$W_A + W_C = 1$$

式中，$W_i$ 为承诺投资于资产 $i$ 的投资组合资金占比。这意味着该经理必须将 1 亿美元中的 56.39% 投资于债券 A，这些资金来自债券 C 的卖出所得。这是投资组合 1。

投资组合 2，该经理可以通过交易利率期货来调整投资组合的久期，以匹配 6 年的规划期间。在投资组合 2 中，该经理将保留 1 亿美元的债券 C，并交易期货，以调整债券 C 和期货投资组合的久期。如果债券 C 和短期国债期货构成投资组合 2，则短期国债期货头寸必须满足以下条件：

$$P_P = P_C N_C + FP_{T-bill} N_{T-bill}$$

式中：

$P_P$ 为投资组合的价值；

$P_C$ 为债券 $C$ 的价格；

$FP_{T-bill}$ 为短期国债期货的价格；

$N_C$ 为债券 $C$ 的数量；

$N_{T-bill}$ 为短期国债的数量。

式（8.10）表示债券价格随久期和资产收益率的变化：

$$dP = -D\{d(1+r)/(1+r)\}P \tag{8.10}$$

将式（8.10）应用于投资组合、债券 $C$ 和短期国债期货，我们得到以下免疫条件：

$$-D_P\left[\frac{d(1+r)}{1+r}\right]P_P = -D_C\left[\frac{d(1+r)}{1+r}\right]P_C N_C - D_{T-bill}\left[\frac{d(1+r)}{1+r}\right]FP_{T-bill}N_{T-bill}$$

可以简化为：

$$D_P P_P = D_C P_C N_C + D_{T-bill} FP_{T-bill} N_{T-bill}$$

因为免疫策略需要模仿总价值为 1 亿美元、久期为 6 年的投资组合 1，所以必须做到：

$P_P = 1$ 亿美元

$D_P = 6$ 年

$D_C = 9.2853$ 年

$P_C = 449.41$ 美元

$N_C = 222,514$ 只

$D_{T-bill} = 0.25$ 年

$FP_{T-bill} = 970.00$ 美元

求解 $N_{T-bill}$ 得到 $-1,354,764$ 只，表明需要在期货市场卖空许多短期国债（假设票面价值为 1,000 美元）。由于短期国债期货合约的面值为 100 万美元，因此需要卖出 1,355 手合约。创建投资组合 2 的相同技术可以应用于长期国债期货合约，从而产生投资组合 3。求解以下方程中的 $N_{T-bond}$。

$$D_P P_P = D_C P_C N_C + D_{T-bond} FP_{T-bond} N_{T-bond}$$

得到 $N_{T-bond}$ 为 66,243 只。由于长期国债期货合约的面值为 100,000 美元，交易者必须卖出 662 手长期国债期货合约。表 8.24 总结了每个投资组合的相关数据。

表 8.24 规划期间方案的投资组合特征

| | 投资组合 1<br>（仅限债券） | 投资组合 2<br>（卖出短期国债期货） | 投资组合 3<br>（卖出长期国债期货） |
|---|---|---|---|
| **投资组合权重** | | | |
| $W_A$ | 56.39% | — | — |
| $W_C$ | 43.61% | 100% | 100% |
| $W_{Cash}$ | ≈0 | ≈0 | ≈0 |
| **工具的数量** | | | |
| $N_A$ | 64,387 | 0 | — |
| $N_C$ | 97,038 | 222,514 | 222,514 |
| $N_{T-bill}$ | — | (1,354,764) | — |
| $N_{T-bond}$ | — | — | (66,243) |
| **工具的价值** | | | |
| $N_A P_A$ | 56,390,135 | — | — |
| $N_C P_C$ | 43,609,848 | 100,000,017 | 100,000,017 |
| $N_{T-bill} FP_{T-bill}$ | — | 1,314,121,080 | — |
| $N_{T-bond} FP_{T-bond}$ | — | — | 36,341,572 |
| 现金 | 17 | (17) | (17) |
| **投资组合的价值** | | | |
| $N_A P_A + N_C P_C +$ 现金 | 100,000,000 | 100,000,000 | 100,000,000 |

数据来源：改编自 R. Kolb and G. Gay，"Immunizing Bond Portfolios with Interest Rate Futures"，*Financial Management*，Summer 1982，pp. 81–89。经作者和金融管理协会（Financial Management Association）允许再印刷。

为了解免疫投资组合的表现，假设所有期限的利率从 12% 降至 11%。同时假设 6 年规划期间内的所有息票收益都可以 11% 的利率（每半年复利一次）进行再投资，直至规划期间结束。随着利率的变化，新价格为：

$P_A = 904.98$ 美元

$P_C = 491.32$ 美元

$FP_{T-bill} = 972.50$ 美元

$FP_{T-bond} = 598.85$ 美元

表 8.25 显示了利率变化对投资组合价值、期末（第 6 年）财富以及投资组合持有人总财富头寸的影响。如表 8.25 所示，每个投资组合对收益率变化的反应类似。微小的差异源自四舍五入误差，或久期价格变化公式仅适用于收益率微小变化。最大的差异（投资组合 2 和投资组合 3 的终值之间）只有 0.056%，这表明了替代策略的有效性。

表 8.25 收益率下降1%对已实现投资组合收益的影响

|  | 投资组合 1 | 投资组合 2 | 投资组合 3 |
|---|---|---|---|
| 初始投资组合价值 | 100,000,000 美元 | 100,000,000 美元 | 100,000,000 美元 |
| 新投资组合价值 | 105,945,674 美元 | 109,325,562 美元 | 109,325,562 美元 |
| 期货收益/损失 | 0 | (3,386,910 美元) | (3,328,048 美元) |
| 总财富变化 | 5,945,674 美元 | 5,938,652 美元 | 5,997,514 美元 |
| $t=6$ 时所有资金的终值 | 201,424,708 美元 | 201,411,358 美元 | 201,523,267 美元 |
| 6 年持有期间年化回报 | 1.120180 | 1.120168 | 1.120266 |

数据来源：改编自 R. Kolb and G. Gay, "Immunizing Bond Portfolios with Interest Rate Futures", *Financial Management*, Summer 1982, pp. 81 – 89。终值和持有期间收益假设为 11%（每半年复利一次），经作者和金融管理协会 (Financial Management Association) 允许再印刷。

银行免疫方案（The Bank Immunization Case）。假设一家银行持有 1 亿美元债券 B 的负债投资组合，其组成是固定的。该银行希望持有债券 A 和债券 C 的资产投资组合，以保护银行的财富状况不因收益率变化而发生任何变化。

5 种不同的投资组合说明了实现预期结果的不同方法：

投资组合 1：持有债券 A 和债券 C（传统方法）。

投资组合 2：持有债券 C，卖出短期国债期货。

投资组合 3：持有债券 A，买入长期国债期货。

投资组合 4：持有债券 A，买入短期国债期货。

投资组合 5：持有债券 C，卖出长期国债期货。

对于表 8.26 中的每个投资组合，1 亿美元全部投入债券投资组合（并通过现金进行平衡）。投资组合 1 体现了只持有债券的传统免疫方法。投资组合 2 和投资组合 5 由债券 C 和空头期货头寸组成。相比之下，投资组合 3 和投资组合 4 持有低波动性的债券 A。结合债券 A，通过买入利率期货提高了整体利率敏感性。

现在假设所有期限的利率瞬间从 12% 降至 11%。表 8.27 显示了对投资组合的影响。正如报告财富变化的行所显示的，所有 5 种方法的表现都类似。微小的差异源于四舍五入误差和利率的离散变化。

表 8.26 负债投资组合和5种替代免疫投资组合

|  | 负债投资组合 | 投资组合 1（仅限债券） | 投资组合 2（卖出短期国债期货） | 投资组合 3（买入长期国债期货） | 投资组合 4（买入短期国债期货） | 投资组合 5（卖出长期国债期货） |
|---|---|---|---|---|---|---|
| 投资组合权重 |  |  |  |  |  |  |
| $W_A$ | 0 | 51.0936% | 0 | 100% | 100% | 0 |

续表

| | 负债投资组合 | 投资组合 1（仅限债券） | 投资组合 2（卖出短期国债期货） | 投资组合 3（买入长期国债期货） | 投资组合 4（买入短期国债期货） | 投资组合 5（卖出长期国债期货） |
|---|---|---|---|---|---|---|
| $W_B$ | 100% | 0 | 0 | 0 | 0 | 0 |
| $W_C$ | 0 | 48.9064% | 100% | 0 | 0 | 100% |
| $W_{Cash}$ | ≈0 | ≈0 | ≈0 | ≈0 | ≈0 | ≈0 |
| 工具的数量 | | | | | | |
| $N_A$ | 0 | 58,339 | 0 | 114,181 | 114,181 | 0 |
| $N_B$ | 112,956 | 0 | 0 | 0 | 0 | 0 |
| $N_C$ | 0 | 108,824 | 222,514 | 0 | 0 | 222,514 |
| $N_{T-bill}$ | 0 | 0 | (1,227,258) | 0 | 1,174,724 | 0 |
| $N_{T-bond}$ | 0 | 0 | 0 | 57,440 | 0 | (60,008) |
| $N_A P_A$ | 0 | 51,093,296 | 0 | 99,999,720 | 99,999,720 | 0 |
| $N_B P_B$ | 99,999,947 | 0 | 0 | 0 | 0 | 0 |
| $N_C P_C$ | 0 | 48,906,594 | 100,000,017 | 0 | 0 | 100,000,017 |
| 现金 | 53 | 110 | (17) | 280 | 280 | (17) |
| $N_{T-bill} P_{T-bill}$ | 0 | 0 | (1,190,440,260) | 0 | 1,139,482,280 | 0 |
| $N_{T-bond} P_{T-bond}$ | 0 | 0 | 0 | 31,512,158 | 0 | (32,920,989) |
| 投资组合价值 | 100,000,000 | 100,000,000 | 100,000,000 | 100,000,000 | 100,000,000 | 100,000,000 |

数据来源：改编自 R. Kolb and G. Gay, "Immunizing Bond Portfolios with Interest Rate Futures", *Financial Management*, Summer 1982, pp. 81 – 89。经作者和金融管理协会（Financial Management Association）允许再印刷。

表 8.27　　　　　　　　　　　　　收益率下降 1% 对总财富的影响

| | 负债投资组合 | 投资组合 1 | 投资组合 2 | 投资组合 3 | 投资组合 4 | 投资组合 5 |
|---|---|---|---|---|---|---|
| 初始投资组合价值 | 100,000,000 | 100,000,000 | 100,000,000 | 100,000,000 | 100,000,000 | 100,000,000 |
| 新投资组合价值 | 106,206,932 | 106,263,146 | 109,325,578 | 103,331,521 | 103,331,521 | 109,325,579 |
| 期货利润 | 0 | — | (3,068,145) | 2,885,786 | 2,936,810 | (3,014,802) |
| 总财富变化（投资组合和期货） | 6,206,932 | 6,263,146 | 6,257,416 | 6,217,587 | 6,268,611 | 6,310,760 |
| 总财富变化（资产和负债投资组合） | — | 56,214 | 50,484 | 10,655 | 61,679 | 103,828 |
| 百分比财富变化 | — | 0.00056 | 0.00050 | 0.00011 | 0.00062 | 0.00104 |

数据来源：改编自 R. Kolb and G. Gay, "Immunizing Bond Portfolios with Interest Rate Futures", *Financial Management*, Summer 1982, pp. 81 – 89。经作者和金融管理协会（Financial Management Association）允许再印刷。

实施免疫策略的一个重要问题是相关交易成本。在免疫策略实施过程中，相关工具的佣金费用、适销性和流动性变得越来越重要。这些考虑凸显了利率期货在债券投资组合管理中的实用性。考虑以规划期间方案中与不同免疫组合相关的交易成本为例。从债券 C 的 1 亿美元初始头寸开始，并希望将久期缩短至 6 年，表 8.28 显示了必要的交易内容和估计的相关成本。为实施投资组合 1 中"仅限债券"的传统方法，必须卖出 125,476 只债券 C，并买入 64,387 只债券 A。假设每只债券收取 5 美元的佣金，总佣金为 949,315 美元。相比之下，可以卖出 1,355 手短期国债期货合约，以实现对投资组合 2 的免疫，或者为投资组合 3 卖出 662 手长期国债期货合约，总成本分别为 27,100 美元和 13,240 美元（此外，还必须为短期国债策略存入大约 200 万美元的保证金，或为长期国债策略存入大约 100 万美元的保证金，但保证金存款可以以生息资产的形式存在）。表 8.28 列出了这些交易成本的计算过程。

**表 8.28** 　　　　　　　　　　　规划期间方案的交易成本

| | 投资组合 1 | 投资组合 2 | 投资组合 3 |
|---|---|---|---|
| **交易的工具数量** | | | |
| 债券 A | 64,387 美元 | — | — |
| 债券 C | 125,476 美元 | — | — |
| 短期国债期货合约 | — | 1,355 美元 | — |
| 长期国债期货合约 | — | — | 662 美元 |
| **单向交易成本** | | | |
| 债券 A @ 5 美元 | 321,935 美元 | — | — |
| 债券 C @ 5 美元 | 627,380 美元 | — | — |
| 短期国债期货@ 美元 | — | 27,100 美元 | — |
| 长期国债期货@ 20 美元 | — | — | 13,240 美元 |
| 实现免疫的总成本 | 949,315 美元 | 27,100 美元 | 13,240 美元 |

数据来源：改编自 R. Kolb and G. Gay, "Immunizing Bond Portfolios with Interest Rate Futures", *Financial Management*, Summer 1982, pp. 81 – 89。经作者和金融管理协会（Financial Management Association）允许再印刷。

显然，现货和期货工具的交易成本存在巨大差异。在此类极端案例中，"仅限债券"情况的交易成本令人望而却步，几乎占投资组合总价值的 1%；另一个原因使其实际上是不可能的：交易的债券数量巨大，甚至超过了发行量最大的债券的任何合理数量。相比之下，当前强劲的期货成交量使得基于期货的免疫策略很容易实施。[22]

直到最近，债券投资组合的免疫策略仍集中于全部为债券的投资组合。这里已经表明，利率期货可以与债券投资组合一起使用，以提供同样的免疫效果。这里提倡的方法同等地适用于规划期间方案和银行免疫方案。请注意，所有案例都假设了平行的收益率曲线移动。如果利率的变化导致收益率曲线的非平行移动，那么"仅限债券"和"债券加期货"两种方法将给出不同的结果。哪种方法被证明是更好的，取决于实际发生的利率变化模式。

## 8.6 长期资本管理公司

菲利普·乔端（Philippe Jorion）（2000）对 1998 年长期资本管理公司（Long – Term Capital Management，LTCM）倒闭事件进行了出色的回顾。以下对案件的简要描述得益于他的工作。尽管衍生品交易策略并不是 LTCM 倒闭的起因，但 LTCM 确实持有极其庞大的衍生品头寸，包括与华尔街一些最大金融机构私下协商的许多互换合约。LTCM 倒闭的突然性使 LTCM 的互换交易对手的信用风险敞口大大超出了他们最初的预期。LTCM 的破产将给其互换交易对手、贷款方和其他债权人带来巨大损失。根据联邦储备当局的判断，这些损失可能很大，不仅会损害这些直接市场参与者，还会损害许多国家的经济。

LTCM 于 1993 年由约翰·梅里韦瑟（John Meriwether）创立，他曾在所罗门兄弟公司（Salomon Brothers）高利润债券套利团队担任负责人。在 LTCM，梅里韦瑟组建了一个由前所罗门交易员、两位诺贝尔奖得主罗伯特·默顿（Robert Merton）和迈伦·斯科尔斯（Myron Scholes）以及前联邦储备系统理事会副主席大卫·穆林斯（David Mull-ins）构成的伙伴关系。LTCM 是作为一家对冲基金成立的，采用的交易策略与梅里韦瑟在所罗门兄弟公司所采用的相同。

对冲基金是一种私人投资合伙企业，只有大型投资者才能进入，不受管理其他类型投资公司的规则的监管。对冲基金可以采用他们选择的任何交易策略，包括高风险策略，因此"对冲"一词在描述基金投资者的风险偏好时具有误导性。

在 LTCM 的早期，该基金几乎不承担单边风险。该公司的目标是将基金的风险限制在与整个股票市场相同的水平。LTCM 的核心策略涉及计划利用几乎相同的债券之间价格微小差异的交易。本质上，该基金押注于微小的价格差异，随着几乎相同的债券收敛到相同的价值，这些差异可能会缩小。根据对历史相关性的分析，LTCM 判断，除非违约或市场中断，否则趋同很可能会出现。该策略在 1995 年和 1996 年对该公司来说效果良好，扣除费用和开支后，每年向投资者回报超过 40%。到 1997 年，该公司积累了 70 亿美元的投资资本，控制着 1,250 亿美元的资产。

1997 年，趋同交易的利润降低，LTCM 的回报率仅为 17%，而美国股票的回报率为 33%。由于该基金声称拥有与股票市场相同的总体风险水平，因此创造低于股票市场的回报是令人尴尬的。该基金必须找到一种方法为投资者带来更高的回报。

LTCM 创造更高回报策略部分涉及将资本返还给投资者。通过将资本基数缩减至

47 亿美元，同时将资产保持在 1,250 亿美元，他们的想法是，继续持有该基金的投资者将获得更高的回报。当然，这一行动的后果是基金的杠杆率上升了。

LTCM 在华尔街金融机构中享有极大的声誉，其中许多机构都叫嚷着要投资该基金。但 LTCM 并没有寻求新的投资者，尤其是在它试图缩小资本基数并提高杠杆率的时候。但一些投资者被允许参与该基金，据称，他们还向 LTCM 提供贷款。瑞士联合银行（Union Bank of Switzerland）投资了 2.66 亿美元，还向该基金贷款 8 亿美元。瑞士信贷金融产品公司（Credit Suisse Financial Products）投资 3,300 万美元，并向该基金贷款 1 亿美元。

除了增加杠杆率，该基金还寻找新的机会来利用其交易策略，从而增加了新的风险。LTCM 将其趋同套利策略应用于互换市场，押注互换利率和最具流动性的长期国债之间的价差将缩小。它还将该策略应用于可赎回债券和利率互换期权之间的价差。该策略还被应用于抵押贷款支持证券和 AA 级公司债。LTCM 随后冒险进行股票交易，卖出股票指数期权，并以总回报互换的方式持有股票收购的投机头寸。LTCM 成为全世界期货交易所债券和股票产品的最大参与者之一。它在期货、期权、互换和其他场外（OTC）衍生品中的名义本金总计超过 1 万亿美元，[23] 其中许多交易相互抵销，因此名义本金不能反映基金的风险水平。

LTCM 的麻烦始于 1998 年 5 月和 6 月，当时抵押贷款支持证券市场的低迷导致该基金的价值下降了约 16%。8 月，俄罗斯宣布其债券支付违约——这一消息为全球金融市场带来了冲击波。俄罗斯债券违约导致市场重新评估了总体信用风险，尤其是主权（政府发行的）债务的信用风险。俄罗斯债券违约导致信用价差大幅上涨，股票市场大幅下跌。LTCM 此时发现，它正处于输掉互换价差和股票市场波动性赌注的一方。

LTCM 从年初至 8 月底已亏损超过 50%。9 月，投资组合亏损加速，投资者年初至今累计亏损 92%。这些损失触发了 LTCM 长期国债期货头寸的巨额追保通知。LTCM 为满足追保通知要求耗尽了基金的流动性资源。LTCM 此时濒临破产，无法满足进一步的追保通知要求。

在对其期货头寸追保通知作出回应的同时，LTCM 的 36 个互换交易对手开始要求提供更多的抵押品，以弥补 LTCM 当前面临的巨大信贷风险。即使持有已交付的抵押品，LTCM 的互换交易对手也担心 LTCM 的抵押品不足以弥补大额损失。此外，LTCM 的交易对手担心，在抵押品清算之前，损失可能会逐渐累积。尽管每个交易对手都在监控其与 LTCM 单独头寸的信用风险，但回想起来，他们显然不知道 LTCM 与其他交易对手互换头寸的大小，互换交易对手也未能衡量 LTCM 的整体杠杆水平，导致 LTCM 严重低估了该基金带来的交易对手信用风险。

临近 9 月下旬，贷款方、互换交易对手和其他债权人开始意识到他们面临问题的严重性。破产，曾经被认为是一种遥远的可能性，现在是一种确切的可能性。由于该基金是在开曼群岛成立的，人们认为 LTCM 将根据开曼群岛法律寻求破产保护，而不是美国法律。这一事实增加了互换交易商、贷款方和其他债权人面临的不确定性。

到 9 月下旬，纽约联邦储备银行（Federal Reserve Bank of New York）组织了对 LTCM 的援助，鼓励 14 家银行投资 36 亿美元，以换取该公司 90% 的股份。纽约联邦储备银行之所以采取行动，是因为担心 LTCM 破产会引发传染效应，即"多米诺骨牌"式的一系列连续违约，并在全球蔓延。此外，有人担心，市场上有未知数量的其他参与者的头寸与 LTCM 的头寸相似，并且 LTCM 破产导致的任何市场中断都会在这些其他参与者争相退出时造成流动性危机。

救助计划避免了破产。但许多评论家质疑纽约联邦储备银行的行动是否明智。有人认为，通过干预，纽约联邦储备银行破坏了在失败痛苦迫使下而形成的市场纪律。有人认为，允许 LTCM 失败将为其他对冲基金提供强效激励，使它们仔细地检查其风险管理实践。这也将迫使互换交易商和贷款方更好地了解其对 LTCM 等基金的真实信用敞口的大小。

到 1999 年底，所有的钱都已经还给了投资者，约翰·梅里韦瑟创立了一家新的对冲基金。由于救助计划避免了破产的可能性，我们永远不会知道纽约联邦储备银行对传染效应的担忧是否合理。尽管衍生品并不是 LTCM 惨败的最初原因，但该案例仍然为使用金融衍生品的潜在危险提供了重要教训。该案例凸显了管理交易对手信用风险的重要性，该案例还强调了对日常风险管理进行压力测试的必要性。LTCM 还表明了模型风险带来的潜在问题。LTCM 的交易模型包含关于资产历史相关性的假设，但该假设未能说明市场中断的可能性。

## 8.7　小结

利率期货是最令人兴奋和复杂的金融市场之一。直到最近几年，市场应用才开始成熟，仍然有许多潜在用户可以从市场中受益。正如我们所看到的，利率期货有很多应用，包括债券投资组合管理。利率期货还可用于控制国外利率风险、管理公用事业公司和保险公司、对冲抵押贷款融资风险，以及减少创造性融资安排风险。其他用途很多，而且才刚刚开始探索。

## "White Auggie，Red Auggie"

挂牌的期货合约涵盖未来多年。例如，在芝加哥商业交易所交易的欧洲美元期货合约以季度为周期进行挂牌，并延续到未来 10 年。季度到期周期的每一年被称为一个"组合"（pack）。因此，对于欧洲美元合约，任何时候都将有 10 个正在交易的组合（40 个合约月份）。为了区分各个组合，合约信息根据颜色编码系统进行显示。在交易所的交易大厅，第一年的合约（称为近月合约）用一条白线显示在屏幕的顶部，下一组合使用红色。每个组合都有自己的颜色标识：

组合 1（当前年份）＝白色

组合 2（1~2 年后到期合约）＝红色

组合 3（2~3 年后到期合约）＝绿色

组合 4（3~4 年后到期合约）＝蓝色

组合 5（4~5 年后到期合约）＝金色

组合 6（5~6 年后到期合约）＝紫色

组合 7（6~7 年后到期合约）＝橙色

组合 8（7~8 年后到期合约）＝粉色

组合 9（8~9 年后到期合约）＝银色

组合 10（9~10 年后到期合约）＝铜色

这种颜色系统已经从交易大厅迁移到电子交易屏幕。此外，彭博社等信息供应商也采用了以上显示市场信息的习惯。

交易者使用行话来识别合约月份。8 月是"Auggie"，12 月是"Dec"（发音为"deese"）。因此，"white Auggie"指的是今年 8 月合约，而"red Auggie"则指的是明年 8 月合约。

合约月份在报价时也用标准字母符号表示。指定的符号为：

| | | |
|---|---|---|
| 1 月＝F | 5 月＝F | 9 月＝U |
| 2 月＝G | 6 月＝M | 10 月＝V |
| 3 月＝H | 7 月＝N | 11 月＝X |
| 4 月＝J | 8 月＝Q | 12 月＝Z |

因此，以芝加哥商业交易所的 12 月标准普尔 500 合约为例，产品符号 SP 与合约月份符号 Z 合并后得到挂牌信息为"SPZ"。

## 8.8 习题

1. 请解释长期国债期货市场中反向期现套利策略的固有风险。

2. 请解释准套利的概念，如何帮助克服长期国债期货反向期现套利交易中的固有风险？

3. 假设经济和政治状况极为动荡，这将如何影响长期国债期货合约中卖方选择权的价值？如果对价格有一定影响，它们会导致期货价格高于或低于其他情况吗？

4. 请解释外卡选择权和月末选择权之间的区别。

5. 一些研究发现，利率期货市场刚开始时并不有效，但几年后就变得有效了。你如何解释这种转变？

6. 假设你持有一只90天后到期的短期国债，届时短期国债期货也将到期。请解释如何进行交易以有效延长短期国债的到期期限。

7. 假设你将在6个月后以短期贷款的形式借款，但你不知道将获得固定利率还是浮动利率的贷款。请解释如何利用期货将固定利率贷款转换为浮动利率贷款，以及将浮动利率贷款转换为固定利率贷款？

8. 你担心收益率曲线可能会改变形状。请解释这种看法将如何影响你对条式或叠式套期保值的偏好？

9. 一位期货专家表示，跟踪套期保值是极其重要的，因为它可以将预期的合约数量改变30%。请解释为什么该专家是"疯子"？跟踪因子能合理改变套期保值比率多少？

10. 我们在第4章中已经看到，基于回归的套期保值策略非常流行。请解释对于利率期货套期保值来说这些策略的劣势。

11. 你估计长期国债期货合约的最便宜可交割债券的久期为6.5年。你想要为久期为4.0年的中等期限的国债投资组合进行套期保值。期货和你的投资组合的收益率均为9.5%。你的投资组合价值1.2亿美元，期货价格为98-04。使用PS模型，你将如何进行套期保值？

12. 请解释银行免疫方案与PS模型套期保值之间的关系。

13. 比较用于债券组合免疫的BP模型和RGR模型的异同。

14. 8月天气炎热，威廉（William）刚刚购买了2,000万美元明年3月到期的短期国债和1,000万美元1个月后到期的长期国债。电话铃响了，威廉被告知公司刚刚承诺在12月中旬向客户提供3,000万美元的资金。如果威廉早20分钟知道这一点，他可能会做出不同的投资。

（1）利用当前投资来满足 12 月承诺，威廉会面临哪些风险？

（2）利用期货市场，威廉如何降低 12 月承诺的风险？请描述将进行哪些交易。

15. 手工啤酒（Handcraft Ale）有限公司已决定在美国增加生产能力，以满足北美日益增长的需求。乌玛·皮尔（Uma Peele）负责为该项目获得融资。手工啤酒公司将需要 1,000 万美元才能完成建设阶段。这一阶段将持续两年，届时，1,000 万美元的债务将使用长期债务发行收益来偿还。皮尔女士从几家不同的伦敦银行获得了利率报价。最好的报价是：

浮动：LIBOR + 150 个基点

固定：8.5%

每一种贷款都需要根据未偿还贷款余额按季度支付利息。皮尔女士查阅了当前的 LIBOR，发现其为 5.60%。7.1%（5.60 + 1.5）的浮动利率看起来很有吸引力，但皮尔女士担心未来两年的利率风险。

（1）为利用较低的浮动利率，同时又能享受固定利率融资带来的舒适性，皮尔女士能做些什么？

（2）考虑以下 3 个月期欧洲美元报价。

| 交割月份 | 报价 |
| --- | --- |
| 8 月（当年） | 94.32 |
| 9 月 | 94.34 |
| 10 月 | 94.31 |
| 11 月 | 94.33 |
| 12 月 | 94.35 |
| 1 月（次年） | 94.43 |
| 3 月 | 94.40 |
| 6 月 | 94.43 |
| 9 月 | 94.40 |
| 12 月 | 94.25 |
| 3 月（隔年） | 94.30 |
| 6 月 | 94.27 |
| 9 月 | 94.23 |
| 12 月 | 94.15 |

手工啤酒公司发行一张将于 12 月支付第一笔利息的浮动利率票据。贷款开始时的 LIBOR 为 5.70%。请设计一个条式套期保值策略，将手工啤酒公司的浮动利率票据转

换为固定利率票据，预期的固定利率是多少？

（3）假设手工啤酒的季度利息支付时间为 11 月、2 月、5 月和 8 月。条式套期保值是否可行？在这种情况下，请设计一个皮尔女士可以使用的套期保值策略。

16. 吉姆·亨特（Jim Hunter）正准备为其投资公司于 60 天后的 6 月份购买 1 亿美元 90 天期短期国债的决定进行套期保值。60 天期短期国债的折扣收益率为 6.1%，6 月短期国债期货合约的成交价格为 94.80 点。吉姆认为，这些利率相对于近期历史数据来说非常有吸引力，并且他想锁定这些利率。他的第一个念头是买入 100 手 6 月短期国债期货合约，但近期经历让他相信，他应该少买一些。

（1）对于吉姆的情况，为什么"1:1"的套期保值比率不恰当？

（2）根据吉姆面临的市场条件，请计算恰当的套期保值比率。

（3）在什么情况下，吉姆可能需要在当前至 6 月期间内调整其套期保值比率？

17. 亚历克斯·布朗（Alex Brown）刚刚从一个关于将期货用于套期保值目的的研讨会上回来。根据他所了解的情况，他重新审视了自己为其公司计划于 5 月发行的 5 亿美元长期债务进行套期保值的决定。他目前的套期保值方式为持有 5,000 手长期国债期货合约（每手 10 万美元）的空头头寸。如果债券能在今天发行，其价格将为 119－22，收益率为 6.5%。由于票面利率为 8% 且到期期限为 30 年，该债务的久期将为 13.09 年。在期货方面，期货价格取决于最便宜可交割债券，当前的成交价格为 124－14，收益率为 5.6%。这些债券的久期为 9.64 年。

（1）列举并简要描述亚历克斯·布朗可以用来为其即将发行的债务进行套期保值的策略。

（2）亚历克斯·布朗当前使用的策略是什么？这一策略的优势和劣势是什么？

（3）根据在套期保值研讨会上学到的知识，亚历克斯·布朗认为价格敏感性套期保值最适合他的情况。请使用价格敏感性方法来设计一个套期保值策略，假设公司利率和长期国债利率之间的相对波动率性——RV 等于 1。

（4）当再融资开始时，长期国债期货价格为 121－27，而 B. I. G. 新发行债券的定价为 116－08。请计算简单套期保值带来的净财富变化。

（5）请计算价格敏感性套期保值带来的净财富变化。

## 8.9 尾注

[1] 我们忽略了期货市场 3 天结算程序和现货市场常见的 1 天结算程序之间的差异。

[2] G. Gay and S. Manaster, "Implicit Delivery Options and Optimal Delivery Strategies for Financial

Futures Contracts", *Journal of Financial Economics*, 16：1, 1986, pp. 41 – 72.

［3］见 R. Rendleman and C. Carabini, "The Efficiency of the Treasury Bill Futures Market", *Journal of Finance*, 34：4, 1979, pp. 895 – 914。在以上文章中，他们提出了准套利的概念。

［4］见 R. Kolb, G. Gay, and J. Jordan, "Are There Arbitrage Opportunities in the Treasury – Bond Futures Market?", *Journal of Futures Markets*, 2：3, 1982, pp. 217 – 230。

［5］B. Resnick and E. Hennigar, "The Relationship between Futures and Cash Prices for U. S. Treasury Bonds", *Review of Research in Futures Markets*, 2：3, 1983, pp. 282 – 299.

［6］B. Resnick, "The Relationship between Futures Prices for U. S. Treasury Bonds", *Review of Research in Futures Markets*, 3：1, 1984, pp. 88 – 104.

［7］R. Klemkosky and D. Lasser, "An Efficiency Analysis of the T – Bond Futures Market", *Journal of Futures Markets*, 5：4, 1985, pp. 607 – 620. Quoted material is from page 620.

［8］D. Chance, "A Semi – Strong Form Test of the Efficiency of the Treasury Bond Futures Market", *Journal of Futures Markets*, 5：3, 1985, pp. 385 – 405.

［9］我们忽略了每日重新结算的特点，以及第二季度 12.5 万美元期货利润可能带来的利息。

［10］严格地说，这是从套期保值期末到当前（加 1 天）的贴现系数。例如，套期保值是在距离套期保值期末还有 91 天的时候开始的，现金流是在这一天产生的，并在距离套期保值期末还有 90 天的时候可用于投资。

［11］有关跟踪套期保值的更多信息，见 I. Kawaller, "Hedging with Futures Contracts：Going the Extra Mile", *Journal of Cash Management*, 6, 1986, pp. 34 – 36, 以及 I. Kawaller and T. Koch, "Managing Cash Flow Risk in Stock Index Futures：The Tail Hedge", *The Journal of Portfolio Management*, 15：1, 1988, pp. 41 – 44。

［12］见 L. Ederington, "The Hedging Performance of the New Futures Market", *Journal of Finance*, 34：1, 1979, pp. 157 – 170; C. Franckle, "The Hedging Performance of the New Futures Market：Comment," *Journal of Finance*, 35：5, 1980, pp. 1272 – 1279; 和 J. Hill and T. Schneeweis, "Risk Reduction Potential of Financial Futures", in G. Gay and R. Kolb (eds.), *Interest Rate Futures：A Comprehensive Introduction*, *Richmond*, VA：Robert F. Dame, Inc. , 1982, pp. 307 – 324。

［13］C. Franckle, "The Hedging Performance of the New Futures Market：Comment", *Journal of Finance*, 35：5, 1980, pp. 1272 – 1279, 证明了回归套期保值比率对套期保值计划期间长度的依赖性。

［14］见 R. Kolb and R. Chiang, "Improving Hedging Performance Using Interest Rate Futures", *Financial Management*, 10：4, 1981, pp. 72 – 79; 和 "Duration, Immunization, and Hedging with Interest Rate Futures", *Journal of Financial Research*, 10：4, 1982, pp. 161 – 170。

［15］A. Toevs and D. Jacob, "Futures and Alternative Hedge Ratio Methodologies", *Journal of Portfolio Management*, 12：3, 1986, pp. 60 – 70.

［16］例如，见 J. Hill and T. Schneeweis, "Risk Reduction Potential of Financial Futures", in G. Gay and R. Kolb (eds.), *Interest Rate Futures：Concepts and Issues*, Englewood Cliffs, NJ：Prentice Hall, 1982, pp. 307 – 324。

[17] D. Lasser, "A Measure of Ex – Ante Hedging Effectiveness for the Treasury – Bill and Treasury – Bond Futures Markets", *Review of Futures Markets*, 6：2, pp. 278 – 295.

[18] R. Chiang, G. Gay, and R. Kolb, "Interest Rate Hedging：An Empirical Test of Alternative Strategies", *Journal of Financial Research*, 6：3, 1983, pp. 187 – 197.

[19] A. Toevs and D. Jacob, "Futures and Alternative Hedge Ratio Methodologies", *Journal of Portfolio Management*, 12：3, 1986, pp. 60 – 70.

[20] 见 I. G. Kawaller, "Choosing the Best Interest Rate Hedge Ratio", *Financial Analysts Journal*, 48：5, 1992, pp. 74 – 77。

[21] 有关银行免疫和规划期间免疫的更完整解释，见 R. Kolb, *Investments*, 4th edn. , Miami, FL：Kolb Publishing, 1995。

[22] 关于利用期货进行免疫的讨论借鉴了以下文献：G. Gay and R. Kolb, "Immunizing Bond Portfolios with Interest Rate Futures", *Financial Management*, 11：2, 1982, pp. 81 – 89。

[23] 期货头寸总额超过 5，000 亿美元，互换超过 7，500 亿美元，期权和其他场外衍生品超过 1，500 亿美元。资料来源：Philippe Jorion, "Risk Management Lessons from Long – Term Capital Management", *European Financial Management*, 6, 2000, pp. 277 – 300。

# 第9章 证券期货产品：入门

## 9.1 概述

每个关注金融新闻的人都会听到关于对股票市场未来的预测。通常，这些预测是指某些股票市场指数的未来走势。随着1982年股指期货（stock index futures）交易的出现，这些专家现在可以利用他们的见解进行交易（也许他们应该被要求这样做）。除了提供投机机会外，股指期货还可以对冲各种投资组合风险。2002年，基于单一股票的期货——被称为个股期货（single stock futures），开始在美国的两家交易所交易。股指期货和个股期货统称为证券期货产品。目前，证券期货产品正在发生巨大变化。此前成功合约的重要性已经大大降低，而新合约开始占据优势。股指期货交易起源于美国，但近年来真正的增长来自以国外指数为标的的国外市场。个股期货起源于美国之外，但正在美国站稳脚跟。

本章开始探讨股指期货及其所标的的指数。不同的指数使用不同的计算方法来计算指数值，因此我们考虑了一些具有代表性的美国指数来说明这些方法。指数合约的成功交易需要对指数的构建具有全面的了解。当了解了指数间的差异和关联时，就更容易理解基于这些指数的期货合约之间的差异。然而，指数之间的差异不应被夸大。资本资产定价模型（Capital Asset Pricing Model，CAPM）预测了风险的类型和指数水平的预期变化。第3章讨论的资本资产定价模型表达了个股回报与部分多元化投资组合回报之间的关系，以及与宽基指数回报之间的关系。本章在最后对单一股票期货进行了探讨。

与所有期货合约一样，合约的精确构建对交易者来说非常重要。无套利条件限制了期货合约价格与标的指数水平之间可能出现的偏差。正向期现套利策略可以防止期货价格相对于股票市场指数价格来说过高。同样，反向期现套利策略的有效性使期货价格相对于股票价格来说不会过低。换言之，潜在的套利策略约束了股指期货价格，就像这些策略对其他类型期货合约所做的那样。

## 9.2 指数

我们可以通过指数计算方法对股票市场指数进行分类。一些指数只衡量股票的价格变化，而另一些指数则包括股东的总回报——资本收益加股息。我们还可以通过以股票价格或以流通股市值对指数中的股票进行加权来区分不同的股票指数。例如，道琼斯工业平均指数（Dow Jones Industrial Averages，DJIA）和日经 225 指数（Nikkei 225）是价格加权指数，每只股票的权重与其价格成比例，这两个指数都不包括持有股票所获得的股息。相比之下，标准普尔 500 指数（S&P 500）根据股票市值对其指数中的每只股票进行加权，但也不反映股息。

还有一些指数试图获取持有投资组合的总回报，包括资本利得、现金股息，以及股票股息、剥离、合并等所有者权益的全部变化。例如，DAX 30 是一个由 30 只德国股票组成的"蓝筹股"指数（Deutscher Aktien Index，DAX，"Aktien"是德语中股票的意思）。同样，法国主要指数 CAC 40 对其指数中的 40 只股票采用了相同类型的计算方法（CAC 代表 Compagnie des Agents de Change）。新的道琼斯欧洲斯托克（Dow Jones Euro Stoxx）指数系列为不同的投资组合提供了各种衡量标准。例如，道琼斯欧洲斯托克 50 指数（Dow Jones Euro Stoxx 50）就是这种类型的指数，包括总部位于欧洲货币联盟（European Monetary Union）国家的 50 家主要欧洲公司。我们将依次探讨每一种这些类型的指数。

### 9.2.1 价格加权指数

道琼斯工业平均指数是美国关注度最高的指数，由 30 家大型知名工业企业组成。另一个价格加权指数是日经 225 指数，日本股票市场中关注和引用范围最广的指数。它包括 225 家最大的日本公司，如索尼、富士胶片、本田、丰田、雅马哈、NEC、西铁城手表和日本电话电报等公司。225 只股票的成员变动仅因合并和清算等特殊事件而发生。例如，在 20 世纪 80 年代只有 8 次变动。日本股票市场的股票分为第一部类和第二部类。第一部类中的股票是在经济中占比更大、更重要的公司，所有日经股票都在第一部类中。道琼斯工业平均指数和日经 225 指数都不包括股息——它们都只反映价格变化。

为便于讨论，我们将道琼斯工业平均指数作为一个具有代表性的价格加权指数。道琼斯工业平均指数中的 30 只股票如表 9.1 所示。虽然该名单相当稳定，但是成分股也偶尔发生变化。道琼斯工业平均指数是通过将构成该指数的 30 只股票的股价相加，再除以其除数计算得出的。除数用于调整股票拆分、合并、股票股息，以及指数中的股票变化。

表9.1 道琼斯工业平均指数中的股票

| 美国铝业（Alcoa） | 通用电气（General Electric） | 默克（Merck） |
|---|---|---|
| 奥驰亚集团（Altria Group） | 通用汽车（General Motors） | 微软（Microsoft） |
| 美国运通（American Express） | 惠普（Hewlett‑Packard） | 3M（Minnesota, Mining, Mfg） |
| 美国国际集团（American Int. Group） | 家得宝（Home Depot） | 辉瑞（Pfizer Inc.） |
| 波音（Boeing） | 霍尼韦尔（Honeywell） | 宝洁（Procter & Gamble） |
| 卡特彼勒（Caterpillar） | 英特尔（Intel） | 西南贝尔通讯（SBC Communications） |
| 花旗（Citigroup） | 国际商用机器（IBM） | 联合技术（United Technologies） |
| 可口可乐（Coca‑Cola） | 摩根大通（J P Morgan‑Chase） | 威瑞森通讯（Verizon Communications） |
| 杜邦（DuPont） | 强生（Johnson & Johnson） | 沃尔玛（Wal‑Mart） |
| 埃克森美孚（Exxon‑Mobil） | 麦当劳（McDonald's） | 迪士尼（Walt Disney Company） |

数据来源：道琼斯网站，2004年4月8日。© 道琼斯公司，经许可印刷。

道琼斯工业平均指数可以根据以下公式计算得出：

$$指数 = \frac{\sum_{i=1}^{N} P_i}{除数} \tag{9.1}$$

式中，$P_i$ 为股票 $i$ 的价格。

由于指数取决于所有价格加总后的美元金额，因此道琼斯工业平均指数并不反映单只股票价格的百分比变化。例如，假设一只从1美元翻倍到2美元的股票，将这种价格变化与一只从100美元涨到101美元的股票进行对比。在第一种情况下，股票上涨了100%，而在后一种情况下股票只上涨了1%。对于道琼斯工业平均指数来说，两种股价变化对指数的影响相同，因为指数取决于价格的加总，而不是单只股票价格变化的百分比。

用于计算道琼斯工业平均指数的除数，旨在防止指数值因股票分割、股票股息或指数中一只股票替代另一只股票而发生变化。为了了解除数的作用，假设道琼斯决定将波音公司从指数中剔除，并用陶氏化学公司代替。假设波音公司定价为6.00美元，陶氏化学公司的成交价格为47.00美元，当前指数值为1,900.31点，除数为0.889，30只股票的价格之和为1,689.375美元。用陶氏化学公司取代波音公司将产生1,730.375美元的新总价，该新总价等于旧总价（1,689.375美元）加上新股票的当前价格（47美元）减去剔除股票的当前价格。如果除数没有改变，新的指数值将是1,946.43点。因此，在除数不变的情况下，用一只股票代替另一只股票，使道琼斯工业平均指数跃升 46 点。显然，这是不允许的，否则作为股票价格"晴雨表"的指数将变得毫无意义。

为了使指数准确反映市场价格水平，一只股票简单地代替另一只股票不应改变指数。同样的原则适用于股票股息和股票分割。因此，除数必须改变，以适应股票本身、股票股息或股票分割的变化。在我们用陶氏化学公司代替波音公司的例子中，除数必须改变，以保持 1,900.31 点的恒定指数值，来反映 1,730.375 美元的新总价。因此，新除数必须满足以下等式：

$$1,900.31 = \frac{1,730.375}{新除数}$$

因此，为了保持指数值不变，新除数必须是 0.9106。从这个例子中可以看出，式 (9.2) 给出了新除数的值：

$$新除数 = \frac{1,730.375}{1,900.31} = 0.9106 \tag{9.2}$$

为了得到新除数，需要计算一家公司代替另一家公司后的新总价。然后将这个总价除以初始指数值。指数创建之初，只有 12 只成分股，除数为 12.0。由于股票替换、股票股息和其他变化，当前的除数小于 1.0。如前所述，日经 225 指数与道琼斯工业平均指数一样，也是一个价格加权指数，其计算方法几乎相同。

### 9.2.2 市值加权指数

标准普尔 500 指数是美国金融业关注度最高的指数。例如，许多基金经理的业绩是通过将其投资组合结果与标准普尔 500 指数的业绩进行比较来判断的。该指数基于来自不同行业的 500 家公司，其中大多数在纽约证券交易所上市。[1] 这 500 家公司合计约占纽约证券交易所上市股票总价值的 80%。另一个类似的指数是英国股票市场的主要指数，富时 100 指数（FTSE 100），包括 100 只股票，由富时国际（FTSE International）计算并在《金融时报》上发布。这些指数中的每只股票在计算指数时都有不同的权重，权重与股票的总市值（每股价格乘以流通股数量）成比例。因此，标准普尔 500 指数和富时指数是按价值加权的。这与道琼斯工业平均指数和日经指数的构成形成了鲜明对比，后者对每只股票价格赋予同等权重。

对于市值加权指数的讨论，我们将重点放在标准普尔 500 指数上，尽管几乎每一点都适用于富时 100 指数。标准普尔 500 指数的值是相对于 1941—1943 年的平均值来发布的，该期间的指数值为 10。作为指数计算方法的简化示例，假设指数仅由 ABC、DEF 和 GHI 三种证券组成。表 9.2 显示了如何对这三家公司的价值进行加权来计算指数。对于每只股票，计算流通股的总市值。在表 9.2 中，这三家公司股票的总价值为 19,000 美元。

如果 1941—1943 年的价值为 2,000 美元，则当前指数水平的计算过程将如表 9.2 所示，其中"X"是当前指数水平，价值为 95.00 美元。从数学上讲，指数的计算公式如下：

$$标准普尔指数_t = \left( \frac{\sum_{i=1}^{500} N_{i,t} P_{i,t}}{O.V.} \right) \times 10 \tag{9.3}$$

式中：

$O.V.$ 为 1941—1943 年的初始价值；

$N_{i,t}$ 为公司 $i$ 的流通股数量；

$P_{i,t}$ 为公司 $i$ 的股票价格。

**表 9.2**         **标准普尔 500 指数的计算**

| | 流通股数量 | | 价格 | | 价值 |
|---|---|---|---|---|---|
| ABC 公司 | 100 | × | 50 美元 | = | 5,000 美元 |
| DEF 公司 | 300 | × | 40 美元 | = | 12,000 美元 |
| GHI 公司 | 200 | × | 10 美元 | = | 2,000 美元 |
| 当前市场价值 | | | | | 19,000 美元 |
| 如果 1941—1943 年的价值是 2,000 美元，那么 19,000 美元对比 2000 美元，就像 X 对比 10 美元一样 | | | | | |
| 当前市场价值/1941—1943 年市场价值 | | 19,000 美元/2,000 美元 | | = | X/10 |
| | | 190,000 | | = | 2,000X |
| 95.00 | | | | = | X |

数据来源：CME，"Inside S&P 500 Stock Index Futures"，© 芝加哥商业交易所。

  每个公司的权重随着其股价相对于指数中其他公司的涨跌而变化。埃克森美孚、美国电话电报公司和 IBM 等公司在指数中占有很大份额，而其他公司的影响很小。指数在交易日内连续计算，并向公众发布。尽管是由规模最大且最稳定公司组成的大型投资组合，但指数的表现随着时间的推移而变化很大。正如我们在下一章中看到的，股指期货市场的最新发展赋予了股票市场指数波动性新的重要意义。

## 9.2.3 总回报指数

  第三类指数衡量了指数中股票投资组合的总回报，包括股息和价格变化。重要的总回报指数也采用了市值加权方案。如前所述，案例包括来自德国的 DAX 30、法国的 CAC 40 以及道琼斯斯托克系列指数。

  这些指数背后的想法很简单，但计算细节相当复杂。本质上，指数在时间 $t$ 的价值由以下公式给出：

$$指数_t = \frac{M_t}{B_t} \times 基值 \tag{9.4}$$

式中：

$M_t$ 为指数在时间 $t$ 的市值；

$B_t$ 为指数在时间 $t$ 的调整后基期市值；

基值为指数的初始数字价值，例如 100 或 1,000。

其想法是分子反映投资组合的总累积价值，分母代表投资组合的初始价值。到目前为止，这与我们已经考虑过的市值加权指数背后的想法相同。然而，与标准普尔 500 指数或富时 100 指数相比，总回报指数包括许多影响分母和分子的附加因素。分子受到股价、当前流通股数量、股价货币与指数货币之间汇率的影响。分母受到公司生命周期中许多事件的影响，这些事件可能会改变公司的流通股数量或价值。事件包括：现金股息、特别现金股息、分割和反向分割、配股、股票股息、资本返还、合并、股份招标和回购，以及业务单元的剥离。虽然所有这些事件都使核算工作变得困难，但概念很简单——指数反映了投资组合从成立到当前日期的总价值变化。[2]

## 9.3　股指期货合约

表 9.3 总结了我们所讨论的股票指数的主要特征，以及基于这些指数的期货合约的主要特征。在许多我们没有讨论过的股票指数上，也在交易期货。然而，此处涵盖的指数是主要的和有代表性的。如表 9.3 所示，期货头寸的总价值取决于货币种类、乘数和指数水平。例如，2001 年初，道琼斯工业平均指数约为 11,000 点，合约价值约为 110,000 美元（10 美元 ×11,000 点）。标准普尔 500 指数约为 1,400 点，芝加哥商业交易所标准普尔 500 期货的公开喊价版合约的价值约为 350,000 美元（250 美元 ×1,400 点），电子迷你版合约的价值为 70,000 美元（50 美元 ×1,400 点）。道琼斯斯托克 50 指数在 4,700 点的范围内，合约价值为 47,000 美元（10 美元 ×4,700 点）。1 欧元的价值约为 0.93 美元，该合约的美元价值约为 43,700 美元。因此，这些不同合约的价值范围变化很大。所有这些期货都在 3 月、6 月、9 月和 12 月的周期内进行交易，并且全部以现金结算。每个期货合约的价格变化取决于合约规模和指数的波动性。其中，一些指数彼此高度相关（超过 0.90），而一些指数之间表现出非常低的相关性（低于 0.50）。

表 9.3　　　　　　　　　　　主要股指期货合约汇总

| 合约 | 交易所 | 货币 | 合约规模 | 指数构成 | 指数计算 |
|---|---|---|---|---|---|
| 道琼斯工业平均指数（DJIA） | 芝加哥期货交易所（CBOT） | 美元 | 10×指数 | 30 只美国蓝筹股票 | 价格加权（无股息） |
| 日经 225 指数（Nikkei 225） | 芝加哥商业交易所（CME） | 美元 | 5×指数 | 225 只日本第一部类股票 | 价格加权（无股息） |

| 合约 | 交易所 | 货币 | 合约规模 | 指数构成 | 指数计算 |
|---|---|---|---|---|---|
| 电子迷你纳斯达克 100 指数（NASDAQ 100e – min-i） | 芝加哥商业交易所（CME） | 美元 | 20 × 指数 | 100 只纳斯达克股票 | 修正市值加权 |
| 标准普尔 500 指数（S&P 500） | 芝加哥商业交易所（CME） | 美元 | 250 × 指数 | 500 只大部分为纽约证券交易所股票 | 市值加权（无股息） |
| 电子迷你标准普尔 500 指数（S&P 500e – mini） | 芝加哥商业交易所（CME） | 美元 | 50 × 指数 | 500 只大部分为纽约证券交易所股票 | 市值加权（无股息） |
| 富时 100 指数（FTSE 100） | 泛欧交易所（Euronext） | 英镑 | 10 × 指数 | 100 只英国大型公司股票 | 市值加权（无股息） |
| DAX 30 | 欧洲期货交易所（EUREX） | 欧元 | 25 × 指数 | 30 只德国蓝筹股票 | 总回报 |
| CAC 40 | 泛欧交易所（Euronext） | 欧元 | 10 × 指数 | 40 只法国蓝筹股票 | 总回报 |
| 道琼斯欧洲斯托克 50 指数（DJ Euro Stoxx 50） | 欧洲期货交易所（EUREX） | 欧元 | 10 × 指数 | 50 只欧洲蓝筹股票 | 总回报 |

注：一些股指期货在美国和非美国的交易所交易，一些非美国市场在某些合约占据主导地位。

## 产品简介：芝加哥商业交易所电子迷你标准普尔 500 指数期货合约

合约规模：50 美元乘以标准普尔 500 指数。

交割等级：根据标准普尔 500 指数进行现金结算。

最小变动价位：0.25 点即代表 12.50 美元。

报价单位：根据标准普尔 500 指数点进行报价。1 标准普尔 500 指数点代表 50 美元。

合约月份：在任何时候，最近的两个交割月份将按照 3 月、6 月、9 月和 12 月的周期进行交易。

到期日和最终结算：交易于合约月份的第三个星期五上午 8：30（芝加哥时间）停止。合约在到期日上午根据成分股票的开盘价结算，无论这些股票在到期日何时开盘。然而，如果一只股票当天没有开盘，那么将使用其最近成交价格。

交易时间：Globex 交易——周一至周四下午 3：30 至下午 3：15；其间下午 4：30 至下午 5：00 为每晚闭市期；周日和节假日下午 5：30 至下午 3：15。

每日价格限制：相较上一结算价格增加或减少 5%。

### 产品简介：芝加哥商业交易所电子迷你纳斯达克 100 指数期货合约

合约规模：20 美元乘以纳斯达克 100 指数。

交割等级：根据纳斯达克 100 指数进行现金结算。

最小变动价位：0.25 点即代表 12.50 美元。

报价单位：根据纳斯达克 100 指数进行报价。1 纳斯达克 100 指数点 = 20 美元。

合约月份：在任何时候，最近的两个交割月份将按照 3 月、6 月、9 月和 12 月的周期进行交易。

到期日和最终结算：交易于合约月份的第三个星期五上午 8:30（芝加哥时间）停止。合约在到期日上午根据成分股票的开盘价结算，无论这些股票在到期日何时开盘。然而，如果一只股票当天没有开盘，将使用其最近成交价格。

交易时间：Globex 交易——周一至周四下午 3:30 至下午 3:15；其间下午 4:30 至下午 5:00 为每晚闭市期；周日和节假日下午 5:30 至下午 3:15。

每日价格限制：相较上一结算价格增加或减少 5%。

### 产品简介：欧洲期货交易所道琼斯欧洲斯托克 50 指数期货合约

合约规模：10 欧元/道琼斯斯托克 50 指数点。

交割等级：根据道琼斯斯托克 50 指数进行现金结算。

最小变动价位：1 个指数点即代表 10 欧元。

报价单位：根据道琼斯斯托克 50 指数点进行报价，无小数点。

合约月份：在任何时候，最近的三个月份将按照 3 月、6 月、9 月和 12 月的到期周期进行交易。

到期日和最终结算：如果星期五是交易日，那么最后交易日是到期月份的第三个星期五，否则是这个星期五的前一天。交易于最后交易日中午 12:00 停止。最终结算价格是根据最后交易日最后 10 分钟交易计算得出的道琼斯斯托克 50 指数的平均价格。

交易时间：欧洲期货交易所分三个交易时段。在前交易时段，用户可以进行查询、输入、更改或删除订单和报价等操作，为交易做准备，该时段在上午 7:30 至 8:50。主要交易时段在上午 8:50 至下午 8:00。交易在下午 8:00 至 8:30 的后交易时段结束。

每日价格限制：无。

## 9.4　股指期货价格

图 9.1 显示了股指期货的报价。报价形式与其他商品类似。与大多数金融期货一样，股指期货基本上是在完全持有成本市场中交易。因此，持有成本模型提供了对股指期货定价的几乎全面的理解。当违反持有成本模型的条件时，套利机会就会出现。对于正向期现套利策略，交易者会买入期货合约所标的的股票，并卖出期货。然后，

**Index Futures**

**DJ Industrial Average** (CBT)-$10 x index
Sept 10461 10478 10420 10438 −32 10557 9835 41,348
Dec 10460 10474 10436 10436 −32 10575 8440 42
Est vol 3,959; vol Wed 7,073; open int 41,390, −381.
Idx prl: Hi 10487.46; Lo 10433.56; Close 10443.81, −35.76.

**Mini DJ Industrial Average** (CBT)-$5 x index
Sept 10462 10478 10420 10438 −32 10629 9840 34,434
Vol Thu 58,722; open int 34,441, +3,386.

**DJ-AIG Commodity Index** (CBT)-$100 x index
Aug 465.7 465.7 465.7 465.7 5.0 485.0 449.4 2,848
Est vol 10; vol Wed 0; open int 2,848, unch.
Idx prl: Hi 147.759; Lo 146.658; Close 147.681, +1.298.

**S&P 500 Index** (CME)-$250 x index
Sept 114410 114620 113950 114130 −280 116080 78100 573,827
Dec 114300 114600 114080 114200 −280 116010 78100 5,273
Est vol 29,935; vol Wed 31,800; open int 579,665, +1,509.
Idx prl: Hi 1146.34; Lo 1139.94; Close 1140.65, −3.41.

**Mini S&P 500** (CME)-$50 x index
Sept 114400 114625 113950 114125 −275 114850 107500 577,584
Vol Thu 553,824; open int 577,706, +13,764.

**S&P Midcap 400** (CME)-$500 x index
Sept 603.50 605.75 601.00 601.00 −3.00 616.50 508.70 15,243
Est vol 496; vol Wed 685; open int 15,243, +159.
Idx prl: Hi 604.77; Lo 600.93; Close 601.01, −.94.

**Nasdaq 100** (CME)-$100 x index
Sept 149600 150700 148900 149350 −300 156500 137400 65,416
Est vol 10,623; vol Wed 12,485; open int 65,515, −696.
Idx prl: Hi 1502.14; Lo 1485.88; Close 1488.31, −5.21.

**Mini Nasdaq 100** (CME)-$20 x index
Sept 1496.5 1506.5 1489.5 1493.5 −3.0 1514.0 1373.0 138,423
Vol Thu 272,721; open int 138,979, +4,563.

**GSCI** (CME)-$250 x nearby index
Sept 293.20 294.80 292.20 294.25 3.25 313.00 273.25 15,942
Est vol 105; vol Wed 4; open int 15,945, −1.
Idx prl: Hi 294.45; Lo 291.56; Close 293.90, +2.90.

**TRAKRS Long-Short Tech** (CME)-$1 x index
July ... ... ... 37.93 .26 45.25 19.76 191,112
Est vol na; vol Wed 1,756; open int 191,112, −1,756.
Idx prl: Hi 37.62; Lo 37.01; Close 37.22, +.13.

**Russell 2000** (CME)-$500 x index
Sept 580.25 583.40 577.75 578.25 −2.50 605.35 483.50 23,878
Est vol 1,764; vol Wed 1,399; open int 23,878, +325.
Idx prl: Hi 583.06; Lo 578.92; Close 579.05, −1.10.

**Russell 1000** (NYBOT)-$500 x index
Sept ... ... ... 609.25 −2.00 611.60 598.75 104,930
Est vol 332; vol Wed 285; open int 104,930, −23.
Idx prl: Hi 612.09; Lo 608.72; Close 609.07, −1.74.

**NYSE Composite Index** (NYBOT)-$50 x index
Sept ... ... ... 6600.00 5.00 6545.00 6450.00 675
Est vol 0; vol Wed 0; open int 675, unch.
Idx prl: Hi 6622.20; Lo 6596.84; Close 6597.56, −4.78.

**U.S. Dollar Index** (NYBOT)-$1,000 x index
Sept 89.66 89.97 88.88 89.03 −.70 94.20 86.67 8,545

| | OPEN | HIGH | LOW | SETTLE | CHG | LIFETIME HIGH | LIFETIME LOW | OPEN INT |
|---|---|---|---|---|---|---|---|---|
| Dec | 89.92 | 89.60 | 89.60 | 89.29 | −.70 | 92.78 | 87.80 | 2,046 |

Est vol 2,050; vol Wed 1,911; open int 10,602, +81.
Idx prl: Hi 88.71; Lo 88.70; Close 88.75, −.67.

**Nikkei 225 Stock Average** (CME)-$5 x index
Sept 11740. 11780. 11715. 11755. 35 12210. 9710. 31,515
Est vol 2,953; vol Wed 2,871; open int 31,530, +390.
Index: Hi 11744.15; Lo 11649.29; Close 11744.15, +163.59.

**Share Price Index** (SFE)-AUD 25 x index
Sept 3547.0 3561.0 3538.0 3553.0 2.0 3566.0 2965.0 155,467
Dec 3560.0 3562.0 3555.0 3566.0 2.0 3573.0 3100.0 4,401
Mr05 3570.0 3570.0 3567.0 3577.0 2.0 3570.0 3390.0 962
June 3580.0 3580. 3580.0 3589.0 ... 3584.0 3407.0 1,080
Sept 3590.0 3590.0 3590.0 3600.0 ... 3590.0 3398.0 113
Est vol 11,562; vol Wed 9,449; open int 162,023, −404.
Index: Hi 3552.4; Lo 3528.4; Close 3533.5, −19.2.

**CAC-40 Stock Index** (MATIF)-€10 x index
June 3755.5 3770.5 3742.5 3758.5 39.0 3770.5 3282.0 560,962
July 3763.5 3773.5 3748.5 3764.5 39.0 3773.5 3512.5 7,880
Sept 3773.5 3787.0 3765.5 3773.5 39.0 3787.0 3037.0 19,396
Est vol n.a.; vol Wed 126,330; open int 600,541, +17,015.
Index: Hi 3768.05; Lo 3740.56; Close 3755.75, +35.61.

**Xetra DAX** (EUREX)-€25 x index
Sept 4019.0 4034.0 4005.5 4021.5 39.5 4231.0 3728.0 138,128
Dec 4043.0 4056.0 4031.0 4044.0 39.5 4215.0 3746.0 5,174
Vol Thu 89,985; open int 143,372, −2,481.
Index: Hi 4012.67; Lo 3954.21; Close 4007.05, +61.95.

**FTSE 100 Index** (LIFFE)-£10 x index
Sept 4525.0 4529.0 4496.0 4509.0 20.0 4600.0 4288.5 393,462
Dec ... ... ... 4541.0 20.0 4607.0 4351.5 26,722
Vol Thu 57,413; open int 423,534, +701.
Index: Hi 4516.70; Lo 4486.70; Close 4503.20, +16.50.

**DJ Euro STOXX 50 Index** (EUREX)-€10 x index
Sept 2825.0 2838.0 2816.0 2823.0 15.0 2923.0 2608.0 1,115,021
Dec 2824.0 2848.0 2824.0 2833.0 14.0 2887.0 2620.0 92,430
Vol Thu 397,812; open int 1,207,883, −31,583.
Index: Hi 2832.62; Lo 2796.58; Close 2822.35, +28.72.

**DJ STOXX 50 Index** (EUREX)-€10 x index
Sept 2736.0 2736.0 2714.0 2721.0 9.0 2761.0 2657.0 30,420
Vol Thu 1,469; open int 30,420, +336.
Index: Hi 2738.11; Lo 2712.02; Close 2723.81, +13.40.

**图 9.1　股指期货报价**

（数据来源：*The Wall Street Journal*, June 25, 2004, p. 35. 经《华尔街日报》允许再印刷，

© Dow Jones & Company, Inc. , 全世界范围内版权所有）

交易者将持有这些股票，直至期货到期。当股票价格相对于期货价格过低时，正向期现套利策略有吸引力。在反向期现套利策略中，交易者除了买入期货外，还会卖空股票并将收益进行投资。当股票相对于期货定价过高时，反向期现套利策略是有吸引力的。因此，只要采取适当的策略，合理的期货和现货市场价格之间的任何差异都会在期货到期时带来利润。在第3章，式（3.3）给出了无卖空限制的完美市场的持有成本模型：

$$F_{0,t} = S_0(1 + C) \tag{3.3}$$

式中：

$F_{0,t}$ 为 $t = 0$ 时在时间 $t$ 交割的期货价格；

$S_0$ 为 $t = 0$ 时的现货价格；

$C$ 为从 $t = 0$ 至时间 $t$ 持有商品的百分比成本。

---

## Comex 500 指数

指数投资，包括基于指数的期货合约，越来越受欢迎，这使创建和维护金融指数的业务成为麦格罗·希尔旗下标准普尔公司等指数提供商的宝贵事业。最终，指数生产商的潜在价值来源，在于他们声称金融指数具有某些财产属性，这些属性受到各州和联邦法律的保护。经过多次法律诉讼，指数生产商已经确立了授权其他当事人使用其指数财产的权利，并向这些当事人收取许可费。例如，标准普尔已经与芝加哥商业交易所达成了一项许可，授予芝加哥商业交易所以标准普尔 500 指数为基础的期货合约的独家交易权。

指数生产商为了保护其指数免予在未经授权的情况下使用，已经开展了许多法律诉讼。其中，一些法律诉讼似乎是由 1981 年 12 月商品期货交易委员会的一项要求引发的，该要求允许股指期货合约的交易，前提是这些合约是基于广为人知且完善的股票指数。由于商品期货交易委员会的要求，期货交易所放弃了创建自己的独立指数的努力，转而专注于在当时最广为人知、最完善的股票指数——标准普尔 500 指数和道琼斯工业平均指数的基础上构建期货合约。

1982 年，纽约商品交易所（Comex）向标准普尔公司申请使用标准普尔 500 指数作为其交易期货合约基础的许可。然而，标准普尔公司不愿意许可其指数，因为其此前与芝加哥商业交易所签订了独家许可协议。由于未能获得许可，纽约商品交易所构建了一个"Comex 500 指数"，并在未经标准普尔公司授权的情况下将其与标准普尔 500 指数联系起来。标准普尔公司提起诉讼并在法庭上胜诉。

与此相关的案件涉及道琼斯公司和芝加哥期货交易所。1982 年 2 月，芝加哥期货交易所向商品期货交易委员会申请交易以道琼斯平均指数为基础的股指期货。芝加哥期货交易所的指数与道琼斯平均指数相同，当道琼斯公司变更一只成分股或修正除数时，芝加哥期货交易所也会做出同样的改变，从而使芝加哥期货交易所的指数与道琼斯指数保持相同。道琼斯公司试图通过起诉和威胁暂停公布其股票平均指数来阻止芝加哥期货交易所交易其期货合约。法院裁定，未经道琼斯公司允许，芝加哥期货交易所不得使用道琼斯平均指数。

### 9.4.1　股指期货持有成本模型

将式（3.3）应用于股指期货面临一个复杂问题——股息。持有股票会给所有者带来股息，但大多数指数只反映价格变化。基于这些指数的期货直接与指数价值挂钩，因此期货价格在这种情况下不包含股息。为了适用于股指期货，式（3.3）必须进行调整，以包含当前至期货到期期间将收到的股息。本质上，获得股息的机会降低了持有股票的成本。持有股票需要交易者在当前至期货到期期间为股票购买价格进行融资。然而，交易者将从股票中获得股息，这将降低股票的价值。这与持有黄金等商品的持有成本形成了直接对比。正如我们所看到的，黄金不会产生现金流，因此黄金的持有成本本质上就是融资成本。对于股票，持有成本是股票的融资成本减去股票持有期间收到的股息。

举个例子，假设现在是时间零点，交易者决定进行自筹资金的正向期现套利交易。交易者决定买入并持有 1 股小部件公司（Widget, Inc.）股票，当前交易价格为 100 美元。因此，交易者借入 100 美元并买入股票。我们假设该股票将在 6 个月后支付 2 美元的股息，交易者将以 10% 的利率在剩余的 6 个月内对该收益进行投资。表 9.4 显示了交易者的现金流。在表 9.4 中，交易者借入资金，买入并持有股票，收取并投资股息，接着在 1 年后对投资组合进行变现。一开始，这只股票的价格是 100 美元，但其 1 年后的价值（$P_1$）是未知的。根据表 9.4 中的数据，交易者 1 年后的现金流入是股息的未来价值（2.10 美元）加上股票的当前价值（$P_1$），再减去贷款的偿还（110 美元）。

表 9.4　持有股票产生的现金流

| $t=0$ | |
| --- | --- |
| 以 10% 的利率借款 100 美元，为期 1 年 | +100 美元 |
| 买入 1 股小部件公司（Widget, Inc.）股票 | −100 美元 |
| $t=6$ 个月 | |

续表

| | |
|---|---|
| 收到 2 美元的股息 | +2 美元 |
| 以 10% 的利率投资 2 美元，为期 6 个月 | −2 美元 |
| $t = 1$ 年 | |
| 从股息投资中获得 2.10 美元的收益 | +2.10 美元 |
| 以 $P_1$ 的价格卖出小部件公司（Widget, Inc.）股票 | +$P_1$ |
| 偿还债务 | −110.00 美元 |
| 总利润：$P_1$ +2.10 美元 −110.00 美元 | |

从这个例子中，我们可以笼统地理解正向期现套利策略的总现金流入。首先，正向期现套利策略将在持有期结束时返还股票的未来价值（$P_1$）。其次，在持有期结束时，正向期现套利策略将返还股息的未来价值——股息加上从收到股息之时至持有期结束之时的利息。对于这些现金流入，正向期现套利交易者必须为买入股票支付融资成本。

我们现在能够确定与正向期现套利策略一致的期货价格。从第 3 章的讨论中，我们知道式（3.3）与完美市场和无卖空限制一致。正向期现套利交易机会要求期货价格必须小于或等于期货到期时的现金流入。同样，反向期现套利交易机会要求期货价格必须等于或大于期货到期时的现金流入。因此，股指期货价格必须等于股票指数的成分股的买入成本，加上持有这些股票至到期的成本 $[S_0(1 + C)]$，减去收到的所有股息的未来价值 $[D_i(1 + r_i)]$。股息的未来价值是在期货合约到期时计算的。更正式一点的公式为：

$$F_{0,t} = S_0(1 + C) - \sum_{i=1}^{N} D_i(1 + r_i) \tag{9.5}$$

式中：

$F_{0,t}$ 为时间 $t$ 到期的期货合约在 $t = 0$ 时的股指期货价格；

$S_0$ 为股票指数的成分股在 $t = 0$ 时的价值；

$C$ 为从 $t = 0$ 至时间 $t$ 到期期间持有股票的百分比成本；

$D_i$ 为第 $i$ 次股息；

$r_i$ 为从股息收到之时起至时间 $t$ 期货到期之时止，持有第 $i$ 次股息所赚取的利息。

### 9.4.2　股指期货公允价值

当满足持有成本模型时，股指期货价格便处于公允价值（fair value）状态。在本部分中，我们考虑一个确定股指期货合约公允价值的简化案例。我们考虑一个基于价格加权指数的期货合约，并且为简单起见，我们假设只有两只股票。表 9.5 提供了我们需要的信息。

表 9.5 公允价值计算所需信息

| 当前日期 | 7 月 6 日 |
|---|---|
| 期货到期日 | 9 月 20 日 |
| 剩余到期天数 | 76 天 |
| 指数 | 两只股票的价格加权指数 |
| 指数除数 | 1.80 |
| 利率 | 所有利率均为 10% 的单利；一年 360 天 |
| 股票 A | |
| 当前价格 | 115 美元 |
| 预计股息 | 7 月 23 日收到 1.50 美元 |
| 股息投资天数 | 59 天 |
| $r_A$ | 0.10 × （59/360） ＝0.0164 |
| 股票 B | |
| 当前价格 | 84 美元 |
| 预计股息 | 8 月 12 日收到 1.00 美元 |
| 股息投资天数 | 39 天 |
| $r_B$ | 0.10 × （39/360） ＝0.0108 |

根据表 9.5 中的数据，指数值为 110.56，如下所示：

$$\frac{P_A + P_B}{指数除数} = \frac{115 + 84}{1.8} = 110.56$$

买入投资组合中股票的成本仅为股票 A 和股票 B 价格的总和，即 199 美元。对于持有股票到期，利息成本为 76 天的 10% 年化利率，即 2.11%。因此，买入并持有股票到期的成本为 203.20 美元（199 美元×1.021 点）。收到的股息和从股息中赚取的利息将抵销这一成本。对于这两只股票来说，到期股息的未来价值分别为：

股票 A：1.50 × 1.0164 ＝1.52 美元

股票 B：1.00 × 1.0108 ＝1.01 美元

因此，买入股票并持有到期的全部成本是股票的购买价格加上利息，减去到期时计算得到股息的未来价值：

$$203.20 - 1.52 - 1.01 = 200.67 \text{ 美元}$$

在持有成本模型中，我们知道期货价格必须等于全部持有成本。然而，期货价格是通过指数单位来表示的，而不是实际股票价格的美元。为了找到处于公允价值状态的期货价格，必须将 200.67 美元的现金价值除以指数除数得到指数单位，200.67/1.8 ＝111.48 点。因此，期货合约的公允价值为 111.48 点。因为它符合持有成本模型，所以处于公允价值状态的期货价格是防止正向期现套利和反向期现套利策略利润的价格。

## 9.5　指数套利和程序化交易

在上部分中，我们看到了如何从持有成本模型中推导出处于公允价值状态的期货价格。从第 3 章我们知道，偏离持有成本模型的理论价格会产生套利机会。如果期货价格超过其公允价值，交易者将进行正向期现套利。如果期货价格低于其公允价值，交易者可以通过反向期现套利交易策略来利用定价差异。股指期货中的这些正向期现套利策略被称为指数套利（index arbitrage）。本部分介绍了一个使用只有两只股票的简化指数进行指数套利的例子。由于指数套利可能需要交易许多股票，因此指数套利通常通过使用计算机程序来实现交易自动化。计算机引导的指数套利被称为程序化交易（program trading）。我们在稍后部分介绍程序化交易，但我们将在第 10 章对其进行最充分的讨论。

### 9.5.1　指数套利

表 9.5 给出了股票 A 和股票 B 的价值，我们看到了如何根据这两只股票组成的指数，来计算股指期货合约的公允价值。根据表 9.5 中的值，现货市场指数值为 110.56 点，期货合约的公允价值为 111.48 点，这两个值都以指数点表示。如果期货价格超过公允价值，正向期现指数套利就是可行的。低于公允价值的期货价格为反向期现指数套利创造了机会。

为了说明正向期现指数套利，假设表 9.5 中数据不变，但期货价格为 115.00 点。因为这个价格超过了公允价值，指数套利者的交易将如表 9.6 所示。从 7 月 6 日开始，交易者借入购买指数中股票所必需的资金，买入股票，然后卖出期货。在 7 月 23 日和 8 月 12 日，交易者从这两只股票中获得股息，并将股息以 10% 的利率投资至到期日。像所有股指期货一样，我们的简化案例使用现金结算。因此，在 9 月 20 日到期时，最终期货结算价格被设定为等于现货市场指数值。这确保了期货和现货价格趋同，并确保了基差为零。[3]

表 9.6 中交易的利润或损失不取决于 9 月 20 日到期时的价格。相反，利润来自期货价格与其公允价值之间的差异。为了说明利润情况，我们假设股票价格不变。因此，到期时现货市场指数为 110.56 点。如表 9.6 所示，这些交易产生了 6.32 美元的利润。

**表 9.6**　　　　　　　　　　　　**正向期现指数套利**

| 日期 | 现货市场 | 期货市场 |
|---|---|---|
| 7 月 6 日 | 以 10% 的利率借款 199 美元，为期 76 天，买入股票 A 和股票 B，总共花费 199 美元 | 卖出 1 手 9 月指数期货合约，价格为 115.00 点 |
| 7 月 23 日 | 从股票 A 中获得 1.50 美元的股息，并以 10% 的利率投资 59 天 | |
| 8 月 12 日 | 从股票 B 中获得 1.00 美元的股息，并以 10% 的利率投资 39 天 | |
| 9 月 20 日 | 为了便于说明，假设到期时股票价格为任意值，我们假设股票价格没有变化，因此，指数值仍为 110.56 点 | |
| | 从股息投资中获得 1.52 美元和 1.01 美元的收益；以 115 美元的价格卖出股票 A，以 84 美元的价格卖出股票 B，总收益为 201.53 美元；偿还 203.20 美元的债务 | 到期时，期货价格被设定为等于 110.56 点的现货指数值，这带来了 4.44 个指数单位的利润，以美元计算，利润为 4.44 个指数单位乘以 1.8 的指数除数 |
| | 损失：1.67 美元 | 利润：7.99 美元 |
| 总利润：7.99 - 1.67 = 6.32 美元 | | |

无论 7 月 6 日至 9 月 20 日期间股票价格如何变化，利润都将是这些。例如，假设股票 A 和股票 B 的价格都上涨了 5 美元，分别达到 120 美元和 89 美元。现货市场的现金流将来自股票出售、股息的未来价值和债务偿还：

| | |
|---|---|
| 股票 A 的出售 | +120.00 |
| 股票 B 的出售 | +89.00 |
| 股票 A 股息的未来价值 | +1.52 |
| 股票 B 股息的未来价值 | +1.01 |
| 债务偿还 | -203.20 |
| 期货利润/损失 | -2.01 |

在期货交易中，到期时的指数值将等于 116.11 点 [（120 + 89）/1.8]。这带来 1.11 个指数点的期货损失，即 2.01 美元。将所有这些现金流加在一起，利润仍为 6.32 美元。无论股票价格如何变化，利润都是一样的。

如果期货价格相对于公允价值过低，套利者可以进行反向期现套利交易。例如，假设期货价格为 105.00 点，远低于 111.48 点的公允价值。现在套利者的交易将如表 9.7 所示。本质上，表 9.7 中的交易与表 9.6 中的交易正好相反。最重要的区别是交易者卖空股票。卖空股票后，交易者必须在到期时为股票支付股息。

表 9.7 反向期现指数套利

| 日期 | 现货市场 | 期货市场 |
|------|----------|----------|
| 7 月 6 日 | 卖出股票 A 和股票 B，总收益为 199 美元，以 10% 的利率贷出 199 美元，为期 76 天 | 以 105.00 点的价格买入 1 手 9 月指数期货合约 |
| 7 月 23 日 | 以 10% 的利率借款 1.50 美元，为期 59 天，并支付股票 A 股息 1.50 美元 | |
| 8 月 12 日 | 以 10% 的利率借款 1.00 美元，为期 39 天，并支付股票 B 股息 1.00 美元 | |
| 9 月 20 日 | 为了便于说明，假设到期时股票价格为任意值，我们假设股票价格没有变化，因此，指数值仍然是 110.56 点 | |
| | 获得 203.20 美元的投资收益；偿还为支付股票 A 和股票 B 的股息而借入的 1.52 美元和 1.01 美元；以 115 美元的价格买入股票 A，以 84 美元的价格买入股票 B；归还股票以偿还卖空 | 到期时，期货价格被设定为等于 110.56 点的现货指数值，这带来了 5.56 个指数单位的利润，以美元计算，利润为 5.56 个指数单位乘以 1.8 的指数除数 |
| | 利润：1.67 美元 | 利润：10.01 美元 |
| 总利润：1.67 + 10.01 = 11.68 美元 | | |

这些交易使交易者获得 11.68 美元的净利润。同样，这一利润并不取决于到期时的实际股票价格。相反，利润来自 105.00 点的实际期货价格与 111.48 点的公允价值之间的差异。一旦交易者启动表 9.7 中的交易，利润将仅取决于公允价值与现行期货价格之间的差异。利润将等于期货价格的误差乘以指数除数：（111.48 − 105.00）× 1.8 = 11.68 美元。[4]

### 9.5.2 程序化交易

虽然我们已经用一个假设的两只股票的指数期货合约说明了正向期现套利和反向期现套利交易，但是实际股指期货交易涉及更多的股票。道琼斯工业平均指数和 DAX 30 指数最小，只有 30 只股票，而标准普尔 500 指数显然有 500 只股票，罗素 2000 指数有 2,000 只标的股票，日经 225 指数有 225 只股票。要利用实际股指期货的指数套利机会，需要交易期货，同时买入或卖出指数背后的全部股票。

如果我们关注标准普尔 500 指数期货合约，我们可以看到表 9.6 和表 9.7 的交易要求买入或卖出 500 只股票。套利的成功取决于期货价格和公允期货价格之间偏差的识别。然而，在特定时刻，公允期货价格取决于 500 只不同股票的当前价格。识别指数套利机会需要能够立即发现反映 500 只不同股票的期货价格和公允期货价格之间的定价差异。此外，利用套利机会需要以形成套利机会的价格交易 500 只股票。

大型金融机构（以及现在的许多个人交易者）可以通过计算机下达交易股票的指令，以实现非常快速的执行。面对正向期现套利机会，某一大额交易者可以通过执行计算机指令，来买入标准普尔 500 指数中的每一只股票。与此同时，该机构将卖出标准普尔 500 指数期货合约。使用计算机执行大额且复杂的股票市场指令，称为程序化交易（program trading）。虽然计算机也用于其他类型的股票市场交易，但是指数套利是程序化交易的主要应用。"指数套利"和"程序化交易"经常可以交换使用。程序化交易被认为是股票市场波动的罪魁祸首，包括 1987 年 10 月的崩盘。第 10 章给出了一个程序化交易的真实案例，并分析了这种指数套利中隐藏的风险。第 10 章还讨论了程序化交易和股票市场波动之间关系的证据。

### 9.5.3　预测股息支付和投资利率

在表 9.5 计算公允价值的案例中，我们假设股票 A 和股票 B 的股息金额、支付日期和投资利率是确定的。在实际市场中，这些数目虽然是高度可预测的，但并不是确定的。股息金额和支付日期可以根据公司过去的政策进行预测。然而，在公司宣布股息金额和支付日期的股息宣布日之前，这些数目还远不能确定。在实践中，在 1 年的时间周期里，股息支付的变动性很大。图 9.2 显示了全年股息支付的典型分布。注意股息是如何在 3 月、6 月、9 月和 12 月的月初集中支付的。

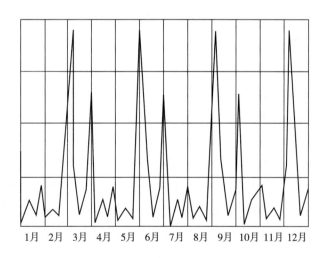

**图 9.2　股息支付的典型分布**

（数据来源：Chicago Mercantile Exchange，"Using S&P 500 Stock Index Futures and Options"，1988.

© Chicago Mercantile Exchange）

在实际操作中，交易者跟踪公司支付股息的做法，从而预测指数所对应的股票每天将支付的股息。这个问题的难度因指数而异。道琼斯工业平均指数只有 30 家非常大的公司,这些公司有相对稳定的股息政策。相比之下,罗素 2000 指数有 2,000 家公司。其中,许多公司规模较小,并且可能具有不规则的股息支付模式。因此,更难预测罗素 2000 指数或标准普尔 500 指数的确切股息流。虽然股息预测的困难可能会给持有成本的计算带来一些不确定性,但是股息预测在实践中被证明是非常准确的。

在计算股指期货合约公允价值的案例和套利的案例中,我们还假设股息可以以已知的利率进行投资。在实践中,很难知道投资股息将获得的确切利率。虽然很难知道投资股息将获得的确切利率,但是有可能做出好的预测。在大多数情况下,期货到期日并不遥远,因此当前的短期利率可以很好地估计股息的投资利率。

### 9.5.4 市场缺陷和股指期货价格

在第 3 章中,我们看到有 4 种不同类型的市场缺陷可能会影响期货合约的定价。这些市场缺陷包括:直接交易成本、借贷利率不相等、保证金和卖空限制,以及储存限制。正如我们在第 3 章中所看到的,这些市场缺陷的影响是形成了一个价格的无套利区间,期货价格必须在这一区间。在本部分中,我们将在股指期货的背景下简要讨论这些缺陷。

直接交易成本对股指期货交易的影响很大。相对于许多商品,股票的交易成本按百分比计算较低。尽管如此,股票交易者仍需面对佣金、交易费和买卖价差。一般来说,股票市场交易的这些成本可能是 1% 的一半左右。即使交易成本如此之低,我们也不能期望持有成本模型作为一个精确的等式。相反,这些交易成本将导致形成一个允许股指期货价格的无套利区间。

不相等的借贷成本、保证金和卖空限制都在股指期货定价中发挥着作用。在股票市场上,对卖空的限制相当明确。联邦储备委员会(Federal Reserve Board)将不允许交易者使用 50% 以上的卖空所得。卖空者的经纪商可能会将这种使用限制在更小的百分比范围。正如我们在第 3 章中所看到的,这些因素都迫使持有成本模型出现微小偏差。式(9.5)的定价关系是近似的,而不是精确的。因此,这些市场缺陷造成了一个允许期货价格的无套利区间。然而,高度竞争的交易环境和较低的交易成本,使这一无套利区间紧密围绕在根据式(9.5)得出的完美市场中的理论公允价值周围。

由于道琼斯工业平均指数、日经指数、标准普尔 500 指数、富时指数、DAX 指数、CAC 40 指数和其他指数的股票,被交易成本较低的金融机构广泛持有,准套利往往是股指期货交易的主要特征。作为体现准套利重要性的一个例子,考虑零售客户和持有大型股票投资组合的养老基金,对卖空收益的差异化应用。假设零售客户必须通过其经纪商来卖空股票。客户将只能使用一半的卖空所得。相比之下，我们将假设养老基金已经拥有反向期现套利交易中卖空所需的股票。在这种情况下，养老基金可以通过出售其股票投资组合的一部分来模拟卖空。因为养老基金是在实际出售股票，而不是技术上的卖空，所以它可以充分利用其收益。然而，出售投资组合中的股票可以完美替代实际的卖空。因此，养老基金在进行反向期现套利时面临的交易成本远低于零售客户。考虑到程序化交易，可以得出类似的结论。小额零售交易者在试图进行指数套利时面临巨大的交易成本。金融机构享有的准套利机会确保了任何个人都不能参与指数套利。在第 10 章中，我们回顾了股指期货定价的依据，并显示这些市场近似于完全持有成本市场，这表明准套利是股指期货定价的主要特征。

## 9.6 股指期货投机

用股指期货进行投机是令人兴奋的。期货合约允许投机者对市场走势进行最直接的投机，或者进行非常复杂的价差交易，以根据对股票价格走势的更精确判断来调整期货头寸。此外，期货市场的低交易成本使得其投机比股票市场本身的类似投机更容易进行。随着来自许多国家的各种各样市场指数的出现，投机机会几乎无穷无尽。

最简单的投机头寸之一源于对即将到来的市场变化的看法。如果交易者预计市场会出现大幅反弹，他可以简单地买入 1 手期货合约，并希望在反弹实际发生时期货合约价格上涨。虽然这一行动方案非常简单，但是它并没有充分考虑到投机机会的复杂性。交易者还可能考虑何时到期的合约作为交易工具是可取的，以及要交易 4 种合约中的哪一种。

最近的一些重大市场变化是由大型公司主导的，一位交易者认为，由最大型公司再次主导的另一个大幅上涨即将到来。因此，交易者有明确的理由更喜欢道琼斯工业平均指数，而不是标准普尔 500 指数。比较道琼斯工业平均指数和标准普尔 500 指数之后，交易者预计道琼斯工业平均指数将上涨得更快，因为它被大型公司主导得更加全面。

考虑到这些不同的反应，一种保守的投机头寸策略可以利用两个指数之间的价差。如果交易者预计市场会大幅上涨，但希望严密控制其风险敞口，他可能会利用道琼斯工业平均指数和标准普尔 500 指数之间的价差，假设他预计 4 月市场会上涨。与此观点一致，表 9.8 中的交易显示了如何构建价差来对预期的市场反弹进行投机。投机者首先注意到，道琼斯工业平均指数期货为 8,603.50 点，而标准普尔 500 指数为 999.00 点。投机者想把这两种合约的金额规模纳入考虑范围。例如，考虑每种指数都上涨

1%；这一价格上涨使每手道琼斯工业平均指数期货获利约 860 美元，每手标准普尔 500 指数期货上获利约 2,500 美元：

道琼斯工业平均指数：8,603.50 点 ×0.01×10 美元/点 = 860.35 美元

标准普尔 500 指数：999.00 点 ×0.01×250 美元/点 =2,497.50 美元

**表 9.8** 　　　　　　　　　　　**保守的商品间价差**

| 日期 | 期货市场 | | |
|---|---|---|---|
| 4 月 22 日 | 以 8,603.50 点的价格买入 20 手 9 月道琼斯工业平均指数期货合约<br>以 999.00 点的价格卖出 5 手 9 月标准普尔 500 指数期货合约 | | |
| 5 月 6 日 | 以 8,857.30 点的价格卖出 20 手 9 月道琼斯工业平均指数期货合约<br>以 1,026.45 点的价格买入 5 手 9 月标准普尔 500 指数期货合约 | | |
| | | 道琼斯工业平均指数 | 标准普尔 500 指数 |
| | 卖出 | 8,857.30 点 | 999.00 点 |
| | 买入 | 8,603.50 点 | 1,026.45 点 |
| | 利润/损失（指数点） | 253.80 点 | −27.45 点 |
| | ×合约乘数 | ×10 美元/点 | ×250 美元/点 |
| | ×合约数量 | ×20 手 | ×5 手 |
| | 利润/损失（金额） | 50,760.00 美元 | 34,312.50 美元 |
| 总利润：16,447.50 美元 | | | |

要使这两种期货的头寸大致相当，1 手标准普尔 500 指数合约大约需要 3 手道琼斯工业平均指数合约。由于投机者预计道琼斯工业平均指数相对于标准普尔 500 指数会上涨，因此他决定将道琼斯工业平均指数与标准普尔 500 指数的比率设定为 4:1。因此，这种价差交易被称为比率价差（ratio spread）。

有先见之明的投机者在 4 月 22 日以 8,603.50 点的价格买入 20 手 9 月道琼斯工业平均指数期货合约，并以 999.00 点的价格卖出 5 手 9 月标准普尔 500 指数期货合约。几周后，价格上涨，道琼斯工业平均指数期货的成交价格为 8,857.30 点，标准普尔 500 指数期货为 1,026.45 点。由于不想过于贪婪，他选择在 5 月 6 日平仓。他以 8,857.30 点的价格卖出道琼斯工业平均指数合约，并以 1,026.45 点的价格买入标准普尔 500 指数合约。价差策略效果很好，道琼斯工业平均指数期货上涨 2.95%，而标准普尔 500 指数期货仅上涨 2.75%。因此，道琼斯工业平均指数获利 50,760 美元

（253.80 点 × 10 美元/点 × 20 手）。这一收益超过了标准普尔 500 指数合约的损失 34,312.50 美元（27.45 点 × 250 美元/点 × 5 手）。总收益为 16,447.50 美元。

远月合约通常比近月合约和指数本身对特定市场变化的反应更大。投机者可以构建商品内价差，以利用同样的市场反弹。表 9.9 显示了利用标准普尔 500 指数合约和相同的日期开展的一组可能的交易。投机者认为，远月合约比近月合约对市场变化的反应更大。由于相信市场会上涨，他在 4 月 22 日以 1,085.70 点的价格买入了遥远的 12 月合约，同时以 1,079.40 点的价格卖出了近期的 6 月合约。截至 5 月 6 日，反弹已经发生，因此他以 1,102.50 点的价格买入 6 月合约，并以 1,109.25 点的价格卖出 12 月合约，从而转变了自己的头寸。如表 9.9 所示，6 月合约上涨了 23.10 点，而更敏感的 12 月合约上涨了 23.55 点。从某种意义上说，这一策略奏效了，因为合约越远越敏感。然而，价格变化的差异并不是很大。事实上，价差策略的毛利润只有 112.50 美元，几乎不足以覆盖交易成本，这种交易可能过于保守了。任一合约上的单边多头头寸都会效果很好，但是保守的交易者设法保护了自己，同时也放弃了考虑到市场上涨的主要特点而本来可以获得的收益。对于致力于价差交易的投机者来说，股指期货市场带来了一个问题，因为不同的合约往往高度相关。

**表 9.9**　　　　　　　　　　　　**保守的商品内价差**

| 日期 | 期货市场 | | |
|---|---|---|---|
| 4 月 22 日 | 以 1,085.70 点的价格买入 1 手 12 月标准普尔 500 指数合约 | | |
| | 以 1,079.40 点的价格卖出 1 手 6 月标准普尔 500 指数合约 | | |
| 5 月 6 日 | 以 1,109.25 点的价格卖出 1 手 12 月标准普尔 500 指数合约 | | |
| | 以 1,102.50 点的价格买入 1 手 6 月标准普尔 500 指数合约 | | |
| | | 6 月 | 12 月 |
| | 卖出 | 1,079.40 点 | 1,109.25 点 |
| | 买入 | 1,102.50 点 | 1,085.70 点 |
| | 利润（指数点） | −23.10 点 | 23.55 点 |
| | ×250 美元/手 | −5,775.00 美元 | 5,887.50 美元 |
| 总利润：112.50 美元 | | | |

## 巴林银行破产

从理论上说，股票指数套利是无风险的，而正确执行的套利交易所涉及的实际风险非常低。由于股指期货合约和标的股票指数本身之间的紧密联系，风险是有限的。因此，正如我们所看到的，套利是一种低风险策略，旨在捕捉市场之间微小且暂时的定价差异。

巴林银行驻新加坡交易员尼古拉斯·里森（Nicholas Leeson），应该是在日本交易的日本股指期货合约和新加坡交易所（SIMEX）交易的类似期货合约之间进行套利。这种交易涉及买入较便宜的合约，同时卖出较贵的合约，然后在价差缩小或消失时进行反向交易。

然而，里森在1994年末和1995年初显然进行了完全相反的操作。通过期货市场并使用期货期权，里森预估日本股票市场将上涨，并进行了大额单边押注。然而，神户地震震动了整个日本经济，并导致日本股票市场大幅下跌。他对日本股票市场上涨的高杠杆押注，结果成为一个巨大失败。这些损失完全耗尽了巴林的资本，巴林宣布破产，并被荷兰的投资银行——荷兰国际集团（ING）以1英镑的价格收购。

当巴林于1995年2月申请破产时，人们发现里森以巴林的名义在日本股票上建立了70亿美元的未偿付名义期货头寸（并隐藏在错误账户中）。此外，里森在日本债券和欧洲日元（Euroyen）上有总计200亿美元的未偿付名义期货头寸。[5] 里森还卖出了名义价值约70亿美元的日经看跌期权和看涨期权。据报道，巴林当时的资本为6.15亿美元。在短时间内，里森的交易损失了约14亿美元。损失公开后，里森在新加坡被捕、定罪并被判处六年半监禁。里森于1999年出狱，他以每次10万美元的价格就"流氓交易员"带来的危险发表演讲，代表经纪公司出现在广告中，玩名人在线扑克，并收到了许多风险管理方面的工作邀请（也许真的没有糟糕的宣传）。

里森的流氓交易虽然引人注目，但并非孤立事件。20世纪90年代，"流氓交易员"造成了源源不断的惊人损失。90年代中期，达亿瓦（Daiwa）和住友（Sumitomo）公司分别因雇佣的流氓交易员而损失超过10亿美元。1997年，智利国家铜业公司（Codelco）损失了2亿美元，据称是由一名流氓交易员造成的。2002年2月，爱尔兰联合银行（AIB）宣布，流氓交易造成7.5亿美元的损失。流氓交易的威胁引起了各公司的重视，它们采取严格的内部控制程序，来监控交易员以公司名义持有的衍生品头寸。[6]

## 9.7 个股期货

尽管以股票市场宽基指数为标的的期货合约已经交易了20多年，但是直到2000年《商品期货现代化法案》通过，美国才允许以单只股票和窄基指数为标的进行期货合约交易。《商品期货现代化法案》废除了证券交易委员会（SEC）负责人约翰·沙德（John Shad）和商品期货交易委员会（CFTC）负责人菲利普·麦克布赖德·约翰逊（Philip McBride Johnson）达成的被称为沙德/约翰逊协议（或商品期货交易委员会所称的约翰逊/沙德协议）中所包含的实施了18年的个股期货政府禁令。沙德/约翰逊协议是对监督管辖权分歧的折中解决方案。该协议允许在标准普尔 500 指数等基础广泛、多元化的指数上进行期货交易。然而，没有就单只股票和窄基指数达成协议，因此它们实际上被禁止了。

目前，全球有 20 家交易所在交易个股期货，或已宣布有意这样做。在美国以外，个股期货在欧洲和亚洲的各个交易所已经交易了近 10 年。在瑞典和芬兰，这些产品自 20 世纪 90 年代初便开始交易。在美国，纳斯达克 LIFFE 交易所（NQLX）和芝加哥单一股票交易所（OneChicago）两家交易所于 2002 年秋季开始交易个股期货。纳斯达克 LIFFE 交易所最初是纳斯达克和伦敦国际金融期货交易所（LIFFE）的合资企业，总部位于纽约市，于 2004 年 12 月关闭。芝加哥单一股票交易所是芝加哥期权交易所（CBOE）、芝加哥期货交易所（CBOT）和芝加哥商业交易所（CME）的合资企业，总部位于芝加哥。个股期货只在电子平台上交易。自这些合约推出以来，成交量一直很小，仅占金融期货总成交量的一小部分。在美国，个股期货的交易场所由商品期货交易委员会和证券交易委员会共同监管。

在美国，个股期货通常通过实物交割进行结算。这意味着，在合约到期时，个股期货合约中的空头头寸持有者必须向多头头寸持有者交付必要数量的股票。国家证券清算公司（National Securities Clearing Corporation，NSCC）为证券期货产品的实物交割提供便利。现金结算虽然在美国很少见，但是是被允许的。因此，如果交易所选择这样做，那么现金结算就可以用作期货合约结算的手段。现金结算在欧洲是一个有吸引力的特征，因为它有助于跨境结算。

与其他期货合约一样，个股期货合约规定了标的证券的特征、交割程序、合约规模、保证金、交易环境、最小变动价位、每日价格限制、到期周期、交易时间和持仓限额。与其他类型的期货合约不同，个股期货合约包含调整条款，以反映某些公司事件，如股票分割和特别股息。调整方式与股票期权市场一致。

个股期货合约是以普通股的股票为标的的。此外，个股期货还可以以美国存托凭证（ADR）、信托发行凭证（TIR）、交易所交易基金（ETF）和封闭式共同基金的股份为标的进行交易。个股期货合约在交割月份的第三个星期五到期。

通常情况下，个股期货规定合约规模为 100 股标的证券。这符合证券和证券期权市场均以 100 股/手为单位进行交易的结构。然而，这不是监管要求，交易所可以自由选择更大或更小的个股期货合约规模。并非所有市场参与者都对 100 股/手的特征感到满意。对于许多交易者，特别是机构交易者来说，合约规模越大，个股期货相对于现货市场证券的交易成本优势就越明显。较小的合约规模降低了个股期货相对于现货市场证券的交易成本优势。

《商品期货现代化法案》要求个股期货的保证金水平不得低于可比期权合约的最低保证金水平。《商品期货现代化法案》还要求期货保证金规则与联邦储备委员会的 T 规则一致，该规则管理经纪自营商（broker - dealer）的信贷活动。证券交易委员会和商品期货交易委员会在联合决定中为零售账户设定了 20% 的最低保证金水平。做市商不受这一要求的约束。

个股期货按照式（9.5）所表达的持有成本关系来定价。例如，以 2 月 20 日观察到的沃尔玛股票 6 月期货合约为例。6 月期货合约将于 6 月 18 日到期。沃尔玛股票当前的价格为每股 59.45 美元。沃尔玛预计将于 4 月 7 日支付每股 9 美分的定期季度股息。假设当前融资成本为每年 1.6%。

由于在期货合约的生命周期内只有一次股息支付，因此式（9.5）中的持有成本关系变得较为简单：

$$F_{0,t} = 59.45 \times (1 + 0.016 \times 119/365) - 0.09 \times (1 + 0.016 \times 72/365)$$
$$= 59.45 + 0.31 - 0.09$$
$$= 59.67 \text{ 美元/股}$$

在本案例中，2 月 20 日至 6 月 18 日的持有期间为 119 天。购买标的股票需要使用今日融资成本为每年 1.6%（小数形式为 0.016）的资金。股息支付日 4 月 7 日至期货到期日 6 月 18 日的期间为 72 天，假设现金股息在此期间的利息按 1.6% 的融资利率计提。

### 9.7.1　证券期货产品风险管理

利用股指期货进行套期保值可直接应用于股票投资组合的管理。股指期货在投资组合管理中的作用源于其直接代表市场投资组合的事实。在股指期货开始交易之前，没有类似的方式可以交易一种价格表现与宽基市场指数直接挂钩的工具。此外，股指期货由于其非常低的交易成本，在投资组合管理中具有巨大的潜力。在本部分中，我们将考虑股指期货的一些套期保值应用。

### 9.7.2　卖出套期保值和套期保值比率计算

作为第一种情况，考虑一个价值 4,000 万美元的多元化股票投资组合，并假设该投资组合相对于标准普尔 500 指数的 $\beta$ 为 1.22。这意味着，标准普尔 500 指数 1% 的变化预计将导致股票投资组合价值 1.22% 的变化。投资组合经理担心熊市即将到来，并希望为其投资组合进行套期保值，以应对这种可能性。一种策略是清算投资组合，将收益投入短期债务工具，然后在熊市结束后将资金重新投入股票市场。这样的计划是不可行的。首先，这种策略的交易成本相当高。其次，如果资金规模庞大，清算投资组合可能会压低股票价格。这将阻止投资组合经理以当前单只股票报价清算投资组合。

作为清算投资组合的一个明显替代方案，该经理可以利用标准普尔 500 指数期货合约。通过卖出期货，该经理将通过在期货市场中获得收益来抵销熊市对投资组合的影响。一种简单的策略应该包括为每个 1 美元投资组合价值卖出价值 1 美元的指数期货合约。假设标准普尔指数期货合约的价格为 1,060.00 点，则主张的期货头寸将由以下公式得出：

$$- \frac{V_P}{V_F} = \frac{40,000,000 \text{ 美元}}{1,060 \times 250 \text{ 美元}} = -150.94 \approx -150 \text{ 手}$$

式中，$V_P$ 为投资组合价值；$V_F$ 为期货合约价值。

这种方法的一个问题是，它忽略了股票投资组合相对于标准普尔 500 指数的更高波动性。如前所述，股票投资组合相对于指数的贝塔为 1.22。表 9.10 显示了与这些事实一致的套期保值的潜在结果。投资组合经理于 3 月 14 日开始对冲，针对 4,000 万美元的股票投资组合卖出 150 手 12 月期货合约。8 月 16 日，他的担忧变成现实，市场开始下跌。标准普尔 500 指数和期货均下跌 4.43%，至 1,013 点。波动性更大的股票投资组合下跌了以上数量的 1.22 倍（1.22 × 4.43%），造成 2,161,840 美元的损失。这使套期保值的净损失为 399,340 美元。未能考虑股票投资组合和指数期货合约之间的波动性差异，将导致套期保值结果不理想。

**表 9.10**　　　　　　　　　　　　　　　　　　　　**卖出套期保值**

| | 股票市场 | 期货市场 |
|---|---|---|
| 3 月 14 日 | 持有 40,000,000 美元的股票投资组合 | 以 1,060.00 点的价格卖出 150 手标准普尔 500 指数 12 月期货合约 |
| 8 月 16 日 | 股票投资组合下跌 5.40%，至 37,838,160 美元 | 标准普尔 500 指数期货合约下跌 4.43%，至 1,013.00 点 |
| | 损失：- 2,161,840 美元 | 收益：47 点 × 250 美元 × 150 手 = 1,762,500 美元 |
| | 净损失：- 399,340 美元 | |

该经理可以通过利用股票投资组合的 $\beta$ 对套期保值比率进行加权来避免这种结果。根据这种情况，该经理可以利用式（9.6）找到需要交易的合约数量：

$$- \beta_P \left( \frac{V_P}{V_F} \right) = \text{合约数量} \tag{9.6}$$

式中，$\beta_P$ 为被套期保值投资组合的 $\beta$。

将这种方法应用于我们的案例，则该经理将卖出 185 手合约：

$$- 1.22 \times \frac{40,000,000 \text{ 美元}}{1,060 \times 250 \text{ 美元}} = -184.15 \approx -185 \text{ 手}$$

如果该经理交易了 185 手合约，表 9.10 中期货收益将为 2,173,750 美元，而不是 1,762,500 美元。这一更高的收益几乎完全抵销了 2,161,840 美元现货头寸的损失。然而，请注意，这些出色的结果取决于两个关键的假设。首先，只有当股票投资组合在套期保值期间的变化与其 $\beta$ 所隐含的波动性完全一致时，才能取得这样的结果。其次，式（9.6）使用了股票投资组合的 $\beta$，该系数是根据标准普尔 500 指数本身来度量的。这是假设期货合约与现货指数的走势完全一致。最近的市场经验显然违反了这一假设，因为所有指数的期货合约都比指数本身更具波动性。这反映在这样一个事实上，即期货合约相对于股票指数本身的 $\beta$ 通常高于 1.0。式（9.6）的方法没有考虑到这一点，因为它隐含地假设指数和期货合约具有相同的价格变化，这意味着 $\beta$ 是相等的。我们在第 10 章中考虑了解决此类套期保值问题更复杂的方法。

### 9.7.3　买入套期保值

与所有其他期货合约一样，股指期货可以进行买入和卖出套期保值。设想一位养老基金经理确信自己正处于日本股票长期牛市的开端。当前的汇率是 1 美元可兑换 140 日元。他预计 3 个月后将有 60 亿日元（42,857,143 美元≈43,000,000 美元）的新资金可用于投资。为这些资金等待 3 个月再投资股票市场，可能意味着牛市将被完全错过。相较于错过市场变化，替代方案是利用股指期货市场。养老基金经理可以简单地买入一定数量的股指期货合约，合约金额与可投资资金的预期流入金额相当。5 月 19 日，日经指数期货合约价格为 14,400 点，芝加哥商业交易所期货合约所代表的隐含现金价值为 72,000 美元（5 美元/指数点）。养老基金经理可以通过买入价值 4,300 万美元的期货来保证自己在市场上的仓位。由于他预计资金将在 3 个月后到期，9 月是意料之中的可用到期月份，因此他买入 600 手（43,000,000 美元/72,000 美元 = 597.22 手≈600 手）9 月合约，如表 9.11 所示。截至 8 月 15 日，日经指数现货和期货价格已上涨 2.5% 或 360 点，至 14,760 点。因此，60 亿日元无法买入与 5 月 19 日可买入股数相同的股票。为弥补这一实际情况，养老基金经理获得了 1,080,000 美元的期货利润。期货市场的收益有助于抵销股票购买中可能出现的新的更高价格。由于芝加哥商业交易所的日经指数合约以日经指数为基础，但以美元报价，这种策略仍然使交易者面临汇率风险，而汇率风险可以被汇率套期保值抵消。

**表 9.11**　　　　　　　　　　　　**股指期货买入套期保值**

| | 股票市场 | 期货市场 |
|---|---|---|
| 5 月 19 日 | 养老基金经理预计 3 个月后将有 60 亿日元可投资于日本股票 | 以 14,400 点的价格买入 600 手芝加哥商业交易所 9 月日经指数期货 |
| 8 月 15 日 | 60 亿日元可用于投资 | 市场上涨，日经指数期货价格为 14,760 点 |
| | 股票价格已经上涨，因此 60 亿日元将不能买入与 5 月 19 日可买入股数相同的股票 | 期货利润：360 点×5 美元×600 手 = 1,080,000 美元 |

### 9.7.4　个股期货套期保值

利用个股期货构建套期保值遵循与股指期货相同的逻辑。然而，一个重要的区别是，套期保值者不需要对套期保值比率进行调整，以考虑被套期保值的股票价格和期货价格之间的相关性差异。如果利用沃尔玛个股期货对沃尔玛股票投资组合进行套期保值，那么价格相关性将等于 1，意味着"1∶1"的套期保值比率。人们可以将利用股指期货构建的套期保值视为交叉套期保值，需要调整套期保值比率以考虑不同的相关性。

例如，2 月 20 日，一位经理以客户的名义持有 1,000 股沃尔玛股票的投资组合。沃尔玛股票当前股价为 59.45 美元/股。该经理计划在 3 个月后将股票变现，以满足客户的现金流需求。然而，沃尔玛将在此期间发布盈利指引，该经理担心股票价格可能会下跌。该经理当天没有清算股票，而是选择通过卖出（做空）10 手沃尔玛个股期货合约来进行套期保值。经理选择 10 手期货合约的原因是每手合约代表 100 股沃尔玛股票。6 月沃尔玛个股期货的当前价格为 59.67 美元/股。

有了这一套期保值头寸，无论沃尔玛股票价格发生什么变化，该经理都能确保锁定 59.67 美元/股的当前价格。沃尔玛股票价格每下跌 1.00 美元，期货头寸将产生 1.00 美元/股的收益。

## 9.8　小结

在本章中，我们探讨了用于期货合约交易的主要股票指数。此外，我们还考虑了基于它们的期货合约的结构，以及各种期货合约之间的差异。我们使用熟悉的正向期现套利和反向期现套利策略，来证明股指期货价格应遵循持有成本模型。然而，我们注意到，持有成本模型需要进行调整以反映现金股息。在持有成本模型背景下，我们看到指数套利和程序化交易是期货定价的正向期现套利方法的应用。

本章考虑了一些投机交易策略。除了投机应用外，股指期货对管理风险也很有用。我们考虑了卖出和买入套期保值案例。在卖出套期保值案例中，我们展示了投资组合经理如何防范可能的熊市。通过买入套期保值案例，我们展示了交易者如何通过将期货作为实际购买股票的替代品，来捕捉潜在的牛市。本章还对个股期货进行了讨论。

## 9.9　习题

1. 假设道琼斯工业平均指数为 8,340.00 点，当前除数为 0.25。指数中的一只股票定价为 100.00 美元，进行了 2:1 的分割。根据这些信息，请回答以下问题：

（1）股票分割前指数中所有股票的价格之和是多少？

（2）分割后的指数值是多少？请解释。

（3）分割后指数中所有股票的价格之和是多少？

（4）分割后的除数是多少？

2. 道琼斯工业平均指数和标准普尔 500 指数计算的主要区别是什么？请解释。

3. 对于标准普尔 500 指数，假设市值最高公司的股票价格上涨 1%。此外，假设市值最小公司的股票价格下跌 1%。指数会有变化吗？如果有，朝哪个方向？

4. 标准普尔 500 指数期货定于半年后到期，在此期间持有股票的利率为 11%。同期，标的股票的预期股息率为股票价值的 2%（2% 是半年利率，不是年利率）。忽略股息投资可能赚取的利息，如果指数的当前价值为 945.00 点，请计算出期货的公允价值。

5. 考虑一个非常简单的指数，比如道琼斯工业平均指数，除了假设其只有 A 和 B 两只股票。股票 A 的成交价格为 100.00 美元，股票 B 的成交价格为 75.00 美元。当前指数值为 175.00 点。基于该指数的期货合约将在 3 个月后到期，持有股票的成本为每月 0.75%。这也是你可以从资金投资中赚取的利率。你预计股票 A 将在 1 个月后支付 3 美元的股息，股票 B 将在 2 个月后支付 1 美元的股息。请计算出期货的公允价值。假设每月复利。

6. 使用与习题 5 相同的数据，现在假设期货成交价格为 176.00 点。请解释你将如何使用这组信息进行交易。请展示你的交易。

7. 使用与习题 5 相同的数据，现在假设期货成交价格为 174.00 点。请解释你将如何使用这组信息进行交易。请展示你的交易。

8. 对于像道琼斯工业平均指数一样的股票指数和股指期货，假设指数中股票的预期股息率与持有股票的成本相同。现货和期货市场价格之间应该存在什么关系？请解释。

9. 你的投资组合价值 1 亿美元，相对于标准普尔指数的 $\beta$ 为 1.08，标准普尔指数定价为 350.00 点。请解释你将如何为该投资组合进行套期保值，假设你希望完全套期保值。

10. 你已经继承了 5,000 万美元，但遗产在 6 个月后才会付清，在那之前你不会真正收到现金。你发现当前股票价值很有吸引力，并计划投资标准普尔 500 指数现货投资组合。请解释你将如何利用标准普尔 500 指数期货为该预期投资进行套期保值。

11. 威廉（William）的新实习生杰西卡（Jessica）充满了疑问。她对股指期货特别好奇，她注意到，期货价格一直高于当前指数水平，而且随着合约临近到期日，差异越来越小。

（1）请解释期货价格、现货价格、利率和股息之间的关系。

（2）杰西卡请威廉向她解释道琼斯指数。道琼斯指数是什么类型的指数？它是如何构建的？她如何构建一个股票投资组合来复制它？

（3）杰西卡想要一个价格加权指数和基于该指数的期货合约之间关系的用数字表示的案例，她假设了下面的案例。期货合约基于 A、B 和 C 三只股票的价格加权指数。期货合约在 3 个月后到期。股票 A 在第一个月末支付股息，股票 C 在第二个月末支付股息。利率期限结构在此期间是平的，月利率等于 0.5%。股票价格和股息汇总如下：

| 股票 | 价格 | 股息 |
|---|---|---|
| A | 30 美元 | 第一个月末 0.11 美元 |
| B | 50 美元 | 0 美元 |
| C | 40 美元 | 第二个月末 0.15 美元 |

假设除数为 3，请计算指数。每只股票应该买入多少股才能复制指数？

（4）假设除数为 0.5。请计算指数。每只股票应该买入多少股才能复制指数？

（5）假设除数为 0.5，请计算 3 个月后到期的期货合约的公允价值。

（6）道琼斯工业平均指数此时为 8,635 点。其股息收益率为 1.76%。90 天期短期国债利率为 5.6% 的债券等值收益率。请计算 90 天后到期的指数期货合约今天的公允价值。

12. 凯西·马瑟斯（Casey Mathers）管理着泽塔公司（Zeta Corporation）养老金资产中 6,000 万美元的股权资产。上周五，即 8 月 7 日，泽塔宣布裁员，并将为许多年长员工提供提前退休机会。对凯西管理的投资组合的影响是，预计在未来 4 个月内将有 1,000 万美元的赎回。过去 5 年来，股票市场一直表现良好，但最近出现了疲软迹象。凯西担心在 1,000 万美元从投资组合中赎回之前，资产价格会下跌。凯西管理着一个相当激进的投资组合，相对于标准普尔 500 指数的 $\beta$ 为 1.2。凯西看到了以下标准普尔 500 指数期货价格。

| 到期月份 | 合约价值（250 美元×指数） |
|---|---|
| 9 月 | 1,088.50 美元 |
| 12 月 | 1,100.00 美元 |
| 次年 3 月 | 1,110.50 美元 |

（1）凯西应该为多少份额的投资组合进行套期保值？请验证你的答案。

（2）请根据你对上面（1）部分的回答设计一个套期保值方案。

13. 拜伦·亨德里克森（Byron Hendrickson）管理着弗雷德里克父子（Fredrick and Sons）养老金计划资产中 3,000 万美元的股权资产。拜伦一直试图让弗雷德里克父子的管理层将更多的资产从固定收益投资组合（市值 6,000 万美元）转移到股权投资组合，以实现管理层为该计划设定的增长目标。管理层已决定将未来 3 个月内到期的几期债券的收益进行投资。这几期债券的总收益为 1,000 万美元。现在是 12 月 15 日。拜伦认为，次年 1 月的价格上涨将特别强劲。由于他的投资组合不是特别激进，$\beta$ 等于 0.85，他真的很想在 1 月获得 1,000 万美元的可用资金。根据以下标准普尔 500 指数期货的当前市场价格，请设计一个套期保值方案，以避免拜伦错过 1 月的操作。

| 到期月份 | 合约价值（250 美元×指数） |
|---|---|
| 3 月 | 1,157.00 美元 |
| 6 月 | 1,170.80 美元 |

## 9.10 尾注

[1] 早期，标准普尔 500 指数由 400 家工业公司、40 家金融机构、40 家公用事业公司和 20 家运输公司组成。

[2] 有关计算方法的更多详细信息，见 http：//www. stoxx. com/index_ description/ind_ calculation. html。

[3] 正如我们将在第 10 章中看到的那样，标准普尔 500 指数期货合约和纽约证券交易所股票的交易在同一天结束，最终结算价格定为第二天的开盘价格。

[4] 由于四舍五入，这些计算有时会减少 1~2 美分。

[5] *Report of the Banking Supervision Inquiry into the Circumstances of the Collapse of Barings*, *Ordered by the House of Commons*, London：Her Majesty's Stationary Office, July 1995.

[6] 在解决巴林银行问题的一个有趣方法中，一种推测坚持认为，如果将其头寸持有至 1995 年底，巴林银行将获利 30 亿美元。见 Numa Financial Systems, Ltd. ，"Barings Theoretical P/L 1995", Nu-

maWeb home page，World Wide Web。这将是最终的结果，尽管该头寸也将在 1995 年 6 月经历 50 亿美元的低点。对于更冷静的评估，见 Bank of England，"Report of the Board of Banking Supervision Inquiry into the Circumstances of the Collapse of Barings"，July 18，1995。许多关于该事件的书籍已经出版：Judith Rawnsley，*Going for Broke*，New York：Harper Collins，1995；Nick Leeson，*Rogue Trader*，Boston，MA：Little Brown，1996；Stephen Fay，*The Collapse of Barings*，New York：Richard Cohen Books，1996；Peter G. Zhang，*Barings Bankruptcy and Financial Derivatives Singapore*：World Scientific，1995；Luke Hunt and Karen Heinrich，*Barings Lost：Nick Leeson and the Collapse of Barings Plc.*，Singapore：Butterworth – Heinemann Asia，1996。巴林银行作为世界商业银行一支力量的历史，见 Philip Ziegler，The Sixth Great Power：*A History of One of the Greatest of All Banking Families*，*the House of Barings*，1762 – 1929，New York：A. A. Knopf，1988。关于包括巴林银行在内的几场市场灾难的调查，见 Anatoli Kuprianov，"Derivatives Debacles"，Federal Reserve Bank of Richmond，*Economic Quarterly*，81：4，1995，pp. 1 – 39。

# 第 10 章 证券期货产品：进阶

## 10.1 概述

在第 9 章中，我们看到股指期货和个股期货的价格受到持有成本模型的影响。由于股票经常支付股息，我们看到了如何调整持有成本模型，以反映股指期货标的股票的股息。在本章中，我们探讨了一些关于理论上的和观察到的市场价格之间关系的实证证据。与任何违反持有成本原则的情况一样，如果股指期货价格与理论上确定的价格不符，那么就应该存在套利机会。

指数套利（Index arbitrage）是指试图利用股指期货理论与实际价格之间差异的交易行为。正如我们在第 9 章中所讨论的，指数套利通常通过程序化交易进行。随着程序化交易的出现，有一些证据表明，指数价格的高波动性与程序化交易者采用的交易风格之间存在联系。本章考虑了关于波动性的一些证据，并探讨了市场对波动性的担忧。

由于期货交易被认为是股票市场波动的缘由，新的担忧集中在期货市场的交易实践中，导致交易规则发生了一些变化。本章还考虑了最近在标准普尔 500 指数期货市场实施的一些新的交易业务规则。

第 9 章思考了证券期货产品的一些投机和套期保值应用。本章探讨了利用股指期货和个股期货的一些更复杂的技术。通过将证券期货产品与股票投资组合一起交易，投资组合经理可以调整整个投资组合的风险特征。这些策略既有投机的一面，也有套期保值的一面。其中，两个最值得注意的策略是资产配置和投资组合保险，我们对此进行了详细探讨。

## 10.2 股指期货价格

在本部分中，我们考虑了与股指期货定价相关的各种问题。首先，我们检验了股指期货效率的实证证据。也就是说，股指期货价格是否符合持有成本模型？有证据表明，交易开始时市场效率不高，但现在市场效率很高。其次，我们考虑了税收对股指期货价格的影响。股票交易者可以选择纳税时机，但股指期货交易者却无权选择，这可能解释了股指期货理论与实际价格之间的差异。再次，我们考虑了股指期货价格与现货市场指数之间的时间关系。是期货价格引领现货市场指数，还是现货市场指数引领期货价格？最后，我们考虑了季节性因素对股指期货定价的影响。这里的"季节"不仅指一年中的时间，还指一个月中的时间、一周中的时间，甚至一天中的时间。

### 10.2.1　股指期货效率

在第 9 章中，我们看到持有成本原则直接适用于股指期货定价。特别地，如果股票指数现货价格和期货价格错位，正向期现套利或反向期现套利的机会将出现。我们在第 9 章中考虑了这类交易的例子。在本部分中，我们将考虑股指期货市场的信息效率。如果它是有效的，那么股指期货价格应该符合我们在第 9 章中构建的持有成本模型。正如我们将看到的，一般结论表明，市场在交易初期效率低下，但现在很好地符合持有成本模型。

通过探索实际市场数据，大卫·莫德斯特（David Modest）和马哈德万·桑达雷森（Mahadevan Sundaresan）利用持有成本模型来形成允许的期货价格区间，并试图考虑期货和指数中股票交易可能产生的实际交易成本。[1]区间主要取决于以下假设——25 美元的期货合约往返交易成本和每股 0.10 美元的股票本身交易成本。我们还必须假设短期国债利率是所有持有成本计算的适当利率。

莫德斯特和桑达雷森的分析做出了两个额外的假设。第一个假设涉及我们对卖空股票收益的利用。如果交易者由于保证金要求而无法充分利用卖空收益，那么无法利用的收益的利息将对分析产生显著影响。我们在讨论国债期货效率时已经遇到了这个问题。本质上，套利机会可能需要卖空股票指数，这意味着构成该指数的单只股票将在股票市场中被卖空。在这种情况下，卖空者可能无法充分利用卖空收益，因为经纪商将持有这些收益的很大一部分，以防止卖空者违约。因此，任何此类套利的成功在很大程度上取决于对卖空收益利用的假设。莫德斯特和桑达雷森研究了关于卖空收益利用的替代假设。

第二个关键假设与股息有关。我们已经在第 9 章看到，股息对股指期货定价很重要。此外，如图 9.2 所示股息的极端跨期变化，意味着它们的影响将在不同的时间段发生巨大变化。对于股指期货定价准确性来说，考虑股息是非常重要的。

我们首先通过一篇研究早期交易历史的论文来开始这一问题的讨论——《股指期货市场中现货和期货价格之间的关系：一些初步证据》。这篇由大卫·莫德斯特和马哈德万·桑达雷撰写的文章解决了确定市场价格效率所需的大多数问题。例如，我们已经看到，每个真实的市场都有一系列允许的无套利价格。由于交易成本和卖空限制，出现了这种无套利区间。因此，市场效率的检验在很大程度上依赖于对这些交易成本的仔细估计。

莫德斯特和桑达雷森根据上述假设计算了1982年12月期货合约的无套利区间，并在图10.1中给出了这些结果。该图追踪了1982年4月21日至9月15日的期货价格。图中的虚线显示了区间，该区间根据股息发放以及卖空收益一半可用的假设进行了调整。实线表示实际的期货价格。显然，除了两次稍微越界外，期货价格都落在区间内。总的来说，这些结果与期货定价的合理性是一致的。在他们研究的另一部分内容中，区间也根据股息进行了调整，但假设可以使用100%的卖空收益。在这种情况下，套利机会一直存在。

在他们的研究中，莫德斯特和桑达雷森没有试图包含对标准普尔500指数日度股息支付的估计。相反，他们使用季度股息数据估计了该指数的股息率，然后通过内插法得到月度股息数据。因此，他们的研究并没有反映出股息在日度基础上的高度易变性。图10.1中的曲线适用于1982年4月21日至9月15日期间的1982年12月合约。在那段时间，股息出现了非常陡峭的季度峰值。如果莫德斯特和桑达雷森能够更准确地考虑这些日度波动，我们预计观察到的价格将更稳定地处于无套利区间，并且他们的论文将更有价值。

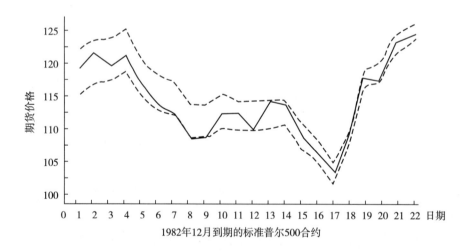

**图10.1 无套利区间和期货价格**

（数据来源：D. Modest and M. Sundaresan，"The Relationship Between Spot and Futures

Prices in Stock Index Futures Markets：Some Preliminary Evidence"，

*The Journal of Futures Markets*，3：2，1983，pp. 15－41. 经 John Wiley 和 Sons Inc. 允许再次印刷）

也许与股息的准确处理同等重要的是对卖空收益利用的假设。此外，我们已经看到一些交易者面临全额交易成本。相比之下，其他交易者面临的交易成本要低得多。例如，持有大量投资组合的大型机构可以通过出售其现有投资组合的一部分来模拟卖空。在这种模拟卖空中，他们保留了收益的全部使用权。在整个讨论过程中，我们将这些低交易成本交易者的套利活动称为准套利（quasi - arbitrage）。

莫德斯特和桑达雷森的研究结果清楚地表明了准套利机会。在股指期货交易的早期，似乎有大量的准套利机会。然而，在市场调整之后，价格往往保持在无套利区间。虽然这些结论取决于交易成本的估计，但是其他研究证实了莫德斯特和桑达雷森得出的结论。

莫德斯特和桑达雷森的论文涵盖了指数套利中涉及的大多数关键问题。然而，他们的文章涉及股指期货交易的早期阶段。自此，交易策略在一些重要方面发生了变化。乔治·索菲安（George Sofianos）在他的文章《指数套利盈利能力》中对这些进行了研究。[2] 索菲安发现，错误定价"微小且短暂，平均持续约 3 分钟"。他发现，这些错误定价如此之小，以至于交易他们并将其持有至到期的收益低于投资商业票据的收益。因为有很多错误定价的反转（例如，首先是期货价格过高，然后是现货价格过高），所以主动套利者可能会获得在一定程度上超过其资金机会成本的回报。虽然索菲安对主动套利者回报规模的最佳猜测是比商业票据利率高出约 5%，但是由于他面临的交易成本和某些技术计量问题的不确定性，他对这一发现进行了验证。他发现，大约 70% 的套利头寸在到期前已经平仓。

## 10. 2. 2  税收与股指期货

期货和股票本身之间税收待遇的差异可以用于证明持有成本模型的偏离。在这种情况下，市场可能是有效的。将指数标的股票的多头头寸与股指期货合约的多头头寸进行比较，可以发现税收待遇存在差异。随着年底的临近，股票所有者可能会在股票上形成账面收益或账面损失。例如，假设购买 1 股股票的价格是 100 美元，交易者按 30% 的税率纳税。如果随着年底的临近，股票售价为 90 美元，交易者可以选择以 90 美元的价格出售股票，从而形成 10 美元的亏损。如果出售股票，应纳税所得额将减少 10 美元。在 30% 的税率下，出售股票可以节省 3 美元的税款。相比之下，假设随着年底的临近，股票价格是 110 美元，而不是 90 美元。在这种情况下，节税策略是等到第二年初再实现收益，从而只需等待几天再进行交易，就可以延迟纳税一整年。

因为用于税收目的的期货价格是在年底按市值计价的，所以期货合约没有纳税时机选择权。在期货市场，税收规则要求所有账面收益或损失每年都要确认为现金收益或损失。股票中包含但在期货合约中缺失的纳税时机选择权，意味着理性定价必须反映股票指数现货和期货价格关系中的纳税时机选择权的价值。

布拉德福德·康奈尔（Bradford Cornell）和肯尼斯·弗兰奇（Kenneth French）首先注意到了这种可能性。他们展示了这种纳税时机选择权如何使股票相对于期货具有额外价值。康奈尔和弗兰奇通过观察到的市场价格与持有成本模型所暗示的价格之间的差额，来计算税收选择权的价值。虽然税收选择权具有显然价值，康奈尔和弗兰奇采用的技术假设股指期货合约定价合理，并且他们根据这一基本信念计算选择权的价值。为了试图评估股指期货合约的价格表现特征，请注意，纳税时机选择权具有价值，但交易者不能直接假设其价值等于观察到的市场价格与理论上合理的假设没有纳税时机选择权的价格之间的差异。然而，在一项关于纳税时机选择权对期货价格影响的实证研究中，康奈尔得出结论，纳税时机选择权似乎不会影响价格。[3]康奈尔认为，交易可能由不纳税的投资者主导，或者其他税收规则可能会阻止纳税时机选择权显著影响价格。

### 10.2.3　股指期货的周内效应

充分证据表明，许多证券的回报因一周中不同日期而异。金融理论无法解释为什么周四的回报与周二或周三的回报不同。尽管如此，大量证据表明，回报因一周中不同日期而异。特别是周五的回报通常很高，周一的回报（从周五收盘到周一收盘的回报）甚至为负值。这些回报差异是巨大的，投资者可能会通过把握购买时机来利用这些持续的差异，从而获得胜过市场的回报。如果是这样的话，周内效应将表明半强式有效市场假说（EMH）不成立，或者资本资产定价模型（CAPM）不成立，或者两者都不成立。如果资本资产定价模型是市场上正确的定价关系，那么有效市场假说一定不成立，因为价格似乎没有准确调整以反映所有可用信息。如果有效市场假说成立，那么资本资产定价模型似乎一定不成立，因为一定存在资本资产定价模型无法识别的额外风险因素来解释一周中不同日期的不同回报。

周内效应的探讨也适用于股指期货市场。考虑到股指期货和股票指数本身之间的密切关系，如果股票市场本身存在影响，我们预计也会在期货市场中发现影响。大多数研究都发现了周末效应——从周五收盘到周一开盘的价格变化较低或为负。[4]

### 10.2.4　股票指数价格的领先与滞后

我们已经看到，套利者促使股票指数现货市场和期货市场价格符合持有成本模型。因此，某一市场价格的变动必将导致另一市场价格的变动，以使价格符合持有成本模型。

乍一看，指数现货似乎应该领先于期货。例如，如果市场出现关于特定股票的新信息，那么该股票的价格就会发生变化。指数值相应变化以反映成分股的新价格。为了使价格与持有成本模型保持一致，指数期货价格必须发生变化。在这种情况下，现货市场指数首先发生变化，期货市场指数随后发生变化。因此，现货指数引领期货价格。

然而，影响股票市场的首要信息可能是更普遍的信息。如果最重要的信息影响的是股票价格的总体水平，而不是单个公司的股票价格，那么股票价格变化的传递方式可能会不同。例如，假设爆发战争，这对股票价格来说是个坏消息。交易者可以通过在股票市场或股指期货市场进行交易来对这些信息做出反应。市场的选择将受到两个市场的相对流动性和交易成本的影响。如果流动性和交易成本是最重要的，那么期货交易将更具吸引力。因此，随着战争消息的传出，交易者可能会首先卖出指数期货，从而压低期货价格。然后，现货市场指数必须进行调整，以防止套利机会。在这种情况下，期货价格将引领现货市场指数。

这些领先和滞后可能是每分钟都会发生的。例如，如果领先或滞后持续数天，很可能会带来套利机会。是现货市场指数引领期货价格，还是期货价格引领现货市场指数，本质上是一个实证问题。几项研究已经探讨了领先和滞后的问题，其中大多数研究发现期货价格引领现货市场价格。

虽然股指期货价格可能会引领股票指数，但是这种差异化变动并不一定会创造套利机会。首先，这两种价格的变动通常几乎是同时发生的。快速反应的价格可能不允许任何套利机会。其次，随着新信息进入市场，这两种价格都会以很小的幅度不断变化。如果价格差异很小，即便是大幅滞后也不会带来套利机会。换言之，期货价格可能始终引领现货市场指数。然而，如果价格差异很小，那么价格差异可能始终保持在持有成本模型的无套利区间。

## 10.3 现实世界的程序化交易

第 9 章阐述了通过程序化交易进行指数套利的基本思想，我们考虑了一个假想的两只股票的指数，并展示了如何实施正向期现套利和反向期现套利策略，以利用指数相对于指数期货的错误定价。为了给股指期货真实世界的程序化交易提供更现实的感觉，本部分从一个实际的程序化交易的历史案例开始。之后，我们考虑了程序化交易中固有的风险，与历史案例所暗示的相比，这些风险使企业更加危险。最后，我们对当前市场上程序化交易的程度进行了一些统计。

### 10.3.1　指数套利的现实案例

如第 9 章所述,符合持有成本模型的期货价格称为公允期货价格(fair - value fu-tures price)。在本部分中,我们考虑了一个确定在 2001 年 11 月 30 日交易的 2001 年 12 月标准普尔 500 指数期货合约公允价值的案例。

2001 年 12 月期货合约于 11 月 30 日收于 1,140.00 点。当日的现货指数价格为 1,139.45 点。预计将在 11 月 30 日至 12 月 21 日(12 月合约到期日)期间支付的复合股息流的价值总计为 0.9 点。[5] 当时,大型的、有信誉的借款人的融资成本约为按每年 365 天进行年化的 1.90%,或者为 11 月 30 日至 12 月 21 日(期货合约到期日)的 21 天内的 0.1093%。利用这些信息,我们可以应用持有成本模型来确定公允期货价格:

$$F_{0,t} = 1,139.45 \times (1 + 0.001093) - 0.9 = 1,139.80 \text{ 点}$$

这是 2001 年 12 月期货合约在 2001 年 11 月 30 日交易结束时估计的公允价值。考虑到标准普尔 500 指数期货合约的设计方式,每个指数点价值 250 美元。这意味着合约的预期账面价格为 284,950 美元,即 250 美元/点乘以 1,139.80 点。由于当天的收盘期货价格为 1,140 点,因此似乎不存在套利机会。该合约的基础误差(basis error),即实际期货价格减去公允期货价格,仅为 0.20 点。按照这些价格,正向期现套利策略的年化回报率仅为 0.3054%,低于 1.90% 的融资成本。该策略的年化回报率是通过计算 21 天套利期间的回报率,然后按每年 365 天将 21 天回报率年化来确定的,即 $1,140/1,139.80^{365/21} - 1$。

假设 2001 年 11 月 30 日的 12 月期货合约价格为 1,143.00 点,而不是实际的 1,140 点。在这种情况下,该策略的回报率按每年 365 天年化后为 4.99%,即 $1,143/1,139.80^{365/21} - 1$。这一回报率远高于 1.90% 的年化融资成本。在这种情况下,期货价格高于其通过持有成本模型确定的公允市场价值 3.20 点。为了利用这种明显的套利机会,交易者将同时卖出估值较高的期货和买入估值较低的现货指数。换言之,交易者将利用正向期现套利策略,低买高卖。表 10.1 总结了这种正向期现套利策略的现金流。

**表 10.1** 　　　　　　　　　　　　　　　　正向期现指数套利

| 日期 | 现货市场 | 期货市场 |
|---|---|---|
| 11 月 30 日 | 以 1.9% 的利率借款 284,862.5 美元(1,139.45 点 × 250 美元/点),为期 21 天;以 284,862.5 美元的价格买入标准普尔 500 指数成分股 | 以 1,143.00 点的价格卖出 1 手 12 月标准普尔 500 指数期货合约 |

续表

| 日期 | 现货市场 | 期货市场 |
|---|---|---|
| 12 月 21 日 | 从股息投资中获得 225 美元的累计收益（0.9 点 × 250 美元/点），以 285,000 美元（1,140 点 × 250 美元/点）的价格卖出股票，总收益为 285,225 美元，偿还 285,173.9 美元的债务 | 到期时，期货价格设定为等于 1,140.00 点的现货指数值，这带来了 3.00 点的利润，以美元计算，即为 3.00 点乘以 250 美元/点 |
| | 利润：311.40 美元 | 利润：750 美元 |
| | 总利润：311.40 + 750 = 1,061.40 美元 | |

现在假设 2001 年 11 月 30 日的 12 月期货合约价格为 1,138.00 点。在这种情况下，该策略的回报率按每年 365 天年化后为 2.78%，即（1,139.80/1,138）$^{365/21}$ − 1。这一回报率高于交易者 1.90% 的年化融资成本。在这种情况下，期货价格低于其通过持有成本模型确定的公允市场价值 − 1.80 点。为了利用这种明显的套利机会，交易者将同时买入估值较低的期货和卖出估值较高的现货指数。要么对股票进行卖空，要么将股票库存出售。换言之，交易者将利用反向期现套利策略，低买高卖。表 10.2 总结了这种反向期现套利策略的现金流。

表 10.2　　　　　　　　　　　　　反向期现指数套利

| 日期 | 现货市场 | 期货市场 |
|---|---|---|
| 11 月 30 日 | 以 284,862.5 美元（1,139.45 点 × 250 美元/点）的价格卖出标准普尔 500 指数成分股<br>以 1.9% 的利率贷出 284,862.5 美元，为期 21 天 | 以 1,138.00 点的价格买入 1 手 12 月指数期货合约 |
| 12 月 21 日 | 从投资中获得 285,173.9 美元的收益，以 285,000 美元（1,140.00 点 × 250 美元/点）的价格买入标准普尔 500 指数成分股，归还股票以清偿卖空 | 到期时，期货价格设定为等于 1,140.00 点的现货指数值，这带来了 2.00 点的利润，以美元计算，即为 2.00 点乘以 250 美元/点 |
| | 利润：173.9 美元 | 利润：500 美元 |
| | 总利润：173.9 + 500 = 673.9 美元 | |

识别明显的套利机会并不取决于 12 月 21 日到期时的价格（恰好是 1,140 点）。相反，套利机会仅产生于当前期货价格与其公允价值之间的差异。无论 11 月 30 日至 12 月 21 日股票价格如何变化，套利收益都会被锁定。

套利的成功取决于识别实际期货价格和公允期货价格之间的偏差。然而，在特定时刻，公允期货价格取决于 500 只不同股票的当前价格。识别指数套利机会需要能够立即发现反映 500 只不同股票的期货价格和公允期货价格之间的定价差异。此外，利用套利机会需要以形成套利机会的价格交易 500 只股票。

大型金融机构可以通过计算机下达交易指令，以实现非常快速的执行。面对正向期现套利机会，某一大型交易者可以执行计算机指令，买入标准普尔 500 指数中的每一只股票。与此同时，该机构将卖出标准普尔 500 指数期货合约。利用计算机执行大量且复杂的股票市场指令称为程序化交易（program trading）。虽然计算机也用于其他类型的股票市场交易，但是指数套利是程序化交易的主要应用。"指数套利"和"程序化交易"经常交替使用。

收看有线电视早间金融市场新闻节目的观众都知道，公允价值的概念也适用于标的股票指数。由于股指期货全天都可以交易，期货价格可以作为标的股票指数开盘价的指示信号。例如，标准普尔 500 指数期货全天都可以在 Globex 上交易，而大多数标准普尔 500 指数的股票在纽约证券交易所（NYSE）的正常交易时间交易。给定期货价格和持有成本信息，就可以估计出"公允股票指数价格"。一些金融电视网络实时跟踪这一公允价格，并在开市前将其显示在屏幕底部。这一公允股票指数价格可以作为股票市场即将如何开盘的指示信号。

例如，假设现在是美国东部时间 11 月 30 日上午 7:00，纽约证券交易所还没有开市。在芝加哥商业交易所 Globex 系统上交易的 12 月标准普尔 500 指数电子迷你期货合约的当前价格为 1,139.80 点。与上面的例子一样，假设期货合约在剩余 21 天内的融资成本为 0.1093%（反映出 1.90% 的年利率）。在合约生命周期剩余的 21 天内，预期股息总额将达到 0.9 点。利用这些信息和持有成本关系，我们可以确定现货指数的公允价值为：

公允现货指数价格 = （1,139.80 + 0.9）/（1 + 0.00193）= 1,139.45 点

如果标准普尔指数之前的收盘价低于 1,139.45 点，那么根据上午 7:00 的可用信息，可以推断股票市场将高开。如果之前的收盘价高于 1,139.45 点，那么可以推断股票市场将低开。

### 10.3.2 股指套利的现实障碍

持有成本模型是确定现货市场和期货市场之间是否存在套利机会的重要工具。然而，该模型需要进行完善，以考虑套利策略的现实障碍。例如，我们的模型假设套利策略实施之日与期货到期之日之间存在已知的股息流。由于大多数公司都有稳定的股息政策，并且在实际支付之前就提前宣布股息，因此将股息视为已知是合理的。然而，有时股息支付可能会暂停或改变。例如，2001 年秋天，安然公司宣布在当年 12 月支付季度股息。但在股息宣布之日至应付之日期间，安然公司申请破产保护，并暂停了股息支付。

进行股指套利的另一个潜在的现实问题是，标的指数的构成随着时间的推移不断

变化。对于持续时间较短的套利策略，这不是什么大问题。但对于持续时间较长的策略，指数的构成可能会发生显著变化，尤其是在频繁的企业收购和业务剥离期间。

关于指数套利者在现实世界中实际表现的直接证据可以在本章前面提到的索菲安的研究中找到。索菲安调查了 6 个月内 2,659 笔标准普尔 500 指数套利交易，明确考虑了佣金、保证金、买卖价差成本和其他因素，如提前平仓选择权。提前平仓选择权（early – closing option）解释了这样一个事实，即在现实世界中，当有利可图时，指数套利策略可以在期货到期前终止。与其他选择权一样，提前平仓选择权对其持有人来说是有价值的，这一价值将反映在套利者对套利策略盈利能力的计算中。

索菲安发现套利机会的存在取决于交易成本的水平。正如预期的那样，较低的交易成本与更多的套利机会相关联。索菲安发现套利机会的持续时间在 2.5 ~ 4.5 分钟。这意味着必须迅速利用套利机会才能盈利。

索菲安发现正向期现套利和反向期现套利在盈利能力上存在差异。由于股票交易所对卖空股票的限制，需要卖空股票的套利策略可能比需要购买股票或从现有库存中出售股票的同等策略成本更高。需要卖空股票的指令的完成时间更长，这将导致更高的交易执行风险。为了弥补这种增加的执行风险，在盈利头寸建立之前，反向期现套利策略将要求更高的预期回报。

索菲安发现，套利者经常使用包含指数股票子集的替代股票"篮子"，而不是交易指数中的所有股票。他发现，标准普尔 500 指数套利策略中使用的平均股票数量仅为 500 只股票中的 280 只。通过使用较少的股票，套利者可以降低交易成本，但也带来了替代投资组合可能无法准确跟踪整个指数的风险。这种跟踪风险（tracking risk）意味着套利策略不再是无风险的。为了弥补跟踪风险，只有当期货价格和公允期货价格之间的差异较大时，套利者才会使用替代"篮子"。

索菲安还发现，套利者经常在不同的时间建立（或清算）他们的期货和现货头寸。在索菲安研究的超过 1/3 的交易中，套利者没有同时建立交易的现货和期货头寸。这种被称为单边交易的做法是有风险的，因为在套利者建立双边头寸之前，不能锁定套利利润。

索菲安指出了进行股指套利的其他一些现实问题。例如，在交易屏幕上观察到的价格可能无法反映套利者做出决策时的市场实际状态。过时问题在开盘时尤为明显。标准普尔在所有成分股都开盘交易之前就开始发布标准普尔 500 指数值。对于尚未开盘的股票，该指数使用其前一天的收盘价。因此，明显的套利机会可能是虚假的。与过时价格相关的成本，实际上是执行风险问题的一个子集。

## 10.4　股指期货套期保值

在第 9 章中，我们思考了股指期货套期保值的基本技术，介绍了卖出和买入套期保值的例子，并讨论了用股指期货对冲投资组合风险的套期保值策略，该策略反映了被套期保值投资组合的 $\beta$ 系数。第 9 章中的套期保值头寸计算公式为：

$$-\beta_P \left( \frac{V_P}{V_F} \right) = 合约数量 \tag{9.6}$$

式中：

$V_P$ 为投资组合价值；

$V_F$ 为期货合约价值；

$\beta_P$ 为被套期保值投资组合的 $\beta$ 系数。

在本部分中，我们分析了股指期货套期保值。我们首先表明，套期保值式（9.6）给出了用于建立具有最低可能风险的股票和期货投资组合的期货头寸。我们用实际的市场数据来说明这种套期保值技术。期货还可以用来改变现有投资组合的 $\beta$ 系数。例如，如果股票投资组合的 $\beta$ 系数为 0.8，而期望的 $\beta$ 系数是 0.9，则可以交易股指期货，以使股票和期货投资组合表现得像 $\beta$ 系数为 0.9 的股票投资组合。

### 10.4.1　风险最小化套期保值比率

在第 9 章中，我们研究了将现货市场头寸与期货相结合以最小化风险的问题。在那里，我们将现货市场头寸视为固定头寸，并试图找到将风险降至最低的期货套期保值比率（HR）。从式（4.3）中我们可以看出，现货和期货组合头寸的风险公式为：

$$\sigma_P^2 = \sigma_s^2 + HR^2 \sigma_F^2 + 2HR\rho_{SF}\sigma_S\sigma_F \tag{4.3}$$

式中：

$\sigma_P^2$ 为投资组合 $P_t$ 的方差；

$\sigma_s^2$ 为 $S_t$ 的方差；

$\sigma_F^2$ 为 $F_t$ 的方差；

$\rho_{SF}$ 为 $S_t$ 与 $F_t$ 之间的相关系数。

根据式（4.3），风险最小化套期保值比率（HR）为：

$$HR = -\frac{\rho_{SF}\sigma_s\sigma_F}{\sigma_F^2} = -\frac{COV_{SF}}{\sigma_F^2} \tag{4.4}$$

式中，$COV_{SF}$ 为 $S$ 与 $F$ 之间的协方差。

作为一个实际问题，找到风险最小化套期保值比率的最简单方法是估计以下回归：

$$S_t = \alpha + \beta_{RM}F_t + \varepsilon_t \tag{10.1}$$

式中：

$S_t$ 为现货市场头寸在期间 $t$ 的回报；

$F_t$ 为期货合约在期间 $t$ 的回报；

$\alpha$ 为回归的常数项；

$\beta_{RM}$ 为风险最小化套期保值的回归系数；

$\varepsilon$ 为均值为零且标准差为 1.0 的误差项。

通过该回归估计得到的 $\beta$ 的负值就是风险最小化套期保值比率，因为估计得到的 $\beta_{RM}$ 等于自变量（$F$）和因变量（$S$）之间的样本协方差除以自变量的样本方差。该回归的 $R^2$ 显示了通过持有期货头寸而消除的现货头寸风险的百分比。

此时，区分式（10.1）中的 $\beta$ 和资本资产定价模型中的投资组合 $\beta$ 十分重要。资本资产定价模型中的 $\beta$ 是根据"真实"市场投资组合的回报对给定资产的回报进行回归的 $\beta$。然而，真实市场投资组合的回报是不可观测的。因此，作为一种实用方法，替代指标被用于市场投资组合，资产的 $\beta$ 是通过根据市场投资组合替代指标的回报对特定资产的回报进行回归来估计的。潜在的混乱变得更加危险，因为标准普尔 500 指数是真实市场投资组合最著名的替代指标之一。

在式（9.6）中，我们利用投资组合的 $\beta$ 计算了套期保值比率。这个 $\beta$ 是估计的资本资产定价模型的 $\beta$，因为它是通过根据市场投资组合替代指标的回报对投资组合的回报进行回归来估计的。相比之下，式（10.1）中的 $\beta$ 是风险最小化套期保值比率的 $\beta$，与估计的资本资产定价模型的 $\beta$ 不同。式（10.1）中的 $\beta$ 是通过根据期货合约的回报对投资组合的回报进行回归得出的。估计的资本资产定价模型的 $\beta$ 是通过根据现货市场指数的回报对投资组合的回报进行回归得出的，现货市场指数被用作不可观测的真实市场投资组合的替代指标。因此，式（9.6）中的套期保值头寸不是风险最小化套期保值头寸。尽管如此，这种套期保值可能非常有用。我们可以将式（9.6）中的套期保值比率视为风险最小化套期保值比率的粗略但可用的近似值。

在找到风险最小化套期保值比率（$-\beta_{RM}$）后，我们需要计算交易的合约数量。这个问题的解决办法几乎与式（9.6）中的套期保值头寸完全匹配，但我们使用风险最小化套期保值比率（$-\beta_{RM}$），而不是投资组合的资本资产定价模型贝塔（$\beta_p$）。因此，风险最小化的期货头寸是：

$$-\beta_{RM}\left(\frac{V_P}{V_F}\right) = 合约数量$$

### 10.4.2 风险最小化套期保值案例

在本部分，我们设计了一个使用实际市场数据的风险最小化股指期货套期保值的例子。让我们假设一个交易者在11月28日拥有价值1,000万美元的投资组合。该投资组合投资于道琼斯工业平均指数（DJIA）中的30只股票。投资组合经理将使用标准普尔500指数6月期货合约来为该现货市场投资组合进行套期保值。我们考虑了投资组合经理计算套期保值比率和实施套期保值所遵循的每一个步骤。

整理数据和计算回报。该经理计划根据式（9.6）进行套期保值。因此，她需要找到用作套期保值比率的$\beta$。为此，她收集了从7月6日至11月27日（昨天）的101天的投资组合价值数据。她还找到了标准普尔500指数6月期货合约每天的价格。101天并没有什么特别的，但这些数据是可获得的，并且她相信这一程序将提供足够多的样本来估计套期保值的$\beta$。根据101天的价格，她计算出了现货市场投资组合价值和期货价格的每日百分比变化。这给出了每日回报数据的100对观测值。

估计套期保值的$\beta$。在数据到位的情况下，投资组合经理根据期货合约的回报对现货市场的回报进行回归，如式（10.1）所示。根据该回归，估计的$\beta$为0.8801，因此$\beta_{RM}$为0.8801。这表明现货市场头寸中的每1美元都应该用期货头寸中的0.8801美元进行套期保值。回归的$R^2$为0.9263，高$R^2$促使人们相信套期保值可能表现良好。再次强调，根据股指期货的回报对投资组合的回报进行回归得到的估计的$\beta$与投资组合的资本资产定价模型$\beta$不同；$\beta_P$不等于$\beta_{RM}$。

计算期货头寸。投资组合经理希望用标准普尔6月期货合约为1,000万美元的现货投资组合进行套期保值。在找到风险最小化套期保值比率后，她需要将套期保值比率转化为考虑期货合约规模的准确期货头寸。11月27日，标准普尔期货收盘价格为354.75点。期货合约价值为指数乘以250美元。因此，应用式（9.6），她计算得到的合约数量为：

$$- \beta_{RM} \left( \frac{V_P}{V_F} \right) = - 0.8801 \times \frac{10,000,000 \text{ 美元}}{354.75 \text{ 点} \times 250 \text{ 美元}} = - 99.2361$$

估计的风险最小化期货头寸为 - 99.24手，因此投资组合经理决定卖出100手合约。

评估套期保值结果。图10.2显示了直到明年2月22日我们的交易员决定终止套期保值的未来60天内，未套期保值和已套期保值投资组合的价值。未套期保值投资组合的期末价值为9,656,090美元。2月22日的期货结算价格为330.60点。因此，期货利润为603,750美元［100手×250美元×（354.75点 - 330.60点）］。期货利润来自交易 100 手合约，每个指数点价值 250 美元，指数下跌 24.15 点。已套期保值投资组合的价值由现货市场投资组合价值加上期货利润组成，因此已套期保值投资组合的最终价值为 10,259,840 美元。在这个例子中，套期保值保护了投资组合免受重大损失。

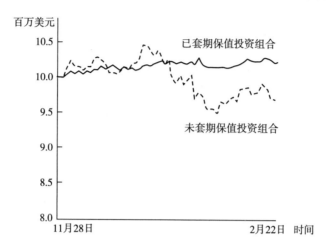

**图 10.2　已套期保值和未套期保值投资组合的价值**

在现实世界中，通过股指期货进行套期保值的机构将使用芝加哥商业交易所的标准普尔 500 指数电子迷你合约，同时结合该合约的更大规模的公开喊价版本，来完善套期保值结构。标准普尔 500 指数电子迷你合约与普通标准普尔 500 指数期货合约的条款相同，只是每个指数点的价值为 50 美元，而不是 250 美元。在这个例子中，套期保值结构可以通过卖出 99 手普通标准普尔 500 指数期货合约和 1 手标准普尔 500 指数电子迷你期货合约来完善。

### 10.4.3　事前与事后套期保值比率

在风险最小化套期保值案例中，我们使用历史数据计算出 $\beta_{RM}$ 为 0.8801，并将该套期保值比率应用于未来期间。如果我们对现货市场头寸和期货价格的表现有充分的预见性，那么估计的套期保值比率不太可能等于我们本应使用的套期保值比率。这是事前和事后套期保值比率之间的差异。事前（Ex ante），或者在事实发生之前，我们能得到的最佳套期保值比率是 −0.8801。事后（Ex post），或者事实发生之后，其他套期保值比率可能会比 −0.8801 的事前套期保值比率表现得更好。在本部分，我们在以上案例中考虑了事前和事后套期保值比率之间的差异。

投资组合经理使用 7 月 7 日至 11 月 27 日的历史回报估计得到 −0.8801 的套期保值比率。他在 11 月 28 日应用了这一套期保值比率，并将套期保值头寸持有至次年 2 月 22 日。当他在 11 月 28 日作出套期保值决定时，他无法获得事后的风险最小化套期保值比率。如果他完全了解价格从 11 月 28 日至 2 月 22 日的走势，那么理想的风险最小化套期保值比率是多少？为了找到这个事后套期保值比率，我们使用 11 月至 2 月的数据对式（10.1）进行了估计，发现事后套期保值比率为 −0.9154。这意味着 51.61 手合约的期货头寸，我们将其四舍五入为 52 手合约。图 10.3 显示了使用事前和事后套期保值比率进行套期保值的结果。

在一个可以完美预见未来的世界里，事后套期保值比率是我们希望使用的风险最小化套期保值比率。然而，事前套期保值比率是我们在必须执行决策时所能做出的最佳估计。如图 10.3 所示，事前套期保值比率表现良好。使用事前套期保值比率的套期保值的最终价值为 10, 259, 840 美元。使用事后套期保值比率，最终价值为 10, 283, 990 美元。虽然事前套期保值比率表现良好，但事后套期保值比率会更好。这正是我们所期望的结果。

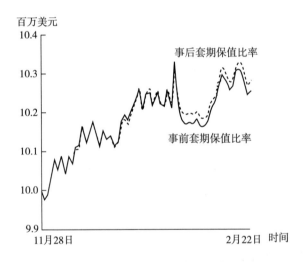

**图 10.3　事前与事后套期保值结果**

### 10.4.4　改变投资组合的 $\beta$

投资组合经理通常会调整其投资组合的资本资产定价模型 $\beta$，以应对牛市和熊市。如果一名经理预计会出现牛市，他可能会提高投资组合的 $\beta$，以利用股价的预期上涨。同样，如果熊市似乎即将到来，该经理可能会降低股票投资组合的 $\beta$，作为防御策略。如果该经理只在股票市场上交易，那么改变投资组合的 $\beta$ 就需要卖出一些股票，然后再买入一些其他股票。例如，为了降低投资组合的 $\beta$，该经理会卖出高 $\beta$ 股票，并用所得资金买入低 $\beta$ 股票。由于股票市场的交易成本相对较高，这一过程可能会很昂贵。

投资组合经理还有其他选择。他可以利用股指期货来构建一只股票和期货投资组合，来对市场状况做出预期的反应。在本部分中，我们将考虑利用股指期货改变投资组合风险水平的技术。

在资本资产定价模型中，所有风险要么是系统性的，要么是非系统性的。系统性风险（Systematic risk）与市场的整体波动有关，并影响所有投资。相比之下，非系统性风险（Unsystematic risk）是特定投资或特定领域投资所特有的。分散投资几乎可以完全消除投资组合中的非系统性风险。剩下的系统性风险是不可避免的。研究表明，随机选择 20 只股票将构建一个几乎没有非系统性风险的投资组合。因此，在本部分中，我们将注意力限定在多元化的投资组合上，因此没有非系统性风险。

从一个只有系统性风险的股票投资组合开始，并将其与风险最小化的股指期货空头头寸相结合，构建一个系统性风险为零的股票和期货投资组合。根据资本资产定价模型，系统性风险为零的投资组合应该获得无风险利率。与其通过套期保值来消除所有系统性风险，不如只对冲一部分系统性风险，来减少而不是消除投资组合中固有的系统性风险。同样，投资组合经理可以利用股指期货来增加投资组合的系统性风险。

风险最小化套期保值将股票的多头头寸与股指期货的空头头寸相匹配，试图构建一个价值不会随着股市波动而变化的投资组合。为了减少而不是消除系统性风险，投资组合经理可以卖出一些期货，但数量少于风险最小化的数量。例如，为了消除一半的系统性风险，投资组合经理可以卖出风险最小化套期保值所要求的合约数量的一半。股票和期货组合头寸的系统性风险水平将等于股票投资组合系统性风险的一半。

交易股指期货也可以增加股票投资组合的系统性风险。如果交易者买入股指期货，则会增加其系统性风险。因此，如果投资组合经理持有股票投资组合并买入股指期货，那么由此产生的股票和期货头寸，将比单独的股票投资组合具有更高的系统性风险。例如，假设投资组合经理买入而不是卖出风险最小化数量的股指期货。由此产生的股票和多头期货头寸的系统性风险应该是初始投资组合的 2 倍，而不是消除了系统性风险。

我们可以通过与用于说明风险最小化套期保值相同的数据来说明这一原理。在那个案例中，风险最小化的期货头寸是卖出 52 手合约。卖出 52 手合约构建了一个系统性风险为零的股票和期货头寸。通过只卖出 26 手合约，投资组合经理可以将初始投资组合的系统性风险减半。同样，通过买入 52 手合约，由此产生的股票和期货头寸的系统性风险将是初始期货头寸的 2 倍。

图 10.4 显示了 11 月 28 日至 2 月 22 日 60 天套期保值期间，两个投资组合的价格路径，图 10.4 显示了未套期保值的投资组合。正如我们所看到的，它的价值始于 1,000 万美元，终于 9,656,090 美元。在此期间，未套期保值的投资组合损失了约 35

万美元。图 10.4 还显示了持有股票并买入 52 手期货合约所构建的投资组合。在对风险最小化套期保值的分析中，我们发现交易者可以通过卖出 52 手期货合约来将风险最小化。买入 52 手合约使系统性风险翻倍。新的股票投资组合加上 52 手合约的多头头寸，增加了投资组合对股市波动的敏感性。实际上，持有股票投资组合并买入股指期货，模拟了超过 100% 的股票指数投资。在这 60 天的时间里，股票价格普遍下跌。例如，纯股票投资组合在此期间损失了 3.44% 的价值。

通过买入股指期货，投资组合经理将提高投资组合对股市变化的整体敏感性。因此，股票和多头期货投资组合的损失比纯股票投资组合的损失更大也就不足为奇了。如图 10.4 所示，股票和多头期货投资组合的每一次变动都夸大了纯股票投资组合的变动。对于股票加上 52 手指数期货多头头寸的投资组合，终值为 9,052,340 美元。该投资组合损失了 9.48% 的价值。然而，如图 10.4 所示，在股票价格从初始水平上涨的期间，股票和多头期货头寸的涨幅甚至更大。这正是我们所期望的，因为买入期货会增加现有股票投资组合的系统性风险。

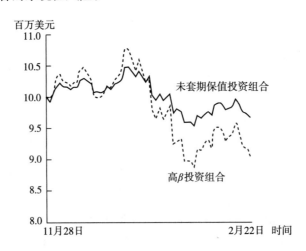

图 10.4　已套期保值和未套期保值投资组合的价格路径

## 10.5　资产配置

在资产配置（asset allocation）中，投资者决定如何在广泛的资产类别中分配资金。例如，60% 投资于股票和 40% 投资于短期国债的决定是一个资产配置决策。在通用汽车和福特汽车投资之间做出选择则不是一个资产配置决策。因此，资产配置侧重于各种资产类别宏观层面的资金投入，以及资金在这些主要资产类别之间的转移。在本部分，我们通过基本的持有成本模型来展示交易者如何利用股指期货来彻底调整初始投资组合，从股票转向短期国债，或从短期国债转向股票。由于这些投资组合策略彻底改变了交易者持有的资产类型，因此这些策略执行了资产配置决策。

自第 3 章开始，我们一直使用的基本的持有成本模型认为，在适当的市场条件下，期货价格等于现货价格乘以 1 加上持有成本：

$$F_0 = S_0(1 + C) \tag{3.3}$$

式中：

$F_0$ 为 $t = 0$ 时的期货价格；

$S_0$ 为 $t = 0$ 时的现货价格；

$C$ 为 $t = 0$ 至期货到期期间持有现货商品的百分比成本。

持有成本包括购买资产的融资成本，加上储存、保险和运输成本。正如我们在第 3 章中所看到的，对于金融期货来说，持有成本基本上等于融资成本，因为储存、保险和运输成本可以忽略不计。因此，在完全持有成本市场中，卖出期货、买入并持有现货至期货到期的正向期现套利策略，应该赚取基本上等于无风险利率的融资利率。我们可以将这种关系表示为：

$$短期无风险债务 \;=\; 股票 - 股指期货 \tag{10.2}$$

## 10.5.1　构建合成短期国债

从上一部分的分析中我们可以看到，持有股票并卖出期货的基本的正向期现套利策略，产生了一个模仿短期国债的股票和期货投资组合。当然，它并不能创造出真正的短期国债。相反，股票和期货投资组合表现得像短期国债。我们可以说，交易者通过持有股票并卖出期货来构建一个合成短期国债。

$$合成的短期国债 \;=\; 股票 - 股指期货$$

这种合成短期国债与风险最小化套期保值有关。在风险最小化套期保值中，交易者针对股票投资组合卖出期货，以构建没有系统性风险的股票和期货投资组合。没有系统性风险的投资组合的预期回报率等于无风险利率。因此，风险最小化套期保值所构建的头寸本质上是合成短期国债的构建。

考虑一个持有股票投资组合的交易者的资产配置决策。假设该交易者认为熊市即将到来，正确的资产配置决策是不持有股票，并将所有资金投资于短期国债。该交易者可以卖出所有股票，并将资金投资于短期国债。然而，出售整个投资组合可能会产生巨大的交易成本。相反，该交易者可以通过卖出针对该投资组合的股指期货来实施资产配置决策。通过实施风险最小化套期保值，该交易者构建了一个合成短期国债。

### 10.5.2　构建合成股票头寸

利用股指期货也可以构建一个合成的股票市场头寸。现在考虑一个所有资产均为短期国债的交易者。我们假设这位交易者预期股市会大幅上涨，他希望利用股价上涨的机会。然而，他不愿意承担与买入股票相关的所有交易成本。他也可以利用股指期货来实施其资产配置决策。重新排列式（10.2），得到如何构建存在风险的股票头寸：

合成股票投资组合 = 短期国债 + 股指期货

交易者可以买入股指期货，并将其与短期国债一起持有，以模仿股票投资组合。因此，他通过交易股指期货来实施自己的资产配置决策。

在讨论资产配置时，我们考虑了利用股指期货将 100% 股票投资转变为 100% 短期国债投资的例子，以及相反转变的例子。当然，投资组合的变化不需要如此激进。当考虑套期保值时，我们看到交易者可以实施风险最小化套期保值，或者执行调整投资组合风险的交易。例如，通过交易一半的风险最小化期货头寸，交易者可以将股票头寸的系统性风险减半。同样，通过持有股票并买入股指期货，交易者可以增加头寸的系统性风险。同样的原则也适用于资产配置决策。对于持有初始股票头寸的交易者来说，卖出一半风险最小化数量的期货，会产生一个表现类似于一半投资于股票、一半投资于短期国债的投资组合。同样，持有股票多头头寸的交易者买入股指期货，会构建一个股票和期货投资组合，该投资组合表现类似于加了杠杆的股票投资组合。

## 10.6　股指期货在对冲基金中的应用

一种流行的对冲基金策略是建立一个由一些股票的多头头寸和其他股票的空头头寸组成的无市场风险净敞口的投资组合。该策略的目标是通过对投资组合中个股的投机来赚钱，而不必担心整体市场的走势。采用这种策略的对冲基金有时被称为"多空股票基金""股票市场中性基金""对冲股票基金""相对价值基金"。该策略的一个版本被称为"配对交易"。投资组合经理将对投资组合进行配置，使其具有大致相等的权重分配给多头和空头股票头寸。这样的投资组合将近似于市场中性（ $\beta = 0$ ），但通常该投资组合将存在一些市场净敞口。多空投资组合经理将这种市场净敞口称为"累赘"。投资组合经理可以使用股指期货合约，如标准普尔 500 指数期货合约来进行套期保值，以弥补剩余的市场敞口。

例如，考虑一家对冲基金，该基金认为投资者即将在其投资组合中重新分配行业权重。特别是该对冲基金经理相信，投资者将把投资从制药行业转向零售行业。该对冲基金经理相信，随着行业轮动的发生，零售股将相对于制药股上涨。换言之，该对冲基金经理相信，相对于制药行业，零售行业的股票被低估了。为了利用这种看法，该对冲基金经理做多零售股，同时做空制药股。

表 10.3 显示了多空策略下对冲基金的投资组合特征。投资组合中制药行业股票的加权平均 $\beta$ 为 0.39，总价值为 $-4,208$ 万美元。负号反映了这些股票被卖空的事实。投资组合中零售行业股票的加权平均 $\beta$ 为 1.07，总价值为 4,722 万美元。投资组合的现金净值（多头加空头）为 514 万美元。投资组合净值的 $\beta$ 为 1.07，因为净值完全来自零售行业股票的超额权重，其加权后的 $\beta$ 为 1.07。

**表 10.3　　　　　　　　　　　多空策略下对冲基金的投资组合特征**

| 股票 | $\beta$ | 股票价值（百万美元） |
|---|---|---|
| **制药股** | | |
| Bristol – Myers Squibb Co. | 0.429 | 8.03 |
| Eli Lilly & Co. | 0.306 | 9.44 |
| Johnson & Johnson | 0.262 | 8.25 |
| Merck & Co. Inc. | 0.316 | 7.12 |
| Pfizer Inc. | 0.378 | 9.24 |
| 价值加权 $\beta$ | 0.390 | 总价值 = 42.08 |
| **零售股** | | |
| Home Depot Inc. | 1.401 | 10.64 |
| Kohl's Corp. | 1.008 | 7.35 |
| Lowe's Cos. | 1.061 | 10.24 |
| Target Corp. | 1.006 | 10.39 |
| Wal – Mart Stores Inc. | 0.792 | 8.6 |
| 价值加权 $\beta$ | 1.07 | 总价值 = 47.22 |
| 整个投资组合的净值 | 1.07 | 5.14 |

为了使投资组合市场保持中性，该对冲基金经理决定建立标准普尔 500 指数期货空头头寸，该指数期货目前的交易价格为 1,154.25 点。该经理利用式（9.6）来确定需要交易的合约数量：

$$-1.07 \times [5,140,000/(1,154.25 \times 250)] = -19.059 \approx -19 \text{ 手}$$

## 产品简介：总回报资产合约

总回报资产合约（Total Return Asset Contracts，TRAKRS）是基于以总回报为基础计算的指数的期货合约。[6]换言之，标的指数的计算包括股息和其他分配。总回报资产合约是一种创新产品，旨在让期货客户跟踪股票、债券、货币或其他金融工具的指数。

总回报资产合约使用的指数由美林（Merrill Lynch）、皮尔斯（Pierce）、芬纳和史密斯（Fenner & Smith）（指数提供商）设计，并在芝加哥商业交易所上市。这些指数遵循指数提供商采用的预先确定的再平衡公式（rebalancing formula），以产生与目标收益结构相符的结果。再平衡规则使指数可以模仿主动管理的投资组合或交易策略。因此，这些指数被称为"基于策略的"或"主动管理的"指数。一般来说，作为指数构建的一部分，这类指数可以遵循指数提供商定义的任何再平衡公式。由于总回报资产合约的期货头寸模仿实际投资组合的回报，一些行业将其视为持有"虚拟投资组合"。总回报资产合约产品旨在将期货合约的交易效率与采用明确策略管理的基金的投资特征相结合。

例如，一种总回报资产合约产品被称为多空技术总回报资产合约。这一期货合约基于一个遵循再平衡算法的指数，该算法旨在模仿对冲基金经常使用的多空策略。该指数基于35只科技股的多头头寸和3只科技型交易所交易基金的空头头寸，还包括现金部分。该指数遵循预先确定的再平衡规则，用于调整指数成分和头寸权重。

总回报资产合约的保证金要求与其他期货产品不同。持有多头头寸的零售客户必须在购买时缴纳100%的保证金。对于持有空头头寸的零售客户，保证金要求则为50%。机构客户按照传统的期货产品保证金进行操作。总回报资产合约在芝加哥商业交易所进行电子交易。合约规模的设计考虑了小型投资者。每手合同头寸只需25美元就可以建立。2003年，近2,000万手总回报资产合约在芝加哥商业交易所成交。

# 10.7　投资组合保险

正如我们所看到的，交易者可以通过交易股指期货来调整股票投资组合的风险。对于给定的多元化投资组合，卖出股指期货可以构建风险降低的股票和期货投资组合。持有股票投资组合并买入股指期货，可以产生比初始投资组合风险更大、预期回报更高的投资组合。

投资组合保险（Portfolio insurance）是指管理标的投资组合风险的一系列技术。对于大多数投资组合保险策略，目标是管理投资组合的风险，以确保投资组合的价值不会降至特定水平之下，同时使投资组合价值能够增加。投资组合保险策略通常利用期权来实现，正如我们将在第 11 章所讨论的那样。然而，股指期货也是投资组合保险的重要工具。利用期货实施投资组合保险策略被称为动态套期保值（dynamic hedging）。尽管动态套期保值的数学运算过于复杂，无法在这里进行全面处理，但是我们可以理解利用股指期货进行投资组合保险背后的基本思想。

## 10.7.1 投资组合保险案例

考虑一个价值 1 亿美元的完全多元化的股票投资组合。这个投资组合的价值可以从零到无穷大。许多投资者希望为该投资组合的价值设置一个下限。例如，确保投资组合的价值永远不会低于 9,000 万美元是非常可取的。投资组合保险提供了一种控制投资组合下行风险的方法。然而，在金融市场上没有免费的午餐，因此只有通过牺牲一些潜在的收益来限制价格大幅下跌的风险。投资组合保险和人寿保险一样，不是免费的，但对一些交易者来说可能是可取的。

我们已经看到，风险最小化套期保值将股票投资组合转换为合成短期国债。通过完全对冲案例中的股票投资组合，我们可以将投资组合的价值保持在 1 亿美元以上。尽管完全套期保值消除了投资组合中无风险利率以外的所有潜在收益，完全套期保值的投资组合仍将按无风险利率增值。然而，在动态套期保值中，交易者持有股票投资组合并卖出一些期货合约。交易者想要的保障越多，其卖出的期货就越多。

让我们假设 1 手股指期货合约的潜在价值为 100 万美元，一名交易者卖出期货合约来覆盖 5,000 万美元的投资组合价值。因此，在初始头寸中，交易者做多 1 亿美元的股票，做空 5,000 万美元的期货，因此 50% 的投资组合实现套期保值。表 10.4 在时间为零的行中显示了这一初始头寸。在 $t=0$ 时，股票或期货都没有收益或损失。在第一阶段，我们假设股票投资组合的价值下降了 200 万美元。这 50 手期货合约弥补了一半的损失，获得了 100 万美元的收益。因此，在 $t=1$ 时，股票和期货投资组合的价值为 9,900 万美元。现在，交易者通过再卖出 5 手合约来增加期货市场的覆盖范围。这带来了总计 55 手空头头寸，覆盖了全部投资组合的 56%（55/99）。在第二阶段，股票投资组合又损失了 200 万美元，但由于 55 手期货合约，期货收益为 111 万美元 [（55/99）×200 万美元]。这使投资组合的总价值为 9,811 万美元。

当 $t=4$ 时，股票投资组合已经下跌 1,000 万美元，但期货利润为 621 万美元。这使投资组合的总价值达到 9,621 万美元。此外，交易者还增加了期货头寸，以应对股价的每次下跌。在 $t=4$ 时，交易者做空 80 手合约，对冲 83% 的股票投资组合价值。在 $t=5$ 时，股价大幅下跌，损失 3,586 万美元。期货利润覆盖 3,065 万美元。这使投资组合的总价值为 9,000 万美元。然而，这是投资组合价值的下限，因此交易者现在必须转移到完全套期保值头寸。如果股票投资组合只进行了部分套期保值，那么下一次价格下跌可能会使整个投资组合的价值低于 9,000 万美元的下限。在 $t=6$ 时，股价下跌 1,000 万美元，但期货头寸完全弥补了损失。因此，合并后的投资组合保持了 9,000 万美元的价值下限。

表 10.4 显示了通过动态套期保值实施投资组合保险的基本策略。最初，对投资组合进行部分套期保值。如果股价下跌，交易者会增加投资组合中被保险的部分。如果股票投资组合价值上升，期货头寸就会亏损。然而，期货头寸的损失将小于股票的收益，因为只对投资组合进行了部分套期保值。随着股价上涨，交易者可以买入期货，从而对投资组合进行越来越少比例的套期保值。如果股价上涨，则需要较少比例的套期保值，因为投资组合的总价值降至 9,000 万美元以下的可能性很小。

表 10.4                               投资组合保险交易和结果

| 时间 | 收益/损失（百万美元） | | 总价值 （百万美元） | 期货头寸 | 套期保值比例 |
|---|---|---|---|---|---|
| | 股票 | 期货 | | | |
| 0 | 0.00 | 0.00 | 100.00 | −50 | 0.50 |
| 1 | −2.00 | 1.00 | 99.00 | −55 | 0.56 |
| 2 | −2.00 | 1.11 | 98.11 | −60 | 0.61 |
| 3 | −2.00 | 1.22 | 97.33 | −70 | 0.72 |
| 4 | −4.00 | 2.88 | 96.21 | −80 | 0.83 |
| 5 | −35.86 | 30.65 | 90.00 | −90 | 1.00 |
| 6 | −10.00 | 10.00 | 90.00 | −90 | 1.00 |

### 10.7.2   实施投资组合保险

经过有意处理，表 10.4 显得非常简单。第一，它没有显示初始期货头寸是如何确定的。第二，它没有显示期货头寸的调整是如何确定的。第三，它只考虑了股票投资组合价值的重大变化。例如，表 10.4 中最小的变化是股票投资组合价值的 2%。这些问题的确切答案需要较多数学运算。然而，我们可以以直观的方式探讨这些问题。

选择初始期货头寸取决于几个因素。第一，它取决于所选择的相对于投资组合初始价值的下限。例如，如果投资组合的最低可接受价值是 1 亿美元，那么投资组合经理必须在 $t=0$ 时进行 100% 套期保值。因此，相对于投资组合价值的下限越低，该经理需要套期保值的投资组合百分比就越低。第二，保险策略的目的是保证最低的投资组合终值，同时获得更有利的结果。因此，期货头寸必须考虑股票投资组合的波动性。股票投资组合的估计波动性越高，价值大幅下跌的可能性就越大，这将使投资组合的总价值低于下限。因此，需要套期保值的投资组合的比例在很大程度上取决于股票投资组合的估计波动性。当然，这将因不同的时间和不同的投资组合风险而有所不同。

期货头寸的调整取决于与确定初始头寸相同的考虑因素。第一，投资组合相对于下限的价值至关重要。第二，有关股票投资组合波动性的新信息也会影响期货头寸。在表 10.4 中，股票投资组合的波动加速。每个百分点的下降幅度都比上一个大。因此，这种不断增加的波动性将导致比其他情况下更大的期货空头头寸。

在表 10.4 中，股票投资组合价值的下降幅度很大。在实际操作中，动态套期保值通过持续监控投资组合价值来发挥作用。投资组合的微小变化可能会触发期货头寸的微小调整。对于许多投资组合，监控和更新可能在一个月内发生多次。这就是它被称为动态套期保值的原因——套期保值是持续被监控和更新的，通常使用计算机交易程序。表 10.4 未显示持续监控。作为替代，我们可以将表中的不同行作为投资组合在不同时间的价值"快照"。

表 10.4 是从动态套期保值将引发的一些现金流问题中抽象出来的。例如，它没有明确考虑来自期货头寸每日结算的现金流。实际的动态套期保值必须面对一系列技术问题。

## 10.8 指数期货与股市波动

股指期货交易始于 1982 年，并迅速变得重要起来。1987 年 10 月 19 日，股市暴跌，道琼斯工业平均指数当天下跌 22.61%。1989 年 10 月 13 日，发生了一场所谓的迷你暴跌。股指期货交易开始，随后两次市场暴跌：这只是巧合吗？在 20 世纪 80 年代末和 90 年代初，股指期货对股票市场和股市波动的影响是公共政策的一个重要问题。进入 21 世纪，人们更多地关注互联网股票波动以及日内交易者对股市波动的影响。即使对股指期货的担忧有所缓解，股指期货与股市之间的密切互动也可能引起担忧。本部分简要回顾了股市波动性，以及股票市场中期货和标的股票之间的相互作用。

第一个需要解决的问题是：自股指期货交易推出以来，股市波动性是否有所增加？从长期来看（追溯至 1300 年），结论似乎是全球金融波动性普遍下降。[7] 然而，一些巨大的金融波动发生在 20 世纪，尤其是 20 世纪 20 年代和 30 年代。图 10.5 显示了美国股市在 20 世纪大部分时间的波动情况。在 20 世纪 90 年代，波动性相对较低。请注意，在图 10.5 中，1987 年的高波动性主要是由于那次暴跌。

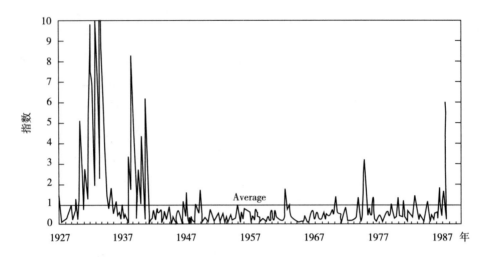

**图 10.5　1927—1987 年股票市场指数波动**

（数据来源：P. Fortune，"An Assessment of Financial Market Volatility：

Bills，Bonds，and Stocks"，*New England Economic Review*，

November/December 1989，p. 16. 经波士顿联邦储备银行允许再次印刷）

我们还可能提出以下问题：即使事实证明股指期货交易确实增加了股市波动性，那样会糟糕吗？对大多数经济学家来说，价格波动是由市场上新的信息造成的。交易者收到的新信息促使他们重新评估正在交易的商品的真实价值。在有效市场中，价格会迅速调整以反映这一新信息。这个过程的一个结果是波动。因此，经济学家经常将波动的价格解释为市场正常运作和信息高效的证据。在这种观点下，波动是好的，而不是坏的。尽管如此，如果股指期货交易以一种与信息或正常运作的市场无关的方式助长波动，那么期货交易可能对市场有害。

## 股指期货如何导致市场波动

股指期货交易中两种主要做法被指控会助长股市波动。它们是指数套利（特别是程序化交易）和投资组合保险。批评者说，这两种做法都会助长波动，因为它们在关键时刻会向市场迅速发出大额指令。这些大额指令会强化现有的价格趋势，从而助长股市波动。我们依次考虑每一种做法。

指数套利与股市波动。在指数套利中，交易者寻找股票价格和期货价格之间的差异。当这两个价格与持有成本模型的差异足以覆盖交易成本时，指数套利者会卖出定价过高的一端，买入定价过低的一端。在经典交易中，套利者持有股票和期货组合头寸直至到期。到期时，指数期货的现金结算程序保证了股票和期货价格的收敛。这种收敛性在到期日开盘时是有保证的，因为最终期货结算价格设定为等于当日开盘现货

市场指数值。一些股指期货也使用收盘价格作为最终结算价格。在这种情况下，为了利用收敛性，指数套利者通常会在期货的最后交易日以收盘市价指令（market‑on‑close order）进入市场来平仓。收盘市价指令按照交易结束时的市场价格卖出或买入股票。

现在考虑一个做多股票并做空期货的指数套利者。我们假设期货是以收盘价格为基础进行结算的，交易者输入收盘市价指令来卖出股票。我们还假设其他套利者也是做多股票并做空期货，并试图以类似的方式平仓。所有这些股票都将同时进入市场，因此收盘时可能会有大量股票同时被卖出。批评者担心，这种做法可能会导致市场的剧烈波动，从而扰乱交易。特别是他们担心如此高的波动性可能会吓跑一些投资者。

请注意，只有当指数套利者之间存在严重的指令失衡时，才会出现这种影响。可能存在非常高水平的指数套利，但没有严重的指令失衡。假设在期货生命周期内的某一时刻，股票和期货价格相对于持有成本模型或高或低。一些交易者会以买入股票来发起其指数套利交易，而另一些交易者则会通过卖出股票来进行套利。在期货到期时，平仓可能会导致大致相等数量的股票买入指令和卖出指令。在这种情况下，我们预计指数套利不会对价格产生任何影响，也不会助推波动。此外，从索菲安的研究中，我们知道指数套利者，至少在市场暴跌之后的期间，通常会在到期前平仓。

投资组合保险与股市波动。投资组合保险也可能导致潜在的指令失衡，从而影响股价。从表 10.4 中的投资组合保险交易案例中，我们可以看出，股价下跌需要投资组合保险者（portfolio insurer）公司卖出额外的股指期货。同样，当价格上涨时，投资组合保险者会买入股指期货。市场波动的一个潜在问题出现了，因为投资组合保险产生的交易方向恰好与市场变动的方向相同。因此，投资组合保险可以助推现有的市场势头。

为了了解投资组合保险在加剧现有趋势方面的潜在影响，假设股票和期货价格通过持有成本模型紧密地联系在一起。由于这种联系，股价下跌将迅速促进期货下跌。同样的传导也会发生在期货价格下跌至股票价格下跌期间。现在假设股票价格大幅下跌。

作为对股票价格下跌的回应，期货价格将不得不下跌。持有成本模型要求进行这一调整。然而，股票价格下跌也激发了来自投资组合保险者的大量指令，以卖出指数期货。从表 10.4 中可以清楚地看出这一点。批评者担心来自投资组合保险者的卖出订单可能会暂时将期货价格压低到低于持有成本模型所证明的价格。假设发生这种情况，股票价格必须再次下跌，才能与被压低的期货价格相匹配。现在，随着股票价格的再次下跌，投资组合保险者必须再次卖出期货。投资组合保险的批评者担心，这种"卖出—价格下跌—卖出"的情况可能会造成价格下跌与更多卖出指令的螺旋式上升，使整个市场陷入混乱，这可能是灾难性的。

总结。根据批评者的观点，不受限制的股指期货交易会造成指令失衡，迫使股价低于经济基本面所证明的价格，从而助推股市波动，甚至恐慌。对于指数套利而言，令人担忧的指令失衡最有可能发生在期货到期时。批评者担心，投资组合保险者将通过向股指期货市场大量输入卖出指令来应对股票价格的突然下跌，从而压低价格。这些被压低的价格将影响股票市场，导致价格再次下跌。投资组合保险者将再次卖出股指期货，或许有助于形成价格螺旋式下跌（另外，如果价格下跌过多，股票会很便宜，价值导向型投资者会被吸引买入，这种买入有助于将价格恢复至合理水平）。

## 10.9　指数期货与股市暴跌

1987 年 10 月，暴跌让一些人认为整个金融体系受到了威胁。1987 年 10 月 19 日的事件引发了一系列仍在持续的辩论和政策讨论，尽管时间的推移和暴跌的缺席已经相当多地减弱了辩论。本部分分析了 1987 年 10 月股指期货与股票价格之间的关系。我们随后思考了 1989 年 10 月 13 日的迷你暴跌。

1987 年 10 月 19 日的暴跌，既存在戏剧性，也存在争议性。道琼斯工业平均指数当天下跌 22.61%。成交量如此之大，以至于经纪公司的交易处理部门几乎陷入停顿。在那一天，经常无法进行交易，甚至无法获得准确的报价。从许多方面来看，那个"黑色星期一"不存在股票市场。交易刚停止，各种评论就随之而来。这里有一些挑选出来的评论。阿尼斯·C. 华莱士（Anis C. Wallace）："投资者知道，股票被传统的估值指标，如市盈率和市净率，高估了。他们也知道，程序化交易和投资组合保险的结合可能会导致价格暴跌。"大卫·E. 桑格（David E. Sanger）："10 月 19 日，星期一，华尔街非常著名的群体本能，现在嵌入了数字代码中，并被数百台计算机放大，帮助将抛售变成了恐慌。"唐纳德·里根（Donald Regan）："在我看来，我们应该从禁止指数期权套利开始，然后进行其他改革，以恢复公众对金融市场的信心。"马歇尔·佛朗特（Marshall Fron）："期货和期权就像船上的藤壶（小甲壳动物，附着于水下岩石或船底等——译者注），它们从股票和债券的定价中获得生命。当藤壶开始掌舵时，你就会遇到麻烦，就像我们上周看到的那样。"[8]

暴跌发生后，政府成立了一个总统特别工作组，由后来成为财政部长的尼古拉斯·布雷迪（Nicholas Brady）领导，研究暴跌事件及其原因。该工作组的报告被广泛称为布雷迪报告。虽然大多数观察人士都认为，现货市场无法处理令人难以置信的订单流是导致市场动荡的原因，但布雷迪报告将价格下跌归咎于指数套利和投资组合保险。这种关于暴跌的观点被称为级联理论（cascade theory）。根据布雷迪报告，投资组合保险者试图通过卖出股指期货来降低其股票敞口。这种抛售行为使期货价格低于其均衡价格。就持有成本模型而言，投资组合保险者的抛售构建了反向期现套利。看到盈利机会，指数套利者通过买入期货并卖出股票，实施了反向期现套利策略。这一行为进一步压低了价格，并且面对新的更低的股价，投资组合保险者抛售更多的股指期货，更进一步压低了股价。恶性循环开始了。指数套利者和投资组合保险者的重复行为导致价格"级联"下跌。因此，布雷迪报告坚持认为，机构的"机械的、对价格不敏感的抛售"是此次暴跌的关键原因。[9]

## 10.9.1　1987 年 10 月 19 日股票和期货的基差

级联理论以及布雷迪报告的结论，都基于这样一种观点，即 10 月 19 日股票和期货的基差被"机械的、对价格不敏感的"交易系统的行为扰乱了。具体而言，布雷迪报告称，当天的期货价格相对于股票价值来说太低了。因此，股票和期货的基差成为一个关键的实证问题。针对标准普尔 500 指数和主要市场指数（Major Market Index，MMI），都进行了分钟级的股票和股指期货之间价格关系的研究。[10]这两个市场都揭示了类似的情况。乍一看，持有成本模型下通常紧密的关系显然完全失效了。然而，这种情况在很大程度上是由于无法交易，甚至无法知道单只股票的当前价值。例如，尽管市场在纽约时间 9：30 开盘，但一些股票的交易时间不超过 1 个小时。在主要市场指数的成分股中，埃克森美孚是最后开始交易的股票，时间为 11：23。对于在纽约无法交易的股票，交易者被迫使用周五价格作为周一价值的参考。至少可以说，这样的估计是不精确的。

图 10.6 显示了芝加哥时间下的现货和期货之间的价差。开盘时的巨大差异在很大程度上是缘于纽约的单只股票开盘较晚。在股票开始交易之前，芝加哥的交易者没有现货市场来指导期货的合理价值。然而，期货和股票似乎在中午时能更准确地相互追踪，当时价格更容易获得。标准普尔 500 指数的情况也类似。劳伦斯·哈里斯（Lawrence Harris）总结道："非同步的交易解释了在暴跌期间观察到的较高期现货基差绝对值的部分原因。其余部分原因可能是由于两个市场的分离。"[11]因此，即使在疯狂的情况下，持有成本模型也根据可用信息发挥作用，当时的信息流非常少。然而，股票和期货的基差似乎确实对可用信息作出了回应。

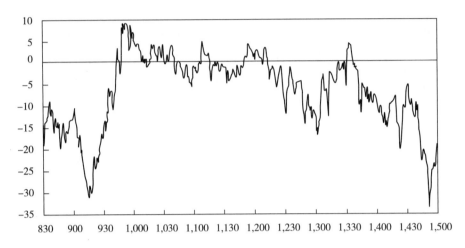

**图 10.6　1987 年 10 月 19 日主要市场指数的基差**

［数据来源：G. Bassett, V. France, and S. Pliska,"The MMI Cash – Futures Spread

on October 19, 1987", *The Review of Futures Markets*,

8：1, 1989, p. 119. 经《期货市场评论》(*The Review of Futures Markets*) 允许再次印刷］

### 10.9.2　10 月 19 日的指令失衡、指数套利和投资组合保险

即使考虑到 10 月 19 日发生的戏剧性事件，持有成本模型中的基差与预期一样，人们仍然对指数套利和投资组合保险的作用感到担忧。当天，16 家公司参与了几乎所有的股票指数套利和投资组合保险交易。12 家公司专注于指数套利，4 家专注于投资组合保险。纽约证券交易所约 9% 的成交量来自指数套利交易。对于股指期货，12% 至24% 的抛售来自投资组合保险活动。[12] 从活动的百分比来看，这些数字表明了一种可能——与期货相关的活动足以显著影响当天的交易。

一个有趣的证据来自标准普尔 500 指数成分股与其非成分股的比较。布鲁姆（Blume）、麦金利（MacKinlay）和特克尔（Terker）发现，10 月 19 日，标准普尔 500指数成分股的跌幅比其非成分股的跌幅高出大约 7 个百分点。在 10 月 20 日的恢复过程中，截至上午 10 点左右，这种差异几乎已经消除。换言之，标准普尔 500 指数成分股在暴跌期间跌幅更大，但很快就反弹到与其他股票相当的水平。[13] 此外，布鲁姆、麦金利和特克尔发现，标准普尔 500 指数成分股股价的下跌与 10 月 19 日的指令失衡正相关。由于大量卖出指令等待执行，股价下跌幅度超过其他时候。如果这种指令失衡与期货交易有关，那么期货市场可能会对市场下跌负有一定责任。

一些证据似乎表明，期货交易并不必然在特定市场引发恐慌，但这一理论并不能真正免除期货的所有责任。正如理查德·罗尔（Richard Roll）指出的那样，暴跌是一种全球性现象。[14] 在全球 23 个市场中，有 19 个市场下跌了 20% 以上。此外，暴跌似乎始于不包括日本的亚洲市场，之后蔓延到欧洲市场，然后到北美市场，再到日本市场。随着 10 月 19 日和 20 日交易的发展，这一进程昼夜不停。通过单独比较市场表现和计算机指导交易的存在，罗尔发现，即使计算机交易会带来影响，它实际上也有助于减少市场下跌。

暴跌始于期货交易受限市场的事实似乎表明，除了期货交易之外，其他因素也在发挥作用。这开启了暴跌传染理论的契机。一个国家的市场由于某种未知的原因而暴跌。消息传到其他市场，带来了暴跌的"疾病"，这有助于暴跌在第二个市场的发展。这种传染理论是由金（King）和瓦德瓦尼（Wadhwani）提出的。[15]

假设美国市场受到感染，崩溃开始发展。期货交易导致的订单失衡加剧了美国股市的暴跌。现在，其他国家可能会从美国感染更严重、更致命的暴跌病。然而，这似乎与 1987 年 10 月的事实不符。首先，美国的损失比大多数其他市场都要小，无论是之前崩溃的市场还是后来崩溃的市场。根据刚才解释的传染理论版本，我们预计美国的崩溃将比早些时候崩溃的国家更深。

总结与期货有关的部分证据，暴跌并非始于美国，因此期货市场不可能是问题的最初来源。尽管美国的期货市场比其他市场更发达，但美国的暴跌并没有相对更加严重。不存在美国暴跌发生后的市场交易暴跌比暴跌发生前更严重的趋势。尽管如此，如果期货导致了美国的暴跌，同时如果传染理论有道理，那么美国的暴跌可能会导致稍后发生的暴跌。

因此，尽管没有令人信服的证据表明期货交易，无论是指数套利还是投资组合保险导致了暴跌，但对期货作用的怀疑仍然存在。[16]研究仍在继续，这个问题仍然存在争议。然而，布雷迪报告的主要结论似乎遭到了相当普遍的拒绝，他认为暴跌是由导致股票价格级联效应的指数套利和投资组合保险造成的。[17]

### 10.9.3 政策建议和不断变化的交易规则

在改革建议中，布雷迪报告建议修改监管体系以拥有单一的监管机构，为所有金融市场建立一个统一的清算系统，现货和期货市场之间的保证金保持一致，并改善市场间的信息系统。该报告还建议交易所在市场波动时实施熔断机制（circuit breakers）——有计划的交易暂停系统。所有这些方面都在持续开展行动，并且许多措施已经被实施。

自暴跌发生以来，熔断机制已经就位，系统的改进仍在继续。本质上，熔断机制是指通过价格限制和交易暂停使股指期货市场和股票市场有计划地脱钩。该机制还允许延迟程序化交易，该想法旨在价格低于基本价值时暂停交易。有人认为，在交易暂停期间，群氓心理（mob psychology）的影响将消散，当交易重新开始时，价格将恢复到合理水平。熔断机制是有争议的，价值未知。

然而，即使交易暂停，价格也可能继续下跌，交易者将遭受额外的损失。根据市场传言，许多交易者最害怕的就是困于某一头寸。一些学者认为，交易暂停可能会造成更多的恐慌，而不是冷静，因此认为交易暂停是不明智的。尽管如此，期货市场已经以每日价格限制的形式，体现了与熔断机制类似的考量。此外，熔断机制的捍卫者认为，该机制在 1989 年 10 月 13 日的迷你暴跌中表现良好。

除了熔断机制，纽约证券交易所的一项规则也限制或"套牢"指数套利。纽约证券交易所的交易上下限（trading collar）要求，当道琼斯工业平均指数比前一天的收盘价值下跌 180 点或更多时，标准普尔 500 指数成分股的所有指数套利卖出指令都将按照"加价卖出"（sell plus）的指示输入；[18] 相反，当道琼斯工业平均指数比前一天的收盘价值上涨 180 点或更多时，标准普尔 500 指数成分股的所有指数套利买入指令都将按照"减价买入"（buy minus）的指示输入。最小变动价位限制（tick restrictions）适用于在纽约证券交易所交易的标准普尔 500 指数成分股的所有指数套利指令，无论这些指令如何传达至专营经纪商的交易台。最小变动价位限制将在交易日结束时取消，或者如果市场反弹至前一天道琼斯工业平均指数收盘价值 90 点以内的水平，则最小变动价位限制将提前取消。180 点的阈值会定期重新评估。

实证研究表明，纽约证券交易所的交易上下限显著抑制了指数套利活动。受上下限影响的套利活动大约是在没有上下限情况下预期套利活动的 1/3。尽管指数套利活动大幅减少，但现货和期货市场仍然保持着联系，不过有证据表明，由于市场之间的定价差异消除得不那么快，上下限削弱了现货和期货市场之间的联系。这一发现表明，除了套利交易产生的订单流之外，信息还可以通过其他方式从期货市场传递到股票市场。纽约证券交易所的专营经纪商可能会修改他们的报价，以应对大量的单边订单流。专营经纪商的报价修正可以解释为什么几乎被清除的指数套利成交量并不能消除市场联系。此外，根据对标准普尔 500 指数成分股平均买卖价差的衡量，纽约证券交易所的交易上下限似乎不会影响股市的交易成本。总之，尽管指数套利成交量大幅减少，但纽约证券交易所的交易上下限似乎对交易成本和市场间套利没有影响。[19]

布雷迪报告中最具争议的建议可能是股票和期货市场之间"一致的保证金"。这被解释为要求大幅提高期货保证金，这样的政策将摧毁目前生存着的期货市场。根据期货捍卫者的说法，这一政策建议表明人们对期货保证金完全缺乏了解。[20] 期货保证金不像股票市场那样是对商品的部分支付。相反，期货保证金用作当天期货价格变化的担保金。该担保金每日支付，且每日更新。在随后的争论中，保证金水平已成为商品期货交易委员会（CFTC）和证券交易委员会（SEC）之间斗争的一个"政治足球"。此外，期货交易所提高了股指期货保证金，显然是为了阻止任何进一步提高保证金的行为。在捍卫期货保证金系统过程中，重要的是要认识到，客户资金没有因未能满足追保要求而遭受损失，也没有清算所因暴跌而倒闭。

### 10.9.4  1989 年 10 月 13 日的迷你暴跌

几乎就在暴跌时间发生 2 年后，历史似乎又重演了。1989 年 10 月 13 日，股价开始了让人觉得不妙的下跌。当天，道琼斯指数下跌 190 点，在交易的最后一小时下跌了 135 点。这次迷你暴跌为测试暴跌事件之后制定的一些程序提供了机会。

价格下跌导致主要市场指数期货在下午 2:15 触发熔断机制，标准普尔 500 指数期货在下午 3:07 触发熔断机制。对于这两种合约，只有当价格高于触发熔断机制的价格时，交易才能恢复。交易恢复后，标准普尔 500 指数再次触发熔断机制。在评估熔断机制的表现时，商品期货交易委员会和交易所似乎都认为其表现良好。[21] 完善该机制的进一步努力仍在继续，市场正在等待对该机制进行进一步的测试，也许是更苛刻的测试。目前，由于波动性较低，且市场似乎运行良好，我们可以高枕无忧——至少在被另一个"黑色星期一"惊醒之前。

## 10.10  小结

本章回顾了与股指期货相关的一系列问题。我们从检验股指期货定价开始，思考了股指期货市场的效率、税收对股指期货价格的影响、季节性因素对价格的影响，以及期货市场和股票市场之间的领先与滞后。接下来，我们思考了程序交易的现实案例，聚焦于一个指数套利的案例。这个案例显示了指数套利这种看似无风险的策略中隐藏的风险。

为了对第 9 章套期保值介绍进行展开，我们详细研究了一个风险最小化套期保值案例，并考虑了事前和事后套期保值比率之间的差异。我们还了解了如何利用套期保值方法来调整投资组合的 $\beta$。小幅调整 $\beta$ 可能是一种套期保值活动，但我们也探索了利用股指期货进行资产配置。利用股指期货，持有无风险债券的交易者可以模拟对股票的全额投资。同样，全额投资于股票的交易者可以利用股指期货使股票和期货投资组合表现得像无风险债券。

本章还重点探讨了股指期货与股市波动之间的联系。正如我们所看到的，形成联系的主要论据依赖于可能由指数套利或投资组合保险引起的指令失衡。然后，我们思考了 1987 年的暴跌和 1989 年的迷你暴跌。尽管期货似乎并不对那些天观察到的价格变化负责，但这些事件在改变期货市场的制度安排方面发挥了重要作用，并且多年来的低波动性和高股价导致人们对波动性感到沾沾自喜。

## 10.11　习题

1. 请解释导致偏离公允价值计算价格和造成无套利区间的市场条件。

2. 无股息指数仅由不支付股息的股票组成。假设指数中的两只股票定价为 100 美元和 48 美元，并假设相应的现货指数值为 74.00 点。持有股票的成本为 1 美元/月。1 年后到期的指数期货合约的公允价值是多少？

3. 使用与习题 2 中相同的事实，假设期货的来回交易成本为 30 美元。我们现在假设，合约规模是每只股票 1,000 股。交易股票的买入成本为 0.05 美元/股，卖出成本与之相同。根据这些附加信息，请计算期货价格的无套利区间。

4. 根据习题 2 和习题 3 中的事实，我们现在考虑不同的借款和贷款成本。假设贷款利率是每月 1%，借款利率为每月 1.5%。现在期货价格的无套利区间是多少？

5. 使用习题 2 至习题 4 中的事实，假设卖空者仅能利用卖空所得的一半资金。请找出无套利区间。

6. 考虑指数中成分股的交易和基于该指数的期货的交易。请解释两个市场中不同的交易成本如何导致一个市场比另一个市场更快地反映信息。

7. 对于指数套利，请解释通过程序化交易实施套利如何有助于降低执行风险。

8. 指数套利者必须考虑在当前与期货到期之间将支付的股息。请解释高估将收到的股息会如何影响正向期现套利策略。

9. 请解释资本资产定价模型中的 $\beta$，与通过根据股票指数回报对股票回报进行回归而得出的 $\beta$ 之间的差异。

10. 请解释事前和事后风险最小化套期保值比率之间的差异。

11. 假设你持有一个多元化的投资组合，$\beta$ 为 0.85。你将如何交易期货来提高投资组合的 $\beta$？

12. 某指数基金是一只试图复制股票指数（如标准普尔 500 指数）的回报的共同基金。假设你是这样一只基金的经理，并且你完全投资于股票。以标准普尔 500 指数衡量，你的投资组合的 $\beta$ 为 1.0。你如何在不交易股票的情况下将这个投资组合转换为零 $\beta$ 的投资组合？

13. 你持有的投资组合只包含短期国债。请解释如何交易期货，以构建一个表现类似标准普尔 500 指数的投资组合。

14. 在使用股指期货的投资组合保险中，我们注意到，随着股票价值的下跌，交易者会卖出额外的期货。请解释交易者为什么采取这种做法。

15. 泽塔公司（Zeta Corporation）股票投资组合经理凯西·马瑟斯（Casey Mathers）聘请了一位新助理亚历克（Alec）。亚历克非常敏锐，立即质疑凯西为预期的 1,000 万美元赎回进行套期保值的决定。凯西已经利用标准普尔 500 指数期货合约为投资组合进行了套期保值。在计算套期保值比率时，凯西使用了根据标准普尔 500 指数计算的 1.2 的投资组合 $\beta$。

（1）请向凯西解释为什么他的套期保值可能不是风险最小化套期保值。

（2）考虑到亚历克的结果，标准普尔 500 指数期货是最合适的套期保值工具吗？请务必验证你的答案。

（3）利用亚历克的结果，设计一个风险最小化套期保值。

（4）亚历克的套期保值策略会比凯西的套期保值策略更好吗？请验证你的答案。

16. 小雷蒙德·约翰逊（Raymond J. Johnson Jr.）管理着 2,000 万美元的股票投资组合。它被设计成模仿标准普尔 500 指数。小雷蒙德有预感，未来 1 个月市场将下跌。他决定在下个月清除其敞口，并前往蒙大拿州捕鱼。小雷蒙德手头有以下信息：

| 1 个月后交割的标准普尔 500 指数期货 | 1,084.50 点 |
| 小雷蒙德投资组合的股息收益率 | 2.1% |
| 今天的标准普尔 500 指数 | 1,081.40 点 |

（1）请设计一个套期保值来消除小雷蒙德下个月的市场风险。

（2）请计算他在下个月能收到的回报。

17. 还记得小雷蒙德吗？他是那个管理着标准普尔 500 指数基金的想去捕鱼的小伙子。小雷蒙德已经改变了他的主意。由于蒙大拿州的捕鱼结果并不乐观，所以他决定不去捕鱼。由于不会离开，他决定为其 2,000 万美元投资组合设计一个投资组合保险策略。他的目标是避免其投资组合价值跌至 1,800 万美元以下。

（1）请设计一个投资组合保险策略，对 2,000 万美元及以上的投资组合价值不进行套期保值，对 1,800 万美元及以下的投资组合价值进行完全套期保值。

（2）第一天，股票投资组合价值从 2,000 万美元跌至 1,940 万美元，标准普尔 500 指数期货价格跌至 1,052 点。小雷蒙德应该采取什么行动？

（3）第二天，小雷蒙德的投资组合价值增加了 2%。标准普尔 500 指数期货合约增至 1,073 点。小雷蒙德的投资组合（包括可能存在的任何套期保值）的价值会发生什么变化？小雷蒙德应该采取什么行动？

（4）小雷蒙德的投资组合价值真的会下降到 1,800 万美元以下吗？请解释。

18. 现实世界中哪些复杂情况会阻碍股指套利策略的有效性？

19. 现在是上午 7:00，纽约证券交易所要到上午 9:30 才开盘。当前的标准普尔 500 指数电子迷你近月期货合约，在芝加哥商业交易所的 Globex 系统上以 1,150.00 点的价格进行交易。距离合约到期还有 21 天。你预计标的指数将在合约剩余期限内支付相当于 1.1 个指数点的股息。你预计每年的融资成本为 1.9%。如果该指数前一天的收盘价为 1,135.00 点，根据当前信息，请利用持有成本关系来确定股市会高开还是低开。

## 10.12  尾注

［1］D. Modest and M. Sundaresan, "The Relationship Between Spot and Futures Prices in Stock Index Futures Markets: Some Preliminary Evidence", *Journal of Futures Markets*, 3:1, 1983, pp. 15 – 41.

［2］George Sofianos, "Index Arbitrage Profitability", *Journal of Derivatives*, Fall 1993, pp. 6 – 20.

［3］B. Cornell and K. French, "Taxes and the Pricing of Stock Index Futures", *Journal of Finance*, 38:3, 1983, pp. 675 – 694; B. Cornell, "Taxes and the Pricing of Stock Index Futures: Empirical Results", *The Journal of Futures Markets*, 5:1, 1985, pp. 89 – 101.

［4］例如，见 E. Dyl and E. Maberly, "The Weekly Pattern in Stock Index Futures: A Further Note", *Journal of Finance*, 41:5, 1986, pp. 1149 – 1152。

［5］获取标的指数中 500 只个股的预期股息信息可能是一项乏味的任务。标准普尔公司的指数服务部门跟踪这些信息，并将其提供给客户。基于年化股息收益率的对股息流的粗略估计，可以在标准普尔公司网站（www. spglobal. com）上找到。

［6］严格来说，期货合约没有回报，因为期货合约头寸不需要投资。我们所说的期货收益是指期货价格的百分比变化。

［7］见 Alexander M. Ineichen, "Twentieth Century Volatility", *The Journal of Portfolio Management*, Fall 2000, 27:1, pp. 93 – 101。

［8］全部引用于 G. Santoni, "The October Crash: Some Evidence on the Cascade Theory", *Review*, Federal Reserve Bank of St. Louis, May/June 1988, pp. 18 – 33。

［9］*Report of the Presidential Task Force on Market Mechanisms*, 1988, p. v。另见 G. Santoni, "The October Crash: Some Evidence on the Cascade Theory", *Review*, Federal Reserve Bank of St. Louis, May/June 1988, pp. 18 – 33, 对布雷迪报告进行了深思熟虑的评论。P. Tosini, "Stock Index Futures and Stock Market Activity in October 1987", *Financial Analysts Journal*, 44:1, 1988, pp. 28 – 37. 也讨论了级联理论。

［10］见 L. Harris, "The October 1987 S&P 500 Stock – Futures Basis", *Journal of Finance*, 44:1, 1989, pp. 77 – 99; G. Bassett, V. France, and S. Pliska, "The MMI Cash – Futures Spread on October 19,

1987", *The Review of Futures Markets*, 8：1, 1989, pp. 118 – 138；G. Wang, E. Moriarty, R. Michalski, and J. Jordan, "Empirical Analysis of the Liquidity of the S&P 500 Index Futures Market During the October 1987 Market Break", Commodity Futures Trading Commission Staff Working Paper, February 1989, pp. 88 – 86, G. Santoni, "The October Crash：Some Evidence on the Cascade Theory", *Review*, Federal Reserve Bank of St. Louis, May/June 1988, pp. 18 – 33。

[11] L. Harris, "The October 1987 S&P 500 Stock – Futures Basis", *Journal of Finance*, 44：1, March 1989, p. 77. A. Kleidon and R. Whaley, "One Market? Stocks, Futures, and Options During October 1987", *Journal of Finance*, 47：3, 1992, pp. 851 – 877. 支持这一观点。Kleidon 和 Whaley 发现市场在 10 月初很好地符合持有成本关系，但在暴跌期间则很差。

[12] 这些数据来自 P. Tosini, "Stock Index Futures and Stock Market Activity in October 1987", *Financial Analysts Journal*, 44：1, 1988, pp. 28 – 37。

[13] M. Blume, A. MacKinlay, and B. Terker, "Order Imbalances and Stock Price Movements on October 19 and 20, 1987", *Journal of Finance*, 44：4, 1989, pp. 827 – 848.

[14] R. Roll, "The International Crash of October 1987", *Financial Analysts Journal*, 44：5, 1988, pp. 19 – 35.

[15] M. King and S. Wadhwani, "Transmission of Volatility Between Stock Markets", *The Review of Financial Studies*, 3：1, 1990, pp. 5 – 33.

[16] 美国国会技术评估办公室（Office of Technology Assessment）对暴跌进行了研究，并在其研究中报告了这一情况，"Electron Bulls & Bears：U. S. Securities Markets & Information Technology", September 1990。该研究得出的结论是，期货对此次崩盘的责任无法通过统计分析来决定。

[17] 那些拒绝接受布雷迪报告关于期货引发级联的结论的人包括：G. Santoni, "The October Crash：Some Evidence on the Cascade Theory", *Review*, Federal Reserve Bank of St. Louis, May/June 1988, pp. 18 – 33；J. Hill, "Program Trading, Portfolio Insurance, and the Stock Market Crash：Concepts, Applications and an Assessment", Kidder Peabody, January 1988；R. Roll, "The International Crash of October 1987", *Financial Analysts Journal*, 44：5, 1988, pp. 19 – 35；D. Harrington, F. Fabozzi, and H. Fogler, *The New Stock Market*, Chicago：Probus Publishing Co. , 1990；M. Miller, B. Malkiel, M. Scholes and J. Hawke, "Stock Index Futures and the Crash of '87", *Journal of Applied Corporate Finance*, 1：4, 1989, pp. 6 – 17。

[18] "加价卖出"（Sell – plus）意味着指令可以在向上波动或零向上波动的价格上执行。向上波动是指高于上次销售价格的价格。零向上波动是指等于上次销售价格的价格，如果最近一笔按不同价格成交的交易的价格较低。"减价买入"（Buy – minus）意味着指令可以在向下波动或零向下波动的价格上执行。向下波动是指低于上次销售价格的价格。零向下波动是指等于上次销售价格的价格，如果最近一笔按不同价格成交的交易的价格较高。

[19] 见 James Overdahl and Henry McMillan, "Another Day, Another Collar：An Evaluation of the Effects of NYSE Rule 80A on Trading Costs and Intermarket Arbitrage", *Journal of Business*, 1998, pp. 27 –

53。

[20] 例如，见 M. Miller, B. Malkiel, M. Scholes, and J. Hawke, "Stock Index Futures and the Crash of '87", *Journal of Applied Corporate Finance*, 1：4, 1989, pp. 6 – 17。

[21] 见 "CFTC Reviews Friday the 13th", *Futures Industry Association Review*, November – December 1989, pp. 10 – 11。

# 第 11 章　外汇期货

## 11.1　概述

外汇既在高度活跃的远期市场上交易，也在期货市场上交易。外汇市场是唯一一个面对强劲远期市场而发展出成功期货市场的市场。外汇远期市场已经存在很长时间了，但外汇期货市场直到 20 世纪 70 年代初才发展起来，1972 年 5 月 16 日在芝加哥商业交易所的国际货币市场（International Monetary Market，IMM）开始交易。毫无疑问，如此强大和成功的远期市场的存在阻碍了外汇期货市场的发展。这种双重市场体系意味着期货市场不能与远期市场分开来理解。概念上的联系既源于两个市场的相似性，也源于远期市场持续比期货市场大得多的事实。由于许多交易者在这两个市场都很活跃，熟悉的正向期现套利和反向期现套利策略可以确保两个市场之间保持适当的价格关系。

正如第 3 章所讨论的，特定商品的远期市场和期货市场在许多方面都是相似的。由于这种相似性，两个市场之间必须保持特定的价格关系，以防止套利机会。虽然任一观察者都可能对这两个市场的相似之处印象更深刻，但远期市场和期货市场在几个关键方面仍有所不同。尤为重要的是现金流模式的差异（由于期货市场的每日重新结算）以及合约到期期限的不同结构。

为了理解外汇期货交易，本章首先简要讨论外汇市场：现货市场、远期市场和期货市场。接下来，我们将回顾决定两种货币之间汇率的最重要因素，包括固定利率与浮动利率的汇率制度、贬值问题以及国际收支的影响。在此制度背景下，我们分析了无套利定价关系，如利率平价定理（Interest Rate Parity，IRP）和购买力平价定理（Purchasing Power Parity Theorem，PPP）。这些定理本质上表达了持有成本模型的定价关系。我们还验证了远期和期货价格之间的关系以及外汇预测的准确性。在期货市场上，投机和套期保值这两个问题一如既往地发挥着重要作用，我们会详细地讨论它们。

## 11.2　报价

在外汇市场上，每一个价格或汇率都是相对价格。1 美元价值 2.5 欧元也意味着

2.5 欧元可购买 1 美元，或者 1 欧元价值 0.4 美元。所有的外汇汇率都以互为倒数的形式相互关联，这种关系在图 11.1 中非常明显，图 11.1 显示了《华尔街日报》每天刊登的外汇报价。报价由两列双栏汇率组成，一列为外币的等值美元，另一列为每美元的外币金额。每组报价显示当前和前一工作日的汇率，我们只关注当前报价的两列，一列中的汇率是另一列中的倒数（由于交易成本的原因，有时这些并不准确）。美元兑欧元的价值刚好是欧元兑美元的价值的倒数。对于一些国家，如澳大利亚，报价只显示即期汇率，即当前澳大利亚元与美元进行兑换的汇率。

## Exchange Rates

June 24, 2004

The foreign exchange mid-range rates below apply to trading among banks in amounts of $1 million and more, as quoted at 4 p.m. Eastern time by Reuters and other sources. Retail transactions provide fewer units of foreign currency per dollar.

| Country | U.S. $ EQUIVALENT Thu | U.S. $ EQUIVALENT Wed | CURRENCY PER U.S. $ Thu | CURRENCY PER U.S. $ Wed |
|---|---|---|---|---|
| Argentina (Peso)-y | .3393 | .3400 | 2.9472 | 2.9412 |
| Australia (Dollar) | .7007 | .6881 | 1.4271 | 1.4533 |
| Bahrain (Dinar) | 2.6526 | 2.6525 | .3770 | .3770 |
| Brazil (Real) | .3230 | .3211 | 3.0960 | 3.1143 |
| Canada (Dollar) | .7430 | .7357 | 1.3459 | 1.3592 |
| 1-month forward | .7425 | .7352 | 1.3468 | 1.3602 |
| 3-months forward | .7418 | .7345 | 1.3481 | 1.3615 |
| 6-months forward | .7412 | .7338 | 1.3492 | 1.3628 |
| Chile (Peso) | .001579 | .001564 | 633.31 | 639.39 |
| China (Renminbi) | .1208 | .1208 | 8.2781 | 8.2781 |
| Colombia (Peso) | .0003705 | .0003689 | 2699.06 | 2710.76 |
| Czech. Rep. (Koruna) | | | | |
| Commercial rate | .03858 | .03793 | 25.920 | 26.364 |
| Denmark (Krone) | .1637 | .1626 | 6.1087 | 6.1501 |
| Ecuador (US Dollar) | 1.0000 | 1.0000 | 1.0000 | 1.0000 |
| Egypt (Pound)-y | .1614 | .1607 | 6.1950 | 6.2224 |
| Hong Kong (Dollar) | .1282 | .1282 | 7.8003 | 7.8003 |
| Hungary (Forint) | .004808 | .004772 | 207.99 | 209.56 |

| Country | U.S. $ EQUIVALENT Thu | U.S. $ EQUIVALENT Wed | CURRENCY PER U.S. $ Thu | CURRENCY PER U.S. $ Wed |
|---|---|---|---|---|
| India (Rupee) | .02180 | .02189 | 45.872 | 45.683 |
| Indonesia (Rupiah) | .0001062 | .0001061 | 9416 | 9425 |
| Israel (Shekel) | .2221 | .2218 | 4.5025 | 4.5086 |
| Japan (Yen) | .009317 | .009214 | 107.33 | 108.53 |
| 1-month forward | .009328 | .009225 | 107.20 | 108.40 |
| 3-months forward | .009355 | .009252 | 106.89 | 108.08 |
| 6-months forward | .009404 | .009301 | 106.34 | 107.52 |
| Jordan (Dinar) | 1.4104 | 1.4104 | .7090 | .7090 |
| Kuwait (Dinar) | 3.3921 | 3.3920 | .2948 | .2948 |
| Lebanon (Pound) | .0006603 | .0006601 | 1514.46 | 1514.92 |
| Malaysia (Ringgit)-b | .2632 | .2632 | 3.7994 | 3.7994 |
| Malta (Lira) | 2.8576 | 2.8471 | .3499 | .3512 |
| Mexico (Peso) | | | | |
| Floating rate | .0883 | .0882 | 11.3302 | 11.3353 |
| New Zealand (Dollar) | .6352 | .6249 | 1.5743 | 1.6003 |
| Norway (Krone) | .1455 | .1441 | 6.8729 | 6.9396 |
| Pakistan (Rupee) | .01728 | .01722 | 57.870 | 58.072 |
| Peru (new Sol) | .2884 | .2869 | 3.4674 | 3.4855 |
| Philippines (Peso) | .01789 | .01778 | 55.897 | 56.243 |
| Poland (Zloty) | .2671 | .2656 | 3.7439 | 3.7651 |
| Russia (Ruble)-a | .03446 | .03446 | 29.019 | 29.019 |
| Saudi Arabia (Riyal) | .2667 | .2666 | 3.7495 | 3.7509 |
| Singapore (Dollar) | .5843 | .5814 | 1.7114 | 1.7200 |
| Slovak Rep. (Koruna) | .03049 | .03026 | 32.798 | 33.047 |
| South Africa (Rand) | .1590 | .1599 | 6.2893 | 6.2539 |
| South Korea (Won) | .0008677 | .0008632 | 1152.47 | 1158.48 |
| Sweden (Krona) | .1327 | .1318 | 7.5358 | 7.5873 |
| Switzerland (Franc) | .8034 | .7977 | 1.2447 | 1.2536 |
| 1-month forward | .8040 | .7983 | 1.2438 | 1.2527 |
| 3-months forward | .8057 | .8000 | 1.2412 | 1.2500 |
| 6-months forward | .8081 | .8024 | 1.2375 | 1.2463 |
| Taiwan (Dollar) | .02982 | .02961 | 33.535 | 33.772 |
| Thailand (Baht) | .02448 | .02440 | 40.850 | 40.984 |
| Turkey (Lira) | .00000067 | .00000067 | 1492537 | 1492537 |
| U.K. (Pound) | 1.8240 | 1.8172 | .5482 | .5503 |
| 1-month forward | 1.8191 | 1.8121 | .5497 | .5518 |
| 3-months forward | 1.8093 | 1.8022 | .5527 | .5549 |
| 6-months forward | 1.7960 | 1.7888 | .5568 | .5590 |
| United Arab (Dirham) | .2723 | .2722 | 3.6724 | 3.6738 |
| Uruguay (Peso) | | | | |
| Financial | .03360 | .03370 | 29.762 | 29.674 |
| Venezuela (Bolivar) | .000521 | .000521 | 1919.39 | 1919.39 |
| SDR | 1.4659 | 1.4632 | .6822 | .6834 |
| Euro | 1.2167 | 1.2090 | .8219 | .8271 |

Special Drawing Rights (SDR) are based on exchange rates for the U.S., British, and Japanese currencies. Source: International Monetary Fund.

a-Russian Central Bank rate. b-Government rate. y-Floating rate.

## MSCI Indexes

| | JUN 23 | JUN 22 | % CHG FROM 12/03 |
|---|---|---|---|
| U.S. | 1071.8 | 1062.6 | +2.5 |
| Britain | 1355.4 | 1350.3 | +0.5 |
| Canada | 1065.0 | 1057.0 | +4.4 |
| Japan | 696.8 | 699.2 | +9.3 |
| France | 1221.1 | 1215.4 | +4.7 |
| Germany | 485.0 | 483.1 | -1.4 |
| Hong Kong | 6101.8 | 6111.1 | -3.8 |
| Switzerland | 740.5 | 741.1 | +3.7 |
| Australia | 705.1 | 702.7 | +7.6 |
| World Index | 1059.5 | 1053.2 | +2.2 |
| EAFE MSCI | 1315.2 | 1311.9 | +2.0 |

As calculated by Morgan Stanley Capital International Perspective, Geneva. Each index, calculated in local currencies, is based on the close of 1969 equaling 100.

**图 11.1　外汇报价**

（数据来源：*The Wall Street Journal*，June 25, 2004，p. B5. 经《华尔街日报》允许再次印刷，

© Dow Jones & Company, Inc.，全世界范围内版权所有）

对于许多主要货币，如欧盟、英国、日本和加拿大的货币，报价显示了未来 1 个月、3 个月和 6 个月的远期汇率。有时汇率是按天报价的，对应 30 天、60 天或 90 天的期限。例如，30 天远期汇率表示交易者当天可签订的 30 天后外币交付的汇率。如果交

易者买入外币，则他或她同意在 30 天后支付该货币的 30 天远期汇率，实际交易在 30 天后进行。这种交易正好符合第 1 章对远期市场的描述。

如图 11.1 所示的报价来自美国和国外大型银行主导的市场。这个市场被称为银行间市场（interbank market）。如图 11.1 所示，报价涉及金额在 100 万美元或以上的交易。正如远期市场的典型情况一样，没有实际的交易地点。相反，世界各地的银行通过电子方式相互联系。市场上的大型银行都精心配备了有电子通信设施的交易室。在这样的房间里，交易者可以使用 60 条电话线、5 个或更多的视频报价屏幕和 1 个 Globex 交易屏幕。[1]该市场没有固定的交易时间，在世界某些地区每天 24 小时开放。除了银行，一些大型公司和投资基金也可以通过自己的交易室进入市场。

区域性银行不太可能拥有自己的交易室。相反，它们通过与之有恰当约定的代理银行清算外汇交易。那些太小而没有自己交易室的公司，包括个人，都通过自己的银行进行外汇交易。如图 11.1 所示，小型零售交易者无法获得报价。相反，零售交易将承受更大的买卖价差，这使提供外汇服务的银行能够盈利。

---

### 产品简介：芝加哥商业交易所的欧元外汇期货合约

合约规模：125,000 欧元。

交割等级：N/A。

最小变动价位：0.0001 点即代表 12.50 美元。

报价单位：美元/欧元。

合约月份：按照 3 月、6 月、9 月和 12 月循环的 6 个月份。

到期日和最终结算：欧元外汇期货于合约月份第三个周三之前第二个工作日的芝加哥时间上午 9:16 停止交易。合约以实物结算。

交易时间：交易大厅——上午 7:20 至下午 2:00；GlobFX——周一至周四下午 5:00 至下午 4:00；闭市期间为每晚下午 4:00 至下午 5:00；周日和节假日为下午 5:00 至下午 4:00。

每日价格限制：无。

---

## 11.3 地理套利和交叉汇率套利

外汇市场存在许多定价关系，违反这些定价关系就意味着存在套利机会。需要考虑的前两个问题涉及地理套利（geographical arbitrage）和交叉汇率套利（cross‐rate arbitrage)。了解货币价格之间必然存在关系的最佳方法之一，是探索如果违反定价关系会产生的潜在套利机会。

当一种货币在两个不同的市场以两个价格出售时，就会发生地理套利。这样的定价将是对单一价格法则的完全违背。例如，考虑以下来自纽约和法兰克福的欧元与美元之间汇率的报价（90 天远期汇率）。

| 纽约 | 美元/欧元 | 0.42 |
|---|---|---|
| 法兰克福 | 欧元/美元 | 2.35 |

来自纽约的以美元兑欧元形式报价的价格，意味着欧元兑美元的价格等于美元兑欧元价格的倒数：

$$\frac{1}{0.42} = € / \$ = 2.381$$

欧元兑美元汇率在纽约为 2.381，但在法兰克福则为 2.35。由于这两者并不相等，因此存在套利机会。为了测试地理套利机会，只需取一个市场的价格的倒数，并将其与另一个市场的价格进行比较。

为了进行套利，交易者在便宜的地方购买货币，并在昂贵的地方将其出售。在纽约，交易者获得 2.381 的欧元兑美元汇率，但在法兰克福只有 2.35 的欧元兑美元汇率。因此，欧元在纽约更便宜。为了利用这种定价差异，交易者按照如表 11.1 所示进行交易。这些交易代表着对套利机会的利用，因为它们在没有资金投入的情况下确保了一定利润。在开始时，没有现金流。当 $t = 0$ 时发起的承诺在 $t = 90$ 时兑现时，交易中涉及的仅有的现金流将同时发生。然而，从最初的交易开始，利润就是确定的。

表 11.1 地理套利

| 这是一种套利交易，因为它在没有资金投入的情况下产生了一定的利润。请注意，在 $t = 90$ 时的交易完成之前，套利不会结束 | | |
|---|---|---|
| **$t = 0$**（现在） | | |
| 在纽约以 0.42 美元的价格买入 90 天后的 1 欧元 | | |
| 在法兰克福以 0.4255 美元的价格卖出 90 天后的 1 欧元 | | |
| **$t = 90$**（交付） | | |
| 在法兰克福交付 1 欧元；收取 0.4255 美元 | | |
| 在纽约支付 0.42 美元；收取 1 欧元 | | |
| 利润 | | 0.4255 美元 |
| | | − 0.4200 美元 |
| | | 0.0055 美元 |

套利也有可能利用交叉汇率中的错位。要理解交叉汇率，请考虑以下案例。在纽约，美元兑欧元的汇率是有报价的，美元兑英镑的报价也是有的。这两种汇率结合在一起意味着欧元与英镑之间的均衡汇率，这种隐含的汇率就是交叉汇率。因此，在纽约涉及美元的汇率，隐含着不涉及美元的欧元与英镑之间的汇率。图 11.2 显示了来自《华尔街日报》的交叉汇率报价。

| **Key Currency Cross Rates** | | | | Late New York Trading Thursday, June 24, 2004 | | | |
| --- | --- | --- | --- | --- | --- | --- | --- |
| | **Dollar** | **Euro** | **Pound** | **SFranc** | **Peso** | **Yen** | **CdnDlr** |
| Canada | 1.3459 | 1.6376 | 2.4549 | 1.0813 | .11879 | .01254 | ... |
| Japan | 107.33 | 130.59 | 195.77 | 86.229 | 9.473 | ... | 79.747 |
| Mexico | 11.3302 | 13.7854 | 20.666 | 9.1027 | ... | .10556 | 8.4183 |
| Switzerland | 1.2447 | 1.5144 | 2.2704 | ... | .10986 | .01160 | .9248 |
| U.K. | .54820 | .6671 | ... | .4405 | .04839 | .00511 | .40735 |
| Euro | .82190 | ... | 1.4991 | .66031 | .07254 | .00766 | .61067 |
| U.S. | ... | 1.2167 | 1.8240 | .80340 | .08826 | .00932 | .74300 |

**图 11.2　交叉汇率**

（数据来源：The Wall Street Journal, June 25, 2004, p. B5. 经《华尔街日报》允许再次印刷，

© Dow Jones & Company, Inc.，全世界范围内版权所有）

如果其他地区的欧元兑英镑直接汇率与纽约的交叉汇率不匹配，则存在套利机会。例如，假设观察到以下汇率，其中 SF 表示瑞士法郎，并且所有汇率都是 90 天远期汇率：

| 纽约 | $/€ | 0.42 |
| --- | --- | --- |
| | $/SF | 0.49 |
| 法兰克福 | €/SF | 1.20 |

纽约的汇率报价意味着欧元兑瑞士法郎的交叉汇率如下：

$$€ / SF = \left( \frac{1}{\$ / €} \right) \$ / SF = \left( \frac{1}{0.42} \right) 0.49 = 1.167$$

由于在法兰克福直接报价的欧元兑瑞士法郎汇率与纽约报价的交叉汇率不同，因此存在套利机会。为了利用套利机会，人们只能交易实际显示的汇率。例如，在纽约，瑞士法郎可能没有市场。[2] 在纽约的市场，欧元兑换瑞士法郎涉及两项交易。首先，交易者将欧元兑换成美元，然后用美元买入瑞士法郎。

要想知道如何交易，就必须知道在特定市场上哪种货币相对便宜。在纽约，1 瑞士法郎在纽约可兑换 1.167 欧元，但 1 瑞士法郎在法兰克福价值 1.2 欧元。因此，欧元在法兰克福比在纽约便宜。表 11.2 显示了实施套利所需的交易。

表 11. 2 交叉汇率套利交易

| t = 0 （现在） |
|---|
| 在法兰克福以 1.2 欧元的价格卖出 90 天后的 1 瑞士法郎 |
| 在纽约以 0.504 美元的价格卖出 90 天后的 1.2 欧元 |
| 在纽约以 1.0286 瑞士法郎的价格卖出 90 天后的 0.504 美元 |

| t = 90 （交付） | |
|---|---|
| 在法兰克福交付 1 瑞士法郎；收取 1.2 欧元 | |
| 在纽约交付 1.2 欧元；收取 0.504 美元 | |
| 在纽约交付 0.504 美元；收取 1.0286 瑞士法郎 | |
| 利润 | 1.0286 瑞士法郎 |
| | − 1.0000 瑞士法郎 |
| | 0.0286 瑞士法郎 |

## 11.4 远期和期货市场特征

外汇期货市场的制度性结构类似于远期市场，但有一些明显的例外。虽然远期市场是一个没有特定地理位置的全球性市场，但主要的期货市场是芝加哥商业交易所的 IMM。在期货市场，合约以最重要的货币为标的进行交易，如欧元、英镑、加拿大元、瑞士法郎和日元。所有合约都在 3 月、6 月、9 月、12 月的循环内交易，到期日为到期月份的第三个周三。相比之下，远期市场报价是为未来特定天数而公布的。[3] 在期货市场上，交易所决定每个合约的到期日。时间每流逝一天，期货到期日就更接近一天。在远期市场，每个交易日都有 30 天、90 天和 180 天到期的合约。在期货市场，合约只在一年中的 4 个日期内到期；在远期市场，合约每天都可以到期，合约规模是通过谈判确定的。在期货市场，交易所的规则决定了合约规模。表 11.3 总结了外汇远期和期货市场之间的差异。最重要的差异是标准化的合约、标准化的交割日期、每日现金流的差异以及合约了结方式的差异。特别有趣的是，只有不到 1% 的外汇期货是通过交割完成的，但交割发生在 90% 以上的远期合约中。

表 11. 3 期货与远期市场

| | 远期 | 期货 |
|---|---|---|
| 合约规模 | 根据个人需求量身定制 | 标准化 |
| 交割日期 | 根据个人需求量身定制 | 标准化 |
| 交易方式 | 由银行或经纪商通过电话与有限数量的买家和卖家建立 | 由交易所交易大厅里众多买家和卖家的公开拍卖决定 |

续表

| | 远期 | 期货 |
|---|---|---|
| 参与者 | 银行、经纪商和跨国公司，不鼓励公众投机 | 银行、经纪商和跨国公司，鼓励合格的公众投机 |
| 佣金 | 由银行买入价和卖出价之间的"价差"决定，不易由客户决定 | 公布的小额经纪费用和协商的大宗交易费用 |
| 履约保证金 | 没有，但需要补偿性银行余额（即在银行保持一定存款余额——译者注） | 需要公布小额履约保证金 |
| 清算操作（财务完整性） | 因银行和经纪商而异；没有独立的清算所功能 | 由交易所的清算所处理；根据市场情况每日结算 |
| 市场形式 | 通过电话遍及全球 | 具有全球通信能力的中央交易大厅 |
| 经济合理性 | 通过提供套期保值机制促进全球交易 | 与远期市场相同；此外，通过公众参与，提供了一个更广阔的市场和一种替代的套期保值机制 |
| 可达性 | 仅限于从事外贸的大型客户 | 向任何需要套期保值工具或持有用于投机的风险资本的人开放 |
| 监管 | 自律 | 1975年4月——受商品期货交易委员会监管 |
| 交割频率 | 90%以上通过实际交割结算 | 不到1%通过实际交割结算 |
| 价格波动 | 无每日限制 | 无每日限制 |
| 市场流动性 | 通过其他银行抵销 | 通过公众抵销；通过套利抵销 |

数据来源：IMM，"Understanding Futures in Foreign Exchange Futures"，pp. 6 – 7. © Chicago Mercantile Exchange.

外汇远期市场可追溯至历史长河之外，而期货市场仅始于20世纪70年代。远期市场的主要中心仍然是伦敦，但随着美国外汇市场的快速增长，纽约的重要性越来越大。尽管外汇期货交易大幅增长，但以美元成交量衡量，远期市场仍然以20:1的比例使期货市场显得相形见绌。由于银行是远期市场的主要参与者，因此它们在期货市场的活动水平相当有限也就不足为奇了。

图11.3显示了外汇期货报价。报价栏遵循为其他类型合约设定的模式，显示开盘价、最高价、最低价和结算价，以及结算价自前一天的变化。接下来的两列显示了每个合约在其生命周期内的最高价和最低价，最后一列显示了每个合约的持仓量。每个合约的最后一行数据显示了当天的估计成交量、前一天的实际成交量、每个合约所有

到期日的当前持仓量，以及持仓量自前一天的变化。

# CURRENCY

| Japanese Yen | (CME)-¥12,500,000; $ per ¥ | | | | | | | |
|---|---|---|---|---|---|---|---|---|
| Sept | .9244 | .9378 | .9244 | .9356 | .0115 | .9705 | .8575 | 82,851 |
| Dec | .9328 | .9420 | .9308 | .9403 | .0115 | .9740 | .8800 | 10,346 |
| Est vol 15,165; vol Wed 13,683; open int 93,203, +210. | | | | | | | | |

| Canadian Dollar | (CME)-CAD 100,000; $ per CAD | | | | | | | |
|---|---|---|---|---|---|---|---|---|
| Sept | .7345 | .7448 | .7332 | .7426 | .0089 | .7815 | .6505 | 54,566 |
| Dec | .7358 | .7440 | .7358 | .7420 | .0089 | .7800 | .6940 | 4,401 |
| Mr05 | .7428 | .7430 | .7425 | .7415 | .0089 | .7775 | .7150 | 685 |
| June | .7424 | .7425 | .7424 | .7411 | .0089 | .7760 | .7150 | 193 |
| Est vol 10,459; vol Wed 14,115; open int 59,883, +1,434. | | | | | | | | |

| British Pound | (CME)-£62,500; $ per £ | | | | | | | |
|---|---|---|---|---|---|---|---|---|
| Sept | 1.8041 | 1.8165 | 1.7975 | 1.8125 | .0092 | 1.8712 | 1.6330 | 45,727 |
| Dec | 1.8010 | 1.8010 | 1.7866 | 1.7985 | .0092 | 1.8648 | 1.6850 | 388 |
| Est vol 7,723; vol Wed 12,376; open int 46,119, −1,391. | | | | | | | | |

| Swiss Franc | (CME)-CHF 125,000; $ per CHF | | | | | | | |
|---|---|---|---|---|---|---|---|---|
| Sept | .7994 | .8092 | .7972 | .8053 | .0057 | .8208 | .7110 | 40,718 |
| Dec | .8055 | .8094 | .8012 | .8078 | .0057 | .8260 | .7264 | 129 |
| Est vol 13,204; vol Wed 11,809; open int 40,911, −1,867. | | | | | | | | |

| Australian Dollar | (CME)-AUD 100,000; $ per AUD | | | | | | | |
|---|---|---|---|---|---|---|---|---|
| Sept | .6816 | .6954 | .6814 | .6942 | .0124 | .7780 | .5756 | 24,575 |
| Dec | .6790 | .6880 | .6790 | .6884 | .0124 | .7705 | .6150 | 262 |
| Est vol 4,652; vol Wed 6,814; open int 24,929, +691. | | | | | | | | |

| Mexican Peso | (CME)-MXN 500,000; $ per MXN | | | | | | | |
|---|---|---|---|---|---|---|---|---|
| July | ... | ... | ... | .08797 | 00012 | .09000 | .08770 | 417 |
| Aug | ... | ... | ... | .08762 | 00012 | .08760 | .08730 | 400 |
| Sept | .08700 | .08760 | .08667 | .08712 | 00012 | .08935 | .08370 | 46,130 |
| Dec | .08605 | .08630 | .08595 | .08585 | 00012 | .08855 | .08270 | 1,625 |
| Est vol 5,624; vol Wed 6,616; open int 48,985, unch. | | | | | | | | |

| Euro/US Dollar | (CME)-€125,000; $ per € | | | | | | | |
|---|---|---|---|---|---|---|---|---|
| Sept | 1.2078 | 1.2173 | 1.2025 | 1.2150 | .0079 | 1.2800 | 1.0500 | 101,500 |
| Dec | 1.2036 | 1.2165 | 1.2026 | 1.2146 | .0079 | 1.2781 | 1.0735 | 798 |
| Est vol 29,464; vol Wed 59,620; open int 102,524, +9,961. | | | | | | | | |

| Euro/US Dollar | (NYBOT)-€200,000; $ per € | | | | | | | |
|---|---|---|---|---|---|---|---|---|
| Sept | 1.2060 | 1.2158 | 1.2158 | 1.2150 | .0081 | 1.2158 | 1.1951 | 361 |
| Est vol 618; vol Wed 492; open int 361, +30. | | | | | | | | |

| Euro/Japanese Yen | (NYBOT)-€100,000; ¥ per € | | | | | | | |
|---|---|---|---|---|---|---|---|---|
| Sept | 130.05 | 129.85 | 129.59 | 129.88 | −.76 | 135.10 | 129.59 | 9,260 |
| Est vol 1,550; vol Wed 1,146; open int 9,260, −586. | | | | | | | | |

| Euro/British Pound | (NYBOT)-€100,000; £ per € | | | | | | | |
|---|---|---|---|---|---|---|---|---|
| Sept | .6690 | .6726 | .6701 | .6706 | .0011 | .6726 | .6602 | 8,164 |
| Est vol 772; vol Wed 883; open int 8,164, −567. | | | | | | | | |

**图 11.3 外汇期货报价**

（数据来源：来自"Futures Price Quotations"，*The Wall Street Journal*，June 25，2004，p. B5。

期货价格反映当日和隔夜的交易，持仓量反映前一天的交易，

经《华尔街日报》允许再次印刷，© Dow Jones & Company, Inc.，全世界范围内版权所有）

虽然每种货币的报价类似，但也存在一些差异。不同合约交易不同数量的外币。例如，1 手合约代表 1,250 万日元，但只有 12.5 万欧元。数量上的差异反映了 1 欧元和 1 日元之间的巨大价值差异。2004 年，1 美元的价值约为 110 日元，但不到 1 欧元。还要注意，日元的报价中有两个零被隐去了。

外汇期货市场在 1992 年之前一直快速增长，近年来总成交量从这一高值开始下降，如图 11.4 所示。外汇期货的总成交量从 1975 年仅有的 199,920 手上升至 1992 年的 3,800 多万手。到 20 世纪 90 年代中期，成交量似乎稳定在每年 2,500 万手左右。图 11.5 显示了 2003 年主要货币的成交量占比。

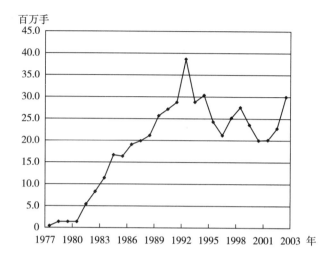

图 11.4　外汇期货成交量变化

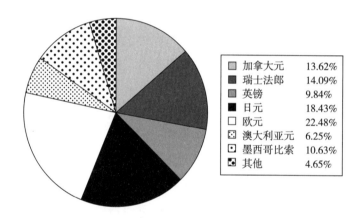

图 11.5　2003 年美国外汇期货市场结构

（数据来源："Commodity Futures Trading Commission"，*Annual Report*，2003）

## 11.5　欧洲货币联盟

欧盟起源可追溯至 1957 年的《罗马条约》，于 1993 年《马斯特里赫特条约》批准后成立，目前（2004 年）由 25 个国家组成：奥地利、比利时、塞浦路斯、捷克共和国、丹麦、爱沙尼亚、芬兰、法国、德国、英国、希腊、匈牙利、爱尔兰、意大利、拉脱维亚、立陶宛、卢森堡、马耳他、荷兰、波兰、葡萄牙、斯洛伐克、斯洛文尼亚、西班牙和瑞典。这些国家已同意巩固广泛的经济和政府职能。对货币市场来说，最重要的是选择共同货币，以取代单个国家的国家货币单位（NCU）。

1998 年，欧盟的一些成员国成立了欧洲货币联盟（European Monetary Union，EMU）。欧洲货币联盟成员国用共同货币——欧元，取代了各自的国家货币单位。截至 2004 年末，以下欧盟成员国是欧洲货币联盟成员国，并采用欧元作为官方货币：奥地利、比利时、芬兰、法国、德国、希腊、爱尔兰、意大利、卢森堡、荷兰、葡萄牙和西班牙。其他欧盟国家，尤其是英国，没有参加欧洲货币联盟，选择使用本国货币。

## 11.6 外汇汇率的决定因素

与任何商品一样，基本面因素决定了两国货币之间的汇率。这些因素很多，而且相当复杂，这个主题可以写满整本书。因此，以下简短讨论仅提及对汇率的一些最重要影响因素。对货币的一种思考方式，是将其视为与其他资产本质上类似的资产，受制于相同的基本供求规律。当某一特定货币异常充裕时，其价格可能会下跌。当然，以其他货币计算，某一特定货币的价格只是两种货币之间的汇率。在外汇方面，某一国家居民与世界上其他国家居民之间的付款流带来了国际收支的概念。国际收支通常每年计算一次。如果某一特定国家的支出超过收入，则该国的国际收支出现赤字；如果收入超过支出，则该国出现盈余。国际收支包括国家之间的各种商品和服务流动，包括实物商品、服务、国际投资和各种类型的资金流动。

为了说明国际收支如何影响汇率，请思考以下案例。一个名为茵珀里亚（Importeria）的国家，与其他国家进行贸易，进口的商品总是比出口的多。这意味着总是有实物商品净流入茵珀里亚。茵珀里亚必须以某种方式支付这些商品的费用，因此我们假设茵珀里亚政府只是印制额外的货币来支付其进口的超额商品。这种做法最终必然导致茵珀里亚与其贸易伙伴之间的汇率发生变化。随着贸易伙伴继续向该国出口越来越多的商品，他们自己的实物商品越来越少，但茵珀里亚的货币供应却在不断增加。

随着茵珀里亚货币全球供应量的增加，很明显这些货币只有少数用途。这些货币可以用来购买其他货币，也可以用来从茵珀里亚那里购买商品。然而，货币的积累一直持续到以现行汇率计算出现过剩供给时，因此茵珀里亚货币的价值必须下降。正如茵珀里亚不能在不导致其货币贬值的情况下持续进口多于出口，任何国家都不能在不最终导致其货币贬值的情况下持续消费多于创造。

### 11.6.1 固定汇率制度

茵珀里亚可能不得不承受的货币调整取决于国际汇率体系。在美国历史的大部分时间，一直存在固定汇率制度（fixed exchange rates）。固定汇率是指任何人都可以进行交易的两种货币之间的规定汇率。一个国家，如茵珀里亚，可能在相当长的一段时间内进口多于出口，却不会导致固定汇率的变化。然而，即便是固定汇率也只是在短期内固定的，并且会定期调整。对于茵珀里亚来说，进口量持续超过出口量为其货币价值带来了压力，因为其货币的全球供应量持续增长。最终，茵珀里亚货币与其他国家货币之间的固定汇率将进行调整。对于茵珀里亚来说，货币的价值将不得不下跌或贬值（devalued）。其他货币的价值相对于茵珀里亚货币将有所增加，因此这些货币被认为已经升值（revalued）。贬值和升值发生时，规模通常很大。价值变化 25%～50%，甚至更大的情况并不罕见。

尽管茵珀里亚继续其过度进口计划，货币价值却不会随着时间的推移顺利调整，这似乎令人感到困惑。然而，固定汇率制度阻碍了逐步调整。汇率在茵珀里亚和其他国家中央银行的干预下是固定的。随着茵珀里亚货币过剩供应量的积累，中央银行可能会使用其他货币储备购买茵珀里亚货币，从而缓解在固定汇率水平下可能出现的供需失衡。实际上，中央银行将吸收茵珀里亚货币在固定汇率水平上另行存在的过剩供应量。如果对这种货币的压力不是太大，中央银行的买入可能会成功地维持固定的汇率水平。然而，通常情况下，一种货币的过剩供应可能会变成过度供应。然后，中央银行就无法或不愿买入供应的所有货币。当这种情况发生时，像茵珀里亚这样的国家将被迫使其货币贬值，并设定一个新的汇率作为官方汇率。如果茵珀里亚货币单位的价值在贬值前是美元的 1/10，那么贬值后可能会重置为美元的 1/12。贬值后，茵珀里亚将努力维持新的汇率。如果继续进口远多于出口，它很快就会面临另一次贬值。

固定汇率制度的一个公认的且显然不利的特征是，汇率的变化很少发生，但当它们发生时，变化相当大。然而，固定汇率制度也有相当大的优势。第一，固定汇率使谋划外汇交易变得相当容易。如果企业可以信赖明年的某一固定汇率，它们就不会面临汇率风险（exchange risk）——一种货币的价值相对于其他货币发生变化的风险。免予汇率风险可便利商业规划并促进国际贸易。第二，对于从事国际贸易的企业来说，固定汇率意味着会计收入对汇率波动不敏感。第三，固定汇率或许会对参与国的经济政策形成某种约束。根据这一论点，政府会意识到推行某些政策可能会导致货币贬值。

也许是出于这些原因，同时作为财政廉洁的信号，工业化的西方从第二次世界大战结束到 1971 年一直奉行固定汇率政策。根据《布雷顿森林协定》，在此期间，美元甚至可以以 35 美元/盎司的价格兑换成黄金。其他主要货币以美元确定其价值。1971年 8 月，面对美元走弱和国际收支赤字飙升，美国放弃了金本位制。尽管人们试图重新建立某种固定汇率制度，尤其是 1971 年的《史密森协定》，但是 1973 年 3 月见证了国际外汇市场的新时代。固定汇率制度被抛弃，汇率的每日波动成为常态。

### 11.6.2　其他汇率制度

这种汇率的自由市场制度在今天比较盛行，但外汇交易者必须考虑一些重要的例外和变化。随着"布雷顿森林体系"的瓦解和《史密森协定》的失败，各国可以自由地在汇率问题上采取各种策略。这种自由导致了诸如自由浮动、管理浮动或"肮脏浮动"（dirty float）、盯住浮动和联合浮动等策略。如果一种货币没有固定汇率制度，并且该国中央银行不试图通过外汇市场交易影响货币价值，那么它就是自由浮动的（freely floating）。很少有国家拥有自由浮动的汇率，因为中央银行似乎无法抵御干预的诱惑。当一个国家的中央银行参与市场交易以影响其货币的兑换价值，但汇率基本上是浮动汇率时，该国遵循的就是管理浮动（managed float）或"肮脏浮动"的政策。与这种浮动制度相反，许多国家使用盯住（pegged）汇率制度。一种货币的价值可能与另一种本身浮动的货币的价值挂钩。例如，茵珀里亚可能试图维持与美元的固定汇率，但美元本身对世界上大多数货币都是浮动的。在这种情况下，茵珀里亚的货币与美元挂钩。采取盯住汇率制度的货币可以与单一货币挂钩，也可以与货币篮子或投资组合挂钩。

另一种汇率管理政策对外汇期货市场尤为重要——联合浮动政策。在联合浮动（joint float）中，参与联合浮动的货币相对于联合浮动中的其他货币具有固定的汇率，但该组货币相对于不参与联合浮动的其他货币具有浮动的汇率。联合浮动技术的主要例子来自欧洲经济共同体（European Economic Community，EEC），或欧洲共同市场。欧盟成员国于 1979 年成立了欧洲货币体系（European Monetary System，EMS），并创建了欧洲货币单位（European Currency Unit，ECU）。欧洲货币体系协定的基本策略是非常严格地维持参与国货币之间的汇率波动。目前，体系内所有的单个货币都已被欧元取代。

理论上，联合浮动制度意味着参与国的货币价值相对于彼此固定，但相对于外部国家浮动。这对所有这些货币的投机和套期保值都有重要影响，尤其是在期货市场方面。最近的经验表明，一些国家可能被迫使其货币相对于该组货币贬值。

## 11.7　外汇远期和期货价格

正如我们在第 3 章中所讨论的，远期和期货价格之间的差异来自期货合约的每日重新结算特征。考虑一下具有相同到期日的外汇远期合约和期货合约。不考虑重新结算付款的利息，期货和远期最终将获得相同的利润。如果期货头寸由于与利率正相关而可能具有更有利的中期现金流，那么期货价格应高于远期价格。同样，如果期货价格与利率负相关，那么期货价格应该低于远期价格。这一结论成立，因为当利率上升时期货交易者往往会遭受损失。此外，如果一种商品的价格与利率不相关，那么远期价格和期货价格应该相等。请注意，所有这些结论都来自严格的经济推理，并且如果投资者是风险中性的，结论则成立。

虽然期货和远期价格在理论上有所不同，但这种差异的幅度和实际意义是一个实证问题。一般来说，对这一问题的研究发现，外汇远期和期货价格之间的差异很小。正如一项研究得出的结论："外汇数据显示，无论是从统计意义上还是从经济意义上来看，远期和期货价格之间差异的均值都与零相差不大。"鉴于这些发现，基于远期市场研究的结果也将被视为在期货市场上成立。

## 11.8　更多期货价格平价关系

在本章前面部分，我们注意到当外汇汇率在单一合约之间不适当地调整时，就会出现地理套利或交叉汇率套利的机会。表 11.1 和表 11.2 中的套利案例产生于 90 天远期的单一到期日的外汇汇率定价差异。其他价格关系同样重要，并决定了不同时间交付的外汇汇率之间可能存在的允许的价格差异。这些关系被表示为利率平价定理（Interest Rate Parity Theorem，IRP）和购买力平价定理（Purchasing Power Parity Theorem，PPP）。正如我们将看到的那样，利率平价定理只是一个伪装得很单薄的持有成本模型。

### 11.8.1　利率平价定理

利率平价定理认为利率和汇率构成一个系统。根据利率平价定理，外汇汇率将进行调整，以确保交易者在投资任一货币的无风险工具时获得相同的回报，假设投资收入通过持有期开始时达成的远期合约兑换为本国货币。我们可以使用表 11.4 中的利率来说明利率平价。面对表 11.4 中的利率，并假设利率平价成立，通过以下任何一种策略，交易者都必须获得相同的回报：

策略 1：在美国投资 180 天。

策略 2：

（a）以即期汇率将美元兑换为欧元；

（b）将收到的欧元在德国投资 180 天；

（c）通过在投资期限开始时达成的远期合约，将德国投资收入兑换为美元。

根据我们的样本数据，以下公式表达了相同的等价性：

$$1 \text{ 美元} \times 1.20^{0.5} = [(1 \text{ 美元}/0.42) \times 1.323^{0.5}] \times 0.40$$

在公式中，策略 1 位于左侧。其中，1 美元按 20% 的美国利率进行投资，为期半年。对于右侧的策略 2，1 美元首先以 0.42 美元/欧元的即期汇率兑换为欧元。交易者将这些收入按欧洲银行间同业拆借利率投资半年（该 180 天利率为 32.3%）。欧元投资将在 180 天后支付获利 2.7386 欧元。投资收入按照 0.40 的 180 天远期汇率兑换为美元。对于 180 天的投资期限，这两种策略之间的等价性成立，因此没有套利机会。在这个案例中，利率平价定理成立。

**表 11.4** 用于说明利率平价的利率和汇率

| 汇率 | 美元/欧元 | 利率 | |
|---|---|---|---|
| | | 美国 | 德国 |
| 即期 | 0.42 | — | — |
| 30 天期 | 0.41 | 0.18 | 0.576 |
| 90 天期 | 0.405 | 0.19 | 0.33 |
| 180 天期 | 0.40 | 0.20 | 0.323 |

## 11.8.2 利率平价与套利成本模型

本质上，利率平价定理只是持有成本模型在汇率上的等价物。要想看到这种等价性，请考虑利率市场的正向期现套利策略。在正向期现套利交易中，交易者遵循以下步骤：借入资金并买入债券，持有债券至期货或远期的到期日，并通过在初始日期达成的期货或远期合约卖出债券。持有成本是借入资金支付的利率与持有债券赚取的利率之间的差额。我们熟悉的正向期现套利策略在外汇市场被称为抛补套利（covered interest arbitrage）。在抛补套利中，交易者借入国内资金，并按即期汇率兑换为国外资金。然后，交易者以国外利率投资这些资金，直至远期或期货合约到期。交易者还达成期货或远期合约，将国外投资收入兑换为本国货币。持有成本是借入资金支付的利率与投资国外资金赚取的利率之间的差额。

因此，交易者以国内利率 $r_{DC}$ 借入本国货币（DC），并以即期汇率将这些资金兑换为外国货币（FC）。交易者获得 DC/FC 单位的外国货币，并以国外利率 $r_{FC}$ 进行投资。$r_{FC}$ 是适用于从现在至远期或期货到期期间的利率。在这些交易开始时，$t = 0$，交易者还以 $F_{0,t}$ 的价格卖出远期或期货合约，资金总额为（DC/FC）（$1 + r_{FC}$）。对于这些交易，交易者在 $t = 0$ 时没有净现金流。到期时，交易者从国外资金投资中获得（DC/FC）（$1 + r_{FC}$）单位的外国货币。交易者根据远期或期货合约将外国货币兑换为

$F_{0,t}$数量的本国货币。然后，交易者必须偿还初始借款的债务，即 DC $(1 + r_{DC})$。如果利率平价成立，或者说持有成本模型成立，那么交易者剩余的资金必须为零，否则，将存在套利机会。

将这一公式应用于此前 180 天期持有成本交易案例，我们可以将这个案例推广至适用于外汇的利率平价或持有成本模型的公式中。为方便起见，我们以 1 美元作为本国货币的金额。前文我们针对案例写道：

$$1 \text{ 美元} \times 1.20^{0.5} = [(1 \text{ 美元}/0.42) \times 1.323^{0.5}] \times 0.40$$

在新的公式中，这将转化为：

$$DC(1 + r_{DC}) = (DC/FC)(1 + r_{FC})F_{0,t}$$

请记住，$r_{DC}$ 和 $r_{FC}$ 是从现在 $t = 0$ 至期货在时间 $t$ 到期之间的特定期间内的利率。

将期货价格移动至公式左侧得出：

$$F_{0,t} = \frac{DC(1 + r_{DC})}{\left(\dfrac{DC}{FC}\right)(1 + r_{FC})} = FC\left(\frac{1 + r_{DC}}{1 + r_{FC}}\right) \tag{11.1}$$

式（11.1）表示，对于 1 个单位的外国货币，其期货价格等于现货价格乘下列公式表示的量：

$$\left(\frac{1 + r_{DC}}{1 + r_{FC}}\right) \tag{11.2}$$

这个量是本国货币利息系数与外国货币利息系数的比率。我们可以将其与熟悉的式（3.3）进行比较，式（3.3）适用于无卖空限制的完美市场中的持有成本模型：

$$F_{0,t} = S_0(1 + C) \tag{3.3}$$

式中：

$F_{0,t}$ 为 $t = 0$ 时在时间 $t$ 到期的外汇合约的期货或远期价格；

$S_0$ 为 $t = 0$ 时商品的现货价格；

$C$ 为从 $t = 0$ 至时间 $t$ 持有商品的百分比成本。

式（3.3）和式（11.1）具有相同的形式。因此，式（11.2）中的量等于 1 加上持有成本（$1 + C$）。正向期现套利策略要求以国内利率 $r_{DC}$ 借款，因此，这是持有成本的一个要素。然而，借入的国内资金被兑换为外国货币，并以无国外利率 $r_{FC}$ 获利。因此，国外收入抵销了国内利率带来的成本。最终结果是，式（11.2）的量给出了 1 加上持有成本的价值。作为一个更简单的近似值，我们注意到：

$$1 + 持有成本 = \left(\frac{1 + r_{DC}}{1 + r_{FC}}\right) \approx 1 + (r_{DC} - r_{FC}) \tag{11.3}$$

因此，持有成本大约等于从 $t = 0$ 至期货到期期间国内外利率之间的差额。为完成这一讨论，让我们使用表 11.4 中的利率，将该公式应用于 180 天的时间范围。我们已经看到，在此期间不可能存在套利机会。对于这个案例数据：

$F_{0,t} = 0.40$；

$S_0 = 0.42$；

$r_{DC} = 0.095445$（半年）；

$r_{FC} = 0.150217$（半年）。

将以上数据应用于式（11.1），我们得出：

$$0.40 = 0.42 \times \frac{1.095445}{1.150217}$$

这个公式完全成立，持有成本为 $-0.047619$。对于这一案例，半年的大致持有成本为：

$$r_{DC} - r_{FC} = 0.095445 - 0.150217 = -0.054772$$

因此，半年的持有成本约为 $-0.05$。持有成本是负的，因为正向期现套利交易者以国内利率支付利息，而以更高的国外利率赚取利息。出于同样的原因，外国货币的期货价格必须超过现货价格。如果国外利率更低，外国货币的期货价格将不得不低于现货价格，以避免套利。

### 11.8.3 利用利率平价的偏差

表 11.4 中数值表明，180 天期合约不存在套利机会。如果利率平价定理总体来说成立，那么任何投资期限都不可能有套利机会。在表 11.4 中，利率使 90 天期合约的套利机会成为可能。当人们意识到，持有美元与持有欧元的投资策略不会在通过签订远期合约将欧元兑换为美元时产生相同的 90 天期美元最终财富时，这一点就显而易见了。以下计算说明了两种策略赚取的不同的美元最终价值：

策略 1（在美国持有）：

1 美元 $\times 1.19^{0.25} = 1.0444$ 美元

策略 2（兑换为欧元投资，并使用远期合约）：

（1 美元/0.42） $\times 1.33^{0.25} \times 0.405 = 1.0355$ 美元

策略 1，在美国投资，比将美元兑换成欧元并在德国投资，回报更高。这种差异意味着存在套利机会。

将外汇的持有成本模型应用于表 11.4 中的 90 天期数值，这一点也很明显。对于这一期限，表 11.4 中的数值意味着：

$F_{0,t} = 0.405$；

$S_0 = 0.42$；

$r_{DC} = 0.044448$（季度）；

$r_{FC} = 0.073898$（季度）。

根据这些数值，期货价格应该是：

$$FC\left(\frac{1 + r_{DC}}{1 + r_{FC}}\right) = 0.42 \times \frac{1.044448}{1.073898} = 0.408482$$

因为期货价格低于这一数额，所以存在套利机会。根据我们案例的数据，将资金投资于美国显然比投资于德国要好。表 11.5 显示了将利用这一差异的交易，假设交易以 1.00 美元开始。

**表 11.5** 抛补套利

| $t = 0$（现在） |  |
| --- | --- |
| 在德国以 33% 的利率借款 2.3810 欧元，为期 90 天 |  |
| 按即期汇率将 2.3810 欧元兑换为 1.00 美元 |  |
| 在美国以 19% 的利率投资 1.00 美元，为期 90 天 |  |
| 按 90 天远期汇率将 1.0355 美元兑换为 2.5570 欧元 |  |
| $t = 90$（交付） |  |
| 在美国投资可获得 1.0444 美元 |  |
| 根据远期合约，将 1.0355 美元兑换为 2.5570 欧元 |  |
| 对于 2.3810 欧元借款，支付 2.5570 欧元本息 |  |
| 利润 | 1.0444 美元 |
|  | −1.0355 美元 |
|  | 0.0089 美元 |

这种外汇套利行为被称为抛补套利。在这些交易中，交易者使用远期合约来保障欧元投资收入。收入是有保障的，因为交易者通过远期合约安排，在获得收入后立即将欧元收入兑换为美元。利率平价定理认为这种机会不应该存在。关于市场效率的部分，探讨了利率平价定理是否真的成立。

## 11.8.4 购买力平价定理

购买力平价定理认为，两种货币之间的汇率必须与利用这两种货币进行交易的商品价格水平成比例。购买力平价与利率平价密切相关，我们稍后将对此进行讨论。违反购买力平价能够形成套利机会，如以下"玉米饼套利"案例。

对于玉米饼套利，我们假设运输成本与交易成本为零，并且不存在配额或关税等贸易壁垒。这些假设基本上等同于我们通常对完美市场的假设。如表 11.6 所示，墨西哥比索（MP）的即期价值为 0.10 美元，墨西哥城的玉米饼成本为 1 墨西哥比索。在纽约，一个玉米饼售价为 0.15 美元，因此这个价格创造了套利机会。交易者可以通过开展如表 11.6 底部所示的交易来利用这个机会。考虑到其他价值，纽约的玉米饼价格必须为 0.10 美元才能避免套利。

**表 11.6**                        **玉米饼套利**

| | 墨西哥比索/美元 | 1 个玉米饼的成本 |
|---|---|---|
| 墨西哥城 | 10 | 1 墨西哥比索 |
| 纽约 | 10 | 0.15 美元 |
| 套利交易 | | |
| 在即期市场上将 1 美元兑换为 10 墨西哥比索<br>在墨西哥城买入 10 个玉米饼<br>将玉米饼运到纽约<br>在纽约以 0.15 美元的价格卖出 10 个玉米饼，售价 1.50 美元 | | |
| 利润 | | 1.50 美元 |
| | | −1.00 美元 |
| | | 0.50 美元 |

随着时间的推移，汇率也必须符合购买力平价。表 11.7 的左列显示了 $t=0$ 时与购买力平价一致的价格和汇率。右列显示了墨西哥和美国通货膨胀一年后 $t=1$ 时的数值。在这一年里，墨西哥的通货膨胀率为 20%，所以一个玉米饼现在的售价是 1.2 墨西哥比索。在美国，通货膨胀率是 10%，所以一个玉米饼现在的售价是 0.11 美元。为了与购买力平价保持一致，汇率也必须进行调整，以保持墨西哥比索和美元的相对价值与这两种货币的相对购买力保持一致。因此，现在 1 美元必须价值 10.91 墨西哥比索。任何其他汇率都会创造套利机会。购买力平价始终成立的要求，意味着汇率必须与两种货币的相对价格水平成比例变化。

**表 11.7**                        **一段时间内的购买力平价**

| 从 $t=0$ 至 $t=1$ 的预期通货膨胀率 | 美元 | 0.10 |
|---|---|---|
| | 墨西哥比索 | 0.20 |
| | **$t=0$** | **$t=1$** |
| 汇率：墨西哥比索/美元 | 10.00 | 10.91 |
| 玉米饼价格 | | |
| 墨西哥城 | 1.00 墨西哥比索 | 1.20 墨西哥比索 |
| 纽约 | 0.10 美元 | 0.11 美元 |

## 11.8.5 购买力平价与利率平价

购买力平价定理和利率平价定理之间存在的密切关系，源于利率和通货膨胀率之间的联系。根据欧文·费雪（Irving Fisher）的分析，名义利率或市场利率由两个要素组成，即实际利率和预期通货膨胀率。这种关系可以用数学公式表达如下：

$$(1 + r_n) = (1 + r^*)[1 + E(I)] \tag{11.4}$$

式中，$r_n$ 是名义利率；$r^*$ 是实际利率；$E(I)$ 是相关期间的预期通货膨胀率。由于预期通货膨胀是购买力的预期变化，因此购买力平价定理表达了汇率和相对通货膨胀率之间的联系。两国名义利率的差异很可能是由于预期通货膨胀的差异。这意味着利率、汇率、物价水平和外汇汇率形成了一个综合系统。

## 11.8.6 外汇期货价格和预期未来汇率

在本书中，特别是在第 3 章，我们强调了期货价格和预期未来现货价格之间的关系。如果风险中性的投机者数量充足，他们的逐利活动将推动期货价格与预期未来现货价格持平。同样的过程也发生在外汇市场上。利率、价格水平、预期通货膨胀和汇率之间的联系，只是强调了远期和期货外汇价格与货币的预期未来价值之间存在的基本关系。

为了调查这些关系，请思考表 11.8 中的汇率和价格水平。左侧区域显示了 2005 年 3 月 20 日的一组相互一致的汇率、利率、预期通货膨胀率和玉米饼价格。右侧区域显示了与墨西哥和美国的预期通货膨胀水平一致的，2006 年 3 月 20 日的预期即期汇率，以及预期的玉米饼价格。

表 11.8　　　　　　　　　　价格水平、利率、预期通货膨胀和汇率

| 2005 年 3 月 20 日 | | 2006 年 3 月 20 日 | |
|---|---|---|---|
| 汇率：墨西哥比索/美元 | | 预期即期汇率 | |
| 即期 | 10.00 | 10.45 墨西哥比索/美元 | |
| 2006 年 3 月期货合约 | 10.45 | | |
| 利率（1 年期限） | | | |
| 美国 | 0.12 | | |
| 墨西哥 | 0.17 | | |
| 预期通货膨胀率（次年） | | | |
| 美国 | 0.10 | | |
| 墨西哥 | 0.15 | | |
| 玉米饼价格 | | 预期玉米饼价格 | |
| 美国 | 0.10 美元 | 美国 | 0.11 美元 |
| 墨西哥 | 1.0 墨西哥比索 | 墨西哥 | 1.15 墨西哥比索 |

假设所有这些值都成立，并且 1 年后的预期即期汇率为 11 墨西哥比索/美元。由于 2006 年 3 月期货合约价格为 10.45 墨西哥比索/美元，因此存在如下投机机会。投机者可能会以 10.45 墨西哥比索/美元的价格买入 1 年后交割美元的期货合约。如果 1 美元在 1 年后价值 11 墨西哥比索的预期是正确的，那么投机者将通过期货市场以 10.45 墨西哥比索的价格购得 1 美元，并以 11 墨西哥比索的价格将其出售，从而赚取利润。如果我们假设外汇市场上存在贪婪的风险中性投机者，那么 10.45 墨西哥比索/美元的期货价格和 11 墨西哥比索/美元的预期即期汇率（期货合约到期时）之间的差异就不可能存在。事实上，考虑到大量的风险中性投机者，2006 年 3 月 20 日唯一的预期即期汇率将为 10.45 墨西哥比索/美元，这一汇率将消除投机动机。当然，不同的市场参与者对通货膨胀率和预期未来即期汇率具有不同的预期，这种预期差异是投机的必要要求。

## 11.9　外汇预测的准确性

在本部分，我们将检验外汇期货和远期价格作为未来即期汇率预测的准确性的证据。正如我们刚刚在上部分所讨论的，风险中性投机者的存在将推动期货和远期价格与预期未来即期汇率持平。如果今天对未来汇率的预期是无偏的，且远期和期货价格等于这一预期，我们会发现，从平均值和长期来看，今天的远期或期货价格应该等于随后观察到的即期汇率。因此，这种等价性分为两个部分。第一，远期或期货价格是否等于市场对未来即期汇率的预期？第二，今天对未来即期汇率的预期是无偏的吗？也就是说，从平均和长期来看，今天对未来即期汇率的预期是否等于随后观察到的实际即期汇率？

### 11.9.1　预测准确性的测试方法

不幸的是，没有真正准确的方法来观察今天市场对未来汇率的预期。因此，大多数测试都假设市场预期是对未来即期汇率的无偏估计。在这种假设下，学者测试了今天的远期和期货价格与随后观察到的即期汇率之间的关系。他们测试了以下等价性：

$$F_{0,t} = S_t \tag{11.5}$$

式中：

$F_{0,t}$ 为时间 $t$ 到期的合约在 $t = 0$ 时的远期或期货价格；

$S_t$ 为时间 $t$ 观察到的即期汇率。

测试式（11.5）中的等价性可以确定，远期价格还是期货价格是对未来即期汇率的良好估计。即使式（11.5）中的两个价格之间存在较大偏差，远期或期货价格仍有可能提供对未来即期汇率的无偏预测。无偏预测（unbiased predictor）是指其期望（预期）值等于被预测变量的预测。换言之，如果"$F_{0,t} - S_t$"平均等于零，那么远期或期货价格就是对未来即期汇率的无偏估计。

没有一个预测是完美的。因此，远期或期货价格可能看起来错误百出。然而，任何预测的最有价值测试都来自相对于替代预测开展的预测准确性测试。正如我们将看到的那样，远期和期货价格并不能很好地预测未来即期汇率——除非我们将其与替代预测方案进行比较。

在本章前面部分，我们回顾了外汇期货与远期价格之间关系的证据，我们看到，有力的证据表明两者是相等的。我们在本部分依赖于这种等价性。在接下来的讨论中，我们从总体上谈论期货和远期价格，而不将两者进行区分。

## 11.9.2 基于市场的预测的测试

基于市场的预测是通过对当前市场价格的调查得出的对未来经济价值的预测。在外汇方面，我们询问当前的期货价格是否为未来的外汇汇率提供了良好的市场预测。正如我们所看到的，这基本上相当于测试期货价格和随后观察到的即期汇率的等价性。

虽然早期的研究通常发现期货价格是未来即期汇率的无偏预测，但是后来的研究清楚地发现，期货对随后现货价格的预测存在偏差和重大误差。然而，大多数研究都没有发现足够大或足够一致的偏差，从而允许有利可图的交易策略。总之，对未来汇率的预测误差似乎很大，而且这些预测中似乎确实存在偏差，尽管偏差似乎太小、无利可图。[4]

## 11.9.3 基于市场的预测的竞争对手

如果我们将期货价格视为对未来即期汇率的预测，那么我们一定能得出该预测可能存在较大误差的结论，并且我们必须承认该预测可能是有偏的。这两个特征似乎并不建议对未来即期汇率进行基于市场的预测，也许其他类型的预测更好。基于市场的未来汇率预测的有用性取决于一系列因素，包括可得性、成本、偏差程度、预测误差大小，以及预测相对于其他方法的表现。在本部分，我们将基于市场的预测与商业预测公司的业绩进行比较。显而易见的是，尽管存在局限性，但期货预测也具有重要的优势。

显然，期货预测在可得性和成本方面具有优势。两者每天都能以《华尔街日报》

预测的价格买到。如果远期和期货价格提供了对未来即期汇率的最佳预测，那么预测中的偏差可能不会太严重。即使偏差很大，期货预测可能仍然是可获得的最佳预测。也许对基于市场的预测最严峻的挑战来自准备和传播汇率预测的服务。然而，基于市场的预测似乎比商业公司的预测误差更小。[5]

## 11.10  外汇期货市场的效率

长期以来，许多研究人员一直在探讨外汇市场的效率。尽管如此，这个市场的效率仍然是一个悬而未决的问题。金融中复杂实证问题岌岌可危的情况并不罕见。如果存在地理套利、交叉汇率套利或抛补套利等套利机会，那么外汇市场就是效率低下的。对市场结构的反思有助于证实效率的情况。由于存在一个由活跃交易者组成的全球网络，所有人都通过复杂的信息系统联系在一起，并且都明白套利机会所隐含的利润，因此我们可能会很早地发现任何早期的套利机会。随着准套利机会的出现，我们预计交易者会调整他们的交易模式，以利用哪怕是最微小的机会。我们预计，这种活动应该能够消除任何可观察到的套利机会。

另外，外汇市场在吸引各国央行干预方面是独一无二的。如果央行不能放开市场，并坚持管理浮动汇率，那么市场的性质可能会受到影响。如果市场受制于资本充足的不以盈利为目标的政府机构的行为，那么我们可能会期望通过与央行对赌来获得盈利机会。在本部分，我们将从利率平价案例开始，探讨市场效率的证据。

我们已经看到，利率平价的偏离为正向期现套利和反向期现套利交易策略创造了机会。考虑到交易成本，利率平价的微小偏离是可能的，因为交易成本使交易者利用微小差异变得无利可图。套利机会取决于发现足够大的利率平价偏离，从而覆盖所有交易成本并仍能盈利。因此，寻找是否存在违反利率平价定理的一种方法是寻找利率平价大幅偏离的发生。表 11.9 显示了开展期货合约交易的一些主要货币的利率平价偏离。理查德·M. 莱维奇（Richard M. Levich）选择 0.25% 作为允许的利率平价偏离，这仍然与无套利机会保持一致。他认为，1% 的 1/4 将是交易成本的合理区间，以在与利率平价完全一致的价格周围形成无套利区间。如表 11.9 所示，莱维奇的观测结果中有很大一部分位于该区间。莱维奇由此得出结论，"因此，欧洲货币市场是有效的，因为通过抛补套利获得无风险利润的机会很少"。[6]

表 11.9 利率平价 +/−0.25% 以内偏离的百分比（所有资产的到期期限为 3 个月）

| 国家 | 区间内百分比 |
| --- | --- |
| 加拿大 | 93.43 |
| 英国 | 96.68 |
| 德国 | 98.82 |
| 瑞士 | 78.59 |

数据来源：Richard M. Levich, "The Efficiency of Markets for Foreign Exchange：A Review and Extension", *Reprinted in Kolb and Gay*, International Finance：Concepts and Issues, Richmond, VA：Robert F. Dame, Inc. , 1982.

0.25% 区间之外的偏离在多大程度上代表着套利机会？如果我们只发现很少的机会，那么寻找它们可能仍然是值得的。根据表 11.9 的数据，跟踪瑞士法郎似乎是值得的，因为超过 20% 的观测结果似乎在规定的区间之外。这里的关键问题是无套利区间的选择。如果交易成本超过 0.25%，那么区间就太窄了。同样，也许交易成本真的不到 0.25%，那么无套利区间就太宽了。这些问题不容易回答，因为几乎不可能知道使用什么样的交易成本衡量标准。然而，表 11.9 中最显著的特征，似乎是如此多的机会落入准确利率平价 0.25% 以内的普遍趋势。虽然不能说外汇市场上没有套利机会，但更令人印象深刻的是，观察结果往往与利率平价非常接近。[7]

莱维奇的研究描述了外汇市场效率的早期证据。尽管如此，外汇远期和期货市场的最新证据表明，这些市场的效率并不高。大多数关于外汇市场效率的研究都发现理论定价关系的重大偏离。此外，一些研究发现，投机策略可以赚取可观的利润。部分调查结果可能是由于各国央行对外汇市场的干预。作为一种初步的解释，央行似乎有可能进行干预以稳定货币。在这个过程中，它们为精明的投机者带来利润。然而，大多数机会似乎都很小。[8]

## 11.11 外汇期货投机

我们已经看到，外汇市场存在一些显著的低效率现象。这种低效率似乎为投机策略打开了大门。尽管如此，我们不应该期望市场出现严重的低效率现象。例如，基于市场的预测似乎仍然优于专业的预测。这表明，试图"打败市场"可能仍然是危险的。在本部分，我们将对外汇投机策略进行说明。这些策略假设交易者对外汇汇率的价值有着良好的预期。

### 11.11.1 单边头寸投机

在投机中，最重要的一点是要记住，交易者是在以自身的智慧反对整个市场的观点，因为市场上的可用价格反映了所有参与方的一致看法。表11.10和表11.11显示了投机利润对未来汇率更优估计的依赖性。想象一下，一位投机者面对表11.10中4月7日的美元与欧元之间的汇率。作为市场信念的一种表达，这些汇率意味着欧元将相对于美元升值。然而，投机者强烈反对。该投机者认为，以美元计价，欧元价格实际上会在当年剩下的时间里下跌。表11.11显示了其利用自己的信念所进行的投机交易。

由于投机者预计欧元会贬值，因此以0.4286的价格卖出了12月期货合约。如果随后的现货价格更低，他就会获利。投机者认为，欧元即期汇率将在未来8个月内下跌的看法实际上不需要正确。如果欧元的价值低于12月期货合约价格，那么利润就是有保证的。如表11.11所示，12月10日，12月期货合约价格为0.4218，即期汇率为0.4211。请注意，认为欧元会贬值的看法是不正确的。12月10日的现货价格仍然超过了初始的现货价格，12月期货合约价格也是如此。尽管如此，期货价格从0.4286降至0.4218，产生了0.0068美元/欧元的利润。由于欧元期货合约要求交割125,000欧元，因此总利润为850美元。

**表11.10**　　　　　　　　　　**4月7日外汇价格——现货和期货**

|  | 美元/欧元 |
| --- | --- |
| 即期 | 0.4140 |
| 6月期货 | 0.4183 |
| 9月期货 | 0.4211 |
| 12月期货 | 0.4286 |

**表11.11**　　　　　　　　　　　　**外汇投机**

|  | 现货市场 | 期货市场 |
| --- | --- | --- |
| 4月7日 | 预计未来8个月内欧元将贬值 | 以0.4286的价格卖出1手12月欧元期货合约 |
| 12月10日 | 现货价格：美元/欧元 = 0.4211 | 以0.4218的价格买入1手12月欧元期货合约 |
| 利润 |  | 0.4286美元 |
|  |  | −0.4218美元 |
| 每欧元利润 |  | 0.0068美元 |
| 乘以每手合约欧元数量 |  | ×125,000 |
| 总利润 |  | 850美元 |

### 11.11.2　价差投机

除了如前面案例所示的单边头寸外，各种价差策略也是可能的。其中，包括商品内价差和商品间价差。一些商品间价差很重要，因为它们使在其他市场不容易获得的头寸成为可能。美国唯一的上市单个外汇合约的期货市场是 IMM，其中所有价格都以美元表示。投机者可能认为瑞士法郎相对于欧元会升值，但也可能不确定美元相对于这两种货币的未来价值。可以通过在 IMM 期货市场上进行交易来对瑞士法郎/欧元的汇率进行投机。

表 11.12 显示了 6 月 24 日 IMM 上美元/欧元和美元/瑞士法郎的即期和未来汇率的市场价格。期货价格也隐含着欧元和法郎之间的交叉汇率，如第四列所示。汇率结构很特殊，欧元/瑞士法郎的汇率先下降后上升。特别是一位投机者发现 12 月的隐含交叉汇率过低，该投机者认为，瑞士法郎在未来一年内将对欧元升值。尽管不可能在 IMM 上直接交易欧元/瑞士法郎，但考虑到可用的汇率报价，投机者可以使用价差来实现所需的投机头寸。

**表 11.12**　　　　　　　　　　**6 月 24 日即期与期货汇率**

|  | 美元/欧元 | 美元/瑞士法郎 | 隐含的欧元/瑞士法郎交叉汇率 |
|---|---|---|---|
| 即期 | 0.3853 | 0.4580 | 1.1887 |
| 9 月 | 0.3915 | 0.4616 | 1.1791 |
| 12 月 | 0.4115 | 0.4635 | 1.1264 |
| 3 月 | 0.4163 | 0.4815 | 1.1566 |
| 6 月 | 0.4180 | 0.5100 | 1.2201 |

因为投机者认为欧元相对于瑞士法郎的价值会下跌，所以他也必须相信欧元相对于美元的价值会比瑞士法郎相对于美元的价值表现得更差。换言之，即使欧元相对于美元升值，他对瑞士法郎相对价值的看法意味着瑞士法郎相对于美元将升值得更多。同样，如果欧元相对于美元贬值，该投机者会认为瑞士法郎要么会升值，要么不会像欧元那样贬值那么多。重要的是要认识到，投机者不必对美元相对于任何一种欧洲货币的表现持有任何看法。他只是想通过美元进行交易，以在欧元/瑞士法郎的汇率中建立头寸。

表 11.13 显示了利用 12 月交叉汇率过低这一看法所需的交易。如果投机者是正确的，那么欧元将相对于瑞士法郎是贬值的。因此，他以 0.4115 的价格卖出 1 手 12 月欧元合约，并以 0.4635 的价格买入 1 手 12 月瑞士法郎合约。这种价差相当于推断 1.1264 的隐含交叉汇率太低，或者到 12 月购买 1 瑞士法郎需要超过 1.1264 欧元。到 12 月 11 日，这两份合约即将到期，投机者将它们平仓。他以 0.3907 的价格买入 12 月欧元合约，并以 0.4475 的价格卖出瑞士法郎合约，这产生了 0.0208 美元/欧元的利润和 0.0160 美元/瑞士法郎的损失。这两份合约的规模都是 125,000 单位的外国货币，因此价差交易的净利润为 600 美元。

**表 11.13**　　　　　　　　　　**交叉汇率期货价差投机**

| 日期 | 期货市场 |
|---|---|
| 6 月 24 日 | 以 0.4115 的价格卖出 1 手 12 月欧元期货合约<br>以 0.4635 的价格买入 1 手 12 月瑞士法郎期货合约 |

续表

| 日期 | 期货市场 | | |
|------|---------|---|---|
| 12 月 11 日 | 以 0.3907 的价格买入 1 手 12 月欧元期货合约<br>以 0.4475 的价格卖出 1 手 12 月瑞士法郎期货合约 | | |
| | 期货交易结果 | | |
| | | 欧元 | 瑞士法郎 |
| | 卖出 | 0.4115 | 0.4475 |
| | 买入 | −0.3907 | −0.4635 |
| | | 0.208 美元 | −0.0160 美元 |
| | ×125,000 | =2,600 美元 | = −2,000 美元 |
| | 总利润：600 美元 | | |

作为货币投机的最后一个案例，请思考表 11.14 中英镑的现货和期货价格。一位投机者观察到这些相对恒定的价格，但认为英国经济甚至比普遍意识到的还要糟糕。具体而言，他预计英国的通货膨胀率将超过美国。因此，该交易者预计英镑将相对于美元贬值。根据这种看法采取行动的一个简单方法是卖出远月期货合约，但这位头寸交易者非常厌恶风险，他决定交易价差，而不是单边头寸。他认为 12 月和 3 月合约的同等价格将无法维持，因此他进行了如表 11.15 所示的交易，卖出他认为价格相对较高的 3 月合约，买入价格相对较低的 12 月合约。到 12 月，投机者的预期得以实现，英镑相对于美元已经贬值，期限更远的期货合约贬值幅度更大。投机者随后于 12 月 5 日平仓，实现了 375 美元的总利润，如表 11.15 所示。由于他的保守做法，利润只有 375 美元。如果交易者通过卖出 3 月合约持有单边头寸，利润将为 1,293.75 美元。在这些成功的投机案例中，必须认识到，投机者将其知识与整个市场的集体看法对立起来，而这些看法是通过市场价格表达出来的。

表 11.14　　　　　　　　　　**8 月 12 日现货和期货价格**

| | 美元/英镑 |
|------|---------|
| 即期 | 1.4485 |
| 9 月 | 1.4480 |
| 12 月 | 1.4460 |
| 3 月 | 1.4460 |
| 6 月 | 1.4470 |

表 11.15　　　　　　　　　　　**英镑时间价差投机**

| 日期 | 期货市场 |
|------|---------|
| 8 月 12 日 | 以 1.4460 的价格买入 1 手 12 月英镑期货合约<br>以 1.4460 的价格卖出 1 手 3 月英镑期货合约 |

| 日期 | 期货市场 | | |
|---|---|---|---|
| 12 月 5 日 | 以 1.4313 的价格卖出 1 手 12 月英镑期货合约<br>以 1.4253 的价格买入 1 手 3 月英镑期货合约 | | |
| | | 12 月 | 3 月 |
| | 卖出 | 1.4313 | 1.4460 |
| | 买入 | −1.4460 | −1.4253 |
| | | −0.0147 美元 | 0.0207 美元 |
| | ×62,000 | = −918.75 美元 | = +1,293.75 美元 |
| | 总利润：375 美元 | | |

## 11.12　外汇期货套期保值

许多公司和个人发现自身面临外汇风险。例如，进口商和出口商通常需要承诺在未来某个时间买入或卖出货物，并以外国货币结算。同样，经营外国子公司的跨国公司从其子公司获得的付款可能以外国货币计价。一位富人可能会计划一次长期的海外旅行，并且可能担心某种特定外国货币的价格会意外上涨。所有这些不同的参与方都有可能利用外汇期货市场来为不想要的货币风险进行套期保值。

如果交易者面临一种货币与另一种货币的实际兑换，这种风险被称为交易风险（transaction exposure），因为交易者会在市场上进行交易，将一种货币兑换成另一种货币。公司经常面临换算风险（translation exposure），需要用另一种货币来对一种货币进行重新计价。例如，一家公司可能有一家赚取外国货币计价利润的外国子公司。然而，母公司以本国货币编制会计报表。出于会计目的，该公司必须将国外收入换算为本国货币。虽然这一程序不涉及外汇市场的实际交易，但是由于子公司外国收入未来换算为本国货币的汇率存在不确定性，以本国货币表示的公司报告收入可能会出现波动。在以下案例中，我们同时考虑了交易风险和换算风险的套期保值。

### 11.12.1　交易风险的套期保值

最简单的例子出现在约翰·蒙克里夫（John Moncrief）身上，他正计划去瑞士旅行6 个月。蒙克里夫计划在这次旅行中花一大笔钱，这足以使其值得去关注汇率，如表11.16 所示。由于远期汇率高于近期汇率，蒙克里夫担心即期汇率可能会上升得更高，因此他决定通过买入瑞士法郎期货来锁定现有汇率。由于他计划于 6 月前往瑞士，他以 0.5134 的当前价格买入 2 手 6 月瑞士法郎期货合约。如表 11.17 所示，他预计

250,000 瑞士法郎将足以覆盖其 6 个月的旅行费用。到 6 月 6 日，蒙克里夫的担忧成为事实，瑞士法郎的即期汇率为 0.5211。因此，他交付 128,350 美元，并收取 250,000 瑞士法郎。如果他不采取措施并以 6 月 6 日的即期汇率进行交易，250,000 瑞士法郎将花费 130,275 美元。通过外汇风险的套期保值，蒙克里夫节省了 1,925 美元，这足以为其在瑞士多停留几天提供资金支持。

表 11.16　　　　　　　　　　　　1 月 12 日瑞士法郎汇率

| 即期 | 0.4935 |
|---|---|
| 3 月 | 0.5034 |
| 6 月 | 0.5134 |
| 9 月 | 0.5237 |
| 12 月 | 0.5342 |

表 11.17　　　　　　　　　　　蒙克里夫的瑞士法郎套期保值

| | 现货市场 | 期货市场 |
|---|---|---|
| 1 月 12 日 | 蒙克里夫计划从 6 月开始在瑞士度假 6 个月；这次旅行将花费约 250,000 瑞士法郎 | 蒙克里夫以 0.5134 的价格买入 2 手 6 月瑞士法郎期货合约，总成本为 128,350 美元 |
| 6 月 6 日 | 美元/瑞士法郎的即期汇率现在是 0.5211，兑换 250,000 瑞士法郎的美元成本为 130,275 美元 | 蒙克里夫交付 128,350 美元，并收取 250,000 瑞士法郎 |
| 套期保值节省成本：130,275 – 128,350 = 1,925 美元 | | |

在这个例子中，蒙克里夫面临外汇市场上预先存在的风险，因为他已经确定将购买瑞士法郎。通过交易期货，他保证了 0.5134 美元/瑞士法郎的价格。当然，期货市场可以用于比降低蒙克里夫瑞士度假相关风险更重要的目的。

## 11.12.2　进出口贸易的套期保值

考虑一家正在协商从日本一家公司大量购买日本手表的小型进出口公司。这家日本公司在谈判中非常强硬，要求在手表交货时以日元付款（如果合同要求以美元而不是日元付款，那么这家日本公司将承担汇率风险）。交货将在 7 个月后进行，但手表价格是当天商定的，150,00 块手表，每块手表 2,850 日元。这意味着买家将不得不在大约 7 个月后支付 42,750,000 日元。表 11.18 显示了 4 月 11 日的当前汇率。按照当前 0.004173 美元/日元的即期汇率计算，15,000 块手表的购买价格为 178,396 美元。如果将 4 月 11 日的期货价格视为对未来汇率的预测，那么美元相对于日元似乎会贬值。12 月期货合约的成交价格为 0.004265，实际的美元成本可能接近 182,329 美元。如果在 12 月交货和付款，进口商可能会合理地估计实际美元支出约为 182,000 美元，而不是

178,000 美元。

表 11.18 4 月 11 日美元/日元汇率

| 即期 | 0.004173 |
|---|---|
| 6 月期货 | 0.004200 |
| 9 月期货 | 0.004237 |
| 12 月期货 | 0.004265 |

为了避免其外汇头寸恶化，进口商决定通过交易外汇期货来为贸易进行套期保值。交付预计发生在 11 月，因此进口商决定交易 12 月期货合约。通过选择这个到期月份，套期保值者避免了不得不为近月合约展期，从而降低交易成本。此外，12 月合约的优势还在于它是套期保值期间结束后第一个到期的合约，因此 12 月期货汇率应该接近 11 月需要日元时的即期汇率。

进口商的下一个困难源于期货合约的规模为 1,250 万日元。如果交易 3 手合约，他的交易规模将为 3,750 万日元。然而，如果交易 4 手合约，他将交易 5,000 万日元，而他实际上只需要 4,275 万日元。无论以何种方式进行交易，进口商都将面临未套期保值的外汇风险。最后，他决定交易 3 手合约。表 11.19 显示了他的交易情况。4 月 11 日，他预计将需要 4,275 万日元，当前美元价值为 178,396 美元，预期未来价值为 182,329 美元，其中预期未来价值由 12 月期货价格来衡量。这个预期的未来价格是衡量套期保值成功与否的最相关价格。在期货市场上，进口商以 0.004265 美元/日元的价格买入 3 手 12 月日元合约。

11 月 18 日，手表到货，进口商在即期市场上以 0.004273 的汇率买入日元。相对于预期的日元购汇成本，他多支付了 342 美元。在获得日元后，进口商抵消了其期货头寸。由于期货价格仅上涨 0.000005，因此期货利润仅为 187 美元。这导致整个交易的总损失为 155 美元。如果没有套期保值，损失将是现货市场价格的全部变化，即 342 美元。这种套期保值仅部分有效，原因有两个。第一，期货价格没有像现货价格变动那么大。现货价格变动了 0.000008 美元/日元，但期货价格仅变动了 0.000005 美元/日元。第二，进口商无法对其头寸进行完全套期保值，因为他的需求介于两个合约规模之间。由于他需要 4,275 万日元，而期货交易规模仅为 3,750 万日元，因此他留下了 525 万日元的未套期保值敞口。

表 11.19 进口商的套期保值

| | 现货市场 | 期货市场 |
|---|---|---|
| 4 月 11 日 | 进口商预计 11 月需要 42,750,000 日元，当前价值为 178,396 美元，11 月预期价值为 182,329 美元 | 进口商以 0.004265 的价格买入 3 手 12 月日元期货合约，总价值为 159,938 美元 |

续表

| | 现货市场 | 期货市场 |
|---|---|---|
| 11 月 1 日 | 接收手表；以 0.004273 的现货市场汇率买入 42,750,000 日元，总计 182,671 美元 | 以 0.004270 的价格卖出 3 手 12 月日元期货合约，总价值为 160,125 美元 |
| | 现货市场结果 | 期货市场结果 |
| 预计成本 | 182,329 美元 | 利润 = 187 美元 |
| 实际成本 | − 182,671 美元 | |
| | − 342 美元 | |
| 净损失：− 155 美元 | | |

### 11.12.3　换算风险的套期保值

许多从事国际业务的公司都有以外国货币赚取收入并将利润汇给美国母公司的子公司。美国母公司以美元报告其收入，因此母公司报告的收入，随美元与子公司经营所在国家货币之间的汇率而波动。以本国货币重新计算外国货币收入就会带来换算风险。对于许多公司来说，收入波动是一种诅咒。为避免汇率波动导致的收入波动，公司可以用外汇期货进行套期保值。

表 11.20 显示了 1 月 2 日和 12 月 15 日的欧元汇率。面对这些汇率的是一家美国公司的子公司——内卡苏尔姆施罗普贸易公司（Schropp Trading Company of Neckarsulm）。施罗普贸易公司预计今年将获得 430 万欧元的收入，并计划将这些资金汇给其美国母公司。1 月 2 日，12 月期货合约成交价格为 0.4211 美元/欧元，这些收入的预期美元价值为 1,810,730 美元。然而，如果欧元贬值，子公司对母公司美元收入的实际贡献将降低。

**表 11.20　　　　　　　　　　欧元汇率**

| | 1 月 2 日 | 12 月 15 日 |
|---|---|---|
| 即期 | 0.4233 | 0.4017 |
| 12 月期货 | 0.4211 | 0.4017 |

如表 11.21 所示，该公司可以对欧元收入的价值进行套期保值，也可以不进行套期保值。根据表 11.20 中的汇率，到 12 月 15 日，430 万欧元的价值仅为 1,727,310 美元。这一缺口本可以通过在 1 月以 0.4211 的 12 月期货合约价格在期货市场卖出预期欧元收入来避免。表 11.21 显示了这种可能性。由于合约规模为 125,000 欧元，该公司本可以以 1 月 2 日的价格卖出 35 手合约，这一策略将产生 84,875 美元的期货利润（35 手合约×125,000 欧元×0.0194 美元利润），这一期货利润几乎完全抵消了欧元价值的损失，施罗普贸易公司可以通过汇款 1,812,185 美元，成功地为美国母公司作出所需的贡献。

表 11.21　　　　　　　　　　　内卡苏尔姆施罗普贸易公司的套期保值

| 1 月 2 日 | | |
|---|---|---|
| 德国当年的预期收入 | | 430 万欧元 |
| 预计的美元价值（按 0.4211 美元/欧元汇率计算） | | 1,810,730 美元 |
| 施罗普贸易公司对其母公司收入的贡献 | | |
| | 未套期保值 | 套期保值 |
| 430 万欧元收入对母公司美元收入的贡献（假设即期汇率为 0.4017） | 1,727,310 美元 | 1,727,310 美元 |
| 期货利润或损失（以 0.4017 的即期汇率收盘） | 0 | 84,875 美元 |
| 合计 | 1,727,310 美元 | 1,812,185 美元 |

## 11.13　小结

本章从探索外汇即期市场和远期市场开始。在所有存在期货市场的商品中，外汇市场在远期市场的实力方面是独一无二的。事实上，远期市场比期货市场要大得多。尽管如此，正如我们所讨论的，外汇远期价格和期货价格实际上是相同的。

因为外汇汇率代表着一种货币单位按另一种货币单位计价的价格，所以每一个外汇汇率显然都是相对价格。由于外汇市场的这种独特性，我们考虑了外汇汇率的决定因素，如国际收支。现代货币是政府创造的，政府对外汇市场的干预比大多数其他市场更加显著。各国政府试图建立汇率制度，要么固定一种货币相对于另一种货币的价值，要么允许货币价值浮动。即使允许货币价值浮动，政府也经常进行干预，以管理其货币价值。

正如我们在所有市场看到的那样，无套利条件会限制外汇汇率。这些关系中最著名的一个是利率平价定理。正如我们详细讨论的那样，利率平价定理就是外汇的持有成本模型。因此，外汇定价原则与我们为其他市场研讨的概念相同。

与其他市场相比，已经有许多关于期货和远期汇率预测准确性的研究。这些研究探讨期货价格是不是期货到期时现货价格的良好预测。一般来说，这些研究大多发现基于期货的预测存在重大错误或偏差。然而，与大多数专业的预测服务相比，期货价格仍然提供了对未来现货价格的更好预测。

关于外汇市场效率的证据可能比我们考虑过的任何其他市场的证据都更负面。大多数研究似乎一致认为效率存在显著偏离。从违反平价条件到发现成功的投机策略，不一而足。这种明显低效的原因尚不清楚，但几项研究指出，央行干预是一种可能的解释：央行进入市场是为了追求政策目标，从而为投机者提供获利机会。这种试探性的解释能否得到认可，目前还不完全清楚。

与所有期货市场一样，外汇期货市场有许多套期保值应用。我们展示了如何利用外汇期货为进出口商的风险进行套期保值。此外，我们还考虑了交易风险和换算风险的问题。在交易风险敞口中，交易者实际上面临将一种货币兑换为另一种货币，并希望为未来的资金承诺进行套期保值。在换算风险敞口中，出于会计目的，以一种货币收到的资金将按另一种货币重新计价。因为只涉及会计，所以换算风险不需要将一种货币实际兑换成另一种货币。尽管如此，公司可以为换算风险进行套期保值，以避免按本国货币报告的收入出现波动。

## 11.14 习题

1. 目前美元兑日元的即期汇率是 146 日元/美元，1 日元对应的美元价值是多少？

2. 你持有最新一期的《华尔街日报》和《金融时报》——英国版的《华尔街日报》。在《华尔街日报》上，你可以看到英镑兑美元的 90 天远期汇率是 2.00 美元/英镑。在《金融时报》上，美元兑英镑的 90 天远期汇率是 0.45 英镑/美元。在假设完美市场的情况下，请解释一下你将如何利用这些汇率进行交易。

3. 在习题 2 中，我们假设市场是完美的。哪些实际障碍可能会阻碍你在习题 2 中的套利交易？

4. 在《华尔街日报》上，你可以看到欧元的现货价值为 0.63 美元，瑞士法郎的价值为 0.72 美元。这些数值意味着瑞士法郎和欧元之间的汇率是多少？按照欧元/瑞士法郎的形式表示。

5. 请解释盯住汇率制度和管理浮动汇率制度之间的区别。

6. 请解释为什么抛补套利就像我们所熟悉的第 3 章中的正向期现套利交易一样。

7. 对于抛补套利，持有成本是什么？请详细解释。

8. 欧元的即期汇率为 0.65 美元/欧元，90 天远期汇率为 0.64 美元/欧元。如果这一期间的美元利率是 2%，那么欧洲货币联盟的利率是多少？在此期间，持有欧元至远期的成本是多少？

9. 瑞士法郎在现货市场上价值 0.21 美元。1 年后到期的瑞士法郎期货的成交价格为 0.22 美元。这一期间的美元利率为 10%，瑞士法郎的利率应该是多少？

10. 使用习题 9 中的数据，请解释哪个国家预计在明年会经历更高的通货膨胀。如果美国的预期通货膨胀率是 7%，这意味着瑞士的通货膨胀率是多少？

11. 使用习题 9 中的数据，假设当年瑞士法郎的利率也是 10%。面对这些数值，请解释你可能会如何交易。

12. 许多旅行者说意大利的鞋子很便宜。考虑到购买力平价定理，这怎么可能呢？请解释。

13. 在大多数情况下，石油是以美元计价的。假设你是一家法国公司的工作人员，预计在 6 个月后进口 42 万桶原油。你在这笔交易中面临哪些风险？请解释如何进行交易以为这些风险中的货币部分进行套期保值。

14. 一家美国公司的财务审计员正在审查来自德国子公司的收入。该子公司每年收入 100 万欧元，并将这些收入再投资于其自身的德国业务，这一计划将持续下去。然而，收入需要换算成美元，以编制美国母公司的财务报表。请从美国母公司的角度解释外汇风险的基本特征。请解释你认为母公司应该采取哪些措施来为你刚刚确认的风险进行套期保值。

15. 乔尔·迈尔斯（Joel Myers）在一家大型国际银行工作。在一个炎热的 8 月早晨，他一直在看交易屏幕，对交易活动的低迷感到失望。他正要休息时，瑞士债券和货币市场活动的一阵忙乱引起了他的注意。他很快就调出了以下报价：

| 即期汇率 | 0.1656 美元/瑞士法郎 |
|---|---|
| 1 个月远期 | 0.1659 美元/瑞士法郎 |
| 3 个月远期 | 0.1665 美元/瑞士法郎 |
| 6 个月远期 | 0.1673 美元/瑞士法郎 |

美国短期国债收益率（债券等价物）：

| 1 个月 | 4.95% |
|---|---|
| 3 个月 | 5.01% |
| 6 个月 | 5.11% |

（1）计算乔尔预计在瑞士货币市场上看到的 1 个月（30 天）、3 个月（91 天）和 6 个月（182 天）的收益率。

（2）假设乔尔看到瑞士货币市场的 6 个月收益率为 4%。假设没有市场摩擦，可以进行套利吗？如果可以，展示套利交易，并计算 100 万美元套利的利润。

16. 随着秋季学期的开始，大卫·麦克尔罗伊（David McElroy）正在为俄克拉何马州立大学（Oklahoma State University，OSU）明年夏天的夏日伦敦（Summer in London）项目做安排，这是一个俄克拉何马州立大学教师在位于英国伦敦的摄政学院为俄克拉何马州立大学学生教授课程的项目。食宿费为每位参与者 1,500 英镑，将于 5 月 15 日支付。招生人数上限为 42 人，俄克拉何马州立大学一直按照这个上限运行项目。过去，夏日伦敦项目曾因汇率不利波动而付诸东流。之所以会发生这种情况，是因为俄克拉何马州立大学承担了向学生提供的以美元计价的食宿费用和支付给摄政学院的以英镑计价的费用之间的汇率风险。大卫想知道俄克拉何马州立大学是否有办法将这种风险转嫁给其他人。

（1）俄克拉何马州立大学是否面临换算或交易风险？

（2）俄克拉何马州立大学可以做些什么来降低这种汇率风险？

（3）大卫向一位金融学教授请教。该教授调出了以下规模为 62, 500 英镑的期货合约的美元/英镑报价。

| 交割月份 | 美元/英镑 |
|---|---|
| 9 月（当年） | 1.6152 |
| 12 月（当年） | 1.6074 |
| 3 月（次年） | 1.6002 |
| 6 月（次年） | 1.5936 |

该教授可能会建议采取什么策略来减少俄克拉何马州立大学的汇率风险敞口？请给出建议。

（4）5 月 15 日到来，出现以下情况：

| 参与者数量 | 42 |
|---|---|
| 美元食宿费用 | 2, 400 美元 |
| 美元/英镑汇率 | 1.65 美元 |
| 6 月期货合约 | 1.6451 美元/英镑 |

请计算俄克拉何马州立大学在现货市场和期货市场的收益和损失。套期保值策略成功了吗？

17. 万岁苏打水（Viva Soda）是竞争激烈的运动饮料市场中的后起之秀。万岁苏打水在美国拥有 3 家区域性灌装厂和 1 家满足加拿大各省对万岁苏打水需求的加拿大子公司。按当前汇率计算，加拿大子公司大北方灌装厂（Great North Bottling）占万岁苏打水总销售额和净收入的 25%。万岁苏打水首席财务官戴夫·贝克（Dave Baker）非常担心万岁苏打水的汇率换算风险。万岁苏打水将在 1 年后进入债务再融资市场。戴夫敏锐地意识到债务成本和收入结果之间的关系。戴夫的助理对大北方灌装厂未来 4 个季度的税前收入做出了以下预测：

| 季度 | 大北方灌装厂的税前收入 |
|---|---|
| 12 月（当年） | 1,000 万加拿大元 |
| 3 月（次年） | 750 万加拿大元 |
| 6 月（次年） | 850 万加拿大元 |
| 9 月（次年） | 1,200 万加拿大元 |

（1）万岁苏打水在加拿大的业务面临哪些风险？戴夫·贝克能做些什么来为风险进行套期保值？

（2）戴夫的助理注意到以下加拿大元的期货汇率。

| 交割月份 | 美元/加拿大元 |
| --- | --- |
| 12 月（当年） | 0.6603 |
| 3 月（次年） | 0.6609 |
| 6 月（次年） | 0.6615 |
| 9 月（次年） | 0.6621 |

请设计一个能解决戴夫问题的套期保值策略。假设 1 手期货合约的规模是 100,000 加拿大元。

（3）假设实现了如下表所示的现货价格，请计算每个季度的换算收入，以及套期保值活动对万岁苏打水业绩的净影响。

| 月份 | 美元/加拿大元 |
| --- | --- |
| 12 月（当年） | 0.6271 |
| 3 月（次年） | 0.6827 |
| 6 月（次年） | 0.5961 |
| 9 月（次年） | 0.7100 |

# 11.15　尾注

[1] 克里斯·克里斯托弗森（Kris Kristofferson）和简·方达（Jane Fonda）主演的电影《金融大恐慌》中就出现了这样一个交易室。在这个关于国际金融阴谋和恐慌的故事中，克里斯托弗森扮演了一位精明的、不屈不挠的交易室经理，他将世界从金融崩溃中拯救出来。

[2] 事实上，在纽约等主要外汇中心，一些交易者会在主要的交叉汇率中做市。然而，对于许多市场中的许多货币，无法获得交叉汇率的单独报价。

[3] 虽然通常会列出 30 天、90 天和 180 天的期限，但是远期市场交易可能会安排不同期限以满足客户需求。

[4] 有关该领域的代表性研究，见以下文章：L. Hansen and R. Hodrick, "Forward Exchange Rates as Optimal Predictors of Future Spot Rates: An Econometric Analysis", *Journal of Political Economy*, 88: 5, 1980, pp. 829–853; R. Hodrick and S. Srivastava, "Foreign Currency Futures", *Journal of International Economics*, 22: 1/2, 1987, pp. 1–24; L. Kodres, "Tests of Unbiasedness in Foreign Exchange Futures Markets: The Effects of Price Limits", *The Review of Futures Markets*, 7: 1, 1988, pp. 139–166; S. Kohlhagen, "The Forward Rate as an Unbiased Predictor of the Future Spot Rate", *Columbia Journal of World Busi-*

ness, 14：4, Winter 1979, pp. 77 – 85。

［5］ 例如，见 R. Levich, "Evaluating the Performance of the Forecasters", in R. Ensor（ed.）, *The Management of Foreign Exchange Risk*, 2nd edn., London, Euromoney Publications, 1982, pp. 121 – 134。

［6］ 见 R. Levich, "The Efficiency of Markets for Foreign Exchange：A Review and Extension", in G. Gay and R. Kolb（eds.）, *International Finance：Concepts and Issues*, Richmond, VA：Robert F. Dame, 1982, p. 406。

［7］ 许多其他的实证测试倾向于证实莱维奇得出的效率结论，其中一些测试包含在其文章的参考书目中。

［8］ 对于外汇市场效率的研究，见 K. Cavanaugh, "Price Dynamics in Foreign Currency Futures Markets", *Journal of International Money and Finance*, 6：3, 1987, pp. 295 – 314, 和 D. Glassman, "The Efficiency of Foreign Exchange Futures Markets in Turbulent and Non – Turbulent Periods", *The Journal of Futures Markets*, 7：3, 1987, pp. 245 – 267。

# 第 12 章　期权入门

## 12.1　概述

顾名思义，期权（option）是在某一限定的时间内按照确定的价格买入或卖出某一特定商品的权利。这样的期权具有明显的价值。例如，假设国际商业机器公司（IBM）股票的交易价格为 120 美元，某位投资者拥有以 100 美元购买 1 股的期权，则该期权一定至少价值 20 美元，即通过行使期权能够买入 IBM 股票的价格（100 美元）与能够在公开市场中将其卖出的价格（120 美元）两者之间的差额。

本章考察了美国的期权市场。1973 年以前，各种各样的期权均在场外市场进行交易。而在 1973 年，芝加哥期权交易所开始交易个股期权。此后期权市场经历了快速增长，产生了一些新的交易所和许多不同种类的新期权合约。

期权市场非常多元化，并且它们有自己独特的行话。因此，理解期权需要通晓相关制度细节和市场使用的术语。本章以对期权市场相关制度背景的讨论开始，包括交易合约的种类和各种期权的报价。

成功的期权交易者还必须了解期权市场中普遍存在的定价关系。例如，如果 IMB 股票的价格是 120 美元，那么以 100 美元买入 IBM 股票的期权应该价值多少钱？仍假设 IBM 股票的价格为 120 美元，那么如果只需支付 90 美元而不是 100 美元便可买入 IBM 股票的期权应该价值多少钱？与此类似，假设 IBM 股票交易价格为 120 美元，那么以 115 美元卖出 IBM 股票的期权应该价值多少钱？这些都是潜在的期权投资者需要回答的问题。幸运的是，期权的定价原则现在已经非常完备了。虽然这些具体问题的答案有时可能会令人惊讶，但细想起来，它们是非常合乎逻辑的。

这些定价关系对于潜在的期权投机者来说至关重要。这是由于在期货市场中很多期权投机依赖于价差技术。本章检验了一些可供投资者利用的投机策略。然而，期权对于套期保值者也同样重要，期权在风险控制中的应用是一个界定清晰的研究领域，这一领域对于理解期权市场也非常重要。例如，新的股指期权合约作为控制股票投资组合风险的潜在工具，已在投资组合经理中得到了广泛认可。

## 12.2　期权和期权市场

期权主要有两类，看涨期权（call options）和看跌期权（put options）。看涨期权的所有权赋予其所有者以确定的价格买入特定商品的权利，该权利一直持续到某一特定日期。看跌期权的所有权赋予其所有者以确定的价格卖出特定商品的权利，该权利一直持续到某一特定日期。每一期权都既有买方也有卖方。看涨期权的卖方收到买方的付款，并赋予买方以确定的价格从卖方买入特定商品的权利，该权利一直持续到某一特定日期。与此类似，看跌期权的卖方收到买方的付款，买方由此拥有了在某一限定的时间内以确定的价格向卖方卖出特定商品的权利。

在任何情况下，期权的所有权均涉及进行某种交易的权利，而不是义务。例如，看涨期权的所有者可以在期权的生命周期内以约定的价格买入商品，但不负有必须这样做的义务。依此类推，看跌期权的所有者可以依据期权合约的条款卖出商品，但不负有必须这样做的义务。卖出期权确实会使卖方承担特定的义务。看涨期权的卖方收到买方的付款，以此为交换，如果该期权的所有者愿意，卖方必须随时准备向其卖出给定的商品。参与进一步交易的自由选择权始终在于期权的所有者。期权卖方没有这种自由选择权。如果期权的所有者愿意，他们就必须以某种方式履行自身义务。在本章的后半部分，我们将看到买方和卖方有理由采取不同行动的各种触发条件。

### 12.2.1　期权术语

期权市场中有很多特殊的术语。期权的卖方也被称为期权的开立者（writer），卖出期权的行为则称为开立期权（writing an option）。如前所述，期权的买方可能要求期权的开立者采取某些行动。对于看涨期权来说，所有者具有在特定情况下买入给定商品的权利。如果所有者利用了该期权，那么该所有者就被称为"行使了该期权"。所有者通过按照期权合约条款买入商品来行使期权。每个期权合约均明确规定了行使期权需要支付的价格，此价格被称为行权价格（exercise price/striking price，也翻译为执行价格、敲定价格）。在我们以 100 美元买入 IBM 股票（当时市场价格为 120 美元）的看涨期权例子中，行权价格为 100 美元，因为这是行使该期权必须支付的金额。

每个期权均涉及买方向卖方的付款。这一付款就是期权的价格，同时也被称为期权的权利金（premium），而且，每个交易所交易的期权均仅在限定的时间内有效。例如，IBM 股票期权可能仅到本年度 8 月有效。"到期日"或"期满"之后，期权不再有效。这一特殊的术语在期权市场和本章剩余部分中得到了广泛使用。

## 12.2.2 期权交易所

期权交易无疑是随着金融市场的发展而兴起的。在 19 世纪，投资者在非正式市场交易期权，然而这个市场受到相当多舞弊行为的影响。例如，某些期权的卖方会拒绝履行义务。在 20 世纪，美国出现了一个名为看跌和看涨期权经纪商和交易商协会（Put and Call Broker and Dealers Association）——更有秩序的市场。会员公司的作用是将期权的买方和卖方聚集在一起。然而，这是一个场外交易市场。该市场没有中央交易大厅，期权合约条款的标准化程度也不够完备。交易所的缺失以及合约标准化的不完善阻碍了市场的繁荣。

1973 年，芝加哥期货交易所，一家大型期货交易所，创立了芝加哥期权交易所。芝加哥期权交易所是一个交易高度标准化期权合约的有组织的期权交易所。它于 1973 年 4 月 26 日开业，交易看涨期权；看跌期权交易则始于 1977 年。自 1973 年以来，其他交易所也开始交易期权，年成交量大约为 300,000,000 手。

在美国有组织的交易所开展的期权交易涉及许多不同的标的资产。一种是股票期权——基于公司发行的普通股单只股票的期权。虽然我们在对期权的大多数讨论中最密切地关注此类期权，但也有其他重要的期权种类，其标的资产的差异非常大。期权交易涉及各种金融指数。这些指数可以是衡量股票、贵金属或任何其他商品表现的指数，用作衡量其价值的标准。期权交易也涉及外汇领域。外汇期权的标的商品是像日元这样的外币单位，交易者买入或卖出日元看涨期权或看跌期权，其他货币也是如此。另一种主要的标的商品类型是期货合约。基于期货的期权也被称为期货期权，其标的商品是期货合约的头寸。我们会看到，这是一个重要的期权种类。期货合约以各种各样的商品为标的，诸如农产品、贵金属、石油产品、股票指数、外汇和债务工具等。因此，期货期权自身涵盖了种类繁多的商品。

表 12.1 列出了美国主要的期权交易所和在每一交易所交易的期权种类。表 12.1 中所列交易所可以按其主营业务是否为期权交易、股票交易或期货交易划分为三组。芝加哥期权交易所、国际证券交易所（International Securities Exchange，ISE）和波士顿期权交易所（Boston Option Exchange，BOX）仅从事期权业务。费城证券交易所（Philadelphia Stock Exchange，PHLX）、美国证券交易所（American Stock Exchange，AMEX）和太平洋证券交易所主要为股票市场同时也交易期权（纽约证券交易所以前曾开展期权交易，但已退出期权市场）。正如我们将看到的，这些交易所的期权的标的资产远远超出股票范畴。第三组由期货交易所构成，诸如芝加哥期货交易所（CBOT）、芝加哥商业交易所（CME）、纽约期货交易所（NYBOT）、堪萨斯期货交易所（KCBT）、明尼

阿波利斯谷物交易所和纽约商业交易所（NYMEX）等。这些期货交易所仅交易基于期货的期权，并且它们倾向于交易基于它们专门从事的期货合约的期权。

**表 12.1**                  主要的期权交易所及其交易的期权

| 第一部分：美国的期权交易所 |
| --- |
| 芝加哥期权交易所（CBOE） |
| 基于单只股票的期权，基于单只股票的长期期权 |
| 基于股票指数的期权，基于利率的期权 |
| 美国证券交易所（AMEX） |
| 基于单只股票的期权，基于单只股票的长期期权 |
| 基于股票指数的期权，基于交易所交易基金的期权 |
| 费城证券交易所（PHLX） |
| 基于单只股票的期权，基于单只股票的长期期权 |
| 基于股票指数的期权，基于外汇的期权 |
| 太平洋证券交易所（PSE） |
| 基于单只股票的期权，基于单只股票的长期期权 |
| 国际证券交易所（ISE） |
| 基于单只股票的期权 |
| 波士顿期权交易所（BOX） |
| 基于单只股票的期权 |
| 芝加哥商业交易所（CME） |
| 基于在芝加哥商业交易所交易的期货的期权 |
| 芝加哥期货交易所（CBOT） |
| 基于在芝加哥期货交易所交易的期货的期权 |
| 纽约商业交易所（NYMEX） |
| 基于在纽约商业交易所交易的期货的期权 |
| 纽约期货交易所（NYBOT） |
| 基于在纽约期货交易所交易的期货的期权 |
| 堪萨斯期货交易所（KCBT） |
| 基于在堪萨斯期货交易所交易的期货的期权 |
| 明尼阿波利斯谷物交易所（MGE） |
| 基于在明尼阿波利斯谷物交易所交易的期货的期权 |
| 第二部分：美国以外的主要期权交易所 |
| 欧洲期货交易所（Eurex，德国和瑞士） |
| 基于单只股票的期权，基于在欧洲期货交易所交易的期货的期权 |
| 泛欧交易所（Euronext，布鲁塞尔、阿姆斯特丹、巴黎和伦敦） |
| 基于单只股票、股票指数和利率的期权 |
| 泛欧—伦敦国际金融期货交易所（Euronext. liffe，布鲁塞尔、阿姆斯特丹、巴黎和伦敦） |
| 基于在泛欧—伦敦国际金融期货交易所交易的期货的期权 |

期权交易所与期货交易所的组织方式在许多方面有相似之处。期权市场和期货市场一样有买方就有卖方，并且这两个市场都允许抵消交易。为了买入期权，交易者仅需在具有期权交易所会员资格的经纪公司有一个账户。期权交易可以通过经纪商来执行，就像执行买入股票交易一样简单。期权的买方在交易时会为期权付费，所以不用担心与买入期权相关的现金流。对于期权的卖方来说，事情则更为复杂一些。在卖出看涨期权时，卖方同意以一个固定的价格交付股票，如果看涨期权的所有者选择行使权利的话。这意味着卖方可能需要大量的财务资源用于履行义务。因为经纪商代表交易者面对交易所，所以经纪商有义务确保交易者有足够的财务资源用于履行全部义务。对于卖方来说，这些义务在期权卖出时就已知晓。因此，经纪商需要期权开立者提供财务担保。在看涨期权情况下，期权的开立者可能已经持有相应的股份并将这些股份存入经纪商。基于自身持有股票而开立的看涨期权称为备兑看涨期权（covered call）。这为经纪商提供了全面保护，因为需要履行交付义务的股票已在经纪商的掌握之中。如果看涨期权的开立者未持有标的股票，则其开立了一个无保护期权（naked option）。在这种情况下，经纪商可能要求交易者以现金或证券形式存入必要的保证金，以确保其具有履行义务所必需的财务资源。

期权清算公司（OCC）监督市场行为并促使市场有序运行。与期货市场一样，期权的买方和卖方不负有对特定个体的义务，而是负有对期权清算公司的义务。如果期权被执行，期权清算公司匹配买方和卖方，并确保行权程序的完成。

行权程序的管控和合约条款的标准化是期权清算公司最大的贡献。随着合约条款的标准化，交易者能够聚焦于交易策略，而不必了解许多不同期权合约错综复杂的细节。

## 12.2.3　期权报价

无论标的商品是什么或在哪家交易所交易，期权的报价都是类似的。由于个股期权市场的历史最悠久并且交易活动最全面，我们将使用 IBM 股票期权的报价来阐明价格基本特征。图 12.1 显示了来自《华尔街日报》的基于单只股票的看涨期权和看跌期权的报价。

在每只股票的标志符下面，报价列出了该股票当天的收盘价。第二列列出了可用的各种行权价格。这些行权价格均匀地分布在股票现行价格的附近。随着股票价格的波动，新的行权价格通常以 5 美元的间隔开始用于交易。其结果是，价格易于波动的股票很可能在任何时候都具有更大的可用的行权价格区间。每手合约规模为 100 股股票，而报价则是以每股为基准的。通常情况下，看涨期权和看跌期权都有数个不同的期限可用。这些期权在到期月份的特定日到期，到期月份显示在报价栏的第一列。确切的到期日是由交易所在其规则中确定的，因交易所而异。而且，不同的股票具有不同的到期周期。与某些特定期权的价格不同，当天无交易期权的报价显示为"r"，未上市交易期权的报价显示为"s"。

图12.1的报价阐明了期权的几个重要特征。第一，对于任一给定的有效期，行权

**Tuesday, January 23, 2001**

Composite volume and close for activity traded equity and LEAPS, or long-term options, with results for the corresponding put or call contract. Volume figures are unofficial. Open interest is total outstanding for all exchanges and reflects previous trading day. Close when possible is shown for the underlying stock or primary market. **CB**-Chicago Board Options Exchange. **AM**-American Stock Exchange. **PB**-Philadelphia Stock Exchange. **PC**-Pacific Stock Exchange. **XC**-Composite. **p**-Put. **o**-Strike price adjusted for split.

| Option/Strike | | | Vol | Exch | Last | Net Chg | a-Close | Open Int | Option/Strike | | Vol | Exch | Last | Net Chg | a-Close | Open Int |
|---|---|---|---|---|---|---|---|---|---|---|---|---|---|---|---|---|
| AmOnline | Feb 50 | p | 60,936 | XC | $1^{50}$ | $-\,0^{25}$ | $54^{15}$ | 6,699 | StoTch | Jun 15 | 10,023 | XC | $1^{88}$ | $+\,0^{06}$ | 13 | 117 |
| AmOnline | Feb 50 | | 57,783 | XC | $5^{80}$ | $+\,0^{10}$ | $54^{15}$ | 15,635 | A Hess | Feb 75 | 10,000 | XC | $1^{13}$ | $-\,0^{06}$ | $68^{31}$ | 737 |
| GlblCrss | Feb 20 | | 22,091 | XC | $1^{63}$ | $+\,0^{19}$ | ... | 27,346 | A Hess | Feb 60 | 10,000 | XC | $0^{88}$ | $-\,1^{13}$ | $68^{31}$ | 61 |
| GlblCrss | Feb 25 | p | 20,435 | XC | $0^{56}$ | $-\,0^{13}$ | ... | 20,218 | Micrsft | Apr 90 p | 10,000 | XC | $29^{50}$ | $-\,8^{50}$ | $60^{56}$ | 9,016 |
| Amgen | Jan 02 60 | | 19,626 | XC | $8^{44}$ | $+\,1^{50}$ | ... | 19,910 | Compaq | Feb 20 | 9,545 | XC | $1^{35}$ | ... | $20^{95}$ | 8,804 |
| Micrsft | Mar 60 | p | 19,102 | XC | $3^{63}$ | $-\,0^{50}$ | $60^{56}$ | 15 | Nasd100Tr | Mar 68 | 9,097 | XC | $5^{50}$ | $+\,0^{88}$ | $67^{77}$ | 6,653 |
| Intuit | Mar 35 | | 18,764 | XC | $4^{50}$ | ... | $35^{50}$ | | Cisco | Feb 40 | 8,427 | XC | $2^{06}$ | $-\,0^{38}$ | $42^{63}$ | 19,082 |
| Intel | Feb $37^{50}$ | | 17,527 | XC | $0^{88}$ | $+\,0^{13}$ | $35^{38}$ | 18,162 | WellsFrgo | Apr 60 | 8,200 | XC | $0^{63}$ | $-\,0^{06}$ | $49^{63}$ | 3,086 |
| Intel | Feb 35 | | 16,425 | XC | $1^{94}$ | $+\,0^{69}$ | $35^{38}$ | 30,370 | Micrsft | Feb 60 | 8,081 | XC | $3^{25}$ | $+\,0^{13}$ | $60^{56}$ | 47,595 |
| Cisco | Feb 45 | | 15,769 | XC | $1^{88}$ | $+\,0^{13}$ | $42^{63}$ | 40,121 | Micrsft | Apr 85 p | 8,000 | XC | $24^{50}$ | $-\,11^{88}$ | $60^{56}$ | 826 |
| Micrsft | Feb 55 | p | 13,244 | XC | $0^{88}$ | $-\,0^{63}$ | $60^{56}$ | 14,700 | DellCptr | May 25 p | 7,412 | XC | $2^{38}$ | $-\,0^{63}$ | $26^{31}$ | 6,428 |
| SunMicro | Feb 35 | | 13,238 | XC | $0^{75}$ | $-\,0^{25}$ | $31^{56}$ | 18,717 | Gen El | Feb 50 | 7,403 | XC | $0^{75}$ | $+\,0^{15}$ | $46^{69}$ | 23,959 |
| Palm | Feb 30 | | 12,529 | XC | $1^{25}$ | $+\,0^{25}$ | $26^{94}$ | 4,391 | Tex Inst | Feb 50 | 7,265 | XC | $1^{50}$ | $-\,1^{88}$ | 45 | 9,235 |
| Intel | Feb $32^{50}$ | p | 12,445 | XC | $0^{88}$ | $-\,0^{25}$ | $35^{38}$ | 21,639 | Intel | Feb 40 | 6,704 | XC | $0^{44}$ | $+\,0^{19}$ | $35^{38}$ | 17,331 |
| Yahoo | Feb 40 | | 12,338 | XC | $3^{25}$ | $+\,1^{50}$ | $38^{95}$ | 5,348 | EMC | Feb 80 | 6,588 | XC | $1^{75}$ | ... | $79^{56}$ | 8,579 |
| Lucent | Feb 20 | | 12,058 | XC | $1^{06}$ | $-\,0^{88}$ | 22,562 | 8,579 | AOL TW | Jan 03 60 | 6,320 | XC | $14^{40}$ | $+\,0^{10}$ | $54^{15}$ | 7,483 |
| Intel | Jan 02 $27^{50}$ | | 11,651 | XC | $12^{13}$ | $+\,1^{50}$ | $35^{38}$ | 36,862 | AvantImm | Feb $17^{50}$ | 6,270 | XC | 2 | $+\,0^{88}$ | $18^{23}$ | 3,729 |
| PhilMor | Jan 02 30 | | 11,617 | XC | $15^{25}$ | $-\,0^{13}$ | $43^{94}$ | 15,120 | GenMotH | Jun 25 | 6,025 | XC | $4^{50}$ | $-\,0^{30}$ | $26^{38}$ | 10,132 |
| SunMicro | Feb 30 | | 10,902 | XC | $1^{51}$ | $-\,0^{69}$ | $31^{56}$ | 7,587 | NextelCm | Feb 35 | 5,900 | XC | $3^{50}$ | $+\,1^{19}$ | $35^{75}$ | 4,331 |
| PhilMor | Jan 02 45 | | 10,032 | XC | $6^{50}$ | $-\,0^{25}$ | $43^{94}$ | 8,488 | | | | | | | | |

**Journal Link:** Complete equity option listings and data are available in the online Journal at **WSJ.com**.

| Option/Strike | Exp. | Call Vol. | Call Last | Put Vol. | Put Last | Option/Strike | Exp. | Call Vol. | Call Last | Put Vol. | Put Last | Option/Strike | Exp. | Call Vol. | Call Last | Put Vol. | Put Last |
|---|---|---|---|---|---|---|---|---|---|---|---|---|---|---|---|---|---|
| ADC Tel $12^{50}$ | Feb | 16 | $3^{38}$ | 588 | $0^{56}$ | $22^{25}$ $22^{50}$ | Feb | 517 | $2^{38}$ | 38 | 3 | Atmel 15 | Mar | 1055 | ... | 25 | $1^{38}$ |
| $15^{06}$ 15 | Feb | 1557 | $1^{69}$ | 503 | $1^{63}$ | $22^{25}$ 25 | Feb | 637 | $1^{69}$ | ... | | $16^{50}$ $17^{50}$ | Feb | 617 | $0^{94}$ | 42 | $2^{06}$ |
| $15^{06}$ 15 | May | 150 | $3^{88}$ | 856 | $3^{25}$ | $22^{25}$ 25 | Jun | 1381 | $4^{75}$ | ... | | $16^{50}$ 20 | Feb | 686 | $0^{51}$ | 5 | $3^{63}$ |
| $15^{06}$ $17^{50}$ | Feb | 088 | 121 | $3^{13}$ | ... | $22^{25}$ 45 | Mar | 4020 | $0^{19}$ | ... | | $16^{50}$ 20 | May | 615 | $1^{69}$ | ... | |
| $15^{06}$ $17^{50}$ | May | 778 | $2^{81}$ | 16 | $4^{88}$ | A M D 20 | Feb | 576 | $3^{25}$ | 1959 | $0^{63}$ | AudCdes 15 | Feb | 721 | 4 | 165 | $1^{19}$ |
| $15^{06}$ 20 | Feb | 702 | $0^{94}$ | 12 | $5^{38}$ | $54^{80}$ | Feb | 5202 | $1^{88}$ | 84 | 5 | $16^{50}$ $17^{50}$ | Feb | 460 | $2^{44}$ | 20 | $2^{50}$ |
| A M R 40 | Feb | 746 | $1^{19}$ | 10 | $3^{13}$ | $22^{31}$ 20 | Jul | 1179 | 6 | 114 | $4^{13}$ | AuroraBio 40 | Feb | 756 | $1^{75}$ | ... | |
| AmOnline 35 | Feb | 1150 | $19^{50}$ | 216 | $0^{19}$ | $54^{01}$ | Feb | 1150 | $19^{50}$ | 503 | $2^{25}$ | AutoDt 65 | Feb | 528 | $0^{56}$ | 14 | $5^{50}$ |
| $54^{15}$ 40 | Apr | 1011 | $15^{70}$ | 32 | $1^{80}$ | ApwrCv 15 | Feb | 3114 | 4 | 309 | $0^{69}$ | AutoZn 25 | Jun | 945 | $3^{50}$ | 1 | $1^{69}$ |
| $54^{15}$ 45 | Feb | 378 | $9^{80}$ | 734 | $0^{65}$ | $18^{23}$ $17^{50}$ | Feb | 6270 | 2 | | $1^{50}$ | Avantlmm 10 | Mar | 750 | $0^{56}$ | ... | |
| $54^{15}$ 45 | Jul | 1015 | $13^{50}$ | 136 | $3^{50}$ | $18^{23}$ $17^{50}$ | Mar | 2996 | 3 | 20 | $2^{9}$ | Avaya $17^{50}$ | Jul | 718 | $3^{63}$ | 30 | $2^{88}$ |
| $54^{15}$ 50 | Feb | 57783 | $5^{80}$ | 60936 | $1^{50}$ | $18^{23}$ 20 | Mar | 464 | $1^{81}$ | 6 | $4^{75}$ | AvciSys 40 | Feb | 186 | $4^{38}$ | 542 | $7^{56}$ |
| $54^{15}$ 50 | Mar | 856 | $6^{90}$ | 358 | $2^{40}$ | Amercrd 25 | Aug | ... | 1000 | | $1^{56}$ | BEA Sys 40 | Mar | ... | 745 | | $1^{75}$ |
| $54^{15}$ 50 | Jul | 34 | $10^{40}$ | 4956 | $4^{70}$ | Amgen 60 | Feb | 1206 | $9^{75}$ | 386 | $1^{94}$ | $66^{77}$ 70 | Jul | 978 | $10^{25}$ | 4 | $11^{25}$ |
| $54^{15}$ 55 | Feb | 2691 | $2^{55}$ | 1473 | $3^{30}$ | 55 | Feb | 453 | $6^{56}$ | 2103 | 3 | $66^{77}$ 75 | Feb | 769 | $1^{19}$ | 84 | $9^{63}$ |
| $54^{15}$ 55 | Mar | 701 | 4 | 292 | $4^{50}$ | Analog 55 | Feb | ... | 60 | | $2^{79}$ | $66^{77}$ 80 | Apr | 774 | $3^{50}$ | 85 | 16 |
| $54^{15}$ 55 | Apr | 420 | ... | 1623 | $5^{40}$ | $56^{31}$ | Feb | 2279 | 4 | ... | | BiotechT 160 | Feb | 19 | 7 | 520 | $10^{25}$ |
| $54^{15}$ 60 | Feb | 3636 | $0^{95}$ | 84 | $6^{70}$ | answthink $7^{50}$ | Feb | 805 | $1^{50}$ | ... | | $156^{31}$ 170 | Feb | 20 | $3^{50}$ | 500 | $19^{75}$ |
| $54^{15}$ 60 | Mar | 1405 | $1^{90}$ | 5 | $7^{50}$ | $7^{75}$ | Mar | 2545 | $1^{31}$ | ... | | BlueMart $7^{50}$ | Feb | ... | 660 | | $0^{80}$ |
| $54^{15}$ 60 | Apr | 991 | 3 | 27 | $8^{40}$ | AppleC $17^{50}$ | Feb | 667 | $3^{38}$ | 120 | $1^{50}$ | Boeing 55 | Feb | 774 | $4^{13}$ | 147 | $1^{56}$ |
| $54^{15}$ 60 | Jul | 2238 | $5^{50}$ | 60 | 10 | 20 | Feb | 1313 | $1^{69}$ | 88 | $1^{15}$ | $75^{50}$ 55 | Aug | 3 | $8^{13}$ | 1551 | $5^{75}$ |
| $54^{15}$ 65 | Feb | 751 | $0^{50}$ | 160 | $11^{50}$ | $20^{50}$ | Feb | 968 | $1^{38}$ | 22 | $5^{50}$ | BrMSq 55 | Feb | 993 | $8^{25}$ | 10 | $1^{69}$ |
| $54^{15}$ 65 | Apr | 1341 | $1^{65}$ | 6 | $12^{10}$ | $20^{50}$ | Apr | 2968 | $2^{44}$ | 22 | $5^{50}$ | BroadVis $17^{50}$ | Mar | 578 | $2^{38}$ | 5 | $4^{88}$ |
| $54^{15}$ 70 | Feb | 1668 | $0^{90}$ | ... | | $20^{50}$ | Jul | 515 | $1^{50}$ | ... | | 20 | Mar | 538 | $1^{56}$ | 5 | 7 |
| $54^{15}$ 70 | Jul | 1465 | $2^{25}$ | ... | | AplMat 40 | Feb | 38 | $9^{50}$ | 2889 | $1^{13}$ | Broadcom 55 | Feb | ... | 805 | | $0^{38}$ |
| $54^{15}$ 75 | Jul | 693 | $1^{65}$ | ... | | $48^{25}$ 45 | Feb | 4350 | $2^{44}$ | $15^{31}$ | 20 | $133^{44}$ 110 | Feb | 44 | $29^{50}$ | 1758 | $5^{50}$ |
| $54^{15}$ 80 | Jul | 3609 | 1 | ... | | $48^{25}$ 45 | Jul | 2675 | $4^{50}$ | 203 | $3^{38}$ | $133^{44}$ 120 | Feb | 127 | $22^{25}$ | 734 | $8^{50}$ |
| AT&T Cda 30 | Apr | 3000 | $0^{75}$ | ... | | $48^{25}$ 50 | Feb | 2149 | $1^{31}$ | 1389 | $4^{75}$ | $133^{44}$ 130 | Feb | 1730 | $15^{88}$ | 239 | $12^{63}$ |
| $29^{88}$ 40 | Apr | 1005 | $1^{25}$ | 5 | $1^{56}$ | $48^{25}$ 50 | Mar | 522 | $4^{88}$ | 1 | $6^{75}$ | $133^{44}$ 150 | Feb | 2274 | 8 | 27 | $26^{50}$ |
| AT&T 20 | Feb | 361 | $3^{61}$ | 832 | $0^{51}$ | AMCC 80 | Feb | 1454 | $9^{75}$ | 282 | $4^{88}$ | $133^{44}$ 160 | Feb | 773 | $5^{25}$ | 4 | 36 |
| $23^{31}$ $22^{50}$ | Feb | 1043 | $1^{69}$ | 307 | $0^{75}$ | $84^{81}$ 90 | Feb | 638 | $4^{94}$ | 39 | $9^{75}$ | $133^{44}$ 180 | Feb | 831 | $2^{50}$ | ... | |
| $23^{31}$ 25 | Feb | 1383 | $0^{63}$ | 220 | $2^{13}$ | Ariba 35 | Feb | 481 | $8^{75}$ | 481 | $1^{88}$ | $133^{44}$ 185 | Feb | 628 | $1^{75}$ | ... | |
| Abbt L 40 | Feb | 10 | $5^{38}$ | 1026 | $1^{13}$ | $41^{80}$ 40 | Feb | 2067 | $5^{50}$ | 514 | $3^{38}$ | $133^{44}$ 230 | Feb | ... | 500 | | 103 |
| 44 45 | Feb | 799 | $1^{56}$ | 80 | $2^{38}$ | $41^{80}$ 40 | May | 941 | $10^{75}$ | ... | | $133^{44}$ 240 | Feb | ... | 500 | | 111 |
| 44 45 | May | 543 | $3^{75}$ | 510 | $4^{15}$ | $41^{80}$ 45 | Feb | 3037 | $3^{63}$ | 83 | $6^{75}$ | Brdwing 125 | Feb | 470 | $4^{13}$ | ... | |
| AberFitch $17^{50}$ | May | 10 | $0^{25}$ | 700 | $0^{34}$ | Artesyn 50 | May | 1200 | $0^{75}$ | ... | | BrcdeCo 95 | Feb | 5 | $20^{63}$ | 589 | 5 |
| Abgenix 45 | Feb | 27 | $4^{63}$ | 500 | $4^{50}$ | AsdBnc 35 | Mar | 707 | $0^{69}$ | ... | | $109^{64}$ 100 | Feb | 660 | $16^{31}$ | 742 | $7^{38}$ |
| About.cm 45 | Feb | ... | 961 | | $17^{25}$ | AtHome $7^{50}$ | Feb | 313 | $1^{75}$ | 549 | $0^{75}$ | $109^{64}$ 105 | Feb | 204 | $13^{15}$ | 625 | $8^{25}$ |
| Activisn $17^{50}$ | May | 503 | 3 | ... | | $8^{31}$ | Feb | 2648 | $0^{63}$ | 290 | $2^{56}$ | $109^{64}$ 110 | Apr | 656 | $19^{50}$ | 214 | 18 |
| Acxiom 30 | Feb | 98 | $4^{50}$ | 1171 | $1^{56}$ | $8^{31}$ | Mar | 1666 | $1^{19}$ | ... | | CDW Cpt 30 | Mar | 742 | 3 | 10 | $3^{50}$ |
| $33^{06}$ 30 | Mar | ... | 500 | | $2^{88}$ | | | | | | | $28^{94}$ 30 | Mar | 750 | $3^{25}$ | ... | |
| AdvFibCm 20 | Feb | 480 | $3^{61}$ | 248 | $1^{75}$ | | | | | | | | | | | | |

**图12.1 个股期权报价**

价格越低，看涨期权的价格就越高。第二，对于同一股票和同一行权价格，有效期更长的看涨期权的价值更高。第三，对于基于同一股票的有效期相同的看涨期权，行权价格越低，期权价值越高。正如我们将在期权定价部分看到的那样，有非常明确的理由说明为什么这些定价关系必须在市场盛行。

## 12.3 期权定价

期权定价是现代金融研究中最引人注目的成果之一。为期权开发的定价模型表现非常好，研究这些模型对交易者也非常有用。实际上我们将看到，期权交易所的交易者通过位于交易所交易大厅的相关设备，可以立即获得期权模型提供的信息。基于无现金分红股票的期权价格取决于以下 5 个因素：

$S$：股票价格；

$E$：行权价格；

$t$：有效期；

$\sigma$：标的股票的波动率；

$r$：无风险利率。

最初，仅考虑股票价格、行权价格和有效期这三个因素就会非常有用。随后，我们将考虑不同的利率环境及风险水平所引发的更为复杂的情形。对于看涨期权，我们可以用以下简写符号将看涨期权的价格表示为股票价格、行权价格和有效期的函数。

$$C(S,E,t)$$

例如：

$C$（120 美元，100 美元，0.25）= 22.75 美元

等式表示，股票价格为 120 美元，行权价格为 100 美元，且一个季度后到期的看涨期权的价格为 22.75 美元。

### 12.3.1 到期看涨期权定价

这里的术语到期（at expiration）指的是临近到期前的那一刻。如果此时没有行权，那么期权将立刻失效并且不再有任何价值。到期期权的价值是一个重要的话题，这是由于许多通常影响期权价格的复杂因素在期权即将到期时都消失了。记住这个术语，让我们考虑看涨期权到期时的价值，即 $t=0$。在这种情况下，关于行权价格（$E$）和股票价格（$S$）之间的关系，只有两种可能性。或者 $S > E$，或者 $S \leq E$。如果股票价格小

于或等于行权价格（$S \leq E$），则看涨期权没有价值。要探究为什么会这样，请考虑股票价格仅为70美元而行权价格为80美元的看涨期权。由于期权即将到期，期权的所有者只有两个选择。该期权既可以被行权，也可以被允许失效。如果期权在这种情况下被执行，期权所有者必须支付80美元的行权价格，然后收到市场交易价格仅为70美元的股票。在这种情况下行使期权是不合算的，而所有者会允许它毫无价值地失效。因此，该期权没有价值并且它的市场价格将为零。用我们的符号可以这样表达：

如果 $S \leq E$，则 $C(S,E,0) = 0$。

即如果期权到期并且股票价格小于或等于行权价格，则该看涨期权没有价值。

这个公式简单地概括了我们已经得出的结论。

到期时股票价格与行权价格之间第二种可能的关系是股票价格超出了行权价格（$S > E$）。同样用符号表示如下：

如果 $S > E, C(S,E,0) = S - E$。

即如果股票价格大于行权价格，看涨期权的价格必须等于股票价格与行权价格的差额。

如果这一关系不成立，就会存在套利机会。假设此刻股票价格为50美元，而行权价格为40美元。如果期权的价格为5美元，套利者会开展如下交易：

| 交易 | 现金流 |
| --- | --- |
| 买入看涨期权 | −5美元 |
| 行使期权 | −40美元 |
| 卖出股票 | 50美元 |
| 净现金流 | 5美元 |

这些交易表明，如果看涨期权的价格小于股票价格与行权价格之间的差额，就会存在套利机会。

如果看涨期权的价格超出了股票价格与行权价格之间的差额会如何呢？继续使用股票价格为50美元且行权价格为40美元的例子，假设现在看涨期权的价格为15美元。面对这一价格，套利者会开展如下交易：

| 交易 | 现金流 |
| --- | --- |
| 开立看涨期权 | 15美元 |
| 买入股票 | −50美元 |
| 初始现金流 | −35美元 |

期权所有者必须立即行权或允许期权失效，如果期权被行权，就会有如下额外交易：

| 交易 | 现金流 |
|------|--------|
| 初始现金流 | −35 美元 |
| 交付股票 | 0 |
| 收取行权价格 | +40 美元 |
| 净现金流 | 5 美元 |

在这种情况下，仍然会有 5 美元的收益。期权所有者或许可能允许该期权失效。若如此，套利者只要在期权到期时卖出股票就能得到 50 美元。在这种情况下，收益将会是 15 美元，这是由于套利者只是保留了期权权利金。在第二种情况下，即在期权价格大于股票价格减去行权价格的情况下，看涨期权的所有者将会行使期权。重要的是，无论期权所有者如何行动，套利者都将获得收益。

在到期时，如果股票价格高于行权价格，我们已经看到看涨期权的价格必须等于股票价格与行权价格之间的差额。通过对股票价格小于或等于行权价格，以及股票价格大于行权价格两种情况的推导，我们可以得出期权定价的第一个基本原则：

$$C(S,E,0) = \max(0,S - E)$$

在到期时，看涨期权的价值必须等于零或股票价格与行权价格之间的差额，以金额较高者为准。

这一条件必须成立，否则将会有套利机会等待利用。[1]

### 12.3.2　期权价值和到期收益

在这个讨论中，重要的是区分期权的价值或价格以及交易者可能经历的收益或损失。期权到期时的价值可通过一个具体的例子非常容易地显示出来。假设一个看涨期权和一个看跌期权，行权价格都是 100 美元。图 12.2 中显示了不同股票价格情况下两种期权到期时的价值。图 12.2 中纵轴显示了两种期权的价值，横轴显示了股票的价格。如果股票价格小于或等于 100 元的行权价格，看涨期权的价值必须为零，如图 12.2 中实线所示。如果股票价格大于行权价格，看涨期权的价格等于股票价格与行权价格之间的差额。这在图 12.2 中反映为股票价格超过 100 美元后每增加 1 美元，看涨期权的价值就上升 1 美元。图 12.2 也以虚线的形式显示了看跌期权的价值。尽管我们没有讨论看跌期权定价的任何细节，但读者仍可以通过与看涨期权相同的论据，得出这是看跌期权正确的曲线的结论。

考虑同样的情形，一个看涨期权和一个看跌期权，行权价格均为 100 美元，但现在假设交易发生时看涨期权和看跌期权的权利金均为 5 美元。知道了期权的价格，我们就能计算出看跌期权和看涨期权的卖方和买方在期权到期时的收益和损失。图 12.3

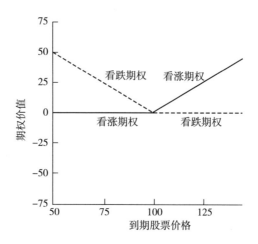

**图 12.2　行权价格等于 100 美元时到期看涨期权和看跌期权价值**

展示了所有这些交易方可能的盈亏情况。图 12.3（a）显示了看涨期权的盈亏情况。实线与看涨期权的买方相关，虚线与卖方相关（本章及所有后续章节中，实线均用于表示多头头寸，虚线均用于表示空头头寸）。在股票价格小于或等于 100 美元行权价格的情况下，期权将毫无价值地到期失效，看涨期权的购买者将失去为看涨期权支付的所有费用。如果股票价格超过 100 美元，达到比如说 105 美元，看涨期权的所有者将会行使期权，支付 100 美元并收到价值 105 美元的股票。在股价为 105 美元的情况下，看涨期权的所有者就完全实现了盈亏平衡，他的全部现金流是为期权支付的 5 美元加上 100 美元的行权价格。这 105 美元的总现金流出恰好与收到的价值 105 美元的股票相匹配。对于期权的所有者来说，任何低于 100 美元的股票价格都将导致为期权支付的全部金额的损失。若股票价格大于行权价格，看涨期权的所有者将行使期权。看涨期权的所有者即使行权也有可能遭受损失。在这个例子中，股票价格必须大于 105 美元才能为期权所有者带来净收益。

　　对于看涨期权的开立者，请注意其收益曲线恰好与看涨期权的所有者相反。对于看涨期权开立者来说，最好的情况是股票价格保持在 100 美元或以下。在这种情况下，看涨期权开立者保留了全部的期权权利金，并且看涨期权将不会被行权。如果股票价格是 105 美元，期权将被行权，开立者必须交付目前价值 105 美元的股票，并且对其只收取 100 美元。此时，行权损失恰好与已收取的权利金相等，所以看涨期权开立者实现了盈亏平衡。如果股票价格超过 105 美元，则看涨期权开立者出现净亏损。请注意，买方的收益恰好反映了卖方的亏损；反之亦然。这强调了期权市场是一个零和游戏（zero－sum game）。换言之，买方的收益就是卖方的亏损；反之亦然。如果我们汇总期权市场的所有收益和亏损，忽略交易成本，总额将等于零。

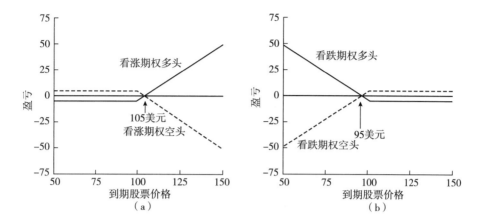

**图 12.3 行权价格等于 100 美元且权利金为 5 美元时到期看涨期权和看跌期权盈亏**

图 12.3（b）显示了看跌期权交易者的收益和亏损状况。如果为一个行权价格为 100 美元的看跌期权支付了 5 美元，则看跌期权的买方在 95 美元时实现盈亏平衡。看跌期权的开立者也在 95 美元时实现盈亏平衡。图 12.3 显示了交易者利用期权市场可能实现的各种各样的盈亏模式。我们将会看到，此类图对于分析各种各样的市场策略是有用的。

### 12.3.3 行权价格为零且有效期无限长的看涨期权

考虑行权价格为零且有效期无限长的看涨期权，似乎显得无关紧要，因为期权市场中并不交易此类期权。然而，此类期权代表了一种极端情况，其本身可被用来设定可能的期权价格的边界。基于股票的行权价格为零且有效期无限长的期权，可以在任何时候无成本地交付股票本身。由于这样的期权可以无成本地转换成股票，因此它必须具有和股票本身一样高的价值。类似地，基于商品的期权永远不可能超过商品本身的价值。这让我们能够阐述期权定价的第二个原则：

$$C(S,0,\infty) = S$$

行权价格为零且有效期无限长的看涨期权必须以与股票相同的价格出售。

这两个原则合起来允许我们根据股票价格、行权价格和有效期来明确看涨期权价格可能的上限和下限。图 12.4 展示了这些边界。如果看涨期权的行权价格为零且有效期无限长，则看涨期权的价格等于股票价格，如从原点开始的 45 度线所示。这条直线代表期权价格的上限。或者，如果期权到期，期权价格必须沿着落在股票价格等于行权价格（$S=E$）的点为原点并以一定角度（45 度——译者注）向上倾斜的直线上。如果股票价格小于或等于行权价格，则期权的价格必须如图 12.4 所示为零。如果股票价格大于行权价格，则期权必须以等于股票价格与行权价格之间差额的价格进行交易。

其他期权，如尚未到期且行权价格大于零的期权，将会落在这两个极值之间的指定区域。为了了解期权定价，我们需要考虑其他更严格地约束期权价格的因素。

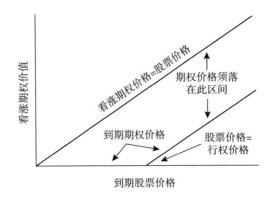

**图 12.4　看涨期权价格区间**

## 12.3.4　期权价格间关系

正如我们所指出的，基于同一只股票的期权有许多行权价格和到期日。毫无疑问，如果不存在套利机会，则这些不同类型的期权之间必须保持明确的关系。这种关系可以表示如下：

$$如果\ E_1 < E_2, 则\ C(S, E_1, t) \geqslant C(S, E_2, t)$$

如果两个期权彼此类似，只是第一个期权的行权价格小于第二个期权，那么，具有较低行权价格的期权价格一定等于或大于具有较高行权价格的期权价格。

在这种情形下，这两个期权都允许其所有者在同一期间获得相同的股票份额。然而，具有较低行权价格的期权允许其所有者以较低的价格获得股票。因此，具有较低行权价格的期权应当具有较高的价值。要了解为什么这个规则必须成立，请想象一种情况，其中有两个期权彼此类似，只是第一个期权的行权价格为 100 美元且其售价为 10 美元，第二个期权的行权价格为 90 美元且其售价为 5 美元。图 12.5 显示了这两个期权的盈亏曲线。行权价格为 90 美元的期权比行权价格为 100 美元的期权具有更好的盈亏曲线。无论到期股票价格为何，行权价格为 90 美元的期权都将表现得更好。

这已经是不可能的定价情形了，因为它代表了不平衡的结果。有了这些价格，市场中所有参与者都想要行权价格为 90 美元的期权。这将导致行权价格为 100 美元的期权价格下跌，直到投资者也愿意持有它。然而，此类情形只有在其盈亏不比行权价格为 90 美元的期权差时才会发生。

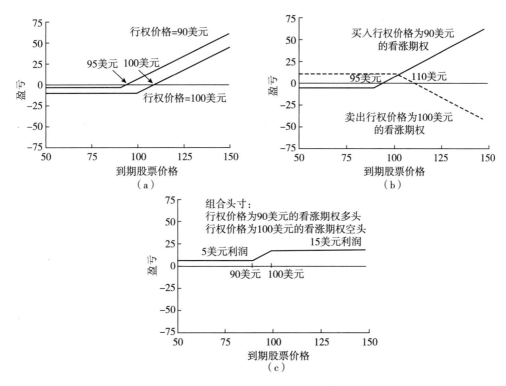

**图 12.5　为什么行权价格较低的期权不能比行权价格较高的期权价格更低**

同样的观点在后文中通篇适用，因为图 12.5（a）显示的盈亏时机创造了套利机会。面对这些价格，套利者仅需开展如下交易：

| 交易 | 现金流 |
| --- | --- |
| 卖出行权价格为 100 美元的期权 | 10 美元 |
| 买入行权价格为 90 美元的期权 | −5 美元 |
| 净现金流 | 5 美元 |

这给出了一个组合头寸，如图 12.5（b）所示。卖出行权价格为 100 美元的期权在这里以虚线表示。要了解为什么这是一笔好的交易，请思考涉及到期时各种可选的股票价格情况下，每一期权头寸和总体头寸的盈亏。

| 到期股票价格 | 期权头寸盈亏 | | |
| --- | --- | --- | --- |
| | E = 90 美元 | E = 100 美元 | 总体头寸 |
| 80 美元 | −5 美元 | +10 美元 | +5 美元 |
| 90 美元 | −5 美元 | +10 美元 | +5 美元 |
| 95 美元 | 0 | +10 美元 | +10 美元 |
| 100 美元 | +5 美元 | +10 美元 | +15 美元 |
| 105 美元 | +10 美元 | +5 美元 | +15 美元 |
| 110 美元 | +15 美元 | 0 | +15 美元 |
| 120 美元 | +25 美元 | −10 美元 | +15 美元 |

对于任一股票价格，都会有所收益。如果股票价格是 90 美元或更低，收益将会是来自期权头寸的 0，外加头寸创设时收到的 5 美元的净现金流。如果股票到期价格从 90 美元上升到 100 美元，收益将会上升，直到股票价格为 100 美元时达到 15 美元的最大收益。如果到期时股票价格超过 100 美元，来自期权头寸的收益将会保持在 15 美元。上述结果如图 12.5（c）所示。这里并不显示头寸创设时收到的 5 美元的现金流入。

以上例中的价格进行交易有可以在无风险或不需要投资的情况下确保获得至少 10 美元的总收益，甚或有 20 美元之多，因此这是个套利的例子。如果期权价格是合理的，就不会允许套利存在。为了消除套利机会，行权价格为 90 美元的期权价格必须至少与行权价格为 100 美元的期权价格一样大。[2]

类似的原则适用于到期日：

如果 $t_1 > t_2$，则 $(S, t_1, E) \geq C(S, t_2, E)$

即如果两个期权其他方面相似，则有效期较长的期权必须以等于或大于有效期较短的期权的价格卖出。

直观地看，这一原则必须成立，这是由于有效期较长的期权赋予了投资者有效期较短的期权所能提供的所有好处。而有效期较长的期权还使投资者有机会在行使期权或期权到期之前等待更长的时间。在某些情形下，额外的期权运行时间将具有正向价值。[3]

如果有效期较长的期权以低于有效期较短的期权的价格卖出，也会存在套利机会。为了了解如何进行套利，假设有两个基于同一股票且均以 100 美元行权价格开立的期权。假设第一个期权的有效期为 6 个月，交易价格为 8 美元，而第二个期权的有效期为 3 个月，交易价格为 10 美元。在这种情形下，套利者将开展以下交易。

| 交易 | 现金流 |
| --- | --- |
| 以 8 美元的价格买入有效期为 6 个月的期权 | −8 美元 |
| 以 10 美元的价格卖出有效期为 3 个月的期权 | +10 美元 |
| 净现金流 | +2 美元 |

通过卖出有效期较长的期权并买入有效期较短的期权，期权交易者收到了 2 美元的净现金流。然而，表面看可能会存在某些风险，因为卖出的期权可能会被行权。为了了解交易者的头寸是安全的，请考虑假设套利者卖出的期权被行权，他可以将已买入的有效期为 6 个月的期权予以行权，并将收到的股票用于有效期为 3 个月的期权的交付。这将确保 2 美元的留存，因此无论股票价格如何变化都会有 2 美元的收益。由于这种利润是确定的，而且是在没有投资的情况下获得的，因此这是一种套利利润。这一结果要求有效期为 6 个月的期权是美式期权，以确保到期前可以随时行权。有效

期较长的期权的价格不能低于有效期较短的期权，否则，将会存在套利机会。

一般来说，有效期较长的期权实际上将比有效期较短的期权更有价值，如图 12.6 所示。我们已经看到任何期权必须至少价值到期时股票价格与行权价格之间的差额（$S - E$）。如果股票价格大于行权价格（$S > E$），则看涨期权被称为实值期权（in - the - money），而如果股票价格小于行权价格（$S < E$），该期权则为虚值期权（out - of - the - money）。如果股票价格等于行权价格（$S = E$），该期权即为平值期权（at - the - money）。到期前，实值看涨期权的价格通常超过股票价格与行权价格之间的差额（$S - E$）。这里的差额，即 $S - E$，被称为期权的内在价值（intrinsic value）——立即行权情形下的期权价值。我们可以预期实值期权到期前的价值比 $S - E$ 更高，这是由于能够等待行权的时机通常是有价值的。如果期权在到期前行权，交易者在该期权上获得收益的金额仅为 $S - E$。通过在市场中卖出期权，交易者将收到通常会超过 $S - E$ 金额的市场价格。因此，提前行权通常是不划算的。在股票分红的情况下，这并不总是正确的。

迄今为止，我们已经为期权价格设定了边界，并在数对期权之间建立了价格关系，如图 12.6 所示。在图 12.6 中，$C_1$ 和 $C_2$ 两个期权是类似的，除了 $C_1$ 具有更低的行权价格。由此，图 12.6 显示 $C_1$ 比 $C_2$ 受到更严格的边界限制。在第二对中的两个期权，即 $C_3$ 和 $C_4$，仅在有效期上存在差异。与这个事实相一致的是，有效期较长的期权 $C_3$ 具有较高的价格。尽管我们现在可以对期权的总体价格设定边界，并可以确定两个期权中哪一个应该具有更高的价格，但我们仍需对看涨期权的价格进行更严格的限定。要做到这一点，我们需要考虑利率的影响。

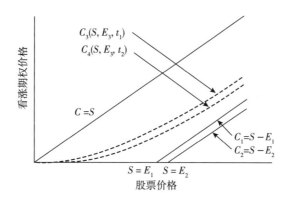

**图 12.6 期权价格边界和成对期权价格之间允许的关系**

### 12.3.5 看涨期权价格和利率

通过思考随后的例子，我们可以对看涨期权价格与利率之间的关系获得更好的理解，并对看涨期权的价格进行更严格的限定。假设目前市场中股票价格为 100 美元，并且在未来的一年中其价值可以上下浮动变化 10%。对于完整的 1 手 100 股股票来说，1 年后的价值将可能是 9,000 美元或 11,000 美元。假设无风险利率为 12%，现在有一个行权价格为 100 美元/股、1 年后到期的看涨期权。根据这些信息，请想象按照以下列方式构建的两个投资组合：

| 投资组合 A | 100 股股票，当前价值为 10,000 美元 |
|---|---|
| 投资组合 B | 一份 1 年后到期的面值为 10,000 美元的贴现债券，当前价值为 8,929 美元，与 12% 的利率一致<br>1 手期权合约，行权价格为 100 美元/股，即整个合约的金额为 10,000 美元 |

哪个投资组合价值更高，并且这告诉我们看涨期权的价格是多少？在 1 年后，如果价格上涨 10%，则完整的 1 手 100 股股票将价值 11,000 美元；或者，如果价格下跌 10%，则将价值 9,000 美元。这一结果作为投资组合 A 的相关内容显示在表 12.2 中。对于投资组合 B，债券和看涨期权两者都需要纳入考虑。同样如表 12.2 所示，无论股票价格如何变化，债券都将于 1 年后到期，其价值将为 10,000 美元。然而，股票价格将对看涨期权的价值构成很大影响。如果股票价格上涨 10%，则看涨期权正好价值 1,000 美元，即股票价格与行权价格之间的差额（$S - E$）。如果股票价格下跌 10%，则期权到期时毫无价值。因此，如果股票价格下跌，投资组合 B 将会价值 10,000 美元，而如果股票价格上涨，投资组合 B 将会价值 11,000 美元。

在这种情形下，投资组合 B 显然是更好的投资组合。如果股票价格下跌，则投资组合 B 的价值比投资组合 A 高出 1,000 美元。然而，如果股票价格上涨，则投资组合 A 和 B 具有相同的价值。投资者持有投资组合 B 永远不会变得更糟，而且他有可能变得更好。因此，投资组合 B 的价值必须至少与投资组合 A 的价值一样大。

**表 12. 2　　　　　　　　　　　　1 年后的投资组合价值**

| | 股票价格变化 | |
|---|---|---|
| | + 10% | - 10% |
| 投资组合 A | | |
| 股票 | 11,000 美元 | 9,000 美元 |
| 投资组合 B | | |
| 到期债券 | 10,000 美元 | 1,000 美元 |
| 看涨期权 | 1,000 美元 | 0 |

这告诉了我们一些关于期权价格非常重要的信息。既然投资组合 B 的表现肯定至少和投资组合 A 一样好，那么它肯定也至少会花费同样的成本。此外，我们知道投资组合 A 的价值是 10,000 美元，所以投资组合 B 的价格至少为 10,000 美元。投资组合 B 中债券的成本是 8,929 美元，所以期权的成本必须至少为 1,071 美元。这意味着看涨期权的价值必须至少等于股票价格减去行权价格的现值，或者如果用公式表示则为：

$$C \geqslant S - 现值(E)$$

如果看涨期权不符合这一条件，任何投资者都会倾向于购买投资组合 B 而不是投资组合 A，而且还会存在套利机会。[4]

以前，我们只能说看涨期权到期时的价格必须为零或等于 $S - E$。基于上例的推理，我们可以这样说：

$$C \geqslant S - 现值(E)$$

看涨期权的价格必须大于或等于股票价格减去执行价格的现值。

这在很大程度上收紧了我们能够限定的看涨期权的价值边界。

正如下一个例子所示，如果其他因素保持不变，利率越高则看涨期权价值越高就必然成立。在前例中，利率为 12%，我们可以推断出看涨期权的价格至少为 1,071 美元，这是由于：

$$C \geqslant 10,000 - 10,000/1.12 = 1,071 \text{ 美元}$$

对于同一投资组合，设想利率为 20%，而不是 12%。在这种情况下，看涨期权的价值必须至少为 1,667 美元，如以下公式所示：

$$C \geqslant 10,000 - 10,000/1.20 = 1,667 \text{ 美元}$$

根据这一思路或推理，我们可以推导出以下原则：

如果 $r_1 > r_2, C(S,E,t,r_1) \geqslant C(S,E,t,r_2)$

在其他条件都相同的情况下，无风险利率越高，则看涨期权的价格就一定越高。

### 12.3.6　看涨期权价格与股票风险

令人惊讶的是，期权开立时所对应股票的风险越大，看涨期权的价值就越大。这个原则也可以用一个例子来阐明。假设有一只价值 10,000 美元的股票，该股票次年将经历 10% 的价格上涨或 10% 的价格下跌。正如我们在表 12.2 的例子中看到的那样，基于该股票的行权价格为 10,000 美元且无风险利率为 12% 的看涨期权将至少价值 1,071 美元。现在假设有一只新股票，以 10,000 美元的价格进行交易，但次年将经历 20% 的价格上涨或 20% 的价格下跌。如果其他因素保持不变，仍假设年利率为 12%，并聚焦在行权价格为 10,000 美元的看涨期权上，关于该看涨期权的价值我们能说些什么呢？

如表 12.3 所示，基于将上涨或下跌 10% 的股票的看涨期权，应该至少价值 1,071 美元。如果股票价格下跌，则看涨期权的价值将为零。如果股票价格上涨，则看涨期权将价值 1,000 美元。从表 12.3 的底部嵌表中可以看到，股票价格将上涨或下跌 20%。如果股票价格下跌，则看涨期权在这种情况下的价值将为零。这与表 12.3 顶部嵌表中看涨期权的结果相同。如果股票价格上涨，底部嵌表中的看涨期权将价值 2,000 美元，即行权价格与股票价格之间的差额。

**表 12.3**                 **1 年后的投资组合价值**

| | 股票价格变化 | |
| --- | --- | --- |
| | + 10% | − 10% |
| 投资组合 A | | |
| 股票 | 11,000 美元 | 9,000 美元 |
| 投资组合 B | | |
| 到期债券 | 10,000 美元 | 10,000 美元 |
| 看涨期权 | 1,000 美元 | 0 |
| 在投资组合 B 中，看涨期权必须至少价值 1,071 美元 | | |
| | 股票价格变化 | |
| | + 20% | − 20% |
| 投资组合 A | | |
| 股票 | 12,000 美元 | 8,000 美元 |
| 投资组合 B | | |
| 到期债券 | 10,000 美元 | 10,000 美元 |
| 看涨期权 | 2,000 美元 | 0 |

在这种情景下，任何投资者都会倾向于底部嵌表中的看涨期权，因为它不会比顶部嵌表中的看涨期权表现得更糟，并且如果股票价格上涨将会表现得更好。因此，底部嵌表中的看涨期权至少与顶部看涨嵌表中的看涨期权价值相同，而且可能价值更高。然而，这两个例子的唯一差异是股票的风险水平。顶部嵌表中的股票以 10% 的幅度上下波动，而底部嵌表中的股票风险水平更高，因为它以 20% 的幅度上下波动。请注意，这两只股票的预期回报相同，但是风险有别。通过反思这个例子，我们可以推导出以下原则：

$$如果 \ \sigma_1 > \sigma_2, 则 \ C(S,E,t,r,\sigma_1) > C(S,E,t,r,\sigma_2)$$

在其他条件相同的情况下，基于风险更高的商品的看涨期权，将至少与基于风险更低商品的看涨期权价值相同。

### 12.3.7 作为保险单的看涨期权

在表 12.3 中，看涨期权 1 年后的价值要么为 1,000 美元，要么为零，而该期权的价值必须至少为 1,071 美元。乍一看，为 1 年后要么价值 1,000 美元要么为零的东西支付 1,071 美元，是一项糟糕的投资。然而，期权提供的不仅是一个简单的投资机会，因为它还包括一份保险单。期权的保险性质可以通过比较投资组合 A 与投资组合 B 的回报看出。如果股票价格下跌 10%，投资组合 A 将价值 9,000 美元，而投资组合 B 将价值 10,000 美元。如果股票价格上涨 10%，两个投资组合都将价值 10,000 美元。持有期权保障了该投资的最差结果将是 10,000 美元。这比仅持有股票要安全得多。在这种情况下，为最大回报为 1,000 美元的期权支付 1,071 美元或更多是有道理的，因为持有该期权组合的部分好处是为投资组合总回报至少为 10,000 美元提供了保险。这也阐明了为什么以风险更大股票为标的的期权的价值会更高。股票风险越大，防范糟糕结果的保险单的价值就越高。

我们之前说过，期权的价格必须至少等于股票价格减去行权价格的现值。然而，这种表述方式忽略了期权作为保险单的价值。如果考虑这一点，我们可以说期权的价值必须等于股票价格减去行权价格的现值，再加上期权作为保险单的价值。或者，如果用 $I$ 表示保险单的价值，看涨期权的价值将可由以下公式给出：

$$C(S,E,t,r,\sigma) = S - 现值(E) + I$$

然而，到目前为止，我们还没有办法赋予保险单一个由 $I$ 表示的值。这项任务需要对期权定价模型进行研究。

## 12.4 期权定价模型

到目前为止，通过对期权价格进行推理并发现消除套利机会的期权价格边界的过程，我们对看涨期权价格以及这些价格与其他变量之间的关系已经了解了很多。在此前讨论中，我们确认了影响看涨期权价值的 5 个变量。在以下清单中，变量旁边的加号表示相关变量的价值越大，则看涨期权的价格就越大。

$+S$ 为股票价格；

$-E$ 为行权价格；

$+t$ 为有效期；

$+r$ 为无风险利率；

$+\sigma$ 为股票价格的波动性。

虽然我们现在已了解了影响看涨期权价格的基本因素及其影响的方向，但仍有许多东西需要了解。例如，为了探索期权定价的边界，我们考虑了一个股票价格可能在1年后上下波动10%的例子。这显然是对现实的极大简化。在给定期间内，股票价格可以呈现几乎无限多的价值，而且，股票价格实际上是在持续变化。要想对看涨期权进行准确定价，需要一个更加现实的股价表现模型。

这正是费希尔·布莱克（Fischer Black）和迈伦·斯科尔斯（Myron Scholes）提出的期权定价模型（Option Pricing Model，OPM）所采用的方法。[5]严格来讲，他们的模型适用于基于不分红股票的欧式期权，但可以调整模型来应对其他情况。[6]此模型的数学运算极度复杂，但他们可以通过假设股票价格在一段时间内遵循某种被称为随机过程（stochastic process）的特定路径来推导出其模型。随机过程是对某个变量随时间变化的简单数学描述。布莱克和斯科尔斯使用的特定随机过程被称为维纳过程（wiener process），维纳过程的主要特征是变量随时间连续变化，并且在任何给定时间间隔内可能发生的变化都服从正态分布。图12.7显示了如果遵循维纳过程，股票价格可能出现的变化路径。

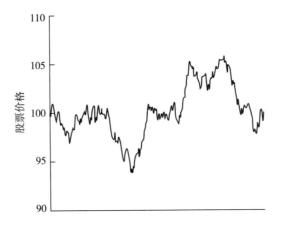

**图 12.7　一种可能的维纳过程体现**

本质上，我们目前为止的讨论与期权定价模型成就之间的差异在于，期权定价模型给出了关于看涨期权价值的数学表达式。我们无法确定看涨期权的价格应该等于多少，而布莱克和斯科尔斯提出了看涨期权价格的理论公式。如果我们知道前文列出的5个变量的值，我们就可以利用期权定价模型来计算某一期权的理论价格。此外，即使不能仔细考虑布莱克和斯科尔斯使用的数学运算，我们也能够理解如何利用其模型计算期权价值，我们还能理解期权定价模型与我们在前几部分中得出结论之间的关系。布莱克—斯科尔斯期权定价模型（OPM）的公式为：

$$C = SN(d_1) - Ee^{-rt}N(d_2)$$

其中：

$$d_1 = \left[\ln(S/E) + (r + 0.5\sigma^2)t\right]/(\sigma\sqrt{t})$$
$$d_2 = d_1 - \sigma\sqrt{t}$$

$N(d_1)$ 和 $N(d_2)$ 分别为 $d_1$ 和 $d_2$ 的累积正态分布概率值；

$S$ 为股票价格；

$E$ 为行权价格；

$r$ 为无风险利率；

$\sigma$ 为股票回报的瞬时标准差；

$t$ 为期权有效期。

此公式最难理解的部分是正态分布变量的累积概率分布函数的使用，但这正是期权定价模型反映风险的部分，并使模型能够给出如此好的期权价格结果。理解该模型的最好方式是使用示例，因此我们假设这 5 个参数的值如下，并据此计算布莱克—斯科尔斯的期权价格：

$S = 100$ 美元；

$E = 100$ 美元；

$t = 1$ 年；

$r = 12\%$ ；

$\sigma = 10\%$ 。

通过这些值能够计算出布莱克—斯科尔斯的理论期权价值，其中第一个任务是计算出 $d_1$ 和 $d_2$ 的值。

$$\begin{aligned} d_1 &= \left[\ln(S/E) + (r + 0.5\sigma^2)t\right]/(\sigma\sqrt{t}) \\ &= \left[\ln(100/100) + (0.12 + 0.5 \times 0.01 \times 1)\right]/(0.1 \times 1) \\ &= 1.25 \\ d_2 &= d_1 - \sigma\sqrt{t} \\ &= 1.25 - 0.1 \times 1 = 1.15 \end{aligned}$$

计算出 $d_1$ 和 $d_2$ 的值之后，下一步是计算这两个值的累积正态分布概率值。本质上，这两个值就是正态分布概率函数的 Z 值，如图 12.8 所示。图 12.8 显示了两个感兴趣的值，1.15 和 1.25。在计算 $d_1 = 1.25$ 和 $d_2 = 1.15$ 的累积正态分布概率值时，我们只需确定曲线下方位于所讨论值左侧区域的面积占比。例如，如果我们对 Z 值为 0 的情况感兴趣，我们会知道曲线下方区域 50% 的面积位于 Z 值为 0 的左侧，因为正态分布在其均值两侧是对称的，并且我们知道 Z 值是标准化的，所以其均值为 0。

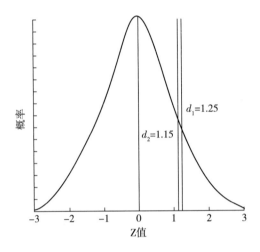

图 12.8　正态分布概率函数

因为标准正态分布如此重要且应用广泛，以至于其取值表几乎包含在每一本统计学教材中。本书附录列示了一个典型的取值表，该表显示，从这个分布中抽取一个小于或等于 $d_1$ 为 1.25 的概率为 0.8944。因此，我们查询的两个值分别为：

$$N(d_1) = N(1.25) = 0.8944$$

$$N(d_2) = N(1.15) = 0.8749$$

回归到期权定价模型，我们现在可以进行最后的计算。

$$C = SN(d_1) - Ee^{-rt}N(d_2)$$

$$= 100 \times 0.8944 - 100 \times e^{-0.12 \times 1} \times 0.8749$$

$$= 89.44 - 100 \times 0.8869 \times 0.8749$$

$$= 89.44 - 77.60$$

$$= 11.84 \text{ 美元}$$

在上述计算中，项式 $e^{-rt} = 0.8869$ 简单地说就是利率为 12%、期限为 1 年的连续时间的折现因子。[7] 因此，依据期权定价模型，上例中看涨期权的价值应为 11.84 美元。

依据期权定价模型对该期权价值的计算与我们此前表 12.2 中的例子非常接近。在例子中，对于具有类似特征的期权，我们得出的结论是，该期权必须至少价值 10.71 美元。依据期权定价模型得出的结果与我们先前的分析一致，但是它更为精确。期权定价模型得出的值 11.84 美元与最小值 10.71 美元之间的差异是由保险单的价值决定的，如果没有期权定价模型的复杂方法，我们无法捕捉到这一价值。[8]

此外，应该很清楚的是，期权定价模型与我们仅通过推理过程就可得出的结果非常接近。我们可以得出以下结论：

$$C = S - 现值(E) + I$$

而期权定价模型的描述则为：

$$C = SN(d_1) - Ee^{-rt}N(d_2)$$

简单地说，项式 $Ee^{-rt}$ 就是连续折现时行权价格的现值。这意味着期权定价模型断言：

$$C = SN(d_1) - 现值(E)N(d_2)$$

这些包含累积概率函数的项式是考虑了风险的项式。加上公式的其余项，就可以获得保险单的价值。如果股票不涉及风险，$d_1$ 和 $d_2$ 的计算值将会非常大，然后累积概率函数的计算值都会接近 1。如果 $N(d_1)$ 和 $N(d_2)$ 都等于 1，则期权定价模型可以简化为：

$$C = S - 现值(E)$$

这是我们不用期权定价模型就可以得到的结果。这个表达式根本没有反映期权作为保险单的价值，一个我们知道其不仅存在而且可以使用期权定价模型来衡量的价值。

人们在初次了解期权定价模型时会认为它太复杂了不具有实用性，事实并非如此。在金融领域的所有模型中，期权定价模型是获得实际投资者最广泛认可的模型之一。例如，芝加哥期权交易所的交易大厅有一些设备，利用模型中所有参数的实时信息，为交易者提供所有期权的期权定价模型价格。而且，大多数投资银行都有专门从事期权业务的员工，他们每天都会使用期权定价模型。期权定价模型获得了如此广泛的认可，以至于一些计算器制造商甚至设计了专门模块，让其计算器自动计算期权定价模型价格。

这种广泛的认可在很大程度上可归因于通过期权定价模型得到的非常令人满意结果。布莱克—斯科尔斯理论模型价格通常非常接近期权的市场价格。毫无疑问，期权定价模型为我们了解期权定价作出了巨大贡献，许多交易者发现其价值充分，可以作为交易策略中的关键工具。

## 看跌期权价值

虽然期权定价模型专门适用于看涨期权，但是它也可以通过"买卖权平价关系"（put - call parity）用来为看跌期权定价。[9] 假设一位投资者开展了如下交易，其中的看涨期权和看跌期权到期日相同，并基于同一股票：

买入 1 股股票，$S = 100$ 美元

买入 1 个看跌期权，此时 $P = ?$，$E = 100$ 美元，并且 $t = 1$ 年

卖出 1 个看涨期权，此时 $C = 11.84$ 美元，$E = 100$ 美元，并且 $t = 1$ 年

到期时，股票价格可以有很多不同的值，表 12.4 显示了部分值。这一投资组合的有趣特征是，无论股票的到期价格是多少，其价值都相同，即为 100 美元（行权价格）。以上述方式持有这三个工具，构造了一个到期回报为 100 美元（行权价格）的无风险投资，因此整个投资组合的价值必须等于到期无风险回报的现值。这意味着我们可以得出下列公式：

$$S - C + P = \frac{E}{(1 + r)^t}$$

这一买卖权投资组合的价值等于行权价格按照无风险利率折现后的现值。

由于除看跌期权 $P$ 价格外的其他值均可获得，因此我们可以利用买卖权平价关系来计算 $P$。要了解如何做到这一点，让我们在依据期权定价模型进行计算之前，先假设 $r = 0.12$ 并且看涨期权的价值为 11.84 美元。重新排列买卖权平价关系公式得出以下结果：

$$P = \frac{E}{(1 + r)^t} - S + C$$

$$P = \frac{100}{1.12^1} - 100 + 11.84 = 1.13 \text{ 美元}$$

在此类情形下，看跌期权价值应为 1.13 美元。

表 12.4 买卖权平价投资组合的可能结果

| 股票价格（美元） | 看涨期权价值（美元） | 看跌期权价值（美元） | 投资组合价值（美元） |
|---|---|---|---|
| 80 | 0 | 20 | 100 |
| 90 | 0 | 10 | 100 |
| 100 | 0 | 0 | 100 |
| 110 | -10 | 0 | 100 |
| 120 | -20 | 0 | 100 |

## 12.5 期权投机

许多期权交易者因期权提供的惊险刺激的投机机会而被吸引到市场。较之于股票，期权提供了巨大的杠杆效应。股票价格给定百分比的变化会引起期权价格更高百分比的变化。

在价值为 11.84 美元的期权的上述例子中，请考虑股票价格突然变动 10% 的影响。如果股票价格变化 1%，则期权价格将沿同一方向变化 7.52%。如下表所示看涨期权的

价值通过布莱克—斯科尔斯理论公式计算得出（假设只有股票价格发生了变化）。

| 初始值 | 股票价格上涨 1% | 股票价格下跌 1% |
|---|---|---|
| $S = 100$ 美元 | $S = 101$ 美元 | $S = 99$ 美元 |
| $C = 11.84$ 美元 | $C = 12.73$ 美元 | $C = 10.95$ 美元 |

这里的杠杆意味着对于给定的投资，期权可以比单纯持有股票给提供更多的价格波动。这也意味着持有期权将比持有股票风险更高。

虽然期权作为投资可能风险很大，但是并非必然如此。实际上，可以利用期权组合来建立风险非常低的期权投机头寸。组合类型几乎是不计其数的，包括"条式"（strips）、"带式"（straps）、"价差"（spreads）和"跨式"（straddles）等。为了解这些可能性，我们将只考虑其中一种，即跨式组合。

### 跨式期权组合投机

跨式组合是指由基于同一股票的一个看涨期权和一个看跌期权组成的头寸。为买入跨式组合，投资者同时买入看跌期权和看涨期权。假设有一个看涨期权和一个看跌期权，并假设它们的行权价格均为 100 美元。此外，假设看涨期权的价格为 10 美元，而看跌期权的价格为 7 美元。作为到期时股票价格的函数，表 12.5 显示了看涨期权、看跌期权和跨式组合的盈亏。如果到期时股票价格等于行权价格，则看涨期权和看跌期权均将毫无价值地到期，并且跨式组合的亏损为 17 美元，即该头寸的全部权利金。

表 12.5　　　　　看涨期权、看跌期权和跨式组合的到期回报

| 到期时股票价格（美元） | 看涨期权盈亏（美元） | 看跌期权盈亏（美元） | 跨式组合盈亏（美元） |
|---|---|---|---|
| 50 | −10 | +43 | +33 |
| 80 | −10 | +13 | +3 |
| 83 | −10 | +10 | 0 |
| 85 | −10 | +8 | −2 |
| 90 | −10 | +3 | −7 |
| 95 | −10 | −2 | −12 |
| 100 | −10 | −7 | −17 |
| 105 | −5 | −7 | −12 |
| 110 | 0 | −7 | −7 |
| 115 | +5 | −7 | −2 |
| 117 | +7 | −7 | 0 |
| 120 | +10 | −7 | +3 |
| 150 | +40 | −7 | +33 |

注：盈亏数据反映了为购买这些工具而支付的金额：看涨期权 = 10 美元，看跌期权 = 7 美元，跨式组合 = 看涨期权 + 看跌期权 = 17 美元。

到期时股票价格偏离 100 美元的任何波动都将带来更好的结果。事实上，到期时股票价格每偏离 100 美元，1 美元跨式组合的价值就会增长 1 美元。无论股票价格升至 117 美元还是降至 83 美元，跨式组合均能实现盈亏平衡。换言之，到期时偏离行权价格 17 美元的价格波动将覆盖 17 美元的初始投资。如果股票价格与行权价格之间差异更大，则有获取可观收益的机会。这些可能的结果以图形的方式显示在图 12.9 中。其中，图 12.9（a）显示了看涨期权和看跌期权多头头寸的盈亏。

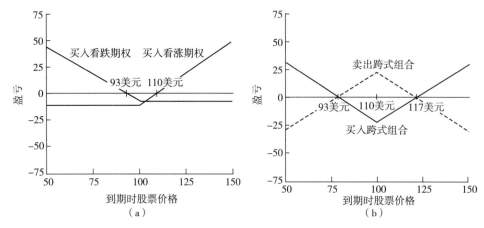

**图 12.9　看跌期权、看涨期权和跨式组合的盈亏**

图 12.9（b）以实线显示了买入跨式组合头寸的盈亏。如图 12.9 所示，跨式组合的买入者押注股票价格将大幅偏离 100 美元的行权价格。如果到期时股票价格高于 117 美元或低于 83 美元，跨式组合的所有者将获利。图 12.9（b）还以虚线显示了卖出跨式组合头寸的盈亏。如果到期时股票价格在 83～117 美元，跨式组合的卖出者将获利。很显然，跨式组合的买入者想要押注股票价格在某一方向上的大幅波动，而跨式组合的卖出者想要押注股票价格适度地维持在 100 美元的行权价格附近。通过运用看涨期权和看跌期权的多头和空头头寸的不同组合，可以构建一个几乎具有任何可想象回报集合的期权投资组合。这种跨式组合只是上述可能性中的一种。

## 12.6　期权套期保值

正如我们在期货中看到的，高风险的金融工具可以用来控制风险。期权最重要的应用之一就是用作套期保值工具。期权定价模型再次为这一过程提供了重要见解。

为了阐明利用期权进行套期保值的想法，让我们使用我们最初的售价为 100 美元、标准差为 10% 的股票的例子。我们此前说过行权价格为 100 美元、有效期为 1 年的期权售价为 11.84 美元。我们还说过股票价格瞬间上涨 1%，从 100 美元升至 101 美元，将使期权价格升至 12.73 美元。如果股票价格和期权价格如此密切相关，那么就应该可以利用期权来抵销股票固有的风险。

表 12.6 显示了这种可能性。假设有一个由 8,944 股每股售价为 100 美元的股票组成的初始投资组合，并假设一位交易者以 11.84 美元的价格卖出了 100 手期权合约，即基于 10,000 股股票的期权。表 12.6 中期权空头头寸用负号标识。整个投资组合的价值为 776,000 美元。现在请考虑股票价格波动 1% 的影响。如果股票价格上涨 1% 至 101 美元，这些股票的价值将达到 903,344 美元，收益为 8,944 美元。期权价格将由 11.84 美元升至 12.73 美元。然而，该投资组合包含的是 10,000 份期权的空头头寸，因此将产生 8,900 美元的损失。考虑了这两方面影响后，整个投资组合的价值将为 776,044 美元，这与初始价值几乎相同。

另外，如果股票价格下跌 1%，股票损失将为 8,944 美元。期权价格将从 11.84 美元跌至 10.95 美元，这意味着全部 10,000 份期权的价格下跌将为 8,900 美元。考虑了这两方面影响后，整个投资组合的价值将为 775,956 美元。正如这个例子所示，无论股票价格发生了什么变化，整个投资组合的价值均不会发生变化。如果股票价格上涨，期权将会出现抵消性亏损。同样地，如果股票价格下跌，期权将会出现抵消性收益。

**表 12.6**　　　　　　　　　　　**实现套期保值的投资组合**

| 初始投资组合：$S = 100$ 美元 $C = 11.84$ 美元 | |
|---|---|
| 8,944 股股票 | 894,400 美元 |
| 基于 10,000 股股票的期权空头头寸（100 手合约） | −118,000 美元 |
| 总价值 | 776,000 美元 |
| **股票价格上涨 1%：$S = 101$ 美元 $C = 12.73$ 美元** | |
| 8,944 股股票 | 903,344 美元 |
| 基于 10,000 股股票的期权空头头寸（100 手合约） | −127,300 美元 |
| 总价值 | 776,044 美元 |
| **股票价格下跌 1%：$S = 99$ 美元 $C = 10.95$ 美元** | |
| 8,944 股股票 | 885,456 美元 |
| 基于 10,000 股股票的期权空头头寸（100 手合约） | −109,500 美元 |
| 总价值 | 775,956 美元 |

在这个例子中，每份期权空头头寸都对应 0.8944 股股票多头头寸，将带来一个完美对冲。整个投资组合的价值对股票价格的任何变化均不敏感。我们如何才能知道得出这一结果需要交易期权的确切数量？细心的读者可能会想起 0.8944 这个数字。在计算该看涨期权的价值时，我们看到 $N(d_1) = 0.8944$。该值给出了用于构建完美对冲的

适当的套期保值比率，这一原则可用以下规则概括：

由 1 份期权空头头寸和 $N(d_1)$ 股股票多头头寸组成的投资组合，其总价值将不会随股票价格波动而波动。

或者也可以表述为，为对冲 1 股股票多头头寸，$1/N(d_1)$ 份期权需要被卖出。

这种套期保值将在股票价格发生微小变化的情况下适用。在先前的例子中，这种套期保值并不十分完美，这是由于股票价格的变化是离散的。事实上，该投资组合的价值波动幅度仅为 0.00057。而且，股票价格的变化将改变 $N(d_1)$ 的值，因为 $d_1$ 的值将发生变化。这意味着如果想保持完美，套期保值就必须随股票价格变化而定期调整。

## 12.7　小结

本章介绍了期权并探讨了看涨期权和看跌期权的基本定价原则。仅从期权定价方式应不允许出现套利机会的假设出发，就有可能将期权价格限定在非常小的区间。本质上，在无套利条件下，看涨期权的价格可以被看作股票价格、期权行权价格、有效期、利率以及期权标的商品风险水平的函数。而且，布莱克和斯科尔斯开发了一个期权定价模型，该模型通过上述 5 个变量的函数得出了看涨期权的确切价格。虽然他们的模型是一个理论模型，但是它已被证明与实际期权价格非常吻合。

期权是投机和套期保值的有用金融工具。例如，预期股票价格上涨的投资者，可以从买入或卖出该股票的看涨期权或看跌期权的正确做法中获利。而且，较之于仅进行股票自身交易，利用期权进行投机有可能收获更大的杠杆效应。期权对控制风险也非常有用，这是由于期权与标的商品头寸的审慎组合，几乎可以带来想要承担的任何程度的风险。此外，期权组合本身扩大了投资者获得回报可能性的区间范围。本章为下一章对基于期货合约的期权的探讨做了铺垫。

## 12.8　习题

1. 请回应以下说法："买入看涨期权非常危险，因为其所有者承诺在随后的某一天买入股票，而那时可能不再需要股票。因此，持有看涨期权头寸是有风险的。"请解释。

2. "当 IBM 股票价格为 106 美元时，我买入了一个行权价格为 110 美元的 IBM 股票看涨期权，并为该期权支付了每股 6 美元的权利金。现在期权即将到期，IBM 股票的市价为 112 美元。现在行权没有意义，因为我最终将为该股票总共支付 116 美元——

已为期权支付的 6 美元加上 110 美元的行权价格。"这一推理思路是否正确？请解释。

3. 如果看涨期权的行权价格为零并且有效期是无限的，那么基于 1 股股票的看涨期权的价值是多少？请解释。

4. 为什么到期时看涨期权的价值等于零与股票价格减去行权价格两者之中的较大者。

5. 基于同一股票的两个看涨期权具有以下特征。第一个期权的行权价格为 60 美元，3 个月后到期，权利金为 5 美元。第二个期权的行权价格为 60 美元，6 个月后到期，权利金为 4 美元。在这种情况下，你应该如何操作？假设你仅交易一个期权，请予以确切解释。当近月期权到期时，如果股票价格为 55 美元、60 美元或 65 美元，你的盈亏将是多少？

6. 除了基于风险水平不同的两个股票开立之外，两个看涨期权完全相同。哪个期权价值更高？为什么？

7. 假设如下情形：股票售价为 100 美元，行权价格为 90 美元、1 个月后到期的期权市价为 6 美元，月度市场利率为 1%。你应如何交易？请解释你的交易。

8. 基于同一股票的两个看涨期权将在 2 个月后到期。其中一个期权的行权价格为 55 美元，价格为 5 美元。另一个期权的行权价格为 50 美元，价格为 4 美元。你会利用这一情况开展什么交易？

## 12.9 尾注

[1] 这里提及的大多数原则最初都是由 R. C. Merton，"Theory of Rational Option Pricing"，*Bell Journal of Economics and Management Science*，4：1，1973，pp. 141 – 183 严格证明的。

[2] 这里还有一个值得注意的有趣结果。如果价格相同，交易者可能会买入行权价格较低的期权，并卖出行权价格较高的期权。这一策略不能保证获利，但也不会产生损失，而且存在某些会获得回报的情形。因此，正如来自《华尔街日报》的报价所表明的那样，具有较低行权价格的期权的售价几乎总是高于具有较高行权价格的期权，不会恰好相等。

[3] 严格地说，这里的讨论适用于"美式期权"。"美式期权"允许随时行权直至到期。与此相反，"欧式期权"仅允许到期时行权。因此，美式期权具备欧式期权的所有优点，并被赋予了提前行权的可能性。因此，在其他因素相同的情况下，美式期权的价值至少与欧式期权相等。

[4] 该套利交易将包括买入投资组合 B 并卖空投资组合 A。假设看涨期权的价格是 1,000 美元，请试着计算该笔交易必然产生的套利收益。

[5] F. Black and M. Scholes，"The Pricing of Options and Corporate Liabilities"，*Journal of Political Economy*，81：3，Part 1，1973，pp. 637 – 654.

［6］期权定价模型的这些调整和改进超出了本文的范围。对此有兴趣的学生应当通过查阅下列资料完成关于这些改进的探寻：R. Jarrow and A. Rudd, *Option Pricing*, Homewood, IL：Richard D. Irwin, 1983。另一个与期权相关的优秀资源如下：P. Ritchken, *Options：Theory Strategy, and Applications*, Gleview, IL：Scott, Foresman, 1987。也可从如下来源查询：R. Kolb, *Options*, Cambridge, MA, Blackwell Publish, 1997。

［7］将这一连续复利的值与单利的值（1/1.12 = 0.8929）进行比较。连续复利的值将始终小于任何其他复利区间的结果。

［8］实际上，部分差异应归因于折现方法。如果本例以 12% 进行连续折现，那么我们将会发现期权的价值将至少为 100 − 100 × 0.8869 = 11.31 美元。这与期权定价模型得出的 11.84 美元的价值更为接近。

［9］这种平价关系首先由以下文章提出：H. Stoll, "The Relationship Between Put and Call Option Prices", *Journal of Finance*, 24：5, 1969, pp, 801 − 824。

# 第 13 章　期货期权

## 13.1　概述

　　金融期货和交易所交易期权均是在 1973 年推出的。这一联袂问世标志着金融市场快速创新浪潮的开始。20 世纪 80 年代金融动荡之后，创新可能已经放缓，但创新时代尚未结束。金融市场的参与者必须学会使用另一种完全不同的工具——基于期货合约的期权。使事情变得更加复杂的是，对于许多工具来说，既有基于工具本身的期权，也有基于相同工具的期货的期权。

　　期权合约的定价原则非常复杂，并且许多书都是专门讲述期权的。[1]在第 12 章中，我们介绍了期权市场和期权定价原则，仅考虑了现货期权（options on physicals），即基于标的商品本身的期权。这一章将第 12 章中的原理延伸到期货期权领域。

　　我们首先描述期货期权市场的制度特征。随后，我们探讨定价原则。我们将看到，期货期权的价格与基于标的商品的期权的价格密切相关。我们讨论了一些决定期货期权理论价格的问题，并且分析了期货期权市场的效率。本章其余部分聚焦在投机和套期保值方面。我们探讨了期货期权提供的投机机会，将这些投机头寸与期货头寸进行了对比。期货期权在套期保值方面也很有价值，我们展示了如何利用期货期权构造合成期货头寸。这一创新为交易期货期权的套期保值者提供了期货式套期保值的所有可能性。

## 13.2　现货期权与期货期权的特征

　　考虑一种商品，欧元和基于它的金融工具如欧元期货合约、欧元远期合约、欧元期权（现货期权）和欧元期货合约期权（期货期权）。并不是所有商品都有这么多种相关工具，虽然许多商品的确如此。在本章中，我们聚焦期货期权。

　　期货期权的结构与现货期权非常类似。对于这两个工具来说，所有者都有权利行权，而卖方有义务针对行权进行履约。然而，在行权时，看涨期权所有者以行权时的结算价格获得标的期货的多头头寸。看涨期权所有者还会收到金额等于期货结算价格减去期货期权行权价格的付款（如果期货结算价格没有超过行权价格，则看涨期权所有者就不会行权）。当看涨期权针对其行权时，看涨期权卖方以行权时的结算价格获得了标的期货的空头头寸。另外，看涨期权空头交易者向多头交易者支付结算价格减去行权价格的差额。

当期货看跌期权所有者行权时，他以行权时结算价格获得标的期货的空头头寸。此外，看跌期权所有者还会收到金额等于行权价格减去期货结算价格的付款（除非行权价格超过期货结算价格，否则看跌期权所有者不会行权）。通过行权，看跌期权卖方获得标的期货合约的多头头寸，同时看跌期权的卖方必须支付行权价格与结算价格的差额。

| 期货期权的行权结果 | | |
|---|---|---|
| 期权 | 期货结果 | 现金流 |
| 看涨期权 | 所有者持有多头期货头寸<br>卖方持有空头期货头寸 | 所有者收取 $F_0 - E$<br>卖方支付 $F_0 - E$ |
| 看跌期权 | 所有者持有空头期货头寸<br>卖方持有多头期货头寸 | 所有者收取 $E - F_0$<br>卖方支付 $E - F_0$ |
| 其中：<br>$F_0$ 为行权时期货结算价格；$E$ 为期货期权的行权价格 | | |

我们可以用一个例子来厘清行权的权利和义务。2 月 1 日，一位交易者买入一个基于 3 月欧元期货合约的期权。行权价格为 0.44 美元/欧元，对应 3 月到期的欧元期货。2 月 15 日，期货结算价格为 0.48 美元，看涨期权所有者决定行权。通过行权，看涨期权所有者获得 3 月欧元期货合约的多头头寸。另外，看涨期权所有者还收到金额为 $F_0 - E$ 即 0.48 - 0.44 美元的付款。1 手合约的金额为 125,000 欧元，因此实际付款将为 5,000 美元。在这种情形下，看涨期权卖方获得欧元期货合约的空头头寸，并且必须支付 5,000 美元。现在双方交易者均可平仓对冲或继续持有其期货头寸。

为了阐明看跌期权的行权，假设一位交易者买入了行权价格为 2.4 美元/蒲式耳的基于 5 月小麦期货合约的看跌期权。4 月 4 日，小麦期货合约的结算价格为 2.32 美元，交易者决定行权。看跌期权所有者获得 5 月期货合约的空头头寸，以及金额为 $E - F_0$ 即 2.4 - 2.32 美元付款。1 手小麦合约包括 5,000 蒲式耳小麦，看跌期权所有者的实际现金流为 400 美元。在这种情形下，看跌期权卖方获得 5 月小麦期货合约的多头头寸，并将支付 400 美元。

在每次行权中，期权所有者和卖方都会获得期货头寸。通过行权获得的期货头寸不存在固有的收益或损失，交易者可以抵消期货头寸或继续持有上述头寸。无论是看涨期权还是看跌期权，买方最初都要向卖方支付权利金。这笔付款导致卖方赋予期权所有者我们前文所述的行权的权利。上述交易的总体盈利状况取决于初始权利金和期权到期前的可用价格。

## 13.3　期货期权市场

图 13.1 展示了一些用作例证的期货期权报价，类似于第 12 章中讨论的现货期权报价。在图 13.1 中，期权报价分为看涨期权报价和看跌期权报价，并进一步按不同的合约期限和行权价格进行报价。

随着各种各样期货期权的问世，似乎不是所有的期货期权都能成功。许多农产品都引入了期货期权，如小麦、大豆、咖啡、橙汁、玉米、棉花和糖，但是它们上市后表现各不相同。最成功的合约似乎都集中在金融期货领域，大约 85% 的成交量来自金融期货期权。例如，芝加哥商业交易所的欧元期货期权合约就非常成功，其持仓量一直超过 900 万手合约。10 年期中期国债、欧元、标准普尔 500 指数以及欧洲美元等的期货期权均有活跃的交易持仓。纽约商业交易所的原油期货期权合约是交易最活跃的基于商品的期货期权。表 13.1 显示了在截至 2003 年 9 月 30 日的财政年度内商品类期货期权的成交量。

---

### 产品简介：纽约商业交易所原油期货期权合约

合约规模：1 手纽约商业交易所轻质、低硫原油期货合约。

行权价格：以 50 美分/桶的间距在平值期权行权价格之上和之下浮动的各 20 个行权价格。以 2.5 美元/桶的间距在以上最高行权价格之上和最低行权价格之下浮动的各 10 个行权价格。总计 61 个行权价格（包含平值期权行权价格）。

最小变动价位：1 美分/桶（10 美元/合约）。

报价单位：美元/桶和美分/桶。

合约月份：30 个连续月，以及初始上市时距离交割时间分别为 36 个月、48 个月、60 个月、72 个月和 84 个月的长期期货合约。

到期日和最终结算：最后交易日为标的期货合约最后交易日之前的第 3 个交易日。

交易时间：公开喊价交易时间为上午 10:00 至下午 2:30。

每日价格限制：无。

---

**Thursday, June 24, 2004**

Final or settlement prices of selected contracts. Volume and open interest are totals in all contract months.

## Grain and Oilseed

### Corn (CBT)
5,000 bu.; cents per bu.

| STRIKE | CALLS-SETTLE | | | PUTS-SETTLE | | |
|---|---|---|---|---|---|---|
| Price | Feb | Mar | May | Feb | Mar | May |
| 250 | 23.250 | 33.125 | 40.750 | .125 | 5.875 | 8.750 |
| 260 | 13.250 | 27.000 | 34.750 | .125 | 9.500 | 12.750 |
| 270 | 4.250 | 21.625 | 29.500 | 1.000 | 14.125 | 17.375 |
| 280 | .500 | 17.375 | 25.500 | 7.250 | 19.875 | 23.000 |
| 290 | .125 | 13.875 | 21.750 | 16.750 | 26.125 | 29.125 |
| 300 | .125 | 11.000 | 18.750 | 26.750 | 33.125 | 36.125 |

Est vol 34,549 Wd 32,402 calls 13,441 puts
Op int Wed 525,525 calls 308,135 puts

### Soybeans (CBT)
5,000 bu.; cents per bu.

| Price | Feb | Mar | May | Feb | Mar | May |
|---|---|---|---|---|---|---|
| 880 | 42.000 | 33.000 | 20.250 | .500 | 65.000 | 159.500 |
| 900 | 23.500 | 26.750 | 17.750 | 2.000 | 78.750 | 177.000 |
| 920 | 10.500 | 22.000 | 15.500 | 8.750 | 94.000 | ... |
| 940 | 3.000 | 18.000 | 13.500 | 21.500 | 110.000 | ... |
| 960 | 1.250 | 15.000 | 11.500 | 39.750 | 127.000 | ... |
| 980 | .500 | 12.250 | 10.250 | 59.000 | 144.000 | ... |

Est vol 46,681 Wd 23,004 calls 16,261 puts
Op int Wed 222,861 calls 173,161 puts

### Soybean Meal (CBT)
100 tons; $ per ton

| Price | Feb | Mar | May | Feb | Mar | May |
|---|---|---|---|---|---|---|
| 295 | ... | ... | ... | ... | ... | ... |
| 300 | 8.00 | 11.75 | 9.50 | 2.00 | 21.75 | 49.25 |
| 305 | ... | ... | ... | ... | ... | ... |
| 310 | 2.90 | 9.00 | 8.00 | 7.00 | 29.00 | ... |
| 315 | ... | ... | ... | ... | ... | ... |
| 320 | .85 | 6.50 | 6.75 | 15.00 | ... | 66.40 |

Est vol 6,468 Wd 2,386 calls 3,292 puts
Op int Wed 55,495 calls 48,337 puts

### Soybean Oil (CBT)
60,000 lbs.; cents per lb.

| Price | Feb | Mar | May | Feb | Mar | May |
|---|---|---|---|---|---|---|
| 285 | 1.050 | 1.570 | 1.650 | .150 | 1.560 | ... |
| 290 | .650 | 1.350 | 1.500 | .250 | 1.850 | 3.000 |
| 295 | .350 | 1.200 | 1.350 | .450 | ... | ... |
| 300 | .200 | 1.050 | 1.250 | .800 | 2.520 | 3.750 |
| 305 | ... | ... | ... | ... | ... | ... |
| 310 | .040 | .850 | 1.050 | 1.640 | 3.280 | ... |

Est vol 7,318 Wd 4,593 calls 1,874 puts
Op int Wed 80,181 calls 57,702 puts

### Wheat (CBT)
5,000 bu.; cents per bu.

| Price | Feb | Mar | May | Feb | Mar | May |
|---|---|---|---|---|---|---|
| 320 | 19.500 | 33.000 | 45.750 | .125 | 4.750 | 6.875 |
| 330 | 9.500 | 26.125 | ... | .250 | 7.875 | 10.250 |
| 340 | 2.000 | 20.250 | 33.250 | 2.125 | 12.125 | 14.250 |
| 350 | .250 | 15.625 | 28.125 | 10.750 | 17.375 | 19.250 |
| 360 | .125 | 12.000 | 23.750 | 20.500 | 23.750 | 24.750 |
| 370 | .125 | 9.000 | 20.125 | 30.500 | 30.750 | 31.000 |

Est vol 5,987 Wd 3,934 calls 4,311 puts
Op int Wed 83,424 calls 50,112 puts

### Wheat (KC)
5,000 bu.; cents per bu.

| Price | Feb | Mar | May | Feb | Mar | May |
|---|---|---|---|---|---|---|
| 350 | 15.500 | 29.250 | ... | .125 | 5.500 | 9.875 |
| 360 | 5.875 | 22.750 | ... | .375 | 9.875 | 13.375 |
| 370 | .625 | 17.375 | ... | 4.875 | 14.375 | 17.625 |
| 380 | .125 | 13.250 | ... | 14.500 | 20.125 | 22.500 |
| 390 | .125 | 10.000 | 21.375 | 24.500 | 27.000 | 28.125 |
| 400 | .125 | 7.625 | 17.750 | 34.500 | 34.500 | 34.375 |

Est vol 2,389 Wd 743 calls 641 puts
Op int Wed 19,989 calls 20,411 puts

| STRIKE | CALLS-SETTLE | PUTS-SETTLE |
|---|---|---|

## Food and Fiber

### Cotton (NYBOT)
50,000 lbs.; cents per lb.

| Price | Mar | May | Jly | Mar | May | Jly |
|---|---|---|---|---|---|---|
| 51 | 4.43 | 6.18 | 8.36 | 2.44 | 2.76 | 2.97 |
| 52 | 3.89 | 5.62 | 7.76 | 2.90 | 3.19 | 3.37 |
| 53 | 3.40 | 5.09 | 7.20 | 3.40 | 3.65 | 3.80 |
| 54 | 2.96 | 4.60 | 6.67 | 3.95 | 4.15 | 4.25 |
| 55 | 2.56 | 4.15 | 6.16 | 4.55 | 4.69 | 4.73 |
| 56 | 2.20 | 3.73 | 5.69 | 5.19 | 5.27 | 5.25 |

Est vol 13,216 Wd 4,721 calls 3,009 puts
Op int Wed 76,814 calls 38,172 puts

### Orange Juice (NYBOT)
15,000 lbs.; cents per lb.

| Price | Feb | Mar | May | Feb | Mar | May |
|---|---|---|---|---|---|---|
| 50 | 12.30 | 15.00 | 17.05 | .15 | .15 | .25 |
| 55 | 7.90 | 10.75 | 12.75 | .65 | .85 | 1.20 |
| 60 | 4.45 | 7.20 | 9.35 | 2.15 | 2.25 | 2.45 |
| 65 | 2.40 | 4.65 | 6.45 | 5.10 | 4.65 | 4.45 |
| 70 | 1.10 | 3.10 | 4.60 | 8.85 | 7.95 | 7.55 |
| 75 | .85 | 2.05 | 3.30 | 13.45 | 12.05 | 11.15 |

Est vol 2,094 Wd 1,225 calls 70 puts
Op int Wed 26,294 calls 8,200 puts

### Coffee (NYBOT)
37,500 lbs.; cents per lb.

| Price | Mar | Apr | May | Mar | Apr | May |
|---|---|---|---|---|---|---|
| 70 | 6.42 | 7.83 | 11.02 | 0.18 | 1.60 | 1.66 |
| 72.5 | 4.30 | 6.34 | 9.39 | 0.55 | 2.60 | 2.52 |
| 75 | 2.63 | 5.15 | 7.98 | 1.38 | 3.90 | 3.60 |
| 77.5 | 1.60 | 4.20 | 6.72 | 2.85 | 5.45 | 4.83 |
| 80 | 1.00 | 3.50 | 5.64 | 4.75 | 7.24 | 6.24 |
| 82.5 | 0.66 | 3.02 | 4.81 | 6.90 | 9.26 | 7.90 |

Est vol 6,401 Wd 3,191 calls 1,466 puts
Op int Wed 70,068 calls 33,372 puts

### Sugar-World (NYBOT)
112,000 lbs.; cents per lb.

| Price | Mar | Apr | May | Mar | Apr | May |
|---|---|---|---|---|---|---|
| 650 | 1.22 | 1.25 | 1.30 | 0.01 | 0.04 | 0.09 |
| 700 | 0.74 | 0.83 | 0.91 | 0.03 | 0.12 | 0.20 |
| 750 | 0.34 | 0.49 | 0.59 | 0.13 | 0.28 | 0.38 |
| 800 | 0.12 | 0.26 | 0.36 | 0.41 | 0.55 | 0.65 |
| 850 | 0.03 | 0.13 | 0.22 | 0.82 | 0.92 | 1.01 |
| 900 | 0.01 | 0.06 | 0.14 | 1.30 | 1.35 | 1.42 |

Est vol 11,776 Wd 8,802 calls 4,141 puts
Op int Wed 194,027 calls 103,453 puts

### Cocoa (NYBOT)
10 metric tons; $ per ton

| Price | Mar | Apr | May | Mar | Apr | May |
|---|---|---|---|---|---|---|
| 1250 | 90 | 111 | 135 | 3 | 24 | 35 |
| 1300 | 46 | 79 | 104 | 9 | 42 | 53 |
| 1350 | 19 | 54 | 78 | 32 | 67 | 77 |
| 1400 | 6 | 36 | 57 | 69 | 99 | 105 |
| 1450 | 3 | 23 | 40 | 116 | 135 | 139 |
| 1500 | 2 | 14 | 27 | 165 | 176 | 176 |

Est vol 2,363 Wd 430 calls 120 puts
Op int Wed 18,136 calls 12,563 puts

## Petroleum

### Crude Oil (NYM)
1,000 bbls.; $ per bbl.

| Price | Aug | Sep | Oct | Aug | Sep | Oct |
|---|---|---|---|---|---|---|
| 3700 | 1.85 | 2.63 | 2.99 | 0.92 | 1.61 | 2.20 |
| 3750 | 1.57 | 2.37 | 2.74 | 1.14 | 1.85 | 2.45 |
| 3800 | 1.32 | 2.12 | 2.51 | 1.39 | 2.10 | 2.72 |
| 3850 | 1.11 | 1.89 | 2.29 | 1.68 | 2.37 | 3.00 |
| 3900 | 0.92 | 1.69 | 2.10 | 1.99 | 2.67 | 3.31 |
| 3950 | 0.77 | 1.49 | 1.93 | 2.34 | 2.97 | 3.63 |

Est vol 27,437 Wd 18,143 calls 22,010 puts
Op int Wed 402,100 calls 508,213 puts

### Heating Oil No.2 (NYM)
42,000 gal.; $ per gal.

| Price | Jly | Aug | Sep | Jly | Aug | Sep |
|---|---|---|---|---|---|---|
| 100 | .0258 | .0617 | .0827 | .0031 | .0314 | .0450 |
| 101 | .0184 | .0559 | .0769 | .0057 | .0356 | .0492 |
| 102 | .0123 | .0504 | .0714 | .0096 | .0401 | .0536 |
| 103 | .0077 | .0452 | .0661 | .0150 | .0449 | .0583 |
| 104 | .0045 | .0407 | .0611 | .0218 | .0504 | .0633 |
| 105 | .0024 | .0365 | .0567 | .0297 | ... | ... |

Est vol 1,156 Wd 787 calls 1,047 puts
Op int Wed 28,155 calls 24,602 puts

### Gasoline-Unlead (NYM)
42,000 gal.; $ per gal.

| Price | Jly | Aug | Sep | Jly | Aug | Sep |
|---|---|---|---|---|---|---|
| 120 | .0288 | .0669 | .0651 | .0069 | .0538 | .0871 |
| 121 | .0221 | .0619 | .0611 | .0102 | .0588 | .0930 |
| 122 | .0165 | .0573 | .0574 | .0146 | .0642 | .0993 |
| 123 | .0119 | .0530 | .0539 | .0200 | .0699 | ... |
| 124 | .0083 | .0490 | .0506 | .0264 | .0759 | .1124 |
| 125 | .0056 | .0452 | .0474 | .0337 | .0820 | .1192 |

Est vol 5,405 Wd 3,289 calls 1,684 puts
Op int Wed 63,642 calls 40,989 puts

### Natural Gas (NYM)
10,000 MMBtu.; $ per MMBtu.

| Price | Jly | Aug | Sep | Jly | Aug | Sep |
|---|---|---|---|---|---|---|
| 640 | .109 | .368 | .499 | .024 | .230 | .346 |
| 645 | .076 | .341 | .474 | .041 | .253 | .371 |
| 650 | .050 | .316 | .450 | .065 | .278 | .397 |
| 655 | .031 | .292 | .426 | .096 | .304 | .423 |
| 660 | .019 | .271 | .406 | .134 | .333 | .453 |
| 665 | .010 | .252 | .386 | .175 | .364 | .483 |

Est vol 30,274 Wd 16,955 calls 15,004 puts
Op int Wed 443,224 calls 510,930 puts

### Brent Crude (IPE)
1,000 net bbls.; $ per bbl.

| Price | Aug | Sep | Oct | Aug | Sep | Oct |
|---|---|---|---|---|---|---|
| 3400 | 2.13 | 2.99 | 2.70 | 0.83 | 1.69 | 1.55 |
| 3450 | 1.83 | 2.66 | 2.45 | 1.03 | 1.86 | 1.80 |
| 3500 | 1.48 | 2.16 | 2.22 | 1.18 | 1.86 | 2.07 |
| 3550 | 1.23 | 1.88 | 1.93 | 1.43 | 2.08 | 2.28 |
| 3600 | 1.01 | 1.62 | 1.66 | 1.71 | 2.32 | 2.51 |
| 3650 | 0.81 | 1.37 | 1.40 | 2.01 | 2.57 | 2.75 |

Est vol 635 Wd 0 calls 0 puts
Op int Wed 595 calls 597 puts

## Livestock

### Cattle-Feeder (CME)
50,000 lbs.; cents per lb.

| Price | Aug | Sep | Oct | Aug | Sep | Oct |
|---|---|---|---|---|---|---|
| 112 | 4.20 | 4.10 | 3.60 | 2.60 | ... | ... |
| 113 | 3.20 | ... | 2.98 | ... | ... | ... |
| 114 | 2.90 | 3.00 | 2.70 | 3.28 | ... | ... |
| 115 | 2.30 | ... | ... | ... | ... | ... |
| 116 | 2.00 | 2.18 | 2.10 | ... | ... | ... |
| 117 | ... | ... | ... | ... | ... | ... |

Est vol 1,236 Wd 173 calls 367 puts
Op int Wed 3,750 calls 8,695 puts

### Cattle-Live (CME)
40,000 lbs.; cents per lb.

| Price | Aug | Oct | Dec | Aug | Oct | Dec |
|---|---|---|---|---|---|---|
| 88 | 4.43 | 5.50 | 5.90 | 2.60 | 3.85 | 4.70 |
| 89 | 3.83 | 4.85 | ... | 3.00 | 4.20 | ... |
| 90 | 3.15 | 4.20 | 4.40 | 3.33 | ... | 5.20 |
| 91 | 2.50 | ... | ... | ... | ... | ... |
| 92 | 2.20 | 3.20 | 3.55 | 4.38 | ... | ... |
| 93 | 1.80 | 2.80 | ... | ... | ... | ... |

Est vol 1,666 Wd 425 calls 665 puts
Op int Wed 23,926 calls 22,035 puts

### Hogs-Lean (CME)
40,000 lbs.; cents per lb.

| Price | Jly | Aug | Oct | Jly | Aug | Oct |
|---|---|---|---|---|---|---|
| 75 | 2.83 | 2.95 | ... | 1.23 | 3.08 | ... |
| 76 | 2.23 | 2.48 | 0.60 | 1.63 | 3.60 | ... |
| 77 | 1.68 | 2.03 | ... | 2.08 | ... | ... |
| 78 | 1.23 | 1.65 | ... | 2.63 | 4.78 | ... |
| 79 | 0.88 | 1.30 | ... | ... | ... | ... |
| 80 | 0.60 | 1.00 | ... | 6.10 | ... | ... |

Est vol 176 Wd 215 calls 336 puts
Op int Wed 4,833 calls 7,707 puts

**图13.1　期货期权报价**

（数据来源："Futures Price Quotations", The Wall Street Journal, June 25, 2004, p. B5.

期货价格反映了当日交易和隔夜交易，持仓量反映前一交易日。

经《华尔街日报》允许再次印刷，© Dow Jones & Company, Inc.，全世界范围内版权所有）

**表 13.1** 期货期权成交量（截至 2003 年 9 月 30 日的财政年度）

| 商品分组 | 成交量（百万手） |
|---|---|
| 谷物 | 6.8 |
| 油籽 | 5.3 |
| 牲畜 | 0.9 |
| 其他农产品 | 5.3 |
| 能源/木材 | 20.7 |
| 金属 | 4.3 |
| 金融工具 | 173.9 |
| 货币 | 2.1 |
| 总计 | 219.2 |

数据来源："Commodity Futures Trading Commission"，*Annual Report*，2003.

## 13.4 期货期权定价

在第 12 章，我们探讨了著名的适用于无股息股票的布莱克—斯科尔斯期权定价模型。严格地说，布莱克—斯科尔斯期权定价模型仅适用于欧式期权（European option），即只能在到期日行权的期权，但不适用于美式期权（American option），即可在到期前任何时间行权的期权。如果标的商品无股息，那么布莱克和斯科尔斯可以指出美式和欧式看涨期权具有相同的价值。股息问题以及美式期权和欧式期权的差异对于期货期权的定价至关重要。因此，我们在从基于远期合约的期权开始，在较容易的阶段探讨这个问题。

虽然期货合约不涉及股息，但是期货的每日结算制度意味着存在与期货市场头寸相关的一系列现金流。对于期货期权，这些每日结算现金流扮演了连续股息的角色。当存在股息时，布莱克—斯科尔斯期权定价模型并不完全适用。尽管如此，如果股息率是恒定不变的，则调整后的布莱克—斯科尔斯期权定价模型可以反映股息。如果股息率是可变的，则布莱克—斯科尔斯期权定价模型不容易修改。这意味着，严格地说，该模型不适合用于期货期权估值。

远期合约不会每日结算，也无资产生命周期中的间歇性现金流问题。这意味着应该有可能通过调整布莱克—斯科尔斯期权定价模型，来对基于远期合约的期权进行定价。因此，我们通过研究远期期权定价来开启对期货期权定价的探索。随后，我们对决定期货期权价格的每日结算制度的复杂性进行了研究。为简单起见，我们通篇聚焦在看涨期权。我们将会看到，像布莱克—斯科尔斯期权定价模型这样的模型，实际上非常适用于期货期权。

### 13.4.1 远期期权的布莱克模型

在其 1976 年的论文中，费希尔·布莱克（Fischer Black）描述了如何调整布莱克—斯科尔斯期权定价模型以适用于基于远期合约的期权。[2] 基于远期合约的看涨期权的价值为：

$$C = e^{-rt}[F_{0,t}N(d_1^*) - EN(d_2^*)] \qquad (13.1)$$

式中：

$r$ 为无风险利率；

$t$ 为远期合约及其期权的有效期；

$F_{0,t}$ 为时间 $t$ 到期合约的远期价格；

$E$ 为行权价格；

$\sigma$ 为远期合约价格的标准差。

$$d_1^* = \frac{\ln(F/E) + 0.5\sigma^2 t}{\sigma\sqrt{t}}$$

$$d_2^* = d_1^* - \sigma\sqrt{t}$$

如式（13.1）所示的模型与第 12 章中的布莱克—斯科尔斯期权定价模型非常相似。主要差异体现在 $d_1^*$ 和 $d_2^*$ 的计算中。首先，这些表达式没有利率项，因为远期合约不涉及现金的定期支付。其次，整个括号中的项式以 $e^{-rt}$ 进行折现。如果不存在不确定性，$N(d_1^*)$ 和 $N(d_2^*)$ 都将等于 1.0，式（13.1）从而可简化为：

$$C_f = e^{-rt}[F_{0,t} - E] \qquad (13.2)$$

式（13.2）表明，在确定性条件下，期权的价值等于行权收益的现值。行权收益是指期权行权时可获得的收益。对于看涨期权而言，行权收益等于 $F_0 - E$，即远期合约当前价格减去行权价格。

总之，就布莱克—斯科尔斯期权定价模型而言，我们必须记住它适用于欧式远期期权。这是一个关键点，因为将其限定在远期合约上，可以忽略导致期货合约表现得像有股息一样的每日结算现金流。而且，如果没有股息，我们就可以将美式看涨期权视同欧式期权，因为不会存在价格差异。

### 13.4.2 期货期权定价

因为期货期权往往是美式期权，所以它们可以在任何时间行权。[3] 这导致很难对它们进行精确定价。本质上，一个美式期权包含了无数个欧式期权序列。美式期货期权的行权包含必须支付明确金额的行权价格，以及被舍弃的剩余欧式期权序列。由于美式期货期权可以被分解为无数个欧式期权序列，因此美式期货期权的价值不存在数学上的封闭解。作为替代，我们只能近似地估算美式期货期权的价值。

欧式与美式期货期权对比。布莱克—斯科尔斯期权定价模型聚焦于欧式期权的模型回避了伴随股息而来的问题，该问题会导致提前行权，即在期权到期前行权。期货期权总是倾向于提前行权，无论期货合约的标的商品是否支付股息。本部分解释了为什么提前对期货期权行权可能是合理的。

对于基于无股息股票的欧式期权，提前行权毫无意义。行权时，看涨期权所有者收到内在价值，即 $S - E$。实际上，看涨期权的行权放弃了超出 $S - E$ 的期权超额价值。在第 12 章中，我们看到此类看涨期权的价格总是等于或大于 $S - E$。通常，有效期越长，$C - (S - E)$ 的差额就越大。

如果标的股票支付股息，则基于该股票的现货期权的提前行权可能是合理的。当股票支付股息时，股票价值就会近似地以股息金额下降。在这种情况下，价值从标的商品中"流失"，因此到期前行权或许是明智的。

类似地，期货期权的提前行权也可能是明智的。假设一个看涨期权的行权价格为 50 美元，即 $E = 50$ 美元，标的期货合约的价格为 100 美元，即 $F = 100$ 美元。暂且假设期货价格不再变化，请考虑看涨期权所有者是应该提前行权，还是应该等待到期。在这个例子中，看涨期权所有者应该立即行权。通过行权，看涨期权所有者收到 50 美元，该款项可以获得利息收益直至到期日。总之，期货期权提前行权的好处在于行权带来了立即支付的款项，即 $F - E$。提前行权的动机在于行权日至到期日期间可获得的利息，即 $e^{rt}[F - E]$。

在上述例子中，我们假设期货价格保持不变。在那种情形下，提前行权以获取基于逐日盯市付款 $F - E$ 的利息，很显然是明智的。然而，在现实市场中，期货价格将会有波动。这意味着，期货期权提前行权放弃了超出其内在价值 $F - E$ 的期权价值。因此，期货期权提前行权的收益和成本为：

收益：到期前资金 $F - E$ 的利用；

成本：超出内在价值 $F - E$ 的期权价值的舍弃。

这里我们面对一个权衡成本与收益的经典问题。我们可以通过图形来阐明这个问题。

美式期货期权图解方法。我们已经指出，当期货价格相对于行权价格变得非常大时，式（13.1）中 $N(d_1^*)$ 和 $N(d_2^*)$ 的值将接近 1.0。如果这两个累积状态分布概率值等于 1.0，式（13.1）将与式（13.2）完全相同。对于其他条件相同情况下的欧式与美式期货期权，图 13.2 阐明了这种可能性。横轴表示期货价格 $F$，同时标注了期货期权的行权价格 $E$。

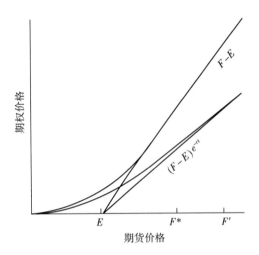

**图 13.2  美式和欧式期货期权定价**

［数据来源：G. Barone – Adesi and R. Whaley，"Efficient Analytic Approximation of American Option Values"，*Journal of Finance*，42：2，June 1987，pp. 301 – 320. 经美国金融协会（American Finance Association）和布莱克威尔出版有限公司（Blackwell Publishers Ltd.）许可再印刷］

我们已经观察到欧式期货期权可以达到的最低价格为 $(F - E)e^{-rt}$，因为这是立即可用的可行权收入的价值。在图 13.2 中，当触及代表 $(F - E)e^{-rt}$ 的直线时，欧式期权价格达到最低值。该点在图 13.2 中用 $F'$ 表示。这与式（13.1）中 $N(d_1^*)$ 和 $N(d_2^*)$ 都等于 1.0 时等效。从经济角度看，当几乎可以肯定该期权将保持实值状态时，这种情况将出现。在这种情况下，期权将在到期时支付 $F - E$。在到期前，其价格一定是 $F - E$ 的现值，即 $(F - E)e^{-rt}$。

图中的底部曲线代表欧式期货期权的价值。在期货价格高企时，欧式期权的价值收敛于可行权收入的现值，在 $F'$ 处达到这一点。它仅收敛于这一现值，因为可行权收入在期权到期和可被行权之前不可获得。

图 13.2 中的顶部曲线显示了美式期货期权的价值。由于美式期货期权可以提前行权，它必须至少与相应的欧式期权的价值一样多。在图 13.2 中，美式期权的价值收敛于其可行权收入，即 $F - E$，期货价格在此达到 $F^*$。在图 13.2 中，$F^*$ 是关键期货价格（critical futures price），即使得美式期权价值等于 $F - E$ 的最低期货价格。如果期货价格等于 $F^*$，看涨期权所有者在行权和继续持有之间是无所谓的。换言之，它是行权的成本和收益恰好相等时的期货价格。如果期货价格高于 $F^*$，交易者应当行权。如果期货

价格低于 $F^*$，交易者不应行权，而应继续持有或卖出该期权。就我们前面讨论过的行权与否的权衡而言，$F^*$ 是美式期货期权的无差异点。

我们可以将美式期货期权的定价问题分为两种情况，当期货价格等于或大于 $F^*$ 时，以及当期货价格小于 $F^*$ 时。首先，如果期货价格等于或大于 $F^*$，则美式期货期权的价值为 $F - E$，即可行权收入。其次，如果期货价格小于 $F^*$，则没有数学上直接解，我们必须近似估算美式期货期权的价格。

欧式和美式期货期权价值近似估算。近似估算美式期货期权需要超越本文范围的数学方法，不过，直觉上是清晰的。从图 13.2 中，我们看到当 $F$ 上升至 $F^*$ 时美式期权达到最大值 $F - E$。如果当前期货价格 $F$ 低于关键期货价格 $F^*$，则美式期货期权的价值等于欧式期货期权的价值加上提前行权的价值。近似估算提前行权的价值需要一些数学专业知识。尽管如此，我们还是能看到通过近似估算得到的结果，并将美式期权的近似估算价值与欧式期权的精确理论价值进行比较。[4]

表 13.2 比较了欧式和美式期货期权的理论价值。表中的数据引自乔瓦尼·巴隆·阿德西（Giovanni Barone – Adesi）和罗伯特·惠利（Robert Whaley）的论文。表 13.2 假设一个美式期货期权将在半年后到期，且其行权价格为 100 美元。无风险利率为 8%，期货价格百分比变化的标准差为 0.20。表 13.2 显示了对于从 80 美元到 120 美元的期货价格，欧式和美式看涨期权的理论价格。欧式看涨期权的价格由式（13.1）计算得出。美式看涨期权的价格可以利用巴隆·阿德西和惠利研发的二次逼近方法（quadratic technique）近似估算得出。[5]

**表 13.2　　　　　　期货看涨期权中欧式期权价值与美式期权近似价值的比较**

| $r = 0.08$，$\sigma = 0.20$，$t = 0.5$ 年，$E = 100$ | | |
|---|---|---|
| 期货价格 | 欧式期权价值 | 美式期权近似价值 |
| 80 | 0.30 | 0.30 |
| 90 | 1.70 | 1.72 |
| 100 | 5.42 | 5.48 |
| 110 | 11.73 | 11.90 |
| 120 | 19.91 | 20.34 |

数据来源：G. Barone – Adesi and R. Whaley, "Efficient Analytic Approximation of American Option Values", *Journal of Finance*, 42：2, June 1987, pp. 301 – 320. 经布莱克威尔出版有限公司（Blackwell Publishers Ltd.）许可再印刷。

对于虚值期权，欧式和美式期权的价值非常接近。根据图 13.2，在期货价格处于较低水平时此类情形会出现。从图 13.2 的左侧可以看出，欧式和美式期权价格相差很小。正如表 13.2 所示，当期货价格超出行权价格相当大的金额时，欧式与美式期权价值的差异变得更为显著。在图 13.2 中，差异变化较大的值位于期货价格较高时（图的右侧）。请注意，这些值是欧式和美式看涨期权的理论价格。我们将在后文中探讨理论价格与实际市场价格的匹配程度。通过图 13.2 和表 13.2，我们看到欧式期货期权价格是美式期货期权价格的近似值。该近似值在期权处于虚值状态时表现最佳。[6]

---

### 产品简介：芝加哥商业交易所标准普尔 500 指数期货期权合约

合约规模：1 手标准普尔 500 指数期货合约。

行权价格：一般为 12 个行权价格，包括平值行权价格。行权价格间距通常为 25 个指数点。行权价格数量随到期日临近而增加，同时行权价格间距缩小至 5 个指数点。

最小变动价位：0.1 个指数点，即 25 美元。

报价单位：根据标准普尔 500 指数进行报价。

合约月份：3 月、6 月、9 月和 12 月 4 个循环月份，加上前两个不在循环周期中的连续月份，总计 6 个合约月份。

到期日和最终结算：3 月、6 月、9 月和 12 月循环月份到期的期权，与标的期货合约同时到期。两个非季度循环月份期权在合约月份的第 3 个星期五到期。

交易时段：交易大厅——上午 8:30 至下午 3:15；Globex——星期一至星期四的下午 3:30 至上午 8:15，其中下午 4:30 至下午 5:00 为每晚闭市时段。星期日和假日的下午 5:30 至上午 8:15。

每日价格限制：交易在期货交易暂停时暂停。

---

### 13.4.3　期货期权市场的效率

在本部分，我们通过探讨两个相关议题来评估关于期货期权市场效率的一些证据。多数效率检验采取测试市场价格是否与某一理论模型价格相匹配的方式。市场价格与理论价格的差异要么意味着模型的偏颇，要么意味着市场的低效。因此，相对于理论模型的市场价格检验是对市场效率和模型准确代表价格能力的联合检验。

罗伯特·惠利将标准普尔 500 指数期货期权的实际市场价格与理论价格进行了对比。表 13.3 展示了他的研究结果。该表显示了市场价格与理论价格之间的差异。该表以周为单位按照有效期对这些差异进行了归类。例如，$t<6$ 表示有效期少于 6 周。该表也按照实值程度对期权进行分类，实值程度以期货价格与行权价格的比值 $F/E$ 来衡量。相应地，较大的 $F/E$ 值意味着期权处于深度实值状态，此时期货价格相对于行权价格是比较大的。表 13.3

中第一个值 -0.0630 为所有实值程度 (F/E) 小于 0.98 且有效期 (t) 小于 6 周的看涨期权交易中观测到的期权价格与模型价格的平均差异水平。

虽然表 13.3 中所有的值看起来都很小，但仍存在某些显著的差异。尤其是表 13.3 的结果显示出了标准普尔 500 指数期货期权市场价格与理论价格之间的系统性差异。对于深度实值看涨期权 (F/E≥1.02)，市场价格趋向于超出理论价格。例如，对于有效期超过 1 年并且 F/E≥1.02 的看涨期权，市场价格比理论价格高出 0.0702。对于虚值期权，市场价格趋向于低于理论价格。对于有效期较长的期权，模型价格趋向于低于市场价格。

**表 13.3　标准普尔 500 指数期货期权的定价差异：观察到的市场价格—理论价格**

| 1983 年 1 月 28 日至 12 月 30 日期间，标准普尔 500 指数期货期权交易的平均定价误差，按照期权的价内程度 (F/E) 和以周为单位的有效期 (t) 进行分类汇总 | | | | | | | |
|---|---|---|---|---|---|---|---|
| | 看涨期权 | | | | 看跌期权 | | |
| | $t<6$ | $6\leqslant t<12$ | $t\geqslant12$ | 全部 $t$ | $t<6$ | $6\leqslant t<12$ | $t\geqslant12$ | 全部 $t$ |
| $F/E<0.98$ | -0.0630 | -0.1372 | -0.0872 | -0.1028 | -0.1064 | -0.0914 | -0.1056 | -0.1014 |
| $0.98\leqslant F/E<1.02$ | -0.1228 | -0.0775 | 0.0073 | -0.0924 | -0.0816 | -0.0196 | 0.1336 | -0.0406 |
| $F/E\geqslant1.02$ | 0.0577 | 0.1175 | 0.0702 | 0.0806 | 0.1286 | 0.1906 | 30.3060 | 0.1929 |
| 全部 $F/E$ | -0.0757 | -0.0599 | -0.0120 | -0.0606 | -0.0191 | 0.0808 | 0.2287 | 0.0537 |

数据来源：R. Whaley, "Valuation of American Futures Options: Theory and Empirical Tests", *Journal of Finance*, March 1986, p. 138. 经布莱克威尔出版有限公司 (Blackwell Publishers Ltd.) 许可再印刷。

惠利的研究结果涵盖了期货期权交易的早期阶段，即 1983 年下半年。随后的研究似乎发现了更有效的定价，如表 13.4 所示。布洛梅耶 (Blomeyer) 和博伊德 (Boyd) 发现了交易早期低效的长期国债期货期权定价。不过，无论是惠利对标准普尔 500 指数的研究成果，还是布洛梅耶对长期国债期货的研究结果，或许均可以归因于市场活力的不足。汇总在表 13.4 中的一些研究将实际价格与布莱克模型价格进行了比较。例如，乔丹 (Jordan)、麦凯布 (McCabe)、西尔 (Seale) 和凯尼恩 (Kenyon) 比较了大豆期货期权价格与布莱克模型价格，发现两者之间的平均差异仅有 4/100 个美分每蒲式耳。由于 1 蒲式耳大豆价值约为 6 美元，因此理论价格与实际价格之间仅有 1/100 个百分点的差异。

**表 13.4　期货期权效率的检测**

| 研究 | 关键结果 |
|---|---|
| Whaley (1986) | 标准普尔 500 指数期货期权的市场价格与理论价格存在系统性差异 |
| Jordan、McCabe 和 Kenyon (1987) | 比较大豆期货期权实际市场价格与布莱克模型价格得到的平均差异为 4/100 个美分每蒲式耳 |

续表

| 研究 | 关键结果 |
|------|----------|
| Ogden 和 Tucker（1987） | 外汇期货期权似乎进行了有效的定价 |
| Bailey（1987） | 黄金期货期权似乎进行了有效的定价 |
| Blomeyer 和 Boyd（1988） | 在长期国债期货期权交易的早期，可能存在低效的情形，不过，低效率的价格很少见，且很难利用 |
| Wilson 和 Fung（1988） | 谷物期货期权的价格与布莱克模型非常相符，在高波动期间，实际价格上升幅度不及布莱克模型价格 |

一种简化处理。由于美式期货期权估计需要大量计算费用，并且美式与欧式期货期权的价格差异相对较小，在本章的剩余部分，我们将期货期权全部视为按欧式期货期权进行定价的期权。这将在不损失内容的情况下大大简化我们的讨论。

## 产品简介：芝加哥商业交易所欧洲美元期货期权合约

合约规模：1 手欧洲美元期货合约。

行权价格：一般为 12 个行权价格，包括平值行权价格。行权价格间距一般为 25 个指数点。行权价格数量随到期日的临近而增加，同时行权价格间距缩小至 5 个指数点。

最小变动价位：0.1 个指数点，即 25 美元。

报价单位：按照国际货币市场（IMM）3 个月欧洲美元指数进行报价，100 减去按 360 天计算的年收益率。

合约月份：按 3 月、6 月、9 月和 12 月周期循环的 8 个月份，以及前两个不在循环周期中的连续月份，共计 10 个合约月份。

到期日和最终结算：3 月、6 月、9 月和 12 月周期循环月份的期权于合约月份第 3 个星期三之前的第 2 个伦敦银行工作日的芝加哥时间上午 5：00（伦敦时间上午 11：00）停止交易。2 个非季度循环的期权于合约月份第 3 个星期三之前的星期五到期。

交易时间：交易大厅——上午 7：20 至下午 2：00；Globex——星期一至星期四的下午 2：10 至下午 7：05；闭市期间为每晚下午 4：00 至下午 5：00；星期日和节假日为下午 5：30 至下午 7：05。

每日价格限制：无限制。

## 13.5　现货期权与期货期权之间的价格关系

我们已经看到，在某些情形下，现货期权、期货期权、期货和远期合约都是基于同一工具而开展交易的。在第 3 章，我们看到了导致期货和远期价格可能不同的相关情况。不过，具体来说，研究表明，期货和远期价格实际上是相同的。

在本部分，我们探讨现货期权与期货期权之间的价格关系。我们聚焦于看涨期权，并假设这两种期权的差异仅在于标的商品特性的不同。换言之，这两种期权具有相同的到期日和行权价格。而且，这两种期权基于同一标的商品，只不过其中一个期权基于标的商品自身，而另一个期权基于标的商品的期货。我们首先讨论欧式期权。其次，我们分析基于无现金流标的资产的美式期权。最后，我们研究基于含现金流标的资产的美式期权。

### 13.5.1　欧式现货和期货期权

我们将首先探讨欧式期权，并从现货看涨期权还是期货看涨期权更有价值入手。在第 12 章，我们看到了现货看涨期权在到期时的价值将为 $S - E$。对于期货期权，看涨期权的行权价值为 $F - E$。不过，欧式期货期权只允许在到期时行权。到期时期货基差必须为零，所以 $F_{t,t} = S_t$。在期货到期时必定出现如下情形：

$$F_{t,t} - E = S_t - E \tag{13.3}$$

就欧式期权而言，现货期权和期货期权的行权价值是相同的。而且，假设有一个共同的到期日，这两种期权均仅在到期时享有行权价值。因此，欧式现货期货与欧式期货期权必须具有相同的价值。这一结论对看涨期权和看跌期权都成立。

### 13.5.2　标的资产无现金流的美式现货和期货期权

就美式期权而言，任何现货期权和期货期权在价值上的差异均源于美式期权所固有的可提前行权的特殊权利。毕竟欧式与美式期权唯一的区别来自提前行权的特殊权利。我们现在仅探讨基于像黄金这样不涉及现金流标的资产的期权。我们聚焦于无现金流标的资产的原因在于，来自标的商品的现金流是驱动美式现货期权提前行权的因素。当标的资产没有现金流时，现货看涨期权应该不会行权。看涨期权必将至少与其行权价值相等，甚至可能价值更大。对看涨期权进行行权意味着放弃该期权超过其内在价值的超额价值。

从此前分析中，我们已经看到美式期货期权的行权可能是理性的。一方面，提前行权舍弃了超出期权内在价值或行权价值的超额价值；另一方面，美式期货看涨期权的提前行权可以立即带来收入 $F-E$，然后可以赚取利息。因此，正如我们所看到的，美式期货看涨期权提前行权的决策依赖于额外利息收入与超出看涨期权行权价值的超额价值之间的权衡结果。在我们关于巴隆·阿德西和惠利的讨论中，我们看到了将会有一个关键期货价格 $F^*$，在该价格上是否对美式期权进行行权是无差异的。对于高于 $F^*$ 的期货价格，提前行权是理性的；如果期货价格低于 $F^*$，交易者则不应该行权。

对于标的资产无现金流的期权，对现货期权的行权不会产生现金流。不过，即使标的资产自身不产生现金流，对期货期权的行权也可能产生现金流。正如我们所看到的，期货期权的行权产生了现金流 $F-E$，这是由于相对于行权价格，期货是逐日盯市结算的。由于行权能够产生现金流，在标的资产无现金流时，美式期货期权将比美式现货期权更值钱。

表 13.5 转引自梅纳切姆·布伦纳（Menachem Brenner）、乔治·柯塔顿（George Courtadon）和马蒂·苏布拉马尼亚姆（Marti Subrahmanyam）的论文，列示了按百分比计算的期货期权可能超出现货期权的超额价值。该表假设无风险利率为 15%，并假设标的资产价格变动百分比的标准差为 0.25。该表列示了基于不同有效期和不同现货价格与行权价格比率的价格差异。例如，假设有一个有效期为 270 天的黄金期权，并假设黄金价格为 360 美元/盎司，行权价格为 300 美元。黄金现货价格与行权价格的比率为 1.2，对应表中的最后一行。在这种情形下，期货期权的价格将比现货期权的价格高出 8.70 个百分点。

表 13.5                 期货期权与现货期权的百分比价值差异

| 假设如下：标的资产无现金流，$r=0.15$，$\sigma=0.25$ | | | | | |
|---|---|---|---|---|---|
| 现货价格与行权价格的比率 | 距离到期的天数 | | | | |
| | 30 | 60 | 90 | 180 | 270 |
| 0.8 | 0.00 | 0.00 | 0.00 | 1.20 | 2.02 |
| 0.9 | 0.00 | 0.00 | 0.47 | 1.58 | 3.15 |
| 1.0 | 0.29 | 0.56 | 1.02 | 2.48 | 4.51 |
| 1.1 | 0.61 | 1.15 | 1.72 | 3.79 | 6.34 |
| 1.2 | 1.22 | 2.13 | 2.89 | 5.52 | 8.70 |

数据来源：M. Brenner, G. Courtadon and M. Subrahmanyam, "Options on the Spot and Options on Futures", *Journal of Finance*, 40：5, 1985, pp. 1303 – 1317. 经布莱克威尔出版有限公司（Blackwell Publishers Ltd.）许可再印刷。

如表 13.5 所示，在任何情形下期货看涨期权均至少与现货看涨期权等值。当现货价格相对于行权价格较高且有效期较长时，价格差异较大。虽然表 13.5 中没有显示，看跌期权的价格关系恰好相反。现货看跌期权比期货看跌期权更为值钱。

### 13.5.3　标的资产有现金流的美式现货和期货期权

我们现在探讨标的资产有现金流时的现货期权和期货期权。这种情况尤其与股指期权和股指期货期权相关。正如我们在第 9 章和第 10 章中所看到的，股票指数中来自股票的股息现金流是股指期货定价的一个主要因素。

源于标的资产的现金流降低了其价值。例如，当一只股票支付了股息，股票价格以近似股息的金额下降。这些现金流对现货期权和期货期权都造成了影响。股票通常按季度发放股息。就货币而言，"股息"实际上就是利率，并且近似连续。在本部分中，仅探讨我们称之为股息的连续现金流。我们从一个特殊的案例开始：标的现货资产支付的连续股息等于无风险利率。

在式（13.2）中，我们看到，在确定的条件下，期货看涨期权的价值将为 $F_{0,t} - E$ 的现值。当 $t = 0$ 时，完美市场持有成本模型显示期货价格将为：

$$F_{0,t} = S_0(1 + C)$$

就金融期货而言，持有成本实质上是无风险利率。我们也假设标的资产支付等于无风险利率的连续股息。因此，持有成本是两个利率的差额，即为零。在这种特殊的情形下，期货价格等于现货价格：

$$F_{0,t} = S_0 e^{rt} e^{-rt} = S_0 \tag{13.4}$$

将式（13.4）中的 $F_{0,t}$ 代入式（13.1），得到：

$$C_f = e^{-rt}[S_0 N(d_1{}^*) - E N(d_2{}^*)] \tag{13.5}$$

式中，$C_f$ 为期货看涨期权的价格。

我们现在比较这种特殊情形下期货看涨期权与现货看涨期权的价值。在股票支付连续股息的情况下，连续股息的调整需要我们从原始布莱克—斯科尔斯模型的股票价格中减去股息的现值：

$$C_f = e^{-rt} S_0 N(d_1{}^*) - e^{-rt} E N(d_2{}^*)$$

$$= e^{-rt}[S_0 N(d_1) - E N(d_2)] \tag{13.6}$$

式（13.5）中期货看涨期权和式（13.6）中现货看涨期权的价值相同（在该特殊情形下，$d_1{}^* = d_1$，$d_2{}^* = d_2$）。

这一分析产生了一个重要的结论。如果现货资产支付相当于无风险利率的连续股息，那么现货期权与期货期权的价值将相同。我们可以将这一结论推而广之。对于像黄金这样不涉及支付股息的标的资产，期货期权比现货期权更为值钱。类似地，如果标的资产的股息率低于无风险利率，期货期权也会比现货期权更值钱。期货期权超出现货期权的超额价值，随着标的资产股息率的增加而降低。当标的资产的股息率等于无风险利率时，现货看涨期权和期货看涨期权等值。如果现货资产的股息率高于无风险利率，则现货看涨期权将比期货看涨期权更值钱。

### 13.5.4　小结

在分析期货期权与现货期权之间的价格关系时，我们聚焦于看涨期权。对于欧式看涨期权，现货期权与期货期权的价值必须相同。这一结论对于看跌期权同样适用。对于标的资产无现金流的美式期权，期货看涨期权必定比现货看涨期权更为值钱。与此相反，期货看跌期权则不如现货看跌期权值钱。

当标的资产产生像股票股息或外币利息这样的现金损失时，相关分析就会变得更为复杂。我们探讨了存在我们称为股息的连续现金损失的标的资产。这个范式对于外汇来说是现实可行的，对于股票指数来说也是一个很好的近似。如果利率高于股息率，则期货看涨期权将比现货期权更值钱。如果股息率等于利率，则期货看涨期权与现货看涨期权等值，看跌期权也是如此。另外，如果股息率高于利率，则现货看涨期权将比期货看涨期权更为值钱。类似地，当股息率高于利率时，期货看跌期权将比现货看跌期权更为值钱。

| 现货期权和期货期权的相对价格 | | |
|---|---|---|
| 期权特征 | 看涨期权 | 看跌期权 |
| 欧式期权 | $C_f = C_p$ | $P_f = P_p$ |
| 美式期权—无股息 | $C_f > C_p$ | $P_f < P_p$ |
| 美式期权—连续股息 | | |
| 　股息率 < 利率 | $C_f > C_p$ | $P_f < P_p$ |
| 　股息率 = 利率 | $C_f = C_p$ | $P_f = P_p$ |
| 　股息率 > 利率 | $C_f < C_p$ | $P_f > P_p$ |
| 其中： | | |
| $C_f$ 和 $C_p$ 分别为期货看涨期权和现货看涨期权的价格；$P_f$ 和 $P_p$ 分别为期货看跌期权和现货看跌期权的价格 | | |

## 13.6　期货期权的买卖权平价关系

在第 12 章，我们看到在现货商品价格与基于该商品的欧式看涨和看跌期权组合之间建立买卖权平价关系是可能的。需要特别指出的是，一个看涨期权的多头头寸和一个看跌期权的空头头寸，加上金额等于这两个期权共同行权价格现值的投资，与期到期时的标的商品等值。正如我们在第 12 章中所见，无股息支付资产的买卖权平价关系如下：

$$C - P = S_0 - Ee^{-rt} \tag{13.7}$$

式中：

$C$ 为行权价格为 $E$ 的看涨期权的价值；

$P$ 为行权价格为 $E$ 的看跌期权的价值；

$E$ 为看涨期权和看跌期权共同的行权价格；

$S_0$ 为股票价格；

$r$ 为无风险利率；

$t$ 为有效期。

类似的平价关系同样适用于期货期权。用与第 12 章中提出的相同的平价关系参数复制期货合约是可能的。例如，假设今天的黄金期货价格为 400 美元/盎司。期货看涨和看跌期权的行权价格均为 390 美元。图 13.3 显示了到期时期货头寸，以及期货看涨期权多头与期货看跌期权空头组合的盈亏。如图 13.3 所示，无论到期时黄金现货价格是多少，期货头寸的收益都恰好比期货看涨期权多头与期货看跌期权空头组合的收益少 10 美元。例如，假设到期时黄金现货价格为 405 美元。期货价格也为 405 美元，因为到期时期货、现货价格必然趋同。如果到期时价格为 405 美元，那么看跌期权到期时毫无价值，看涨期权价值 15 美元。因此，整个看涨期权多头与看跌期权空头组合的价值为 15 美元。期货头寸的收益为现行价格 405 美元减去初始价格 400 美元，因此其价值为 5 美元。这说明看涨期权多头与看跌期权空头组合的收益总是超过期货头寸的收益，超过的金额为合约签订时的期货价格与期权行权价格之间的差额。请注意，整个分析适用于到期时的价值。

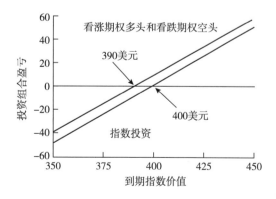

图 13.3　期货多头盈亏与看涨期权多头和看跌期权空头投资组合盈亏的对比

看涨期权多头与看跌期权空头组合必定在到期时产生与现行期货价格和上述期权共同行权价格之间差额等值的收益。在到期前，合约签订时，看涨期权多头与看跌期权空头组合必定与上述确定收益的现值等值。因此，我们可以将期货期权的买卖权平价关系表示为式（13.8）。

$$C_f - P_f = (F_{0,t} - E)e^{-rt} \qquad (13.8)$$

式中：

$C_f$ 为行权价格为 $E$ 的期货看涨期权的价值；

$P_f$ 为行权价格为 $E$ 的期货看跌期权的价值；

$F_{0,t}$ 为当前期货价格；

$E$ 为看涨期权和看跌期权共同的行权价格；

$r$ 为无风险利率；

$t$ 为期货期权的有效期。

对比式（13.7）和式（13.8）可以看到现货期权与期货期权相似的买卖权平价关系结构。就现货期权而言，看涨期权多头与看跌期权空头的组合与股票现行价格减去行权价格的现值等值。就期货期权而言，看涨期权多头与看跌期权空头的组合与期货价格和行权价格之间差额的现值等值。两个平价关系中等式左边的期权组合都确保了右边的收益。

表示现货期权的买卖权平价关系的式（13.7）与表示期货期权的买卖权平价关系的式（13.8）略有差异。请注意上述公式右边这类不易察觉但很重要的差异。就式（13.7）表示的现货期权而言，行权价格是折现后的，股票价格则未被折现。而就期货期权而言，期货价格和行权价格均是折现后的。

在关于现货期权与期货期权之间差异的讨论中，我们注意到欧式现货期权与期货期权的价格应该是相等的。由于这里的买卖权平价关系分析聚焦在欧式期权上，因此有可能显示出两个买卖权平价关系的统一性。通过运用连续复利，完美市场的持有成本模型如下：

$$F_{0,t} = S_0 e^{rt}$$

将这个期货价格表达式代入式（13.8），得到：

$$C_f - P_f = (S_0 e^{rt} - E)e^{-rt} = S_0 - Ee^{-rt} \qquad (13.9)$$

因此，用于现货期权的式（13.7）与用于期货期权的式（13.8）具有相同的结构。

## 13.7　期货期权与合成期货

通过期货期权买卖权平价关系，我们可以看到如何通过交易期货期权构造期货头寸。为简单起见，我们继续聚焦于欧式期权。我们从图 13.3 中看到期货看涨期权多头和期货看跌期权空头组合，给出了与以上述期货期权共同行权价格成交的期货多头相同的收益和损失。这表明我们可以利用期权创建合成期货（synthetic futures），即复制了期货的收益和损失，但由其他工具组成的头寸。例如，图 13.3 中的看涨期权多头和看跌期权空头恰好给出了以 390 美元的价格签订的期货合约到期时的收益和损失。式（13.10）提供了用于创建合成期货的基本价格关系：

$$期货看涨期权 - 期货看跌期权 = 合成期货 \qquad (13.10)$$

在式（13.10）中，减号表示空头头寸，所以式（13.10）表示一个期货看涨期权多头和一个期货看跌期权空头创建了一个合成期货。表 13.6 总结了创建合成头寸的规律。表 13.6 中所有规律均基于式（13.10）。正如表 13.6 所示，如果我们将看涨期权、看跌期权和期货纳入考察范围，其中任何两个工具都可被用来创建第三个工具的头寸。而且，任何工具的任何头寸，无论是多头还是空头，都可以通过合成来创建。通过创建合成工具，我们能够模拟任何被复制出来的工具的收益和损失。

表 13.6　创建合成工具的一些规律

| 合成期货 | ＝看涨期权 - 看跌期权 |
|---|---|
| 合成看涨期权 | ＝看跌期权 + 期货 |
| 合成看跌期权 | ＝看涨期权 - 期货 |
| 合成期货空头 | ＝看跌期权 - 看涨期权 |
| 合成看涨期权空头 | ＝ - 看跌期权 - 期货 |
| 合成看跌期权空头 | ＝ - 看涨期权 + 期货 |

注：合成工具具有与实际工具相同的收益和损失特征，不过，合成工具不一定具有与实际工具相同的价值。

创建一个合成工具与创建一个与被合成复制工具具有相同价值的头寸是不一样的。在随后的部分，我们将会看到合成工具与工具自身在价值上的差异。

## 13.8　利用期货期权进行风险管理

第 12 章已经探讨了利用期权进行投机和套期保值的基本特点。正如我们在本章中所讨论的，期货期权的价格表现类似于现货期权。因此，实质上类似的投机和套期保值策略对于现货期权和期货期权的使用者都是适用的。本部分研讨了第 12 章没有直接涉及的期货期权的一些应用。我们通过一个扩展的例子或案例研究来探讨这个主题。

### 13.8.1　案例分析的背景

在本部分中，我们研讨如何运用现货期权和期货期权来调整投资风险。为方便起见，我们聚焦于期权到期时的回报上，因此，我们可以忽略欧式期权和美式期权的差异。由于分析聚焦于欧式期权，我们得出的结论同时适用于期货期权和现货期权。

虽然我们开展了一个关于股票指数的案例分析，但是我们由此而得出的结论适用于许多不同的工具。假设一个股票指数目前价格为 100 美元。指数中的股票不支付股息，指数的预期回报为 10%，其标准差为 20%。基于该指数的行权价格为 100 美元的看跌期权可用，价格为 4 美元。我们讨论以下三个投资策略：

投资组合 A：买入指数，总投资为 100 美元。

投资组合 B：买入指数和 0.5 个看跌期权，总投资为 102 美元。

投资组合 C：买入指数和 1 个看跌期权，总投资为 104 美元。

一年后到期时，这些投资组合的收益和损失完全依赖于指数的价值，这是由于看跌期权到期时的价值也完全地依赖于指数的价值。就看跌期权而言，其到期时的价值等于零或行权价格减去指数价值两者之中较大者。

在到期时，这三个投资组合将产生按照下列公式计算的收益和损失：

投资组合 A：指数价值 $-100$ 美元

投资组合 B：指数价值 $+0.5 \times \max\{0,\ $指数价值$-100$ 美元$\}\ -102$ 美元

投资组合 C：指数价值 $+\max\{0,\ $指数价值$-100$ 美元$\}\ -104$ 美元

投资组合 A 的到期价值就是指数的价值，其收益和损失为投资组合 A 的到期价值减去初始投资 100 美元。投资组合 C 的终值为指数价值加上看跌期权的价值，其收益和损失为其终值减去初始投资 104 美元。投资组合 B 包括指数和 0.5 个看跌期权，给出了 102 美元的总投资额，并且投资组合 B 的终值由指数价值和 0.5 个期权价值组成。图 13.4 展示了这三个投资组合在不同指数终值情形下的收益和损失。

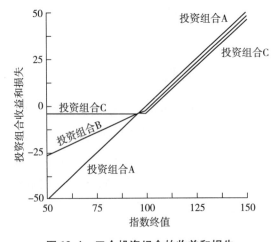

**图 13.4 三个投资组合的收益和损失**

### 13.8.2  投资组合保险

图 13.4 中特别值得注意的是包含指数本身及基于该指数看跌期权的投资组合 C 的盈亏曲线。可能发生的最严重的损失是 4 美元。该损失在指数终值等于或低于 100 美元时发生。在指数终值为 100 美元时，该投资组合的价值为 100 美元，因为看跌期权到期后无任何价值。不过，这已是可能发生的最严重的损失。例如，如果指数终值为 95 美元，则看跌期权的价值为 5 美元且指数投资的价值为 95 美元，因此总投资的价值为 100 美元。投资组合 C 必定至少值 100 美元。

投资组合 C 是一个受保险保护的投资组合。在投资组合保险（Portfolio Insurance）中，交易者进行交易以确保投资组合的价值不会低于给定的金额。在投资组合 C 的案例中，其价值不会低于 100 美元，而且，这个例子是一个典型的投资组合保险案例：以给定价格买入商品，并买入基于同一商品的行权价格等于该商品买入价格的看跌期权。通过创建投资组合 C，交易者以 100 美元买入了指数，并买入了行权价格为 100 美元的基于该指数的看跌期权。

在第 10 章，我们探讨了利用股指期货开展的投资组合保险，我们注意到投资组合保险需要进行动态套期保值。股指期货与股票投资组合一起持有，投资组合被精心管理，以适应期货头寸的频繁调整。在动态套期保值中，套期保值者精心地调整期货头寸，以确保期货的收益和损失严密地模拟看跌期权的收益和损失。通过利用期货进行动态套期保值，交易者复制了看跌期权。因此，利用期货进行动态套期保值创建了合成看跌期权（symthetic put）。

### 13.8.3  合成看跌期权和动态套期保值

在本章前文中，我们注意到单独的期货头寸不能够创建合成看跌期权。上述说法需要加以限定。在此前关于合成期货和期权的讨论中，我们仅考虑了到期回报，并且我们分析的交易者创建合成头寸的策略，也仅限于到期回报表现与实际工具相似的头寸。例如，我们可以通过持有看涨期权多头和看跌期权空头来创建合成期货多头头寸。通过动态套期保值，可以单独交易期货来创建合成看跌期权。不过，如果对到期前创建的期货头寸仅持有而不进行调整，则不可能复制看跌期权的到期回报。总之，动态套期保值包括交易期货，以复制看跌期权的短期定价表现。因此，期货和期权都能够用来为投资组合提供保险，期权提供的保险比较直接和简单。利用期货为投资组合提供保险，则需要进行动态套期保值。

### 13.8.4　合成投资组合保险和买卖权平价关系

图 13.4 显示保险投资组合的盈亏曲线恰好是基于股票指数的看涨期权的盈亏曲线，这不足为奇。在前文中，我们看到合成看涨期权可以通过标的资产多头加上看跌期权多头创建出来。将同样的分析运用到目前的场景下，我们得出：

$$合成看涨期权 = 看跌期权 + 指数$$

图 13.4 中的"看跌期权 + 指数"投资组合与行权价格为 100 美元的看涨期权具有相同的收益和损失。

将买卖权平价关系公式应用到指数例子中，我们得出：

$$看涨期权 = 看跌期权 + 指数 - Ee^{-rt} \tag{13.11}$$

式中，$E$ 为指数期权的行权价格。

该买卖权平价关系公式显示，具有与看涨期权相同价值和损益的工具，可以通过持有看跌期权多头和指数多头，并借入行权价格现值的方式创建。式（13.11）右边的投资组合将具有与看涨期权相同的价值和损益。与之相比，合成看涨期权仅具有与看涨期权相同的收益和损失。在到期时，看跌期权加上指数的价值将超过看涨期权的价值。

| 合成看涨期权与买卖权平价关系 | |
| --- | --- |
| 合成看涨期权 = 看跌期权 + 指数 | 合成看涨期权复制了看涨期权的收益和损失，但并不与看涨期权等值 |
| 买卖权平价关系：<br>看涨期权 = 看跌期权 + 指数 - $Ee^{-rt}$ | 看跌期权多头、指数多头和债券空头的投资组合复制了看涨期权的价值和损益 |

因此，我们现在看到受保险保护的投资组合是创建了合成看涨期权的看跌期权多头与指数多头的组合头寸。基于买卖权平价关系，还有另一种方法可以创建一个完全模仿受保险保护投资组合到期时价值的投资组合。我们可以持有看涨期权多头，并将行权价格的现值投资于无风险资产。通过前文买卖权平价关系公式，我们看到：

$$看涨期权 + Ee^{-rt} = 看跌期权 + 指数 \tag{13.12}$$

看涨期权多头加上无风险资产投资创建了与指数多头加上看跌期权多头相同的保险投资组合。这两个头寸具有相同的价值和相同的到期损益。

这也显示了为什么创建了合成看涨期权的看跌期权与指数的投资组合与被合成的看涨期权不具有相同的价值。看跌期权与指数的投资组合需要相当大的投资以购买标的指数。

### 13.8.5　利用期货和期权调整风险和回报特征

到目前为止，我们还没有明确地讨论前文提到的投资组合 B。投资组合 B 包括买入指数和买入 0.5 个看跌期权。实质上，投资组合 B 的一半受保险保护。换个方式来表达，投资组合 B 包括两个相等的部分，即受保险保护的 50 美元，加上指数单边头寸的 50 美元。如图 13.4 所示，投资组合 B 的收益和损失介于完全保险投资组合和完全未保险投资组合之间。

部分保险投资组合 B 的风险小于未保险投资组合 A，大于完全保险投资组合 C。图 13.4 通过显示半保险投资组合 B 的损失小于未保险投资组合 A 而大于完全保险投资组合 C 来揭示其居于中间风险的位置。此例表明交易者可以利用期货和期权调整投资组合的风险特征以满足个人偏好。通过运用各种各样的期货和期权工具，几乎能够实现任何可行的风险和回报组合。

现代金融的一个主要经验涉及风险与预期回报的权衡。在运行良好的市场中，发现更高回报的机会总是意味着接受更高的风险。在比较完全保险投资组合、部分保险投资组合和未保险投资组合过程中，我们已经看到投资组合保险降低了风险。不过，预期回报必然随着风险的降低而降低。

### 13.8.6　保险投资组合的风险与回报

我们现在探讨投资组合 A—C 的风险与预期回报特征。这些投资组合实现给定终值的概率不同，这取决于到期时指数价格。类似地，这些投资组合实现给定回报的概率取决于到期时指数价值。我们通过假设指数回报服从均值为 10%、标准差为 20% 的正态分布来探讨这些问题。

投资组合 A—C 的终值。投资组合到期时的价值取决于到期时的指数价格。每一投资组合的终值如下：

投资组合 A = 指数

投资组合 B = 指数 + max ｛0, 0.5 ×（100.00 – 指数）｝

投资组合 C = 指数 + max ｛0, 100.00 – 指数｝

我们现在可以回答这样的问题：投资组合 C 的终值等于或小于 100 美元的概率是多少？无论标的指数价值如何，投资组合 C 的终值都将至少为 100 美元。事实上，投资组合 C 的终值恰好为 100 美元的概率为 30.85%。如果指数到期时的价值为 100 美元或更低，则投资组合 C 到期时的价值将为 100 美元，并且指数的价值为 100 美元或更低的可能性是 30.85%。投资组合 A 终值低于 90 美元的概率是多少？投资组合 A 终值低于 90 美元的概率等于指数终值比其期望值下降超过 1 个标准差的概率。由于我们假设指数回报服从正态分布，因此投资组合 A 到期时价值低于 90 美元的可能性为 15.87%。表 13.7 显示了一些投资组合价值，以及每一投资组合在到期日等于或低于给定终值的概率。

表 13.7　　　　　　　　投资组合终值等于或低于特定值的概率

| 投资组合终值 | 概率 | | |
|---|---|---|---|
| | 未保险投资组合 A | 半保险投资组合 B | 完全保险投资组合 C |
| 50.00 | 0.0014 | 0.0000 | 0.0000 |
| 60.00 | 0.0062 | 0.0000 | 0.0000 |
| 70.00 | 0.0228 | 0.0002 | 0.0000 |
| 80.00 | 0.0668 | 0.0062 | 0.0000 |
| 90.00 | 0.1587 | 0.0668 | 0.0000 |
| 100.00 | 0.3085 | 0.3085 | 0.3085 |
| 110.00 | 0.5000 | 0.5000 | 0.5000 |
| 120.00 | 0.6915 | 0.6915 | 0.6915 |
| 130.00 | 0.8413 | 0.8413 | 0.8413 |
| 140.00 | 0.9332 | 0.9332 | 0.9332 |
| 150.00 | 0.9773 | 0.9773 | 0.9773 |
| 160.00 | 0.9938 | 0.9938 | 0.9938 |
| 170.00 | 0.9987 | 0.9987 | 0.9987 |

在表 13.7 中，投资组合 A 出现极低终值的可能性最大。例如，投资组合 A 的价值等于或低于 80 美元的可能性为 6.68%。投资组合 B 出现如此糟糕结果的概率低于 1%，投资组合 C 的价值则没有等于或低于 80 美元的可能性（我们已经知道投资组合 C 至少值 100 美元）。有趣的是，在表 13.7 中可以注意到，每一投资组合的价值等于或低于 100 美元的可能性相同——30.85%。类似地，每一投资组合的价值都有 50% 的可能性等于或低于 110 美元。事实上，这三个投资组合的终值等于或大于 100 美元的可能性是完全相同的。这是有道理的，因为如果指数终值为 100 美元或者更高，则看跌期权的价值为零，而每一投资组合的剩余部分是相同的。

图 13.5 描绘了从 50 美元至 170 美元区间投资组合的终值，并显示了每一投资组合终值低于或等于给定金额的概率。这三个概率曲线在投资组合终值低于 100 美元时是不同的。不过，当所有投资组合终值等于或高于 100 美元时，这些曲线是完全相同的。这与我们在表 13.7 中已见到的情形相符。

如果聚焦在终值上，并且忽略获得投资组合所需的不同投入，图 13.5 显示完全保险投资组合是最可取的，半保险投资组合次之，然后是未保险投资组合。如果我们能够从这三个投资组合中选取一个作为礼物，那么完全保险投资组合就是明确的选择。无论指数终值是多少，完全受保险保护的投资组合 C 将至少带来与投资组合 A 或 B 一样多的收益。如果指数终值低于 100 美元，则保险投资组合仍可带来 100 美元的收益，高于投资组合 A 或 B。不过，这一结论忽略了不同的投资成本因素。投资组合 A 的成本仅为 100 美元，而投资组合 B 的成本为 102 美元，投资组合 C 的成本为 104 美元。我们现在探讨每一投资组合的回报。

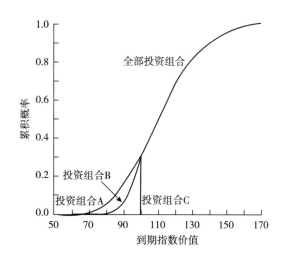

**图 13.5　投资组合 A—C 终值等于或低于给定金额的概率**

投资组合 A—C 的回报。由于投资组合 A—C 的成本不同，我们需要比较每一投资组合的回报，让它们更具可比性。正如我们所见，如果忽略成本，则相较于投资组合 A 或 B，投资组合 C 更为可取。一旦我们考虑了成本，答案就不那么明确了。投资者在投资组合保险中面临的是风险与预期回报的权衡，而不是一个明确的选择。

对于每一投资组合，我们都可以评估给定回报的可能性。例如，完全保险投资组合最低的可能终值为 100 美元，这意味着其回报率为 $-0.0385$（100/104 $-$ 1）。投资组合 C 的回报率低于 $-0.0385$ 的可能性为零。但是，投资组合 C 的回报率恰好为 $-0.0385$ 的可能性为 30.85%，这也是投资组合 C 到期价值为 100 美元的可能性。

表 13.8 显示了每一投资组合将来获得的回报超过特定值的概率。例如，未保险投资组合 A 的回报率优于 $-10\%$ 的概率为 84.13%。半保险投资组合 B 的回报率有 90.66% 的可能性至少为 $-10\%$。对于完全保险投资组合 C，其回报率不可能低至 $-10\%$。

到目前为止，对于保险投资组合来说，一切看起来还不错。保险水平越高，投资组合的表现就越好。不过，现在我们必须考虑其他可能的回报。例如，没有收益或损失的概率是多少？对于未保险投资组合 A，损失的概率为 30.85%。而对于完全保险投资组合 C，获得零收益或产生损失的概率为 38.21%。类似地，让我们考虑收益率超过10% 的可能性。未保险投资组合有 50% 的可能性，因为指数终值超过 110 美元预期价值的可能性为 50%。保险投资组合仅有 41.29% 的可能性会获得超过 10% 的回报。

**表 13.8 获得的回报等于或优于特定回报的概率**

| 投资组合回报 | 概率 | | |
|---|---|---|---|
| | 未保险投资组合 A | 半保险投资组合 B | 完全保险投资组合 C |
| − 0.5000 | 0.9987 | 1.0000 | 1.0000 |
| − 0.4000 | 0.9938 | 1.0000 | 1.0000 |
| − 0.3000 | 0.9773 | 0.9996 | 1.0000 |
| − 0.2000 | 0.9332 | 0.9904 | 1.0000 |
| − 0.1000 | 0.8413 | 0.9066 | 1.0000 |
| 0.0000 | 0.6915 | 0.6554 | 0.6179 |
| 0.1000 | 0.5000 | 0.4562 | 0.4129 |
| 0.2000 | 0.3085 | 0.2676 | 0.2297 |
| 0.3000 | 0.1587 | 0.1292 | 0.1038 |
| 0.4000 | 0.0668 | 0.0505 | 0.0375 |
| 0.5000 | 0.0228 | 0.0158 | 0.0107 |

现在我们可以看到投资组合保险策略隐含的风险与预期回报的权衡。投资组合保险通过牺牲巨额收益的机会来防止巨额损失。因此，投资组合保险的名字很贴切。通过保险合约，被保险人支付保险费为一些不希望发生的事件投保。通过支付保险费，被保险人知道投资组合的预期回报会低于未保险的情形，但是被保险人希望避免极端损失。

图 13.6 描绘了每一投资组合在 − 50% ~ 50% 回报区间的概率分布曲线。曲线的每一点均显示了投资组合回报将优于横轴上特定回报的概率。例如，假设回报范围在− 15% 以内。完全保险投资组合 C 的回报有 100% 的机会超过 − 15% 的回报。甚至投资组合 C 的回报有 100% 的机会超过任何低于 − 3.846% 的回报。然而，只有 61.15% 的机会超过 − 3.846% 的回报。类似地，半保险投资组合 B 也有非常好的机会超越 − 15% 的回报。投资组合 A 超越 − 15% 的回报的机会最低。

然而，如表 13.8 所示，在考虑特别有利结果的概率时投资组合的命运就会发生变化。例如，投资组合 A 的回报超过 20% 的概率为 30.85%，但投资组合 B 和投资组合 C 的概率分别只有 26.76% 和 22.97%。因此，未保险投资组合获取巨额收益和遭受巨额

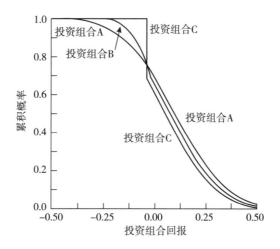

**图13.6　投资组合 A—C 回报超越给定值的累积概率**

损失的机会最大。相比之下，完全保险投资组合 C 放弃了获取巨额收益的机会，以避免发生巨额损失的可能性。半保险投资组合 B 居于中间地带。

---

### 期权用于农产品价格支持

期权定价模型的一个应用在过去十年中受到了政策制定者的广泛关注，那就是将农产品价格支持（以及其他政府保障）作为看跌期权进行估值。政府价格支持是一种以作物作为抵押品的无追索权贷款。无追索权贷款可以从商品信贷公司（Commodity Credit Corporation，CCC）获得。获得贷款的农户可以选择任意时间在市场中出售作物并归还贷款及其利息，他们也可以按照既定的贷款换算比率，例如每蒲式耳2.5美元，将作为抵押品的作物交付给商品信贷公司，以此终止贷款。因此，贷款换算比率为农户出售作物的实际价格设定了一个下限。如果市场价格低于贷款换算比率，则政府支付贷款换算比率与每单位产量市场价格之间的差额。

因认识到联邦政府提供的商品价格稳定计划和作物保险计划与期货交易所提供的产品存在竞争的可能性，1996 年《联邦农业改善和改革法》（FAIR）授权美国农业部（USDA）确定期货和期货期权是否能够为生产者提供合理的保护，使其免受农产品生产和销售中所固有的价格、产量和收入波动的财务风险。

---

### 13.8.7　利用中期国债期货期权对冲管道风险

许多银行将抵押贷款打包并予以"证券化"。具体而言，贷款被分配给信托，代表信托资产份额的证券被出售给公众投资者。通过证券化筹集的资金可以用来发放更多的贷款，并如此循环往复。

抵押放贷者在整个证券化过程中都面临利率风险。不过，最大的风险之一发生在贷款发放阶段，此时放贷者面临"管道风险"（pipeline risk）。当放贷者在贷款实际达成之前为借款者提供利率担保或锁定时，就会出现管道风险。在贷款实际达成之前，这一"利率锁定"将放贷者暴露在利率风险之下。为了应对管道风险，放贷者研发出了利用利率期货和期货期权进行套期保值的策略。

为了对冲管道风险，放贷者不仅必须考虑与利率变化直接相关的风险，还必须考虑二阶效应。最重大的二阶效应源于"退出"（fallout），即借款者可能在最终达成前退出。退出与利率相关，通常随着利率的上升，贷款结清的比例往往会上升，而利率下降时则会发生相反的情形，这是由于如果有其他更好的利率，则借款者可以选择退出利率锁定。实质上，这种退出是借款者行使放贷者赋予的作为利率锁定组成部分的利率看跌期权的结果。看跌期权的价值随着利率的下降而增加，并随着利率的上升而下降。看跌期权的价值随着贷款承诺与结束之间时间长度的增加而增加；反之亦然。对于退出风险，放贷者并不确知将要结清的贷款金额，因此也不知道需要予以套期保值的贷款金额。在利率锁定保障下结束的贷款，致使放贷者面临利率上升的风险，因为利率上升时贷款的价值会降低。

贷款从管道中退出的倾向在很大程度上取决于借款者对利率变化的反应。管道中的贷款有相当一部分将对利率变化没有反应，这意味着这些贷款预计将会最终达成。其他贷款无论利率如何变化都将退出，不会最终达成。其他贷款将对利率作出反应。如果利率上升，它们将会最终达成。如果利率下降，它们将从管道中退出。有经验的放贷者密切地监控管道中贷款的退出水平，并且知道利率变化对各类借款者可能造成的影响。

为了对那些面临退出风险的贷款进行套期保值，放贷者可以购买利率期货的欧式看跌期权。这些看跌期权将抵销伴随利率锁定提供给借款者的看跌期权。如果利率上升，则更多贷款可能会趋向最终达成。通过行使期货看跌期权，放贷者以购买看跌期权时确定的期货价格获得期货空头头寸（假设该看跌期权在购买时为平值期权）。从放贷者的角度来看，购买看跌期权是有意义的。如果利率上升并且贷款最终达成，则放贷者必须能够对贷款价值进行套期保值。已购买的期货看跌期权允许放贷者仅在需要时，即退出的可能性减弱时，才对管道中贷款价值实施期货对冲。当然，这种类型的套期保值成本很高，因为它需要支付买入看跌期权的权利金。套期保值成本将随着期权的有效期、利率的波动性以及所购看跌期权的实值程度而提高。

如果利率下降，退出的可能性提高，就没有必要对这些贷款进行套期保值，因为它们不会最终达成。在这种情形下，看跌期权到期时毫无价值。此类套期保值策略的成本是购买期权时支付的权利金。不过，损失的权利金必须与替代方案的成本相比较。如果放贷者利用期货而不是期权对这部分管道业务进行套期保值，退出的情况将要求放贷者以亏损的结果清算套期保值头寸。这种亏损将远大于损失的权利金。

### 13.8.8　小结

在本部分，我们看到期货期权如何被用来管理预先存在的风险。我们已经看到，同时持有股票指数和看跌期权创建了保险投资组合。通过增强保险程度，交易者可以避免越来越多的风险。不过，这种风险规避是有代价的——牺牲了获取高收益的机会。因此，投资组合保险的概念构成了风险和预期收益之间持续不断的权衡的又一个例子。

本部分的分析聚焦于在一年期间内持有的欧式期权。我们不应忽视同样的原则也适用于持有基于期货合约的期货期权这一事实。我们看到欧式现货期权与期货期权具有相同的价值。我们还知道期货价格在到期时必须收敛于现货价格。因此，对于这个案例研究中的情况，我们可以很容易地用期货和期货期权表达同样的理念。

## 13.9　为什么是期货期权

在我们关于期货期权定价和利用期货期权管理风险的分析中，我们看到欧式期货期权与现货期权之间不存在价格差异。不过，对于美式期权，期货期权与现货期权之间的差异的确存在。即使对于美式期权，期货期权与现货期权之间的价格差异也很小，除非标的商品的价格与期权的行权价格相距甚远。本部分探讨期货期权之所以受欢迎的一些原因。

### 13.9.1　期货期权与期货的比较

通过比较期货期权与期货自身，我们看到期货期权的有用性源于其特殊的价格运行特征。期货头寸将交易者暴露在理论上无限的收益与损失风险之中，而这一点对于期货期权的购买者则不成立。例如，在第 12 章，我们看到看涨期权多头提供了相当大的获利潜力，但它也限定了交易者可以承受的最大损失。其他期权也有类似的损失收窄特征。

从对合成期货与期权头寸的讨论中，我们已经看到通过合成的方式创建所有的期货和期权头寸是可能的。这可能表明期货或期权中有一个可能不是必要的。而我们从

表 13.6 中看到期权可以创建合成的期货头寸，但是期货无法单独创建合成的期权头寸。[7]因此，期权提供了创建具有期货无法提供的回报特征的头寸的机会。由此可见，期货期权的功能超过了期货自身的功能。

### 13.9.2　期货期权与现货期权的比较

认识到期权可以单独创建合成期货头寸，但期货却不能单独创建期权头寸，就会产生似乎期货期权与期货自身相比更为重要的印象。然而，期货期权需要以期货为标的资产。因此，期货期权无法脱离期货而存在。我们已经看到现货期权和期货期权的价格非常相似。这种价格的相似性表明现货期权能够既承担期货的功能也承担期货期权的功能。不过，正如我们现在所讨论的，期货期权具有现货期权所不具备的特征。我们通过比较期货期权与现货期权，来了解为什么期货期权变得如此受欢迎。

实际上，在一些市场中期货期权与现货期权相比占据绝对优势，这是由于一些商品的期货市场与该商品自身的现货市场相比具有更好的流动性。例如，请考虑小麦这样的商品。小麦有很多不同的等级和品种，不同的等级储存在不同的地点，并且有不同的用途。不同的品种生长在一个国家的不同地区，并且在不同的时间收获。因此，这种现货商品的特性不利于支持新的衍生工具。很难提高基于小麦自身的期权市场的流动性。

每一个新市场都需要不断增长的流动性才能蓬勃发展。对于期权合约，标的资产的市场流动性对于期权市场的成功至关重要。因此，小麦期货期权成功的机会可能明显高于基于小麦自身的期权。与小麦自身相比，小麦期货市场提供了更大的流动性、更统一的产品、更好的价格发现机制、更便利的行权交割和清算所财务支持。[8]如果实物商品具有理想的特征，则现货期权就会取得对期货期权的绝对优势。股票指数交易似乎就是这样。基于标准普尔 100 指数自身的期权远比任何基于股指期货的期权更为成功。股票指数没有我们在小麦那里注意到的糟糕的现货市场特征。

对某些商品而言，其现货期权和期货期权的市场都很成功。外汇似乎属于此类情形。费城交易所交易外汇期权，而芝加哥商业交易所则交易外汇期货期权。在货币领域，首先开始交易的是期货，其次是基于外汇的期权，最后是基于外汇期货的期权。虽然建立了外汇期权市场，但是外汇期货期权也能获得立足点并存活下来。或许外汇期货期权的成功要归因于其与外汇期货在同一交易所交易。这种交易的相近性促进了期货和期货期权的交易，刺激了两个市场的流动性。

与现货期权相比，期货期权受偏爱的另一个原因是行权上的经济性和便利性。对基于商品自身的期权行权，通常按整个行权价格交付货物和款项。而对于期货期权的行权，期权所有者获得的是资金和期货头寸。因此，期货期权的行权仅需支付新期货头寸的保证金。对于受到资本约束的交易者，这种差异对于扩大杠杆的可能性很重要。

## 13.10　小结

本章探讨了期货期权。我们从期货期权与现货期权的对比开始，之后讨论了期货期权市场，并分析了导致期货期权广受欢迎的因素。

在分析期货期权的定价时，我们比较了期货期权和现货期权。我们发现期货期权通常比相应的现货期权更有价值。不过这种一般规律也有若干例外。甚至可能出现现货期权的价值高于相应的期货期权价值的情况。美式或欧式期权特征在期权定价中扮演了重要的角色，现货资产的股息率也是如此。我们探讨了涉及期货期权市场效率的有关证据。通常来说，该市场非常高效，不过也有某些值得注意的例外情况。

正如现货期权存在买卖权平价关系一样，期货期权也存在买卖权平价关系。实质上，期货看涨期权多头和期货看跌期权空头模拟了期货多头头寸。这种看涨期权多头与看跌期权空头的期货期权投资组合，在到期时具有与期货头寸相同的回报。因此，这一看涨期权多头和看跌期权空头创建了一个合成期货合约。这个观察引发了对合成工具的一般性讨论。

最后，我们研讨了基于现货期权和期货期权的风险管理技术。我们在一个管理股票指数投资组合风险的案例研究框架内，对这些风险控制技术进行了分析。正如我们所展示的，完全保险投资组合包括基础投资组合的多头头寸和基于该投资组合的看跌期权的多头头寸。我们展示了如何通过改变看跌期权所覆盖的基础投资组合的比例，来获得不同程度的投资组合保险。像往常一样，天下没有免费的午餐，通过投资组合保险来降低风险同样是有代价的。在投资组合保险中，交易者以牺牲巨额收益的机会降低了发生巨额损失的可能性。因此，投资组合保险在某些情形下可能是有效的，但它不是万能的灵丹妙药或每一个交易者都应追随的策略。

## 13.11　习题

1. 一位期货看涨期权的持有者对她的期权予以行权。行权后她持有什么样的头寸？该期货期权所有者行权后会收到资金吗？这一规律有无例外？

2. 请比较行权后期货期权的卖方和期货看跌期权的买方的头寸。请务必说明这两个交易者持有的头寸和所产生的现金流。

3. 请解释为什么布莱克模型适用于远期期权，却并不完全适用于期货期权？

4. 请思考以下数据。一个小麦远期合约定价为 4 美元/蒲式耳，并于 6 个月后到期。无风险利率为 10%，该远期合约的标准差为 25%。一个远期看涨期权的行权价格为每蒲式耳 3.80 美元。假设标的合约规模为 5,000 蒲式耳，请求出该远期期权的布莱克模型价格。

5. 对于习题 4 中的远期期权，如果远期合约的价格不存在不确定性，请求出该期权的价值。

6. 对于基于无股息股票的期权，请解释为什么交易者永远不会在到期前对看涨期权进行行权。对比你对股票期权的推理，请解释导致期货看涨期权基于理性考虑而较早行权的情形。

7. 哪种期货看涨期权具有更高的价值，是欧式期权，还是美式期权？请解释导致标的资产、到期时间和行权价格均相同的两个期权形成最大价值差异的条件。

8. 对于欧式看涨期权，现货期权与期货期权两者之间的价格关系是什么？请解释。

9. 对于美式期货期权，当标的资产支付连续股息时，请解释期货和现货看涨期权两者之间的价格关系。特别地，请解释股息率和利率之间的关系如何影响定价。

10. 一张大豆期货合约的价格为每蒲式耳 6 美元，并于 3 个月后到期。基于该合约的行权价格为 5.90 美元的期货看涨期权的价格为 0.50 美元。如果此期间利率为 8%，则基于该合约的期货看跌期权的价格是多少？

11. 假设期货市场刚刚收市，故而你无法平仓小麦多头头寸。不知何故，期货期权仍在交易。请解释你如何通过交易期货期权来实现对所持有期货合约的完全套期保值。

12. 假设你持有一个非常分散的股票投资组合，而你讨厌的经纪商打电话跟你说："现在是你作为个人交易者参与投资组合保险的时候了。投资组合保险很棒，因为它让你通过简单地购买指数看涨期权就可以回避风险。而且，这实际上是无成本的，因为看涨期权定价合理（你在期权市场上付出多少，就能得到多少）。有了投资组合保险，你可以保留上涨的潜力，但避免了下跌的风险。有了投资组合保险，你的保险投资组合在期末时可以具有与未保险投资组合完全相同的价值。你不会输！"请分析此经纪商说辞中潜在的弱点。

## 13.12 尾注

[1] 两本全面介绍期权的书：P. Ritchken, *Options：Theory, Stratgy, and Applications*, Glenview, IL：Scott, Foreman, 1987 和 A. Rudd, *Opion Pricing*, Homewood, IL：Richard D. Irwin, 1983。也可参见

R. Kolb, *Options*, *Cambridge*, MA, Blackwell Publisher, 1997。

［2］F. Black, "The Pricing of Commodity Contracts", *Journal of Financial Economics*, 3：1, January/March 1976, pp. 167 – 79.

［3］芝加哥商业交易所 2004 年 8 月宣布正在将其全部美式期货期权合约转换为欧式期权。

［4］两项针对长期国债期货期权真实提前行权行为的研究得出了类似的结论，发现行权行为通常是理性的，不过也存在一些不常见但令人震惊的错误。见 J. Overdahl, "The Early Exercise of Options on Treasury Bond Futures", *Journal of Financial and Quantitative Analysis*, 23：4, 1988, pp. 437 – 450 和 G. Gay, R. Kolb, and K. Yung, "Trader Rationality in the Exercise of Futures Options", *Journal of Financial Economics*, 23：2, August 1989, pp. 339 – 361。

［5］G. Barone – Adesi and R. Whaley, "Efficient Analytic Approximation of American Option Values", *Journal of Finance*, 42：2, June 1987, pp. 301 – 320. 该文献也提供了基于其他近似估算方法的估计值。在大多数情况下，这些估计值非常相似。巴隆·阿德西和惠利的论文的主要贡献在于研发了一套计算性能十分优越的近似估算期权价值的方法。

［6］N. Cakici, S. Chatterjee, and A. Wolf, "Empirical Tests of Valuation Models for Options on T – Note and T – Bond Futures", *Journal of Futures Markets*, 13：1, February 1993, pp. 1 – 13. 发现了巴隆·阿德西模型与布莱克模型之间价格上的细微差异。

［7］这一陈述需要有限定条件，这是由于利用期货进行动态套期保值可以复制期权的回报。不过，不可能在到期日之前创建一个仅有期货且到期回报一定与期权相同的头寸。通过动态套期保值，交易者连续交易期货以模拟期权。这与我们探讨的买入并持有合成工具截然不同。

［8］见 J. Sinquefield, "Understanding Options on Futures", *Mortgage Banking*, July, 1982, pp. 35 – 40。

# 附录 A　期货交易所和清算所核心原则

《商品期货现代化法案》为期货交易所履行自律监管职责制定了可供遵循的标准。期货交易所在确定如何满足上述标准时拥有相当大的灵活度。这些标准取代了依赖详细刻板规章的更加注重合规的制度。这些标准由国会在《商品期货现代化法案》中以下文所列的 18 条核心原则的形式提出。依据这些核心原则，期货交易所必须做到：

（1）遵守核心原则。

（2）监控和执行法规遵从性规则。

（3）确保合约不易受到操纵。

（4）监控交易以预防操纵。

（5）在必要和适当的情况下，对投机者设定持仓限额和持仓责任报告水平。

（6）设定用于实施应急处置权力的规则，包括清算和转移合约未平仓头寸的权力，暂停或限制合约交易的权力，以及要求任何合约的市场参与者满足特定保证金要求的权力等。

（7）发布合约市场中涉及合约条款的信息以及执行交易的各项机制。

（8）发布合约市场中交易活跃合约的结算价、成交量、持仓量以及开盘收盘区间等每日交易信息。

（9）建设有竞争力、开放、高效的市场和执行交易的机制。

（10）维护用于记录和存储所有识别交易信息的规则和程序，以帮助防范客户和市场滥用，并提供任何违反合约市场规则的证据。

（11）制定并执行与合约市场中交易合约的财务完整性相关的规则（包括与衍生品清算机构开展的交易清算和结算），以及用于确保期货经纪商和介绍经纪商财务完整性和保护客户资金的规则。

（12）制定并执行旨在保护市场参与者免受作为参与者代理人的任何一方实施的舞弊行为侵害的规则。

（13）制定并执行适合于市场参与者和任何市场中介机构的与替代争议解决机制相关的规则，并为其提供便利。

（14）为管理人员、任何纪律委员会成员、合约市场会员和任何其他可以直接利用合约市场设施的人员（包括与本段所述人员有关联的任何一方）制定并执行适当的胜任标准。

（15）制定并执行旨在减少合约市场决策过程利益冲突的规则，并制定旨在解决上述利益冲突的程序。

（16）确保管理委员会的组成考虑市场参与者。

（17）以商品期货交易委员会认可的形式和方式保存与合约市场业务相关的所有活动记录，为期 5 年。

（18）致力于避免采取任何导致交易不合理限制的规则或行为，或避免对合约市场交易施加任何实质性反竞争压力。

《商品期货现代化法案》为衍生品清算所制定了可供遵循并受商品期货交易委员会监督的标准。清算所在确定如何满足上述标准时拥有相当大的灵活度。这些标准由国会在《商品期货现代化法案》中以下文所列的 14 条核心原则的形式提出。依据这些核心原则，清算所必须做到：

（1）清算所必须在商品期货交易委员会注册为衍生品清算机构，并且必须遵守核心原则。

（2）清算所必须具备履行衍生品清算机构职责所需的财务、业务和管理资源。

（3）清算所必须为清算会员制定适当的标准（包括适当的最低财务要求）。

（4）清算所必须具备管理与作为衍生品清算机构相关风险的能力。

（5）清算所必须具备在各种情形下及时完成结算的能力，保存充足的交易记录，并遵守与其他清算机构的任何净额结算或抵销安排的条款。

（6）清算所必须具备旨在保护和确保受托资金安全的标准和程序。

（7）清算所必须具备当清算会员或参与者出现破产或其他不能满足对衍生品清算机构义务的状况时能够实现高效、公平和安全管理的规则和程序。

（8）清算所必须保持足够的安排和资源，以有效监控和实施其规则，能够解决争议，并具有对清算会员或参与者违反清算所规则的活动进行惩处、限制、暂停和终止的权威和能力。

（9）清算所必须证明其已制定并保持了监控和风险分析程序，以确保其自动清算系统的正常运行，并且具有足够的容量和安全性能。另外，清算所必须制订和保持应急程序和灾难恢复计划，并定期测试备用设施足以确保交易的日常处理、清算和结算。

（10）清算所必须向商品期货交易委员会提供委员会履行清算所监管职责所需的所有信息。

（11）清算所必须以商品期货交易委员会认可的形式和方式保存与其业务相关的所有活动记录，为期 5 年。

（12）清算所必须向市场参与者提供与其规则和操作程序（包括违约程序）相关的信息。

（13）清算所必须参加适当和适用的国内和国际信息分享协议并遵循协议条款，同时在执行清算组织风险管理程序过程中利用通过上述协议获得的相关信息。

（14）清算所必须避免采取导致对交易不合理限制的任何规则或行动。

# 附录 B　衍生工具会计准则摘要

## 1. 简介

1998 年，财务会计准则委员会（Financial Accounting Standards Board，FASB）发布了一套适用于期货和其他衍生工具会计的综合性规则，即第 133 号财务会计准则公告——"衍生工具和套期保值会计"（FAS 133）。全部文本长达 245 页。本附录对 FAS 133 中最重要的概念进行了简要概括。但这只是一个概括，对 FAS 133 相关原则的运用则需要通晓公告本身。

FAS 133 发布前，衍生品交易相关会计规则并不像期望的那样清晰和统一。FAS 133 的发布取代了许多此前与衍生品相关的财务会计准则（FAS 80、FAS 105 和 FAS 119）。FAS 133 也对 FAS 80（期货合约）和 FAS 107（金融工具公允价值披露）进行了修订。就其本身而言，FAS 133 为衍生工具提供了新的、统一的会计处理规则。最初拟于 1999 年生效的 FAS 133 因受影响公司反对而推迟实施。作为对投诉的回应，财务会计准则委员会还发布了 FAS 138 以修订实施条款，不过 FAS 138 并没有显著地修订 FAS 133 确立的原则。FAS 133 和 FAS 138 在 2000 年得以全面实施，目前已成为美国衍生品会计处理的基本框架。

## 2. FAS 133 涵盖的工具范围

FAS 133 规范所有类型衍生工具的会计业务，并且 FAS 133 给出了何者构成衍生工具的详细定义。本质上，FAS 133 的定义与本书提出的衍生工具概念相似，明确包括期货、期权和互换。该公告还区分了独立衍生工具（如期货、期权和互换合约）和嵌入式衍生工具，如赎回条款、抵押贷款参与、结构化票据和股票指数票据。这些最近出现的工具被 FAS 133 视为混合工具，这是由于它们可被看作一个主工具附加一个衍生工具进行分析。如本附录后文所述，独立衍生工具和嵌入式衍生工具的会计处理方法在某些情形下会存在差异。

## 3. 基本会计策略

FAS 133 利用衍生工具公允价值的概念作为应用其会计准则的关键计量方法。公允价值实质上是工具的市场价值。在条件允许的情况下，市场报价被用来评估公允价值。当无法获得报价时，可以对公允价值进行估计。这些估计方法可以基于折现现金流、期权定价模型、期权调整价差模型和其他适当的类似技术。

所有重大衍生工具头寸都必须在实体的财务报表中按照公允价值确认为资产或负债。按照持有衍生工具头寸目的的不同，衍生工具公允价值变化接受不同的会计处理方法。衍生工具的预期用途既可以是非套期保值，也可以是套期保值。如果衍生工具头寸是基于非套期保值目的而持有的，则衍生工具公允价值的变化在当期收益中予以反映。例如，如果基于非套期保值目的而购入的期权在给定的季初价值100,000美元且在季末价值115,000美元，则公司收益将反映衍生工具价值增加的15,000美元，作为对当季收益的贡献。

或者，如果公司基于套期保值目的而持有衍生工具头寸，则衍生工具公允价值变化可能会接受不立即以同样的方式影响当期收益的会计处理方法。

## 4. 对衍生工具头寸作为套期保值工具的指定

FAS 133 明确规定了衍生工具头寸按照套期保值工具进行会计处理所必须具备的三个条件。首先，任何衍生工具头寸必须在其被持有之初就被指定为套期保值头寸，并且被套期保值项目也必须在用于套期保值的衍生工具头寸创立之初就予以识别和记录。其次，衍生工具的运用必须符合 FAS 133 认可的某一类型套期保值的标准。FAS 133 认可的基本套期保值类型有三种：公允价值套期保值、现金流量套期保值和外汇套期保值，后文将予以详细论述。最后，相关实体必须用文件证明衍生工具头寸在对被套期保值项目进行套期保值时具有很高的有效性，并且必须在套期保值期间对上述有效性持续进行监控。

财务会计准则委员会力求确保任何符合套期保值会计处理条件的衍生工具头寸最初都被认定为套期保值。委员会认为对套期保值同时进行指定和记录至关重要，否则，某一实体可能会为了达成预期的会计结果而追溯确认被套期保值项目、套期保值交易或衡量有效性的方法。委员会还认为，识别被套期保值风险的性质，并使用符合实体既定套期保值政策的套期保值衍生工具进行风险管理，是风险管理的重要组成部分，并且对于提升套期保值会计模型的可验证性是必要的（FAS 133，第 385 段）。

因此，委员会力求避免某一实体可能采取的隐匿衍生工具损失以规避披露或鼓吹衍生工具收益以夸大报告收益的会计伎俩。

要符合套期保值会计处理的条件，衍生工具头寸必须是套期保值文件规定风险的有效对冲手段。例如，利率期货可以被合理地认为是债券投资组合而非股票投资组合的有效套期保值工具。FAS 133 没有具体说明实体应如何评估有效性。不过，会计处理方法必须合理和一致："委员会认为，重要的是，相关实体在套期保值开始时就形成如何评估每一个套期保值有效性的文件，然后在指定的套期保值期间内在一致的基础上应用上述有效性测试。"（FAS 133，第 386 段）

# 5. 认可的套期保值类型

财务会计准则委员会认可三类套期保值：公允价值套期保值、现金流量套期保值和外汇套期保值。每种类型套期保值的认定条件不同，不同类型套期保值中使用的衍生工具的会计准则也不同。以下摘要力求体现相关会计准则的基本思想，而不是反映 FAS 133 的全部细节。

## 5.1　公允价值套期保值

公允价值套期保值涉及套期保值工具（衍生工具）和被套期保值项目（债券、股票或其他工具）。在公允价值套期保值中，衍生工具的收益或损失（公允价值变化）在当期收益中予以反映。被套期保值项目的收益或损失理论上可以分为两个部分。首先是可归因于被套期保值风险的收益或损失。其次是可归因于被套期保值风险以外其他因素的（潜在）收益或损失。对于被套期保值项目，我们先聚焦于诸如利率风险等可归因于被套期保值风险的公允价值变化。可归因于被套期保值风险的被套期保值项目公允价值的全部变化，必须在价值发生变化时的当期收益中予以反映，并且被套期保值工具账面价值按照相同金额予以调整。在完全有效的公允价值套期保值中，衍生工具公允价值的变化和可归因于被套期保值风险的被套期保值项目公允价值的变化恰好可以相互抵消。如果套期保值不够完全有效，则衍生工具和被套期保值项目价值变化的金额将不同。无论如何，可归因于被套期保值风险的被套期保值项目公允价值的全部变化必须在当期收益中予以反映。"任何套期保值无效性都会直接影响收益，因为对于相关套期保值工具收益或损失的无效方面，套期保值项目的账面金额不会进行抵消性调整。"（FAS 133，第 22 段）

为符合公允价值套期保值条件，"在套期保值开始时就需要形成正式的文件，记载套期保值关系和该实体关于实施套期保值的风险管理目标和策略，包括套期保值工具、被套期保值项目、被套期保值风险性质的识别，以及套期保值工具抵消可归因于被套期保值风险的被套期保值项目公允价值变化风险敞口的有效性将如何被评估"。（FAS 133，第20a段）公司必须在套期保值开始时预期该套期保值是有效的，并且必须在套期保值期间对有效性进行监控。

## 5.2 现金流量套期保值

现金流量套期保值涉及将衍生工具用作套期保值工具。衍生工具用于对冲因特定风险而导致的预期未来现金流变化的风险敞口。上述风险可能有两种形式。首先，上述风险可能与现有资产或负债相关，如可变利率债务工具的未来利息支付。其次，上述风险可能与某一预期交易相关，如某项资产的预期购买或销售。以现有资产或负债为例，假设有一个可变利率债务工具的投资组合。人们可以进行现金流量套期保值以降低该投资组合因利率变化而导致的现金流风险。以预期交易为例，考虑3个月后购买股票的计划。人们可以利用现金流量套期保值来降低股票投资组合未来购入价格的不确定性。

为了符合现金流量套期保值条件，通常必须形成关于套期保值关系的正式文件，关于风险管理目标和策略的书面说明，以及被套期保值项目、套期保值工具和拟对冲风险的识别方法。此外，还必须存在套期保值将会非常有效的合理预期，以及评估套期保值持续有效性的计划。对于现有资产或负债的现金流量套期保值，套期保值和被套期保值项目之间的现金流变化必须存在密切联系。对于预期交易的套期保值，预期交易必须可清晰地认定并且可能发生，并且预期交易必须与套期保值实体之外的另一方进行。

现金流量套期保值会计将衍生工具与被套期保值风险有关的收益或损失划分为有效部分和无效部分。收益或损失的有效部分在其他综合收入中报告。无效部分在收益中报告。另外，衍生工具公允价值的部分变化可能会被排除在套期保值考虑范围之外。就其自身而言，上述价值变化既不是有效的，也不是无效的，因为它们与套期保值无关。上述公允价值变化在当期收益中确认。如果预期交易已被放弃或不再具有可行性，则其他综合收入中累积的净收益或损失应当立即重分类至收益（FAS 133，第33段）。

## 5.3 外汇套期保值

外汇套期保值有三种类型。第一种类型是尚未确认公司承诺或可供出售证券的公允价值外汇套期保值。举一个尚未确认公司承诺的例子，假设一家美国公司承诺6个月后以指定的日元价格购买日本机床。这家美国公司面临外汇风险，这是因为上述承诺的美元价值可能会发生变化。它可以利用外汇套期保值来控制上述风险。再举一个可供出售证券的例子，假设一家美国公司持有以瑞士法郎计价的证券。出售证券时，该公司将会收到瑞士法郎，从而面临美元兑瑞士法郎的汇率变动风险。第二种类型是现金流量外汇套期保值，这实际上与前文所述现金流量套期保值是一样的。第三种类型是国外经营净投资外汇风险敞口的套期保值。

为了符合公允价值外汇套期保值条件，套期保值必须满足前文所述公允价值套期保值要求，并且应以相同的方式进行会计处理。在对可出售证券进行套期保值时，外汇套期保值依据的是被套期保值证券因外汇汇率而非其他原因导致的公允价值变化。

为了符合外汇现金流量套期保值条件，套期保值必须满足与前文概括的现金流量套期保值相同的要求。此外，套期保值工具必须是衍生金融工具。预期交易可以发生在同一报告实体的两个运行单元之间（如母公司与国外子公司）。符合条件的外汇现金流量套期保值与前述现金流量套期保值采用相同的会计处理方法。

对于国外经营净投资外汇风险敞口的套期保值，套期保值工具可以是衍生或非衍生金融工具。套期保值工具的收益或损失应按照 FAS 32"外币换算"规定的换算调整项进行报告。

# 6. 嵌入式衍生工具会计处理

当主工具包含嵌入式衍生工具，而衍生工具未被用作 FAS 133 规定的套期保值工具，则整个工具（主工具加上衍生工具）将按照 FAS 133 之前的准则进行会计处理。如果嵌入式衍生工具被用作 FAS 133 规定的套期保值工具，则嵌入式衍生工具必须正式地与主工具区分开来。在这种特殊情形下，主工具将根据 FAS 133 之前的准则，按照该类型工具的公认会计原则进行会计处理，而嵌入式衍生工具则将根据 FAS 133 规定的准则进行会计处理。

# 7. 关于非营利组织的特别规定

FAS 133 适用于各种类型的实体，包括公司和非营利组织。不过，非营利组织的会计准则在某种程度上具有特殊性，因为这些实体不报告收益。这些实体应当将套期保值工具的收益或损失作为当期净资产的变化进行报告，对外汇风险敞口的套期保值则除外。对于外汇套期保值，营利组织的会计准则也适用于非营利组织。这些非营利实体应当将被套期保值项目账面金额的变化确认为公允价值套期保值的当期净资产的变化。非营利组织不允许采用现金流套期保值会计处理方法。

## 8. 披露要求

FAS 133 要求实体报告其衍生工具头寸，无论是否用于套期保值目的。对于并非用于套期保值策略的衍生工具，披露内容必须包括衍生工具交易活动的目的。

对于符合 FAS 133 套期保值活动条件的衍生工具交易，披露要求更加严格。披露内容必须列示持有工具的目标，促成上述目标的情形，以及实现上述目标的公司策略。披露内容必须详述通过每一衍生工具头寸实施的套期保值类型和公司对于每一套期保值类型的风险管理政策。例如，对公允价值套期保值的披露，必须列明由于套期保值无效而在收益中确认的净收益或损失，套期保值有效性评估范围以外的收益或损失，以及上述净收益或损失在财务报表中何处进行报告的说明。类似的要求也适用于现金流量套期保值和外汇套期保值。

## 9. 小结

FAS 133 力求改善衍生工具头寸报告的结构和合理性，尤其是用于套期保值的衍生工具头寸。首先，对于接受会计处理的衍生工具头寸，公告要求在初始衍生工具交易时将该头寸认定为套期保值并记录在案。其次，为了符合套期保值会计处理条件，衍生工具交易及与其相关的套期保值工具必须符合套期保值的三类严格定义之一（公允价值套期保值、现金流量套期保值和外汇套期保值）。再次，套期保值实体必须合理预期相关套期保值是高度有效的，并且套期保值实体对套期保值有效性的测试和监控必须贯穿于整个套期保值期间。最后，套期保值实体必须披露其套期保值策略和目标，并且明确说明套期保值效果及其对公司收益的影响。

# 附录 C 净资本排名前 40 的期货经纪商
# (2004 年 6 月 30 日)

| 期货经纪商 | 净资本（美元） |
|---|---|
| （1）高盛联合公司（Goldman Sachs & Co.） | 4,957,405,270 |
| （2）花旗集团国际市场股份有限公司（Citigroup Global Markets Inc.） | 4,234,610,017 |
| （3）贝尔斯登证券公司（Bear Stearns Securities Corp.） | 3,567,129.625 |
| （4）瑞银证券有限公司（UBS Securities LLC） | 3.413,807,759 |
| （5）瑞士信贷第一波士顿有限公司（Credit Suisse First Boston LLC） | 3,246,669,025 |
| （6）摩根士丹利联合股份有限公司（Morgan Stanley & Co Incorporated） | 3,185,542,045 |
| （7）美林、皮尔斯、芬纳和史密斯公司（Merrill Lynch Pierce Fenner & Smith） | 2,414,188,442 |
| （8）德意志银行证券有限公司（Deutsche Bank Securities Inc.） | 2,355,379,264 |
| （9）雷曼兄弟有限公司（Lehman Brothers Inc.） | 2,151,886,000 |
| （10）贝尔斯登联合有限公司（Bear Stearns & Co. Inc.） | 2,142,490,356 |
| （11）瑞银金融服务有限公司（UBS Financial Services Inc.） | 1,447,026,989 |
| （12）摩根士丹利 DW 有限公司（Morgan Stanley DW Inc.） | 1,265,025,004 |
| （13）潘兴有限责任公司（Pershing LLC） | 974,624,000 |
| （14）荷兰银行股份有限公司（ABN AMRO Incorporated） | 909,785,020 |
| （15）JP 摩根期货有限公司（JP Morgan Futures Inc.） | 855,124,026 |
| （16）加拿大帝国商业银行世界市场公司（CIBC World Markets Corp.） | 822,649,223 |
| （17）格林威治资本市场有限公司（Greenwich Capital Markets Inc.） | 796,796,000 |
| （18）巴克莱资本野村证券公司（Barclays Capital Inc. Nomura Securities） | 781,684,684 |
| （19）国际公司（International Inc.） | 747,677,943 |
| （20）斯皮尔利兹和凯洛格公司（Spear Leeds & Kellog） | 736,616,749 |
| （21）美联银行证券有限责任公司（Wachovia Securities LLC） | 662,134,000 |
| （22）AG 爱德华父子有限公司（AG Edwards & Sons Inc.） | 636,462,899 |
| （23）美林专业清算公司（Merrill Lynch Prof. Clearing Corp.） | 581,634,829 |
| （24）木山有限责任公司（Timber Hill LLC） | 475,418,912 |
| （25）汇丰银行证券美国有限公司（HSBC Securities USA Inc.） | 427,561,254 |
| （26）莱格美盛伍德沃克有限公司（Legg Mason Wood Walker Inc.） | 417,668,526 |
| （27）雷蒙德杰姆斯联合有限公司（Raymond James & Associates Inc.） | 351,647,715 |
| （28）美联银行资本市场有限责任公司（Wachovia Capital Markets LLC） | 335,948,862 |

续表

| 期货经纪商 | 净资本（美元） |
|---|---|
| （29）保德信股权集团有限责任公司（Prudential Equity Group LLC） | 317,609,000 |
| （30）东方汇理银行金融有限公司（Calyon Financial Inc.） | 306,848,334 |
| （31）加拿大皇家银行达尼拉舍尔公司（RBC Dain Rauscher Inc.） | 297,420,847 |
| （32）法国巴黎证券公司（BNP Paribas Securities Corp） | 295,921,281 |
| （33）摩根基根联合公司（Morgan Keegan & Company Inc.） | 282,159,916 |
| （34）飞马美国有限公司（Fimat USA Inc.） | 277,548,238 |
| （35）瑞富有限责任公司（Refco LLC） | 269,030,274 |
| （36）派杰公司（Piper Jaffray Co.） | 267,220,914 |
| （37）加拿大皇家银行资本市场公司（RBC Capital Markets Corporation） | 256,667,012 |
| （38）曼式金融有限公司（Man Financial Inc.） | 220,700,132 |
| （39）纽伯格铂尔曼有限责任公司（Neuberger Berman LLC） | 218,640,096 |
| （40）奥本海默联合有限公司（Oppenheimer & Co. Inc.） | 194,019,735 |

# 附录 D 标准正态随机变量的累积分布函数

|  | 0.00 | 0.01 | 0.02 | 0.03 | 0.04 | 0.05 | 0.06 | 0.07 | 0.08 | 0.09 |
|---|---|---|---|---|---|---|---|---|---|---|
| 0.0 | 0.5000 | 0.5040 | 0.5080 | 0.5120 | 0.5160 | 0.5199 | 0.5239 | 0.5279 | 0.5319 | 0.5359 |
| 0.1 | 0.5398 | 0.5438 | 0.5478 | 0.5517 | 0.5557 | 0.5596 | 0.5636 | 0.5675 | 0.5714 | 0.5753 |
| 0.2 | 0.5793 | 0.5832 | 0.5871 | 0.5910 | 0.5948 | 0.5987 | 0.6026 | 0.6064 | 0.6103 | 0.6141 |
| 0.3 | 0.6179 | 0.6217 | 0.6255 | 0.6293 | 0.6331 | 0.6368 | 0.6406 | 0.6443 | 0.6480 | 0.6517 |
| 0.4 | 0.6554 | 0.6591 | 0.6628 | 0.6664 | 0.6700 | 0.6736 | 0.6772 | 0.6808 | 0.6844 | 0.6879 |
| 0.5 | 0.6915 | 0.6950 | 0.6985 | 0.7019 | 0.7054 | 0.7088 | 0.7123 | 0.7157 | 0.7190 | 0.7224 |
| 0.6 | 0.7257 | 0.7291 | 0.7324 | 0.7357 | 0.7389 | 0.7422 | 0.7454 | 0.7486 | 0.7517 | 0.7549 |
| 0.7 | 0.7580 | 0.7611 | 0.7642 | 0.7673 | 0.7704 | 0.7734 | 0.7764 | 0.7794 | 0.7823 | 0.7852 |
| 0.8 | 0.7881 | 0.7910 | 0.7939 | 0.7967 | 0.7995 | 0.8023 | 0.8051 | 0.8078 | 0.8106 | 0.8133 |
| 0.9 | 0.8159 | 0.8186 | 0.8212 | 0.8238 | 0.8264 | 0.8289 | 0.8315 | 0.8340 | 0.8365 | 0.8389 |
| 1.0 | 0.8413 | 0.8438 | 0.8461 | 0.8485 | 0.8508 | 0.8531 | 0.8554 | 0.8577 | 0.8599 | 0.8621 |
| 1.1 | 0.8643 | 0.8665 | 0.8686 | 0.8708 | 0.8729 | 0.8749 | 0.8770 | 0.8790 | 0.8810 | 0.8830 |
| 1.2 | 0.8849 | 0.8869 | 0.8888 | 0.8907 | 0.8925 | 0.8944 | 0.8962 | 0.8980 | 0.8997 | 0.9015 |
| 1.3 | 0.9032 | 0.9049 | 0.9066 | 0.9082 | 0.9099 | 0.9115 | 0.9131 | 0.9147 | 0.9162 | 0.9177 |
| 1.4 | 0.9192 | 0.9207 | 0.9222 | 0.9236 | 0.9251 | 0.9265 | 0.9279 | 0.9292 | 0.9306 | 0.9319 |
| 1.5 | 0.9332 | 0.9345 | 0.9357 | 0.9370 | 0.9382 | 0.9394 | 0.9406 | 0.9418 | 0.9429 | 0.9441 |
| 1.6 | 0.9452 | 0.9463 | 0.9474 | 0.9484 | 0.9495 | 0.9505 | 0.9515 | 0.9525 | 0.9535 | 0.9545 |
| 1.7 | 0.9554 | 0.9564 | 0.9573 | 0.9582 | 0.9591 | 0.9599 | 0.9608 | 0.9616 | 0.9625 | 0.9633 |
| 1.8 | 0.9641 | 0.9649 | 0.9656 | 0.9664 | 0.9671 | 0.9678 | 0.9686 | 0.9693 | 0.9699 | 0.9706 |
| 1.9 | 0.9713 | 0.9719 | 0.9726 | 0.9732 | 0.9738 | 0.9744 | 0.9750 | 0.9756 | 0.9761 | 0.9767 |
| 2.0 | 0.9772 | 0.9778 | 0.9783 | 0.9788 | 0.9793 | 0.9798 | 0.9803 | 0.9808 | 0.9812 | 0.9817 |
| 2.1 | 0.9821 | 0.9826 | 0.9830 | 0.9834 | 0.9838 | 0.9842 | 0.9846 | 0.9850 | 0.9854 | 0.9857 |
| 2.2 | 0.9861 | 0.9864 | 0.9868 | 0.9871 | 0.9875 | 0.9878 | 0.9881 | 0.9884 | 0.9887 | 0.9890 |
| 2.3 | 0.9893 | 0.9896 | 0.9898 | 0.9901 | 0.9904 | 0.9906 | 0.9909 | 0.9911 | 0.9913 | 0.9916 |
| 2.4 | 0.9918 | 0.9920 | 0.9922 | 0.9925 | 0.9927 | 0.9929 | 0.9931 | 0.9932 | 0.9934 | 0.9936 |
| 2.5 | 0.9938 | 0.9940 | 0.9941 | 0.9943 | 0.9945 | 0.9946 | 0.9948 | 0.9949 | 0.9951 | 0.9952 |
| 2.6 | 0.9953 | 0.9955 | 0.9956 | 0.9957 | 0.9959 | 0.9960 | 0.9961 | 0.9962 | 0.9963 | 0.9964 |
| 2.7 | 0.9965 | 0.9966 | 0.9967 | 0.9968 | 0.9969 | 0.9970 | 0.9971 | 0.9972 | 0.9973 | 0.9974 |
| 2.8 | 0.9974 | 0.9975 | 0.9976 | 0.9977 | 0.9977 | 0.9978 | 0.9979 | 0.9979 | 0.9980 | 0.9981 |
| 2.9 | 0.9981 | 0.9982 | 0.9982 | 0.9983 | 0.9984 | 0.9984 | 0.9985 | 0.9985 | 0.9986 | 0.9986 |
| 3.0 | 0.9987 | 0.9987 | 0.9987 | 0.9988 | 0.9988 | 0.9989 | 0.9989 | 0.9989 | 0.9990 | 0.9990 |
| 3.1 | 0.9990 | 0.9991 | 0.9991 | 0.9991 | 0.9992 | 0.9992 | 0.9992 | 0.9992 | 0.9993 | 0.9993 |
| 3.2 | 0.9993 | 0.9993 | 0.9994 | 0.9994 | 0.9994 | 0.9994 | 0.9994 | 0.9995 | 0.9995 | 0.9995 |
| 3.3 | 0.9995 | 0.9995 | 0.9995 | 0.9996 | 0.9996 | 0.9996 | 0.9996 | 0.9996 | 0.9996 | 0.9997 |
| 3.4 | 0.9997 | 0.9997 | 0.9997 | 0.9997 | 0.9997 | 0.9997 | 0.9997 | 0.9997 | 0.9997 | 0.9998 |

# 参考文献

［1］ Abken, P. , "An Introduction to Portfolio Insurance", *Economic Review*, Federal Reserve Bank of Atlanta, 72: 6, 1987, pp. 2 – 25.

［2］ Ackert, L. F. and W. C. Hunter, "Rational Price Limits in Futures Markets: Tests of a Simple Optimizing Model", *Review of Financial Economics*, 4: 1, 1994, pp. 93 – 108.

［3］ Acworth, W. , "Patent Dispute Erupts Over Futures E – Trading", *Futures Industry Magazine*, August/September, 11, 2001.

［4］ Allayannis, G. and J. Weston, "The Use of Foreign Currency Derivatives and Firm Market Value", *Review of Financial Studies*, 14: 1, 2001, pp. 243 – 276.

［5］ Allen, L. and T. Thurston, "Cash – Futures Arbitrage and Forward – Futures Spreads in the Treasury Bill Market", *Journal of Futures Markets*, 8: 5, 1988, pp. 563 – 573.

［6］ Anderson, R. W. , *The Industrial Organization of Futures Markets*, Lexington, MA: D. C. Heath and Company, 1984.

［7］ Anderson, R. W. , "Some Determinants of the Volatility of Futures Prices", *Journal of Futures Markets*, 5: 3, 1985, pp. 331 – 348.

［8］ Anderson, R. W. and J. P. Danthine, "The Time Pattern of Hedging and the Volatility of Futures Prices", *Review of Economic Studies*, 50: 2, 1983, pp. 249 – 266.

［9］ Antoniou, A. and A. J. Foster, "The Effect of Futures Trading on Spot Price Volatility: Evidence for Brent Crude Oil Using GARCH", *Journal of Business Finance and Accounting*, 19: 4, 1992, pp. 473 – 484.

［10］ Arak, M. and L. Goodman, "Treasury Bond Futures: Valuing the Delivery Options", *Journal of Futures Markets*, 7: 3, 1987, pp. 269 – 286.

［11］ Arbor, P. , "Does FASB Control the Future of Futures?", Risk, 9: 1, 1996, p. 19.

［12］ Architzel, P. M. , N. E. Yanofsky, and M. Riedlinger, "Locating the Futures Exchange and its Regulatory Impact", *Journal of Global Financial Markets*, 3, 2002, pp.

17 – 24.

［13］ Bailey, F. , "Emergency Action: July 1989 Soybeans", Chicago, IL: Chicago Board of Trade, 1990.

［14］ Bailey, W. , "An Empirical Investigation of the Market for Comex Gold Futures Options", *Journal of Finance*, 42: 5, 1987, pp. 1187 – 1194.

［15］ Bailey, W. and Edward Ng, "Default Premiums in Commodity Markets: Theory and Evidence", *Journal of Finance*, 46: 3, 1991, pp. 1071 – 1093.

［16］ Bank of England, "Report of the Board of Banking Supervision Inquiry into the Circumstances of the Collapse of Barings", July 18, 1995.

［17］ Barnhill, T. , "Quality Option Profits, Switching Option Profits and Variation Margin Costs: An Evaluation of Their Size and Impact on Treasury Bond Futures Prices", *Journal of Financial and Quantitative Analysis*, 25: 1, 1990, pp. 65 – 86.

［18］ Barnhill, T. and W. Seale, "Optimal Exercise of the Switching Option in Treasury Bond Arbitrages", *Journal of Futures Markets*, 8: 5, 1988, pp. 517 – 532.

［19］ Barone – Adesi, G. and R. Whaley, "Efficient Analytic Approximation of American Option Values", *Journal of Finance*, 42: 2, 1987, pp. 301 – 320.

［20］ Bassett, G. , V. France, and S. Pliska, "The MMI Cash – Futures Spread on October 19, 1987", *The Review of Futures Markets*, 8: 1, 1989, pp. 118 – 138.

［21］ Baur, R. F. and P. F. Orazem, "The Rationality and Price Effects of U. S. Department of Agriculture Forecasts of Oranges", *Journal of Finance*, 49: 2, 1994, pp. 681 – 695.

［22］ Baxter, J. , T. E. Conine, Jr. and M. Tamarkin, "On Commodity Market Risk Premiums: Additional Evidence", *Journal of Futures Markets*, 5: 1, 1985, pp. 121 – 125.

［23］ Becketti, S. and D. J. Roberts, "Will Increased Regulation of Stock Index Futures Reduce Stock Market Volatility?", *Economic Review*, Federal Reserve Bank of Kansas City, 75: 6, 1990, pp. 33 – 46.

［24］ Becketti, S. and G. Sellon, "Has Financial Market Volatility Increased?", *Economic Review*, Federal Reserve Bank of Kansas City, June 1989, pp. 17 – 30.

［25］ Beder, T. S. , "VAR: Seductive but Dangerous", *Financial Analysts Journal*, 51, 1995, pp. 12 – 24.

［26］ Behof, J. , "GLOBEX: A Global Automated Transaction System for Futures and Options", Federal Reserve Bank of Chicago, Department of Supervision and Regulation, June

1990.

[27] Behof, J. P. , "Intermarket Cross – Margining for Futures and Options", Issue Summary of the Federal Reserve Bank of Chicago, May 1989.

[28] Belton, T. and G. Burghardt, "Volatility Arbitrage in the Treasury Bond Basis", *Journal of Portfolio Management*, 19: 3, 1993, pp. 69 – 77.

[29] Benninga, S. and A. Protopapadakis, "Forward and Futures Prices with Markovian Interest – Rate Processes", *Journal of Business*, 67: 3, 1994, pp. 401 – 421.

[30] Benninga, S. and M. Smirlock, "An Empirical Analysis of the Delivery Option, Marking to Market, and the Pricing of Treasury Bond Futures", *Journal of Futures Markets*, 5: 3, 1985, pp. 361 – 374.

[31] Berg, J. , R. Forsythe, F. Nelson, and T. Rietz, "Results from a Dozen Years of Election Futures Markets Research", Working Paper, College of Business Administration, University of Iowa, Iowa City, 2000.

[32] Berkman, H. and O. W. Steenbeek, "The Influence of Daily Price Limits on Trading in Nikkei Futures", *Journal of Futures Markets*, 18: 3, 1998, pp. 265 – 279.

[33] Bessembinder, H. , "Forward Contracts and Firm Value: Investment Incentives and Contracting Effects", *Journal of Financial and Quantitative Analysis*, 26: 6, 1991.

[34] Bessembinder, H. and P. J. Seguin, "Futures – Trading Activity and Stock Price Volatility", *Journal of Finance*, 47: 5, 1992, pp. 2015 – 2034.

[35] Bessembinder, H. and P. J. Seguin, "Price Volatility, Trading Volume, and Market Depth", *Journal of Financial and Quantitative Analysis*, 28: 1, 1993, pp. 21 – 39.

[36] Bhattacharya, A. A. , A. Ramjee, and B. Ramjee, "The Causal Relationship Between Futures Price Volatility and the Cash Price Volatility of GNMA Securities", *Journal of Futures Markets*, 6: 1, 1986, pp. 29 – 39.

[37] Bierman, H. , "Defining and Evaluating Portfolio Insurance Strategies", *Financial Analysts Journal*, 44: 3, 1988, pp. 84 – 87.

[38] Bierwag, G. , "Measures of Duration", *Economic Inquiry*, 16: 4, 1978, pp. 497 – 507.

[39] Bierwag, G. and G. Kaufman, "Coping with the Risk of Interest Rate Fluctuations: A Note", *Journal of Business*, 50: 3, 1977, pp. 364 – 370.

[40] Billingsley, R. and D. Chance, "The Pricing and Performance of Stock Index Futures Spreads", *Journal of Futures Markets*, 8: 3, 1988, pp. 303 – 318.

［41］ Black, D. G. , *Success and Failure of Futures Contracts*: Theory and Empirical Evidence, Salomon Brothers Monograph Series in Finance and Economics, Monograph 1986 – 01.

［42］ Black, F. , "The Pricing of Commodity Contracts", *Journal of Financial Economics*, 3: 1/2, 1976, pp. 167 – 179.

［43］ Black, F. and R. Jones, "Simplifying Portfolio Insurance", *Journal of Portfolio Management*, 14: 1, 1987, pp. 48 – 51.

［44］ Black, F. and M. Scholes, "The Pricing of Options and Corporate Liabilities", *Journal of Political Economy*, 81: 3, Part 1, 1973, pp. 637 – 654.

［45］ Blomeyer, E. and J. Boyd, "Empirical Tests of Boundary Conditions for Options on Treasury Bond Futures Contracts", *Journal of Futures Markets*, 8: 2, 1988, pp. 185 – 198.

［46］ Blume, M. , A. Mackinlay, and B. Terker, "Order Imbalances and Stock Price Movements on October 19 and 20, 1987", *Journal of Finance*, 44: 4, 1989, pp. 827 – 848.

［47］ Bodnar, G. M. , G. S. Hayt, and R. C. Marston, "1998 Wharton Survey of Financial Risk Management by U. S. Non – Financial Firms", *Financial Management*, 27: 4, 1998, pp. 70 – 91.

［48］ Bodie, Z. and V. Rosansky, "Risk and Return in Commodity Futures", *Financial Analysts Journal*, 36: 3, 1980, pp. 27 – 39.

［49］ Bodurtha, S. and T. Quinn, "Does Patient Program Trading Really Pay?", *Financial Analysts Journal*, 46: 3, 1990, pp. 35 – 42.

［50］ Bookstaber, R. and J. Langsam, "Portfolio Insurance Trading Rules", *Journal of Futures Markets*, 8: 1, 1988, pp. 15 – 31.

［51］ Bortz, G. A. , "Does the Treasury Bond Futures Market Destabilize the Treasury Bond Cash Market?", *Journal of Futures Markets*, 4: 1, 1984, pp. 25 – 38.

［52］ Bowsher, M. , "Repurchase Agreements", *Instruments of the Money Market*, Richmond, VA: Federal Reserve Bank of Richmond, 1981.

［53］ Boyle, P. , "The Quality Option and Timing Option in Futures Contracts", *Journal of Finance*, 44: 1, 1989, pp. 101 – 113.

［54］ Braga, F. , L. Martin, and K. Meilke, "Cross Hedging the Italian Lira/U. S. Dollar Exchange Rate with Deutschemark Futures", *Journal of Futures Markets*, 9: 2, 1989, pp. 87 – 99.

［55］ Branch, B., "Testing the Unbiased Expectations Theory of Interest Rates", in G. Gay and R. Kolb (eds.), *Interest Rate Futures: Concepts and Issues*, Richmond, VA: Robert F. Dame Inc., 1982.

［56］ Breeden, D., "Consumption Risk in Futures Markets", *Journal of Finance*, 35: 2, 1980, pp. 503 –520.

［57］ Brennan, M. J., "A Theory of Price Limits in Futures Markets", *Journal of Financial Economics*, 16: 2, 1986, pp. 213 –233.

［58］ Brenner, M., M. Subrahmanyam, and J. Uno, "Arbitrage Opportunities in the Japanese Stock and Futures Markets", *Financial Analysts Journal*, 46: 2, 1990, pp. 14 –24.

［59］ Brorsen, B. W., "Futures Trading, Transaction Costs, and Stock Market Volatility", *Journal of Futures Markets*, 11: 2, 1991, pp. 153 –163.

［60］ Brorsen, B. W., "Liquidity Costs and Scalping Returns in the Corn Futures Market", *Journal of Futures Markets*, 9: 3, June 1989, pp. 225 –236.

［61］ Brorsen, B. W. and S. H. Irwin, "Futures Funds and Price Volatility", *Review of Futures Markets*, 6: 2, 1987, pp. 118 –135.

［62］ Brorsen, B. W., C. M. Oellermann, and P. L. Farris, "The Live Cattle Futures Market and Daily Cash Price Movements", *Journal of Futures Markets*, 9: 4, 1989, pp. 273 –282.

［63］ Brozen, Y., *Concentration, Mergers, and Public Policy*, New York: Macmillan Publishing Co. Inc., 1982.

［64］ Bryant, H. L. and M. S. Haigh, "Bid –Ask Spreads in Commodity Futures Markets", *Applied Financial Economics*, 14, 2004, pp. 923 –936.

［65］ Bruderle, D. K., "Introducing Brokers: Small and Ag –Focused but Tech Savvy", *Futures Industry Magazine*, 14, 2004, pp. 62 –65.

［66］ Cakici, N., S. Chatterjee, and A. Wolf, "Empirical Test of Valuation Models for Options on T –Note and T –Bond Futures", *Journal of Futures Markets*, 13: 1, 1993, pp. 1 –13.

［67］ Capozza, D. and B. Cornell, "The Efficiency of the Treasury Bill Futures Market: An Analysis of Alternative Specifications", in G. Gay and R. Kolb (eds.), *Interest Rate Futures: Concepts and Issues*, Richmond, VA: Robert F. Dame Inc., 1982.

［68］ Capozza, D. and B. Cornell, "Treasury Bill Pricing in the Spot and Futures Markets", in G. Gay and R. Kolb (eds.), *Interest Rate Futures: Concepts and Issues*, Richmond, VA: Robert F. Dame Inc., 1982.

[69] Cargill, T. F. and G. C. Rausser, "Temporal Price Behavior in Commodity Futures Markets", *Journal of Finance*, 30: 4, 1975, pp. 1043 – 1053.

[70] Carlton, D., "Futures Markets: Their Purpose, Their History, Their Growth, Their Successes and Failures", *Journal of Futures Markets*, 4: 3, 1984, pp. 237 – 271.

[71] Carter, C. A., G. C. Rausser, and A. Schmitz, "Efficient Asset Portfolios and the Theory of Normal Backwardation", *Journal of Political Economy*, 91: 2, 1983, pp. 319 – 331.

[72] Castelino, M. G. and J. C. Francis, "Basis Speculation in Commodity Futures: The Maturity Effect", *Journal of Futures Markets*, 2: 2, 1982, pp. 195 – 206.

[73] Castelino, M. G., J. C. Francis, and A. Wolf, "Cross – Hedging: Basis Risk and Choice of the Optimal Hedging Vehicle", *Financial Review*, 26: 2, 1991, pp. 179 – 210.

[74] Cavanaugh, K., "Price Dynamics in Foreign Currency Futures Markets", *Journal of International Money and Finance*, 6: 3, 1987, pp. 295 – 314.

[75] Chakravarty, S., "Should Actively Traded Futures Contracts Come under the Dual – Trading Ban?", *Journal of Futures Markets*, 14: 6, 1994, pp. 661 – 684.

[76] Chambers, D., "An Immunization Strategy for Futures Contracts on Government Securities", *Journal of Futures Markets*, 4: 2, 1984, pp. 173 – 187.

[77] Chambers, S. and C. Carter, "U. S. Futures Exchanges as Nonprofit Entities", *Journal of Futures Markets*, 10: 1, 1990, pp. 79 – 88.

[78] Chance, D., "A Semi – Strong Form Test of the Efficiency of the Treasury Bond Futures Market", *Journal of Futures Markets*, 5: 3, 1985, pp. 385 – 405.

[79] Chance, D., "Futures Contract and Immunization", *Review of Research in Futures Markets*, 5: 2, 1986, pp. 124 – 141.

[80] Chance, D., W. Marr, and G. Thompson, "Hedging Shelf Registrations", *Journal of Futures Markets*, 6: 1, 1986, pp. 11 – 27.

[81] Chang, C. and J. Chang, "Forward and Futures Prices: Evidence from the Foreign Exchange Markets", *Journal of Finance*, 45: 4, 1990, pp. 1333 – 1336.

[82] Chang, E., "Returns to Speculators and the Theory of Normal Backwardation", *Journal of Finance*, 40: 1, 1985, pp. 193 – 208.

［83］ Chang, E. and C. Kim, "Day of the Week Effects and Commodity Price Changes", *Journal of Futures Markets*, 8：2, 1988, pp. 229 – 241.

［84］ Chang, E. and P. Locke, "The Performance and Market Impact of Dual Trading：CME Rule 552", *Journal of Financial Intermediation*, 5, 1996, pp. 23 – 48.

［85］ Chang, E. C. , Peter R. Locke, and S. C. Mann, "The Effect of CME Rule 552 on Dual Traders", *Journal of Futures Markets*, 14：4, 1994, pp. 493 – 510.

［86］ Chang, E. and R. A. Stevenson, "The Timing Performance of Small Traders", *Journal of Futures Markets*, 5：4, 1985, pp. 517 – 527.

［87］ Chang, J. and L. Shanker, "Hedging Effectiveness of Currency Options and Currency Futures", *Journal of Futures Markets*, 6：2, 1986, pp. 289 – 305.

［88］ Chiang, R. and D. J. Lasser, "Tax Timing Options on Futures Contracts and the 1981 Economic Recovery Act", *Financial Review*, 24：1, 1989, pp. 75 – 92.

［89］ Chiang, R. , G. Gay, and R. Kolb, "Interest Rate Hedging：An Empirical Test of Alternative Strategies", *Journal of Financial Research*, 6：3, 1983, pp. 187 – 197.

［90］ Chiang, R. , G. Gay, and R. Kolb, "Commodity Exchange Seat Prices", *Review of Futures Markets*, 6：1, 1987, pp. 1 – 10.

［91］ Chiang, T. , "Empirical Analysis on the Predictors of Future Spot Rates", *Journal of Financial Research*, 9：2, 1986, pp. 153 – 162.

［92］ Chicago Board of Trade, Commodity Trading Manual, 1989.

［93］ Chicago Mercantile Exchange, "Market Perspectives", February 1987, 5, 1, pp. 1 – 4.

［94］ Chicago Mercantile Exchange, "The TED Spread", Financial Strategy Paper, 1987.

［95］ Chicago Mercantile Exchange, "Standard Portfolio Analysis of Risk", 1989.

［96］ Chicago Mercantile Exchange, "SPAN Overview", July 1990.

［97］ Chicago Mercantile Exchange, "SPAN Technical Specifications", July 1990.

［98］ Chicago Mercantile Exchange, "Inside Eurodollar Futures", 1987.

［99］ Chu, C. C. and E. L. Bubnys, "A Likelihood Ratio Test of Price Volatilities：Comparing Stock Index Spot and Futures", *Financial Review*, 25：1, 1990, pp. 81 – 94.

［100］ Chung, M. , "NYMEX is Boosted by Enron Backlash", *Financial Times*, May 31, 2002.

［101］ Chung, Y. P. , "A Transactions Data Test of Stock Index Futures Market Efficiency and Index Arbitrage Profitability", *Journal of Finance*, 46: 5, 1991, pp. 1791 – 1809.

[102] Clark, P., "A Subordinated Stochastic Process Model with Finite Variance for Speculative Prices", *Econometrica*, 41, Part 1: 1, 1973, pp. 135 – 155.

[103] Clark, R. and W. Ziemba, "Playing the Turn – of – the – Year Effect with Index Futures", *Operations Research*, 35: 6, 1987, pp. 799 – 813.

[104] Commodity Futures Trading Commission, "Economic Analysis of Dual Trading on Commodity Exchanges", 1989.

[105] Coase, R. H., *The Firm, the Market, and the Law*, Chicago, IL: University of Chicago Press, 1988.

[106] Coase, R. H., "The Institutional Structure of Production: The 1991 Alfred Nobel Memorial Prize Lecture in Economic Sciences", *The American Economic Review*, 82: 4, 1992, pp. 713 – 719.

[107] Cook, T. and B. Summers, *Instruments of the Money Market*, 5th edn., Richmond, VA: Federal Reserve Bank of Richmond, 1981.

[108] Cootner, P., "Returns to Speculators: Telser vs Keynes"; R. Gray, "The Search for a Risk Premium", in A. Peck (ed.), *Selected Writings on Futures Markets*, Chicago: Chicago Board of Trade, 1977.

[109] Copeland, T., F. Weston, and K. Shastri, *Financial Theory and Corporate Policy*, 4th edn, Reading, MA: Addison – Wesley, 2005.

[110] Corgel, J. B. and G. D. Gay, "The Impact of GNMA Futures Trading on Cash Market Volatility", *Journal of the American Real Estate and Urban Economics Association*, 12, 1984, pp. 176 – 190.

[111] Cornell, B., "Taxes and the Pricing of Stock Index Futures: Empirical Results", *Journal of Futures Markets*, 5: 1, 1985, pp. 89 – 101.

[112] Cornell, B., "The Weekly Pattern in Stock Returns: Cash versus Futures: A Note", *Journal of Finance*, 40: 2, 1985, pp. 583 – 588.

[113] Cornell, B. and J. Dietrich, "The Efficiency of the Market for Foreign Exchange under Floating Exchange Rates", *Review of Economics and Statistics*, 60: 1, 1978, pp. 111 – 120.

[114] Cornell, B. and K. French, "Taxes and the Pricing of Stock Index Futures", *Journal of Finance*, 38: 3, 1983, pp. 675 – 694.

［115］Cornell, B. and M. Reinganum, "Forward and Futures Prices: Evidence from the Forward Exchange Markets", *Journal of Finance*, 36: 5, 1981, pp. 1035 – 1045.

［116］Cornew, R. W. , "Note on Initial Margin to Net Asset Value: Average Values for the Commodity Pool Industry", *Journal of Futures Markets*, 6: 3, 1986, pp. 495 – 501.

［117］Cornew, R. W. , D. E. Town, and L. D. Crowson, "Stable Distributions, Futures Prices, and the Measurement of Trading Performance", *Journal of Futures Markets*, 4: 4, 1984, pp. 531 – 558.

［118］Coval, J. D. and T. Shumway, "Is Sound Just Noise?", *The Journal of Finance*, 56: 5, 2001. pp. 1887 – 1910.

［119］Cox, C. C. , "Futures Trading and Market Information", *Journal of Political Economy*, 84, 1976, pp. 1215 – 1237.

［120］Cox, J. , J. Ingersoll, and S. Ross, "The Relation Between Forward Prices and Futures Prices", *Journal of Financial Economics*, 9: 4, 1981, pp. 321 – 346.

［121］Culp, C. , *Risk Transfer: Derivatives in Theory and Practice*, Hoboken: John Wiley and Sons, 2004.

［122］Culp, C. , and M. H. Miller, "Metellgesellschaft and the Economics of Synthetic Storage", *Journal of Applied Corporate Finance*, 8, 1995, pp. 62 – 76.

［123］Cyr, D. and T. Llewellyn, "A Time Series Test of Calendar Seasonalities in the S&P 500 Index Since the Introduction of Index Derivative Securities", *Journal of Futures Markets*, 14: 5, 1994, pp. 511 – 529.

［124］Dale, C. and R. Workman, "Measuring Patterns of Price Movements in the Treasury Bill Futures Market", *Journal of Economics and Business*, 33, 1981, pp. 81 – 87.

［125］Damgard, J. , "Restructure Clearing", *Futures Industry Magazine*, 12, 2002, pp. 14 – 17.

［126］Damodaran, A. "Index Futures and Stock Market Volatility", *Review of Futures Markets*, 9: 2, 1990, pp. 442 – 457.

［127］Damodaran, A. and M. G. Subrahmanyam, "The Effects of Derivative Securities on Markets for the Underlying Assets in the United States: A Survey", *Financial Markets*, Institutions, and Instruments, 5, 1992, pp. 1 – 22.

［128］Deaves, R. and I. Krinsky, "The Behavior of Oil Futures Returns Around OPEC Conferences", *Journal of Futures Markets*, 12: 5, 1992, pp. 563 – 574.

［129］Deaves, R. and I. Krinsky, "Do Futures Prices for Commodities Embody Risk

Premiums?", *Journal of Futures Markets*, 15: 6, 1995, pp. 637 – 648.

[130] Debreu, G. , *Theory of Value*, New Haven, CT: Yale University Press, 1959.

[131] Diamond, B. B. and M. P. Kollar, 24 – *Hour Trading*, New York: John Wiley, 1989.

[132] Dies, E. J. , *The Plunger*, *A Tale of the Wheat Pit*, New York NY: Arno Press [Orig. Pub. 1929] 1975 edn, pp. 137 – 138.

[133] Dusak, K. , "Futures Trading and Investor Returns: An Investigation of Commodity Market Risk Premiums", *Journal of Political Economy*, 81: 6, November/December 1973, pp. 1387 – 1406.

[134] Dusak – Miller, K. , "The Relation Between Volatility and Maturity in Futures Contracts", in R. M. Leuthold ( ed. ), *Commodity Markets and Futures Prices*, Chicago, IL: Chicago Mercantile Exchange, 1979.

[135] Dyl, E. and E. Maberly, "The Daily Distribution of Changes in the Price of Stock Index Futures", *Journal of Futures Markets*, 6: 4, 1986, pp. 513 – 521.

[136] Dyl, E. and E. Maberly, "The Weekly Pattern in Stock Index Futures: A Further Note", *Journal of Finance*, 41: 5, 1986, pp. 1149 – 1152.

[137] Eaker, M. and D. Grant, "Cross – Hedging Foreign Currency Risk", *Journal of International Money and Finance*, 6: 1, 1987, pp. 85 – 106.

[138] Easterbrook, F. , "Monopoly, Manipulation, and the Regulation of Futures Markets", *Journal of Business*, 59: 2, Part 2, 1986, pp. S103 – S127.

[139] Ederington, L. , "The Hedging Performance of the New Futures Market", *Journal of Finance*, 34: 1, 1979, pp. 157 – 170.

[140] Edwards, F. , "Futures Trading and Cash Market Volatility: Stock Index and Interest Rate Futures", *Journal of Futures Markets*, 8: 4, 1988a, pp. 421 – 439.

[141] Edwards, F. , "Does Futures Trading Increase Stock Market Volatility?", *Financial Analysts Journal*, 44: 1, 1988b, pp. 63 – 69.

[142] Edwards, F. , "Hedge Funds: What Do We Know?", *Journal of Applied Corporate Finance*, 15: 4, 2003, pp. 8 – 21.

[143] Edwards, F. R. , "The Clearing Association in Futures Markets: Guarantor and Regulator", *Journal of Futures Markets*, 3: 4, 1983, pp. 369 – 392.

[144] Edwards, F. R. and C. Ma, "Commodity Pool Performance: Is the Information Contained in Pool Prospectuses Useful?", *Journal of Futures Markets*, 8: 5, 1988, pp.

589 – 616.

［145］ Ehrhardt, M. C. , J. V. Jordan, and R. A. Walkling, "An Application of Arbitrage Pricing Theory to Futures Markets: Tests of Normal Backwardation", *Journal of Futures Markets*, 7: 1, 1987, pp. 21 – 34.

［146］ Elliot, J. and M. Echols, "Market Segmentation, Speculative Behavior, and the Term Structure of Interest Rates", *Review of Economics and Statistics*, 58: 1, 1976, pp. 40 – 47.

［147］ Elton, E. , M. Gruber, and J. Rentzler, "Intra – Day Tests of the Efficiency of the Treasury Bill Futures Market", *Review of Economics and Statistics*, 66, 1984, pp. 129 – 137.

［148］ Elton, E. J. , M. J. Gruber, and J. C. Rentzler, "Professionally Managed, Publicly Traded Commodity Funds", *Journal of Business*, 60: 2, 1987, pp. 175 – 199.

［149］ Emery, H. C. , *Speculation on the Stock and Produce Exchanges of the United States*, New York: Columbia University Press, 1896.

［150］ Estrella, A. , D. Hendricks, J. Kambhu, S. Shin, and S. Walter, "The Price Risk of Options Positions: Measurement and Capital Requirements", Federal Reserve Bank of New York, *Quarterly Review*, 19: 2, 1994, pp. 27 – 43.

［151］ Evans, J. and J. M. Mahoney, "The Effects of Daily Price Limits on Cotton Futures and Options Trading", Working Paper 9627, Federal Reserve Bank of New York, 1996.

［152］ Eytan, T. , G. Harpaz, and S. Krull, "The Pricing of Dollar Index Futures Contracts", *Journal of Futures Markets*, 8: 2, 1988, pp. 127 – 139.

［153］ Falloon, W. , "*Texas Parries*", Risk, 5: 8, 1992.

［154］ Fama, E. , "Efficient Capital Markets: Theory and Empirical Work", *Journal of Finance*, 25: 2, 1970, pp. 383 – 417.

［155］ Fama, E. , "Perspectives on October 1987, or, What Did We Learn from the Crash?", in R. W. Kamphuis, Jr. , R. C. Kormendi, and J. W. H. Watson ( eds. ), *Black Monday and the Future of Financial Markets*, Homewood, IL: Dow Jones – Irwin, 1989.

［156］ Fama, E. and K. French, "Commodity Futures Prices: Some Evidence on Forecast Power, Premiums, and the Theory of Storage", *Journal of Business*, 60: 1, 1987, pp. 55 – 73.

［157］ Fay, S. , "*The Collapse of Barings*", New York: Richard Cohen Books, 1996.

［158］ Feinstein, S. and W. N. Goetzmann, "The Effect of the Triple Witching Hour on

Stock Market Volatility", Federal Reserve Bank of Atlanta, *Economic Review*, September/October, 1988, pp. 2 – 18.

[159] Fieleke, N. , "The Foreign Currency Futures Market: Some Reflections on Competitiveness and Growth", *Journal of Futures Markets*, 5: 4, 1985, pp. 625 – 631.

[160] Fieleke, N. , "The Rise of the Foreign Currency Futures Market", *New England Economic Review*, 1985, pp. 38 – 47.

[161] Figlewski, S. , "Futures Trading and Volatility in the GNMA Market", *Journal of Finance*, 36: 2, 1981, pp. 445 – 456.

[162] Figlewski, S. , "Explaining the Early Discounts on Stock Index Futures: The Case for Disequilibrium", *Financial Analysts Journal*, 40: 4, 1984, pp. 43 – 48.

[163] Figlewski, S. , "Hedging Performance and Basis Risk in Stock Index Futures", *Journal of Finance*, 39: 3, 1984, pp. 657 – 669.

[164] Figlewski, S. , "Hedging with Stock Index Futures: Theory and Application in a New Market", *Journal of Futures Markets*, 5: 2, 1985, pp. 185 – 199.

[165] Figlewski, S. and S. Kon, "Portfolio Management with Stock Index Futures", *Financial Analysts Journal*, 38: 1, 1982, pp. 52 – 60.

[166] Finnerty, J. E. and H. Y. Park, "Stock Index Futures: Does the Tail Wag the Dog?", *Financial Analysts Journal*, 43: 2, 1987, pp. 57 – 61.

[167] Fischel, D. , "Regulatory Conflict and Entry Regulation of New Futures Contracts", *Journal of Business*, 59: 2, Part 2, 1986, pp. S85 – S102.

[168] Fishe, R. and L. Goldberg, "The Effects of Margins on Trading in Futures Markets", *Journal of Futures Markets*, 6: 2, 1986, pp. 261 – 271.

[169] Fishe, L. , G. Goldberg, T. F. Gosnell, and S. Sinha, "Margin Requirements in Futures Markets: Their Relationship to Price Volatility", *Journal of Futures Markets*, 10: 5, 1990, pp. 541 – 554.

[170] Fishman, M. J. and F. A. Longstaff, "Dual Trading in Futures Markets", *Journal of Finance*, 47: 2, 1992, pp. 643 – 671.

[171] Fortune, P. , "An Assessment of Financial Market Volatility: Bills, Bonds, and Stocks", *New England Economic Review*, November/December 1989, pp. 13 – 28.

[172] France, V. G. , "The Regulation of Margin Requirements: A Survey", Unpublished Working Paper, 1990, University of Illinois.

[173] Franckle, C. , "The Hedging Performance of the New Futures Market: Com-

ment", *Journal of Finance*, 35: 5, 1980, pp. 1272 – 1279.

[174] French, K. , "A Comparison of Futures and Forward Prices", *Journal of Financial Economics*, 12: 3, 1983, pp. 311 – 342.

[175] Froewiss, K. C. , "GNMA Futures: Stabilizing or Destabilizing?", *Federal Reserve Bank of San Francisco Economic Review*, 1978, pp. 20 – 29.

[176] Froot, K. , D. Scharfstein, and J. Stein entitled, "Risk Management: Coordinating Coorporate Investment and Financing Policies, *Journal of Finance*, 48, 1993, pp. 1629 – 1658.

[177] Garbade, K. and W. Silber, "Cash Settlement of Futures Contracts: An Economic Analysis", *Journal of Futures Markets*, 3: 4, 1983, pp. 451 – 472.

[178] Garcia, P. , R. M. Leuthold, and H. Zapata, "Lead – Lag Relationships Between Trading Volume and Price Variability: New Evidence", *Journal of Futures Markets*, 6: 1, 1986, pp. 1 – 10.

[179] Gastineau, G. and A. Madansky, "S&P 500 Stock Index Futures Evaluation Tables", *Financial Analysts Journal*, 39: 6, 1983, pp. 68 – 76.

[180] Gay, G. and T. Kim, "An Investigation into Seasonality in the Futures Market", *Journal of Futures Markets*, 7: 2, 1987, pp. 169 – 181.

[181] Gay, G. and R. Kolb, "Immunizing Bond Portfolios with Interest Rate Futures", *Financial Management*, 11: 2, 1982, pp. 81 – 89.

[182] Gay, G. and R. Kolb, *Interest Rate Futures: Concepts and Issues*, Richmond, VA: Robert F. Dame, Inc. , 1982.

[183] Gay, G. and R. Kolb, "Removing Bias in Duration Based Hedging Models: A Note", *Journal of Futures Markets*, 4: 2, 1984, pp. 225 – 228.

[184] Gay, G. , R. Kolb, and K. Yung, "Trader Rationality in the Exercise of Futures Options", *Journal of Financial Economics*, 23: 2, 1989, pp. 339 – 361.

[185] Gay, G. and S. Manaster, "The Quality Option Implicit in Futures Contracts", *Journal of Financial Economics*, 13: 3, 1984, pp. 353 – 370.

[186] Gay, G. and S. Manaster, "Implicit Delivery Options and Optimal Delivery Strategies for Financial Futures Contracts", *Journal of Financial Economics*, 16: 1, 1986, pp. 41 – 72.

[187] Gay, G. and S. Manaster, "Equilibrium Treasury Bond Futures Pricing in the Presence of Implicit Delivery Options", *Journal of Futures Markets*, 11: 5, 1991, pp. 623 –

645.

［188］Géczy, C., B. A. Minton, and C. Schrand, "Why Firms Use Currency Deriva-tives", *Journal of Finance*, 52：4, 1997, pp. 1323 – 1354.

［189］Gemmill, G., "Hedging Crude Oil：How Many Markets Are Needed in the World?", *The Review of Futures Markets*, 7 (supplement), 1988, pp. 556 – 571.

［190］Gemmill, G., "Margins and the Safety of Clearing Houses", *Journal of Banking & Finance*, 18：5, 1994, pp. 979 – 996.

［191］Gerety, M. S. and J. H. Mulherin, "Patterns in Intraday Stock Market Volatili-ty, Past and Present", *Financial Analysts Journal*, 47：5, 1991, pp. 71 – 79.

［192］Gerety, M. S. and J. H. Mulherin, "Patterns in Intraday Stock Market Volatili-ty：Past and Present", Working Paper, Office of Economic Analysis, U. S. Securities and Ex-change Commission, 1990.

［193］Getler, W., "Some Meteorologists Reap Windfall from Crop Futures Markets", *Wall Street Journal*, 13, 1993, C1.

［194］Giddy, I., "An Integrated Theory of Exchange Rate Equilibrium", in G. Gay and R. Kolb (eds), *International Finance：Concepts and Issues*, Richmond, VA：Robert F. Dame Inc., 1982.

［195］Giddy, I., "Why It Doesn't Pay to Make a Habit of Forward Hedging", in G. Gay and R. Kolb (eds.), *International Finance：Concepts and Issues*, Richmond, VA：Rob-ert F. Dame Inc., 1982.

［196］Glassman, D., "The Efficiency of Foreign Exchange Futures Markets in Turbu-lent and Non – Turbulent Periods", *Journal of Futures Markets*, 7：3, 1987, pp. 245 – 267.

［197］Gordon, J. D., "The Distribution of Daily Changes in Commodity Futures Prices", Technical Bulletin No. 1702, ERS, United States Department of Agriculture, 1985.

［198］Gorham, M., "In the Event Markets", *Futures Industry*, 14, 2004, pp. 13 – 17.

［199］Gorton, G. and K. G. Rouwenhorst, "Facts and Fantasies About Commodity Fu-tures", Working Paper, Yale International Center for Finance, Yale University, 2004.

［200］Gould, F., "Stock Index Futures：The Arbitrage Cycle and Portfolio Insurance", *Financial Analysts Journal*, 44：1, 1988, pp. 48 – 62.

［201］Government Accounting Office, "Automation Can Enhance Detection of Trade A-buses but Introduces New Risks", September 1989.

[202] Graham, J. R. and D. A. Rogers, "Do Firms Hedge in Response to Tax Incentives?", *Journal of Finance*, LVII: 2, 2002, pp. 815 – 839.

[203] Grammatikos, T. and A. Saunders, "Stability and the Hedging Performance of Foreign Currency Futures", *Journal of Futures Markets*, 3: 3, 1983, pp. 295 – 305.

[204] Grant, D., "How to Optimize with Stock Index Futures", *Journal of Portfolio Management*, 8: 3, 1982, pp. 32 – 36.

[205] Grant, D., "A Market Index Futures Contract and Portfolio Selection", *Journal of Economics and Business*, 34: 4, 1982, pp. 387 – 390.

[206] Grauer, F. L. A., "Equilibrium in Commodity Futures Markets: Theory and Tests", Unpublished Ph. D. Dissertation, Stanford University, 1977.

[207] Gray, R., "Onions Revisited", *Journal of Farm Economics*, 45: 3, 1963, pp. 273 – 276.

[208] Gray, R., "The Search for a Risk Premium", in A. Peck (ed.), *Selected Writings on Futures Markets*, Chicago, IL: Chicago Board of Trade, 1977, pp. 71 – 82.

[209] Grossman, S., "An Analysis of the Role of Insider Trading on Futures Markets", *Journal of Business*, 59: 2, Part 2, 1986, pp. S129 – S146.

[210] Haigh, M. S. and J. A. List, "Do Professional Traders Exhibit Myopic Loss Aversion? An Experimental Analysis", *Journal of Finance*, 60: 1, 2004, pp. 523 – 524.

[211] Hall, J. A., B. W. Brorsen, and S. H. Irwin, "The Distribution of Futures Prices: A Test of the Stable Paretian and Mixture of Normals Hypotheses", *Journal of Financial and Quantitative Analysis*, 24: 1, 1989, pp. 105 – 116.

[212] Hamilton, J. D., "Was the Deflation During the Great Depression Anticipated? Evidence from the Commodity Futures Market", *American Economic Review*, 82: 1, pp. 157 – 178, 1992.

[213] Hancock, G. D., "Futures Option Expirations and Volatility in the Stock Index Futures Market", *Journal of Futures Markets*, 11: 3, 1991, pp. 319 – 330.

[214] Hansen, L. and R. Hodrick, "Forward Exchange Rates as Optimal Predictors of Future Spot Rates: An Econometric Analysis", *Journal of Political Economy*, 88: 5, 1980, pp. 829 – 853.

[215] Hardouvelis, G. A. and D. Kim, "Margin Requirements, Price Fluctuations, and Market Participation in Metal Futures", *Journal of Money*, Credit & Banking, 27: 3, 1995, pp. 659 – 671.

［216］Hardy, C. O. , *Risk and Risk Bearing*, Chicago, IL: University of Chicago Press, 1940.

［217］Harpaz, G. , S. Krull, and J. Yagil, "The Efficiency of the U. S. Dollar Index Futures Market", *Journal of Futures Markets*, 10: 5, 1990, pp. 469 – 479.

［218］Harrington, D. , F. Fabozzi, and H. Fogler, *The New Stock Market*, Chicago, IL: Probus Publishing Co. , 1990.

［219］Harris, L. , "The October 1987 S&P 500 Stock – Futures Basis", *Journal of Finance*, 44: 1, 1989, pp. 77 – 99.

［220］Harris, L. , "S&P 500 Cash Stock Price Volatilities", *Journal of Finance*, 44: 5, 1989, pp. 1155 – 1175.

［221］Harris, L. , *Trading and Exchanges: Market Microstructure for Practitioners*, Oxford: Oxford University Press, 2003, p. 328.

［222］Hartzmark, M. , "The Effects of Changing Margin Levels on Futures Market Activity, the Composition of Traders in the Market, and Price Performance", *Journal of Business*, 59: 2, Part 2, 1986, pp. S147 – S180.

［223］Hartzmark, M. , "Returns to Individual Traders of Futures: Aggregate Results", *Journal of Political Economy*, 95: 6, 1987, pp. 1292 – 1306.

［224］Haushalter, G. D. , "Financing Policy, Basis Risk, and Corporate Hedging: Evidence from Oil and Gas Producers", *Journal of Finance*, 55: 1, 2000, pp. 107 – 52.

［225］Haushalter, G. D. , "Why Hedge? Some Evidence from Oil and Gas Producers", *The Bank of America Journal of Applied Corporate Finance*, 13: 4, 2001, p. 92.

［226］Hazuka, T. B. , "Consumption Betas and Backwardation in Commodity Markets", *Journal of Finance*, 39: 3, 1984, pp. 647 – 655.

［227］Hegde, S. , "An Empirical Analysis of Implicit Delivery Options in the Treasury Bond Futures Contract", *Journal of Banking and Finance*, 12: 3, 1988, pp. 469 – 492.

［228］Hegde, S. , "On the Value of the Implicit Delivery Options", *The Journal of Futures Markets*, 9: 5, 1989, pp. 421 – 437.

［229］Hegde, S. , "An Ex Post Valuation of the Quality Option Implicit in the Treasury Bond Futures Contract", *Journal of Banking and Finance*, 14: 4, 1990, pp. 741 – 760.

［230］Hegde, S. and B. Branch, "An Empirical Analysis of Arbitrage Opportunities in the Treasury Bill Futures Market", *The Journal of Futures Markets*, 5: 3, 1985, pp. 407 – 424.

［231］ Hegde, S. and B. McDonald, "On the Informational Role of Treasury Bill Futures", *The Journal of Futures Markets*, 6: 4, 1986, pp. 629 – 643.

［232］ Helms, B. P. and T. F. Martell, "An Examination of the Distribution of Futures Price Changes", *Journal of Futures Markets*, 5: 2, 1985, pp. 259 – 272.

［233］ Helms, B. P. , F. R. Kaen, and R. E. Rosenman, "Memory in Commodity Futures Contracts", *Journal of Futures Markets*, 4: 4, 1984, pp. 559 – 567.

［234］ Helmuth, J. , "A Report on the Systematic Downward Bias in Live Cattle Futures Prices", *Journal of Futures Markets*, 1: 3, 1981, pp. 347 – 358.

［235］ Hemler, M. , "The Quality Delivery Option in Treasury Bond Futures Contracts", *Journal of Finance*, 45: 5, 1990, pp. 1565 – 1586.

［236］ Herbst, A. F. and E. D. Maberly, "Stock Index Futures, Expiration Day Volatility, and the 'Special' Friday Opening: A Note", *Journal of Futures Markets*, 10: 3, 1990, pp. 323 – 325.

［237］ Herbst, A. and E. Maberly, "An Alternative Methodology for Measuring Expiration Day Price Effects at Friday's Close: The Expected Price Reversal – A Note", *Journal of Futures Markets*, 11: 6, 1991, pp. 751 – 754.

［238］ Herbst, A. , J. McCormack, and E. West, "Investigation of a Lead – Lag Relationship Between Spot Stock Indices and Their Futures Contracts", *Journal of Futures Markets*, 7: 4, 1987, pp. 373 – 381.

［239］ Hill, J. , "Program Trading, Portfolio Insurance, and the Stock Market Crash: Concepts, Applications and an Assessment", Kidder Peabody, January 1988.

［240］ Hill, J. and F. Jones, "Equity Trading, Program Trading, Portfolio Insurance, Computer Trading and All That", *Financial Analysts Journal*, 44: 4, 1988, pp. 29 – 38.

［241］ Hill, J. and T. Schneeweis, "A Note on the Hedging Effectiveness of Foreign Currency Futures", *Journal of Futures Markets*, 1: 4, 1981, pp. 659 – 664.

［242］ Hill, J. and T. Schneeweis, "Risk Reduction Potential of Financial Futures", in G. Gay and R. Kolb (eds. ), *Interest Rate Futures: A Comprehensive Introduction*, Richmond, VA: Robert F. Dame Inc. , 1982.

［243］ Hill, S. R. , N. H. Moore, and S. W. Pruitt, "Cold Fusion – Hot Metal: An Analysis of the Metals Futures Market Reactions to the Cold Fusion Announcement", *Journal of Futures Markets*, 11: 3, 1991, pp. 385 – 397.

［244］ Hodrick, R. and S. Srivastava, "Foreign Currency Futures", *Journal of Interna-*

*tional Economics*, 22: 1/2, 1987, pp. 1 – 24.

[245] Holder, M. E., M. J. Tomas III, and R. L. Webb, "Winners and Losers: Recent Competitiom Among Futures Exchanges for Equivalent Financial Contract Markets", *Derivatives Quarterly*, 5: 2, 1999, pp. 19 – 27.

[246] Holt, M. T. and A. M. McKenzie, "Quasi – Rational and Ex Ante Price Expectations in Commodity Supply Models: An Empirical Analysis of the U. S. Broiler Market", *Journal of Applied Econometrics*, 18: 4, 2003, pp. 407 – 426.

[247] Hooker, R. H., "The Suspension of the Berlin Produce Exchange and its Effect upon Corn Prices", *Journal of the Royal Statistical Society*, 64, 1901, pp. 574 – 604.

[248] Horwitz, D. L., "SEC Proposes Rules for Derivatives Disclosure", *Futures Industry*, 6, 1996, pp. 33 – 35.

[249] Houthakker, H. S., "Can Speculators Forecast Prices?", *Review of Economics and Statistics*, 39: 1, 1957, pp. 143 – 151.

[250] Hranaiova, J., M. Haigh, and J. Overdahl, "Do Block Trades Harm Markets? An Empirical Analysis of Block Trading's Impact on the FTSE 100 Futures Market", *Futures Industry Magazine*, 14, 2004, pp. 24 – 29.

[251] Hsin, C. – W., J. Kuo, and C. – F. Lee, "A New Measure to Compare the Hedging Effectiveness of Foreign Currency Futures Versus Options", *Journal of Futures Markets*, 14: 6, 1994, pp. 685 – 707.

[252] Hudson, M. A., R. M. Leuthold, and G. F. Sarassoro, "Commodity Futures Price Changes: Recent Evidence for Wheat, Soybeans, and Live Cattle", *Journal of Futures Markets*, 7: 3, 1987, pp. 287 – 302.

[253] Hunt, L. and Karen Heinrich, *Barings Lost: Nick Leeson and the Collapse of Barings Plc.*, Singapore: Butterworth – Heinemann Asia, 1996.

[254] Hunter, W. C., "Rational Margins on Futures Contracts: Initial Margins", *Review of Research in Futures Markets*, 5: 2, 1986, pp. 160 – 173.

[255] Ineichen, A. M., "Twentieth Century Volatility", *Journal of Portfolio Management*, 2000, pp. 93 – 101.

[256] Irwin, S. H. and B. W. Brorsen, "Public Futures Funds", *Journal of Futures Markets*, 5: 2, 1985, pp. 149 – 171.

[257] Irwin, S. H., M. E. Gerlow, and T. – R. Liu, "The Forecasting Performance of Livestock Futures Prices: A Comparison to USDA Expert Predictions", *Journal of Futures*

*Markets*, 14: 7, 1994, pp. 861 – 875.

[258] Irwin, S. H. , T. R. Krukemeyer, and C. R. Zulauf, "Investment Performance of Public Commodity Pools: 1979 – 1990", *Journal of Futures Markets*, 13: 7, 1993, pp. 799 – 820.

[259] Jarrow, R. A. , "Derivative Securities Markets, Market Manipulation, and Option Pricing Theory, *Journal of Financial & Quantitative Analysis*, 29: 2, 1994, pp. 241 – 261.

[260] Jarrow, R. and G. Oldfield, "Forward Contracts and Futures Contracts", *Journal of Financial Economics*, 9: 4, 1981, pp. 373 – 382.

[261] Jarrow, R. A. and A. Rudd, Option Pricing, Homewood, IL: Richard D. Irwin, 1983.

[262] Jegadeesh, N. and A. Subrahmanyam, "Liquidity Effects of the Introduction of the S&P 500 Index Futures Contract on the Underlying Stocks", *Journal of Business*, 66: 2, 1993, pp. 171 – 187.

[263] Johnson, A. C. , "Effects of Futures Trading on Price Performance in the Cash Onion Market, 1930 – 68", U. S. Department of Agriculture Economic Research Service Technical Bulletin No. 1470, Washington, D. C. , U. S. Government Printing Office, February, 1973.

[264] Johnson, R. L. , C. R. Zulauf, S. H. Irwin, and M. E. Gerlow, "The Soybean Complex Spread: An Examination of Market Efficiency from the Viewpoint of a Production Process", *Journal of Futures Markets*, 11: 1, 1991, pp. 25 – 37.

[265] Johnston, E. T. and J. J. McConnell, "Requiem for a Market: An Analysis of the Rise and Fall of a Financial Futures Contract", *The Review of Financial Studies*, 2: 1, 1989, pp. 1 – 23.

[266] Jordan, J. V. and R. J. Mackay, "Assessing Value at Risk for Equity Portfolios: Implementing Alternative Techniques", in Rod Beckstrom, Alyce Campbell, and Frank Fabozzi (eds. ), *Handbook of Firm – Wide Risk Management*, Homewood, IL: Irwin Publishing Company, 1996.

[267] Jordan, J. V. and G. E. Morgan, "Default Risk in Futures Markets: The Customer Broker Relationship", *Journal of Finance*, 45, 1990, pp. 909 – 933.

[268] Jordan, J. , W. Seale, N. McCabe, and D. Kenyon, "Transactions Data Tests of the Black Model for Soybean Futures Options", *Journal of Futures Markets*, 7: 5, 1987,

pp. 535 – 554.

[269] Jorion, P., "Risk Management Lessons from Long – Term Capital Management", *European Financial Management*, 6 (2000), pp. 277 – 300.

[270] Junkus, J., "Weekend and Day of the Week Effects in Returns on Stock Index Futures", *Journal of Futures Markets*, 6: 3, 1986, pp. 397 – 407.

[271] Kahl, K., R. Rutz, and J. Sinquefield, "The Economics of Performance Margins in Futures Markets", *Journal of Futures Markets*, 5: 1, 1985, pp. 103 – 112.

[272] Kalavathi, L. and L. Shanker, "Margin Requirements and the Demand for Futures Contracts", *Journal of Futures Markets*, 11: 2, 1991, pp. 213 – 237.

[273] Kamara A. and A. F. Siegel, "Optimal Hedging in Futures Markets with Multiple Delivery Specifications", *Journal of Finance*, 42: 4, 1987, pp. 1007 – 1021.

[274] Kamara, A., T. W. Miller, Jr. and A. F. Siegel, "The Effect of Futures Trading on the Stability of Standard & Poor 500 Returns", *Journal of Futures Markets*, 12: 6, 1992, pp. 645 – 658.

[275] Kane, A. and A. Marcus, "Valuation and Optimal Exercise of the Wild Card Option in the Treasury Bond Futures Market", *Journal of Finance*, 41: 1, 1986a, pp. 195 – 207.

[276] Kane, A. and A. Marcus, "The Quality Option in the Treasury Bond Futures Market: An Empirical Assessment", *Journal of Futures Markets*, 6: 2, 1986b, pp. 231 – 248.

[277] Kane, E. J., "Market Incompleteness and Divergences Between Forward and Futures Interest Rates", *Journal of Finance*, 35: 2, 1980, pp. 221 – 234.

[278] Kane, E. and B. Malkiel, "The Term Structure of Interest Rates: An Analysis of a Survey of Interest Rate Expectations", *Review of Economics and Statistics*, 49: 3, 1967, pp. 343 – 355.

[279] Karpoff, J. M., "The Relation Between Price Changes and Trading Volume: A Survey", *Journal of Financial and Quantitative Analysis*, 22: 1, 1987, pp. 109 – 126.

[280] Kawaller, I., "Hedging with Futures Contracts: Going the Extra Mile", *Journal of Cash Management*, 6, 1986, pp. 34 – 36.

[281] Kawaller, I., "A Note: Debunking the Myth of the Risk – Free Return", *Journal of Futures Markets*, 7: 3, 1987, pp. 327 – 331.

[282] Kawaller, I. G., "Choosing the Best Interest Rate Hedge Ratio", *Financial An-*

*alysts Journal*, 48: 5, 1992, pp. 74 – 77.

[283] Kawaller, I. and T. Koch, "Cash – and – Carry Tradings and the Pricing of Treasury Bill Futures", *Journal of Futures Markets*, 4: 2, 1984, pp. 115 – 123.

[284] Kawaller, I. and T. Koch, "Managing Cash Flow Risk in Stock Index Futures: The Tail Hedge", *Journal of Portfolio Management*, 15: 1, 1988, pp. 41 – 44.

[285] Kawaller, I. , P. Koch, and T. Koch, "The Temporal Relationship Between S&P 500 Futures and the S&P 500 Index", *Journal of Finance*, 42: 5, 1987, pp. 1309 – 1329.

[286] Kawaller, I. , P. Koch, and T. Koch, "The Relationship Between the S&P 500 Index and S&P 500 Index Futures Prices", Federal Reserve Bank of Atlanta, *Economic Review*, May/June 1988, pp. 2 – 9.

[287] Kawaller, I. , P. Koch, and T. Koch, "Intraday Relationship Between Volatility in S&P 500 Futures and Volatility in the S&P 500 Index", *Journal Banking & Finance*, 14: 2, 1990, pp. 373 – 397.

[288] Kenyon, D. , K. Kling, J. Jordan, W. Seale, and N. McCabe, "Factors Affecting Agricultural Futures Price Variance", *Journal of Futures Markets*, 7: 1, 1987, pp. 73 – 91.

[289] Keynes, J. M. , *A Treatise on Money*, Vol. 2, London: Macmillan, 1930.

[290] Khaksari, S. and E. L. Bubnys, "Risk – Adjusted Day – of – the – Week, Day – of – the – Month, and Day – of – the – Year Effects on Stock Indexes and Stock Index Futures", *Financial Review*, 27: 4, 1992, pp. 531 – 552.

[291] King, M. and S. Wadhwani, "Transmission of Volatility Between Stock Markets", *Review of Financial Studies*, 3: 1, 1990, pp. 5 – 33.

[292] Kleidon, A. and R. Whaley, "One Market? Stocks, Futures, and Options During October 1987", *Journal of Finance*, 47: 3, 1992, pp. 851 – 877.

[293] Klemkosky, R. and D. Lasser, "An Efficiency Analysis of the T – Bond Futures Market", *Journal of Futures Markets*, 5: 4, 1985, pp. 607 – 620.

[294] Kmenta, J. , Elements of Econometrics, New York: Macmillan, 1971.

[295] Kocagil, A. E. , "Does Futures Speculation Stabilize Spot Prices? Evidence from Metals Markets", *Applied Financial Economics*, 7, 1997, pp. 115 – 125.

[296] Kodres, L. , "Tests of Unbiasedness in Foreign Exchange Futures Markets: The Effects of Price Limits", *The Review of Futures Markets*, 7: 1, 1988, pp. 139 – 166.

[297] Kodres, L. E. and D. P. O'Brien, "The Existence of Pareto – Superior Price

Limits", *American Economic Review*, 84: 4, 1994, pp. 919 – 932.

[298] Kohlhagen, S. , "The Forward Rate as an Unbiased Predictor of the Future Spot Rate", *Columbia Journal of World Business*, 14: 4, Winter 1979, pp. 77 – 85.

[299] Kolb, R. W. , "Is Normal Backwardation Normal?", *Journal of Futures Markets*, 12: 1, February 1992, pp. 75 – 91.

[300] Kolb, R. *Investments*, Miami, FL: Kolb Publishing Company, 1995.

[301] Kolb, R. , *Options*, Cambridge, MA: Blackwell Publishers, 1997.

[302] Kolb, R. , *Options: An Introduction*, 2nd edn, Miami, FL: Kolb Publishing Co. , 1994.

[303] Kolb, R. and R. Chiang, "Improving Hedging Performance Using Interest Rate Futures", *Financial Management*, 10: 4, 1981, pp. 72 – 79.

[304] Kolb, R. and R. Chiang, "Duration, Immunization, and Hedging with Interest Rate Futures", *Journal of Financial Research*, 10: 4, 1982, pp. 161 – 170.

[305] Kolb, R. and G. Gay, "Immunizing Bond Portfolios with Interest Rate Futures", *Financial Management*, Summer, 1982, pp. 81 – 89.

[306] Kolb, R. and G. Gay, "The Performance of Live Cattle Futures as Predictors of Subsequent Spot Prices", *Journal of Futures Markets*, 3: 1, 1983, pp. 55 – 63.

[307] Kolb, R. , G. Gay, and J. Jordan, "Are There Arbitrage Opportunities in the Treasury – Bond Futures Market?" *Journal of Futures Markets*, 2: 3, 1982, pp. 217 – 230.

[308] Kolb, R. , G. Gay, and J. Jordan, "Futures Prices and Expected Future Spot Prices", *Review of Research in Futures Markets*, 2: 1, 1983, pp. 110 – 123.

[309] Koppenhaver, G. D. , "Futures Market Regulation", *Economic Perspectives*, 11: 1, 1987, pp. 3 – 15.

[310] Kritzman, M. , "What's Wrong with Portfolio Insurance?", *Journal of Portfolio Management*, 13: 1, 1986, pp. 13 – 17.

[311] Kumar, M. S. , "The Forecasting Accuracy of Crude Oil Futures Prices", *Monetary Fund Staff Papers*, 39: 2, 1992, pp. 432 – 461.

[312] Kumar, P. and D. J. Seppi, "Futures Manipulation with Cash Settlement", *Journal of Finance*, 47: 4, 1992, pp. 1485 – 1502.

[313] Kupiec, P. H. , "The Performance of S&P 500 Futures Product Margins under the SPAN Margining System", *Journal of Futures Markets*, 14: 7, 1994, pp. 789 – 811.

[314] Kuprianov, A. , "Derivatives Debacles", Federal Reserve Bank of Richmond, *E-*

*conomic Quarterly*, 81: 4, 1995, pp. 1 – 39.

[315] Kuserk, G. and P. Locke, "The Chicago Loop Tunnel Flood: Cash Pricing and Activity, *Review of Futures Markets*, 13: 1, 1994.

[316] Kuserk, G. and P. R. Lock, "Scalper Behavior in Futures Markets: An Empirical Examination", *Journal of Futures Markets*, 13: 4, 1993, pp. 409 – 431.

[317] Kyle, A. , "A Theory of Futures Market Manipulations", in R. Anderson (ed. ), *The Industrial Organization of Futures Markets*, Lexington, MA: D. C. Heath, 1984.

[318] Landes, W. , J. Stoffels, and J. Seifert, "An Empirical Test of a Duration – Based Hedge: The Case of Corporate Bonds", *Journal of Futures Markets*, 5: 2, 1985, pp. 173 – 182.

[319] Lang, R. and R. Rasche, "A Comparison of Yields on Futures Contracts and Implied Forward Rates", in G. Gay and R. Kolb (eds. ), *Interest Rate Futures: Concepts and Issues*, Richmond, VA: Robert F. Dame Inc. , 1982.

[320] Lasser, D. , "Influence of Treasury Bill Futures Trading on the Primary Sale of the Deliverable Treasury Bill", *Journal of Futures Markets*, 22: 4, 1987, pp. 391 – 402.

[321] Lasser, D. , "A Measure of Ex – Ante Hedging Effectiveness for the Treasury – Bill and Treasury – Bond Futures Markets", *Review of Futures Markets*, 6: 2, 1987, pp. 278 – 295.

[322] Laux P. and S. Brown – Hruska, "Fragmentation and Complementarity: The Case of EFPs", *Journal of Futures Markets*, 22: 8, 2002, pp. 697 – 727.

[323] Leeson, N. , Rogue Trader, Boston, MA: Little Brown, 1996.

[324] Lerner, J. , "Where Does State Street Lead? A First Look at Finance Patents 1971 to 2000", *Journal of Finance*, 57: 2, 2002, pp. 901 – 930.

[325] Leuthold, R. , "The Price Performance on the Futures Market of a Nonstorable Commodity; Live Beef Cattle", *American Journal of Agricultural Economics*, 56: 2, 1974, pp. 271 – 279.

[326] Leuthold, R. and W. Tomek, "Developments in the Livestock Futures Literature", in R. Leuthold and P. Dixon (eds. ), *Livestock Futures Research Symposium*, Chicago, IL: Chicago Mercantile Exchange, 1980.

[327] Leuthold, R. M. , P. Garcia, and R. Lu, "The Returns and Forecasting Ability of Larger Traders in the Frozen Pork Bellies Futures Market", *Journal of Business*, 67: 3, July 1994, pp. 459 – 473.

［328］Levich, R., "Are Forward Exchange Rates Unbiased Predictors of Future Spot Rates?", *Columbia Journal of World Business*, 14: 4, 1979, pp. 49 – 61.

［329］Levich, R., "The Efficiency of Markets for Foreign Exchange: A Review and Extension", in G. Gay and R. Kolb (eds.), *International Finance: Concepts and Issues*, Richmond, VA: Robert F. Dame Inc., 1982, p. 406.

［330］Levich, R., "Evaluating the Performance of the Forecasters", in R. Ensor (ed.), *The Management of Foreign Exchange Risk*, 2nd edn., London: Euromoney Publications, 1982, pp. 121 – 134.

［331］Levich, R., "Currency Forecasters Lose Their Way", *Euromoney*, August, 1983.

［332］Levine, R., "The Pricing of Forward Exchange Rates", *Journal of International Money and Finance*, 8: 2, 1989, pp. 163 – 179.

［333］Liebowitz, S. J. and S. E. Margolis, "Network Externalities (Effects)", *The New Palgrave's Dictionary of Economics and the Law*, New York: MacMillan, 1998.

［334］Lien, D. H. D., "Entry – Deterring Contract Specification on Futures Markets", *Journal of Futures Markets*, 10: 1, 1990, pp. 89 – 95.

［335］Little, P., "Financial Futures and Immunization", *Journal of Financial Research*, 9: 1, 1986, pp. 1 – 12.

［336］Lockwood, L. and S. Linn, "An Examination of Stock Market Return Volatility During Overnight and Intraday Periods, 1964 – 1989", *Journal of Finance*, 45: 2, 1990, pp. 591 – 601.

［337］Loosigian, A., *Interest Rate Futures*, Princeton, NJ: Dow Jones Books, Inc., 1980.

［338］Lukac, L. P., B. W. Brorsen, and S. H. Irwin, "Similarity of Computer Guided Technical Trading Systems", *Journal of Futures Markets*, 8: 1, 1988, pp. 1 – 13.

［339］Lukac, L. P., B. W. Brorsen, and S. H. Irwin, "A Test of Futures Market Disequilibrium Using Twelve Different Technical Trading Systems", *Applied Economics*, 20: 5, 1988, pp. 623 – 639.

［340］Lukac, L. P., B. W. Brorsen, and S. H. Irwin, "The Usefulness of Historical Data in Selecting Parameters for Technical Trading Systems", *Journal of Futures Markets*, 9: 1, 1989, pp. 55 – 65.

［341］Lukken, W. L. and James A. Overdahl, "Derivative Contracts and Their Regulation", in Clifford E. Kirsch (ed.), *Financial Product Fundamentals*, New York: Practicing Law Institute, 2004.

[342] Lurie, J., *The Chicago Board of Trade* 1859 – 1905, Urbana, IL: University of Illinois Press, 1979.

[343] Luskin, D. L., *Portfolio Insurance: A Guide to Dynamic Hedging*, New York: John Wiley, 1988.

[344] Lypny, G., "Hedging Foreign Exchange Risk with Currency Futures: Portfolio Effects", *Journal of Futures Markets*, 8: 6, 1988, pp. 703 – 715.

[345] Ma, C., R. L. Peterson, and S. R. Sears, "Trading Noise, Adverse Selection, and Intraday Bid – Ask Spreads in Futures Markets", *Journal of Futures Markets*, 12: 5, 1992, pp. 519 – 538.

[346] Ma, C., R. Rao, and R. Sears, "Volatility, Price Resolution, and the Effectiveness of Price Limits", *Journal of Financial Services Research*, 3: 3, 1989, pp. 165 – 199.

[347] Ma, C., G. Wenchi, and C. J. Frohlich, "Margin Requirements and the Behavior of Silver Prices", *Journal of Business Finance and Accounting*, 20: 1, 1993, pp. 41 – 60.

[348] Maberly, E. D., D. S. Allen, and R. F. Gilbert, "Stock Index Futures and Cash Market Volatility", *Financial Analysts Journal*, 45: 6, 1989, pp. 75 – 77.

[349] Maddala, G. S., *Introduction to Econometrics*, New York: Macmillan, 1988.

[350] Macaulay, F., *Some Theoretical Problems Suggested by the Movements of Interest Rates, Bond Yields, and Stock Prices in the United States Since* 1856, New York: Columbia University Press, 1938.

[351] MacKinlay, A. and K. Ramaswamy, "Index – Futures Arbitrage and the Behavior of Stock Idex Futures Prices", *The Review of Financial Studies*, 1: 2, 1988, pp. 137 – 158.

[352] Malkiel, B., "Expectations, Bond Prices, and the Term Structure of Interest Rates", *Quarterly Journal of Economics*, 76: 2, 1962, pp. 197 – 218.

[353] Mann, R. and R. G. Heifner, "The Distribution of Short – Run Commodity Price Movements", Technical Bulletin No. 1536, ERS, United States Department of Agriculture, 1976.

[354] Markham, J. W., "Manipulation of Commodity Futures Prices – The Unprosecutable Crime", *Yale Journal on Regulation*, 1991, pp. 361 – 376.

［355］Markham, J. W. , L. H. Hunt, Jr. and M. S. Sackheim, "Market Manipula-
tion – From Star Chamber to Lone Star", *Futures & Derivatives Law Report*, 23, 2003, pp.
7 – 18.

［356］Martell, T. F. and A. S. Wolf, "Determinants of Trading Volume in Futures
Markets", *Journal of Futures Markets*, 7: 3, 1987, pp. 233 – 244.

［357］Mayer, T. , "SPAN – ning the Margin Problem for Commodity Options", *Fu-
tures*, 1989.

［358］Mayhew, S. , "The Impact of Derivatives on Cash Markets: What Have We
Learned?", Working Paper, Department of Banking and Finance, Terry College of Business,
University of Georgia (Athens, GA, February 2000) .

［359］McCabe, G. M. and D. P. Solberg, "Hedging in the Treasury Bill Futures Mar-
ket When the Hedged Instrument and the Deliverable Instrument Are Not Matched", *Journal of
Futures Markets*, 9: 6, 1989, pp. 529 – 537.

［360］McCulloch, J. , "An Estimate of the Liquidity Premium", *Journal of Political E-
conomy*, 83: 1, Part 1, 1975, pp. 95 – 119.

［361］McCurdy, T. and I. Morgan, "Tests of the Martingale Hypothesis for Foreign
Currency Futures", *International Journal of Forecasting*, 3, 1987, pp. 131 – 148.

［362］McEowen, R. A. and Neil E. Harl "Rights of Farmers in Failed Grain Eleva-
tors", *Agricultural Law Digest*, 11: 21, 2000.

［363］McNew, K. P. and J. A. Espinosa, "The Informational Content of USDA Crop
Reports: Impacts on Uncertainty and Expectations in Grain Futures Markets", *Journal of Fu-
tures Markets*, 14: 4, 1994, pp. 475 – 492.

［364］Meese, R. and K. Rogoff, "Empirical Exchange Rate Models of the Seventies:
Do They Fit Out of Sample?", *Journal of International Economics*, 14, 1983, pp. 3 – 24.

［365］Meiselman, D. , *The Term Structure of Interest Rates*, Englewood Cliffs, NJ:
Prentice Hall Inc. , 1962.

［366］Merrick, J. , "Portfolio Insurance with Stock Index Futures", *Journal of Futures
Markets*, 8: 4, 1988, pp. 441 – 455.

［367］Merrick, J. , "Early Unwindings and Rollovers of Stock Index Futures Arbitrage
Programs: Analysis and Implications for Predicting Expiration Day Effects", *Journal of Futures
Markets*, 9: 2, 1989, pp. 101 – 111.

［368］Merton, R. C. , "Theory of Rational Option Pricing", *Bell Journal of Economics and Management Science*, 4: 1, 1973, pp. 141 – 183.

[369] Miller, M., "Volatility, Episodic Volatility and Coordinated Circuit – Breakers", Keynote Address 2nd Annual Pacific – Basin Finance Conference, Bangkok, Thailand, June 1990.

[370] Miller, M. and F. Modigliani, "The Cost of Capital, Corporate Finance, and the Theory of Investment", *American Economic Review*, 48: 3, 1958, pp. 261 – 297.

[371] Miller, M., B. Malkiel, M. Scholes, and J. Hawke, "Stock Index Futures and the Crash of 1987", *Journal of Applied Corporate Finance*, 1: 4, 1989, pp. 6 – 17.

[372] Milonas, N. T., "Price Variability and the Maturity Effect in Futures Markets", *Journal of Futures Markets*, 6: 3, 1986, pp. 443 – 460.

[373] Mix, P., "FASB Struggles with Derivatives Accounting", *Futures Industry*, 6, 1996, pp. 31 – 32.

[374] Modest, D., "On the Pricing of Stock Index Futures", *Journal of Portfolio Management*, 10: 4, 1984, pp. 51 – 57.

[375] Modest, D. and M. Sundaresan, "The Relationship Between Spot and Futures Prices in Stock Index Futures Markets: Some Preliminary Evidence", *Journal of Futures Markets*, 3: 1, 1983, pp. 15 – 41.

[376] Modigliani, F. and R. Sutch, "Innovations in Interest Rate Policy", *American Economic Review*, 56: 2, 1966, pp. 178 – 197.

[377] Monroe, M. and R. Cohn, "The Relative Efficiency of the Gold and Treasury Bill Futures Markets", *The Journal of Futures Markets*, 6: 3, 1986, pp. 477 – 493.

[378] Morgan, D., *Merchants of Grain*, New York: Penguin Books, 1982.

[379] Morgan, G. E., "Forward and Futures Pricing of Treasury Bills", *Journal of Banking and Finance*, 5: 4, 1981, pp. 483 – 496.

[380] Moriarty, E. J. and P. A. Tosini, "Futures Trading and the Price Volatility of GNMA Certificates – Further Evidence", *The Journal of Futures Markets*, 5: 4, 1985, pp. 633 – 641.

[381] Moser, J., "Circuit Breakers", *Economic Perspectives*, Federal Reserve Bank of Chicago, September/October 1990, pp. 2 – 13.

[382] Moser, J., "Futures Margin and Excess Volatility", *Chicago Fed Letter*, June 1991, pp. 1 – 4.

[383] Moser, J. "Determining Margin for Futures Contracts: The Role of Private Inter-

ests and the Relevance of Excess Volatility", *Economic Perspectives*, 16: 2, 1992, pp. 2 – 18.

[384] Mulherin, J. H. , J. Netter, and J. A. Overdahl, "Prices are Property: The Organization of Financial Exchanges From a Transaction Cost Perspective", *Journal of Law and Economics*, 34, pp. 591 – 644.

[385] Murphy, J. A. , "Futures Fund Performance: A Test of the Effectiveness of Technical Analysis", *Journal of Futures Markets*, 6: 2, 1986, pp. 175 – 185.

[386] Muth, J. F. , "Rational Expectations and the Theory of Price Movements", *Econometrica*, 29: 3, July 1961, pp. 315 – 335.

[387] Myers, S. , "A Time State – Preference Model of Security Valuation", *Journal of Financial and Quantitative Analysis*, 3: 1, 1968, pp. 1 – 33.

[388] Najand, M. and K. Yung, "Conditional Heteroskedasticity and the Weekend Effect in S&P 500 Index Futures", *Journal of Business Finance & Accounting*, 21: 4, 1994, pp. 603 – 612.

[389] Nance, D. , C. Smith, and C. Smithson, "On the Determinants of Corporate Hedging", *Journal of Finance*, 48, 1993, pp. 267 – 284.

[390] Neftci, S. N. and A. J. Policano, "Can Chartists Outperform the Market? Market Efficiency Tests for Technical Analysis", *Journal of Futures Markets*, 4: 4, 1984, pp. 465 – 478.

[391] Nelson, C. "Estimation of Term Premiums from Average Yield Differentials in the Term Structure of Interest Rates", *Econometrica*, 40: 2, Part 1, 1972, pp. 277 – 287.

[392] Netz, J. S. , "The Effect of Futures Markets and Corners on Storage and Spot Price Variability", *American Journal of Agricultural Economics*, 77: 1, 1995, pp. 182 – 192.

[393] Norris, F. , *The Pit: A Story of Chicago*, New York: Doubleday, Page & Co. , 1903.

[394] Numa Financial Systems, Ltd. , "Barings Theoretical P/L 1995", NumaWeb home page, World Wide Web.

[395] O'Brien, T. , "The Mechanics of Portfolio Insurance", *Journal of Portfolio Management*, 14: 3, 1988, pp. 40 – 47.

[396] O'Hara, M. , *Market Microstructure Theory*, Cambridge, MA: Blackwell Publishers, 1995.

[397] Office of Technology Assessment, "Electron Bulls & Bears: U. S. Securities Mar-

kets & Information Technology", September 1990.

［398］Ogden, J. and A. Tucker, "Empirical Tests of the Efficiency of the Currency Futures Options Market", *Journal of Futures Markets*, 7：6, 1987, pp. 695 – 703.

［399］Overdahl, J. , "The Use of Crude Oil Futures by the Governments of Oil – Producing States", *Journal of Futures Markets*, 7：6, 1987.

［400］Overdahl, J. , "The Early Exercise of Options on Treasury Bond Futures", *Journal of Financial and Quantitative Analysis*, 23：4, 1988, pp. 437 – 450.

［401］Overdahl, J. and H. McMillan, "Another Day, Another Collar：An Evaluation of the Effects of NYSE Rule 80A on Trading Costs and Intermarket Arbitrage", *Journal of Business*, 1998, pp. 27 – 53.

［402］Palme, L. and J. Graham, "The Systematic Downward Bias in Live Cattle Futures：An Evaluation", *Journal of Futures Markets*, 1：3, 1981, pp. 359 – 366.

［403］Park, C. W. , "Examining Futures Price changes and Volatility on the Trading Day After a Limit – Lock Day", *Journal of Futures Markets*, 20, 2000, pp. 445 – 466.

［404］Park, H. , "Reexamination of Normal Backwardation Hypothesis in Futures Markets", *Journal of Futures Markets*, 5：4, 1985, pp. 505 – 515.

［405］Park, H. and A. Chen, "Differences Between Futures and Forward Prices：A Further Investigation of the Marking – to – Market Effects", *Journal of Futures Markets*, 5：1, 1985, pp. 77 – 88.

［406］Park, H. Y. , A. Sarkar, and L. Wu, "The Costs and Benefits of Dual Trading", Federal Reserve Bank of New York, *Staff Reports*, Number 2, June 1995.

［407］Peck, A. , "Selected Writings on Futures Market", Chicago：Chicago Board of Trade, 1977.

［408］Pendley, K. , "Going Corporate：The Outlook for U. S. Futures Exchanges", *Futures Industry Magazine*, 12, 2002.

［409］Penick, M. A. , "The Life Cycle of Futures Contracts：The Success and Failure Rates of Futures Contracts in the United States", Working Paper, CFTC, Washington, DC, 2004.

［410］Peters, E. , "The Growing Efficiency of Index – Futures Markets", *The Journal of Portfolio Management*, 11：4, pp. 84 – 85.

［411］Peterson, M. A. and S. R. Thiagarajan, "Risk Management and Hedging：With and Without Derivatives", *Financial Management*, 29：4, 2000, pp. 5 – 29.

［412］Petzel, T. , "The Time Series Behavior of Corn and Soybean Prices", Unpublished, Food Research Institute, Stanford University, 1980.

［413］Phillips – Patrick, F. and T. Schneeweis, "The Weekend Effect for Stock Indexes and Stock Index Futures: Dividend and Interest Rate Effects", *Journal of Futures Markets*, 8: 1, 1988, pp. 115 – 121.

［414］Pierog, K. , "Cross – Margining Caught in Clearinghouse Cross Fire", *Futures*, 11, 1988, pp. 42 – 45.

［415］Pierog, K. , "Report Vindicates CBOT Action in July Soybeans", *Futures*, 18, 1989, 60b.

［416］Pierog, K. and J. Stein, "New Contracts: What Makes Them Fly or Fail?" *Futures*, 18, 1989, pp. 50 – 54.

［417］Pinsky, N. and J. Kvasnicka, "The European Monetary System", in G. Gay and R. Kolb ( eds. ), *International Finance: Concepts and Issues*, Richmond, VA: Robert F. Dame Inc. , 1982.

［418］Pirrong, S. C. , "Manipulation of the Commodity Futures Market Delivery Process", *Journal of Business*, 66: 3, July 1993.

［419］Pirrong, S. C. , "Squeezes, Corpses, and the Anti – Manipulation Provisions of the Commodity Exchange Act", *Regulation*, 17: 4, 1994.

［420］Pirrong, S. C. , "Mixed Manipulation Strategies in Commodity Futures Markets", *Journal of Futures Markets*, 15: 1, 1995, pp. 13 – 38.

［421］Pirrong, S. C. , "Bund for Glory, or It's a Long Way to Tip a Market", Working Paper, University of Houston, 2003.

［422］Pirrong, S. C. , Roger Kormendi, and Philip Meguire, "Multiple Delivery Points, Pricing Dynamics, and Hedging Effectiveness in Futures Markets for Spatial Commodities", *Journal of Futures Markets*, 14: 5, 1994, pp. 545 – 573.

［423］Pliska, S. R. and C. T. Shalen, "The Effects of Regulations on Trading Activity and Return Volatility in Futures Markets", *Journal of Futures Markets*, 11: 2, 1991, pp. 135 – 151.

［424］Polakoff, M. A. and P. C. Grier, "A Comparison of Foreign Exchange Forward and Futures Prices", *Journal of Banking and Finance*, 15: 6, 1991, pp. 1057 – 1080.

［425］Poole, W. , "Using T – Bill Futures to Gauge Interest – Rate Expectations", in G. Gay and R. Kolb ( eds. ), *Interest Rate Futures: Concepts and Issues*, Richmond, VA:

Robert F. Dame Inc. , 1982.

[426] Powers, M. , "Does Futures Trading Reduce Price Fluctuations in the Cash Markets?" *American Economic Review*, 60: 3, 1970, pp. 460 – 464.

[427] Pring, M. J. , *The McGraw – Hill Handbook of Commodities and Futures*, New York: McGraw – Hill, 1985.

[428] Puglisi, D. , "Is the Futures Market for Treasury Bills Efficient?", in G. Gay and R. Kolb (eds. ), *Interest Rate Futures: Concepts and Issues*, Richmond, VA: Robert F. Dame Inc. , 1982.

[429] Purcell, W. , D. Flood, and J. Plaxico, "Cash – Futures Interrelationships in Live Cattle: Causality, Variability, and Pricing Processes", in R. Leuthold and P. Dixon (eds. ), *Livestock Futures Research Symposium*, Chicago, IL: Chicago Mercantile Exchange, 1980.

[430] Rawnsley, J. , "Going for Broke", New York: Harper Collins, 1995.

[431] Raynauld, J. and J. Tessier, "Risk Premiums in Futures Markets: An Empirical Investigation", *Journal of Futures Markets*, 4: 2, 1984, pp. 189 – 211.

[432] Rechner, D. and G. Poitras, "Putting on the Crush: Day Trading at the Soybean Complex Spread", *Journal of Futures Markets*, 13: 1, 1993, pp. 61 – 75.

[433] Rendleman, R. and C. Carabini, "The Efficiency of the Treasury Bill Futures Market", *Journal of Finance*, 34: 4, 1979, pp. 895 – 914.

[434] Resnick, B. , "The Relationship between Futures Prices for U. S. Treasury Bonds", *Review of Research in Futures Markets*, 1984, 3: 1, pp. 88 – 104.

[435] Resnick, B. and E. Hennigar, "The Relationship between Futures and Cash Prices for U. S. Treasury Bonds", *Review of Research in Futures Markets*, 2: 3, 1983, pp. 282 – 299.

[436] Richard, S. and M. Sundaresan, "A Continuous Time Equilibrium Model of Forward Prices and Futures Prices in a Multigood Economy", *Journal of Financial Economics*, 9: 4, 1981, pp. 347 – 371.

[437] Ritchken, P. , *Options: Theory, Strategy, and Applications Glenview*, IL: Scott, Foresman and Co. , 1987.

[438] Rockwell, C. , "Normal Backwardation, Forecasting and the Returns to Commodity Futures Traders", *Food Research Institute Studies*, 7 (Supplement), 1967, pp. 107 – 130.

［439］ Rolfo, Jacques, "Optimal Hedging Under Price and Quantity Uncertainty", *Journal of Political Economy*, 88, 1980, pp. 100－116.

［440］ Roll, R., "The International Crash of October 1987", *Financial Analysts Journal*, 44：5, 1988, pp. 19－35.

［441］ Roll, R., "Orange Juice and Weather", *American Economic Review*, 74, 1984, pp. 861－88.

［442］ Roll, R. and B. Solnik, "On Some Parity Conditions Encounter Frequently in International Economics", *Journal of Macroeconomics*, 1：3, 1979, pp. 267－283.

［443］ Rosenbaum, A., "Are Exchange Fees Worth Scrutiny of Traders?", *Futures*, 19, 1990, pp. 54－56.

［444］ Ross, R. L., "Financial Consequences of Trading Commodity Futures Contracts", *Illinois Agricultural Economics*, 15, 1975, pp. 27－31.

［445］ Rubinstein, M., "Alternative Paths to Portfolio Insurance", *Financial Analysts Journal*, 41：4, 1985, pp. 42－52.

［446］ Rutledge, D. J. S., "A Note on the Variability of Futures Prices", *Review of Economics and Statistics*, 58：1, 1976, pp. 118－120.

［447］ Rutz, R. D., "The Myth and Reality of Intermarket Cross－Margining", *Intermarket*, 5：8, 1988 pp. 18－21.

［448］ Rzepczynski, M., "Risk Premiums in Financial Futures Markets：The Case of Treasury Bond Futures", *Journal of Futures Markets*, 7：6, 1987, pp. 653－662.

［449］ Samuelson, P., "Proof that Properly Anticipated Prices Fluctuate Randomly", *Industrial Management Review*, 6：2, 1965, pp. 41－49.

［450］ Samuelson, P., "Asset Allocation Could Be Dangerous to Your Health", *Journal of Portfolio Management*, 16：3, 1990, pp. 5－8.

［451］ Santomero, A., "The Error Learning Hypothesis and the Term Structure of Interest Rates in Eurodollars", *Journal of Finance*, 30：3, 1975, pp. 773－783.

［452］ Santoni, G., "Has Programmed Trading Made Stock Prices More Volatile?" *Review*, Federal Reserve Bank of St. Louis, 1987, pp. 18－29.

［453］ Santoni, G., "The October Crash：Some Evidence on the Cascade Theory", *Review*, Federal Reserve Bank of St. Louis, 1988, pp. 18－33.

［454］ Sargent, T. J., "Commodity Price Expectations and the Interest Rate", *Quarterly Journal of Economics*, 83：1, 1969, pp. 127－140.

[455] Saunders, E. and A. Mahajan, "An Empirical Examination of Composite Stock Index Futures Pricing", *The Journal of Futures Markets*, 8: 2, 1988, pp. 211 – 228.

[456] Savit, R., "When Random Is Not Random: An Introduction to Chaos in Market Prices", *Journal of Futures Markets*, 8: 3, 1988, pp. 271 – 290.

[457] Schaede, U., "Forwards and Futures in Tokugawa – Period Japan: A New Perspective on the DÔjima Rice Market", *Journal of Banking and Finance*, 13, 1989, pp. 487 – 513.

[458] Schap, K. and C. Flory, "Ferruzzi vs CBOT: Who Is Right?", *Futures*, September 1989.

[459] Schwert, G., "Stock Market Volatility", *Financial Analysts Journal*, 46: 3, 1990, pp. 23 – 34.

[460] Schwert, G., "Stock Volatility and the Crash of '87", *The Review of Financial Studies*, 3: 1, 1990, pp. 77 – 102.

[461] Sharpe, W., *Investments*, Englewood Cliffs, NJ: Prentice Hall, Inc., 1981.

[462] Silber, W. L., "Marketmaker Behavior in an Auction Market: An Analysis of Scalpers in Futures Markets", *Journal of Finance*, 39: 4, 1984, pp. 937 – 953.

[463] Simpson, W. G. and T. C. Ireland, "The Effect of Futures Trading on the Price Volatility of GNMA Securities", *Journal of Futures Markets*, 2: 4, 1982, pp. 357 – 366.

[464] Simpson, W. G. and T. C. Ireland, "The Impact of Financial Futures on the Cash Market for Treasury Bills", *Journal of Financial and Quantitative Analysis*, 20, 1985, pp. 371 – 379.

[465] Singleton, J. and R. Grieves, "Synthetic Puts and Portfolio Insurance Strategies", *Journal of Portfolio Management*, 10: 3, 1984, pp. 63 – 69.

[466] Sinkey, J., *Commercial Bank Financial Management*, New York: Macmillan Co., 1989.

[467] Sinquefield, J., "Understanding Options on Futures", *Mortgage Banking*, 43, 1982, pp. 35 – 40.

[468] Smith, C. and R. Stulz, "The Determinants of Firms' Hedging Policies", *Journal of Financial and Quantitative Analysis*, 20: 4, 1985, pp. 391 – 405.

[469] Smith, T. and R. E. Whaley, "Assessing the Costs of Regulation: The Case of Dual Trading", *Journal of Law & Economics*, 37: 1, 1994, pp. 215 – 246.

[470] Smith, T. and R. E. Whaley, "Estimating the Effective Bid/Ask Spread from

Time and Sales Data", *Journal of Futures Markets*, 14: 4, 1994, pp. 437 – 455.

[471] Smithson, C. and L. Minton, "Value at Risk", *Risk*, 9: 1, 1996, pp. 25 – 27.

[472] Smithson, C. and L. Minton, "Value at Risk (2)", *Risk*, 9: 2, 1996, pp. 38 – 39.

[473] So, J. C., "The Sub – Gaussian Distribution of Currency Futures: Stable Paretian or Nonstationary?", *Review of Economics and Statistics*, 69: 1, 1987, pp. 100 – 107.

[474] Sofianos, G., "Index Arbitrage Profitability", *Journal of Derivatives*, 1, 1993, pp. 6 – 20.

[475] Stevenson R. A. and R. M. Bear, "Commodity Futures: Trends or Random Walks?", *Journal of Finance*, 25: 1, 1970, pp. 65 – 81.

[476] Stewart, B., "An Analysis of Speculative Trading in Grain Futures", *USDA Technical Bulletin*, No. 1001, 1949.

[477] Stigum, M., *The Money Market*, Revised edn. Homewood, IL: Dow Jones – Irwin, 1983.

[478] Stoll, H., "The Relationship Between Put and Call Option Prices", *Journal of Finance*, 24: 5, 1969, pp. 801 – 824.

[479] Stoll, H., "Index Futures, Program Trading and Stock Market Procedures", *Journal of Futures Markets*, 8: 4, 1988, pp. 391 – 412.

[480] Stoll, H. and R. Whaley, "Expiration Day Effects of Index Options and Futures", New York University: Monograph Series in Finance and Economics, 1986.

[481] Stoll, H. and R. Whaley, "Program Trading and Expiration Day Effects", *Financial Analysts Journal*, 43: 2, 1987, pp. 16 – 28.

[482] Stoll, H. and R. Whaley, "Program Trading and Individual Stock Returns: Ingredients of the Triple – Witching Brew", *Journal of Business*, 63: 1, 1990, pp. S165 – S192.

[483] Stoll, H. and R. Whaley, "The Dynamics of Stock Index and Stock Index Futures Returns", *Journal of Financial and Quantitative Analysis*, 25: 4, 1990, pp. 441 – 468.

[484] Stoll, H. and R. Whaley, "Expiration Day Effects: What Has Changed?", *Financial Analysts Journal*, 47: 1, 1991, pp. 58 – 72.

[485] Stulz, R., "Optimal Hedging Policies", *Journal of Financial and Quantitative Analysis*, 19: 2, 1984, pp. 127 – 140.

［486］Swanson, P. and S. Caples, "Hedging Foreign Exchange Risk Using Forward Foreign Exchange Markets: An Extension", *Journal of International Business Studies*, 18: 1, 1987, pp. 75 – 82.

［487］Szala, G. and S. Abbott, "Broker Groups: The Good, the Bad and the Ugly", *Futures*, 19, 1990, pp. 46 – 48.

［488］Tamarkin, R., *The New Gatsbys: Fortunes and Misfortunes of Commodity Traders*, New York: William Morrow and Company, Inc., 1985, pp. 26, 43.

［489］Tauchen, R. and M. Pitts, "The Price Variability – Volume Relationship on Speculative Markets", *Econometrica*, 51: 2, Part 1, 1983, pp. 485 – 505.

［490］Taylor, C. H., *History of the Board of Trade of the City of Chicago*, Vol. 1, Chicago, IL: Robert O. Law Company, 1917, pp. 427 – 428.

［491］Taylor, G. and R. Leuthold, "The Influence of Futures Trading on Cash Cattle Price Variations", *Food Research Institute Studies*, 13: 1, 1974, pp. 29 – 35.

［492］Taylor, S. J., "The Behavior of Futures Prices over Time", *Applied Economics*, 17: 4, 1985, pp. 713 – 734.

［493］Taylor, S. J., *Modelling Financial Time Series*, New York: John Wiley, 1986.

［494］Telser, L., "Futures Trading and the Storage of Cotton and Wheat", in A. Peck (ed.), *Selected Writings on Futures Markets*, Chicago, IL: Chicago Board of Trade, 1977.

［495］Telser, L. and P. Cootner, "Returns to Speculators: Telser vs Keynes", in A. Peck (ed.), *Selected Writings on Futures Markets*, Chicago, IL: Chicago Board of Trade, 1977.

［496］Thomas, L., "Random Walk Profits in Currency Futures Trading", *Journal of Futures Markets*, 6: 1, 1986, pp. 109 – 125.

［497］Thosar, S. and S. Trigeorgis, "Stock Volatility and Program Trading: Theory and Evidence", *Journal of Applied Corporate Finance*, Winter, 1990, pp. 91 – 96.

［498］Toevs, A. and D. Jacob, "Futures and Alternative Hedge Ratio Methodologies", *Journal of Portfolio Management*, 12: 3, 1986, pp. 60 – 70.

［499］Tomek, W. G., "A Note on Historical Wheat Prices and Futures Trading", *Food Research Institute Studies*, 110: 1, 1971, pp. 109 – 113.

［500］Tomek, W. G. and S. F. Querin, "Random Processes in Prices and Technical Analysis", *Journal of Futures Markets*, 4: 1, 1984, pp. 15 – 23.

［501］Tosini, P., "Stock Index Futures and Stock Market Activity in October 1987",

*Financial Analysts Journal*, 44: 1, 1988, pp. 28 – 37.

[502] Tufano, P., "Who Manages Risk? An Empirical Analysis of Risk Management Practices in the Gold Mining Industry", *Journal of Finance*, 51: 4, 1996, pp. 1097 – 1138.

[503] Trzyna, P. K., "Legal Protections For Innovative Financial Products and Services", in John F. Marshall and Vipul K. Bansal (eds.), *Financial Engineering*, 2nd edn., Miami, FL: Kolb Publishing, 1992.

[504] Turner, C., "VAR as an Industrial Tool", *Risk*, 9: 3, 1996, pp. 38 – 40.

[505] Venkataramanan, L., *The Theory of Futures Trading*, New York: Asia Publishing House, 1965.

[506] Vignola, A. and C. Dale, "Is the Futures Market for Treasury Bills Efficient?", in G. Gay and R. Kolb (eds.), *Interest Rate Futures: Concepts and Issues*, Richmond, VA: Robert F. Dame Inc., 1982.

[507] Walsh, M. J. and S. J. Dinehart, "Dual Trading and Futures Market Liquidity: An Analysis of Three Chicago Board of Trade Contract Markets", *Journal of Futures Markets*, 11: 5, 1991, pp. 519 – 537.

[508] Wang, G., E. Moriarty, R. Michalski, and J. Jordan, "Empirical Analysis of the Liquidity of the S&P 500 Index Futures Market During the October 1987 Market Break", Commodity Futures Trading Commission Staff Working Paper #88 – 6, February 1989.

[509] Weaver, R. D. and A. Banerjee, "Does Futures Trading Destabilize Cash Prices? Evidence for U. S. Live Beef Cattle", *Journal of Futures Markets*, 10: 1, 1990, pp. 41 – 60.

[510] Weiner, N., "The Hedging Rationale for a Stock Index Futures Contract", *Journal of Futures Markets*, 1: 1, 1981, pp. 59 – 76.

[511] Westerfield, J., "How U. S. Multinationals Manage Currency Risk", L. Jacque, "Management of Foreign Exchange Risk: A Review Article", in G. Gay and R. Kolb (eds.), *International Finance: Concepts and Issues*, Richmond, VA: Robert F. Dame Inc., 1982.

[512] Whaley, R., "Valuation of American Futures Options: Theory and Empirical Tests", *Journal of Finance*, 41: 1, 1986, pp. 127 – 150.

[513] Williams, J., "The Origin of Futures Markets", *Agricultural History*, 56: 1, 1982, pp. 306 – 325.

[514] Williams, J., *The Economic Function of Futures Markets*, Cambridge: Cambridge

University Press, 1986.

[515] Wilson, W. , "Hedging Effectiveness of U. S. Wheat Futures Markets", *Review of Research in Futures Markets*, 3: 1, 1984, pp. 64 – 79.

[516] Wilson, W. , "Option Price Behavior in Grain Futures Markets", *Journal of Futures Markets*, 8: 1, 1988, pp. 47 – 65.

[517] Wilson W. and H. Fung, "Information Content of Volatilities Implied by Option Premiums in Grain Futures Markets", *Journal of Futures Markets*, 10: 1, 1988, pp. 13 – 27.

[518] Wisner, R. , "Understanding Risk in Hedge – to – Arrive Contracts", Cooperative Extension Service, Iowa State University, Publication PM – 1697b, January 1997.

[519] Witt, H. , T. Schroeder, and M. Hayenga, "Comparison of Analytical Approaches for Estimating Hedge Ratios for Agricultural Commodities", *Journal of Futures Markets*, 7: 2, April 1987, pp. 135 – 146.

[520] Working, H. , "Hedging Reconsidered", *Journal of Farm Economics*, 35: 4, 1953, pp. 544 – 561.

[521] Working, H. , "Price Effects of Futures Trading", *Food Research Institute Studies*, 1, 1960, pp. 3 – 31.

[522] Working, H. , "Financial Results of Speculative Holding of Wheat", in A. Peck (ed. ), *Selected Writings on Futures Markets*, Chicago, IL: Chicago Board of Trade, 1977, pp. 79 – 120.

[523] Wright, B. and J. Williams, "A Theory of Negative Prices for Storage", *Journal of Futures Markets*, 9: 1, February 1989, pp. 1 – 13.

[524] Young, M. and G. Corbett, "Futures Patent Litigation: A New Competitive Force", *Outlook* 05, Futures Industry Association, 2004.

[525] Zhang, P. G. , *Barings Bankruptcy and Financial Derivatives*, Singapore: World Scientific, 1995.

[526] Zhu, Y. and R. Kavee, "Performance of Portfolio Insurance Strategies", *Journal of Portfolio Management*, 14: 3, 1988, pp. 48 – 54.

[527] Ziegler, P. , *The Sixth Great Power: A History of One of the Greatest of All Banking Families, the House of Barings*, 1762 – 1929, New York: A. A. Knopf, 1988.

# 后　记

　　加强基础理论研究已成为当前社会共识。《理解期货市场》以美国为背景深入浅出地介绍了期货市场的运行原理、监管体系、定价模型、价差关系和应用策略等内容，并就市场操纵行为、电子化交易和场内集中清算等热点话题进行了客观公正的学术探讨。本书还重点介绍了农产品、能源和金属等商品期货品种，利率、证券和外汇等金融期货品种，以及期货期权工具等的具体情况和操作案例。从第一次接触本书英文版开始，大连商品交易所便着手检索本书的中文译本。在得知本书尚未被译为中文后，更是毅然决定联络境外出版社以商洽翻译与出版事宜。如今，本书马上就要与广大读者见面了，我们内心充满了喜悦与感激。

　　在本书翻译和出版过程中，大连商品交易所理事长冉华、总经理严绍明和副总经理鄞强等给予了大力支持；大连商品交易所原总经理席志勇发现并极力推荐了本书；大连商品交易所资深专家宿红星除完成多个章节翻译外，还对全部翻译稿进行了专业细致的审校；大连商品交易所研究中心董事长王淑梅、总经理何欣、总经理助理谢亚和梁晶给予了悉心指导；大连商品交易所研究中心办公室副主任孟祥怡在联络境内外出版社、沟通编排出版事宜等方面做了大量工作；中国金融出版社对全部书稿进行了专业认真的编辑和校对。在此，我们对各位领导、专家和同仁的支持与指导表示衷心的感谢。

在翻译和审校过程中，我们始终严格恪守"忠于原文"的原则，并在此基础上努力做到易于理解和文字优雅。为做到这一点，我们在翻译专业术语和历史事件的过程中查阅了大量文献资料。站在前人的肩膀上，让我们能够更准确地理解作者想要表达的内容。翻译的过程，是学习的过程，也是交流的过程。我们对原文中数字单位、图文描述等明显疏漏进行了修订，并通过出版社征得了作者的同意。

参与本书翻译的人员有：宿红星、杨琪、陈雨田、冯锦和张严琳。宿红星完成了第 1 章、第 12 章、第 13 章、附录、序言和"致谢"的翻译，杨琪完成了第 2 章、第 6 章、第 7 章、第 8 章、第 9 章、第 10 章、第 11 章的翻译，陈雨田完成了第 5 章的翻译，冯锦完成了第 4 章的翻译，张严琳完成了第 3 章的翻译。宿红星和杨琪先后对全书翻译稿进行了审校。在此，我们对以上翻译和审校工作人员表示衷心的感谢。

受能力与时间所限，本书难免存在疏漏与不足之处，欢迎各位读者批评指正。

**本书翻译组**
**2023 年 11 月**